CURRENT ISSUES IN KOREAN PUBLIC ADMINISTRATION

한국행정연구

-도전과 과제

박종민 정무권 편

博 英 社

머 리 말

행정학이 한국에 소개된 지 이미 반세기가 넘었다. 그리 길지 않은 기간에 한국행정연구는 양적으로 괄목할 만한 성장을 이루었다. 행정국가의 확대와 더불어 행정지식과 기술에 대한 수요가 급증하면서 행정학을 교육하고 연구하는 기관과 학자들이 급증하였다. 그러나 이러한 제도적 차원의 "눈부신 발전"에도 불구하고 한국행정연구의 수준과 실은 그에 상응하여 심화되지 못한 것으로 보인다. 근대행정학의 발상지인 미국 행정학에 대한 지적 의존은 거의 변함이 없이 지속되고 있다. 물론 외국의 이론과 연구를 준거하는 것 그 자체가 시비 거리가 될 수는 없다. 문제는 적실성에 대한 검토 없이 미국 행정학을 한국의 행정현실을 이해하는데 가장 적합한 모형으로 상정하고 이를 무비판적으로 모방하였다는데 있다. 이러한 연구정향과 행태는 "행정학의 토착화" 혹은 "행정학의 한국화"에 도움이 되는 것이 아니라 오히려 장애가 되었다. 사회와 문화의 경계를 넘어 이전 가능한 보편적 법칙과 이론을 제공하지 못하는 미국 행정학을 주기적으로 소개하고 기계적으로 적용하는 것으로는 한국행정학의 성숙을 기대하기 어렵기 때문이다.

이러한 문제의식에서 본서는 한국행정연구의 과거를 자성하고 한국행정학이 직면한 지적 도전과 이의 극복을 위한 과제를 다루었다. 저자들은 기존의 한국행정연구가 학문경계의 모호성, 연구대상과 초점의 한정성, 규범 및 비판이론과 반자연주의 인식론에 대한 몰이해, 이론 지향적 실증연구의 빈곤, 정량분석이 지배하는 방법론의 편협성, 이론적 사례연구의 부진, 해석연구의 결여, 역사와 맥락의 중요성에 대한 인식부족, 처방연구의 부실성 등을 노정하고 있다고 보았다. 그리고 이런 문제들을 극복하기 위해 개념과 이론에 의한 연구대상 설정, 규범적 접근의 강화, 이론적 실증연구의 촉진, 역사와 맥락의 중시, 방법론의 다양화, 처방연구의 내실화 등이 필요하다고 보았다. 이러한 시각에서 저자들은 개념, 이론, 접근법 및 방법론을 중심으로 현재 한국

행정연구의 성과와 한계를 지적하고 대안을 제시하려고 한 것이다.

본서는 크게 네 부분으로 구성되어 있다. 제 1 편은 행정연구의 대상, 범위 및 초점을, 제 2 편은 행정과 정책연구의 규범적 접근을, 제 3 편은 행정연구의 주요 개념과 이론 및 맥락을, 마지막 제 4 편은 행정연구의 방법론을 각각 다루었다. 보다 구체적으로 각 논문의 내용을 요약해 소개하면 박종민은 1장 “행정학의 연구대상”에서 행정학의 중심 개념의 부재 및 행정 개념을 현실제도와 일치시키는 물화로 인해 고유한 학문분야로서의 행정학의 경계를 한정하는데 실패해 왔음을 지적하고 있다. 그는 행정학이 중심 개념을 토대로 체계성과 통합성을 이루지 못하면 설사 주변이 확장된다 하여도 학문분과로서 독자성을 확보하지 못하고 오히려 소산될 수 있다고 경고하면서 행정학의 정체성의 악순환 극복은 행정 개념의 물화를 지양하고 행정학의 중심 개념을 형성하는 일에서 시작해야 한다고 하였다. 정무권 · 한상일은 2장 “공공부문의 다양화와 새로운 연구 영역”에서 준정부조직의 성장 등 공공부문의 다양화에 주목하면서 전통적인 정부조직뿐만 아니라 다양한 공공조직에 대한 관심과 그에 적합한 경험적, 이론적 및 규범적 연구를 촉구하면서 특히 민주주의의 위기 및 공공성과 효율성의 조화 문제를 한국행정연구의 주요 과제로 제시하고 있다. 한국의 공공부문 조직의 존재양식의 다양성을 지적한 그들은 기존 행정연구가 정부조직에 집중하는 경향을 비판하면서 전통적인 정부산하기관만이 아니라 공적 삶에 영향을 주는 민간조직도 행정학의 정당한 연구대상으로 포함시킬 것을 주문하고 있다.

양재진은 3장 “발전국가론 다시보기”에서 비록 단절 부분도 있지만 발전국가론은 현재 한국의 행정현상을 이해하는데 여전히 유용하다고 주장하고 있다. 수평적 책임을 담보하는 통치기구의 영향력이 강화되었지만 정책과정에서 행정부의 중심성은 여전하며, 경제부처의 정책향도 역할이 실효성은 떨어지나 지속되고 있고, 국가의 산업정책 개입수단은 변했으나 기조는 그대로며, 복지개입은 사회권에 토대를 두기 시작했으나 발전주의 복지체제의 기본틀이 유지되고 있다고 하였다. 그는 발전국가가 사라졌다 해도 오늘의 한국행정의 특수성은 발전국가론의 시각에서 이해될 수 있다고 하였다. 김근세는 4장 “집행부중심에서 입법부중심 행정으로”에서 기존 행정연구에서 발견되는 국회 역할에 대한 이론적 연구의 빈곤을 지적하면서 행정관료제를 입법부 및 사법부로부터 단절된 행정부의 배타적 통제대상으로 다루어왔던 기존 시각의 수정을 요구하고 있다. 그는 집행부중심 행정에 대한 대안적 시각으로 입법부중심행정 이론을 소개하면서 국회의 행정개입을 위한 제도적 장치, 행정부 견제를 위한 입법관료제의 제도적 장치, 정당정치와 행정, 분점정부와 단점정부 하에서의 행정과정의 차이, 정책정당의 제도적 기반, 입법관료제의 관리적 측면 등의 주제를 행정연구에 포함시켜야 한다고 하였다.

임의영은 5장 “행정에 관한 규범적 연구”에서 행정연구는 규범성, 과학성, 처방성이 조화를 이룰 때 학문성이 확보될 수 있을 것이라고 주장하고 있다. 그는 그동안 행정학계에는 과학성과 처방성을 강조하는 과학적 문화가 지배적이었고 규범성을 강조하는 인문적 문화는 주변적이었음을 지적하면서 두 문화 간의 소통부재 및 두 문화 지지자들 간의 적대적 태도를 개탄하고 “두 문화” 간의 “실질적인 개방”을 위한 학문공동체의 역할을 강조하고 있다. 그는 행정존재론, 행정인식론, 행정윤리론, 행정인간론 등을 규범연구의 내용으로 제시하면서 이에 대한 체계적인 연구를 희망하고 있다. 김희강은 6장 “정책과 사회정의 및 규범이론”에서 주로 비용-편익 관점에서 다루어져 왔던 정책연구에 있어 가치의 문제는 중요할 뿐만 아니라 피할 수 없다고 주의를 환기시키면서 사회정의의 문제를 보다 적절히 다룰 수 있는 규범적 가치의 문제를 제시하고 있다. 그녀는 기존 정책연구에서 규범적 가치의 기준이 되어온 효율성과 사회적 형평성이 규범적 가치로서 유의미함에도 불구하고 사회정의의 문제, 특히 사회의 구조적 불평등 문제를 다루는데 있어 한계가 있음을 지적하고 사회정의의 문제를 중심으로 하는 규범이론과 이에 근거를 둔 공공정책이 적용된 사회의 모습을 그리고 있다.

김호정은 7장 “행정학의 위기와 조직연구”에서 행정학 및 조직학의 위기의 원인으로 신공공관리론의 유행이나 계량적 분석방법의 지배보다는 한국 행정학자들의 비학문적 연구행태를 지적하고 있다. 그는 한국 조직학자들이 조직론의 도구적 성격을 활용하여 정부와 긴밀한 관계를 유지하고 정부의 입장을 합리화시켜 주는 정부용역 연구에 치중함으로써 조직론의 관변학문적 성격을 강화시켜 왔다고 비판하고 한국 조직학의 위기 극복을 위해 시의와 유행을 좇는 연구행태를 지양하고 기초이론 연구에 충실하고 특히 공공성의 성격을 강조할 필요가 있다고 하였다. 임도빈은 8장 “행위론적 접근”에서 행정학 분야의 연구가 적실성이 떨어지는 이유는 행정인들의 행위에 대한 충분한 조사와 심층적 관찰이 없기 때문이라고 진단하고 이처럼 “겉도는” 한국

행정학을 제자리로 돌릴 수 있는 하나의 방법으로 행위론적 행정연구를 제시하고 있다. 그는 통계학의 무분별한 남용보다는 행위의 의미를 제대로 파악하기 위해서는 심층적 관찰과 두터운 기술 및 통합적 해석이 더 중요하다고 주장하고 맥락에 대한 이해에 바탕을 둔 개념의 개발과 이론화를 강조하고 있다.

장지호는 9장 "역사적 제도주의의 적용과 극복"에서 행정연구의 주요 개념으로 제도를 제시하고 특히 역사적 제도주의의 유용성과 한계 및 극복 방안을 다루고 있다. 그는 역사적 제도주의가 이론적 독창성과 유용성을 담보하고 있음에도 이의 개념적 도구를 면밀하게 적용한 실증연구를 쉽게 발견하기 어려울 정도로 국내의 역사적 제도주의 연구는 부진하며 따라서 여전히 학계의 주변부에 머무르고 있다고 평가하였다. 그는 더 나아가 역사적 제도주의의 약점인 제도결정론을 극복하고 이론의 한국적 토착화를 위해 담론분석과 시차이론과의 접목을 제안하였다. 안도경은 10장 "행정학의 체계: 공공선택론의 관점"에서 공공선택론과 게임이론적인 제도론과 사회계약론, 정치 및 정책과정에 대한 형식이론, 거래비용경제학과 정보경제학을 바탕으로 하는 조직경제학을 총괄하여 행정학의 이론체계를 구성할 것을 제안하고 있다. 즉, 사회적 상호작용의 형태와 협동의 가능성, 제도와 사회계약, 사회구성원들의 공동대리인으로서의 정부 등의 개념을 정립하는 거버넌스론, 정책형성과정에서 정치적 경쟁의 역할, 관료제와 선출정치인들의 상호작용, 정부와 사회, 이익집단의 상호작용 등을 대상으로 하는 정책론, 조직과 비조직, 공조직과 사조직의 구분, 조직 내 협동과 조정, 인적자원관리, 조직문화와 관행을 다루는 조직론으로 행정학의 체계가 구성될 수 있다고 하였다. 이경원은 11장 "집합행동의 딜레마: 참여의 진화적 관점"에서 행정학의 주요 개념의 하나로 집합행동을 제시하고 이의 형성과 진화를 설명할 수 있는 다양한 이론적 시각을 소개하고 있다. 그는 진화적 관점에서 집합행동의 딜레마를 조명할 것을 제안하고 특히 한국의 집단주의 문화의 특성인 '우리성'의 해석을 통해 공공선의 달성을 위한 협력적 행동의 확산이 어려운 이유를 규명하려 하였고 우리 사회에서 공공의 영역이 상대적으로 축소되어 있는 현상에 대한 대안적 설명을 제시하려고 하였다.

이혁주는 12장 "행태모형과 정책연구"에서 이제까지 행정학 분야에서 드물게 사용되어 온 행태론적 모의실험 접근법이 사회현상을 이해하고 설명하는 이론화의 도구로서 잠재력이 크다는 인식에서 이를 행정연구의 중요한 방법론의 하나로 소개하고 있다. 그는 특히 공학적 접근법과 비교해 경제학적 의사결정주체를 전제한 미시적 접근법을 이용하는 행태론적 접근법이 이론개발의 도구로서 유용함을 강조하면서 이제 한국 행정학계도 이를 활용해 이론의 개발을 이루어야 한다고 주장하고 있다. 김승현은 13장 "실증적 사례연구방법: 분석, 평가 및 제언"에서 반자연주의자의 해석적 사례연구방법과 대비되는 자연주의자의 실증적 사례연구방법을 소개하고 있다. 그는 실증적 사례연구가 통계적 방법 및 수리적 모형과 방법론적 논리가 다르나 동일한 인식론적 논리를 공유하고 있으며 상호 경쟁적이라기보다 보완적이라고 하였다. 그는 양적 연구와 동일한 과학적 추론의 논리에 토대를 둔 실증사례연구에 대한 이해의 부족으로 한국행정학에서 질 높은 사례연구가 많지 않음을 지적하고 이론적 지향성을 갖는 사례 중심적 연구의 활성화 및 사례연구방법의 강화를 촉구하고 있다.

윤견수는 14장 "인문학적 성찰과 행정학 방법론"에서 행정학이 연구자와 연구맥락, 연구자와 연구대상 간의 거리두기를 근간으로 하는 과학주의에 매몰되어 왔음을 비판하고 관찰보다는 성찰, 분석보다는 집필, 설명보다는 소통의 관점에서 행정현상에 접근하는 인문적 사유가 필요하다고 하였다. 그는 인문학적 사유와 과학주의가 상호 경쟁적 관계가 아니라 보완적인 관계임을 지적하고 그동안 경시되어 왔던 인문학적 성찰을 강화하여 방법론의 다원화를 이루어야 함을 강조하고 있다. 구교준은 15장 "임상과학으로서의 행정학"에서 행정학을 의학과 비교하면서 순수학문보다 응용학문으로서 행정학의 위상을 정립할 것을 주장하고 있다. 행정학을 공공부문의 문제해결을 위한 임상과학으로 정의하는 그는 행정학이 기초사회과학뿐만 아니라 인문학까지 아우르고 이들의 창의적 융합을 통해 임상성을 강화하는 과정에서 행정학의 위치를 찾을 수 있으며 이를 위해 행정학은 통섭적, 실증적, 과학적 접근방법 모두를 필요로 한다고 하였다.

본서에서 저자들이 한국행정연구가 안고 있는 모든 문제를 지적하고 그에 대한 종합적 대안을 제시하려 한 것은 아니다. 또한 기존 한국행정연구에 대한 비판에서 저자들 스스로 완전히 자유롭다는 것도 아니다. 저자들은 본서를 통해 한국행정연구의 한계와 문제를 자성하고 제한적이나마 내실화를 위한 대안을 제시하려 한 것이다. 저자들은 한국행정학의 성숙을 위해 연구주제의 적합성, 방법론의 다원화, 규범 및 비판이론의 재발견, 이론적 경험연구의 강화, 해석과 의미의 중요성 인식 등이 절실히 요구된다는 것을 강조하려고 하였다. 이러한 의도가 충분히 전달되지 못해 아쉬움이 적지 않지만 한국행정연구의 성숙을 위해 이론과 연구의 결합 및 접근법과 방법론의 다양화에 대한 적극적 관심을 촉구한 것으로 만족한다.

본서의 출간은 2007년 봄 원주시 매지리 연세대학교 캠퍼스에서 가진 한국 행정학 및 행정학계의 현실을 우려하는 학자들의 모임(매지행정포럼)에서 구상되었다. 본서의 논문들은 모두 한국행정학회 2008년 춘계 및 하계학술대회에서 발표되었다. 저자들은 이들 학술대회에서 사회자 혹은 토론자로 논문의 개선을 위해 품앗이를 하였다. 이들 이외에 사회와 토론을 통해 논문들의 개선을 도와준 매지행정포럼의 강명구(아주대), 정성호(경기대), 강효진(서울산업대), 이영철(전남대) 교수, 그리고 김호섭(아주대), 김동원(인천대), 김항규(목원대), 심광호(고려대), 안성민(울산대), 이명석(성균관대), 이병량(순천대), 이시원(경상대) 교수께 감사한다.

연구년으로 참석이 어려웠던 일부를 제외한 대부분의 저자들은 고려대학교 2007년 가을 학기 "한국행정론" 대학원 세미나에 참여하였다. 논문을 기고하지는 못했지만 당시 세미나에 참여했던 강효진(서울산업대), 김선혁(고려대), 문태훈(중앙대), 신동면(경희대), 원숙연(이화여대) 교수께 감사한다. 그리고 대학원 세미나를 수강하면서 유익한 토론을 펼쳐준 고려대학교 행정학과 석·박사과정의 대학원생들에게 감사한다. 편집과정에서 수고를 아끼지 않은 고려대학교 박사과정의 배정현 선생 및 박영사 편집부의 김선민 부장께 고마움을 표한다. 끝으로 본서의 출간을 흔쾌히 허락해주신 박영사 안종만 회장님께 감사한다.

박종민 · 정무권

차 례

제 1 편 대상, 범위 및 초점

제 2 편 규범적 접근

제 3 편 이론, 개념 및 맥락

제 4 편 방 법 론

제 1 편

대상, 범위 및 초점

대 . 상 . 범 . 위 . 및 . 초 . 점

1장 행정학의 연구대상

박 종 민

Ⅰ. 서 론

한국에서 근대적 행정연구는 20세기 중반 태동하였다. 초기 한국행정학은 독일과 오스트리아계의 국가학 또는 공법학의 영향으로 법제도적 연구가 주류를 이루었다(김운태, 1969). 한국에서 행정학의 母학문은 정치학보다는 법학이었다. 법학자들이 행정학 저술을 주도할 정도로 한국행정학은 법학에 뿌리를 두었다. 이러한 맥락에서 이한빈(1970)은 법학에서 탈피한 행정학을 주장하였던 것이다. 행정학과가 주로 법과대학에 설치된 것은 한국에서 行政이 行法으로 간주되었기 때문이다. 초기에는 행정학이 아니라 행법학이었다. 그러나 점차 법제도적 접근을 벗어나 실제적인 정부활동에 초점을 두기 시작하면서 정치학의 영향을 받았다. 행법학에서 행정학으로 변하고 있었다.

정치학에서 발전한 미국행정학의 도입은 한국행정학의 연구방향에 결정적인 영향을 주었다. 무엇보다도 법제도적 차원이 아닌 실제적인 정부활동에 초점을 두도록 하였다.[1] 이러한 영향은 한국 최초의 행정학교과서로 알려진 정인흥(1955)에서 발견할 수 있다. 그는 미국의 행정학을 소개하면서 정치학과 관리학이 결합된 행정학의 특징을 강조하였다. 1958년 번역 소개된 미국 최초의 행정학교과서인 L. White(1926)는 행정학의 연구대상을 법제도로부터 관리로 전환해야 할 논거를 주었다.[2] 그는 “행정연구는 법의 토대보다 관리의 기초로

---

* 이 글은 2008년 한국행정학회 춘계학술대회 발표 논문 “행정학의 종언인가?: 정체성 위기의 악순환”을 수정 및 보완한 것이다.

1) 미국에서도 정부연구는 법과 공식제도에 초점을 두다가 점차 정부의 실제 행태를 강조하였다.

2) 김동원 · 민병태 · 윤세창 · 이한빈 · 정인흥 · 조효원, (역) (1958). 「행정학원론」(서울: 을류문화사).

부터 시작해야 한다"고 주장하여 행정학의 脫법학화를 강조했다. 보다 주목할 만한 것은 그가 전제한 정치-행정 이원론의 시각인데 이는 한국 학계에서 행정학의 학문적 독자성을 구축하는데 도움을 주었다. 이들 교과서는 초기 한국행정학이 연구대상과 범위를 설정하는데 단초를 제공하였다. 미국의 정통행정학의 정치-행정 이원론을 기초로 정부의 실질적인 관리활동에 초점을 둘 수 있었다.

한국에서 행정학은 국가학으로부터 출발하였다. 국가학은 국법학과 정치학으로 나누어졌는데 행정연구는 초기 법학적 접근이 압도한 행법학에서 점차 정치학과 관리학이 결합된 행정학으로 발전하였다. 지난 50년간 한국행정학은 괄목할만한 성장을 이루었다고 할 수 있다(백완기, 2003; 안병영, 2006; 이종범, 2006; 박종민, 2006). 미국행정학에 의존적이었던 한국행정학은 미국과 유사한 정부형태로 인해 정부를 구성하는 삼부 가운데서 집행부(executive branch)에 초점을 둘 수 있었다. 행정을 현실의 구체적인 공식제도에 의해 규정한 것이다. 박동서(1967)가 "행정은 행정부가 하는 일, 기능, 공무원이 하는 것"으로 간주한 것은 대표적인 예이다. 이종범(1977)은 "행정조직 내적인 모든 현상, 예를 들면 정책결정의 내용, 주제, 행태, 구조-기능적 측면 등이 포함"된다고 하였다. 백완기(1978)는 "행정학의 정체성을 지키기 위해서 소재는 공식조직에 두어야 한다. 공식조직을 연구의 센터로 삼지 않으면 사회학이나 경영학 등과 구별될 수가 없다"고 하였다. 강신택(1987)은 행정을 "행정부(또는 그 기능적 대체조직)가 정책을 형성하고 집행하는 일련의 행동과 상호작용"이라고 하였다.

행정학에서 행정은 집행부의 활동과 동일한 것으로 간주되었고[3] 행정학은 바로 집행부가 하는 모든 활동을 연구하는 학문으로 이해되었다. 행정학의 연구대상을 집행부의 활동으로 규정하면서 한국행정학은 그 연구대상을 확대할 수 있었다. 집행부가 하는 모든 일이 행정학의 연구대상이 되기 때문에 집행부의 역할과 기능이 확대될수록 그에 상응하여 행정학의 범위는 날로 팽창하게 된 것이다. 특히 경제발전을 위해 정부의 주도적 역할이 강조된 개발연대의 시대적 상황은 한국행정학의 경계를 확대시켰고 행정학의 학문적 위상을 공고화 시켰다. 그러나 20세기 후반 범세계적으로 확산되기 시작한 신자유주의 정치이

---

3) 행정부가 집행부와 구분되는지 명확하지 않다. 후술하지만 현 헌법체계에서 삼부는 국회, 정부, 법원이며 국회는 입법권, 정부는 행정권, 법원은 사법권의 주체이다. 한편 정부는 대통령과 행정부로 구성되어 있다. 따라서 헌법 용어로서 행정부와 행정학 용어로서 행정부가 동일한지 혹은 행정학 용어의 행정부가 대통령과 행정부를 모두 포함하는 정부, 즉 집행부를 가리키는지 명확하지 않다.

념이 脫행정국가를 가속화시키면서 국가(정부) 축소에 대한 압력이 커지고 있다(박종민, 1998). 이는 정부활동에 초점을 둔 행정학의 위상에 위협이 되고 있다. 지난 2000년 한국행정학회의 kapa@포럼은 기획논단을 통해 행정학의 위기에 관한 논의의 장을 열었다. 논단을 기획하면서 편집인은 "W. Wilson이 행정학의 독립을 촉구한지 1세기 이상 지난 지금 학문분과로서의 행정학은 위기와 혼란에 직면한 것처럼 보인다. 지난 세기말 신자유주의가 정치, 경제 및 사회질서의 재편을 합리화하는 정치운동으로 등장하고 행정학의 연구대상인 정부행정에 대한 비판과 공격이 범세계적으로 확산되면서 전통적인 행정학적 지식의 유관성과 유용성이 의문시되고" 있다고 주장하였다. 그동안 발전국가의 등장과 더불어 급속히 성장한 한국행정학이 범세계적 현상인 행정국가의 위기로 인해 학문적 쇠퇴에 직면한 것인가?

Ⅱ. 학문분과와 연구대상

행정학이 독자적인 학문분과(discipline)를 이루려면 적어도 연구대상(주제)의 독자성이 있어야 한다. 다른 학문분과의 연구대상과 구분되지 않는다면 독자적인 학문분과로 발전하기 어렵다. 연구대상은 핵심 개념들에 의해 구별된다. 독자적인 학문분과는 지식을 통합시켜주는 개념들을 발전시킨다. 이러한 개념들이 없다면 학문분과의 질서와 지식의 체계성을 이루기 어렵다. 행정학의 연구대상은 무엇인가? 행정에 관한 지식을 통합시켜주는 핵심 개념들이 있는가?

미국에서 행정에 대한 과학적 연구를 촉구한 W. Wilson(1887)의 논문이 출간된 후 반세기가 지난 20세기 중반 F. Mosher(1956)는 행정학이라는 학문분과가 존재한다면 그 범위와 방법이 무엇인지 자문해야 하는데 자신은 그에 대해 답할 수 있을지 확신이 없다고 고백하였다. 그는 학문분과를 지나치게 포괄적으로 정의하면 다른 학문분과들로부터 조롱을 당할 것 같고, 그렇다고 지나치게 제한적으로 정의하면 독자적인 학문분과로 발전하기 어렵기 때문에 아예 정의되지 않는 것이 최선이라고 주장하면서 행정학은 하나의 학문분과라기보다 관심영역에, 독립된 과학이라기보다 하나의 초점에 더 가깝다고 하였다. D. Waldo(1968)는 행정학이 하나의 학문분과로서 혹은 정치학의 하위분야로서의 위상 정립에 모두 부정적인 입장을 밝히고 의학과 같은 전문직(profession)의 시각을 제시하였다. 그는 전문직의 시각을 통해 통합성을 이루어 정체성의 문제를 해결할 수 있다고 하였으나 이러한 접근은 행정학을 최악의 경우 "잡학"으로 전락시킬 가능성이 있다. 독자적 학문분과로서의 행정학의 정체성을 구축하는 일은 행정의 개념 규정과 밀접히 관련된다. 이러한 시각에서 M. Landau(1972)는 학문분과를 조직해주는 개념과 정의 없이는 행정학이 발전할 수 없다고 하였다. 그는 행정에 대한 적절한 정의가 없으면 연구대상이 한정될 수 없고 경계가 임의적으로 확장되어 하나의 학문분과로서 질서와 통합성을 갖기 어렵다고 하였다.

학문분과를 구분하기 위해서는 연구대상을 구분해주는 범주 혹은 개념이 필요하다. 행정학이 정치학이나 경영학과 차별화되려면 정치학이나 경영학과 구분되는 고유의 연구대상을 가져야 한다. 연구대상을 구분하려면 범주와 개념이 필요하다. 행정학이 다루는 행정현상을 정치현상이나 경영현상과 구분하려면 행정에 대한 개념 규정이 선행되어야 한다. 행정의 개념 규정 없이는 행정현상을 정치현상이나 경영현상과 구분할 수 없고 따라서 행정학의 연구대상을 한정할 수 없으며 하나의 독립된 학문분과로서 행정학의 위상을 정당화하기 어렵다. 특히 행정의 개념 규정은 국가 혹은 정부를 다루는 또 다른 오래된 학문인 정치학과 구분되는 행정학의 학문적 독자성을 정당화하기 위해 필요하다. 행정은 정치와 개념적으로 구분될 필요가 있다. 그렇지 못하면 두 용어를 구분하여 사용할 실익이 없다. 행정의 개념 규정은 행정학의 연구대상을 한정해 주고 나아가 학문분과로서의 통합성을 제고하기 위해서 필요하다. 그러나 유감스럽게도 행정 개념이 종종 손쉽게 物化(reification)되면서 행정학의 연구대상은 현실세계의 제도와 동일한 것으로 간주되었다.[4)]

국가 혹은 정부를 연구하는 학문분과의 구분은 헌법체계의 삼권분립제도를 반영하였다(Waldo, 1968). 즉, 입법권, 사법권, 행정권을 각각 담당하는 三府 가운데서 집행부의 활동이 행정학의 소재로 규정된 것이다. 행정의 개념을 집행부, 즉 현실의 제도를 통해 규정하면서 초창기 행정학의 연구대상을 확보하는데 큰 도움을 주었다. 이러한 개념 규정은 집행부의 역할이 확대되는 행정국가화의 경향으로 행정학의 경계를 크게 확대할 수 있었다.[5)] 행정은 집행부에

4) 개념은 현실의 복잡성을 모두 담을 수는 없다. 개념은 현실을 추상화하기 때문에 현실을 그대로 模寫하는 것은 아니다. 물화는 개념을 실제적인 것으로 간주하는 것으로 분석적 도구로서의 개념의 유연성을 떨어뜨린다.

5) 사실상 권력분립의 원칙은 행정국가 현상과 모순된다. 국가의 행정조직과 기능이 강화되고 확대되는 것은 정치권력을 입법-사법-행정으로 분립시키고 상호 견제와 균형을 유지하려는

속한 모든 기관들의 일체의 활동을 가리키며 따라서 집행부의 역할이 확대되면서 행정학의 연구주제는 그에 상응하여 확대된 것이다. 행정학의 연구대상, 주제 및 질문은 현실의 집행부의 관심에 의해 결정되었다. 집행부가 직면한 현실문제가 학문분과로서 행정학의 연구주제가 된 것이다. 이렇게 현실 제도에 근거한 행정학의 연구대상 설정은 행정학적 지식의 체계화에 기여하지 못하였다. 이러한 행정의 개념 규정은 집행부의 활동 변화에 따라 행정학의 연구주제가 변하게 만들었고 행정학의 학문적 경계를 모호하게 하였다.

행정학계의 해묵은 논쟁인 정치-행정 이원론 대 일원론은 행정학의 정체성 확립 문제와 관련되지만 이는 근본적으로 개념 규정의 문제라 할 수 있다.[6] 정치-행정 이원론의 시각은 정치와 개념적으로 구분되는 행정의 실제를 강조하는 반면, 정치-행정 일원론의 시각은 정치와 경험적으로 구분되지 못하는 행정의 실제를 강조한다. 정치와 행정이 구분된다는 입장은 이 둘이 별개의 것을 가리키는 용어라고 본다. 이는 개념적 정의의 문제와 관련된다. 한편, 정치와 행정이 구분되지 않는다는 입장은 두 용어가 가리키는 것들 간에 경험적 관계가 있다고 본다. 이는 경험적 가설의 문제와 관련된다. 헌법의 삼권 및 삼부의 구분에 따라 정치와 행정의 구분이 자명한 것으로 가정했을 뿐 분석도구로서 정치와 행정의 개념이 무엇을 의미하는지 명확하지 않았다. 개념의 정의 문제와 경험적 사실 문제의 혼재는 정치학과 구분되는 행정학의 학문분과를 구축하는데 잠재적인 장애가 되었던 것이다.

Ⅲ. 삼권분립과 개념의 물화

한국행정학에서 행정의 개념 규정은 한국의 헌법체계 및 미국행정학의 영향을 모두 반영하고 있다. 헌법의 삼권분립과 삼부구분은 행정학의 연구대상을 설정하는데 실질적인 단초를 제공하였다. 대통령 중심제의 정부형태는 국가권력을 입법권, 사법권, 행정권으로, 그리고 각 권력을 담당할 통치기구를 입법부, 사법부, 행정부(집행부)로 구분하였는데 행정부가 자연스럽게 행정학의 연

헌법원칙을 위협하는 것이다.

6) 초기 정치-행정 이원론은 정치와 행정의 용어를 개념적으로 구분하려는 분석적 주장이기보다 정부개혁의 입장에서 정치를 행정으로부터 분리시켜야 한다는 규범적 주장을 반영하는 것으로 보인다.

구대상으로 선택된 것이다. 행정을 규정하는 일단의 속성을 제시하고 이를 통해 행정의 용어가 적용되는 사물의 범위를 결정하기보다 현실의 통치기구인 집행부를 통해 행정의 속성을 파악하려고 한 것이다. 사법 및 입법이 아닌 나머지 국가작용을 행정이라고 규정하는 控除說(殘餘說)은 현실의 제도를 통해서 행정 개념을 파악하지는 않지만 이런 부동(negation)에 의한 정의로는 행정학의 경계를 설정하는데 효과적이지 못하다.[7] 이처럼 제도적 권력분립은 행정을 다른 국가기능과 구분하는 토대가 되었고 삼권 및 삼부의 분리를 규정한 헌법체계는 정치-행정 이원론을 자명한 것으로 수용하게 하였다.

이러한 개념화는 집행부의 활동을 전부 행정으로 간주하는 것이었다. 그리고 헌법은 집행부를 구성하는 구체적인 제도(기관)를 적시하였다. 예를 들면 한국의 제헌헌법은 대통령 중심제를 채택하면서 통치기구를 국회, 정부(대통령, 국무원 및 행정각부), 법원으로 구분하고 입법권은 국회, 행정권은 정부수반인 대통령, 사법권은 법원에 각각 부여하였다. 행정부라는 용어는 사용하지 않았지만 행정권이 대통령에 있었고 대통령은 국무원 및 행정각부와 더불어 정부를 구성하기 때문에 정부의 활동이 바로 행정이 되었다. 제 2 공화국 헌법은 내각책임제의 정부형태를 채택하면서 통치기구를 국회, 대통령, 정부(국무원과 행정각부), 법원으로 나누고 입법권은 국회, 행정권은 국무원, 사법권은 법원에 부여하였다. 여기서 대통령은 정부에 속하지 않고 따라서 대통령의 활동은 행정에서 제외될 수 있었다. 제 3 공화국 헌법은 다시 대통령중심제를 채택하면서 통치기구를 국회, 정부(대통령, 국무회의, 행정각부 및 감사원), 법원으로 구분하고 입법권은 국회, 행정권은 대통령, 사법권은 법원에 부여하였다. 여기서 정부활동이 행정이라면 행정학의 연구소재는 행정각부는 물론 대통령, 국무회의 및 감사원을 포함할 수 있었다. 현행 제 6 공화국 헌법은 통치기구를 국회, 정부(대통령과 행정부), 법원으로 구분하고 입법권은 국회, 행정권은 대통령, 사법권은 법원에 부여하였다. 현재의 헌법으로 보면 대통령과 행정부로 구성된 정부의 활동이 행정학의 연구대상이라고 할 수 있다. 한국에서 행정연구가 태동한 1950년대 중반의 헌법체계는 삼권분립의 원칙에서 삼부를 구분하였고 이는 내각책임제를 채택한 제 2 공화국 헌법 및 비민주적인 제 4 공화국 유신헌법과 제 5 공화국 헌법을 제외하고 그대로 유지되었다. 이러한 헌법체계는 행정학의 연

7) 이는 행정은 정책결정이 아니고, 정치가 아니고, 관리가 아니라는 방식으로 행정의 의미를 파악하려는 것과 유사하다.

구대상을 제도적으로 식별하는데 결정적인 단서를 제공하였다. 이는 헌법체계와 정부형태의 변화에 따라 행정에 대한 再개념화 없이 행정학의 연구대상이 변화된다는 것을 의미하는 것이다. 헌법상의 정부 혹은 행정부를 행정과 동일시하면서 행정의 개념을 물화시켜버렸고 이는 개념의 유연성과 분석적 효용성을 약화시켰다.

현실세계의 통치기구인 집행부의 활동을 행정과 일치시키는 시도는 행정학의 연구대상을 적시하는데 유용하지만 독립된 학문분과를 발전시키는데 한계를 주었다. 사실상 각 통치기구를 대상으로 하는 학문분과를 구분하는 것은 이론적이지 못하다. 행정부를 대상으로 하는 학문분과가 행정학이라면 입법부를 대상으로 하는 입법학, 사법부를 대상으로 하는 사법학이 정당화될 수 있을까? 현실의 통치기구를 통해 학문분과의 경계를 설정하는 것은 행정부, 입법부, 사법부 모두에서 나타나는 "행정"이라고 부를 수 있는 혹은 "정치"라고 부를 수 있는 현상에 대한 이론화를 가로막는 것이었다. 이러한 개념 규정은 입법부에서는 "행정"이 없거나, 행정부에서는 "정치"가 없다고 하는 것이며, 더 나아가 정부가 아닌 사회조직에는 "정치"나 "행정"이라고 부를 수 있는 현상이 없다는 것을 의미한다(Wolin, 1960).

정치와 행정의 개념은 제도와 기능(활동)의 측면에서 규정될 수 있다. 제도와 기능은 서로 완전히 겹치지 않기 때문에 정치와 행정의 구분을 논할 때 차원이 제도적인지 혹은 기능적인지 파악할 필요가 있다. 제도적 차원에서 행정을 규정한다면 행정은 집행부(행정부)의 활동이라고 할 수 있다. 반면 기능적 차원에서 규정한다면 집행부의 모든 활동을 행정이라고 할 수는 없다. 행정권이 집행부에 속한다고 집행부의 활동이 전부 행정권의 행사라고 간주할 수는 없다. 집행부는 準입법적 및 準사법적 활동도 하기 때문이다. 이처럼 제도(府)와 기능(權)을 구분하지 않고 사용한 것이 정치-행정 이원론 대 일원론의 논쟁 및 행정학의 연구대상과 범위를 설정하는데 혼란을 가져온 것이다.

근대행정에 대한 과학적 연구를 처음으로 촉구한 Wilson(1887)은 "행정의 분야는 사업(business)의 분야이다. 그것은 정치의 조급함과 다툼이 제거된 것이다"고 주장하고 "행정 문제는 정치 문제가 아니다"고 하면서 행정과 정치를 구분하였다.[8] 초대 미국정치학회장이었던 F. Goodnow(1900)는 정치-행정 이원

8) Wilson(1887)은 행정의 목표는 정부가 적절히 성공적으로 할 수 있는 일이 무엇인지 그리

론의 대표적 학자이다. 그는 "모든 정부체제에는 정부의 일차적 혹은 궁극적 기능이 둘이 있다. 즉 국가의지의 표현과 그 의지의 집행이다. 이들 기능은 각각 정치와 행정이다"고 하였다. 정부기능을 국가의지를 표현하는 기능과 의지를 집행하는 기능으로 구분하고 전자를 정치, 후자를 행정으로 규정한 것이다. 여기서 주목해야 할 것은 그의 정치-행정 이원론이 제도적 구분이 아니라 기능적 구분이었다는 점이다. 그는 정치와 행정 기능이 전적으로 입법부와 집행부에 귀속한다고 생각하지 않았다. Landau(1972)가 지적했듯이 그의 정치-행정 이원론은 분석적 구분이지 경험적 구분이 아니었다. 즉, "정치"는 "국가의지의 표현"과 동일하고 "행정"은 "국가의지의 집행"과 동일하다고 정치와 행정의 개념을 규정한 것이다. 그가 제시한 행정 개념의 규정은 분석을 위한 것이지 현실을 서술하는 것이 아니라는 것이다. 국가의지의 집행을 행정이라고 한 그의 주장이 서술적으로 틀리다고 할 수 없는 이유는 그것이 분석적 정의이기 때문이다.[9] 이처럼 정치-행정 이원론의 초기 주창자들은 정치와 행정의 개념을 현실의 정부기구와 동일시하지 않았다. 즉, 행정은 집행부와 동일시하지 않았고 정치는 집행부를 제외한 다른 정부기구, 특히 입법부와 동일시하지 않았다.

모든 정부기구가 두 기능을 같은 정도로 동시에 수행하는 것이 실질적으로 가능하지 않기 때문에 모든 정부는 차별화된 기구를 구성하고 각 기구에 각각의 기능을 분담한다. 주로 집행기능을 담당하는 기구와 정책기능을 담당하는 기구를 차별화한다는 것이다. 설사 이들 정부기구가 제도적으로 구분된다 하여도 기능적으로 구분되는 것은 아니다. Waldo(1980)가 지적했듯이 정부기능의 구분과 정부기구의 구분은 완전히 일치하지 않는다. 문제는 정부기능의 구분(삼권분립)과 정부기구의 구분(삼부분립)이 일치한다는 묵시적 가정에서 정치-행정 이원론 및 행정학의 독자성에 대한 비판이 고조되었다는 것이다. 집행부 혹은 행정기관들이 정책집행만이 아니라 정책결정에도 관여한다는 사실로부터 행정을 정치로부터 분리할 수 없다는 비판은 행정의 개념화에 대한 혼선에서

고 정부가 어떻게 그런 일을 최소한의 비용으로 능률적으로 해낼 수 있는지를 발견하는 것이라 하였다. 이는 행정이 집행만이 아니라 정책과도 관련되며 정치와 행정의 엄격한 분리가 가능하지 않음을 언명한 것으로 해석될 수도 있다(Waldo, 1980).

9) 경험적 진술은 사실을 기술하는 것으로 관찰을 통해 그 진위 여부를 검증할 수 있다. 반면 분석적 진술은 관찰을 통해 그 진위 여부가 검증될 수 있지 못하며 단지 용어가 어떻게 사용되는지에 대한 규칙을 진술하는 것뿐이다.

빗어진 것이라 할 수 있다. 정부기능을 정치와 행정으로 구분한 것과 정부기구를 정치와 행정으로 구분한 것이 일치한다고 오해했기 때문이다. 행정의 개념 규정과 관련한 이러한 혼선은 행정원리의 과학적 성격에 대한 비판과 더불어 학문분과로서 행정학의 위상을 구축하는데 치명타를 주었다(Dahl, 1947; Simon, 1947; Waldo, 1948).

전술한 바와 같이 한국의 헌법체계도 초기 한국행정학에서 행정의 개념을 규정하는데 가시적 단서를 제공하였다. 헌법에 명시된 제도적 삼권분립은 행정을 집행부라는 제도를 통해 규정하도록 하였다. 그러나 한국전쟁과 전후복구 및 산업화 과정에서 정부의 역할이 증대되면서 집행부의 행정기관들이 집행만이 아니라 정책수립에도 관여하고 있고 또 관여하는 것이 필요하다는 점이 강조되면서 정치-행정 이원론이 비판되기도 하였다(이한빈, 1970; 박동서, 1978). 특히, 권위주의 통치구조는 정치를 억압하여 행정이 구분되어야 할 정치는 크게 축소되어 있었다. 즉, 제도적 권력분립이 보장되지 않았고 입법부와 사법부가 제왕적 대통령에 의해 통제되면서 집행부가 집행만이 아니라 정책결정도 독점하였고 따라서 정치와 행정의 구분이 유명무실하게 된 것이다. 이러한 상황에서 정치로부터 분리된 행정에 대한 체계적 연구를 정당화하려는 노력이 그다지 필요하지도 않았다. 행정이 분리되어야 할 정치가 부재하였기 때문에 정치-행정 일원론을 옹호하려는 노력도 필요하지 않았다. 집행부 역할의 확대로 한국행정학은 급속한 팽창을 하였지만 행정학의 연구대상을 한정시키는 개념적 논의는 촉진되지 못하였다.

White(1926)의 행정학입문서도 초기 한국행정학의 연구대상을 설정하는데 영향을 주었다. 그는 행정학을 정치학과 관리학이 결합된 것으로 보았지만 관리학의 측면을 더 강조하였다(Henry, 1990). 그는 행정(관리)이 단일의 과정이며, 행정(학)은 인문학(art)으로부터 (자연)과학(science)으로 진보할 수 있고,[10] 행정은 근대정부의 중심 문제이며 행정의 목표는 능률성이라고 하였다. 초기 한국행정학은 이러한 관리학의 관점에서 행정학의 범위를 POSDCORB로 한정하였다. 그러나 발전행정의 확산으로 행정학의 연구대상을 관리에 국한시키는 것이 제한적인 것으로 인식하게 되었다. 이한빈(1970)은 "행정은 하나의 계속적인 과정이다. 목표설정에서 시작하여 그 수행과 평가과정을 통하여 다시 새로운 목표설

10) 종래에는 art를 기술 혹은 기예로 번역하였지만 (자연)과학과 대비되는 용어를 사용하는 것이 적절하다는 판단에서 인문학으로 번역하였다(박종민, 2008).

정으로 이끌어 간다"고 하였다. 따라서 정통행정학이 추구한 POSDCORB만으로는 만족스러울 수가 없었다. 미국 행정학계에서 수용되기 시작한 정치-행정 일원론과 특히, 후진국 행정을 위해 개발된 발전행정학의 급속한 성장은 한국 행정학의 연구대상에 변화를 가져왔다.

미국행정학은 "헌법을 만드는 것보다 헌법을 운영하는 것이 점차 어려워지는" 상황에서 태동하였다(Wilson, 1887). 민주주의의 정착이 행정국가의 등장보다 먼저 시작된 상황에서 나타난 것이다(Stillman, 1982). 미국행정학은 당파적 간섭으로부터 행정을 분리시켜야 한다는 규범적 관심에서 나타났다. 반면 한국행정학은 행정국가의 등장이 민주주의의 정착보다 먼저 시작된 상황에서 태동하였다. 우리는 정부를 능률적으로 관리하는 일 못지않게 정부를 민주적으로 구성하는 일이 중요하였다. 헌법은 외견상 국가권력을 제도적으로 분립시켰지만 통치권은 주로 대통령이 정점에 있는 집행부에 집중되었다. 정치와 행정의 분리는 시대적 요청이나 관심이 아니었고 행정이 분리되어야 할 민주정치는 없었다. 한국에 미국행정학이 도입되면서 정치-행정 이원론이 허구적이고 행정은 정치과정의 일부라는 관점이 소개된 탓도 있지만 한국의 정치상황과 정부현실은 정치-행정 일원론의 수용을 용이하게 하였다. 그러나 당시 한국의 정치과정은 민주적이지 못하였기 때문에 정치-행정 일원론의 수용에도 불구하고 한국행정학은 정치과정보다 관리과정에 치중하였다. 정치과정으로서의 행정에 대한 이해는 민주화와 더불어 본격적으로 형성되기 시작하였다.

Ⅳ. 정책연구와 경계의 확장

통치(정부)가 정치와 행정으로 구분될 수 없다는 정치-행정 일원론은 관료들이 정책결정에 참여하는 것이 불가피할 뿐만 아니라 바람직하기까지 하다는 입장을 견지한다. 우리의 경우 관료들이 발전정책을 집행하는 것만이 아니라 발전목표를 수립하고 이를 달성하기 위한 정책을 설계하는데 주도적인 역할을 하거나 또 해야 한다는 시각에서 정치-행정 이원론의 타당성에 의문을 제기하였다. 특히, 권위주의 정권에서 통치의 탈정치화와 발전국가의 강화는 정치-행정의 구분이 사실상 불필요할 정도로 통치영역에서 행정이 정치를 압도하게 되었다.[11] 이러한 정부현실에서 한국행정학의 연구대상이 팽창된 것은 필연적이다. 한국에서는 행정학을 학문분과로 정립시키기 위한 영역논쟁이 별로 필요하지 않았던 것이다.

미국의 경우 전시에 동원된 행정학자들이 종전 후 학계로 복귀하면서 정치-행정의 분리가 경험적으로 타당하지 않을 뿐만 아니라 규범적인 차원에서도 바람직하지 않다는 주장이 확산되었다. 정책이 결정되는 과정에 대한 다원론적 접근은 행정기관이 정책과정의 하나의 행위자임을 부각시키며 정책집행은 정치과정의 일부이고 정치와 행정의 구분은 사실상 불가능하다는 점을 강조하였다. 또한 관료들의 전문성을 활용하려면 이들을 정책과정에서 배제하는 것이 바람직하지 않다는 점에서 정치와 행정의 구분이 비판되기도 하였다. 이러한 논거는 정치를 행정으로부터 분리시키는 것이 좋은 통치(정부)를 담보할 수 있다는 초기 행정학자들의 논거와 다른 것이다. 정치-행정 이원론은 행정기구가 당리·당파적 간섭으로부터 보호되어야 한다는 차원에서 정치-행정의 구분을 옹호하였지만 정치-행정 일원론은 행정기구가 정책과정의 일부가 되어야 한다는 차원에서 정치-행정의 구분을 비판한 것이다. 정치-행정 일원론은 행정의 정치적 중립성에서 초래된 행정의 파편화 현상과 無방향성에 대해 비판적이었다(Kaufman, 1956). 이러한 입장의 학자들은 정책결정에 참여하는 행정기구에 대한 정치적 통제가 필요하다는 논거에서 정치-행정 일원론을 옹호하였다. 이처럼 한국에서든 미국에서든 정치-행정 이원론의 비판자들은 집행부가 정치과정에 관련될 수밖에 없기 때문에 제도적 권력분립이 의미하는 정치와 행정의 엄격한 구분이 불가능하다는 것을 지적하였다.

그러나 집행부가 정책결정에 관여하기 때문에 정치와 행정을 구분할 수 없다는 주장은 분석적 주장과 경험적 주장을 구분하지 못한 것일 수 있다. 행정이 집행부의 활동이라고 정의를 내렸다면 집행부의 활동이 정치인 것도 있다고 주장하는 것은 용어를 잘못 사용하는 것이다. 정의는 경험적 관찰로 그 진위가 판단될 수 있는 주장이 아니기 때문이다. 만일 "집행부의 활동은 행정이다"는 주장의 진위가 경험적 관찰을 통해 판단될 수 있는 것이라면 행정 개념에 대한 정의가 선행되어야 한다. "행정"과 "집행부의 활동"이 서로 독립적

11) 권위주의 통치로 인해 권력분립 및 견제와 균형의 민주제도의 원리가 붕괴되면서 행정조직과 활동이 크게 확장된 것이다. 발전국가의 정당성은 삼권분립이라는 민주원칙과 긴장을 조정하였다.

으로 정의되지 못하면 동어반복이 된다. 행정을 정책집행이라고 정의한다면 그리고 집행부의 활동이 정책집행만이 아니라 정책결정도 포함한다면 "집행부의 활동은 행정이다"는 주장은 경험적으로 틀린 것이다. 정치와 행정은 추상적 개념으로 이를 정의하는 것이 쉽지 않지만 두 개념이 다른 현상을 나타내기 위해 사용되는 것이라면 두 개념은 상이하게 정의되어야 한다. 따라서 정치-행정 이원론의 비판자들은 기능으로서의 행정활동과 제도로서의 행정기구를 구분하지 못했다는 비판에 직면할 수 있다.

정치-행정 구분의 자의성이 비판되고 행정이 정치과정의 한 부분으로 간주되면서 공공정책은 행정학의 정당한 연구대상으로 간주되었다. 정책의 다양성과 편재성은 행정학의 경계를 크게 확대하였지만 무질서한 경계 확대는 행정학의 학문적 위상을 오히려 취약하게 만들었다. 정책학이 행정학의 대안으로 제시되고 정치-행정의 구분이 정책분석-집행의 구분으로 대체되기도 하였다. 정책분석과 집행이 그동안 탐구되지 않았던 새로운 지평을 열어준 것인지 그리고 이 새로운 영역이 의미가 있는지에 대한 질문에 Waldo(1968)의 대답은 긍정적이다. 보다 복잡해지는 공공문제에 대해 정부의 행동이 요청되면서 정책연구에 대한 수요는 늘어갔다. 그리고 공공문제를 해결하는데 한 분야만이 아니라 다양한 분야에서 발전된 지식과 기술이 활용되어야 하고 이러한 지식과 기술을 결합하는 응용학문으로 정책학이 제시된 것이다. 분야별 정책의 실질 내용에 관심을 둔 정치학적 접근과는 달리 정책분야에 공통적인 방법과 기술에 관심을 둔 행정학은 정치-행정 일원론의 시각에서 정책분석을 연구대상에 포함시킬 수 있었다. 그러나 미시경제학적 접근이 정책분석을 주도하면서 정책연구는 정치학이나 정통행정학보다는 경제학의 영향을 더 반영하게 되었다.

정책에 초점을 둔 행정학의 응용적 성격이 강조되면서 행정과학을 정립하기 위한 이론적 연구는 약화되었다. 이론적 연구가 응용의 바탕이 된다는 것이 제대로 인식되지 못하였다. 현실문제와 동떨어진 연구보다 그와 밀접한 연구가 문제해결에 더 많이 기여한다는 가정에서 이론적 연구는 평가절하 되었다. 추상적 행정이론의 추구는 행정학의 사회적 관련성을 떨어뜨린다는 것이다. 그러나 실용적 정책연구는 체계성과 통합성을 갖는 학문분과의 정립에 도움이 안 된다는 점이 강조되지 못하였다. 정책연구는 당면한 현실문제에 관심을 두기 때문에 현실세계에서만 의미를 갖는다는 점이 제대로 인식되지 못하였다. 정책연구는 행정학의 경계를 확대하였지만 행정학의 脫이론화를 가속시켰던 것이다.

정책분석을 위한 유효한 도구를 제공하는 경제학, 비용-편익분석, OR, 의사결정론이 점차 조직과 과정에 초점을 둔 정통행정학을 밀쳐냈다. 정책집행연구도 조직이나 절차보다 정책과 사업을 중심으로 한 접근을 강조하였다. 정책분석의 연장선에서 이해될 수 있는 정책집행은 정책목표를 달성하기 위한 기구 설치와 예산 확보를 포함하며 따라서 이는 고전적 행정 개념과 일치하는 것이었다. 그럼에도 행정이라는 용어 대신 정책집행이라는 용어를 사용하여 정책과정에 대한 관심을 촉구하였다. 정책집행에 대한 새로운 관심은 미국의 신행정학의 태동과도 관련된다(Marini, 1971). 신행정학은 정책의 통일성을 위해 집행적 리더십을 강조한 결과 행정수반 중심의 집권화가 초래되고 따라서 정책혜택이 정책대상자에게 골고루 전달되지 못하는 정부와 국민 간 괴리 현상에 대한 지적 반응이라 할 수 있다. 정부의 문제는 정책 자체보다는 전달체계의 문제라고 인식하였다. 따라서 새로운 행정학의 중심문제는 공공서비스의 공평한 전달이 되었다. 전달은 집행의 문제로 간주될 수 있는데(Schick, 1975), 정책혜택의 공평한 전달이 강조되면서 정책집행의 정치적 성격이 주목되고 정치와 행정의 구분이 무색하게 된 것이다.

특히 정책과정의 다원론적 시각은 행정이 정치과정의 한 부분으로 이해되는데 기여하였다. 정통행정학의 개념들로는 다원적 정책과정을 포착할 수가 없다. 민주적 정치과정에서 행정기관들이 사회의 다양한 집단의 이익과 요구를 표명하거나 집약 혹은 조정하기도 하고 고객집단의 이익을 보호하고 대변하는 역할을 한다는 것이 관찰되면서 행정이 관리와 집행과 동일하지 않음이 지적되었다(Aberbach, Putnam and Rockman, 1981). 한국의 경우도 권위주의 통치가 민주정치로 전환되면서 정책과정의 정치적 성격에 대한 인식이 강화되었다. 행정기관의 활동이 “누가 무엇을 언제 어떻게 얻느냐”에 영향을 준다는 것은 행정의 정치적 중립성이 유지될 수 없다는 것을 의미한다. 이는 정통행정학의 정치-행정 이원론의 한계를 지적하는 것이었다. 정책집행도 정치과정의 일부로 접근될 수 있고 또 그렇게 하는 것이 오히려 더 적절하다는 점이 인식되었다.

정책분석, 정책연구, 정책과학 등 어떤 명칭으로 불리든 정책연구는 행정학의 연구대상을 재설정하는 계기를 주었다. 공공문제 해결을 위해 다양한 학문분야의 지식과 기술을 사용하는 것이 필요한데 이들을 통합시켜 문제해결에 도움을 주는 것이 행정학의 과제라는 것이다. 공공정책에 초점을 두면서 행정학의 경계는 급속하게 팽창되었지만 또 다른 한편에서는 행정학의 연구초점을 흐리게 만들었다. 정부가 하는 모든 일이, 정부가 하는 모든 정책이 행정학의 연구대상이 되면서 행정학의 통합성 및 체계성을 구축하기가 더욱 어려워졌다. 다양하고 잡다한 정책분야에 대한 관심은 행정학이 고유의 학문분과로 발전하는 것을 더욱 어렵게 하였다. 문제해결을 위해 다양한 학문분과의 지식 활용이 강조되면서 행정학이 점차 "잡학"으로 그 위상이 떨어질 가능성이 커졌다.

여기서 주목할 만한 것은 정책에 대한 초점이 반드시 행정학의 脫이론화를 초래하는 것은 아닐 수 있다는 것이다. 사실 정책에 대한 초점은 의사결정을 행정의 핵심으로 본 Simon의 전통을 반영한다고 할 수 있다(Ostrom, 1973). Simon(1947)은 의사결정을 사실전제와 가치전제로 구분하고 각 전제의 정확성을 판단하는 기준이 다르다고 주장하였는데 이후 행정학자들은 그가 마치 의사결정을 가치결정과 사실결정으로 구분하고 정치-행정 이원론을 가치-사실 이원론으로 대체한 것으로 인식하였다.[12] 그는 결정에 초점을 둔 행정행태 이론을 추구하였지만 많은 행정학자들은 이들 개념을 물화시켜 마치 그가 행정=사실결정=집행부(행정기관), 정치=가치결정=非집행부(정치기관)라고 주장한 것으로 오해한 것이다. 그는 단지 가치요소와 사실요소로 구성된 결정이 행정의 핵심이라고 하였을 뿐이다. 행정이 조직의 목적 지향적 성격을 반영한다면 이러한 개념 규정은 적실성을 갖는다고 할 수 있다. 그러나 당시 미국의 행정학계는 의사결정을 중심으로 하는 그의 행정이론에 그다지 공감하지 않았고 핵심 개념을 중심으로 한 행정학적 지식을 체계화할 수 있는 기회를 놓치고 말았다.

한국의 경우 1960년대 후반 발전행정과 정책연구에 대한 관심이 확대되면서 정치-행정 이원론은 정치-행정 일원론으로 급격히 대체되었다. 국가발전과 정책수립에서 행정기관의 역할이 필요하다는 점과 행정기관이 집행만이 아니라 정책을 수립하고 형성하는데 관여한다는 점은 정치-행정 구분의 규범적 및 서술적 타당성에 의문을 제기하였다. 이는 한국행정학의 연구대상을 크게 확장하도록 만들었지만 그 때문에 행정의 핵심이 무엇인지를 천착하는 학문적 시도가 충분히 이루어지지 못하였다. 시대적 상황이 너무나 쉽게 행정학의 연구대상을 제도적으로 식별할 수 있도록 했기에 행정이 정치나 경영과 어떻게 다른지 행정학의 핵심 개념에 대한 논의가 제대로 이루어지지 못하였다.

---

12) 가치-사실의 구분은 논리실증주의에 따라 행정과학이 경험적 증거에 의해 검증될 수 있는 서술적 혹은 경험적 진술을 다루어야 함을 강조한 것이다. 가치-사실의 구분이 정치-행정 이원론을 대체하려는 것으로 이해하는 것은 잘못된 것이다.

V. 정부수단의 변화와 경계설정의 혼란

행정일반(administration)을 種槪念인 공행정과 사행정으로 구분하지 않고 類槪念으로 간주하는 포괄적(generic) 접근은 새로운 형태의 이원론 즉, 정치-행정일반 이원론을 가져왔다고 할 수 있다.13) 이는 공사행정일원론을 전제하는 것이었다. 행정의 공공적 성격을 간과하고 일반적 성격을 강조한 것이다. 개념확장(conceptual stretching)을 막기 위해 행정일반의 외연은 공행정의 외연보다 크기 때문에 행정일반의 내포는 공행정의 내포보다 작아야 한다(Sartori, 1970). 따라서 공행정이 정부 혹은 공공조직 내의 관리이고, 사행정이 기업 등 민간조직 내의 관리라면 유개념인 행정일반은 공공조직이든 민간조직이든 모든 조직 내의 관리를 의미한다. 의사결정이론이나 조직이론과 유사하게 공사행정의 구분 없는 포괄적 접근을 지향한 것이다.

행정일반을 유개념으로 사용하여 공행정과 사행정으로 구분하는 것은 통치(government)를 유개념으로 사용하여 정치와 행정을 구분하는 것과 다르다. 행정일반의 한 유형인 공행정과 통치의 한 유형인 행정을 가리키는 용어는 public administration으로 동일하나 개념의 의미는 다르다고 할 수 있다. 유개념인 행정일반이 공공성을 포함하지 않지만 유개념인 통치는 공공성을 포함하기 때문이다. 따라서 공사행정 일원론과 정치-행정 이원론이 각각 강조하는 행정의 의미는 다르다고 할 수 있다. 전자는 공행정이 근본적으로 관리과정이라는 것을 강조하나 후자는 행정이 통치과정의 일부라는 것을 인정한다. 정부행정에 민간부문의 원리와 절차를 적용하려는 것은 초기 행정연구들의 문헌에서도 발견된다. 예를 들면 Wilson(1887)은 "행정의 분야는 사업(경영)의 분야"이라고 하였다. 그러나 이들이 그리는 행정은 공사행정 일원론에서 강조하는 행정일반과는 다르다.

공사행정의 구분을 하지 않는 포괄적 접근이 행정학의 정체성 정립에 기여하려면 Goodnow나 Simon처럼 행정 개념의 물화를 지양하고 행정 개념의 속성을 통해 관찰의 대상과 범위를 한정해야 하는 것이다. 이렇게 해야 행정학 고유의 연구대상을 한정할 수 있고 학문분과로서 행정학의 정체성 형성에 기

---

13) 이 글에서 행정일반은 administration을, 행정 혹은 공행정은 public administration을 의미한다.

여할 수 있다. 행정의 再개념화 없이 민간부문의 조직과 관리에 관한 개념과 이론을 그대로 차용하여 공공부문에 재현하려고 한다면 이는 행정학을 관리학이나 경영학의 한 분야로 전락시킬 우려가 있다. 최근 신자유주의 정부개혁은 이러한 우려를 가중시키고 있다.

공사행정 일원론은 신자유주의 정부개혁의 논거가 되고 있다. 신자유주의는 정책을 형성하고 집행하는 정부역할의 변화를 촉구한다. 신자유주의자는 정부가 정책을 집행하고 공공서비스를 전달하는데 있어 생산적이거나 능률적이지 못하다고 비판한다. 이러한 비생산성과 비능률성은 행정기구 내 시장경쟁이 결여되어 있기 때문이라 진단한다. 비생산적이고 비능률적인 정부를 개혁하기 위해 민영화, 시장화 및 민간관리방식 등 정부수단(means of government)의 변화를 강조한다. 공공부문을 민간부문처럼 만들고 정부기능을 민간으로 이전하는 개혁을 위해 新공공관리, 네트워크와 파트너십 및 거버넌스를 강조한다(Bevir, 2007). 이러한 개혁은 정부의 지휘역할을 강조하고 정책집행과 서비스전달은 민간부문으로 이전해 “작은 정부”를 지향한다. 단순화하면 정책결정은 정부가 담당하지만 정책집행은 민간이 담당하도록 역할의 재조정을 시도하는 것이다. 여기에는 전통적인 행정기관의 집행 및 전달역량에 대한 불신이 깔려 있다.

정부재창조 운동의 촉발에 기여한 Osborne and Gaebler(1992)는 新공공관리와 공공서비스의 시장화를 옹호하고 있다. 시장화의 핵심은 공공서비스의 전달을 외부계약자에게 위탁하는 것이다. 정부는 더 이상 직접 노를 젓기보다 방향타를 조정하는 역할만을 담당해야 한다는 것이다. 방향타를 조정하는 기능은 정책과 전략을 수립하고 정책목표를 구체화는 것을 포함한다. 반면 노 젓는 기능은 정책의 실질적인 집행이고 공공서비스의 전달이다. 정부재창조는 정책의 실절적인 집행이나 서비스의 전달은 시장계약자에게 맡기고 정부는 정책방향이나 전략 혹은 목표를 설정하는 일에 전념하도록 만드는 것이다.

이러한 정부혁신의 논거는 민간부문이 공공부문과 비교해 서비스의 전달에서 보다 생산적이고 능률적이라는 것이다. 시장기구의 활용은 경쟁을 촉진하고 이는 생산성과 능률성을 제고한다는 것이다. 과거 신행정학에서 강조된 공공서비스의 전달 문제는 정부산출의 분배적 형평성의 견지에서 분권화와 주민참여 등이 강조되었지만 新공공관리학에서 공공서비스의 전달 문제는 정부산출의 생산성의 견지에서 시장경쟁과 민간위탁 등이 강조되고 있다. 신행정학에서 서비스전달은 정치-행정 일원론의 맥락에서 다루어졌지만 新공공관리학에서

서비스전달은 공사행정 일원론 혹은 정치-행정일반 이원론의 맥락에서 접근되고 있다.

이처럼 신자유주의가 정당화하는 정부에는 정치-행정 이원론이나 일원론의 한 축인 행정의 자리가 없다. 정부가 하는 일이 정책결정과 집행으로 구분된다면 집행은 더 능률적이고 생산적으로 해 낼 수 있는 민간부문에 이전하고 정부역할은 정책결정에 국한시키려 하기 때문이다. 新공공관리, 네트워크와 파트너십 및 거버넌스에서 정책집행이나 서비스전달은 더 이상 집행부(행정기관들)의 고유한 배타적 영역이 아니다. 이러한 기능은 민간부문에 이전하거나 혹은 그들과 공유하는 것이 필요하다는 것이다. 이는 집행부(행정기관들)의 활동을 연구대상으로 삼는 행정학의 경계를 혼란시키고 있다. 행정을 집행부의 활동으로 제도적으로 정의하는 한 영리기업이나 비영리단체를 통해 이루어지는 정책집행이나 공공서비스의 전달은 행정학의 사각지대에 놓일 것이다.

행정을 집행부의 활동으로 규정한다면 신자유주의 정부개혁은 행정학의 연구대상을 축소시킬 것이다. 인사행정을 인사기구의 활동으로 규정하면 인사기구의 폐지는 인사행정학의 종언을 초래할 것이다. 행정을 집행부의 정책집행으로 규정한다면 정부수단의 변화는 행정학의 연구대상을 변화시킬 것이다. 행정 개념을 물화시키지 않고 예를 들면 행정을 “공공선의 달성을 위한 공적 권한과 자원의 사용”으로 규정한다면(박종민, 2006), 그것이 행정기관을 통해 이루어지든 혹은 시장을 통해 이루어지든 혹은 시민사회를 통해 이루어지든 행정학의 정당한 연구대상이 될 것이다. 그러나 행정을 행정기관의 활동으로 규정한다면 정부의 집행역할의 축소, 서비스전달의 외주 등은 행정학의 연구대상을 축소시킬 것이다.

최근 신자유주의 정부개혁에 대한 비판은 행정과 경영, 공공관리와 사적관리가 질적으로 상이하다는 인식에서 출발한다. 행정은 관리의 종개념이 아니라 통치의 종개념으로 보아야 한다는 것이다. 즉, 관리의 한 유형으로서 공공관리가 사적관리와 공유하는 특성을 강조하는 대신 통치의 한 유형으로서 행정이 정치와 공유하는 특성을 강조하는 것이다. 행정은 공공성을 추구하는 정부의 한 측면이며 정치과정의 일부라는 것이다. 정치학의 한 분야로서 행정학의 성격을 강조하는 것이다.

이러한 배경에서 新공공관리, 네트워크와 파트너십 및 거버넌스의 한계에 대한 비판은 민주주의나 시민권 이론에서 나온다. 정책집행과 서비스 전달의 생산성과 능률성을 강조하는 정부개혁에 대한 비판에서 정당성, 시민참여, 책임성 등 정치학의 주요 개념들이 사용되는 것이다(Bevir, 2007). 정치-행정일반 이원론으로 행정과 경영 혹은 공공관리와 사적관리의 구분이 모호해진 상황에서 경영학이나 관리학과 구분되는 행정학의 위상을 되살리는 방법은 공공성을 강조하는 것이며 이는 정치학과의 관계를 복원시키는 것을 의미하는 것이다. 이렇게 되면 정치-행정일반 이원론이 정치-행정 일원론과 대립하게 될 것이다.

Ⅵ. 맺음말: 행정학의 중심 개념을 찾아서

초기 행정학은 국가학의 한 분야로 공법 또는 법제도에 초점을 두었다. 그리고 법학으로부터 탈피하면서 행정학은 정부의 실질적 활동에 초점을 두기 시작하였다. 그러나 행정을 삼부의 하나인 집행부의 활동과 동일시함으로써 개념을 물화시켰다. 추상적 일반개념인 행정을 구체적 사물로 간주한 것이다. 이는 행정 개념을 응고시켜버려 분석도구로서의 유연성을 상실하게 하였다. 집행부가 하는 모든 일이 행정학의 연구대상이 된 것이다. 특정 정부의 과제가 행정학의 과제가 된 것이다. 개념의 속성을 통해 개념이 적용되는 외연이 결정된 것이 아니었다. 그러다보니 핵심 개념을 통해 행정학적 지식이 체계적으로 통합되지 못하였고 연구주제의 선정이 규율되지 못하였다.

미국에서 행정학의 독자성의 논거로 제시되었던 정치-행정 이원론, 즉 통치는 정치와 행정으로 명백하게 구분될 수 있다는 주장은 시대적 상황의 변화에 따라 심각한 도전에 직면했다. 원래 정치-행정 이원론은 부패한 정치로부터 행정을 분리시켜 정부행정을 개선하기 위한 것이었다. 엽관제를 실적제로 바꾸는 것만으로는 충분하지 않다고 판단한 미국의 개혁론자들은 이분법적 사고에서 정치와 구분되는 행정에 대한 과학적 연구의 필요성을 주창한 것이다. 이들은 부패하고 무능한 정부를 초래하는 정략적·정파적 이익의 행정 개입을 차단하려고 했으며 이를 위해 중립적이고 능률적인 행정을 강조한 것이다. 엄격히 말하면 초기 개혁론자들은 학문으로서 행정학의 독자성보다 정부활동으로서 행정의 중립적 성격을 강조한 것이다. 이들의 행정 개념은 행정학의 연구대상을 한정시키는 분석적 도구라기보다는 정부개혁을 합리화하는 수사적 도구였다고 할 수 있다.

한편 중립적 행정의 강조는 행정수반에 의한 행정기구의 통제를 어렵게 하였고 행정의 파편화를 초래하였다. 이러한 행정의 無방향성과 분절화에 대응하여 집행적 리더십이 정부문제로 강조되기 시작했고 이는 행정학의 주요한 연구주제가 되었다. 정치-행정 이원론이 현실과 괴리가 있고 또 바람직하지 않다는 점에서 정치-행정 일원론이 옹호되기 시작한 것이다. 민주적 정책과정에 대한 다원론적 이해는 행정기구가 정책과정의 한 행위자로 행동한다는 시각에서 행정이 정치적으로 중립적일 수 없다는 점이 인식되었다. 또한 소위 행정원리가 과학이 아니라 격언과 상식의 영역에 속하는 것으로 간주되면서 정치-행정 이원론에 입각한 정통행정학은 거의 사라져버렸다.

행정국가의 급성장은 정치-행정 일원론에 근거한 행정연구를 촉진하였다. 정책에 대한 관심으로 행정학의 초점은 조직과 과정에서 정책분석과 정책집행으로 이동하였다. 특히 신행정학은 정책 자체보다 정책혜택이 시민들에게 공평하게 분배되지 못하는 현실을 비판하며 서비스전달 문제를 행정학의 주요 연구주제로 부각시켰다. 정책분석은 경제학적 지식의 유용성을 높였고 다원적 정책과정은 정치학적 지식의 관련성을 보여주었지만 조직과 과정에 초점을 둔 정통행정학적 지식은 그 유용성이나 관련성이 떨어졌다.

20세기에 들어 행정국가화의 경향이 가속되면서 집행부의 활동을 다루는 행정학은 르네상스를 경험하였다. 정치와 구분된 행정이든 혹은 정치과정의 일부로서의 행정이든 정부, 특히 집행부의 역할이 확대되면서 행정의 遍在는 일반적인 현상으로 간주되었다. 그러나 20세기 후반에 확산되기 시작된 신자유주의의 反행정국가의 경향은 그것이 복지국가의 위기에서 온 것이든 혹은 발전국가의 한계에서 온 것이든 행정의 편재성에 대한 비판과 정부범위의 축소와 시장 및 시민사회의 역할 확대를 가져왔다. 행정 개념을 삼부의 하나인 집행부의 활동으로 물화시켜 왔기에 정부축소와 정부수단의 변화는 행정학의 학문적 경계를 설정하는 기준에 대한 혼란을 가져왔다.

한국행정학의 연구대상은 미국행정학의 지적 관심의 변화 및 한국의 정부현실의 변화에 영향을 받아왔다. 미국행정학을 도입한 후 초기 한국행정학은 정치-행정 이원론의 시각에서 법학으로부터 탈피해 관리의 측면에 초점을 둘 수 있었다. 아직도 그러한 틀이 유지되면서 조직관리, 인사관리, 재무관리는 행정학의 주요 분야로 남아 있다. 정치-행정 이원론에 대한 회의적 시각과 더불어 국가발전에서 행정의 역할이 강조된 한국적 현실은 정치-행정 일원론을 보다 쉽게 수용하도록 했다. 당시 우리의 정치상황은 미국과 판이하게 달라 행정을 다원적 정치과정의 일부로 볼 수는 없었지만 발전행정학의 시각에서 행정을 정책으로부터 구분하지 않았던 것이다. 이렇듯 한국행정학의 연구대상은 거의 초창기부터 집행만이 아니라 정책도 포함하였다고 할 수 있다. 행정학의 도구적 성격을 강조해 권위주의 정권의 발전목표를 위한 정책분석과 집행에 관심을 두었다. 중심 개념의 형성 없이 정부가 하는 모든 활동이 행정학의 연구대상이 된 것이다.

정통행정학의 정치-행정 이원론은 민주정부의 부패와 무능에 대한 지적 반응이었다. 정치와 행정을 구분하고 관리와 집행에서 정치를 배제하려고 한 것은 무엇보다도 정부무능과 부패를 막기 위한 것이었다. 행정을 통제하기 위한 많은 장치들은 능률성의 추구보다 부패 방지에 있었다고 해도 과언이 아니다. 행정기관은 사기업처럼 높은 수준의 능률성을 추구하도록 설계되지도 않았다(Lynn, 2001). 오히려 행정기관이 사기업처럼 영리를 추구할 수 없도록 정치적 통제장치들이 설치되었고 이러한 관리상의 제약은 행정기관이 사기업처럼 운영될 수 없도록 했다. 능률성의 가치는 정통행정학이 추구한 행정개선보다는 신자유주의가 정당화하는 공공부문개혁에서 더 중시된다고 할 수 있다. 정치-행정 이원론에서 강조된 것은 정치부패로부터 절연된 행정인 반면 정치-행정일반 이원론에서 강조된 것은 시장원리가 적용된 행정 혹은 경영이라고 할 수 있다.

신자유주의의 확산에 따른 행정학의 위기에 대한 지적 반응은 행정의 공공적 성격을 강조하는데서 출발한다. 행정을 관리의 종개념이 아니라 통치의 종개념으로 강조하는 것이다. 행정학을 관리학의 한 분야가 아니라 통치학(정부학)의 한 분야로서 재정립하려는 것이다. 신자유주의 정부개혁에 대한 비판이 정치학의 민주주의 혹은 시민권 이론에 논거를 두는 것은 의외가 아니다. 행정학의 존재 근거는 행정의 공공적 성격에서 찾을 수 있고 이는 민주주의의 핵심 개념들을 통해 정당화될 수 있기 때문이다. 예를 들면 정당성, 시민권, 시민참여, 정치적 책임성 등의 개념들이 신자유주의 정부개혁의 한계를 비판하기 위해 사용되고 있다. 정치학의 담론이 행정학을 관리학으로 전락하는 것을 막기 위해 활용되고 있는 것이다.

오래 전 A. Shick(1975)은 행정학의 지적 위기를 해결하기 위해 정치이론이 필요하다고 주장하였다. 행정학은 정치학과의 지적 끈을 단절할 수가 없다는 것이다(Sayre, 1947). 그로부터 거의 반세기가 지난 20세기 후반 H. Frederickson(1999)은 정치학의 한 분야로서 행정학의 위치전환을 강조하였다. 그는 행정학의 중심 개념으로 협동과 조정을 내세웠고[14] 국가의 탈구화(disarticulation) 혹은 분절화의 상황에서 협동과 조정 문제는 중요하며 이는 행정학이 정치학에 기여할 수 있는 부분이라고 하였다. 여기서 주목할 만한 것은 행정 개념이 물화되지 않고 있다는 것이다. 이미 오래 전 Simon(1947)은 행정의 핵심은 의사결정이라고 간주하였고 Waldo(1955)는 행정을 고도의 합리성을 갖는 협동적 인간행동이라고 규정하였다. 이러한 개념 규정을 옹호하면서 Landau(1972)는 협동적인 합리적 행동이 행정학의 중심에 있다고 하였다. 이처럼 행정학의 연구대상을 현실의 정부기구를 통해서가 아니라 일반개념에 의해 한정하려는 노력은 학문분과로서 행정학의 위상을 정립하는 첫 번째 단계라 할 수 있다.

행정학이 중심 개념을 토대로 체계성과 통합성을 이루지 못하면 설사 주변이 확장된다 하여도 학문분과로서 독자성을 확보하지 못하고 오히려 消散될 수 있다. 국가의 제도적 역량 구축에 대한 수요가 많다고 행정학의 유용성이 입증되는 것은 아니다(Fukuyama, 2004). 국가가 소멸되지 않는 한 행정학은 존속할 것이라고 안일하게 기대할 수 없다. 학문분과로서 행정학의 존속은 다른 학문분과가 다루지 않는 연구대상의 고유성을 확보할 때 가능하다. 행정의 외연을 정해주는 개념의 저발전은 행정학의 존립을 위협할 수 있다. 개념화 혹은 再개념화를 통해 연구대상을 한정하지 않고 행정 개념을 물화시키는 관행이 지속된다면 일반개념에 기초한 행정이론의 발전을 기대하기 어렵다. 현실의 집행부가 하는 일을 행정학의 연구대상을 설정한다면 행정학이 체계성과 통합성을 갖춘 지식체계로 발전하기 어렵다. 행정학의 정체성 문제는 분석도구로서 행정 개념의 규정과 관련되어 있다. 행정학의 정체성의 악순환 극복은 행정 개념의 물화를 지양하고 행정학의 중심 개념을 형성하는 일에서 시작해야 할 것이다.

14) Frederickson은 행정연결(administrative conjunction)이라는 개념을 중심으로 제도주의론, 네트워크론, 거버넌스론의 통합을 시도하였다.

◈ 참고문헌

강신택. (1987). 행정학 연구방법의 변천과정과 앞으로의 방향. 「한국행정학보」, 21(1): 3-32.

김동원·민병태·윤세창·이한빈·정인흥·조효원 (역) (1958). 「행정학원론」. 서울: 을류문화사.

김운태. (1969). 영역과 방법. 「한국행정학보」, 3: 31-66.

박동서. (1967). 한국행정이론서설. 「행정논총」, 5(1): 43-62.

박동서. (1978). 행정학연구의 현황과 평가. 「한국정치학회보」, 12(1): 63-72.

박종민. (1998). 민주주의, 시장경제 및 보수주의 정부개혁. 「행정과 정책」, 4(1): 33-66.

박종민. (2006). 한국행정이론을 위한 비판적 성찰. 「한국행정학 50년」. 서울: 한국행정학회.

박종민. (2008). 행정(학)은 과학인가 기술인가?. 한국행정학회 2008년도 동계학술대회 발표논문.

백완기. (1978). 한국행정학의 학문성 정립문제: 과학주의의 입장에서. 「한국정치학회보」, 12: 73-91.

백완기. (2003). 행정학사: 행정학과 공공정책. 「한국정치학회50년사」. 서울: 한국정치학회.

안병영. (1979). 한국의 행정현상과 행정학연구의 주체성. 「한국정치학회보」, 13: 49-66.

안병영. (2006). 시대별 국가과제와 행정학의 대응분석. 「한국행정학 50년」. 서울: 한국행정학회.

이종범. (1977). 행정학의 토착화에 관한 논거. 「한국행정학보」, 11: 198-223.

이종범. (2006). 서론. 「한국행정학 50년」. 서울: 한국행정학회.

이한빈. (1970). 법학에서 행정학으로: 해방 후 한국행정학의 수립과정에 관한 고찰. 「한국행정학보」, 4: 321-344.

정인흥. (1955). 「행정학」. 서울: 제일문화사.

Aberbach, J., Putnam, R. and Rockman, B. (1981). *Bureaucrats and Politicians in Western Democracies*. Cambridge: Harvard University Press.

Bevir, M. (2007). Introduction: Public Sector Reform. In M. Bevir, ed. *Public Governance*, Vol. 2. London: Sage.

Dahl, R. (1947). The Science of Public Administration. *Public Administration Review*, 7(1): 1-11.

Frederickson, H. (1999). The Repositioning of American Public Administration. *PS:*

Political Science & Politics, 32: 701-711.

Fukuyama, F. (2004). *State-Building: Governance and World Order in the 21st Century*. Ithaca: Cornell University Press.

Goodnow, F. (1900). *Politics and Administration: A Study in Government*. New York: Russell and Russell. [An excerpt reprinted in Shafritz and Hyde (1997)]

Henry, N. (1990). Roots and Branch: Public Administration's Travail. In N. Lynn and A. Wildavsky, (eds). *Public Administration: The State of the Discipline*. Chatham, NJ: Chatham House.

Kaufman, H. (1956). Emerging Conflicts in the Doctrines of Public Administration. *American Political Science Review*, 50: 1057-1073.

Landau, M. (1972). Political Science and Public Administration: "Field" and the Concept of Decision-Making. In his *Political Theory and Political Science*. New York: Macmillan.

Lynn, L. (2001). The Myth of the Bureaucratic Paradigm: What Traditional Public Administration Really Stood For. *Public Administration Review*, 61(2): 144-160.

Marini, F. (1971). Toward a New Public Administration: The *Minnowbrook Perspective*. Scranton, PA: Chandler.

Mosher, F. (1956). Research in Public Administration: Some Notes and Suggestions. *Public Administration Review*, 16: 169-178.

Osborne, D. and Gaebler, T. (1992). *Reinventing Government: How the Entrepreneurial Spirit is Transforming the Public Sector*. Reading: Addison-Wesley.

Ostrom, V. (1973). *The Intellectual Crisis in American Public Administration*. Tuscaloosa: University of Alabama Press.

Sartori, G. (1970). Concept Misformation in Comparative Politics. *American Political Science Review*, 64: 1033-1053.

Sayre, W. (1947). Premises of Public Administration: Past and Emerging. *Public Administration Review*, 18(2): 102-105.

Schick, A. (1975). The Trauma of Politics: Public Administration in the Sixties. In F. Mosher, (ed). *American Public Administration: Past, Present, Future*. Syracuse: Maxwell School of Citizenship and Public Affairs and the National Association of Schools of Public Affairs and Administration.

Shafritz, J and Hyde, A. (eds). (1997). *Classics of Public Administration*, 4th ed. Harcourt Brace & Company.

Simon, H. (1947). *Administrative Behavior: A Study of Decision-Making Processes in Administrative Organizations*. New York: Macmillan.

Stillman, R. (1982). The Changing Patterns of Public Administration Theory in America. In J. Uveges, Jr. ed. *Public Administration: History and Theory in Comtemporary Perspective*. New York: Marcel Dekker.

Waldo, D. (1948). *The Administrative State: A Study of the Political Theory of American Public Administration*. New York: Ronald.

Waldo, D. (1955). *The Study of Public Administration*. Random House. [An excerpt reprinted in Shafritz and Hyde (1997)]

Waldo, D. (1968). Scope of the Theory of Public Administration. In J. Charlesworth, (ed). *Theory and Practice of Public Administration: Scope, Objectives, and Methods*. Philadelphia: American Academy of Political and Social Science.

Waldo, D. (1980). *The Enterprise of Public Administration*. Novato, CA: Chandler & Sharp.

White, L. (1926). *Introduction to the Study of Public Administration*. New York: Macmillan. [An excerpt reprinted in Shafritz and Hyde (1997)]

Wilson, W. (1887). The Study of Administration. *Political Science Quarterly*, 2(2): 197-222. [An excerpt reprinted in Shafritz and Hyde (1997)]

Wolin, S. (1960). The Age of Organization and the Sublimation of Politics. In his *Politics and Vision*. Boston: Little, Brown and Company.

2장 공공부문의 다양화와 새로운 연구 영역

정무권 · 한상일

Ⅰ. 문제의 제기

이 글은 현재 우리 행정학이 직면하고 있는 정체성의 위기를 극복하고, 한국행정 연구에서 간과되었던 새로운 영역을 찾아보자는 의도에서 출발한다. 그 중의 하나로서 공공부문이 복잡하고 다양한 양식으로 변화 · 성장하고 있다는 사실에 초점을 두고, 이러한 변화가 행정의 핵심이념인 민주주의 또는 공공성과 효율성에 어떻게 영향을 주는가를 심층적으로 분석할 필요가 있다는 문제 제기를 하고자 한다.

그동안 한국사회는 엄청난 변화와 발전을 이룩했다. 비록 권위주의체제 하에서의 국가주도적 불균형 성장전략이었지만, 전 세계적으로 주목을 받는 압축성장을 이루어 냈다. 또한 제한적이지만, 신생민주주의 국가 중에서 성공적으로 민주주의로 이행한 것으로도 주목받고 있다. 이에 따라 정부 및 행정현상의 성장과 변화과정 또한 매우 압축적이고 역동적이었다.

지난 산업화시기와 민주화 이행기뿐만 아니라 지금도 우리의 행정환경은 급격히 변화하고 있다. 글로벌경제체제의 심화, 지식기반사회로의 이행, 저출산 · 고령사회로의 진입 등 급격한 환경변화는 우리에게 새로운 도전을 요구하고 있다. 이에 따라 과거 성공의 문제점들을 해결하고 새로운 환경변화에 적극적으로 대응하기 위한 정부역할의 새로운 모색 및 행정역량의 강화가 그 어느 때보다 중요한 시점이다.

---

* 이 글은 2008년 한국행정학회 춘계학술대회 발표 논문 "공공부문의 다양화와 한국행정연구의 새로운 영역"을 수정 및 보완한 것이다.

그러나 이러한 환경변화에 대응하는 우리의 정부개혁 또는 공공부문의 개혁에 대한 주류 담론은 선진국에서 나타난 복지국가의 위기와 그에 대한 대응으로서 등장한 신자유주의 사조에 영향을 받은 '작은정부론'과 '신공공관리론(New Public Management)'이었다.

먼저 주로 정부조직의 형식적 규모에 초점을 둔 '작은정부론'은 환경변화에 따라 정부의 역할이 변화하고 있고, 공공조직의 모습이 전통적인 정부조직을 벗어나 다양한 모습으로 변화하고 있다는 현실을 간과하고 있다(Weidenbaum, 1969; Gill, 2002; OECD, 2002; Pollit and Talbot, 2004; Pollit, Talbot, Caufield, and Smullen, 2004). 사실 하드웨어 측면의 규모에 대한 논쟁은 전통적인 정부부문의 밖에서 다양한 형태의 공공조직 또는 준정부부문이 성장하고 있는 추세를 고려할 때 그 의미가 무색해진다. 그리고 선진복지국가를 대상으로 제기된 작은정부론은 우리가 선진국과 다른 맥락에 있다는 점을 고려해서 이해할 필요가 있다. 권위주의 체제 하에서의 산업화는 보건, 사회, 복지부문 등 사회분야의 희생으로 경제, 건설, 산업부문에 더 많은 정부지출과 준정부조직, 그리고 규제를 만들어냈다. 우리의 경우, 초기 산업화의 성공과 민주화를 기반으로 보다 성숙된 선진국가로 제 2 의 도약을 하기 위해서는 경제분야에서도 새로운 성장동력을 이끌어내기 위한 새로운 정부역할이 필요하고, 다른 한편으로는 그동안 소홀했던 사회, 복지, 문화 부문에 다양하고 더 많은 공공서비스가 필요하다. 따라서 우리의 공공부문의 개혁의 방향은 균형적인 시각에서 출발해야 한다.

신자유주의적 공공개혁의 또 하나의 흐름인 신공공관리론도 최근 무비판적으로 수입되어 왜곡된 형태의 행정개혁 담론을 유발했다고 해도 과언은 아닐 것이다. 신공공관리론은 소프트웨어적인 측면에서 80년대부터 그동안 비대해지고 비효율적으로 관료제화된 정부조직에 경쟁과 자율성을 도입하고 경제적 효율성과 성과를 강조함으로써 초기에 많은 주목을 받았다. 그러나 신공공관리론이 전 세계에 영향을 주기 시작한 지 20년이 지난 지금 기대했던 만큼의 성과가 나타나지 않았을 뿐만 아니라, 민주주의가 강조하는 시민적 권리와 공공성의 확보에 한계를 보였다고 비판을 받고 있다(Suleiman, 2003). 신공공관리론의 비판론자들은 민간부문의 경영원리를 공공부문에 도입하여 성과를 높여보고자 하였으나, 그 결과는 민주주의적 정치원리와 공공조직이 가지고 있는 고유한 특징들 때문에 기대하지 않았던 많은 부작용과 역설들(paradoxes)을 만들어냈다고 주장한다(Hesse, Hood, and Peters, 2003; Hood and Peters, 2004).

사실 행정학은 역사적으로 그 탄생 이래 고전적인 딜레마로서 효율성을 강조하는 성과중심주의 행정과 민주정부로서 시민들의 보편적 이익과 권리를 보장하는 공공성의 조화가 항상 어려운 과제가 되어 왔다. 그러나 최근 신자유주의 정부개혁론의 영향에 따라, 우리 행정학의 연구담론에서 공공부문의 공공성에 대한 문제의식이 실종되고 있는 것이 오히려 행정학이 정체성 위기를 더 악화시키고 있다고 해도 지나친 말이 아닐 것이다.

물론 행정학의 정체성의 위기를 극복하기 위한 새로운 행정연구의 지향을 위해서는 좀 더 본질적인 차원에서 새로운 패러다임을 제시하는 것이 중요하다. 그러나 때로는 오히려 기본으로 돌아가서 민주주의 국가의 행정이라는 틀에서 역동적으로 변화하고 있는 공공조직들의 모습들을 이해하면서 이들이 전통적인 행정학의 가치인 효율성과 공공성에 어떤 영향을 미치고 있는지를 다시 분석해볼 필요가 있는 것이다.

이 글은 이러한 문제의식을 바탕으로 행정학의 새로운 연구영역을 제시하려고 한다. 치밀하게 연구된 결과를 제시하기보다는 한국행정 연구에서 그동안 간과되어 왔던 연구 과제를 제시하기 위한 경험적 논거와 이론적 쟁점들을 제기하고 이들을 우리 행정학계가 다루어야 할 연구과제로 강조하고자 한다.

이 글의 구성은 다음과 같다. 먼저 현재 공공부문의 다양화에 대한 경험적, 이론적 차원에서의 연구 수준과 그런 이론적 논의와 쟁점들을 찾아본다. 다음으로 이런 논의들을 준거틀로 한국의 공공부문의 다양한 존재양식과 문제점들을 살펴보고 끝으로 앞으로 우리 행정학계가 해야 할 연구주제들을 제시한다.

Ⅱ. 공공부문의 다양화에 대한 새로운 이해

긴 역사적 맥락에서 보면, 현대국가의 발전과정은 정부기능의 확대와 더불어 다양한 존재양식을 갖는 공공부문의 확대로 해석할 수 있다. 이러한 공공부문의 변화 양식의 핵심은 전통적인 정부조직 밖에서 다양한 형식으로 정부의 정책기능이나 공공기능을 수행하는 준정부조직(Quasi-government)들이 증가한다는 것이다.[1)] 이러한 변화에 대한 초기 인식은 1960년대부터 시작되었지만, 신공공관리론 이후 잠시 주춤했었다. 준정부조직의 성장은 작은정부론과 신공공관리론이 나오기 이전부터 시작되었지만 역설적으로 작은정부론이 공공부문의 급속한 변화양식으로서 정부 밖에 존재하는 준정부조직의 급속한 성장에 일조를 한 셈이다. 그리고 이들 준정부조직들이 갖는 조직 특성인 유연성, 단순한 임무중심, 위임받은 자율성 등은 신공공관리론에서 강조하는 조직의 특성과 일치하고 있다(Bertelli, 2005). 다시 말해서, 최근 환경변화는 신자유주의적 공세에도 불구하고 공공부문을 축소시키는 것이 아니라, 변형된 형태와 복잡한 양식으로 더욱 증가, 확대시키고 있는 것이다.

그러나 작은정부론과 신공공관리론은 이렇게 변화하는 공공부문의 양식에 대한 설명이나 민주주의의 맥락에서 그러한 변화의 본질에 대한 설명보다는 경제적 성과를 어떻게 향상시킬 것인가에만 초점을 두었다. 그리고 더욱 중요한 사실은 실제로 그동안의 공공부문 개혁의 성과는 신자유주의자들이 기대하는 것과는 달랐다는 것이다. 한편으로는 모든 국가들이 유행처럼 신자유주의적 개혁을 받아들이고 실시하면서도, 그 대응양식은 개개 국가들의 정치체제, 이데올로기, 정치문화, 국가구조와 제도적 틀에 따라 경로의존성을 가지면서 다양했다는 것이다(Pollit and Boukaert, 2004).

이제 우리가 관심을 가져야 할 연구과제로서의 문제의식은 왜 공공부문은 다양하게 변화하고 있는가, 그 변화하는 양식과 특징은 무엇인가, 그러한 변화가 경제적 성과뿐만 아니라 우리 민주주의 양식과 사회의 공공성에 어떤 영향을 미치고 있는가, 그 변화의 결과가 민주적 가치와 배치된다면, 행정학이 고전적으로 가지고 있는 효율성과 공공성을 어떻게 확보할 것인가이다. 공공부문의 변화양식의 본질과 그 효과에 대한 심층적인 이해와 설명이 가능해야, 미래의 공공부문의 개혁에 대한 실질적인 방향과 전략이 나오기 때문이다.

---

1) 준정부부문에 대한 역사적 진화의 과정과 용어의 기원에 대해서는 안병영 · 정무권 · 한상일(2007)을 참조. 준정부부문의 규모를 국가별로 비교할 수 있는 공통된 기준으로 측정하는 것은 현실적으로 불가능하다. 그럼에도 이 부문의 성장과 그 의미를 가늠하기 위해서는 영국에서는 75% 이상의 공무원이 독립기관에 근무하고 있다. 네덜란드에서는 30% 정도 예측되고 있다. 스웨덴에서는 중앙정부의 2,000명 중 1,900명이 독립기관에 근무하는 것으로 추정되고 있다. 뉴질랜드에서는 정부부문의 80%가, 독일에서는 22%의 연방공무원이(Pollit, Talbot, Caufield, and Smullen, 2004: 6), OECD에서는 공공지출과 공공부문 인력의 50-75%가 이 준정부부문에 속한다고 추정하고 있다(OECD, 2003: 5).

1. 공공부문 다양화의 양식

최근 공공부문의 변화가 확산됨에도 불구하고, 학계에서는 변화하는 양식을 일관성 있게 분류하고 설명할 수 있는 개념화와 이론적 분석틀이 아직 확립되지 못한 상태이다. 학자들마다 변화하는 공공부문의 실체에 대한 용어의 설정과 개념화에 있어서 다양한 정의와 분류체계를 제시하고 있다.

1) 조직의 형태적 특성

서양학계에서는 이렇게 새로 성장하는 공공조직을 일반적으로 '준자율적 비정부조직'(Quasi-autonomous-non-governmental organizations 이하 콴고스), 또는 준정부부문(Quasi-government)/준정부조직(Quasi-governmental organizations)이라 부르고 있다. 특히 미국에서는 민간조직으로서 정부정책의 집행이나 공공기능을 수행하는 조직들의 발전이 두드러지며 이러한 조직들을 '혼합조직(hybrid organizations)'이라 부르기도 한다(Koppell, 2003). 또는 비영리조직(non-profit organizations)들이 국가 대신에 사회서비스의 공급을 한다는 의미에서 제3자 정부(the third-party government)라 부르기도 한다. 더 나아가서 국가의 직접적 기능이 축소됨을 의미하는 공동화된 국가(the hollow state)라고 부르기도 한다(Milward and Provan, 2000). 이와 같이 정부로부터 떨어져 나간 콴고스나 민간부문의 비영리조직 등 정부로부터 준자율적 조직들(semi-autonomous organizations)이 증가하는 현상을 통틀어 '기관화(agencification)'라는 표현을 쓰기도 한다(Pollit and Talbot, 2004; Pollit, Talbot, Caufiled, and Smullen, 2004). 또는 OECD(2002)는 '분산된 공공거버넌스'(distributed public governance)로 부르기도 한다. 우리는 이러한 조직들을 일반적으로 '산하기관'이라고 불러 왔다. 그러나 이러한 다양한 용어들이 어느 정도 서로 비슷한 성격을 갖는 공공조직들을 지칭하고 있지만, 실제로 조직의 형태와 그 범위는 국가별로 조금씩 다르다.

어쨌든, 최소공통분모로서 전통적인 정부부처의 범위를 벗어나, 공적 또는 사적 조직의 형태로서 정부의 정책집행기능 또는 공공기능을 수행하는 조직들이 매우 다양한 모습으로 계속 확대되고 있는 것이 사실이다. 그런 가운데 국가별로 정치제도, 법적 체계, 정치문화 등 역사적으로 형성된 제도적 특징에 따라 실제의 모습은 매우 다양하다. 여기서는 이러한 조직들을 준정부부문 또는 준정부조직으로 지칭한다. 왜냐하면 이 용어가 다른 용어들과 달리 이와 같은 다양화된 공공조직을 일반화시켜서 지칭할 수 있는 가장 중립적일 것으로 판단되기 때문이다.[2)]

지금까지 제기된 특징들의 공통점을 정리하면 다음과 같다. 이 분야를 오랫동안 연구해온 Pollitt과 Talbot은 세 가지 요소를 제시한다. 첫째, 조직적 분화(structural disaggregation)이다. 즉 전통적인 정부조직으로부터 다양한 양식으로 조직들이 분화되고 있다는 것이다. 둘째, 이들 조직들이 대체로 공공기능을 수행하기 위한 다양한 양식의 성과계약(performance contracting)을 체결한다는 것이다. 준자율적인 조직으로 분화하면서 한 가지 또는 몇 가지 전문화된 정부정책의 집행이나 전문화된 공공기능을 수행하며, 이에 따라 성과의 중요성이 증대된다는 것이다. 셋째, 탈규제 또는 재규제화되는 경향이 있다. 독립기관화되면서, 이 조직들의 인사 및 재정의 운영, 그리고 조직관리에 있어서 규제의 양식이 변한다는 것이다(Pollit and Talbot, 2004).

이를 더 자세히 기술하면, 다음과 같은 조직적 특성들을 지적할 수 있다. 첫째, 전통적인 정부부처로부터 일정 거리를 둔 독립된 조직 구조를 가지는 공공조직의 증가이다. 즉 준자율적 조직이라는 특성을 갖는다. 둘째, 이들 조직들은 한두 가지 중요한 정책기능을 수행한다. 예컨대, 규제, 서비스제공, 연구 및 정보의 제공 등 다양한 영역에서 정책집행 및 서비스 제공 기능을 수행한다. 셋째, 이러한 조직들은 명확한 권한과 책임을 부여받는다. 인사, 재정, 성과에 대한 책임과 관리의 자율성을 가진다는 것이다. 따라서 독립적인 회계와 보고기능을 수행하는 경우가 많다. 넷째, 재원조달의 경우, 정부의 재정에서 조달하기도 하지만, 정부로부터 보조금을 받거나, 계약관계에 의한 수익사업 등을 통해 조달하기도 하고, 정부와 구매계약을 통해 조달되기도 한다. 다섯째, 인사문제의 경우, 조직의 책임자를 관련부처가 임명하기도 하고, 민간조직의 경우 자율적인 임명과정에 의해 정해지기도 한다. 여섯째, 조직의 구성원은 기관의 특성에 따라 공무원이 될 수도 있지만, 많은 경우, 전통적인 공무원과는 신분이나 지위가 다른 준공무원이며, 민간조직의 경우와 또 다르다.

그러나 이러한 특징들로 현실세계에서의 준정부조직들을 일관성 있게 설명하는 것이 쉽지 않다. 국가별로 정치제도, 법적 구조, 문화적 특징에 따라 너

---

2) 이제는 많은 학자들이 이 용어를 사용하고 있다(Barker, 1982; Skelcher, 1998; Moe, 2001).

무나 다양하기 때문이다. 이러한 특징은 일종의 이념형으로서 준거틀이 될 것이며, 개별 국가별로 독특한 존재양식과 발전양식에 대한 충분한 연구가 필요하다.

2) 준정부부문의 성장 양식: 분화와 밀집화

이러한 조직구조 및 기능적 특성을 가진 준정부조직들은 크게 다음과 같이 두 가지 발전 양식을 가지고 성장한다. 전통적으로 국가부문이 강한 국가, 민간부문이 강한 국가, 또는 규제양식이 강한 국가에 따라 주된 발전방향이 다르지만, 두 가지가 동시에 이루어지면서 준정부부문이 매우 빠른 속도로 증가하고 있는 것은 분명하다.

첫째 양식은 정부조직으로부터의 다양한 정책집행 및 공공서비스 기능을 수행하는 준독립적인 조직으로 분리하거나 추가적으로 정부기능이 필요할 때 정부조직과 좀 더 밀착된 공법조직으로서 독립조직을 설립하는 분화(hive-off)의 방식이다. 즉 일종의 정부조직의 기관화(agencification)이다. 정부조직이 독립조직으로 분화되면 공기업, 공사, 공단과 같은 형식의 준정부조직이 증가하고 이 경우 정부로부터 분화된 조직들에 대한 주무부처 정부조직들의 통제문제와 궁극적으로 이들 조직의 민주적 책임성의 문제가 발생한다.

둘째 양식은 역으로 민간조직의 공공기능화를 통한 민간조직들의 정부부문으로의 밀집화(hive-in)현상도 동시에 나타나고 있다(Van Thiel, 2004). 민간영역에서 다양한 비영리 민간조직이나 이익집단들이 정부정책의 집행을 대리하거나, 정책의 투입기능을 하면서 정책결정과정에 영향을 미치고 있다는 것이다. 이들 조직은 넓은 의미의 준정부조직에 포함되는 조직이며 이러한 경향이 확대되면 공익과 사익의 구별을 어렵게 만들거나 또는 '공익의 사익화', '사익의 공익화'를 통해 공익과 사익이 상대 영역으로 상호 침투하여 결합 또는 연계되는 현상을 가져온다. 이 경우, 민주주의 운영양식과 효과에 영향을 미친다. 이러한 현상을 그림으로 개념화하면 〈그림 2-1〉과 같다.

따라서 우리의 경우 어떤 조직적 특징을 가진 준정부조직들이 어떤 발전양식을 가지면서 발전해왔고, 조직의 성과와 공공성, 더 나아가서 우리의 민주주의 발전에 어떤 영향을 미치고 있는가에 대한 연구가 앞으로 필요할 것이다.

〈그림 2-1〉 준정부부문의 성장양식

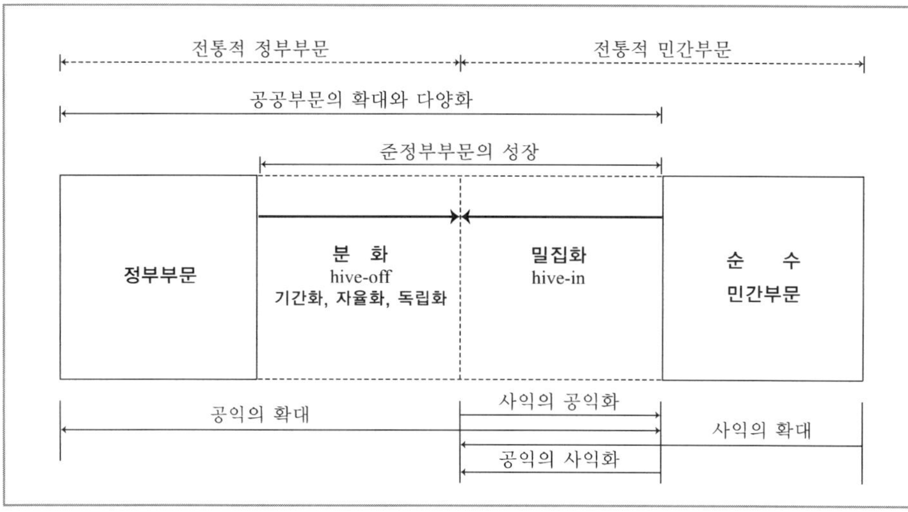

2. 공공부문의 다양화의 원인

왜 공공조직에서 전통적인 정부관료제인 부처조직의 밖에서 독립적인 정책집행기능을 수행하는 조직들이 증가하는가? 이를 어떻게 설명해야 하는가? 누가 실제로 통제하는가? 이러한 변화는 불가피한가? 이러한 질문들을 통해 앞의 조직의 형태적 특징과 발전양식을 설명하는 것이 앞으로 행정학의 중요한 과제일 것이다.

이러한 공공부문의 다양화에 대한 이론적인 설명들은 서구학계에서도 여러 가지 가설들이 경쟁적으로 제기되면서 뚜렷한 주류적인 시각이 형성되지 않은 아직 초기 단계라고 할 수 있다. Bourkaert and Peters(2004)가 제기했듯이, 경험적 현상이 본격적으로 나타난 것에 비하여 이를 설명하려는 이론적 연구는 늦게 출발했다. 그런 가운데, 최근에 다양한 이론적 가설들을 내세우면서 이를 검증하기 위한 경험적 비교연구들이 증가하고 있다.

현재까지 가장 많이 논의되는 이론적 시각은 주인-대리인(principal-agent) 관점에 근거한 위임이론(delegation theory)이다(Huber and Shapin, 2002; Thatcher, 2002; Elgie, 2006). 현대국가의 기능이 복잡해지고 다양해지면서, 전통적인 행정관료제와의 관계를 넘어서 다양한 준자율적인 공공조직들이 설립되고, 이들에게 실질적인 정책집행이 위임된다는 것이다. 이와 같이 위임이론에서 다양한

독립적인 공공조직의 성장의 원인과 그 문제점들을 찾는 연구들이 많이 발견되고 있다.[3)]

위임이론 내에서 가장 대표적인 시각은 아마도 합리적 선택관점에서 발전된 거래비용이론(transaction cost theory)일 것이다. 정치인들이 정치과정에서의 거래비용을 줄이기 위한 수단으로서 다양한 자율성을 가진 공공기관을 만들어 낸다는 것이다. 위임을 통해 책임부담을 줄이면서, 행정의 유연성과 효율성, 효과성을 높이려는 정치인들의 전략으로 해석하는 것이다. 이러한 거래비용이론에 근거해 파생된 다른 흥미 있는 이론적 시각들을 소개하면 다음과 같다.

첫째, 정치적 불확실성 또는 복잡한 정책환경(policy complex) 하에서 전문성이 강한 독립적 조직에게 신뢰성을 주고 정책집행에 몰두하게 하는 신뢰적 헌신(credible commitment)을 강조하는 것이다(Elgie and McMenanin, 2005). 대부분의 준정부조직은 특정 정책을 전문적이고 집중적으로 집행하는 조직으로 많이 세워진다. 정책집행에 관련된 지식이나 기술들이 집중된 조직을 통해서 강한 신뢰를 주고 헌신을 할 수 있도록 해주면, 집행의 효율성과 효과성을 높일 수 있다는 것이다.

둘째, 비난회피이론(blame shifting/blame avoidence)을 들 수 있다. 정기적으로 선거를 치러야 하는 정치인의 입장에서 집행기능을 일정거리를 두는 준자율적 조직에 위임함으로써 정책실패의 책임문제에 대하여 선거에서의 부담을 회피할 수도 있다는 것이다. 또한 선거과정에서 정권교체가 자주 일어나는 것에 대하여, 상대정파에 대한 권력독점을 방지하는 역할도 한다. 이것은 부처조직과 준정부조직 간의 관계에서도 성립할 수 있을 것이다.

셋째, 같은 논리적 맥락에서 Dunleavy(1991: 200)의 관청형성이론(bureau-shaping theory)이 있다. 이에 따르면 정부관료제는 한편으로는 부처예산을 유지하려고 하는 반면에 다른 한편으로는 부하들이 선호하지 않은 일상적인 임무를 제거하기 위해 집행기관을 분리하는(hiving-off) 것을 선호하기도 한다는 것이다.

그러나 이러한 주인-대리인 시각들은 기능주의적 논리의 오류를 범하게 된다는 비판을 받기도 한다. 제도 내의 합리적인 행위자들은 당연히 거래비용

---

3) 주인-대리인에 근거한 위임이론은 준정부조직의 성장뿐만 아니라, 좀 더 넓은 차원에서 국가의 중앙은행이나 규제기관 같은 독립자율기관 또는 EU와 같은 초국가 차원에서 많은 독립자율기관이 만들어지는 과정을 설명하는 데에도 사용된다. 이때 대상조직을 통틀어서 선거에 의해 통제되지 않는 비다수제적 기관(non-majoritarian institutions)으로 불리기도 한다(Elgie and McMenamin, 2005; Thatcher and Stone, 2001).

을 줄이려고 하기 때문에, 제도들은 상호 협력적인 방향으로 발전한다는 기능주의적 논리가 지배한다는 것이다. 이러한 기능주의 논리는 제도의 형성과 작동의 논리를 사후적으로 설명한다는 비판을 받고 있다. 따라서 기능주의적 시각은 이러한 공공부문의 다양화 양식의 생성과 성장의 실제과정을 설명하는데 한계가 있다는 것이다. 실제로 행위자에 의해 특정 제도가 인식되고 선택되는 과정은 당시의 역사적 조건들, 그 이전에 존재했던 제도적 특징, 행위자들의 권력관계, 그리고 당시의 지배적인 가치나 이데올로기, 또는 사건의 상황논리 등 다양한 요인들의 상호작용에 의해 결정될 수도 있다는 것이다.

최근 기능주의적 이론의 비판으로 다른 대안적인 시각들도 제기되고 있다. 첫째, 사회학적 제도주의에서 제기하는 제도적 이질동형(institutional isomorphism)의 논리이다. 제도적 이질동형의 논리는 이러한 조직 또는 제도들이 도입되고 발전되는 데에는 행위자들의 합리적 선택이 반드시 작용하지 않는다는 것이다. 실제로 한 제도의 발전이 정당한 것으로 인식되기 시작하면, 그 제도는 다른 사회 또는 국가로 이전·확산된다(Majone, 1996; DiMaggio and Powell, 1991). 이러한 시각은 확산이론(diffusion theory)이라 불리기도 한다.

둘째, 역사적 제도주의 시각에서 보면, 개개 국가의 국가형성과정에서 형성된 제도적 특징이 경로의존성을 가지면서 유지되는 과정을 강조한다. 위임의 제도가 일단 성립이 되면, 그 제도에 의한 이익과 권력관계, 그리고 제도적 정당성이 형성되면서 제도가 유지된다는 것이다. 때로는 특정 정치인의 정치적 리더십이나 혁신의 결과로 나타나기도 한다는 것이다.

최근 이러한 여러 가지 이론적 가설들을 가지고 한 국가 또는 몇 개 국가들의 비교연구를 통해 실증적으로 검증하는 연구들이 증가하고 있다(Elegie, 2006; Elgie and MeMenamin, 2005; Bertilli, 2006; Van Thiel, 2004; Huber and Shipan, 2002; Thatcher and Stone Sweet, 2002).

이러한 다양화의 또 다른 중요한 함의는 민주주의 발전양식(확대 또는 축소)의 측면에서 여러 가지 의미가 있을 수 있다는 것이다. 특히 민간조직인 이익집단을 통한 공적 기능을 수행하는 공공조직화의 양식도 빠르게 증가하고 있다. 이에 대한 이유로서는 정치인이 새로운 정치적 지지세력을 원하거나 관료제도 자기조직의 기득권유지와 정책의 효과적인 집행을 위해 고객조직(client organization)으로서 이익집단의 정치화를 원하는 것이다. 민간부문의 이익집단들이 정부의 정책집행기능과 공공서비스를 대신해 주거나, 다양한 정부부처에 가까운 준정부조직의 운영이사회나 결정과정에 참여를 하게 된다.

다원주의를 비판하는 신조합주의(neo-corporatism)이론에 따르면 상대적으로 다원주의 성향이 강한 미국을 제외하면 대부분의 국가들의 현대 민주주의 정치는 국가가 조직화된 자본이나 노동을 포함하여 시민사회의 거대 이익집단 조직들에게 독점적인 공적 권위를 부여하고 주요 이익투입의 기능을 수행하게 하거나 정책집행을 용이하게 하게 함으로서, 이들을 정치적으로 포섭하거나 협력을 이끌어내고, 또한 이들과 정치적 지지를 얻어내는 지배연합을 형성하기도 한다. 이를 전통적인 자유주의 이분법인 국가와 시장의 분리를 넘어서는 '사적 이익 정부화(private interest government)' 현상으로 설명하기도 하였다(Streeck and Schimitter, 1986). 따라서 정치인들은 정책집행을 위해 전통적인 부처조직보다는 독립기관화(agencification)된 공공조직을 더욱 선호할 수 있다는 것이다.

사실 주인-대리인에 근거한 위임이론은 기본적으로 선거와 정당간의 경쟁이 제도화된 민주주의라는 정치적 맥락에서 정치인과 관료제 사이의 위임관계의 논리에서 발전하였다. 따라서 이러한 이론적 시각을 우리의 초기의 준정부조직들인 산하기관의 성장에 직접 도입하는 것은 문제가 있을 수 있을 것이다. 그러나 우리 정치가 점점 민주화됨에 따라 이러한 논리는 앞으로 매우 시사하는 바가 클 것이다.

따라서 우리의 경우 정치경제, 문화적 맥락에서 준정부조직들의 역사적 발전과정에 대한 구체적인 연구가 우선적으로 매우 시급하다. 그런 가운데, 우리의 독특한 발전논리를 발견하고, 또한 정치민주화가 더욱 진전됨에 따라 이러한 위임이론은 준정부부문 성장과 작동메커니즘을 설명하는데 점점 더 유용해질 것이다.

3. 공공부문 다양화가 유발하는 쟁점들

다음으로 우리가 초점을 두어야 할 쟁점은 이러한 공공부문 변화가 가져다주는 문제점은 무엇이며, 장기적으로 우리 사회의 정치, 경제, 사회적 차원에서 그 효과는 무엇인가에 관한 것이다. 여기서는 크게 세 가지에 초점을 두어 논의하고자 한다.

1) 준정부부문 거버넌스 설계의 문제

앞에서 살펴본 바와 같이, 준정부조직의 형태가 다양화되는 이유에 대하여는 많은 가설들이 존재한다. 사실 그 가설들의 옳고 그름의 여부는 실제로 개개 국가들의 정치제도적 특징과 민주주의의 역사적 발전과정에서 국가와 시장, 그리고 시민사회간의 권력관계의 맥락에 따라 다를 수 있다.

그런 가운데에서도, 민주주의 국가라는 맥락에서 준정부부문의 성장은 민주주의 위임이론이 그 핵심이 된다. 이 때 공통적인 문제점으로 인식되는 것은 준정부조직들의 책임성과 거버넌스의 문제이다.[4] 가장 기본적인 것은 공적 재원과 정부기능을 선거에 의해 임명되지 않는 자들의 손에 넘겨준다는 것이다. 거기에는 물론 선거로 임명된 정치인이 대리인으로서 수행하는 관료적 책임성을 전제로 한다. 그러나 기관화로 확대되는 준정부조직의 경우, 이들은 복대리인으로서 두 단계의 책임성이 위임되기 때문에 민주적 통제에 문제가 나타나게 되는 것이다(Skelcher, 1998).

이런 맥락에서 준정부부문의 제도설계 과정에서 다양한 통제수단들의 필요성이 제기된다. 이론적인 관점에서 준정부조직의 성장은 민주적 책임성의 논리 하에서 두 가지 구조적 위험이 나타난다고 한다. 하나는 '숨은 정보'(hidden information)의 문제 또는 '역선택'(adverse selection)의 문제로서 준정부조직들이 위임을 한 주인, 즉 정치인이나 부처관료제가 구체적인 집행과정에서 나타나는 정보를 잘 알 수 없게 됨으로서 이들 조직의 실제적 권력이 증대된다는 것이다. 다른 하나는 '숨은 행위'(hidden action)의 문제, 즉 '도덕적 해이'(moral hazard)의 문제이다. 일단 위임계약이 이루어지면 위임을 한 주인이 대리인의 행위를 잘 관찰, 감독할 수 없기 때문에 이런 문제가 나타난다는 것이다(Huber and Shipan, 2002). 이에 따라 책임성의 문제를 해결하기 위해서 준정부조직의 책임성을 강화하기 위한 치밀한 제도설계가 필요하며, 이에는 사전적 제도장치와(ex ante design)와 사후적 제도장치(ex post design)가 있다(Huber and Shipin, 2002;

---

4) 민주주의 국가의 원리 가운데 정부는 시민을 대리하면서 시민들의 정치적 요구에 대응해서 행동해야 할 책임이 있다는 원리가 민주적 책임성이다. 민주적 책임성에는 정치적 집행부가 선거와 상호견제를 통하여 책임을 지는 정치적 책임성, 정치적 요구를 정치인을 대리하는 관료제를 통하여 실현하는 관료적 책임성, 관료들의 행정효율성을 통하여 시민들의 권익과 이익을 보호하는 관리적 책임성 등으로 구성된다. 자세한 설명은 안병영・정무권・한상일(2007: 150-159)을 참고할 것.

Bertelli, 2005, 2006). 사전적인 차원에서는 회계의 규정이나 관리규제를 통해 그리고 사후적으로는 감사와 같은 제도적 장치를 통해 책임성의 거래비용을 줄인다는 것이다.

더 나아가서 준정부조직의 복잡화와 더불어 민간조직에서도 준정부조직이 증가하는 만큼, 이들 조직 간의 조정문제(coordination problem)를 해결하기 위한 거버넌스 설계의 중요성이 제기되고 있다. 새로운 거버넌스의 형태로 네트워크 거버넌스(networked governance) 또는 협력적 거버넌스(cooperative governance)에 대한 구체적인 설계와 작동메커니즘의 이해에 관한 문제제기와 연구들이 최근에 증가하고 있는 것이다(Skelcher, 2006; Papdopoulous, 2003; Klijn and Skelcher, 2007). 이러한 협력적 거버넌스의 도입과 성공은 그 국가의 정치적 제도의 특징과 민주주의 발전의 수준과 연관되어 있다.

2) 민주주의의 확대 혹은 축소의 문제

앞에서 논의된 바와 같이, 준정부조직의 발전양식에서 정부부문으로부터 독립된 공공조직으로의 분화뿐만 아니라 민간조직의 공공조직화가 최근에 빠른 속도로 증가하고 있다. 물론 이는 국가별로 공법, 민법체계의 차이와 민주주의 발전양식에 따라 차이가 있다. 그러나 현대사회가 더욱 복잡해지면서 복잡한 공공의 문제를 정부조직이 다 해결하기가 점점 어려워지는 것이 주된 요인이다.

이러한 발전양식에는 민주주의와의 관계에 있어서 중요한 양면성이 있다. 그 중에서도 특히 사익들이 공익을 다루는 기능을 수행하는 민간조직의 공공조직화 현상에서 민주주의 발전의 양면성이 더욱 두드러지게 나타난다.

긍정적인 측면에서는 민간조직들이 자신의 사익들을 공익적 관점에서 바라볼 수 있게 됨에 따라 공익의 민간부문으로의 침투가 더욱 쉬워진다. 민주주의가 성숙한 국가들은 이들 준정부조직들에게도 시민사회의 민간조직들의 자율적인 참여와 감독, 정치적 견제, 그리고 투입기능의 증대의 결과로서 공공기능을 수행하는 준정부조직들이 민주주의에 기여할 수 있다는 것이다. 이러한 민간부문으로의 공공부문의 확대는 이익집단, 즉 사익 간의 갈등과 경쟁보다 합의된 조정(consensus-based coordination)이 가능해지면서 민주주의의 확대를 통한 공공문제의 해결이라는 방향으로 발전할 수 있는 것이다. 즉 정부를 포함하여 시민사회의 조직들 간에 사회적 자본(social capital)이 증가함으로써 사회의 고질적인 문제나 위기를 잘 풀어나갈 수 있을 것이다.

반면에, 민주주의가 불균형적으로 성장하여, 단지 형식적 민주주의 수준에서 시민사회의 성장 없이 특정 이익집단들의 권력이 강해질 경우 부정적인 측면이 강하게 나타날 수 있다. 시민사회의 특수 이익이 공적 권위로 전환되면서, 국가권력이 특수 이익집단이나, 파워엘리트 집단에 포획될 가능성이 있는 것이다. 더 나아가서, 민주주의가 덜 성숙된 권위주의적 국가에서는 민간조직을 이용한 준정부조직의 성장은 국가가 시민사회를 일방적으로 규제하거나 시민사회의 이익집단을 포섭하는 방식으로 발전할 가능성이 높다. 따라서 준정부조직들을 통제하는 정치인 또는 부처관료제는 준정부조직들의 후원자로서 관계가 더 발전하게 된다. 이는 민주적 책임성의 문제를 제기하며, 인사나 재정, 운영목적이 특정 정파나 부처관료제의 이익의 극대화를 위해 작동될 수 있는 것이다. 결과적으로 이는 거래비용의 증대를 가져와 효율성과 공공성에도 역행한다는 것이다.

따라서 민간조직의 준정부조직으로의 성장은 사익의 공익화를 통한 공익 또는 '공공영역의 확대'로 진화하여 '참여민주주의' 또는 '실질적 민주주의'로 발전 · 진화하는데 도움을 주는지, 아니면 역으로 '공익의 사익화', '사익의 공공부문으로의 침투'가 가능해짐에 따라 실제로 민주주의의 축소로 진행하는지의 문제를 따져봐야 할 것이다. 따라서 민간조직들의 준정부조직화가 민주주의 발전에 어느 방향으로 역할을 할지는 개별 국가의 민주주의 성숙과 국가와 시민사회간의 권력의 균형에 따라 달라질 것이다. 그리고 공공부문의 개혁과정에서 앞으로 공공부문의 조직간, 그리고 공공조직과 민간조직간의 민주적 거버넌스의 설계와 운영이 매우 중요해질 것이다.

더 나아가서, 민주주의의 확대의 차원에서 준정부조직들의 성장이 사적이익의 공공부문의 침투가 아니라 민주적 기능과 공공성의 증대로 가기 위해서는 또 하나의 중요한 조건으로서 이들 조직 내 민주화(organizational democracy), 즉 행정민주주의의 실현이 중요한 제도적 조건이 될 것이다(안병영 · 정무권, 2007). 거시적 차원의 거버넌스를 논의하는 경우, 자칫 잘못하면 미시적인 차원에서의 조직구조와 운영, 그리고 지배구조의 중요성을 놓칠 가능성이 높다.

아마도 행정학계에서 그동안 간과해 왔던 연구 영역은 이런 거시적 차원의 국가-사회관계 또는 제도적 차원의 상호관계가 조직 내의 미시적 작동 메커니즘과 어떻게 상호 연계되는지에 대한 것들이다.

3) 민주적 책임성과 성과의 조화의 문제

준정부조직의 성장의 기본적인 정당성은 얼핏 보면, 정책환경의 복잡화와 전문화에 따라 위임에 의한 효율성의 증대로 이해되고 있다. 그러나 위임이론의 기저에는 민주주의의 효과적인 작동이라는 전제가 깔려 있다. 따라서 전통적인 행정학의 가치 딜레마의 문제로서 효율성과 민주성의 조화에 대한 적극적인 인식이 필요하다. 그러나 최근의 신공공관리론은 암묵적으로 민주주의의 비효율성을 전제로 하면서 탈정치화를 통한 공공조직의 효율성 제고를 강조한다. 바꿔 말하면, 민주주의 논리나 전통적인 행정학 논리에서 등한시 해왔던 관리적 책임성을 강조하는 장점이 있는 한편, 역으로 민주적 책임성을 등한시하는 경향이 있는 것이다.

물론 조직의 효율성 제고는 행정의 기본적 가치이다. 그러나 민주주의라는 맥락에서의 준정부조직의 성장은 효율성의 증대와 함께 공공성이라는 가치를 떠나서 생각할 수 없다. 위임의 문제로서 이들 조직의 민주적 책임성이 강조되는 것도 바로 그 이유이다.

따라서 준정부조직의 성장에 따라 행정학이 적극적으로 고민해야 할 이슈는 이들 조직의 성과로서 공공성의 문제를 어떻게 다룰 것인가이다. 사실 한국행정연구에서 권위주의적 정치 하에서 압축성장을 해왔던 역사적 결과로서 상대적으로 효율성을 강조한 반면, 민주성과 공공성에 대한 관심이 적었다. 특히 공공성을 정책의 투입 또는 결정과정에서의 문제로 강조하였기 때문에 정책의 집행을 기계적인 과정으로 인식했던 전통적인 정책이론도 그 한 몫을 하였다고 볼 수 있다. 그러나 집행과정에서 준정부조직들이 가지는 전문성과 그에 따르는 재량은 또 하나의 위임의 영역으로 맡겨진 자율적 공간이 크기 때문에, 준정부조직들의 집행영역에 공공성의 문제를 적극적으로 고려해야 하는 것이다.

그러나 신공공관리론의 성과주의 관리철학은 공공성에 준하는 성과보다는 경제적 효율성에 준하는 성과에 더욱 초점을 두고 있다. 그런 가운데 다양한 경제적 차원의 성과지표의 개발과 성과향상을 위한 관리기법의 개발에 몰두하였다. 반면에 공공성에 대한 성과의 개념화와 이론화, 그리고 공공성에 대한 성과를 측정하기 위한 성과지표의 개발이나 기준의 설정에는 등한시 해왔던 것이다. 때문에 현실적으로 조직의 성과로서 공공성을 논의하기 위해서는 구체적인 측정과 척도의 개발이 매우 중요하다. 행정학의 주요 연구영역으로서 민주적 성과(democratic performance)에 대한 연구가 앞으로 준정부부문의 성장과 함께 수행되어야 할 미래의 중요한 연구과제가 될 것이다(Skelcher, 2006).

Ⅲ. 공공부문의 다양화의 한국적 특성

여기에서는 앞에서 논의된 공공부문의 다양화에 대한 이론적 논의들을 중심으로 한국 행정연구에서의 새로운 과제들을 제시하기 위해 탐색적 논의를 시도해 본다. 이를 위해 현재까지 수집하고 분석 가능한 데이터와 앞에서 제시된 이론적 쟁점들을 바탕으로 우리의 공공부문의 성장과정과 그 특징을 분석해 보았다. 이 글에서 제기된 이론적 쟁점이나 연구과제에 관한 구체적인 결과는 앞으로 본 연구자들을 포함한 한국행정 연구자들의 몫이다.

1. 공공부문 조직의 다양한 존재양식

안병영 · 정무권 · 한상일(2007: 127)은 공공부문의 조직적 특징을 이해하기 위해 다양한 이론적 차원과 유형분류 기준에 의거하여 공공부문의 다양한 존재양식을 제시한 바 있다(〈표 2-1〉 참조). 이를 근거로 우리의 준정부부분에서의 공공조직의 다양성을 좀 더 구체적으로 설명해 보고자 한다.

표의 좌측에서 우측으로 이행할수록 전통적인 공공부문이 민간부문과 결합되면서 공공부문이 복잡 · 다양화되는 현상을 보여준다(추상적인 수준에서 공공부문의 다양화 현상의 개념을 도식화한 것으로는 〈그림 2-1〉 참조). 조직적 특성과 제도단위로 구분하여 공공부문을 유형화할 때 국가 또는 정부의 개념에서 출발하는 것이 바람직하다. 〈표 2-1〉의 괄호 번호에 따라 설명해 본다.[5]

(1)에 해당하는 조직이 전통적인 정부부문이다. 여기서 정부조직(부문)은 물리적 강제력을 합법적으로 행사하여 개인과 시장, 시민사회에 영향을 주는 공식적 기관들을 총칭한다. 한국의 경우 중앙정부와 지방정부로 구성된다.

5) 이 표에 대한 좀 더 자세한 설명은 안병영 · 정무권 · 한상일(2007: 120-132)을 참조.

〈표 2-1〉 공공부문의 개념과 범위

<table>
<tr><td rowspan="2">공적/사적영역의 구분</td><td colspan="7">넓은 의미의 공공부문
공공부문의 복잡화와 확대 →</td><td colspan="2">좁은 의미의 민간부문</td></tr>
<tr><td colspan="2">좁은 의미의 공공부문</td><td colspan="7">넓은 의미의 민간부문</td></tr>
<tr><td rowspan="2">법적 차원</td><td colspan="2">공법체계</td><td colspan="7">민법체계</td></tr>
<tr><td colspan="2">공공법인</td><td colspan="4">비영리법인</td><td colspan="2">영리법인</td><td>가족/가정</td></tr>
<tr><td rowspan="3">조직의 특성</td><td>전통적 정부부문</td><td>좁은 의미의 준정부부문</td><td>넓은 의미의 준정부부문</td><td colspan="3">순수 비영리부문</td><td>넓은 의미의 준정부부문</td><td>순수 기업</td><td>가족/가정</td></tr>
<tr><td rowspan="2">국민의 대표기관인 의회로부터 정치적 책임성을 지는 정부조직(1)</td><td rowspan="2">부처조직들과 독립된 조직이지만 부처들의 정책을 수행하기 위해서 부처와 긴밀하게 연계된 공적조직(2)</td><td rowspan="2">공공기능을 수행하면서 정부의 보조와 통제를 받는 비영리조직. 의도적으로 정부가 설립하거나(3), 자발적으로 설립된 후 정부와 계약관계를 형성(4)</td><td colspan="2">공공기능을 수행하면서 자율성을 누리는 비영리조직</td><td rowspan="2">좁은 의미의 민간부분 사적이익을 위한 비영리조직(7)</td><td rowspan="2">정부와 계약관계 또는 보조금 지원을 받으면서 정부정책을 수행하는 기업(8)</td><td rowspan="2">시장에서 순수하게 기업의 영리목적으로 운영하는 기업(9)</td><td rowspan="2">가족/가정</td></tr>
<tr><td>정부로부터 재정적 지원을 일부 받는 조직(5)</td><td>재정적/관리적으로 완전히 독립적인 조직(6)</td></tr>
<tr><td>조직의 예시</td><td>정부부처, 지방정부</td><td>산하기관(공사·공단), 공기업</td><td>공익단체, 민간비영리 복지기관, 시민단체, 종교단체, 일부 산하기관(위탁, 보조기관)</td><td colspan="2">공익단체, 비영리복지기관, 시민단체, 종교단체, 문화단체</td><td>친족단체</td><td>정부와 계약 기업(예: 방위산업), 일부 산하기관</td><td>이윤을 추구하는 기업</td><td>가족/가정</td></tr>
<tr><td rowspan="2">철학적 기준</td><td colspan="2">보호적 자유주의
공리주의-경제주의
좁은 의미의 공공 부문</td><td colspan="5">발전적 자유주의/참여적 시민권
공적영역으로서의 시민사회
Arendt/Habermas 공적영역</td><td>영리/시장</td><td>가족/가정</td></tr>
<tr><td colspan="8">마르크스주의(궁극적으로 공적영역과 사적영역의 비구별)</td><td>페미니즘(여성의 가사노동)</td></tr>
<tr><td>공익성</td><td colspan="7">개인이익의 집합(개인주의모델)/공동체로서 공동의 이익(유기체 모델)</td><td colspan="2">개인이익 및 집합</td></tr>
</table>

(2)에 해당되는 조직들이 준정부조직의 초기 발전 형태로서 부처의 감독과 통제를 받는 독립된 산하기관들을 일컫는다. (1)의 정부부문으로부터 분화된 전형적인 준정부조직들이 여기에 해당된다. 정부가 공공성이 강한 경제적 생산의 목적으로 설립한 공기업들과 부처들의 주요 정책들을 집행하는 산하기관들로 구성된다. 예컨대, 한국전력공사, 한국가스공사, 한국토지공사, 대한주택공사 등 규모가 크며 국민경제에 지대한 영향을 미치는 공기업들, 정부정책과정에서 정책을 보좌하는 KDI, 한국보건사회연구원, 노동연구원 등 각종 정부출연 연구기관들, 그리고 기금관리를 하거나 국민연금관리공단, 건강보험공단, 교통안전공단 등 특정 정책의 집행을 전문적으로 수행하여 공공서비스를 제공하는 기관들이 여기에 포함된다.

이들 조직들은 정부가 사용하는 자원들을 공유하며 정부의 재정지원을 받는다. 일반적으로 설립과 운영을 위한 법령이 존재하여 정부의 법률적 규제를 많이 받고 정부의 정책을 집행하는 역할을 맡기 때문에 공법체계에 의거하여 규율되는 공공부문에 속하는 중요한 조직들이다. 서양의 기준으로 보면 원칙적으로 관련된 부처 정책의 집행을 중심으로 설립된 공적 법률 하에서의 콴고스나 준독립기관들이 주로 여기에 속할 것이다. 이들 조직들은 복대리인의 역할로서 정부로부터 점차로 공사나 공단과 같은 정책집행이나 다양한 출연연구기관과 같은 정책투입기능의 전문성을 가지고 기능에 따른 조직분화를 해온 조직들이다. 일반적으로 이 부분에서의 조직들이 준정부조직으로서 주목을 많이 받는다. 왜냐 하면, 정부부처조직과 좀 더 밀접히 연관되어 있으며, 정부 정책과의 직접적인 연계, 정부의 재정개입이나 조직규모에 있어서도 매우 크기 때문이다. 따라서 이들 조직들은 정책 집행의 핵심적인 조직들이기 때문에 여기서 좁은 의미의 준정부부문이라고 칭한다.

철학적인 차원에서 보면, 이들 조직은 준자율적 조직으로 분화되었어도 예외는 있지만 전통적인 정부의 기능을 대행하는 것과 같기 때문에 전통적인 자유주의 맥락에서도 공공부문에 속하는 것으로 이해할 수 있다. 그리고 이 부문은 정부부처로부터 기관화, 독립화, 자율화가 진행되면서 위임이론에 의한 민주적 책임성과 거버넌스의 문제가 제기된다.

(3)과 (4)가 다음으로 중요한 준정부부문의 존재양식으로서 주목해야 할 조직형태이다. 법률적으로 공법체계에서 만들어진 준정부조직이 아니라 민법체계에 속하면서 정부의 정책집행이나 공공서비스를 제공하는 비영리법인들이

이 범주에 속한다. 앞의 준정부부문의 발전양식에서 공공조직으로의 밀집화에 해당하면서 매우 복잡하게 그리고 공익과 사익이 서로 침투, 혼재되고 있는 조직이기 때문이다. 바커(Barker, 1982)의 기준에 따르면 준민간조직(semi-private organizations) 또는 코펠(Koppell, 2003)의 기준에 의하면 혼합조직이라고 불리기도 하고, 그 공공기능을 수행하는 범위의 크기 때문에 제3자 정부로 불리기도 한다. 이러한 형태의 조직들이 우리의 일상적인 삶에 밀접히 연관되어 있고 중요한 공공기능을 수행하고 있으면서도 사실 행정학계에서는 잘 주목을 받지 못하고 있다.

비영리법인은 일반적으로 영리법인과 달리 수익이 설립자나 소유권자에게 돌아가는 것이 아닌 시민들이 자발적으로 설립하는 조직들을 의미한다. 그러나 경우에 따라서 정부가 비영리법인을 설립하고 특정한 서비스를 위탁하고 서비스 공급의 대가를 그 조직에 귀속하도록 하는 경우가 있다. 이와 같이 정부가 정책목적의 수행을 위해 의도적으로 비영리법인의 형식으로 설립하는 경우가 있기 때문에 시민사회에서 자발적으로 형성된 비영리법인과의 기능, 역할, 운영상의 차이를 설명하기 위해 정부의 의도성에 의해 설립된 조직(3)과 민간의 자발적 조직(4)으로 구별을 할 필요가 있는 것이다. 이들 간의 조직운영의 양식과 효과가 다를 수 있기 때문이다.

(3)과 같이, 정부의 의도에 의해 민간부문에 세워진 공공성이 강한 조직들은 선진국에서도 많이 발견된다. 공공서비스의 제공에 있어서 교육, 문화사업과 같이 시민사회와의 보다 자유로운 연계와 자발성이 중요하기 때문에 의도적으로 민간부문의 비영리법인을 통해 정책목적을 달성하는 경우가 많은 것이다. 특히 우리의 경우, 정부가 주도하여 설립되었으나 해당분야의 정부규제 또는 인허가 업무 또는 민간조직들의 이익투입 또는 이익조정의 역할을 수행하는 조직들이 많았다.[6] 그리고 권위주의 시대에 정치적 목적으로 민간 관변단체들을 만들어 시민사회와의 연계를 시도하는 경우도 많았다. 예를 들어 한국자유총연맹, 새마을운동 중앙협의회 등이 이런 조직에 속할 것이다. 권위주의적 발전주의 국가에 의해 산업화를 실시하면서, 시장의 통제와 규제 또는 각종 시민사회의 통제와 규제를 국가의 필요에 따라

6) 예들 들어, 사회복지협의회, 공동모금회 등은 정부주도성이 강하다. 또한 민간부문에서의 각종 업종별, 산업별 ○○연합회 조직, 한국 문화예술진흥원, 언론재단, 지역별 중소기업지원센터 등 정부의 주도에 의해 세워진 민간조직들이 수없이 많다.

활용하는 강한 규제국가적 특성을 가지고 공공부문이 발전한 것이다. 따라서 서양의 민주주의가 성숙한 국가에서 볼 수 있는 시민사회에서의 자발적인 조직들의 활발한 활동보다는 국가의 주도에 의해 설립된 민간조직들이 많은 것이다.

문제는 민주주의가 일찍 발전한 국가들은 이러한 비영리조직들이 민주주의에 순기능을 하면서 점진적으로 성장하였던 반면에, 권위주의 체제 하에서 국가의 의도적인 사회통제의 목적으로 성장한 비영리공공조직이 많았던 우리의 경우, 이들 조직들을 어떻게 민주화시키며, 공공성과 효율성을 상호 조화시키는 방향으로 조직 운영과 지배구조, 그리고 이들을 통제, 감독하는 시스템을 만들어내느냐가 중요한 과제가 된다.

(4)의 경우는 비록 민간영역에서 자발적으로 공공의 목적을 위하여 조직을 만들었지만, 정부로부터 재정적으로 보조금의 지원을 받으면서, 일종의 정부와의 계약으로 정부의 규제 하에 공공서비스를 제공하는 범주에 속하는 기관들을 의미한다. 우리의 경우 가장 보편적인 경우가 복지서비스 기능을 대행하는 기관(사회복지관, 재활원, 장애인, 노인 복지시설 등)이 될 것이다. 사회복지분야뿐만 아니라 교육부문에서도 우리의 사립학교들은 설립은 민간 자율에 의해 이루어지지만 정부로부터 재정적 지원을 받으면서 학사 및 커리큘럼 등은 공립학교와 거의 유사하게 공교육기능을 수행한다. 보건 분야의 병원들도 모두 비영리법인이다. 또한 산업분야의 업종별 연합회들은 산업정책이나 규제정책과 관련 다양한 민간조직이 많다.[7)]

이와 같이 사회복지, 보건, 교육 등의 중요한 사회서비스 기능을 하는 조직들을 국가가 직접적으로 설립하고 재원을 조달하여 공공서비스를 제공하기보다는 민간부문의 자발적 조직을 유인하여 부분적인 재정보조를 해주고 이를 대신에서 국가 목적의 사회서비스 기능을 하도록 하는 양식은 아마도 한국, 일본 등 근대국가형성과정에서 강한 국가권력으로 출발한 발전주의 국가의 특징으로 간주될 수 있을 것이다. 경제성장에 전력을 기울이는 발전국가의 입장에서 필요한 최소한의 공공서비스 기능을 제공하는데 정부가 직접적인 조직을 통해 하는 것보다 민간조직을 대신 설립하게 하여 그 조직에 국가의 권위를 부여하여 위탁의 형식으로 서비스를 제공하게 하는 것이 현실적으로 용이한

7) 각종 업종별 협회/연합회(한국신발산업협회, 섬유산업연합회 등), 각종검사위탁기관(한국화학시험연구원, 한국석유품질검사소), 한국선급협회 등

것이다. 이러한 방식은 재정적인 측면에서 효율적일 뿐만 아니라, 정부의 규제만으로 통제가 가능하기 때문에 조직이나 인력차원에서도 정부가 직접 관리해야 하는 부담을 벗어난다. 이러한 민간조직들은 일반적으로 정부와의 관계에서 우위를 점하기 어렵고 의존적이 되기 쉽다. 즉 비영리조직이 산하기관화되는 것이다. 따라서 이 경우 법률적인 차원으로는 민법체계에 포함되지만 정부와 긴밀한 관계를 맺고 공공서비스를 제공한다는 점에서 넓은 의미의 준정부조직에 속할 수 있다.

(5)와 (6)에 해당되는 조직의 특징은 비영리부문 조직이지만 (4)와 (5)와는 달리 순수하게 자발적으로 설립되면서 정부와의 관계에서 일정한 거리를 유지하는 조직들을 일컫는다. (5)에 해당되는 조직들은 앞의 (4)의 경우와 같이 정부에 포섭되기보다는 자발조직으로서 독립성을 유지하지만, 조직의 운영과 유지를 위해 정부로부터 재정지원을 받는다. 아마 민주주의와 시민사회가 성숙한 서양의 경우 대부분의 비영리 자발조직이 여기에 해당할 것이다. 우리의 경우, 시민사회단체로서 시민운동을 하는 수많은 NGO들이 여기에 해당할 것이다. YMCA를 비롯한 많은 시민운동단체들이 자율적인 비영리 민간조직이지만 건전한 시민운동을 위해 정부로부터 재정지원을 받는다. (6)은 그 중에서도 정부를 견제하는 운동성이 강한 NGO이거나 기금이 큰 NPO로서 재정적으로 완전히 독립적으로 운영되는 조직들을 일컫는다. 재정적으로 독립된 참여연대 등과 같은 시민단체나 공익단체들이 (6)에 속한다.

이와 같이 민주주의와 시민사회의 성숙에 따라 자발적인 수준이 높은 상태에서 공동의 사회문제를 해결하기 위한 시민운동조직들은 자유주의 이론에 따르면 발전민주주의의 관점으로 이해할 수 있다. 공공의 의미가 개인의 권리의 보호에만 머무르는 것이 아니라 시민들이 토론과 참여를 통해 정책과 정치능력을 발전시키면서 개인의 발전과 성장을 이루고 성숙한 시민으로서 완성되는 참여민주적 공공영역으로 인식되는 것이다. 따라서 공공부문은 시민들이 참여를 통해 공공선을 합의하고 자신의 정체성을 형성하는 공간이다. 그런 의미에서 시민사회에 속한 공익단체, 시민단체, 비영리조직 등이 실질적인 토론과 논쟁의 공간으로 제도화된다면 국가행정으로 해결하지 못하는 문제들이 다루어지는 영역으로 주목받게 된다. 민주주의의 성장에 따른 시민사회가 성숙할수록 이에 해당되는 공공조직들이 증가할 것이다.

조직적 특성으로 보아 (3), (4), (5), (6)의 영역들이 최근 행정학계에서 시민사회부문의 NGO에 대한 연구들의 대상이 된다. 최근 시민사회의 성장과 이들이 정부정책에 미치는 영향이 점점 커져감에 따라 이 부문의 조직들에 관심이 커져가고 있지만, 공공부문의 성장과 다양화라는 거시적 사회변동의 맥락이나 이들이 수행하는 기능의 공공성과 민주주의 수준과 발전양식, 그리고 민주주의와 행정과의 맥락에서의 문제의식에 따른 연구는 아직 부족하다.

(7)은 비영리법인 중에서 사적 이익을 위한 조직으로 법인격화된 친목단체나 동호회, 친족조직들이 여기에 속한다.

(8)은 영리법인 중에서 정부의 지원을 받거나 계약관계에 의해 공공재를 생산하거나 공공서비스를 제공하는 조직들을 일컫는다. 예컨대, 방위산업과 같이 독점성이 강하고 공공성이 강한 공공재 생산부문을 기업이 맡는 경우에도 그러한 기업의 영향력은 매우 커진다.

이제는 순수영리기업인 (9)에 해당되더라도 자본주의가 성숙하고 기업이 독점자본화되면서 비시장적인 생활영역에도 기업은 많은 영향을 미친다. 이러한 경우에 민간 기업이라 할지라도 그 공공성과 책임성은 진지하게 고려되어야 하며 그에 따른 정부규제의 필요성이 논의되어야 할 것이다. 최근에 기업의 사회적 책임(corporate social responsibility)을 강조하면서 사회적 벤처 또는 기업(social venture or entrepreneurship)을 강조하는 것이 여기에 해당된다. 그리고 민영화와 시장의 확대가 강조되는 신자유주의 사조를 강하게 받아들이는 국가일수록 민간기업과의 계약을 통한 공공기능을 수행하는 조직이 증가할 것이다.

2. 성장과정의 특징: 경제분야 준정부조직 중심의 규제국가로 발전

앞에서는 공공조직의 다양한 존재양식의 특징을 중심으로 설명했다면, 여기서는 성장과정과 성장요인의 관점에서 한국 공공부문의 다양성의 특징을 설명하고자 한다.[8)]

---

8) 그러나 본 연구는 아직 앞에서 제기된 준정부부문의 성장의 원인에 대한 다양한 가설들에 대한 검증을 시도해 보지 못했다. 앞의 이론적 검토를 통해서 제시된 수많은 가설들과 연구과제들은 앞으로 우리 행정학계가 다루어야 할 중요한 과제라고 생각한다. 대신에 여기서는 그동안 수집한 산하기관의 자료와 연구결과들을 기반으로 기초적인 추론의 수준에서 재해석을 시도해 보고자 한다. 이를 통해 후속연구를 위한 연구과제들을 만들어 내는 계기가 되리라 믿는다.

〈그림 2-2〉 연도별 준정부조직 설립기관 수(1950-2001)

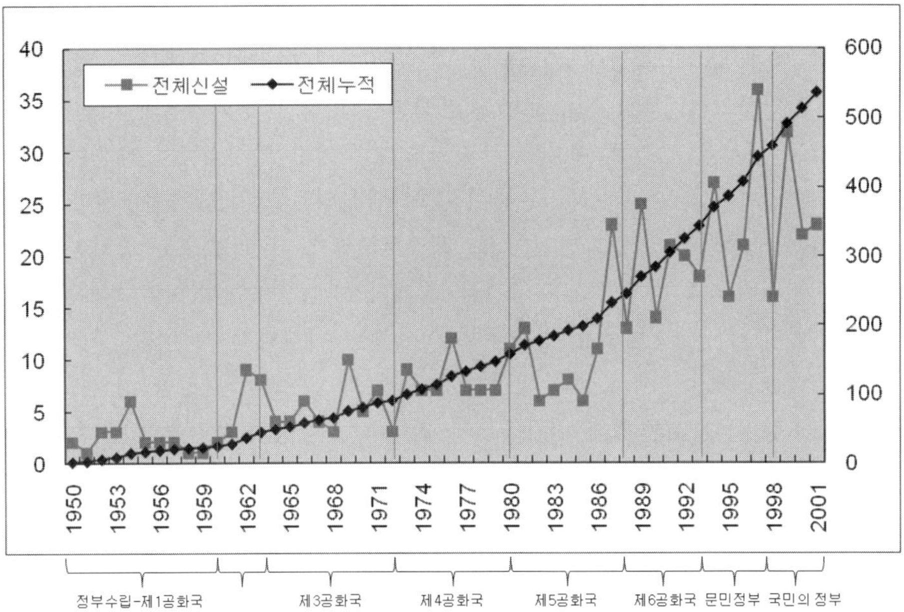

출처: 기획예산처(1998, 2001).

〈그림 2-2〉는 한국에서 시대별로 준정부조직들이 성장하는 과정을 나타낸다. 네모모양의 표식은 연도별로 신설된 준정부조직 수를 의미하며 다이아몬드형 표식은 당해 연도까지 누적된 기관수를 나타낸다.[9)]

우리의 경우, 60년대 이후 산업화의 과정에서 국가의 역할이 증대하면서 정부조직과 함께 준정부조직이 성장하는 경향을 보여준다. 시기적으로 보면, 6.25전쟁 직후, 경제개발5개년계획과 근대화를 추진하던 1960년대 초의 군정기간, 그리고 본격적인 산업화 추진기인 70년대의 중화학공업화 기간에 꾸준히 성장하였다. 유신체제가 붕괴되고 구조조정기인 1977년 이후 80년대 민주화 전

9) 〈그림 2-2〉의 데이터는 1998년도와 2001년도에 기획예산처에서 작성한 〈정부산하기관현황(표)〉에 들어있는 기관들의 최초 설립연도를 가지고 통계를 낸 것이다. 최초 설립연도의 정보가 없는 기관도 있고, 1998년과 2001년도 사이에 김대중정부의 준정부부문 개혁에 의해 폐지, 통합 또는 재분류가 된 조직들이 있다. 따라서 총 숫자는 2001년도 자료에 수록된 조직의 총수 664보다 작다. 그리고 이 두 해에 존재하는 산하기관을 중심으로 통계를 내었기 때문에, 이전에 설립되었다가 폐지되거나, 다른 조직과 통합된 조직들은 여기에 나타나지 않는다. 짐작건대, 이전에 설립되었다가 없어진 조직들은 그리 많지 않을 것으로 추정되므로, 이 데이터가 보여주는 성장경향은 크게 무리가 없을 것으로 판단한다.

까지는 상대적으로 침체기를 겪다가 민주화 이후 다시 준정부조직들이 급성장하기 시작한 것을 알 수 있다. 50년대에는 매년 3개 이내, 60년대와 70년대에는 매년 10개 내외, 80년대 후반부터 매년 20여개 남짓의 준정부조직들이 설립되기 시작하였다. 특히 민주화가 시작되면서 다양한 영역에서의 비영리조직들이 많이 생겨났고 그에 따른 정부지원도 이루어지기 시작했기 때문에 정부로부터 재정지원을 받는 보조기관들이 많이 신설되었을 것으로 판단된다. 그리고 당시는 민주화와 산업화의 결과로 행정서비스에 대한 수요는 증가하고 있었으나 이념적으로 정부규모의 증가를 경계하는 신자유주의 이념이 형성되었던 시기이다. 따라서 새로운 정부부처의 신설은 억제되기 시작하는 시기였다. 그럼에도 불구하고 경제성장과 민주화에 따라 행정수요와 다양한 영역에서 문제들의 조정과 해결을 위해 민간조직에 위탁하는 형식의 조직들이 증대하였다고 볼 수 있다. 따라서 중앙정부기능이 분화를 통하여 다양한 산하단체들에 의해 수행되거나 민간부문의 비영리법인을 통해 공공서비스가 제공되기 시작하던 시기였다. 즉 민간조직들의 공적기능화인 밀집화현상도 빠른 속도로 일어나기 시작하였다. 그 결과로 80년대 후반부터 많은 준정부조직들이 설립되기 시작하였다고 해석할 수 있을 것이다.

산하기관의 유형별로 살펴보면 유형에 따라 성장의 특징이 구분된다. 〈그림 2-3〉과 〈그림 2-4〉는 공기업의 성장과정을 보여준다. 앞의 〈표 2-1〉에 따르면, 공기업은 공법에 근거하고 부처조직과 깊이 밀착된 전형적인 준정부조직이라고 할 수 있는 조직유형(2)에서 핵심적인 조직이라고 할 수 있고, 산업화 과정에서 중요한 역할을 해왔다. 건국시기부터 하나 둘 설립되기 시작하면서 60년대 산업화과정에서 본격적으로 설립되기 시작한다. 다른 준정부조직의 증가추세와 같이 꾸준히 증가하면서 1980년대 후반부터 1990년대 동안 더 많은 기관들이 설립되고 있다. 〈그림 2-4〉는 공기업과 출연기관들의 성장과정을 조금 더 자세히 보여준다. 흥미로운 사실은 1980년대 중반부터 모 공기업보다는 모 공기업의 자회사들이 많이 설립되기 시작한다는 것이다. 이른바 준정부조직의 '2차 분화(the second wave of hive-off)'라고 할 수 있다.[10] 그 결과로 총 공

10) 공기업은 관련법에 의하여 사업영역이 정해지고 독점적인 지위를 보장받고 있다. 공기업은 정부의 지분이 50% 이상인 정부투자기관, 50% 미만인 정부출자기관, 그리고 정부투자기관이 다시 출자하여 설립한 회사인 자회사로 나뉜다. 주로 금융, 에너지, 건설 등 자연독점적 성격이 강한 서비스를 제공한다.

〈그림 2-3〉 공기업과 정부출연기관의 연도별 설립기관 수

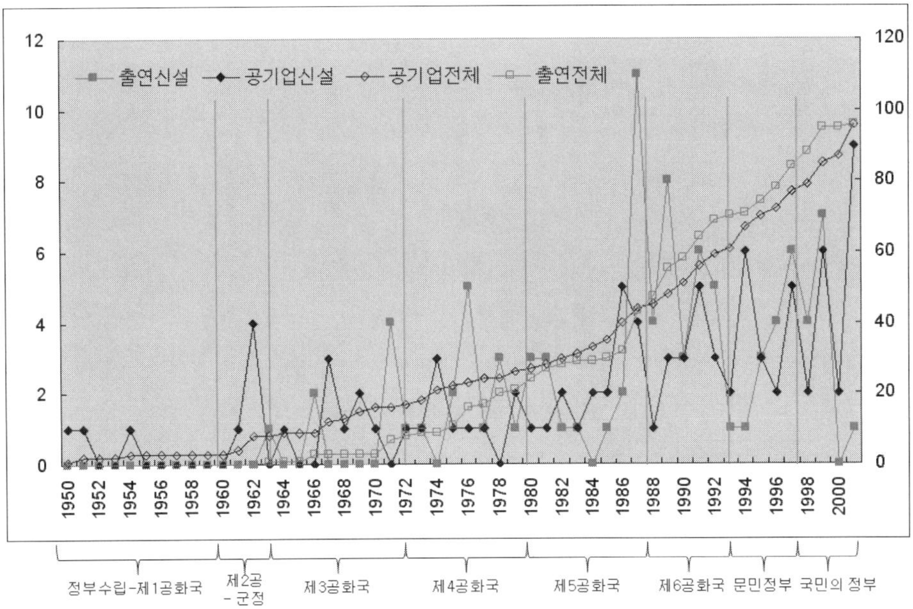

출처: 기획예산처(2001).

기업의 수가 1990년대 이후 증가하는 추세를 보인다.

1990년대 이후 본격적으로 등장하는 정부투자기관의 자회사의 증가의 원인은 여러 측면에서 추론 가능할 것이다. 초기의 설립시기보다 우리 경제의 규모가 커지면서 사업의 다각화가 필요하게 되고, 모 공기업조직의 규모가 커짐에 따라 경영상의 효율성의 증대를 중시하는 관점에 의거하여 설립된 것으로 이해할 수 있다. 다양한 공공서비스에 대한 수요가 증가했지만 정부투자기관이나 출자기관의 규모를 키우기보다 집행기능을 전담할 자회사를 설립하는 방법을 택한 것이다.

또는 위임이론에서 제기되는 모기업의 입장에서 독립적인 자기조직의 영역의 확대와 동시에 책임의 분산을 통한 비난회피 또는 사업의 적절성 규모를 확보하는 관청형성이론 등 다양한 논리에 의해 핵심 준정부조직으로부터 다시 분화된 준정부조직들이 성장할 수도 있다고 설명할 수 있을 것이다. 이를 위해서는 좀 더 치밀한 가설과 변수의 설정, 그리고 심층적인 사례연구 등 앞으로 다각적인 연구가 필요할 것이다.

〈그림 2-4〉 공기업의 연도별 설립기관 수

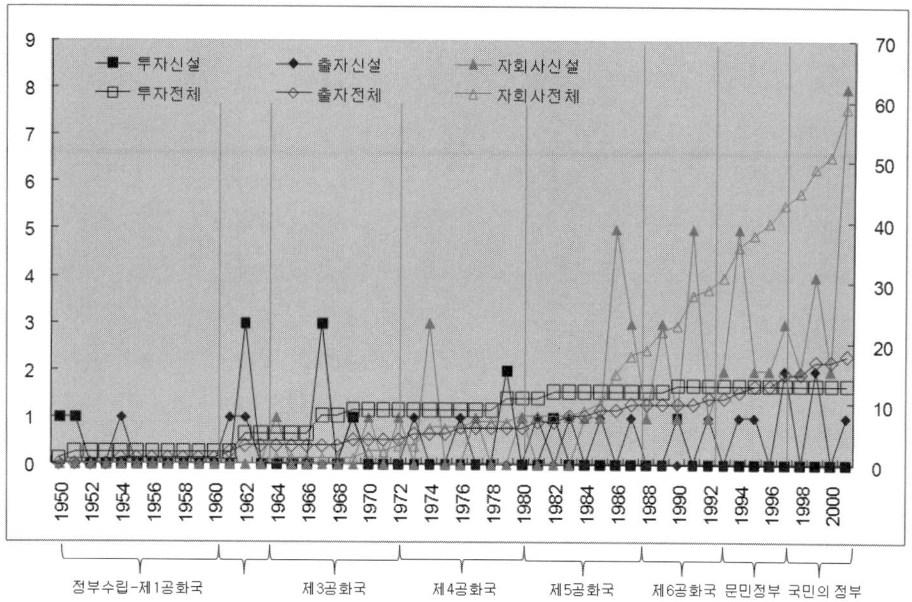

출처: 기획예산처(2001).

그리고 정부산하 연구기관들이 중심이 되는 출연기관들이 급증하였다. 연구·기획기능을 주로 수행하는 정부출연연구기관은 1980년대 후반에서 1990년대 초반까지 이르는 기간에 설립기관의 수가 절정을 이룬다. 1980년대부터 정부출연연구기관이 많이 신설된 것은 정부주도 경제개발과정에서 취약한 민간기업의 기술개발역량을 키우기 위해서 정부가 직접 기술개발을 하고 새롭게 개발된 기술은 민간에 이식하는 산업정책을 채택하였기 때문이다. 정부출연연구기관은 법률이 제정되면서 설립되고 정부출연금을 지원받아 운영되기 때문에 부처의 영향력이 크다. 그리고 각 부처별로 자신의 연구기관을 갖는 것이 유행처럼 번지기도 하였다. 타 부처와 경쟁하면서 자기조직을 확산시키는 관료정치의 논리라고 할 수 있을 것이다. 2000년대 이후에는 김대중정부가 정부출연연구기관의 통폐합을 시도하여 기능별로 분야를 나누어 통합이사회가 연구기관의 활동을 조정하고 주무부처가 예산을 지원하던 방식에서 벗어나 중립적인 단일기관이 집행하게 하였다. 그 이후 연구기관은 크게 증가하지 않고 있다. 그리고 70년대의 경제성장은 사회가 분화, 발전하고 정부기능이 증대함에

〈그림 2-5〉 위탁기관과 보조기관의 연도별 설립기관 수

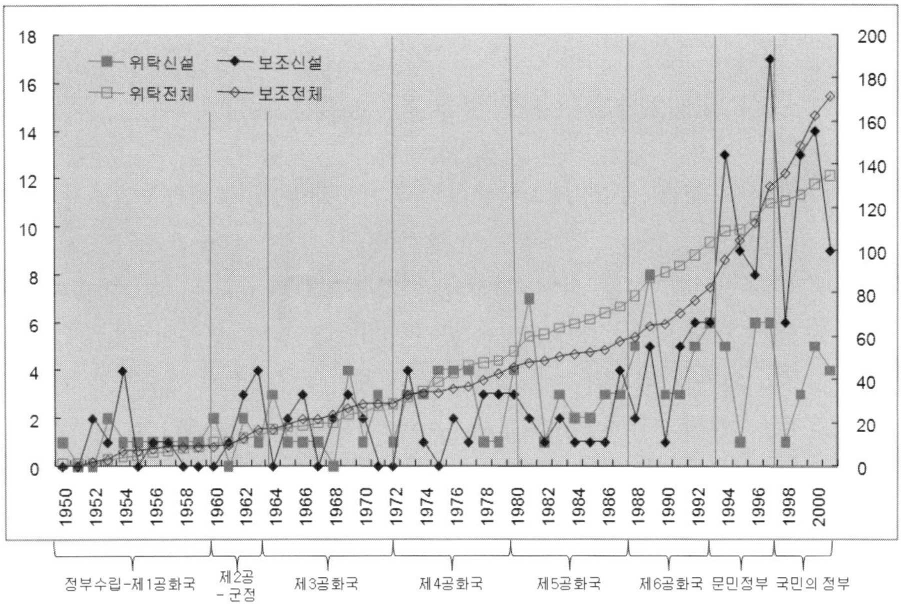

출처: 기획예산처(2001).

따라 80년대부터 관련된 정책들의 집행들을 전문적으로 담당하는 공단들이 집중적으로 설립되기 시작하였다.[11]

〈그림 2-5〉는 앞의 분류표에서 (4), (5)에 해당되는 정부가 위임하는 업무를 수행하는 위탁기관과 정부로부터 재정보조를 받는 보조기관들의 성장을 보여준다. 즉 민간조직의 공공조직화 현상을 보여주는 것이다. 위탁기관은 주로 80년대에 설립되었고 보조기관은 90년대 이후에 많이 설립되고 있다. 80년대 정부의 많은 업무가 비영리법인으로 위탁되고 있었다는 것은 이미 한국의 경우 준정부조직 중심으로 정책을 집행하고 정부는 규제하는 규제국가의 성격을 지니고 발전했음을 뜻한다. 이들 조직의 기능들은 다양한 인허가, 등록, 규제업무 등 공공서비스의 제공이나, 자신의 영역에서의 정보의 입수와 정부정책의 정보제공 등 정책과정에서 정부와 민간의 경계영역에서 이루어지는 공공기능

11) 예를 들어, 교통안전공단(1981), 한국산업인력공단(1982), 한국산업안전공단(1987), 고속도로관리공단(1987), 국민연금관리공단(1987) 등 공단 형태의 조직들이 1980년대부터 증가하기 시작하였다.

들을 수행하는 것이다. 이는 다른 한편으로는 민간 비영리조직에게 정부정책을 수행할 수 있는 권위를 부여함으로써 민간부문을 통제할 수 있는 네트워크를 형성하는 것이다. 이러한 위탁기관의 예로서는 다양한 업종이나 이익영역에서의 '○○공제조합', 업종별/산업별 각종 '○○협회', '○○연합회', '○○재단', '○○진흥원'이라는 이름들을 가진 조직들이다.

경제분야의 위탁, 보조 조직들은 많은 경우 70년대 중화학공업화를 추진하면서 설립되었다. 이는 국가주도의 중화학공업화를 보다 효과적으로 추진하기 위해서 정부와 기업 간의 조직화된 네트워크를 만드는 과정이었다. 반면에, 사회문화부문의 위탁, 보조 조직들은 80년대 후반, 민주화 이후에 주로 많이 설립되었다. 산업화가 어느 정도 성공하면서, 그리고 민주화의 진척에 따라 경제분야뿐만 아니라 사회문화분야에서의 수요도 증가하여 이 분야에 다양한 민간 연합조직들이 설립되었던 것이다. 이들을 통해 정부가 재정보조와 함께 공적권위를 부여하면서 필요한 다양한 정책기능을 수행하게 하였던 것이다.

이미 앞에서 주장했듯이, 이러한 비영리조직의 준정부조직화 현상은 정부의 입장에서 재정부담이 적고, 조직 및 인력관리에 정부가 책임을 질 필요가 없기 때문이다. 여기서도 조직의 내적 요인에 의한 성장논리에 위임의 논리와 비난회피의 논리가 적용될 수 있을 것이다.

〈표 2-2〉는 2001년 현재 준정부조직의 유형별 분포가 부처별로 얼마나 설립되어 있었는가를 보여준다. 산하단체 중심의 준정부조직의 분포를 보면, 가장 많은 조직유형이 민간조직을 이용한 보조와 위탁기관이다. 보조기관이 203개로 30.57%, 위탁기관이 172개로 25.90%로 절반 이상이 민간부문의 준정부조직인 것이다. 그리고 기능별로 보면, 산자부가 151개로 가장 많고, 건교부, 재경부, 정통부 등 경제부문의 산하기관이 주류를 이루고 있다. 그 다음은 보건복지부, 교육인적자원부, 문화관광부 등 사회부문이다. 따라서 일반적으로 선진국형인 사회 · 문화부문보다 경제 · 산업부문이 더 큰 발전국가형이라고 할 수 있다.

이러한 특징은 정책과정과 영역상의 특징에서 각각 준정부조직들이 어떤 역할을 했는가를 분석한 〈그림 2-6〉에서도 잘 드러난다. 왼쪽의 그래프에서 보면, 정책과정을 형성, 집행, 평가로 크게 분류해 보았을 때, 대부분 정책집행분야에 몰려 있다. 기능적으로도 공공서비스를 공급하는 서비스 생산이 압도적이

〈표 2-2〉 한국 준정부조직들의 유형별 현황, 2001년

	투 자	출 자	재투자	자회사	보 조	위 탁	출 연	기 타	합 계
건설교통부	4	12	0	8	1	42	3	5	86
과학기술부	0	0	0	1	4	3	8	0	16
교육인적자원부	0	0	0	3	14	2	4	0	23
국무총리실	0	0	0	0	0	0	47	0	47
국방부	0	0	0	6	3	2	3	0	14
금융감독위원회	0	0	0	4	1	13	0	0	18
노동부	0	0	0	0	5	0	7	1	13
농림부	2	0	1	12	10	2	1	1	29
문화관광부	1	0	0	3	22	7	0	0	33
방송위원회	0	2	0	5	0	1	0	0	8
보건복지부	0	0	0	0	43	5	2	9	59
보훈처	0	1	0	0	11	0	0	0	12
산업자원부	5	3	6	20	41	54	8	14	151
여성부	0	0	0	0	12	0	0	1	13
재정경제부	1	4	0	18	2	10	5	0	40
정보통신부	0	1	0	8	1	10	5	4	29
통일부	0	0	0	0	2	0	0	0	2
해양수산부	0	0	0	5	12	9	0	0	26
행정자치부	0	0	0	1	0	8	0	10	19
환경부	0	0	0	0	19	4	3	45	26
합 계	13	23	7	94	203	172	96	45	664
비율(퍼센트)	1.96	3.46	1.05	14.16	30.57	25.90	14.46	6.78	100

다. 그런 가운데, 이익집단들이 정부의 위임을 받아 이익투입의 역할을 하는 정책형성에 영향을 주는 조직들도 상당히 존재한다. 오른쪽의 기능적인 차원에서는 사회, 통합 분야보다는 경제, 생산분야가 압도적으로 많다. 그러나 이익조정 분야도 상당이 존재하고 있음을 알 수 있다. 이와 같이 준정부조직들은 정책과정에서 중요한 역할을 수행하고 있는 것이다.

한국적 맥락에서 이와 같은 특징으로 성장한 준정부부문을 어떻게 설명할 수 있을까? 여러 가지 가설들을 적용해 볼 수 있을 것으로 보인다. 우선 앞에서 논의된 이론적 시각들 중에서 미시적인 차원에서 주인-대리인의 논리에 따른 위임이론에 근거한 기능주의적 차원의 설명도 중요하지만, 역사적 제도주의 시각에서 한국의 국가형성과 근대화라는 거시적 · 역사적 발전과정에서 생성,

〈그림 2-6〉 정책과정상의 특징에 따른 준정부부문의 특징

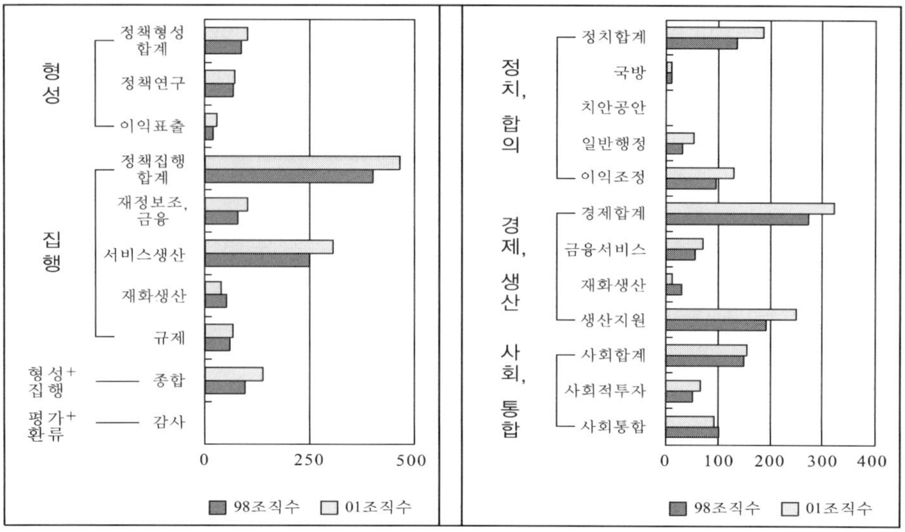

성장논리를 설명하는 것이 우선적으로 필요하다. 앞에서 시계열적으로 간단히 분석해 본 바와 같이, 다양한 형태의 준정부조직들의 설립 시기와 수, 그리고 영역이나 조직유형별로 볼 때, 후발 산업화를 주도하는 발전주의 국가적 맥락에서 정부는 경제, 산업분야에 우선순위를 두고 전략적으로 이 분야에 집중한 반면에 사회문화분야는 산업화의 성공에 의한 경제수준의 향상과 민주화 이후에 더욱 집중적으로 성장, 발전해온 것이다. 그리고 이와 같은 초기 성장과정에서 발전한 양식이 제도화되면서 경로의존성을 가지고 이후의 발전양식을 제약하기도 한다.

그리고 우리의 경우, 후발 국가라는 맥락에서 사회학적 제도주의에서 제시하는 동형이질론(isomorphism) 또는 확산이론(diffusion theory)의 원인도 있을 것으로 보인다. 근대화과정에서 필요한 정부의 역할을 수행하기 위한 제도설계를 하는 경우, 우리와 유사한 맥락을 공유하는 이웃나라 일본의 제도를 도입하거나 당시의 국제적 규범과 추세와 부합하는 제도가 수용될 가능성이 높았다. 그런 과정에서 초기에 도입된 제도의 적절성이 정당화되면, 경로의존성을 가지고 비슷한 양식으로 성장하는 것이다.

이러한 거시적, 역사적 설명은 조직 내의 행위자의 합리성이라는 보편성에 초점을 둔 위임이론과 연관된 미시적 분석틀에서의 조직의 성장이나 변화에

대한 보편적 논리를 설명하지 못하는 한계가 있을 수 있다. 역으로 합리적 행위자로서 주인-대리인 논리에 입각한 기능주의적 논리는 행위자가 처해 있는 맥락적 이해가 없으면 동어반복의 논리(tautology)와 같다. 제도적 맥락을 설명할 수 있는 거시적, 역사적 설명의 보완이 필요한 것이다. 따라서 어느 한 이론적 시각에 의해 다른 이론적 시각을 배타적으로 부정하기보다는 분석의 수준과 연구주제의 성격에 따라 앞에서 제기된 이론적 시각들은 상호 보완적일 수도 있다. 이러한 논쟁적인 이론적 틀을 가지고 한국적 맥락에서의 보다 심층적인 연구들이 앞으로 절실하게 필요하다.

3. 한국의 준정부조직의 문제점

다음 문제는 시민들의 삶의 질에 밀접하게 관련되어 있으면서도 이들 조직에 대한 민주적 책임성의 확보와 공공성의 증대에 대한 논의가 우리 사회나 행정학계에서 충분하지 않았다. 민주주의 국가의 원리에 따르면 정부는 시민의 대리자로서 시민들의 요구에 대응하여 행동해야 할 책임이 있다. 준정부조직도 역사적으로 정부의 진화 및 공적영역에서의 필요성에 따라 성장했기 때문에 이 조직들에 대한 민주적 책임성과 공공성을 확보하는 것이 매우 중요한 이슈가 된다.

이런 맥락에서 공적이익이 민간조직으로 확대되는 것인가, 아니면 사적 이익이 공적영역으로 침투하는가라는 민주주의의 작동양식과 성숙정도의 문제가 발생하며, 이들 조직의 민주적 책임성의 확보와 아울러, 준정부조직들 간, 정부와 준정부조직, 그리고 준정부조직과 시민들 간의 협력적 거버넌스 또는 민주적 거버넌스를 어떻게 설계, 제도화시키는가가 매우 중요하다.

특히 준정부조직은 일반적으로 신공공관리 관점에서 중시하는 효율성을 확보하기 위한 방안으로만 인식되는 경우가 많다. 그러나 많은 기관들이 정책형성과 집행의 분리를 통한 효율적인 조직관리를 할 목적으로 설립되기보다 산업화와 함께 도래한 정부역할의 증대과정에서 주무부처들이 자기통제 하에 기능을 분산시키는 목적으로 설립되었다. 그렇게 설립된 조직들은 매우 공공성이 높은 업무를 수행하는 경우가 많다. 그렇다면 시민들의 정치적 요구에 적절하게 대응하도록 통제할 지배구조는 어떻게 형성하는 것이 바람직한가? 최근 정부차원에서 주요 산하기관들의 책임성과 효율성을 강화하기 위한 지배구조의 개선에 노력을 기울이고 있다. 그러나 지금 공공기관의 지배구조 및 성과를 관리하기 위해 설립된 '공공기관운영위원회'는 여전히 주무 부처의 관료들이 그 중심에 있다. 이는 아직도 중앙정부가 공공기관을 통제하고 자신의 대리인으로서 생각하는 경우가 강하다고 해석할 수 있다.

준정부조직의 지배구조는 그 소유권자인 국민과 정부의 요구에 합치하는 활동을 하도록 통제하는 다양한 제도적 장치를 말한다. 그러한 지배구조는 일반적으로 정치적, 관료적, 관리적 지배구조로 형성된다. 준정부조직은 공공조직이기 때문에 자유민주주의 국가의 작동원리에 따라서 국민에게 책임을 지는 방식으로 통제된다. 특히 서구의 준정부조직들이 발전한 과정을 보면 공공기관의 운영을 분점하기 위하여 특정 정파가 아닌 다양한 이해관계자들의 참여를 보장한 관리방식을 활용하였다.

그런데 한국의 준정부조직은 그 발전의 동기가 정치적 집행부인 정부와 그 집행부의 집행을 담당하는 행정부관료들이 산업화의 진행과정에서 필요에 따라 설립한 조직 또는 거대 공기업의 조직적 효율성을 높이기 위해 설립된 경우가 많다. 따라서 준정부조직의 정치적 통제를 통한 민주적 책임성의 확보를 위한 지배구조의 형성은 충분히 논의되지 못했다. 그러나 기본적으로 준정부조직은 이사회의 민주적 구성과 이해관계자의 정책형성과정에서의 참여보장을 통해 시민들의 의사를 정책결정에 반영하는 것이 바람직하다.

특히 많은 준정부조직은 시민사회의 성장에 따라서 독립적, 자율적인 운영이 가능할 때까지 재정보조를 받는 보조기관들로 구성된다. 이들 조직의 경우 정부와 협력관계 속에서 공공서비스를 제공하는 기능만 수행하는 것이 아니다. 오히려 정치적 공동체로서의 시민사회에서 적극적인 시민들의 참여를 통하여 공동체의 문제를 시민들이 인식하고 그 공동체에 최선이 되는 정책적 대안을 형성・제안하는 통로로 기능하는 것이 매우 중요하다. 따라서 이 경우 시민들의 다양한 정치적 요구를 반영하는 민주적 통제가 가능한 지배구조의 형성이 중요하다.

Ⅳ. 결 론

공공부문의 다양화로 대표되는 다양한 양식의 준정부조직의 성장에 관한 서구의 경험과 이론적 검토, 그리고 우리의 경우를 살펴본 결과, 공공부문의 다양화에 대한 연구가 행정현상의 전체적인 성장과정과 발전과정을 보여주는 중요한 테마가 될 수 있다는 가능성을 제시하고 있다. 즉 한국행정 연구에서 전통적인 정부조직뿐만 아니라 민주주의가 성숙하고, 또한 환경이 변화하면서 다양한 모습으로 변화·확대되는 공공조직에 대한 연구가 매우 시급하다.

공공부문의 다양성에 대한 이 글은 행정학 연구에서 다음과 같은 세 가지 의미를 함축하고 있다. 첫째, 공공부문의 다양화나 공공조직의 성장, 그리고 한국행정에서의 문제의식이나 역사적 맥락을 찾으려는 연구에서는 민주주의의 성장과 효율성과 공공성을 조화시키는 좋은 거버넌스(good governance)의 형성이라는 문제의식이 필요함을 제시하고 있다. 결론적으로 행정학의 정체성 위기를 논하면서 효율성과 민주성의 딜레마 제기를 했던 Waldo의 테제를 다시 새겨볼 필요가 있다.

둘째, 공공조직의 다양화, 특히 민간부분으로의 확대가 되어 감에 따라, 그동안 우리 학계의 연구들이 전통적인 행정학에서의 연구대상으로서의 정부조직에 집중된 경향이 있었는데, 이제는 이를 극복할 필요가 있다는 것이다. 이제는 정부부문으로부터 분화되어가는 전통적인 산하기관의 영역에서 뿐만 아니라, 다양한 민간조직들이 우리의 공적 삶에 지대하게 영향을 미치는 다양한 형태의 공공재 생산 또는 공공기능을 수행하고 있다는 사실을 직시해야 할 것이다. 따라서 행정학의 정체성으로서 정부학도 중요하지만, 공동체로서의 공공재 생산이라는 측면에서의 행정학 연구의 정체성도 중요하다는 것이다.

셋째, 이를 위해서는 행정학의 방법론에서도 개방성이 필요하다. 행정현상의 심층적인 이해를 위해는 역사적 맥락, 정치적 맥락, 가치적 맥락, 그리고 비교론적 맥락에서의 연구 중요함을 제시하고 있다. 그러나 우리 행정학계에는 탈정치화를 강조하는 기능주의적 차원에서 연구가 이루어지는 경향이 많고, 이런 맥락에서 행정학의 정체성을 찾으려 하는 경향도 있는 것 같다. 물론 모든 행정연구가 민주주의적 맥락에서 연구되어야 한다고 주장하지 않는다. 행정연구의 주제나 방법론적 다양성은 행정현상의 총체적 이해를 위해 매우 중요하며, 이를 학문적 공동체가 서로 인정을 하면서 소통을 해야 한다.

◈ 참고문헌

기획예산처. (2001). 「정부산하기관 현황(표)」. 서울: 기획예산처.

김판석. (2003). 정부산하기관의 실태와 관리효율화 방안 연구. 「한국사회와 행정연구」, 13: 43-70.

임학순. (1993). 준정부조직의 성장원인에 관한 이론적 논의. 「한국사회와 행정연구」, 4: 91-111.

최병선. (1993). 준공공부문 조직 연구의 방향 모색. 「행정논총」, 31: 208-231.

송희준. (2004). 정부산하기관 경영평가 제도화 분석. 「한국정책학회보」, 13: 73-93.

안병영 · 정무권 · 한상일. (2007). 「한국의 공공부문: 이론, 규모와 성격, 개혁방향」. 한림대학출판부.

안병영 · 정무권. (2007). 민주주의, 평등, 그리고 행정: 한국행정 연구를 위한 이론적 · 경험적 함의를 찾아서. 「한국행정학보」, 41(3): 1-40.

Andsersen, O. J. (2004). Public-Private Partnerships: Organizational Hybrids as Channels for Local Mobilization and Participation? *Scandinavian Political Studies*, 27: 1-21.

Barker, A. (ed.). (1982). *Quangos in Britain: Government and the Networks of Public Policy-Making*. London: Macmillan.

Bertelli, A. M. (2005). Governing the Quango An Auditing and Cheating Model of Quasi-Governmental Authorities. *Journal of Public Administration Research and Theory*, 16: 239-261.

Bertelli, A. M. (2006). Delegating to the Quango: Ex Ante and Ex Post Ministerial Constraints. *Governance: An International Journal of Policy, Administration, and Institutions*, 19: 229-249.

Dunleavy, P., Margetts, H., Bstow, Si. and Tinkler, J. (2005). New Public Management is Dead-Long Live Digital-Era Governance. *Journal of Public Administration Research and Theory*, 16: 467-494.

Elgie, R. and McMenanmin, I. (2005). Credible Commitment, Political Uncertainty or Policy Complexity? Explaining Variations in the Independence of Non-Majoritarian Institutions in France. *British Journal of Political Science*, 35: 531-548.

Elgie, R. (2006). Why Do Governments Delegate Authority to Quasi-Autonomous Agencies? The Case of Independent Administrative Authorities in France. *Governance: An International Journal of Policy, Administration, and Institutions*, 19: 207-227.

Flinders, M. V. and Smith, M. J. (1999). *Quangos, Accountability and Reform: The Politics of Quasi-government*. Basingstoke: Macmillan.

Gill, D. (2002). Signposting the Zoo-From Agencification to a More Principled Choice of Government Organizaitonal Forms. *Journal on Budgeting*, 2: 27-79.

Hood, C. (1991). The Hidden Public Sector: The 'Quangocratization' of the World? in *The Public Sector: Challenge for Coordination and Learning*. New York: Walter de Gruyter.

Hood, C. and Peters G. (2004). The Middle Aging of New Public Management: Into the Age of Paradox?. J*ournal of Public Administration Research and Theory*, 14: 267-282.

Hood, C., James, O. and Scott, C. (2000). Regulation of Government: Has it Increased, Is it Increasing, Should it be Diminished? *Public Administration*, 78: 283-304.

Huber, J. D. and Shipan, C. R. (2002). *Deliberate Discretion?: The Insitutional Foundation of Bureaucratic Autonomy*. Cambrige: Cambridge University Press.

Klijn, E. and Skelcher, C. (2007). Democracy and Governance Networks: Compatible or Not?. *Public Administration*, 85: 587-608.

Koppell, J. G. (2003). *The Politics of Quasi-Government: Hybrid Organizations and the Dynamics of Bureaucratic Control*. Cambridge: Cambridge University Press.

Koppell, J. G. (2003). *The Politics of Quasi-Government: Hybrid Organizations and the Dynamics of Bureaucratic Control*. Cambridge: Cambridge University Press.

Marique. Y. (2007). The Rule-Making Powers of Independent Administrative Agencies ('Quangos'): Comparative Analysis in Fifteen Countries. *Electronic Journal of Comparative Law*, 11: 1-41. http://www.ejcl.org.

Mathur, N. and Skelcher, C. (2007). Evaulating Democratic Performance: Methodologies for Assessing the Relationship between Network Governance and Citizens. *Public Administration Review*, March/April. 228-237.

Moe, R. C. (2001). The emerging federal quasi government: Issues of management and accountability, *Public Administration Review*, 61, 290-312.

O'Toole, L. J. (1997). The Implications for Democracy in a Networked Bureaucratic World. *Journal of Public Administration Research and Theory*, 3: 443-459.

OECD. (2002). *Distributive Public Governance: Agencies, Authorities and Other Governmental Bodies*.

OECD. (2004). Public Sector Modernization: Changing Organizational Structures. *Policy Brief*. September.

Osborne, D. and Gaebler, T. (1992). *Reinventing government*. Reading, MA: Addison Wesley.

Papadopoulos, Y. (2003). Coorperative Forms of Governance: Problems of Democratic Accountability in Complex Environments. *European Journal of Political Research*, 42: 474-501.

Pifer, A. (1967). *The Quasi Nongovernmental Organization*.

Pliatzky, L. (1992). Quangos and Agencies, *Public Administration*, 70: 555-563.

Pollit, C. and Bouckaert, G. (2004). *Public Management Reform: A Comparative Analysis*, 2nd. ed. Oxford: Oxford University Press.

Pollit, C. and Talbot, C. (eds.) (2004). *Unbundled Government: A critical analysis of the global trend to agencies, quangos and contractualization*. London: Routledge.

Pollit, C., Talbot, C., Caufield, J. and Smullen, A. (2004). *Agencies: How Governments do Things Through Semi-Autonomous Organizations*. New York: palgrave.

Pollit, C. (2006). Performance Information for Democracy-the Missing Link? *Evaluation*, 12: 38-55.

Sckelcher, C. (1998). *The Appointed State: Quasi-Governmental Organizations and Democracy.* Philadelphia, PA: Open University Press.

Skelcher, C., Muthur, N. and Smith, M. (2005). The Public Governance of Collaborative Spaces: Disclourse, Design and Democracy. *Public Administration*, 83: 573-596.

Skelcher, C. (2006). Does Democracy Matter? A Transatlantic Research Design on Democratic Performance and Special Purpose Governments. *Journal of Public Administration Research and Theory*, 17: 61-76.

Streeck, W. and Schimitter, P. (1986). *Private Interest Government: Beyond Market and State*. London: Sage Publication.

Suleiman, E. (2003). *Dismantling Democratic States*. Princeton: Princiton University Press.

Van Thiel, S. (2004). Trends in the Public Sector: Why Politicians Prefer Quasi-Autonomous Organizations. *Journal of Theoretical Politics*, 16: 175-201.

Weidenbaum, M. L. (1969). *The Modern Public Sector: New Ways of Doing the Government's Business*. New York: Basic Books, Inc.

3장 발전국가론 다시보기

양 재 진

한국의 행정학을 주체적 입장에서 정립하여 보려는 노력은 한국의 행정학자면 누구나 한번 생각해 본, 낡은, 그러면서도 항상 새롭게 거듭 생각하게 되는 주제이다.

안병영(1979: 49)

한국의 행정학은 한국의 실정에 적합한 독자적인 특수성을 가져야 하는데 그렇지 못하고 외국의 이론만을 모방하여 왔다는 비판적인 견해가 일반적이[다].

강신택(2005: 3)

I. 서 론

한국의 행정학은 그동안 양적으로 또 질적으로 괄목할만한 성장을 해왔다. 그러나 30년 가까운 시차를 두고 위의 두 원로학자가 고백한데서도 알 수 있듯이, 우리나라의 행정현상을 보다 만족스럽게 설명해낼 수 있는 이론의 개발은 오래된 과제이면서도 아직 그 해결이 요원한 듯하다. 어떻게 하면 30년 된 한국행정학의 과제를 해결할 수 있을까? 필자 또한 요술방망이 같은 해결책을 가지고 있지는 못하다. 하지만, "한국의 행정체제가 역사적, 사회적 진공 속에서 존재하지 않는 이상, 이를 바르게 이해하기 위해서는 우리가 현재 처하고 있는 역사적 발전상황은 물론, 행정체제를 에워싸고 이와 간단없이 교섭하고 있는 다양한 환경요인에 대한 포괄적인 설명이 필요하[다]"(안병

---

* 이 글은 2008년 한국행정학회 하계학술대회 발표 논문 "발전국가론 다시보기: 한국 행정현상의 이해틀로서의 유용성 검토"를 수정 및 보완한 것이다.

영, 1979: 49)는 지적을 수용하는 데서부터 해결의 실마리를 찾으려 한다. 그렇다면 2008년 오늘 우리나라만의 독특한 행정현상에 대한 포괄적인 설명은 어디서부터 시작해야 할까? 필자는 현재의 행정체제는 물론 우리나라의 현 단계 경제사회의 기본틀을 주조한 개발연대의 발전국가(the developmental state)가 남긴 것이 무엇이며 무엇이 바뀌었는지를 분석하는 데에서부터 시작해야 한다고 본다.

많은 이들이 한국의 발전국가는 1987년 민주화 이후 발전국가의 정치적 기반인 권위주의가 무너지고, 1997년 경제위기로 경제발전모델로서 수명이 다함에 따라 한반도에서 사라졌다고 본다. 필자도 이를 부정하지 않는다. 그러나 굳이 경로의존성을 논하지 않더라도, 발전국가가 남긴 제도와 관행은 아직도 상당부분 우리 곁에 남아 있고, 따라서 현 단계 우리나라 행정현상의 특수성 중 상당부분은 발전국가에 그 기원이 있다고 본다. 예를 들어, 우리나라 정책과정의 특수한 현상들, 즉 정당과 의회의 미약한 정책개발 능력, 행정기관 중심의 정책조정, 시장에 대한 적극적 국가개입과 복지에 대한 재정투입의 소극성 등에 대한 이해는 과거 발전국가의 유산을 이해하지 않고서는 충분하게 설명될 수 없을 것이다.

따라서 이 글은 우리만의 독특했던 과거 '발전국가적' 행정현상이 오늘날 얼마나 남아 있는지, 어떻게 변형되어 있는지 등을 검토하고자 한다. 과거 발전국가적 행정현상은 다양하겠으나, 모든 것을 다룰 수 없으므로 필자는 정책과정의 3가지 단계(결정, 조정, 산출)에서 나타나는 특수성에 초점을 두고자 한다. 세 가지 측면을 살펴볼 것인데, ① 정책결정과정에서 대통령을 정점으로 한 행정부 중심성, ② 정책조정 시, 경제기획원 등 경제관료와 지휘기구(pilot agency) 중심성, ③ 정책산출 측면에서 산업정책적 차원의 '큰 정부'와 복지정책적 차원의 '작은 정부'의 공존 여부를 검토하고자 한다. 이 글의 구성은 다음과 같다. 첫째, 이론적 논의를 통해 발전국가의 기본적인 이해를 하고, 발전국가 시기의 특수한 행정현상을 위의 세 가지 차원에서 추출한다. 둘째, 경험적 논의를 통해 ① 정책결정에 있어 대통령 및 행정부의 영향력과 위상변화, ② 정책조정의 양태변화, 그리고 ③ 국가개입주의의 변화양상을 산업정책과 복지정책적 차원에서 분석한다. 이는 과거 발전국가로부터의 연속과 단절에 대한 논의가 될 것이다. 셋째, 결론에서는 이상의 논의를 정리하고, 신공공관리론이나 네크워크이론 등 최신 서구 이론을 통한 분석만큼 한국의 발전국가와 그 이후에 대한 연구가 필요함을 주장한다.

Ⅱ. 한국행정의 '발전국가적' 특수성

발전국가(developmental state)는 동아시아의 성공적인 후발 산업화 과정을 이끈 '개입주의적' 국가를 통칭하여 부르는 개념으로 일본, 한국, 대만, 싱가포르 등이 대표적인 국가로 손꼽힌다.[1] 주류경제학자들에게 있어 국가는 기본속성상 지대추구(rent-seeking)적이다. 따라서 국가의 시장개입이나 규제를 바람직하지 않은 것으로 보고 있다. 이 때문에 주류경제학자들은 시장원리가 작동하는 경제선진국뿐만 아니라 시장형성 자체가 미진한 개발도상국에게도 과거 자유방임주의적 최소국가(the minimalist state)에 연원을 두는 작은정부(small government)를 주문하고 있다(Williamson, 2004; Caporaso and Levine, 1992).

그러나 발전국가의 역사는 주류경제학자들의 기대와는 전혀 달랐다. 동아시아의 발전국가는 시장실패의 보완 이상의 역할을 하며, 시장형성 자체를 이루어냈다. 주류경제학자들의 지적처럼 발전국가가 시장형성과정에서 지대추구적 속성을 완전히 떨처버렸었다고 말할 수는 없다. 그러나 발전국가는 압축성장과정에서 불가피하게 발생하는 집합행동의 문제(collective action problem)를 해결하고 거래비용(transaction costs)을 대폭 감소시켜, 단순히 국가의 지대추구적 속성만을 노골적으로 드러낸 후진국의 약탈국가(the predatory state)와는 본질적으로 달랐다(Evans, 1989).

시장형성을 성공적으로 이끈 해결사로서의 발전국가는 사회의 강력한 주도계급의 분배요구를 억누를 수 있는 국가자율성(state autonomy)과 장기적 시계에서 합리적인 자원배분과 시장형성을 위한 제도를 만들고 이를 실행할 수 있는 국가능력(state capacity)을 겸비했었다고 평가받는다.[2] 이 때 국가자율성은

---

1) 발전국가론은 후발산업화 과정에서 국가의 주도적 역할을 강조한 프리드리히 리스트(Friedrich List)와 알렉산더 거셴크론(Alexander Gerschenkron)의 계보를 잇는 정치경제학자들(Johnson, 1982: Amsden, 1989: Wade, 1990: Haggard, 1990: Woo, 1991: Chang, 1994: Evans, 1995)에 의해 체계화되었다고 할 수 있다. 우리나라의 발전국가의 성장과 쇠퇴에 대한 자세한 논의는 양재진(2005) 참고요망.

2) 국가론관점에서 국가자율성과 국가능력에 대한 자세한 논의는 Skocpol(1979)과 Evans, Rueschemeyer, and Skocpol(1985)를 참조할 것. 발전국가론자들은 동아시아의 후(후)발산업국가들(일본, 한국, 대만)의 경우, 다른 지역에서 볼 수 없는 역사적·상황적 조건이 이러한 국

권위주의에서 비롯되었기에 동아시아의 발전국가는 권위주의적 발전국가(the Authoritarian Developmental State)라 명명되었다. 그렇다면 발전국가가 낳은 행정현상의 특징은 무엇인가?

첫째, 국가자율성과 연관하여 대통령을 정점으로 한 행정부의 압도적 우위현상을 들 수 있다. 서구 선진민주주의 국가에서도 이미 행정국가화 현상이 나타나고 있었지만, 발전국가 시기 우리나라에서 나타난 행정부 우위현상은 그 질을 달리했다. 앞서 언급한대로 국가자율성이 권위주의를 기반으로 하였기에 행정국가화의 폭과 깊이가 서구의 그것과는 질적인 차이를 보였다. 예를 들어, 발전국가의 전성기라고 할 수 있는 4공화국의 경우, 국회는 행정부의 법안을 단순 통과시켜주는 통법부에 불과하였고 이를 보장하기 위해 국회의원의 1/3을 대통령이 지명하기까지 하였다. 위헌법률 심판 등으로 정책과정에 영향력을 발휘할 수 있는 사법부에 대해서도 마찬가지였다. 대법원장을 허수아비 국회의 동의를 얻어 대통령이 임명하고, 대통령은 대법원장의 제청을 받은 법관의 임명조차 인정하지 않을 수 있었다. 한 마디로 정책과정에서 대통령을 정점으로 한 행정부의 우위는 구조적으로 보장되어 있었다. 정당체제 또한 기본적으로 여·야 양당구도였으나, 대통령을 총재로 하는 여당 중심의 지배정당체제를 형성하고 있어, 정치사회(political society)에서 대통령을 정점으로 한 행정부의 우위는 굳건하였다. 따라서 소위 제왕적 대통령제(Imperial Presidentialism)라 불리는 강력한 대통령제가 한국대통령제의 전형이 되었다.

둘째, 국가능력과 연관하여, 발전주의적 경제엘리트관료의 존재와 이들이 정책결정과 정책조정을 주도한 것을 들 수 있다. 경제적 업적을 통해 정치적 정당성을 확보해야 했던, 발전국가의 정치리더십은 유능한 경제기술관료(economic technocrats)와의 결합을 통해 목적을 달성하였다. 이들 경제 관료들은 우

가자율성과 국가능력을 갖출 수 있게 해주었다고 분석하고 있다. 예를 들어 한국발전국가의 자율성은 일제 강점기 과대 성장한 국가관료제의 힘에 필적할 만한 사회세력이 존재하지 않은 역사적 특수성에 비롯되었다. 즉 前산업화시기 지배계급이었던 지주계급은 한국전쟁과 뒤이은 토지개혁으로 인해 몰락하고, 반체제 노동세력도 한국전쟁과 뒤이은 첨예한 이념대립 속에 사실상 붕괴되었으며, 자본은 산업의 미발달로 인해 아직 미성숙하여, 힘의 관계에 있어 국가가 상대적인 우위를 확보할 수 있었다는 설명이다. 그리고 오랜 중앙집권적 관료제의 전통에 높은 사회적 인지도로 인하여 유능한 국가관료의 충원이 이루어진바, 비교론적으로 볼 때 그 유례를 찾기 어려운 높은 국가능력을 보유하게 되었다는 것이다(Koo, 1987, 1993; Kohli, 1999; Haggard and Moon, 1993; Amsden, 1989; 임현진·백운선, 1986; 김일영, 2001). 이러한 분석은 일본(Johnson, 1982)과 대만(Wade, 1990; Johnson, 1987)의 경우에도 일반적으로 적용된다.

리 사회 최고의 엘리트들로, 최고통치권자가 만들어 준 자율적 공간에서 거시경제의 안정과 생산력 중심의 성장전략을 추구하였다. 이 때 주목해야 할 것이 발전국가의 대표적인 지휘기구(pilot agency)인 경제기획원(Economic Planning Board)이다. 경제기획원은 기획권과 예산권의 통합, 부총리의 지위 부여, 직접적인 고객집단의 부재로 인해 가능했던 높은 기관 자율성, 대통령의 신임 등이 어우러져 발전국가 시기 정책결정과 정책조정의 핵심역할을 담당하였다(최병선, 1993).

셋째, 정책산출과 연관하여, 폭넓은 산업정책적 개입과 복지정책의 저발전이라는 불균형적 정책산출을 들 수 있다. 이는 성장우선주의에 기인하는 현상인데, 특정한 산업부문 또는 특정 기업을 성장시키기 위해 국가가 선별적인 개입(지원과 규제)을 매우 적극적으로 단행하였다. 반면, 사회보장제도의 발달은 되도록 지연되었다. 복지제도의 도입을 더 늦출 수 없을 때는, 국가의 재정적 기여를 최소화하고 기업의 선호를 반영하면서 이들의 부담능력에 따라 제도 확대를 이루는 소위 발전주의적 복지레짐이 형성되었다(양재진, 2001, 2008; 정무권, 2007).

Ⅲ. 발전국가적 특수성의 지속과 단절

1. 정책과정의 행정부 중심성?

1) 발전국가시기

발전국가시기 우리나라는 비교론적으로 봤을 때, 매우 강력한 중앙집권적 관료지배 체제를 유지하여 왔다. 지방자치는 유보되어 있는 상태에서, 대통령에게 권한이 집중되어 있고 각 행정부처로 대표되는 정부관료제를 통하여 정책의제가 형성되고 정책대안이 검토·분석·수립되었다. 국회와 법원은 정책과정에서 거의 보조적이거나 지엽적 역할밖에 못하였다. 국회는 항상 '의식적으로 만들어진' 여대야소[3]로서 집권당 총재며 행정수반인 대통령이 제안한 법률

---

3) 발전국가 시기에 여대야소는 제도적으로 만들어졌다고 해도 과언이 아니다. 관권선거는 기본이었고, 4공화국 시기에는 국회의석의 1/3을 사실상 대통령이 지명하였고, 5공화국 시기에는 의석수의 1/3을 차지하는 전국구의 2/3를 집권당이 차지하는 선거법을 가지고 있었다(양

안을 통과시키기 바빴다. 통법부(通法部)라는 비아냥거림을 받을 정도로 무기력하고 정책토론에 무관심하였던 것이다. 국회에서 독자적으로 발의된 정책사안은 극소수에 머무르고, 행정부에서 제출된 법안에 대해서 세련된 심의를 거치는 경우도 드물었다. 여당은 당정협의라는 공식적인 의견조정 통로를 가지고 있었지만, 대체로 행정부에서 정책내용을 보고하고 이에 동조해 주는 과정에 불과하였다. 이쯤 되니, 항상 국회에서 소수였던 야당의 경우는 개헌선을 저지할 수 있느냐가 관건이었을 뿐, 정책과정에서 사실상 배제되어 있다고 해도 과언이 아닌 상황이었다(김영평, 1993: 30~31).

2) 발전국가 이후 지속과 단절

발전국가 이후 정책과정에서 행정부가 누려왔던 절대적인 중심성은 점차 약화되어 가고 있다. 국회의 정책의제형성과 정책결정에 대한 영향력이 증대하고 있고, 새만금사업이나 행정수도 위헌심판 등의 경우에서 볼 수 있듯이 정책과정에 대한 사법부의 영향력도 커지고 있다. 지속보다는 단절이 우선하는 듯하다. 먼저 행정부와 의회 관계를 살펴보자.

〈그림 3-1〉 발의주체별 법안발의 비중비교

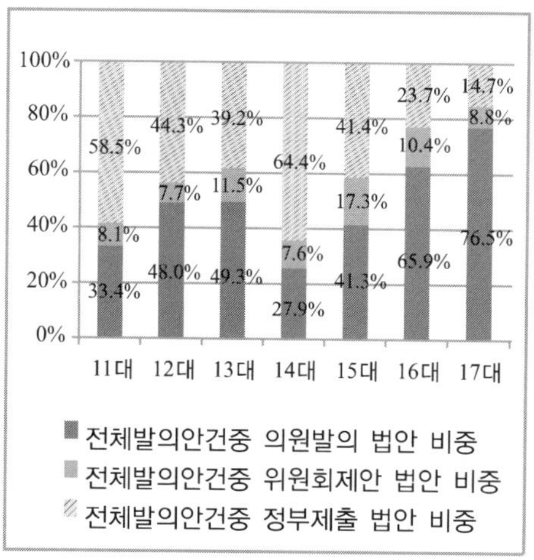

〈그림 3-2〉 발의주체별 가결법안의 비중비교

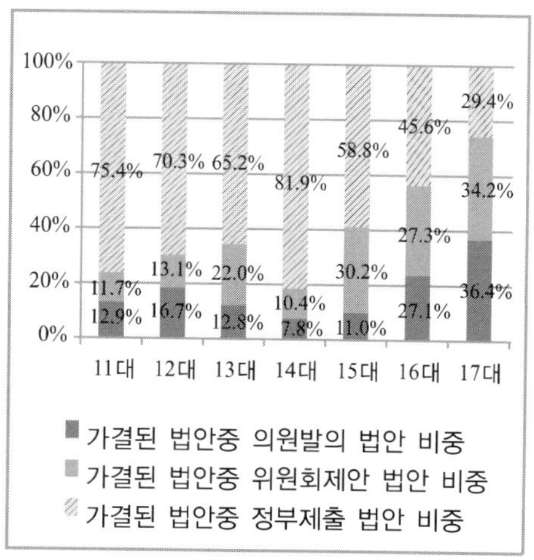

출처: 국회의안정보시스템(likms.assembly.go.kr/bill) 통계자료를 토대로 분석.

재진, 2001).

위 〈그림 3-1〉과 〈그림 3-2〉에서 보듯이 5공화국 시기인 11대 국회 이후 전반적으로 의원발의 법안 비중은 물론 통과된 가결법안 중 의원발의 법안의 비중이 점차 커져가고 있다. 정부 혹은 의원발의 법안을 여·야 합의를 통해 대폭 개정하거나 여러 유사법안을 하나로 묶어 새롭게 상임위원장 명의로 제안하는 상임위원회 제안 법률안의 수도 크게 늘고 있다. 정부법안을 수정 없이 가결시켜 주었던 과거 발전국가 시기와는 양상이 달라지고 있는 것이다. 이러한 현상은 특히 김대중정부와 노무현정부시기인 15대, 16대와 17대 국회에서 눈에 띄게 증대되고 있고, 17대에서는 가결된 법안 중 정부발의 법안이 가장 비중이 작고, 의원발의 법안의 비중이 가장 높은 초유의 현상도 목도하게 된다. 물론 이러한 양적 팽창이 정책과정에서 질적인 변화를 가져온 것이라고 볼 수만은 없다. 의원발의 법안의 가결률은 20%에도 못 미치고, 반대로 임기만료로 혹은 단순 폐기된 비율이 60%에 이르기 때문이다. 양적인 성장에 거품이 많이 끼어 있다는 뜻이다. 그리고 정부 부처 간 협의를 우회하기 위해 의원발의 형식을 띤 실제 정부발의 법안이 다수 존재하고, 무엇보다 가결된 의원발의 법안 중 사회변화를 크게 일으킨 것을 찾기 힘들기 때문이다.

그러나 그럼에도 불구하고, 발전국가 시기의 행정부가 국회를 압도하였던 정책과정과는 분명히 차이가 있다는 점을 부인할 수가 없다. 왜 이런 새로운 현상이 일어나게 되었는가? 필자는 발전국가시기 행정부 우위를 가능케 했던 제도적 기반이 사라졌기 때문이라고 생각한다. 즉, 과거 제왕적 대통령 하에서 의도적으로 만들어 내었던 여대야소 국회가 민주화의 진전과 함께 여소야대 분점정부로 바뀌고, 이와 함께 정당민주화와 당청분리 등으로 대통령을 중심으로 한 정당정부(party government)적 성격이 약해졌기 때문인 것이다.

아래 〈표 3-1〉에서 정리하고 있듯이, 과거에는 행정부의 의회 지배와 통제를 위해 집권세력은 다양한 방식을 동원하여 국회 내 여대야소를 만들었다. 발전국가시절에는 관건선거에 불공정한 선거제도를 법제화하였고, 민주화 이후에도 합당, 의원 영입, 연립정부 구성 등 소위 정계개편을 통해 집권당에 의한 의회지배를 실현하고자 노력해 왔다. 그러나 DJP연립정부의 와해 이후, 비정상적인 방법을 통한 의도적인 여대야소 국회형성은 실현되지 못하고 있다. 따라서 국회 내에서 야당이 정책과정에 투입하는 영향력이 전과 달리 매우 커졌다. 분점정부(devided government), 즉 여소야대 시기에는 더욱더 그렇다. 게다가 노무현 정권이 들어서면서 급격하게 진행된 정당민주화는 집권당에 대한 행정수

〈표 3-1〉 정권별 여소야대 국회 형성 전략

발전국가 전성기 (1961-1987)	박정희 정권 (6, 7, 8, 9, 10대)	관권선거 + 의원 1/3 대통령 지명 (유정회)
	전두환 정권 (11, 12대)	관권선거 + 전국구 2/3 집권당 독점
발전국가 쇠퇴기 (민주화 이후, 1988-1997)	노태우 정권 (13, 14대)	3당 합당
	김영삼 정권 (14, 15대)	개원전 당선자 영입을 통한 정계개편
발전국가 이후 (1998-현재)	김대중 정권 (15, 16대)	의원영입 + DJP공동정권 구성
	노무현 정권 (16, 17대)	정국안정을 명분으로 한 대국민 호소
	이명박 정권 (18대)	정국안정을 명분으로 한 대국민 호소

출처: 양재진(2001)에 기초하여 작성.

반의 통제력을 약화시켰다. 여대야소가 되더라도 과거와 같은 통법부 성격은 약해질 수밖에 없는 상황이 된 것이다.

사법부와의 관계는 어떤가? 전과 달리 사법부가 정책과정에 미치는 영향력도 증대하고 있다고 할 수 있다. 민주화 이후 집권세력이 행정부와 국회를 동시 지배하지 못해, 두 헌법기관이 정면으로 충돌하는 분점정부 현상이 일상화되는 한편, 양보와 타협문화의 부재로 여·야의 극한 대립이 일상화되는 현 정치상황은 정치과정에서 해소되지 못하는 각종 현안을 최종적 헌법 해석권을 가진 헌법재판소와 최고 법원인 대법원을 통해 해소하려는 경향이 강화되고 있다. 노무현 정부의 제1의 국정과제였던 신행정수도건설의 근거법률을 소위 불문의 관습헌법에 근거하여 위헌 결정함으로써 국정최대현안의 추진을 좌절시킨 것은 대표적인 예이다. 사법부의 영향력은 소위 사법적 적극주의(judicial activisim)를 넘어 정치의 사법화(judicialization of politics) 단계에까지 이르고 있는 것이다(김종철, 2005). 신행정수도건설 같은 정치적 이슈가 아니더라도, 호주제 폐지의 계기가 된 호주제 헌법불합치 결정이나 비례대표를 지역구 선거 득표율에 근거했던 것을 위헌 판정해 1인 2표제를 도입케 한 것 등은 일상적인 정책과정에서 사법부의 영향력을 확인케 한다.

종합건대, 민주화로 발전국가를 지탱하고 있는 권위주의가 무너지자, 정책과정에서 행정부의 절대적 우위성은 이제 더 이상 찾아보기 힘들게 되었다. 의회와 사법부가 정책과정에서 전과 달리 독자적인 영향력을 행사하기 시작한 것이다. 따라서 발전국가시기 한국행정현상의 큰 부분을 차지했던 정책과정에서 행정부 우위성은 지속보다는 단절에 가깝다고 결론내릴 수 있겠다. 여소야대 국면에서 보여지는 야당의 영향력 확대는 그 단절을 더 명확히 드러낸다 하겠다. 대통령을 정점으로 한 행정부와 헌법재판소를 정점으로 한 사법부와의 관계도 마찬가지라 할 수 있겠다.

2. 행정부내 경제관료 우위와 지휘기구를 통한 정책조정?

1) 발전국가시기

1960년대 초 박정희 군사정권에 의해 국가기구가 개편되고, 국가공무원법의 전면적인 개정을 통해 공개경쟁채용시험을 관료충원의 원칙으로 확립하는 등 관료제의 근대화에 착수하였다(이병량 외, 2003).[4] 이 과정에서 핵심은 경제계획 및 예산에 관하여 기획, 조정의 역할을 담당하는 부총리 지위의 경제기획원을 만든 것 그리고 경제기획원은 물론 경제정책기구(재무부, 상공부 등)의 정책능력을 향상시키기 위해 대통령의 지속적인 관심과 인사관리를 통해 응집력이 강하고 관료적 능력에서 뛰어난 기술관료집단을 형성한 것이었다. 또한 1971년 국가정책연구기관으로서 한국개발연구원(KDI)을 설립함으로써 1970년대 이후 한국정부의 정책능력이 크게 제고되었다. 경제정책기구의 집중적인 육성과 권한부여는 안보관련 기구를 제외한 사회부처를 비롯한 다른 국가기구의 상대적 저발전으로 이어졌다(정무권, 1993). 그 결과, 개발연대시기 사회보장제도의 큰 틀도 경제기획원이 주도하는 현상이 나타났다. 박정희 시대 국민복지연금제도의 법제화와 전두환정부의 국민연금 시행 결정과정이 이를 증거한다.

발전국가시기 우리나라의 정책조정은 경제기획원을 중심으로 이루어졌다. 청와대의 정책조정은 정치적 상징성이 강하거나 대통령의 개입이 대내외적으로 표출되어야 하는 경우를 제외하고는 예외적인 상황이었으며, 대부분의 일상

---

4) 1949년 국가공무원법이 제정되었으나, 실적제에 근거한 관료제가 형성되지 못했다. 1951년부터 1959년까지 공개경쟁시험인 고등고시를 통해 임용된 관료는 239명에 불과하였고, 정실임용의 수단이 된 전형제도를 통해 충원된 관료의 수는 5,951명에 달하는 상황이었다(이병량 외, 2003).

적인 정책조정은 경제기획원의 소임이었다. 경제기획원이 정책조정의 중심에 설 수 있었던 것은 대통령의 신임을 받는 부총리와 최고 경제엘리트관료로 구성된 조직으로서 공식적인 기획과 예산기능을 갖고 있었기 때문이었다. 그리고 사회의 이익집단과 직접적인 호혜관계를 갖고 있지 않아 발휘될 수 있었던 높은 기관 자율성(institutional autonomy) 때문이기도 하였다. 이해관계에 얽매이지 않았기에 기획원의 정책분석은 비교적 편파성이 작았고, 환경변화에 따라 비교적 자유롭고 신축적으로 정책변화를 도모할 수 있었다. 적어도 기획원 부총리의 정책조정은 편파적 이해관계 때문이 아닌 정책합리성에 근거하고 있다는 평가를 받을 수 있었고 그 결과 상대적으로 강력한 조정력을 발휘할 수 있었다. 게다가 직접적인 정책집행을 관계부처에 맡기지 않을 수 없었던 기획원은 경제장관회의, 산업정책심의회 등 공식적인 조정절차를 만들어 기획원의 정책의도와 관련부처의 정책집행 사이의 연계가 보장될 수 있도록 제도화한 것도 정책조정의 실효성을 높이는 데 기여했다(최병선, 1993).

2) 발전국가 이후 지속과 단절

경제발전을 이끌어 왔던 경제관료와 경제부처의 대내외적 영향력은 경제사회발전과 함께 약화되고 있음은 주지의 사실이다. 경제부처가 경제발전을 위해 동원하였던 각종 개입수단들은 WTO체제의 성립이 상징하는 개방과 세계화의 흐름 속에 무용지물이 되었고, 정치적 민주화로 인해 경제관료의 활동공간을 만들어준 권위주의의 울타리도 걷혀졌다는 평가가 지배적이다. 경제가 고도화·다원화되어 정부의 경제발전 선도능력도 상대적으로 위축된 것이다. 물론 경제부처의 우위성이 약화되었다고, 경제부처의 위상이 다른 부처에 비해 떨어졌다는 것은 아니다. 박천오(2005)의 연구에 의하면, 1995년 공무원 인식조사에서도 경제기획원의 후신이라 할 수 있는 재정경제원이 제 1 위의 파워부처로 손꼽히고, 2005년 조사에서도 경제부총리의 지위를 누리는 재정경제부와 예산권한을 갖고 있는 기획예산처가 나란히 1, 2위를 차지하고 있다.[5] 하지만, 특히 김대중정부 이후 다원화된 시민사회가 정책과정에 직접적인 영향력을 행사하면서 경제부처의 우위는 크게 흔들리고 있는 것 또한 부인할 수 없는 사실이다. 단적인 예가, 그동안 기획원의 영향력이 강하게 작용했던 사회정책분야이다.

5) 오재록(2007)의 연구에서도 재경부의 상대적 권력크기가 가장 높은 것으로 나타나고 있다.

김대중정부가 들어서면서 사회복지정책결정과정상에 중대한 변화가 일어나기 시작했다. 김대중정부는 처음으로 그동안 국가정책결정과정에서 배제되었던 시민단체와 노동계를 적극적으로 사회복지정책결정과정에 참여시켰다. 노동계와 시민단체는 중요한 복지정책결정과정에서 각종 위원회 참여 등 공식적인 수준은 물론, 시위 등의 비공식적 수준에 이르기까지 다양한 수단을 동원 커다란 영향력을 행사하게 된다. 참여연대 등 시민단체와 노동계가 입안은 물론 이후 시행세칙의 마련에까지 주도적으로 참여한 기초생활보장제도가 좋은 예가 될 것이다(안병영, 2000). 김대중정부의 친복지성향과 시민단체와 노동계의 사회복지정책결정과정상의 참여는 사회복지분야에서 정부 내 경제관료와 복지부 관료 사이의 권력관계에 변화를 야기했다. 복지부가 정권교체기에 김영삼정부 아래 재경원(기획원의 후신)이 지지한 국민연금제도개선위원회의 2층 구조 개혁안을 폐기하고, 현 국민연금제도의 부분적 개선을 골자로 한 복지부 독자안을 정부안으로 채택하게 할 수 있었던 것은 단적인 예이다(양재진, 2001; 양재진 외, 2008a). 게다가 대통령이 사회복지에 관심을 보이고, 사회부처에 실세 장관이 부임하는 경우가 잦아질수록, 경제부처의 우위성은 약화되었다.[6)]

한편, 정부와 여당간의 당정협의, 정부 내 관계장관회의와 국무회의 등 과거의 조정기제들은 그대로 유지가 되고 있으나, 내용과 형식면에서 정책조정의

6) 민주화 이후 경제부처의 사회정책영역에서의 영향력 감소는, 경제부처 내 사회정책 담당부서의 축소 내지 폐지에 기인한 바도 크다. 과거 경제기획원의 경우, 1974년 직제개편을 통해 투자4과를 신설하여 사회정책을 담당토록 하였고, 1981년에는 이를 사회개발계획과로 확대 개편하였으며, 1984년에는 인력개발계획과도 추가로 신설하였다. 여기서 국민연금의 시행과 고용보험제도의 도입 등이 추진된 것이 예시하듯이 사회정책을 경제정책과 통합적인 틀에서 사고하는 조직적 특성이 나타난 것도 이때이다. 그러나 1994년 경제기획원을 재무부와 통폐합시키면서, 사회정책 분야 담당 조직은 복지생활과로 이름이 바뀌고 사회보장제도 등 거시적 정책분야의 업무에서 '국민생활안정', '고용안정', '국민의 여가생활' 등 다소 미시적인 정책영역만을 담당하게 되었다. 경제부처 내에서 사회정책을 고민하고 담당하는 부서가 사라지거나 축소되자, 대부분의 경제관료들은 사회정책에 관심이 없거나 경제와 복지를 이분법적으로 사고하는 '순수' 경제관료들만이 남게 되었다. 이들이 사회정책영역에서 정책적 리더십을 발휘하지 못하는 것은 당연한 귀결로 보인다. 이 경우, 앞으로도 계속해서 사회부처는 물론 시민사회와 갈등하며 반복지 부처로 낙인이 찍히고, 경제부처의 사회정책적 영향력은 지속적으로 약해질 것으로 예측된다. 그러나 과거 경제기획원처럼 이해집단과 일상의 경제현안으로부터 상대적으로 절연(insulation)이 되어 있는 상태에서, 장기적 시계에서 사회발전을 경제발전의 틀 속에서 조망하는 기관이 형성된다면, 사회정책분야에서 경제관료의 영향력이 다시 회복될 수도 있을 것이다. 다행히, 새로 출범한 기획재정부의 기관 자율성이 높을 수는 없겠으나, 사회정책과와 인력정책과가 부활하여 경제정책과 사회정책이 조응될 수 있는 조직적 기반은 형성되었다. 앞으로 경제와 복지의 이분법이 아닌 선순환 관점에서 정책설계 아이디어가 표출되기를 기대해 본다.

양태는 크게 변화하고 있다. 첫째, 경제부총리가 책임을 맡고 있는 경제기구에 의한 정책조정의 부침 현상이다. 경제기획원이 1994년 김영삼정부의 세계화 구상에 따라 재무부와 통합된 재정경제원이 설립되면서, 경제부총리에 의한 정책조정 권한은 재경원장관에게 넘어가게 되었다. 그러나 1997년 외환위기의 책임이 재경원에 있다는 평가에 따라 재경원이 재정경제부와 기획예산처 그리고 금융감독위원회로 분리되고, 경제부총리제 자체가 폐지되었다. 발전국가시기의 상징이었던 경제부총리급 지휘기구(pilot agency)가 사라진 것이다. 하지만, (경제)정책조정에 혼선이 자주 빚어지자, 2001년 재정경제부장관에게 다시 경제부총리의 지위를 부여하여 지휘기구를 통한 조정을 꾀했다. 그러나 기획예산처에 조정권한의 핵심인 예산권이 남아 있는 상태에서 재경부장관에 의한 정책조정이 전과 같은 실효를 발휘하지는 못했다. 이러한 비판을 수용하여 이명박정부에서는 기획예산처를 재경부와 통합하여 기획재정부를 만들어, 기획과 예산의 통합을 통해 정책조정력을 높이려고 시도하였다. 그러나 부총리의 지위를 부여하지 않았고, 더 중요하게는 금융과 조세 등 실물경제의 현안에 매달려야 하는 조직이 되었다. 따라서 현재의 기획재정부는 발전국가시기 경제기획원과 달리 기관 자율성(institutional autonomy)을 향유하지 못한 채 정책조정에 나서고 있는 한계를 안고 있다.

둘째, 과거와 달리 정책조정이 실효성 있게 이루어지지 않자, '정책조정의 조정'이 반복적으로 필요한 상황이 되어, 말하자면 '조정의 옥상옥' 현상이 발생하고 있다. 국무총리 책임하에 국무조정실의 권한과 기능을 확대하고, 분야별 최고 정책조정기구(예: 국가과학기술위원회, 인적자원개발회의 등)[7]를 신설하며, 사안별로도 대통령이나 총리를 위원장으로 하는 특별위원회(예: 정보화추진위원회, 행정정보공유추진위원회 등)를 가동하고 있다. 이와 동시에 청와대를 소내각형 비서실로 만들어 해당 부처를 총괄하기도 하고, 나아가 노무현 정부시절에는 국정과제위원회를 다수 만들어 부처간 정책조정을 꾀하기도 하였다(전영한 외, 2008).

종합하건대, 국가주도 경제발전의 핵심적 역할을 했던 경제관료와 지휘기

---

7) 1999년 과학기술기본법에 의해 설치된 기구로, 대통령을 위원장으로 하고 당시 과기부가 사무처 역할을 담당하였다. 모든 부처에 산재해있는 국가과학기술예산에 대해 사전평가와 조정을 실시하여 예산에 반영하는 기능을 담당하고 있다. 인적자원개발회의는 교육부총리를 위원장으로 교육, 훈련 등 모든 인적자원개발 정책을 조율하고 예산을 사전심의하기 위하여 설치되었다(정무권 외, 2004).

구의 정부 내외적 위상은 많이 떨어진 것으로 보인다. 시장규모가 커지고 산업구조가 고도화되었으며 개방경제가 된 현시점에서, 관료와 지휘기구가 과거와 같은 국가능력을 발휘하기를 기대하기는 힘들 것이다. 그러나 이런 객관적인 조건의 변화 외에도, 친시장을 표방하며 기업의 자율을 주창하는 재벌 등 신자유주의세력의 작은정부론 등 이념적 공세, 또 이와는 정반대로 분배를 중시하는 시민사회의 정책적 영향력의 증대 등이 경제관료와 지휘기구의 권한과 기능을 축소시키고 있다. 이러한 상황변화는 정부 부처간 권력관계에도 변화를 가져와, 경제부처가 사회정책의 영역에서 행사하던 영향력이 이제는 상당히 미약해짐을 여러 사례를 통해 확인할 수 있다. 한편, 경제관료와 지휘기구의 위상 약화는 정책조정의 어려움을 가중시키고 있고, 따라서 옥상옥 조정기제 현상이 벌어지고 있다. 그리고 과거식으로의 회귀, 즉 기획과 예산 권한을 갖는 부총리급 강대부처(super ministry)의 복원도 지속적으로 주문되고 있다. 조정의 현실에 있어서는 과거와의 단절을, 처방에 있어서는 과거와의 연속을 함께 확인하게 된다.

3. 성장과 복지에 대한 국가개입의 불균형성?

1) 발전국가시기

1960년대 이후 한국 발전국가의 기본 경제발전전략은 '정부 주도의 투자와 수출지향의 성장전략 그리고 이의 달성을 위한 산업정책'으로 요약된다. 규모의 경제에 의한 수확체증이 시급히 요청되는 후발산업단계에서, 거시경제관리라는 수요측면보다 국부의 원천인 생산능력의 확대를 위해 국가가 공급측면에서 생산자원의 공급과 배분에 개입함으로써 산업 활동을 지원, 조정 또는 규제하였다. 산업구조를 고도화시키기 위해 의도적으로 산업간 자원배분의 변화를 도모하는 산업구조정책은 물론 산업의 효율과 성과를 증진시키기 위해 기업 활동의 규칙 등 시장질서를 규율하는 산업조직정책도 광범위하게 구사되었다(신일순·손상영, 2005). 4공화국 때 추진된 중화학공업화는 대표적인 사례이다. 청와대의 지휘를 받는 중화학기획단이 설치되고, 철강공업육성법, 전자공업진흥법, 석유화학공업육성법, 비철금속제련사업법 등 일련의 중화학공업육성법을 제정하여 각종 시설재 수입시 관세감면, 설비투자시 법인세 감면은 물론 제조업 전체 대출금의 80%를 중화학산업 분야에 지원하였다(이상철, 2005). 이 밖에도 산업정책의 유효성을 확보하기 위한 장치들이 동원되었다. 대부분 정책대상자인 기업의 협조를 유도하기 위한 수단이라고 볼 수 있는데, 행정지도를 활용한 묵시적 압력의 행사, 세무사찰이나 사정기관을 활용한 비생산적 지대추구의 억제, 전경련과 산업별 협의회 등 중간조직을 활용한 파트너십의 강화, 각종 간담회나 심의회의 주기적 개최를 통한 기업애로 청취, 훈장이나 표창 같은 심리적 인센티브의 제공 등이 그것이다.

이와 같이 한국의 발전국가는 자원배분의 우선순위를 경제부문에 집중하여 복지재정의 위축을 불러왔다. 그리고 국제시장에서 가격경쟁력에 민감할 수밖에 없는 수출지향산업화전략은, 간접노동비용 상승을 야기하는 사회보장제도의 도입을 최대한 늦추게 만들고, 제도가 도입이 되더라도 비용부담이 최소화되도록 프로그램의 규모를 최대한 작게 만들었다. 국가의 재정지원이 거의 전무하게끔 제도를 설계하는 것 또한 물론이다.[8] 성공적인 경제개발로 수출대기업 중심으로 산업구조가 고도화되면서 내부노동시장이 형성되었고, 이에 발맞추어 기업복지가 대기업 중심으로 발달하기 시작하였다. 발전국가는 세제혜택을 부여하는 소극적 재정투여를 통해 기업복지를 활성화하고, 노사가 비용분담하는 사회보험제도는 대기업 중심으로 도입하고 이를 지불능력에 따라 단계적으로 적용 확대하는 전략을 취했다. 복지지출에 대한 재정적 보수주의는 민간의 자원을 최대한 활용하고, 복지수급권은 사회권적으로 주어지기보다는 고용과 기여에 연계시킨 것이다. 그 결과 탈상품화나 재분배 효과는 미미하고 이중노동시장의 균열선을 따라 계층화가 이루어지는 소위 발전주의 복지체제가 형성되었다(양재진, 2008, 2001; 정무권, 2007).[9]

2) 발전국가 이후 지속과 단절

소위 글로벌스탠더드를 따라야 하는 개방경제체제로 한국 경제가 성숙해가면서, 과거 발전주의 패러다임에 근거한 산업정책의 유효성은 저하되고 있다

---

8) 우리나라의 사회보험 도입시기는 중위소득국가인 남미의 브라질이나 칠레에 비해 60년가량 뒤쳐져 있다. 그리고 경제위기로 발전국가가 해체되기 전인 1995년 기준으로 한국과 가장 근접한 일인당 국민소득을 가지고 있는 그리스의 경우, 중앙정부가 20% 이상의 자원을 사회복지에 할애하는 데 비해 한국은 10%에도 못 미치고 있다(양재진, 2001: 217-219).

9) 김진욱(2004)에 의하면, 서구 선진국과 달리 우리나라 노동시장에서 큰 부분을 차지하는 저소득 자영자와 비정규직 노동자의 경우에는 사회보장기여로 인해 오히려 빈곤이 확대되는 등, 사회보험이 계층간 역진적 분배효과를 낳고 있다.

는 것이 일반적인 평가이다. 하지만, 아직도 미국 등 선진국의 1/3수준에 불과한 중위소득국가로서 한국은 '제 2 의 따라잡기' 시스템(second stage catching-up system)이 필요한 상황이기에 산업정책적 개입의 필요성마저 저하된 것은 아니고, 과거 발전국가의 유산 위에 새롭게 접목되어야 한다는 주장이 제기되고 있다(Shin and Chang, 2003: Chap. 5). 그리고 실제로, 현 단계 한국의 성장동력인 IT산업의 눈부신 성장의 이면에서 작동한 산업정책적 국가개입은 발전주의의 유산에 근거한 것이기도 하다. 옛 경제기획원 출신들이 정통부로 자리를 옮겨 마치 경제개발5개년계획처럼 5년마다 정보화촉진기본계획을 수립하고, 이에 따라 정보인프라의 구축, R&D투자와 spin-off를 통한 IT산업진흥, 정보산업인력의 양성, 세대간 · 지역간 정보격차(digital divide)를 줄이기 위한 범 국가적 노력을 경주해왔다(유평준 · 정무권, 2002; 동아일보, 2003. 5. 1). 여기에 기간통신망사업이나 휴대전화사업에서 보듯이 대기업 중심이지만 의도된 경쟁체제를 만들어 가면서 IT산업을 육성하고, 벤처기업육성에 정책자금의 투입까지 마다하지 않는 산업정책을 구사하고 있다. 수출가격에 직접적인 영향을 미쳐 불공정경쟁의 시비를 불러오지 않는 한, 국가가 공급측면에서 산업적 진흥을 이룰 수 있는 정책수단이 아직 상당부분 남아 있는 것이다(양재진, 2005).10)

하지만, 과거 발전국가시기와 비교할 때, 산업정책적 개입의 양태는 선별적 개입에서 일반적(혹은 기능적) 개입으로 바뀌어 특정 기업에 대한 지원보다는 여러 산업이나 여러 부문에 공통적으로 필요한 기능이나 시설 등에 정부의 자원을 투입하는 비중이 커졌다. 과거 특정산업 지원 위주의 정책에서 새로운 성장동력의 발굴에 역량을 기울이고, 과거 해외 핵심기술에 의존한 기술 및 상품화시스템에서 핵심기술개발과 산업화 역량 확충형 시스템의 구축에 나서는 것 등이 방향변화의 내용이라 할 수 있다(신일순 · 손상영, 2005: 76). 그리고 과거에 비해 뚜렷하게 달라진 것은, 산업정책의 유효성 확보를 위한 비공식적 국가개입이 설 자리를 잃고 있다는 점이다. 즉, 행정지도나 사정기관 등을 동원하는 것이 어려워지고, 전경련이나 산업별 협의회와 긴밀한 파트너십의 형성보

10) 사실 자유주의적 최소국가(the minimal state)의 이상에 가장 가까운 미국의 경우만 해도, 산업화단계에 있어서는 가장 폐쇄적인 보호무역정책을 폈고, 현재도 농무부와 국방부의 막대한 R&D투자는 생명공학, 항공, 우주, IT산업 등 선도산업을 창출하고 세계를 리드해 나가는데 버팀목이 되고 있다(Kozul-Wright, 1995; Stiglitz, 2001: 518). 또 전략무역이론에 근거하여 특정첨단산업분야의 진흥을 주창하고, 공세적인 무역정책인 전략적 상호주의를 통해 자국기업의 해외시장개척과 지적재산권보호에도 국가가 앞장서고 있다(Tyson, 1992: Krugman, 1986).

다는 일정한 거리두기 관계(arms-length relationship) 속에서 공정한 시장경쟁을 규율하는 것이 바람직하다는 인식의 확산이 그것이다.

산업정책의 영역에서 변화와 지속이 발견되는 것처럼, 복지 영역에서도 변화와 지속이 눈에 띈다. 변화 측면에서 보면, 김대중정부와 노무현정부에서 각각 '생산적 복지'와 '동반성장'의 모토하에 기존 사회보장제도가 대폭 확대되고, 새로운 제도와 복지패러다임이 도입된 점을 지적할 수 있다.[11] 첫째, 가장 두드러진 변화는 연금·의료·고용·산재 등 국가사회보험의 급속한 적용확대와 급여수준의 인상이다.[12] 둘째, 2000년 국민기초생활보장제도의 시행으로 공적부조제도의 획기적 개선이 이루어진 점이다. 전과 달리 근로능력이 있는 사람이라 할지라도 자활사업에 참여하기만 하면 기초생계를 받을 수 있는 사회적 권리를 법적으로 부여하였다. 이렇듯 사회권에 기반한 국민기초생활보장제의 시행으로 그 수혜 인구가 1999년 50여만 명 수준에서 2007년 150만 명 수준으로 대폭 확대되고, 예산도 1조 8,479억 원에서 2007년 6조 5,336로 늘어났다. 셋째, 2000년 직장의료조합까지 포함하는 의료보험 통합을 달성하여 보편주의에 입각한 사회보험 개혁이 시작되었다. 보편주의 원칙은 국민연대성의 원칙하에 자영자와 임금근로자 구분 없이 국민연금을 전 국민에게 적용하는 데에서도 드러났고, 장기노인요양보험도 보편주의의 원칙에서 설계가 되었다. 넷째, 저출산고령사회에 대한 대비를 위해 공보육 등 육아지원에 대한 정책이 대폭 강화되고,[13] 노인장기요양보험제도와 기초노령연금이 도입되었다. 다섯째, 노무현정부는 사회투자(social investment) 담론을 적극적으로 수용하고,[14] 이 관

11) 이하 내용은 양재진(2008)에 크게 의존하였다.

12) 1999년 3월 도시지역 자영자 900만 명에게 연금이 확대되었으며, 1998년 1월 10인 이상 사업장으로 확대된 고용보험이 1998년 10월부터 1인 이상 전 사업장으로 확대되었다. 산재보험 역시 2000년 7월부터 1인 이상 사업장으로 보험적용이 확대되었다. 이미 전 국민을 포괄하고 있는 의료보험은 급여혜택을 받을 수 있는 요양기간이 연간 270일에서 1998년에는 300일로, 1999년에는 330일로 늘어나고, 2002년에는 요양기간 제한이 사라져 365일 급여혜택을 받을 수 있게 되었다.

13) 보육료 지원대상을 도시근로자 월평균소득 100%(2007년 4인 가족기준 월 369만원)까지 확대하고, 장애아 무상보육제도 도입(2003), 만 5세아 무상보육확대(2004), 두 자녀 이상 보육료 지원제도(2005) 등이 시행되었다. 그 결과 육아지원예산은 김대중정부 최종년인 2002년 2,461억 원이었던 것이 2006년에는 1조 574억 원으로 4배 이상 증가하였다.

14) '사회투자'란 사회구성원의 노동시장참여의 권리와 기회를 보장하기 위해 국가차원에서 이루어지는 인적자본(human capital)과 사회서비스에 대한 사회지출이라 말할 수 있다. 사회투자형 사회정책을 통해 사회구성원의 노동시장참여의 권리와 기회가 향상되면 고용률이 높아지고 근로자의 생산성이 높아져 경제성장의 잠재력이 확충될 것이 기대된다. 그리고 적극적인 기회의 평등의 결과, 사회적 이동성(social mobility)이 높아져 사회적 배제(social exclusion)를 극복

점에서 건강증진사업과 보장성 강화정책,[15] 아동에 대한 투자,[16] 그리고 근로장려세제(EITC)가 도입되었다.

과거 발전국가시기와 달리, 기존 사회보장제도가 비교적 빠른 속도로 확대되고 동시에 사회투자전략에 입각해 새로운 프로그램도 다수 도입되었음을 알 수 있다. 그 결과, 정부예산에서 차지하는 복지예산이 급증하고 2004년부터는 복지예산이 경제사업예산을 능가하기 시작하였다. 1997년 경제위기 이후 김대중·노무현정부 하에서 한국은 적어도 과거 발전주의복지레짐이 전제하는 최소복지국가(the minimalist welfare state)에서 이탈하기 시작한 것으로 볼 수 있겠다. 앞서 지적되었듯이, 발전국가의 붕괴 이후 사회정책분야에서 시민사회의 활발한 이익투입, 친복지적 대통령과 사회부처를 정점으로 한 새로운 정책거버넌스의 구축, 그리고 경제위기 극복과 세계화과정에서 나타난 빈곤문제의 심화 등이 어우러져 만들어낸 결과라 할 수 있다.

그러나 복지국가레짐이라는 큰 틀에서 볼 때, 발전국가시기 형성된 재정보수주의에 근거한 사회보험제도의 골간이 그대로 유지되고 있는 점은 복지정책의 단절보다는 연속적 측면이라 할 수 있겠다. 국가의 재정투입이 최소화되고 있는 상황에서 고용과 기여에 수급권이 연계된 사회보험에 의존하다보니, 정규직과 비정규직 그리고 대기업과 영세기업의 근로자 사이의 수급권 격차는 크게 개선되지 않고 있다. 그 결과 김대중정부에서 구조화되기 시작한 사각지대 문제나 광범위한 근로빈곤층 문제가 여전히 해결되어야 할 과제로 남아 있다. 사회투자전략에 입각한 아동발달계좌 등 새로운 프로그램의 도입은 주목할 만한 변화이다. 그러나 사회투자정책의 특성상 그 효과가 장기간에 걸쳐 간접적으로 나타나고, 사회투자정책에 대한 재원의 뒷받침이 취약한 상태이기에, 의도한 정책효과가 발휘되어 기존의 복지체제의 틀을 바꾸는 성과로 이어질지는

하고 사회통합(social inclusion)이 제고가 될 것으로 기대된다. 사회통합성의 제고는 사회적 정의감과 신뢰 향상으로 이어져 장기적으로는 사회적 자본(social capital)의 고양에도 기여를 하게 될 것으로 전망된다. 사회투자국가론과 관련 정책에 대한 논의는 양재진 외(2008b) 참조.

15) 2007년부터 생애전환기(16세, 40세, 66세)에 이른 전 국민에 대해서 생활습관평가, 기능평가 및 맞춤형 건강진단을 실시하고, 2008년 1월부터 임신 이후 출산까지 필수 의료서비스(산전 진찰, 초음파, 기형검사 등)를 건강보험에서 무상지원하도록 하였다. 그리고 건강보험의 보장성 강화정책을 지속적으로 추진하여 전체 의료비 지출 중 본인부담비율을 1987년 62.4%에서 2005년 37.7%로 낮추고, 공공재원의 비율을 52.6%까지 끌어 올렸다.

16) 아동투자의 일환으로 2007년부터 아동에 대한 맞춤형통합지원서비스인 희망 Start제도를 실시하고, 저소득아동의 자립자금마련을 위한 아동발달계좌(Child Development Account, CDA)제도가 시행되었다.

아직 의문시된다(양재진, 2008).

종합해 볼 때, 발전국가는 붕괴하였지만 발전국가가 남긴 정책적·제도적 유산은 아직도 큰 영향을 미치고 있음을 알 수 있다. 산업정책적 개입의 양태가 바뀌고, 산업정책의 유효성을 뒷받침하던 비공식적 개입수단이 약화되었으며, 개입의 효과성이 시장규모가 커지고 산업구조가 복잡해짐에 따라 과거보다 많이 떨어졌지만, 미래 성장산업의 육성을 위해 다양한 방법으로 국가가 개입하고 있음을 확인할 수 있다. 한편, 발전국가 붕괴 이후 복지분야에서 제도 확장과 사회지출 증가는 괄목할만한 변화를 보여주고 있다. 적어도 경제성장을 위한 산업정책적 개입만큼, 사회보장을 위한 복지정책적 개입이 크게 늘어나 양자 사이의 불균형이 대폭 시정된 것으로 보인다. 하지만 제도적 측면에서 보면, 발전국가시기에 짜여진 한국형 사회보장제도의 기본 틀은 그대로 유지가 되고 있다. 한국의 발전국가는 1980년대 중반 민주화와 함께 와해되기 시작하고 1997년 경제위기를 맞아 결정적으로 붕괴하였다고 볼 수 있으나, 하지만 아직도 우리나라 산업정책과 복지정책은 과거 산업화시기 주조된 발전주의 체제의 영향 아래 놓여 있다고 할 수 있겠다. 제도적인 측면에서 볼 때 경로의 단절보다는 연속성이 두드러진다 하겠다.

Ⅳ. 맺 음 말

이 글은 우리만의 독특했던 '발전국가적' 행정현상이 오늘날에 얼마나 남아 있고, 또 어떻게 변형되어 있는지 등을 검토하고자 하였다. 첫째, 정책과정에서 제왕적 대통령을 정점으로 한 행정부의 중심성은 국회와 사법부의 영향력은 증대하는 만큼 상대적으로 약화되었다. 발전국가를 뒷받침하고 있었던 권위주의의 기반이 무너지면서, 삼권분립이 현실화되었기에 나타난 구조적 변화라 할 수 있겠다. 둘째, 경제관료의 상대적 우위와 경제기획원 등 지휘기구중심의 정책조정 경향은 지속되고 있다. 그러나 경제관료의 우위성은 많이 약화되었고, 특히 사회정책분야에서 정책주도성은 더 이상 찾아보기 힘든 상황이 되었다. 재정경제부, 기획재정부 등 지휘기구 중심의 정책조정은 계속 시도되나, 실효성이 떨어지면서 옥상옥의 조정체계가 형성되는 변화를 보이고 있다. 발전국가의 그늘 속에서 집권정치세력(혹은 집권당)을 중심으로 한 민주적 조정기제가 형성되지 못하고 지체되자 나타난 현상으로 이해할 수 있겠다. 셋째, 국가의 산업정책적 개입은 변화보다는 아직 연속성을 보이고 있다 하겠다. 그러나 개입의 양태가 선별적·직접 금융지원 중심에서 일반적·역량배양 측면으로 바뀌고, 행정지도 등 산업정책의 유효성 확보수단은 많은 부분 수명을 다한 것은 단절적 측면이라 할 수 있겠다. 복지정책의 경우, 내용적으로는 큰 변화를 보이고 있다. 사회권에 입각한 적용의 확대와 수급권의 확대, 사회투자개념에 입각한 새로운 프로그램의 도입 등이 그것이다. 그러나 사회권보다는 근로와 연계된 수급권이 강조되는 사회보험 중심의 보장체계 등 발전주의시대 형성된 복지체제는 그대로 유지되고 있다.

오늘날의 한국 행정현상은 일반성과 함께 특수성을 보이고 있다. 후자를 설명하기 위해 한국의 유교적 문화, 역사적 사건, 한국인의 독특한 심리적 특성 등 다양한 측면에서 연구가 필요할 것이다. 그러나 한국행정의 특수성 연구는 현재 우리가 맞이하고 있는 국가관료제는 물론 경제사회제도의 기틀을 만든 개발연대의 발전국가에 대한 이해 없이는 이루어질 수 없다. 앞에서 살펴보았듯이 오늘날의 한국 행정현상은 발전국가가 남긴 유산의 연속이거나 이의 변형이기 때문이다. 그리고 단절적 현상이라 할지라도, 이에 대한 풍부한 이해를 위해서는 과거의 것에 대한 맥락적 이해가 필요하기 때문이다. 이런 면에서, 한국의 발전국가는 사라졌다 할지라도, 발전국가론은 한국행정현상의 이해를 위해 유용한 시각이라 할 수 있을 것이다.

◈ 참고문헌

강신택. (2005).「한국 행정학의 논리」. 서울: 박영사.

김영평. (1993). 우리나라 정책결정 체계의 개혁.「한국정책학회보」, 1(2): 27-45.

김일영. (2001). 한국에서 발전국가의 기원, 형성과 발전 그리고 전망.「한국정치외교사논총」, 23(1): 87-126. 서울: 한국정치외교사학회.

김정렬 · 김시윤. (2004). 산업정책과 규제개혁.「대한정치학회보」, 11(3): 343-357.

김정신 · 정용덕. (2006). 한국 의회의 제도화, 1948-2006: 행정부와 대비한 위상 변화를 중심으로.「행정논총」, 44(4): 91-128.

김종철. (2005). '정치의 사법화'의 의의와 한계: 노무현정부전반기의 상황을 중심으로.「공법연구」, 33(3).

박은홍. (1999). 발전국가론 재검토: 이론의 기원, 구조, 그리고 한계.「한국정치논총」, 39(3): 117-134.

박천오. (2005). 한국 정책과정에서의 부처간 권력관계에 관한 실증연구.「행정논총」, 43(3).

신일순 · 손상영 (2005). 산업정책적 관점에서 본 한국의 기업정보화정책 분석.「한국경제의 분석」, 11(3).

안병영. (2000). 국민기초생활보장법의 제정과정에 관한 연구.「서울대 행정논총」, 38(1): 1-50.

안병영. (1979). 한국의 행정현상과 행정학연구의 주체성.「한국정치학회보」, 13: 49-66.

양재진. (2001), 구조조정과 사회복지: 발전국가 사회복지 패러다임의 붕괴와 김대중 정부의 과제.「한국정치학회보」, 35(1).

양재진. (2005). 발전이후 발전주의론: 한국 발전국가의 성장, 위기, 그리고 미래.「한국행정학보」, 39(1): 1-18.

양재진. (2008). 한국복지정책 60년.「한국행정학보」, 42(2).

양재진 외. (2008a).「한국의 복지정책 결정과정: 역사와 자료」. 서울: 나남.

양재진 외. (2008b).「사회정책의 제 3 의 길: 한국형 사회투자정책의 모색」. 서울: 백산서당.

오재록. (2007).「한국의 관료제 권력구조: 진단과 처방」. 서울: 한국학술정보(주).

유평준 · 정무권. (2002), 한국 정보정책의 제도적 특성과 발전방향.「한국행정학회 전자정부연구회 학술대회」(2002. 11. 14).

이병량 · 주경일 · 함요상. (2003). 한국의 근대적 관료제 형성과 관료제적 리더십: 전 총무처장관 이석제의 역할을 중심으로. 한국행정학회 2003년도 동계학술대회 발표논문: 290-317.

정무권 외. (2004).「인적자원개발정책 추진 활성화 방안 연구」. 서울: 교육인적자원부.

정무권, (2007). 한국 발전주의 생산레짐과 복지체제의 형성. 「한국사회정책」, 14.

정무권. (1993). 국가자율성, 국가능력, 사회보장정책: 유신체제의 연금제도와 의료보험 정책을 중심으로. 한국행정학회 월례발표회 논문(1993년 5월 14일, 한국 사회과학 도서관).

최병선. (1993). 제도개혁과 민주적 정책조정의 역설. 「한국정책학회보」, 1(2): 46-64.

전영한 · 최병선 · 최종원 · 이송호. (2008). 정책조정시스템의 개혁, 최병선 · 최종원(공편). 「국가운영시스템: 과제와 전략」. 서울: 나남.

정흥모, (2008). 고용보험제도, 양재진 외 (2008) 한국의 복지정책 결정과정. 서울: 나남.

Amsden, A. H. (1989). *Asia's Next Giant: South Korea and Late Industrialization*. New York: Oxford University Press.

Caporaso, J. A. and Levine, D. P. (1992). *Theories of Political Economy*. Cambridge: Cambridge University Press.

Chang, H. (1994). The Political Economy of Industrial Policy. New York: St. Martin's Press.

Evans, P. (1989). Predatory, Developmental, and Other Apparatuses: A Comparative Political Economy Perspective on the Third World State. *Sociological Forum*, 4(4): 561-587.

Evans, P. (1995). *Embedded Autonomy: States & Industrial Transformation*. Princeton: Princeton University Press.

Haggard, S. and Moon, C. (1993). The State, Politics, and Economic Development in Postwar South Korea. In Hagen Koo, *State and Society in Contemporary Korea*. Ithaca: Cornell University Press.

Johnson, C. (1982). *MITI and the Japanese Miracle: The Growth of Industrial Policy, 1925-1975*. Stanford: Stanford University Press.

Johnson, C. (1987). Political institutions and economic performance: the government-business relationship in Japan, South Korea, and Taiwan. In Frederic C. Deyo, *The Political Economy of the New Asian Industrialism*. Ithaca: Cornell University Press.

Kohli, A. (1999). Where Do High-Growth Political Economies Come From? The Japanese Lineage of Korea's "Developmental State". In Meredith Woo-Cumings, *The Developmental State*. Ithaca: Cornell University Press.

Koo, H. (1987). The Interplay of State, Social Classes, and World System in East Asian Development: the Cases of South Korea and Taiwan. In Frederic C. Deyo, The *Political Economy of New Asian Industrialism*. Ithaca: Cornell University Press.

Koo, H. (1993). The State, Minjung, and the Working Class in South Korea. In Hagen

Koo, *State and Society in Contemporary Korea*. Ithaca: Cornell University Press.Shin and Chang, 2003: Ch. 5).

Skocpol, T. (1979). *States and social revolutions: a comparative analysis of France, Russia and China*. Cambridge: Cambridge University Press.

Wade, R. (1990). *Governing the Market: Economic Theory and the Role of Government in East Asian Industrialization*. Princeton: Princeton University Press.

Williamson, J. (2004). The Washington Consensus as Policy Prescription for Development. Paper presented at a lecture in the series "Practitioner of Development," World Bank, January 13, 2004.

Woo, J. (1991). *Race to the Swift: State and Finance in Korean Industrialization*. New York: Columbia University Press.

4장 집행부중심에서 입법부중심 행정으로

김 근 세

Ⅰ. 서 론

정체적 수준의 거버넌스(polity governance)로 우리나라는 대통령제를 채택하고 있다. 입법부-집행부-사법부가 독립적인 기구로 상호 견제와 균형을 제도화하였다. 이는 기본적으로 공공행정에 있어 효율성보다는 민주성의 가치를 내재화한 제도이다. 내각제의 경우 입법부의 지배정당이 집행부의 내각을 구성함으로써 국정운영에 있어 입법부와 집행부 간 밀접한 연계가 전제되고, 따라서 정부관료제에 대한 '주인'의 문제가 명료해진다. 그러나 대통령제의 경우 정부관료제는 입법부와 집행부의 상이한 '주인들'에게 봉사하게 되면서, 정부관료제의 지배적 주인이 누구인가가 중요한 과제가 된다.

우리나라의 역사적 맥락에서 그동안 대통령 중심의 집행부가 지배하는 핵심행정부(core executive) 체제가 견고하게 제도화되어 왔다. 조선시대의 王-民 간의 신민주의적 정치문화, 발전국가시대의 권위주의적 정치체제가 이러한 배경으로 볼 수 있다. 그러나 1987년 이후 한국 정치사회의 민주화과정에서 상대적으로 보수적인 정당과 진보적인 정당이 정권 교체를 경험하면서 국가정책과 행정관리의 차별성과 연속성의 문제가 국민에게 강하게 인식되었다. 즉 공공행정에서 차지하는 정당정치의 의의, 나아가 입법부의 역할이 점차 인식되기 시작하였다. 실제 정치적 민주화 과정에서 국회의 제도적 역량은 지속적으로 강화

* 이 글은 2008년 한국행정학회 하계학술대회 발표 논문 "집행부중심의 한국행정: 입법부중심 행정의 탐색"을 수정 및 보완한 것이다. 원고작성에 도움을 준 성균관대학교 국정관리대학원 박현신 박사후보와 조규진 석사후보에게 감사한다. 이 논문은 성균관대학교의 2006학년도 삼성학술연구비에 의하여 연구되었음.

되고 있다. 최근 국회에 신설된 예산정책처와 입법조사처가 그 대표적인 사례이다.

그러나 여전히 집행부중심의 행정체제가 지배적이다. 최근 이명박 행정부가 추진하고 있는 일련의 국가정책과 행정제도의 개혁과정이 집행부 내부접근모형으로 의제가 형성되어 결정되고, 입법부를 장악하고 있는 한나라당은 내부적 논란에도 불구하고 행정부안을 통과시켜 주어야 한다는 프레임이 강하게 작동하고 있는 듯하다. 즉 집행부-입법부의 공동 맥락 속에서 정부관료제의 역할에 대한 이해가 간과되고 있는데, 이는 민주 정치 및 행정의 기본전제를 위반하는 것이다.

이러한 맥락에서 이제 한국의 국정관리와 행정연구에 있어 집행부 중심에서 탈피하여 입법부 중심의 대안적 시각을 탐색할 시대적 배경을 맞고 있다고 생각한다. 이에 본 연구는 먼저, 이론적으로 공공행정의 맥락과 접근법을 검토하고, 이를 통해 한국의 집행부중심 행정체제의 제도적 맥락을 이해한다. 그리고 집행부중심 행정에 대한 대안으로서 입법부중심 행정의 내용을 소개한다. 마지막으로, 이러한 제도적 배경으로 국회의 행정자원과 보좌기구의 성장을 분석하고 한국행정의 새로운 연구과제를 탐색하려 한다.

Ⅱ. 공공행정의 맥락과 접근법

공공행정 특히, 국가관료제를 바라보는 시각은 국가의 역사적 맥락에 따라서 큰 차이를 갖는다. 또한 국가 내부적으로 행정환경 변화에 따라 공공행정에 대한 이론과 접근법은 변동을 보여 왔다.

1. '국가성'의 맥락

Dyson(1980: 48)은 '국가(state)' 전통이 정부의 권한(authority)과 구성(configuration) 그리고 지속성(consistency)에 중요한 영향을 미치며, 특히 "국가에 관한 관념, 그리고 이의 표현인 제도적 장치(institutional arrangement)가 사회에 따라서 매우 다른 종류의 반응을 발생시켜 왔다"고 보았다. 그는 사회를 '국가사회(state society)'와 '무국가사회(stateless society)'로 구분한다. 그런데 국가의 전통은 정치적, 행정적 문제를 다루는 방식 그리고 국가내부의 권한관계뿐만이 아니라, 세상을 해석하는 공통적인 양식으로써 사람들을 묶는 기능을 한다(Dyson, 1980: 18). 비록 현재 존재하는 제도적 틀이 변화하였을지라도 과거로부터 사회에 내재된 규범은 사람들의 행위와 선택을 제약한다.

1) 국가사회: 공공행정의 대륙계 전통

'국가사회'의 대표적인 예는 독일 등 대륙계 국가들로 다음과 같은 특징을 갖는다(Dyson, 1980: 51-52). 먼저, 공공문제에 있어 개인이익의 합이 단순히 공익이 된다는 경제적 태도를 부정한다. 정치문화적으로 법률주의(legalism)와 성문화(codification)의 강점을 선호하고, 정치체제에 있어서는 공식화, 몰인격화, 그리고 공동체의 비정의적인(impersonal) 상징성이 강조되며, 체제에 '공화정체'의 특성을 부여한다. '공적 권력(public power)'과 관련해서는 단일성이 강조된다. 그리고 행태에 대해 규범적 속성이 강한 도덕주의적 관점(moralistic view), 즉 도덕의 결정체인 법이 잘 발달되어 있어 상대적으로 행정의 통합성이 높으며 정치적 개입의 필요성이 그 만큼 적다. 이것은 집행부중심의 책임성과 적극적인 행정관료 역할의 개념을 낳으며, 집행부 권력은 의회 등의 정치제도와는 별개의 공적 제도로 이해한다. 이러한 특징들은 질서 있는 사회를 구성하기 위한 기술적 조건들(technical conditions)이다.

그리고 '국가사회'에서는 국가의 영구적 속성이 강조된다. 일시적 속성을 갖는 정부(government)와 달리, 국가(state)가 갖는 영속적 특징은 당시의 정치집행부(political executive)가 아닌 법의 지배(the rule of law)에 의해 부여된다(Davis, 1997: 127). 또한 국가가 갖는 규범적 속성은 국가관료제를 단순한 도구가 아닌 국가의 장기적인 법적 책임을 수행한다. 법의 지배를 강조하는 대륙계 국가들의 이러한 특징은 정부정책에 있어 상당한 정도의 일관성 확보를 가능케 한다(Johnson, 1983). 예를 들어, 독일의 경우 총리실 직원들은 주로 관료들로 구성되어 있으며, 다양한 정치적 관점보다 정책의 일관성이 더 중시된다. 따라서 "정치적 조정이 정책 조정과 구분되는 별도의 영역을 형성하는 것이 아니라, 정책과정에 통합된다"(Davis, 1997: 137).

2) 무국가사회: 공공행정의 앵글로색슨 전통

'무국가사회'에 속하는 국가는 영국과 같이 분화된(fragmented) 국가관습을 가진 앵글로색슨(Anglo-Saxon) 전통의 국가들이다. 이들 국가에서는 국가의 관념이 경시되어 왔는데, 이것은 크게 두 가지 원인에서 비롯되었다. 먼저 영국의 경험주의와 미국의 실용주의 관점에서 경험에 기반을 두지 않는 '국가' 개념은 수용되기가 어려웠다. 또한 이들 국가에서 '국가'는 역사적으로 법적 제도(legal institution)로서 인식되지 못했다(Dyson, 1980: 4).

이러한 '무국가사회'의 특징을 살펴보면(Dyson, 1980: 52), 먼저 다원주의와 대의제, 그리고 정치문화 측면에서 토론의 전통이 강하다. 또한 정부에 대한 도구적 시각(instrumental view)과 정치에 있어서의 실용주의 개념은 중립적이고, 익명의 독립된 행정 역할, 즉 수동적인 행정 개념을 낳았다. 정치에 있어서는 비공식성(informality)이 널리 퍼져 있으며, '전술적(gamesmanship)' 법적, 정치적 태도를 나타낸다. 또한 국가 제도보다도 엘리트의 역할을 강조하는 '사회' 중심모형이 선호되며, 모든 관심이, 예를 들어, 수상에게 두어지는 집행부의 사인화된(personalized), 사적 특성을 보인다. 사회의 전 수준에 있어서는 공유된 의식 및 예식에 대한 관념과 공동체의 정의적(personal) 특성이 강조된다. 정리하면, '무국가사회'는 합리적으로 정돈된 원리와 기법보다도 사회적 관행과 관습이 강조된다.

'비국가사회'의 이러한 특징으로 앵글로색슨 국가에는 행정의 통합성이 국가구조에 내재화되어 있지 못하며(Davis. 1997), 행정이 일관성을 유지하기 위해서는 정치적 합의가 무엇보다 중요하다. 따라서 '국가사회'와 달리, 행정과 구분되는 정치영역이 발전하게 되며, 정치집행부 장의 역할에 있어 의회와 이익집단 등 집행부 외부와의 의견조율이 큰 비중을 차지하게 된다(Seidman, 1998). 또한 법의 지배에 따른 집행부에 부과되는 제약이 적기 때문에, 정치집행부는 정부의 형태와 기능에 대해 보다 많은 통제력을 갖게 되며, 관료제 구조는 당시의 정권에 의해 크게 좌우된다(Davis, 1997: 127). 실제 미국의 경우, 대통령부에서 대통령의 사적인 참모들은 인력 면에서 행정관료와 비교해 큰 비중을 차지하고 있으며, 이들 정무직과 경력직 간의 충돌이 문제가 되곤 한다(Davis, 1997: 135-136).

2. 국가이론: 다원주의와 엘리트주의

국가이론의 관점에 따라 공공행정에서 차지하는 집행부-입법부 국가기구의 기능과 역할을 상이하게 가정한다.

1) 다원주의

다원주의(pluralism) 관점은 권력이 다양한 집단에 광범위하게 분포하며, 권력 그 자체는 행위자들 간에 분절화되어 있다고 본다(Hill, 1997: 30-34). 이러한 가정은 앞서 앵글로 색슨 전통의 기본 가정과도 일치한다. 다원주의는 이익집단의 활동이 활발한 사회에서 대의민주주의가 어떻게 잘 작동하고 있는지를 설명한다. Richardson과 Jordan(1979)에 따르면 정책은 정부기관과 이익집단 간의 협상에 의해 발전하는데, 이러한 이익집단의 성장은 특정 이익의 관점을 대표하는데 있어 직접적 역할을 수행한다. 그러나 행위자들 간에 권력의 원천이 동등한 것이 아니라는 점에서 비판을 받음에도 불구하고, 다원주의는 권력의 원천은 비축적적이며 하나의 원천이 사회를 지배할 수 없다고 본다. 즉, 사회를 '정치적 시장'으로 가정한다(Hill, 1997; Dunleavy and O'Leary, 1987). 이 때 국가기구는 많은 다양한 행위자들 중 하나의 행위자일 뿐이며 다른 행위자들과 마찬가지로 자신의 선호를 추구하고 외부의 수요에 반응한다. 다원주의 관점에서 특징적인 점은 제도적 분절화, 즉 권력분립과 같은 제도적 장치가 자유민주주의 국가 유지의 필요조건일 뿐이며 관례화된 관행으로부터 나온 문화적 성숙이야말로 민주사회 보호를 위한 필요·충분조건으로 본다(Dunleavy and O'Leary, 1987: 24-25). 따라서 국정관리시스템에서 입법부-집행부-사법부의 자율성과 이들 간 견제와 균형을 강조한다.

2) 엘리트주의

엘리트주의(elitism) 관점은 현실적으로 소수의 지배집단에 의해 국정이 운영된다고 가정한다. 고전 엘리트이론은 소수의 권력을 독점한 엘리트 계급과 이에 의해 관리되고 통제되는 다수의 대중 계급으로 구분하였다. 현대 엘리트이론은 사회 각 영역의 다양한 조직화가 진행되면서(Hill, 1997: 44), 다양한 종류의 엘리트가 존재한다고 한다. 즉 현대 사회과학에서 엘리트의 의미는 사회적으로 높은 지위를 차지하고 있는 기능·직업군 및 지도자와 동의어로 사용되며, 동시에 착취적 리더십 또한 함축하고 있다(Dunleavy and O'Leary, 1987: 137).

그런데 공공행정의 복잡성과 불확실성의 증대로 집행부의 리더십 강화가 요구되었고 정부관료제의 전문지식이 중요한 권력의 원천으로 작동되면서 정보비대칭성에 따른 입법부의 기능과 역할이 약화되는 행정국가화 현상이 나타나게 되었다. 즉 집행부중심의 행정체제의 가정이다.

정리하면, 국가이론에 따라 공공행정의 집행부-입법부 중심성의 가정은 상이하다. 다원주의관점은 정치적 다원주의를 구현하기 위한 국정관리의 제도적 설계로 입법부-집행부-사법부 간의 견제와 균형을 강조한다. 이 경우 정부관료제는 삼부의 공동 통제를 받게 된다. 엘리트주의관점은 행정국가화 현상에 따라 입법부의 약화와 집행부의 실질적인 지배를 지적하면서 집행부의 통제를 받는 정부관료제의 현실과 이점을 가정한다.

3. 공공행정의 접근법: 관리적 접근, 정치적 접근, 법적 접근

국가의 전통과 관계없이, 공공행정 자체는 다양한 이해관계 및 기능을 수행한다. 이러한 특성으로 공공행정에서 일관성을 확보하는 것은 대단히 어려운 일이다. Ingraham과 Rosenbloom(1990: 210)에 따르면, 미국의 역사는 "공공서비스가 어떻게 되어야 하는지 혹은 될 수 있는지에 관해 장기적이고 일관된 모형을 가지지 못했다"고 지적한다. 이것은 행정에 대해 다양한 접근법이 존재함을 의미하는데, Rosenbloom은 공공행정에 대한 접근법을 크게 관리적, 정치적, 법적 접근으로 구분하고 있다(Rosenbloom and Goldman, 1998: 3-43; Ingraham and Rosenbloom, 1990).

1) 관리적 접근

관리 관점에서 공공행정을 정의하는 입장은 공사 행정의 구분을 최소화하고자 한다. 즉, 공공행정은 본질적으로 거대 기업과 같으며, 행정은 기업의 경영 원리 및 가치에 의해 운영되어야 한다고 본다. 이러한 관점은 크게 두 가지 그룹으로 나뉜다. 하나는 19세기 엽관제의 반발로서 출현한 전통적인 관리주의 접근이고, 다른 하나는 전통적인 관리주의에 대한 도전으로서 등장한 신공공관리론(NPM: New Public Management)이다.

① **전통적 관리주의**: 가치 측면에서 경제성, 능률성, 효과성이 강조되며, 이러한 가치를 극대화하기 위해서는 계층적 권한관계에 초점을 둔 관료제가 이상적인 조직구조라고 본다. 또한 관료제 내에 존재하는 개인은 업무와 관련해 비정의적인 속성을 갖는 합리적인 인간이다. 전통적 관리주의는 지식의 발

전과 관련해 과학적 방법을 강조하는데, 공공행정을 과학으로 취급하는 것은 행정행태에 관한 일반화의 노력을 촉진시켰다. 예산에 있어서는 비용효과성(cost-effectiveness)을 고려한 합리적 예산시스템을 추구하며 의사결정 역시 모든 가능한 대안들을 포괄적으로 고려하는 합리적 의사결정을 선호한다.

② **신공공관리론**: 1990년대 공공행정에 대한 새로운 관리주의 접근으로서 등장한 신공공관리론은 공공기관이 시장에서의 기업과 똑같이 행동함으로써 행정의 비용효과성과 반응성을 높일 수 있다고 본다. 이를 위해 구조적으로 개별 조직단위가 서비스의 중심이 될 수 있도록 하는 분권화와 수평적 조직형태가 강조되며 시장과 마찬가지로 고객에 초점을 둔다. 행정을 위한 구체적 대안들은 정부가 재화와 서비스 제공에 있어 경쟁이 가능할 때 소비자의 선택과 행정의 능률성이 향상될 것이라고 가정하는 공공선택이론으로부터 왔다. 예산과 관련해서는 투입보다 산출과 결과에 초점이 두어지며, 의사결정은 고객에 대한 반응성과 성과수준, 그리고 비용효과성에 기초해 이루어진다. 즉, 관리적 접근에서는 공공행정을 집행(execution) 기능으로 이해하며, 집행부 중심의 행정을 강조한다.

2) 정치적 접근

공공행정에 대한 정치적 접근은 선출직 공무원을 통한 시민대표성, 정치적 대응성, 그리고 책무성의 가치를 강조한다. 이러한 가치는 민주주의를 구성하는 조건들로 비춰지며 공공관리를 포함한 모든 정부의 측면들은 이들 가치들을 내재할 것이 요구된다. 특히, 정치적 접근은 정치적 다원주의의 장점을 강조하는데 공공행정은 다원주의에서 발견되는 가치, 갈등, 그리고 경쟁을 반영하여야 한다. 또한 정치적 접근에서 개인은 관리주의 접근과 같이 하나의 사례 혹은 고객으로 취급되지 않는다. 개인들의 이익은 그가 속한 집단 혹은 범주에 속하는 사람들과 동일한 것으로 고려된다. 따라서 정치적 논의와 토론이 지식을 개발하고 진실을 발견하기 위한 방법으로서 인식된다. 비록 과학을 실체적 지식발견에 필요한 적절한 방법으로 인정함에도 불구하고, 대표성과 대응성이 중시되기 때문에 어떤 것이 옳고 그른지를 판단하는데 있어 합의(consensus)나 광범위한 연합(coalitions) 형성이 중요하다. 예산 역시 정치적인 관점에서 본다. 예산배분은 정치시스템에 있어 경쟁적인 가치들에 대해 어떻게 등급을 매길 것인가에 대한 공식적인 진술이다. 역사적으로 이러한 접근은 점증주의 예산과정에 기여해왔다. 마찬가지로, 의사결정도 점증주의 경향을 보인다. 공공행정에 있어 정치적 다원주의, 제한된 합리성, 그리고 시간과 자원의 압력은 의사결정에 있어 중요한 제약으로서 가정된다. 따라서 의사결정의 바람직스러움은 비용효과성이나 과학적 분석이 아닌, 정치적 지지 혹은 반대의 관점에서 평가되는 경향이 있다. 즉, 정치적 접근에서는 공공행정을 입법(legislation) 기능으로 이해하며, 집행부와 입법부의 다원정치를 강조한다.

3) 법적 접근

법적 관점에서 공공행정을 정의하는 입장은 공공행정을 구체적인 환경에서 법을 적용하고 집행하는 것으로서 본다. 역사적으로 이러한 관점은 위에서 언급된 다른 접근들 특히, 정통적인 관리주의 접근에 의해 가려져왔다. 그럼에도 불구하고, 법적 관점에서 공공행정을 바라보는 입장은 오랜 전통을 가지고 있다. 이러한 관점은 크게 세 가지 원천으로부터 기인했는데, 먼저 일반적인 행정과정을 규제하는 행정법, 둘째로 행정과정이 법정을 닮아가는 '행정의 사

〈표 4-1〉 공공행정에 대한 관점

특성	관점			
	전통적 관리	신공공관리	정치	법
가치	경제성 능률성 효과성	비용-효과성 고객 대응성	대표성 대응성 책무성	헌법정신 적법절차 실재적 권리 평등보호, 형평
구조	관료제	경쟁, 분사조직	조직 다원주의	재판장
개인의 관점	비정의적 사례 합리적 행위자	고객	집단의 구성원	개인/범주 구성원 이성적인 사람
인지 접근법	합리적-과학적	이론, 관찰, 측정, 실험	동의와 여론 토론	귀납적 사례분석 연역적 법률분석 규범적 추론 심판 과정
예산	합리적 (비용-편익)	성과기반, 시장지향	점증적(편익과 부담의 분배)	권리로서의 제공
의사결정	합리적-총괄적	분권화, 비용-최소화	점증주의 타협	절차적 점증주의
특징되는 정부기능	집행	집행	입법	심판

출처: Rosenbloom and Goldman(1998: 39)과 Ingraham and Rosenbloom(1990: 212)의 재구성.

법화', 셋째로 헌법이다. 마지막의 헌법과 관련해 공공행정과정에서 시민의 평등권과 프라이버시, 그리고 실질적인 권리와 자유를 재정의해 왔다. 이에 공무원들은 광범위한 일련의 새로운 헌법적 특질을 부여받는다. 법적 접근에서 선호하는 구조는 원고측과 피고측을 대립시켜 진행하는 대심(adversary) 과정이며, 적법절차와 실재적 권리, 평등(equity)에 대한 강조는 개인을 일련의 독특한 환경에 있는 것으로서 고려하도록 이끌었다. 또한 지식 발견에서 재결/심판(adjudication)이 선호되며, 예산과 관련해서는 헌법적 권리의 보호와 헌법적 무결성이 강조된다. 마지막으로 의사결정은 판례와 같은 선례에 기초하기 때문에 일반적으로 점증적인 특성을 갖는다. 즉, 법적 접근에서는 공공행정을 심판 기능으로 이해하고, 법기구의 활성화를 강조한다.

4. 한국 공공행정의 맥락

이상의 이론적 논의에서 볼 때, 우리나라는 전통적으로 유기체론의 국가주의 전통이 강하고 급속한 정부주도의 산업화과정에서 군부와 관료제 중심의 엘리트주의가 제도화되었고 공공행정에서 관리적 접근이 지배적인 위치를 차지하고 있다고 생각한다. 이러한 역사적, 제도적 맥락에서 한국의 공공행정은 집행부중심 행정체제가 제도화되었다.

먼저, 사회문제 해결에 있어서 우리나라 국민들은 국가의 역할에 큰 기대와 의존성을 보여 왔다. 국가와 사회의 통일성을 강조하면서 다양성의 강조는 국론을 분열시키는 부정적 의미로 인식하는 경향이 강하다. 전통적으로 국민이 국가관료제를 바라보는 시각에 있어서도 관료는 우월적인 대상이었으며, 특히 발전국가의 전략에서 정부관료의 엘리트주의적 성격이 강화되었다. 또한 우리나라는 법률체계와 관련, 불문헌법과 관습법으로 특징되는 영미계통보다도 대륙계 전통의 영향을 크게 받아왔다. 이러한 점에서 우리나라는 '무국가사회' 전통보다 '국가사회' 전통이 강한 나라로 평가할 수 있다.

또한 1970년대 경제성장과정에서 군부와 경제관료 중심의 집권화된 발전행정 전략은 한국사회를 더욱 엘리트중심의 사회로 변동시켰다. 권력엘리트의 특징은 중요한 의사결정에 대한 선택권(selectiveness)을 발휘함으로써 특정 이슈에 대해 독점적으로 결정을 한다는 점이다(Dunleavy and O'Leary, 1987: 167). 정부가 풀어야 할 공공문제가 경제 이슈에 집중되었고, 공공문제 접근이 관리적 관점에 편향될 수밖에 없었다. 따라서 우리나라는 삼권분립이라는 헌정제도 자체에도 불구하고 공공행정의 통일성과 효율성에 치중해왔으며 이 과정에서 입법부의 역할은 크게 위축되었다. 그리고 이론적으로, 한국 공공행정에 대한 사고는 Dyson(1980: 4)의 표현에 따르면, "앵글로 아메리칸(Anglo-American)"식 문화사고와 지적 전통의 틀에 큰 영향을 받고 있다. 이러한 현상은 한국 행정학의 학문적 기원과 최근 범세계적인 정부개혁의 흐름에서 이들 국가들의 영향력이 컸기 때문인 것으로 보인다.

그러나 대통령제 국가에서 공공행정은 대통령뿐만이 아닌, 입법부와 사법부의 역할과 기능이 중요하다. Moe(2004: 23)의 국정관리원칙(governance principle)에 따르면, 미국 헌법에서 "행정기능은 집행부 내 대통령이 책임을 지며, 동시에 대통령을 통해 의회에 책임을 진다"고 주장하면서, 의회는 대통령과 함께 행정을 관리하는 '공동관리자(co-manager)'로 미국의 정치체제에서 중심적 역할을 해왔다고 지적한다. 그는 시장의 우월성이 강조되는 신공공관리 패러다임에서 경제적 기반의 가치들이 법적 가치와 정치 책무성에 우위를 점하면서, 의회의 역할이 축소될 가능성을 우려한다(Moe, 2004: 31).

최근 한국의 국가-사회의 관계에 있어서 시장과 시민사회가 과거보다 크게 성장하여 사회의 '관계론적 권력(relational power)'이 강화되면서 우리 사회가 전통적 엘리트 사회에서 민주적 엘리트 사회, 혹은 다원주의 사회로 이동하고 있음을 시사한다. 동시에 정부가 해결해야 할 공공문제의 성격이 달라지고 있는데, 발전과 환경, 삶의 질 등 행정가치의 갈등과 복잡성이 더욱 강하게 발현되고 있다. 최근 공공거버넌스론(Bovaird and Loffler, 2003a; 2003b; Matheson and Kwon, 2003)의 등장과 확산은 이러한 사회변동을 반영한 것으로 보인다. 그리고 국가사회의 변동으로 공공행정 연구가 집행기능의 효율성을 강조하는 관리적 접근법과 더불어 입법기능의 민주성을 강조하는 정치적 접근법이 강조될 필요가 있다.

이러한 맥락에서 우리나라 국정관리 구조가 과거의 집행부 중심에서 탈피하여 입법부의 역할이 보다 강화되는 방향으로 전환될 필요가 있다. 현재 한국 공공행정의 이러한 맥락은 과거 집행부중심 행정의 대안에 대한 진지한 고민이 필요한 시기라고 생각한다.

Ⅲ. 정부관료제의 주인은 누구인가?

1. 정부관료제 — 입법부-집행부의 관계

대통령제하의 국정관리에 있어 정부관료제의 주인은 누구인가? 집행부 혹은 입법부가 정부관료제의 활동과 결정에 대해 실질적인 주권을 가지고 있는가? 이 문제는 정치행정학자의 오랜 연구주제의 하나이다(Hammond and Knott, 1996; Fisher, 1998). 그런데 행정학의 관점에서 한 걸음 나아가 행정부를 정치집행부와 관료제로 구분하여 볼 수 있는데, 이 경우 입법부와 정부관료제와의 관계가 중요한 연구주제가 된다. 정부관료제 통제를 둘러싼 집행부와 입법부의 관계는 다음과 같은 세 가지 입장으로 구분할 수 있다.

첫째, 행정학계의 지배적 입장은 정부관료제를 대통령의 집행부 통제로 보는 입장이다. 정부관료제는 대통령의 집행부 관할로 두고, 의회의 직접적 통제하에 있지 않다고 본다. 20세기에 들면서 미국 행정학의 탄생의 배경이 되었던 혁신시기(Progressive era)에 행정수반으로서의 대통령의 헌법적 지위를 실현하기 위하여 19세기에 제도화되었던 대통령과 의회 소속의 두 관료제(two bureaucracies)를[1] 비판하면서 보다 일원화되어 체계적으로 운영되는 정부관료제 개혁을 선호하게 되었다. 1905년 Taft위원회를 시작으로, Brownlow위원회, 1, 2차 Hoover위원회 모두 대통령의 행정리더십 강화를 제안하였다(Arnold, 1986). Nixon과 Reagan 대통령이 시도한 '관료제의 대통령화(presidentialized bureaucracy)'는 이러한 관점의 연속에 해당된다. 이 경우 의회와 관료제 관계는 의회와 행정부 관계로 치환된다.

둘째, 관료제는 집행부와 입법부의 공동 주인을 가진다는 입장이다(Fisher, 1998). 관료제에 대한 통제를 대통령과 의회의 공동후견인(joint custody)이 공유한다. 즉 의회는 입법기능, 대통령은 행정기능을 담당하는 이원론적 접근이 아니고, 입법가로서의 대통령(president as legislator), 행정가로서의 의회(congress as administrator)의 기능을 실질적으로 공동으로 행사한다. 공동 통제구조에서 대통

1) 미국 정부기구의 형성기에 의회는 국방부와 외교부는 대통령의 통제 하에 두고, 재무부는 대통령의 책임 하에 두되 실질적으로 의회 통제 하에 두는 기구로 설계하였다(Short, 1923: 100)

령의 집행부는 효과적 국정운영을 위해 정부관료제의 일상적인 운영에 대한 통제 능력을 가지게 되었고, 입법부는 정부관료제의 민주주의 성격을 유지하는 데 기여하였다. 동시에 정부관료제에 대한 공동 통제 결과, 집행부는 관료제와 거리를 유지하면서 통제하기 위해 대통령부 자체가 관료기구화되는 현상이 가속화되었고, 입법부는 정부관료제의 미시적 관리 능력을 갖추기 위한 기술관료적 의회(technocratic Congress)를 낳게 되었다(Rourke, 1993: 691).

셋째, 정부관료제의 통제에 있어 의회지배접근법이 있다. 이는 의회가 관료제를 통제하고 있다는 입장으로, 사전적 통제와 사후적 통제 수단을 행사하여 자신의 영향력이 관철되는 정부관료제를 구조화한다(Fiorina, 1979). 사전적 통제수단으로, 행정절차법의 경우와 같이, 정부관료제 선택의 절차와 전제를 사전에 규정함으로서 의회의 이해관계를 투입하게 된다(McCubbins, 1985). 사후적 통제수단으로, 예산 증가와 같은 보상, 그리고 예산축소와 같은 처벌을 행사하여 정부관료제 행위를 사후적으로 통제한다(Weingast, 1984). 그리고 정부관료제는 집행부의 통제와 더불어, 위임된 입법기능을 수행한다는 관점에서 입법부의 연장(extension)으로 간주하는 입장이다(Rosenbloom, 2000). 19세기 미국 대통령의 역할과 권한이 취약하였고, 의회가 정부관료제를 장악하였던 시기에 이러한 관점이 지배하였다.

2. 집행부 중심의 행정

정부관료제를 대통령의 집행부 통제로 보는 입장은 정부관료제와 정치집행부를 묶어 행정부로 통칭한다. 집행부중심 행정의 초점은 행정부를 책임지는 대통령이 어떻게 하면 효과적으로 정부관료제를 운영할 것인지에 둔다. 실제 집행부중심의 행정은 미국 행정개혁의 역사에서 잘 나타나며, 이를 이론적으로 뒷받침했던 정통행정이론(orthodox theory)으로 대표된다. 즉 정부조직은 '과학적' 분석과 일반적인 조직원리가 적용되는 기술적 문제로 비춰지며, 행정부와 입법부의 관계에서 의회는 과학적 원리를 적용하는 행정부의 자율성에 대해 개입을 최소화하여야 한다고 본다. 한 예로 NAPA(1997)는 집행부를 개편하고 정부성과를 향상시키는 원리로 제시한 10개의 원리에서, 그 중 관련된 2개의 원리를 살펴보면 다음과 같다.

- 헌법은 대통령에게 집행권력(executive power)을 부여한다. 최고관리자(chief executive)로서의 대통령은 집행권력을 효과적으로 발휘할 수 있는 제도상의 역량과 지원을 가져야 한다.
- 집행부 내에 부와 기관을 설립하는 또는 일반적 관리 측면들을 다루는 입법부는 가능한 법령(statutory)의 세부적 규정을 피해야 한다. 또한 기관장이 법의 효과적 집행에 가장 적합한 내부조정을 할 수 있도록 권한을 위임해야 한다.

즉 집행부중심 행정의 관점은 공공행정의 문제를 곧 관리의 문제로 바라보며, 정부관료제의 관리에 있어서 중심적인 역할은 대통령과 각 기관의 장에게 두어야 한다고 본다. 또한 행정부 내부의 구체적인 조직 원리는 1949년의 조직개편법(Reoganization Act)에 의해 확립된다(Seidman, 1998: 11). 이것의 주요 내용은 정부관료제 조직화는 가능한 주요 목적에 따라 정부의 기관과 기능을 그룹화, 조정, 통합하고, 한 명의 장(head) 아래에 비슷한 기능들을 통합함으로써 기관의 수를 줄인다는 것이었다. 이러한 내용은 “능률성은 행정의 가치척도(value scale)에서 첫 번째 공리(axiom)이다”라는 Gulick의 주장과 같이 능률성이 조직과 행정의 최고의 목표로 간주되는 반면, 공공행정에서 정치 개입의 여지가 최소화됨을 보여준다(Gulick, 1937: 192).

그런데 이러한 집행부중심 행정은 두 가지 가정을 내포하고 있다. 첫째, 정부관료제에 대한 가정으로 관료가 중립적 전문역량을 갖는다고 본다. 중립적 전문역량은 “정부의 일을 전문적으로 할 수 있는, 그리고 사적인 혹은 정당에 대한 책임과 충성이 아닌 명시적이고 객관적 기준에 따라 일을 하는 능력(ability)”을 의미한다(Kaufman, 1956: 1060). 관료의 중립적 역량은 실적제(merit system)에 의해 제도화되었는데, 이러한 개혁목적은 정부관료제가 외형적으로 대통령-의회관계의 중립지역에 속하는 것처럼 보이게 했지만, 정부관료제와 의회의 관계를 단절시키고, 정치집행부가 관료제에 대해 우위를 점하는 토대를 제공하였다.

둘째, 정치집행부의 리더십이다. 자본주의사회가 발전함에 따라 행정개혁이 사회변화를 관리하기 위한 도구의 의미를 갖게 된다(Mansfield, 1970). 이러한 요구를 충족시키기 위해 대부분의 대통령은 확대된 국가기능을 다룰 수 있는 보다 강력한 집행부를 만들고자 노력해왔다. 강력한 집행부를 만드는 한 가지 전제조건은 정부관료제를 대통령 정책의 도구로써 통제하는 것이었으며, 미국의 정치적 맥락에서 이러한 과정은 대통령과 의회의 대립으로 받아들여졌다.

3. 입법부중심의 행정

입법부중심 행정은 집행부중심 행정에 대한 반발로 등장하였다. 이러한 관점은 정부관료제의 통제를 대통령과 의회의 이중 후견인(joint custody)을 넘어서 정부관료제를 의회의 연장(extension) 기구로 이해한다. 대표적인 학자인 Rosenbloom(2000)은 공공행정을 이해하는 접근법을 효율성과 결과 중심의 관리적 접근에서 탈피하여 민주적-헌법적 행정가치를 추구하는 정치적 접근을 주장한다(Rosenbloom and Kravchuk, 2002).

그는 미국의 의회중심 행정체제의 성장, 의회-정부관료제 관계에 대한 제도적 발전은 대통령과의 정치적 과정에서 우발적으로 진화되었다기보다는 당시 사회경제적인 정부기능의 확대에 의한 집행부 및 정부관료제의 강화에 따른 의회기능의 위축에 대응하기 위하여 의회가 주체적으로 행정과의 관계를 첨예하게 토론하고 합의한 결과로 해석한다. 행정절차법(Administrative Procedure Act), 의회조직법(Legislative Reorganization Act), 고용법(Employment Act) 등으로 구성되는 미국 의회의 1946년체제가 그것이다(Rosenbloom, 2000, 2001). 이러한 입법부 중심의 행정에 대한 구체적인 내용을 살펴보면 다음과 같다.

첫째, 입법기능의 측면에서 행정기관은 의회의 연장이다. 1946년에 도입된 행정절차법은 의회가 행정기관에게 규칙제정(rule making)과 같은 입법기능을 불가피하게 위임할 수 있고, 따라서 이러한 입법기능을 수행하는 행정기관은 의회의 연속으로 볼 수 있다. 행정기관은 입법기능을 수행하는 과정에서 능률성과 같은 집행부의 가치가 아니라 참여, 투명성과 같은 입법부의 가치를 추구해야 한다. 즉 행정절차법에 따라 행정기관은 새로운 규칙 제정 시 이해당사자와 협의 절차를 거쳐야 하며 공청회 등 참여할 기회를 제도적으로 보장해야 된다. 그리고 교량법(General Bridge Act) 제정을 통해 당시 의회가 결정하였던 교량 건설 입지의 결정권한을 육군공병단에 위임하였다. 이후 제정된 정보공개법(Freedom of Information Act), 일몰법(Government in Sunshine Act)의 제정을 통해 행정기관의 투명성 가치를 확보하였고, 1972년 연방자문위원회법(Federal Advisory Committee Act) 제정 시 자문위원 구성의 대표성과 회의운영의 투명성을 강조하였다.

둘째, 입법기능의 측면에서 의회가 행정기관을 지속적으로 감독한다. 이러한 의회의 감독기능을 강화하기 위하여 1946년 의회조직법을 제정함으로서 상하원의 상임위원회 조직을 집행부 부처조직에 대응적으로 통폐합하여 행정부를 지속적으로 감독하는 체제를 갖추게 되었고, 의원의 위원회 겸직 제한을 축소하여 의원의 전문성을 제고하였다. 그리고 행정기관의 의회 내 연락관을 확대하여 기관의 행정정보를 지속적으로 상임위원회와 의원들에게 제공하고 의회의 이해를 바로 행정과정에 밀접하게 투입하는 제도로, 입법과 행정 운영의 통합(fusion of legislative and administrative operation)을 추진하였다. 또한 상임위원회의 전문성을 제고하기 위하여 4명의 전문보좌관을 채용하였다. 이후 1970년 개정을 통해 상임위원회의 행정기관의 집행과정을 지속적으로 검토하고, 연구하는 등 감시기능을 더욱 강화하였다. 1993년에 제정된 정부성과결과법(Government Performance and Results Act)도 의회가 행정기관의 다년간의 전략적 성과목표와 그 추진 계획을 검토하고, 매년 그 성과를 구체적인 성과지표를 통해 보고받으면서 상임위원회는 행정기관에 대한 지도 및 감독기능을 강화하였다.

셋째, 지역 유권자의 이해를 행정기관에 대변하는 것은 의회의 정당한 대표기능이다. 1946년 고용법을 통해 의회는 의회 내 상하원 합동경제위원회(Joint Economic Committee)를 무대로 고용 창출에 유리한 우선적 사업리스트를 분석 및 결정함으로서 행정기관의 공공사업에 대한 배분결정 권한을 복원하였다. 그리고 같은 해 의원들의 의정활동의 50-75% 정도를 소모하여 입법활동을 저해하였던, 그러나 재임을 위해서 필요했던, 지역주민의 민원해결(casework)을 전담하는 보좌관을 신설하였다. 민원해결 기능은 일종의 옴브즈만 서비스로 이해하여, 잘못된 행정의 오류를 시정할 수 있는 장치로 정착되었다.

Rosenbloom(2000)은 그의 의회중심행정 이론의 핵심적 가정을 다음과 같이 정리한다. 첫째, 행정은 단순히 집행적 사항만은 아니고 입법적 기능을 포함한다. 둘째, 행정기관이 입법기능에 관여하는 경우 의회의 연장으로 봉사하게 된다. 셋째, 정치와 행정의 분명한 이원론은 가능하지 않다. 따라서 미국 행정체계에서 정치적 권위를 행사하는데 적용되는 민주적-헌법적 가치(대표성, 참여, 투명성, 공정성, 개인 프라이버시와 자율성의 침해 회피 등)를 주입해야 된다. 넷째, 의회는 연방행정에 대한 광범위한 감독적 책임성을 갖는다. 다섯째, 유권자와 지역구의 이해를 대변하는 것은 의회의 정당한 대표기능이다. 여섯째, 연방행정에 있어 대통령과 정치집행부의 역할은 의회의 결정사항을 집행하고, 정부기관간의 행동을 조정하고, 행정기관의 일상적 행위를 관리하고, 의회가 특정한 지침을 주지 않은 경우에 공익을 추구하는 과정에서 재량을 행사한다. 일곱째, 연방행정에 관한 연방법원의 지배적인 역할은 행정법을 통하여 의회가 마련한 조항과 조건 하에서 수행되는 행정기관의 행위를 사법적으로 검토하는 것이다.

Ⅳ. 입법부중심 행정의 제도적 성장과 가능성

1987년 민주화 이후 우리나라의 국회는 많은 비약적인 발전을 보여 왔다. 이러한 발전은 국회가 공공행정에 있어 많은 영향을 끼쳐왔으며, 끼치고 있음을 반영한다. 그러나 한국행정 연구에서 의회에 관한 연구는 행정학 분야로부터 큰 관심을 받지 못했다. 아래에서는 행정관료제 성장에 대응해 나타난 입법관료제의 성장을 확인하고, 한국행정 연구에 있어서의 의회중심행정의 가능성을 살펴본다.

1. 헌법상 국회의 행정에 대한 권력

우리나라 헌법에서 입법권은 국회에 속하고(헌법 제40조), 행정권은 대통령을 수반으로 하는 정부에 속한다고(헌법 제66조) 규정함으로써 권력분립을 핵심으로 하는 대통령제를 정부형태로 명시하고 있다. 대통령제 국가는 의원내각제 국가와는 달리 국회와 대통령 모두 국민으로부터 정당성을 부여받는 이원적 민주적 정당성의 구조를 지닌다. 이에 대통령제 국가에서는 의회와 정부가 원칙적으로 그 구성과 활동에 있어서 상호 독립적이다. 현행 헌법상 국회가 대정부통제기관으로서 중요한 역할을 하게 된 것은 현행 헌법에서 정부형태를 대통령제로 채택하고 있는 것과 관련이 있다(장영수, 2006: 42). 상호 독립성을 원칙으로 하기 때문에 집행영역에 있어서 정부가 독단적으로 정책을 형성하고 집행할 가능성이 존재하므로 국회가 이를 통제할 필요성이 커지는 것이다. 현행헌법상 국회의 대정부통제권을 구체적으로 정리하면 다음과 같다.

첫째, 국회 본연의 임무인 입법권에 의한 통제이다. 헌법 제37조 2항은 "국민의 자유와 권리는 국가안전보장·질서유지 또는 공공복리를 위하여 필요한 경우에 한하여 법률로만 제한할 수 있다"고 규정하고 있으며, 헌법 제75조에서는 "대통령은 법률에서 구체적으로 위임을 받아 대통령령을 발할 수 있다"고 규정하고 있다. 이는 행정부가 정책을 집행함에 있어 국회가 제정한 법률의 범위 안에서만 이루어져야 함을 명시하고 있는 것이다. 즉, 현행 헌법은 행정부 활동이 법률을 제정하는 국회의 통제 하에서 이루어져야 함을 규정하고 있다.

둘째, 국회의 예산 심의·의결권(헌법 제54조)과 조세법률주의(헌법 제59조)를 들 수 있다. 특히, 예산 심의·의결권은 행정부에 대한 직접적인 통제권으로 활용될 수 있다. 행정부의 제반활동에 있어서 예산이 가장 기본적인 자원이라 할 때, 국회의 예산 심의·의결권은 직접적인 행정 통제수단이 될 수 있다.

셋째, 직접적인 통제수단으로 활용되는 것으로 국정감사·조사권(헌법 제61조)이 있다.[2] 국정감사는 국회가 국정전반에 관하여 소관 상임위원회별로 매년 정기적으로 실시하는 감사이며(국정감사 및 조사에 관한 법률 제2조), 국정조사는 국회의원 재적 4분의 1 이상의 요구가 있을 때 조사가 필요한 국정의 특정사안에 대하여 이루어지는 조사이다(국정감사 및 조사에 관한 법률 제3조). 이관희(1999: 143-149)에 따르면, 국정감사에 대해서 과다한 감사대상으로 인해 감사가 형식적이라는 점, 중복감사의 문제, 감사의 전문성 문제 그리고 단기간에 광범위한 감사가 이루어짐으로써 정부의 정상적 업무가 방해될 정도로 부담이 된다는 등의 이유로 폐지를 주장하는 입장이 있다. 이에 반해 유신헌법 당시 폐지되었다가 현행헌법 이후 부활되었다는 점에서 국정감사가 정부통제 수단으로 의미가 있다는 주장이 있다.

넷째, 국회는 집행부 공무원에 대한 직접적인 인사권 통제를 통해 대통령과 행정부를 통제한다. 현행헌법은 대통령이 국무총리를 임명할 시 국회의 동의를 요구하고 있다(헌법 제86조). 그리고 국무위원, 방송통신위원회 위원장, 4대 권력기관인 국가정보원, 국세청, 검찰청, 경찰청의 기관장과 합동참모의장을 임명할 시에 국회 상임위원회의 인사청문회를 거쳐야 한다(국회법 제65조의2). 또한, 헌법 제63조에서는 국무총리, 국무위원의 해임건의를 규정하고 있고, 헌법 제86조에서는 "대통령, 국무총리, 행정각부의 장이 직무집행에 있어서 헌법이나 법률을 위배한 때에 탄핵소추를 의결할 수 있다"고 규정하고 있다. 그 밖의 대정부 통제수단으로 일반사면권에 대한 동의(헌법 제79조), 중요한 조약에 대한 동의권(헌법 제60조), 대통령의 국가긴급권에 대한 승인권과 해제요구권(헌

2) 국정감·조사권은 직접적인 통제수단이라기보다 대정부통제의 전제를 마련하기 위해 필요한 자료를 조사하고 수집하는데 의의가 있다는 견해도 있다(장영수, 2004: 124).

법 제76조), 헌법기관 구성의 공동결정권(헌법 제104조의 대법관, 헌법 제111조의 헌법재판관, 헌법 제114조의 중앙선관위 위원) 등이 있다. 그리고 국회의 대정부통제수단으로 중요한 것이 행정입법에 대한 통제이다. 오늘날 현대행정국가의 특징 중 하나로 행정입법 증대를 꼽을 수 있다. 행정입법이 증대되는 이유는 의회의 시간적 제약, 의회의 전문적 · 기술적 능력의 한계 때문이지만, 이는 곧 국회의 대정부통제능력 약화로 작용될 수 있다는 점에서 행정입법통제는 중요하다(서원우, 2004: 13). 행정입법에 대한 국회통제의 필요성은 사법적 통제의 한계에서 찾을 수 있다. 기본적으로 사법적 통제는 사후적 통제여서 일반적으로 행정입법으로 인해 국민이 피해를 입은 뒤 비로소 통제가 이루어지는 한계가 있다(홍준형, 2004: 142).

현행 국회법 제98조의2 제 1 항에서 "중앙행정기관의 장은 법률에서 위임한 사항이나 법률을 집행하기 위하여 필요한 사항을 규정한 대통령령 · 총리령 · 부령 · 훈령 · 예규 · 고시 등이 제정 · 개정 또는 폐지된 때에는 10일 이내에 이를 국회 소관상임위원회에 제출하여야 한다"고 규정하고 있다. 또한 동법 동조 제 3 항에서는 "상임위원회는 소관중앙행정기관이 제출한 대통령령 · 총리령 및 부령에 대하여 법률에의 위반 여부 등을 검토하여 당해 대통령령 등이 법률의 취지 또는 내용에 합치되지 아니하다고 판단되는 경우에는 소관중앙행정기관의 장에게 그 내용을 통보할 수 있고, 이 경우 중앙행정기관의 장은 통보받은 내용에 대한 처리 계획과 그 결과를 지체 없이 소관상임위원회에 보고하여야 한다"고 규정되어 있다. 이 조항에 대해서 국회의 통보권만 규정하였을 뿐 어떠한 구속력을 가지는지 규정하고 있지 않다는 점, 훈령 · 예규 · 고시 등 행정규칙의 경우 제출의무만 명시되었을 뿐 소관상임위원회의 검토권이 규정되어 있지 않다는 점을 들어 그 실효성에 문제가 제기되고 있다(정하명, 2004: 431). 특히 행정규칙의 경우 헌법재판소의 결정판례에서와 같이 행정규칙이 "법령의 직접적 위임에 따라 수임행정기관이 그 법령 시행에 필요한 구체적 사항을 정한 것인 이상, 그 제정형식이 행정규칙이더라도 상위법령의 위임한계를 벗어나지 않는 한 상위법령과 결합하여 대외적인 구속력을 갖는 법규명령으로서 기능하게 된다"고 할 때, 국회 통제는 필수적이다(헌재 1992. 6. 26. 91헌마25). 행정입법이 확대되고 있는 오늘날 행정입법의 국회제출제도는 어느 정도 그 실효성이 인정된다 할 것이다.

이와 같은 국회의 정부통제는 행정국가화 현상이 증대되는 오늘날의 대통령제 국가에서 대통령을 수반으로 하는 행정부에 대한 통제의 필요성이 절실하다는 점에서 의미를 가진다.[3] 그리고 국회의 이러한 권한을 적극적으로 해석할 경우, 공공행정의 관리에 대한 입법부 역할의 법적 원천을 찾을 수 있다.

2. 입법관료제의 성장

1) 국회의 행정자원 증대

입법부 행정자원의 제도적 성장을 살펴보면 다음과 같다. 먼저 인력은 〈표 4-2〉와 같이 1980년 이후 입법부, 사법부, 행정부, 대통령실 중 입법부의 성장이 가장 크게 두드러진다.[4] 1980년부터 2007년까지 입법부의 연평균 증가율은 4.78%로, 1980년 대비 205.10%가 증가함을 보였다. 전체 공무원 인력에서 입법부가 차지하는 비중을 살펴보면, 1980년에는 0.26%에 불과했다. 그러나 민주화가 시작된 1988년 이후 이 비중은 0.57%까지 증가하였고, 2007년까지 0.55% 내외의 일정한 수준을 유지한다. 행정부의 경우는 1980년에 전체 비중이 98.29%에 이르지만, 분석기간 동안 꾸준히 감소하여 2007년에 96.72%까지 떨어진다. 행정부 비중의 감소는 두 가지 의미를 갖는데, 가장 큰 원인은 사법부 규모의 성장이다. 또한 상대적으로 인력규모가 작은 입법부의 비약적인 성장도 어느 정도의 영향을 미친 것으로 보인다. 마지막으로 정치집행부를 나타내는 대통령실의 연평균 증가율은 1.81%로 입법부나 사법부에 비해 상대적으로 소폭의 증가만을 보였다.

비교론적으로, 우리와 같은 대통령제를 채택하고 있는 미국의 경우 2003년 기준으로 입법부의 인력이 약 3만 명이고, 전체 연방정부에서 차지하는 비

---

3) 대통령제 국가에서 대통령은 일반적으로 행정부의 수장이면서 국가원수라는 이중적 지위를 가진다. 현행헌법상 국회와의 관계에서 대통령의 권한을 행정부 수장의 지위에서 정리하면 다음과 같다. 정부는 법률안 제출권(헌법 제52조)과 예산안 편성 및 제출권(헌법 제54조 2항)을 가진다. 국회는 정부 동의 없이 예산안 각항의 금액을 증가하거나 새 비목을 설치할 수 없다(헌법 제57조). 대통령은 행정부의 수장으로 행정부 공무원에 대한 임명권을 1차적으로 지닌다. 대통령의 국회에 대한 견제수단 중 가장 중요한 것으로 법률안거부권을 들 수 있다(헌법 제52조 2항). 국회의 대정부통제권이 광범위한 반면, 대통령의 국회에 대한 견제수단이 상대적으로 적다는 것은 정부활동에 대한 국회통제의 필요성이 그만큼 크다는 것을 보여준다(장영수, 2006: 43).

4) 헌법에서는 3부를 국회, 정부, 법원으로, 그리고 다시 정부 밑에 대통령과 행정부를 나눠서 규정하고 있다. 본 연구에서는 현재 3부를 대통령과 행정부를 묶어 집행부, 입법부, 사법부로 구분하는 대다수의 연구들과 달리, 입법부, 사법부, 행정부, 대통령실로 구분하였다.

〈표 4-2〉 한국 중앙정부 입법부, 사법부, 행정부, 대통령실 인력 비교

단위: 명, %

정부 분류	인력수							연평균 증감률 (1981-)	총 증감률 (80-07)
	1980년	1988년	1989년	1993년	1998년	2003년	2007년		
전체 중앙 정부	445,267	503,997	528,026	581,539	569,345	596,741	624,041	1.29	40.23
입법부	1,176 (0.26)	2,879 (0.57)	3,000 (0.57)	3,046 (0.52)	3,346 (0.59)	3,086 (0.52)	3,469 (0.56)	4.78	205.10
사법부	5,637 (1.27)	8,652 (1.72)	9,018 (1.71)	10,080 (1.73)	12,438 (2.18)	14,207 (2.38)	15,858 (2.54)	3.97	181.32
행정부	437,646 (98.29)	491,592 (97.54)	515,131 (97.56)	567,422 (97.57)	553,561 (97.23)	578,308 (96.91)	603,563 (96.72)	1.23	37.91
대통령실	808 (0.18)	874 (0.17)	877 (0.17)	991 (0.17)	– –	1,140 (0.19)	1,151 (0.18)	1.81	42.45

주: ( )는 전체 중앙정부 인력 중 해당 부의 구성비임.
집행부는 입법부와 사법부의 공무원과 지방공무원을 제외한 인력임.
대통령실에는 비서실, 경호실, 헌법상 자문기구(안전보장회의, 국민경제자문회의, 경제과학심의회의, 원로자문회의)를 포함함.
출처: 각 연도 총무처연보, 행정자치 통계연보의 재구성.

중은 1.2%이다(김근세 · 권순정, 2005). 이는 약 3천 명과 0.6%의 비중을 차지하는 우리나라 국회에 시사적이다.

다음으로 정부 예산을 살펴보면, 〈표 4-3〉과 같다. 인력규모의 변화와 달리, 예산은 입법부, 사법부, 행정부, 대통령실이 거의 유사한 추세를 보인다. 그러나 입법부의 경우 인력의 큰 증가에도 불구하고, 예산은 연평균 증가율이 13.17%로 다른 세 부에 비해 상대적으로 적음을 보여준다. 각 정권 초기에 입법부 예산이 차지하는 비중을 검토하면, 1998년과 2003년에 0.1%로 상대적으로 위축되는 모습을 보였으나 전반적으로는 0.2%의 추세를 유지한다.

요약하면, 인력과 예산의 핵심적인 행정자원의 분석결과 한국행정의 거버넌스에서 집행부가 압도적으로 지배적인 위치를 차지하고 있는 사실을 확인할 수 있고, 이는 한국행정의 집행부 중심성을 강하게 시사한다. 동시에 상대적으로 입법부의 비중이 크게 증가하고 있는 사실은 한국행정에서 입법부중심 행정의 제도적 가능성과 연구의 필요성을 시사한다.

〈표 4-3〉 한국 중앙정부 입법부, 사법부, 집행부 지출규모 비교

단위: 십억 원, %

분류	1980년	1988년	1989년	1993년	1998년	2003년	2006년	연평균 증감률 (1981-)	총 증감률 (80-06)
중앙정부	7,561	23,362	30,732	56,096	119,624	175,240	182,921	13.30	2319.4
입법부	15 (0.2)	61 (0.3)	72 (0.2)	108 (0.2)	152 (0.1)	251 (0.1)	345 (0.2)	13.17	2150.9
사법부	31 (0.4)	105 (0.4)	130 (0.4)	265 (0.5)	315 (0.3)	580 (0.3)	753 (0.4)	13.58	2329.2
행정부	7,507 (99.3)	23,168 (99.2)	30,489 (99.2)	55,672 (99.2)	119,087 (99.6)	174,287 (99.5)	181,687 (99.3)	13.30	2319.7
대통령실	7 (0.09)	29 (0.12)	41 (0.13)	52 (0.09)	69 (0.06)	122 (0.07)	135 (0.07)	13.53	1814.3

주: ( )는 중앙정부 지출 중 해당 부 지출의 비율임.
정부 총지출에서 중앙정부 일반회계, 기타특별회계, 지방정부 일반회계, 기타특별회계의 합, 기금, 기업특별회계와 비금융공기업은 제외함(일반적으로 통합재정규모 산출시 정부부문은 일반회계+기타특별회계+기금+지방정부로 산출).
입법부, 사법부, 집행부 지출변화 및 구성비는 중앙정부 일반회계와 기타특별회계를 대상으로 함. 따라서 집행부 결산규모는 지방정부 결산규모를 제외한 수치임.
출처: 각 연도 기획재정부 결산개요, 행정안전부 지방재정연감의 재구성.

2) 행정역량 강화를 위한 보좌기구의 확대

인력과 예산은 의회의 전반적인 성장을 보여주지만 실질적인 의회의 역할과 관련된 내용을 직접적으로 나타내지는 못한다. 이에 아래에서는 의회중심행정과 밀접한 관련을 갖는 의원보좌직원 및 정책연구위원 제도, 그리고 입법관료제 기구의 변천과정을 살펴본다(국회사무처 기획조정실, 2007).

(1) 의원보좌직원과 정책연구위원

국회의원에 전속되어 의원 개인만을 보좌하는 의원보좌관제도는 제헌국회 이래 제2대 국회까지는 제도화되지 못하였다. 그 후 1954년 8월 18일 제3대 국회에서 국회운영위원장이 제안한 [국회사무처직제중개정안]이 만장일치로 통과됨으로써 처음으로 3급(현 5급상당 대우)인 의원비서관 203인이 정원으로 책정되어 의원비서관제도가 도입되기에 이르렀다. 그 후 1958년 제4대 국회에서 비서의 직급이 3급 갑류(현 4급상당)로 상향조정되고, 이어서 1961년 제5대 국회 때 의원비서 이외에 의원수행원 1인을 각각 정원으로 증원하여 총 582명이

되었고 제 6 대 국회까지 3급 갑류상당 비서 1인과 4급 갑류상당 비서 1인을 두도록 하였다.

1972년 제 8 대 국회에서는 3급 을류상당 비서관 1인을 증원하여 3인의 비서관을 두도록 하여 의원비서는 총 612명이 되었다. 그 후 1973년 유신정국을 맞이하여 비상국무회의에서 [국회의원수당등에관한법률]을 제정하여 국회의원에게는 직접 국가예산에서 지급하는 비서관과 비서를 둘 수 없도록 하였다. 그러나 1973년 제 9 대 국회에서 동 법률을 개정하여 의원 1인당 3급 갑류상당 비서관 1인을 두도록 하는 외에 의원입법활동비, 세비, 정보비 중에서 의원 개인비서를 3인 정도 고용할 수 있는 경비를 계상하여 지급하였다.

이후 제10대 국회 해산 후 국회기능을 수행하던 국가보위입법회의에서는 1981년 법률을 개정하여 3급 을류상당 비서관과 상용잡급 보조원 및 운전원 등 총 3인의 보조직원을 의원에게 둘 수 있도록 하여 의원비서는 총 924명이 되었다. 그리고 제12대 국회 초 1985년 12월 동 법률을 개정하여 의원사무실의 제반 잡무를 처리하기 위하여 사무보조원 1인을 두도록 하여 의원 1인당 비서는 4인으로 총 1,104명이 되었다. 이어 1987년 제12대 국회 말에 국회의원 소속 보조직원 중 운전원 1인을 6급상당 비서로 직급을 상향 조정하였다. 제13대 국회에서 여소야대 정국이 되자 국회활동의 활성화 차원으로 4급상당 1인, 5급상당 1인, 6급 및 9급상당 별정직 비서 각 1인 등 5인을 두도록 하여 비서관은 총 1,495명에 이르게 되었다. 제14대 국회 및 제15대 국회 전반기까지 이 체제가 유지되었다. 1997년 10월 31일 제15대 국회 제185회 국회에서는 [국회의원수당등에관한법률]을 개정하여 1998년 1월 1일부터 의원 1인당 4급상당 별정직 보좌관 1인씩을 증원하였으나, 보좌관 증원에 대한 여론 악화로 그 실시시기를 조정하여 5개월 후인 1998년 6월 1일부터 시행하도록 하였다.

정책연구위원은 교섭단체소속의원의 입법활동이나 교섭단체운영을 보좌하기 위하여 교섭단체에 소속하여 교섭단체 대표의원(때로는 각 정당의 정책위 의장)의 지휘·감독을 받으며 국정감사나 국정조사가 실시되는 때에는 사무보조자로도 활동한다. 정책연구위원제도는 미국의 위원회 참모제도의 취지를 일부 변형한 제도라 할 수 있다. 교섭단체 정책연구위원제도 실시와 관련이 많은 국회 상임위원회의 전문위원제도는 제 8 대 국회까지 상임위원회 전문위원은 위원회에서 제청하여 임명하는 복수전문위원제도로 운영되었다. 그러나 복수전문

〈표 4-4〉 국회의원 및 의원보조직원 변천 내역(제헌국회-17대국회)

대별	기간	의원 정수	보조직원 수	비고
제 헌	'48. 5. 31- '50. 5. 30	200		개별적으로 활용
제 2 대	'50. 5. 31- '54. 5. 30	210		
제 3 대	'54. 5. 31- '58. 5. 30	203	203	◦ 의원당 1인
제 4 대	'58. 5. 31- '60. 7. 28	233	233	〃
제 5 대	'60. 7. 29- '61. 5. 16	291 (민의원 233 참의원 58)	582	◦ 의원당 2인 - 1인 증원
제 6·7 대	'63. 12. 17- '67. 6. 30, '67. 7. 1- '71. 6. 30	175	350	〃
제 8 대	'71. 7. 1- '72. 10. 17	204	612	◦ 의원당 3인 - 1인 증원
제 9 대	'73. 3. 12- '79. 3. 11	219	219	◦ 의원당 1인(인건비 포함시 4인) - 3인 고용 가능 경비 추가 지급
제10대	'79. 3. 12- '80. 10. 27	231	231	〃
제11대	'81. 4. 11- '85. 4. 10	276	828	◦ 의원당 3인 - 정원 반영 및 일부 직급 조정
제12대	'85. 4. 11- '88. 5. 29	276	1,104	◦ 의원당 4인 - 사무보조원 1인 추가
제13·14대	'88. 5. 30- '92. 5. 29, '92. 5. 30- '96. 5. 29	299	1,495	◦ 의원당 5인 - 4급 보좌관 증원 - 사무보조원 ⇒ 9급상당으로 변경
제15대	'96. 5. 30- '00. 5. 29	299	1,794	◦ 의원당 6인 - 4급보좌관 1인 추가 증원
제16대	'00. 5. 30- '04. 5. 29	273	1,638	
제17대	'04. 5. 30- '08. 5. 29	299	1,794	

출처: 국회사무처 내부자료, 2007.

위원제도 하에서는 전문위원의 정치공무원화의 경향과 전문성 저하, 입법보좌 업무의 일관성 상실 등의 문제점이 지적되어 제 9 대 및 제10대 국회에서는 복수전문위원제도를 운영하면서 사무총장의 제청으로 의장이 임명하는 형식으로 제도가 바뀌었으며, 제11대 국회부터는 1인의 전문위원과 심의관을 두는 제도로 운영되었다.

이후 제 5 공화국이 종료되면서 제13대 국회가 1988년 4월 여소야대의 형태로 구성됨에 따라 의회기능의 보강이라는 주장과 함께 야당측 일각에서 상임위 복수전문위원제도의 채택이 요구되었다. 그러나 이에 대한 기존 운영상의 문제점과 폐단 등이 지적되어 논의되다가 기존 상임위원회의 전문위원제도는 그대로 유지하되, 교섭단체의 정책입안과 심의기능을 보강하기 위하여 정책연구위원을 교섭단체에 두기로 여야 간에 합의하였다. 이에 따라 1988년 7월 제13대 국회에서 국회법을 개정하여 총 24인을 임용하였고, 1991년 33인으로 증원되었다. 이어 1992년 제14대 국회에서 1급상당 6인, 2급상당 25인 및 4급상당 5인 등 총 36명으로 증원되었다. 교섭단체 정책연구위원의 정원은 "교섭단체 정책연구위원 임용 등에 관한 규칙"에 의하여 교섭단체수가 2개인 경우는 32인, 3개 이상인 경우 36인으로 한다. 2007년 6월 현재는 교섭단체수가 4개이므로 교섭단체 정책연구위원 정원은 36인이다.

(2) 지원기구의 성장

최초의 국회사무처 조직은 「국회구성과국회준칙에관한결의안」에 의거 1948년 5월 31일 2국 1부로 구성되었다. 최초로 구성된 국회사무처는 국회사무총장과 사무차장을 비롯하여 약 100여 명의 직원으로 198명(정원 200명)의 의원을 보좌하는 최소한의 조직으로 출발하였다. 이후 1948년 12월 13일 제 1 회 국회에서 국회사무처직제를 제정하여 국회사무처 조직을 3국(총무국, 의사국, 법제조사국) 1실로 증설하였다. 1951년 9월에는 「국회도서실설치에관한결의안」이 통과되면서 1952년 2월 국회도서실이 개관한다(제 2 대 국회). 제 3 대 국회에서는 의원비서제도가 도입되었는데, 이에 따라 의원당 1인의 의원보좌직원이 충원됨으로써 총 정원이 508명으로 증원되었다.

국회기구의 큰 변화는 5 · 16 이후 구성된 제 6 대 국회(1963. 12. 17-1967. 6. 30)에서 나타났다. 국회는 1963년에 국회법을 전면 개정하는데, 국회의장 소속하에 국회사무처와 국회도서관을 둠으로써 국회도서관을 국회사무처로부터 분리시킨다. 이에 따라 국회도서관은 도서관 고유의 업무와 입법조사업무를 전담하게 되었다. 또한 국회사무처 정원 역시 꾸준히 증가한다. 제 4 대 국회 때에 698명이었던 정원은 제 8 대 국회에서 1,328명까지 증가한다. 그러나 유신헌법

제정 이후인 제 9 대 국회에서 총정원은 924명 수준까지 줄어든다. 이후 총정원은 제10대 국회부터 다시 증가추세를 나타낸다.

국회사무처는 이후 1984년 7월에 있은 국회사무처법 개정으로 구조적 변화를 맞이한다(11대 국회). 종래의 사무차장을 입법차장과 행정차장으로 분리하였는데, 입법차장은 의사·입법조사·기록편찬 업무를 관장하고 위원회업무를 지원·조정함으로써 직접적인 입법보좌업무를 담당하게 되었다. 행정차장은 기획예산·관리·섭외·비상계획 등 행정관리업무를 담당토록 하였다. 제12대에서는 과거 국회도서관이 다시 입법조사국 산하로 옮겨진다. 그러나 제144회 국회 폐회 후 국회도서관법이 다시 제정되면서, 국회도서관은 국회사무처와 재분리가 된다(제13대). 제14대 국회(1992. 5. 30-1996. 5. 29)는 국회제도개선위원회를 여·야 합의로 의장 직속 하에 구성하여 '능률적이고 생산적인 국회'라는 미래상을 상정, 공청회 등을 거쳐 작성한 건의안을 토대로 국회법을 개정한다. 그 결과, 국회사무처에는 입법조사국을 폐지하는 대신 법제 및 예산분석 업무의 효율적 지원을 위한 법제예산실이 신설되었으며, 위원회의 의안심사업무를 처리하기 위하여 수석전문위원 외에 전문위원을 둘 수 있게 하였다. 또한 과거 국회도서관의 입법조사자료실은 입법조사분석실로 확대·개편되었으며, 국회의원의 정책연구개발 및 입법연구활동 지원과 의정활동 연수기능을 담당하는 의정연수원이 설립되었다.

그러나 국회 관료기구의 팽창은 1997년 IMF사태로 인해 잠시 주춤하게 된다. IMF사태에 따른 사회 각 부분의 구조조정 추세에 부응하면서, 국회 역시 효율적인 입법이 강조된다. 이에 따라, 국회기록물의 체계적 관리를 위한 국회기록보존소가 설치되는 한편, 각 부서의 기능을 합리적으로 조정하여 일부 하부 조직을 통·폐합하고, 행정지원인력을 감축하여 작지만 생산성 높은 조직을 구현하고자 하였다.

이후 2003년 10월에 「국회예산처법」이 시행되면서, 기존의 예산정책국이 폐지되고 국회사무처와 독립된 국회예산정책처가 신설되었다(국회예산정책처, 2008). 또한 2007년 1월 입법정보서비스와 관련된 의정활동 지원을 위한 「국회입법조사처법」이 공포되면서, 입법조사처가 신설된다(국회입법조사처, 2008).

〈표 4-5〉 국회사무처 정원 및 조직 변천 주요내역(제헌국회-17대국회)

일자	국회 사무처 정원	조직
1948. 12. 13.	146	· 사무총장, 사무차장 · 3국 7과: 총무국, 의사국, 법제조사국
1953. 1. 22.	156	· 3국 1실 7과 - 도서실 신설
1955. 11. 16.	377	· 3국 1관 10과 - 도서실 → 도서관으로 승격 - 법제조사국 법제조사과 신설
1963. 12. 17.	505	· 3국 8과 · 독립기관 국회도서관 신설
1976. 1. 1.	705	· 3국 1원 11과 - 국회공무원연수원 신설
1981. 2. 10.	705	· 3국 1관 11과 - 기획감사관 신설 - 국회공무원연수원 폐지
1985. 3. 1.	1,117	· 행정차장, 입법차장 이원화 · 1관(도서관) 1실 5국 1관 24과 · 국회도서관 흡수
1989. 3. 9.	1,208	· 1실 5국 1관 23과 - 기획예산실 교육담당관 신설 - 의사국 위원과 신설 · 독립기관 국회도서관 신설
1994. 7. 20.	1,202	· 2실 5국 1관 22과 - 입법조사국 폐지 → 법제예산실 신설 - 공보관 폐지 → 공보국 신설 · 독립기관 의정연수원 신설
2000. 1. 1.	1,166	· 2실 5국 2관 27과 - 법제예산실 → 법제실, 예산정책국으로 개편 - 공보국 폐지 → 공보관 신설 - 기록편찬국 폐지 → 국회기록보존소 신설 · 의정연수원 폐지 → 연수국 신설
2004. 1. 1.	1,171	· 2실 4국 3관 29과 - 방송기획관 신설 · 예산정책국 폐지 → 국회예산정책처 신설
2007. 1. 1.	1,233	· 2실 3국 1원 3관 32과 - 법제실 1개과 신설 - 시설관리과 → 시설과, 관리과 분과 - 국제국 기능별 → 지역별 체제 개편

출처: 국회사무처 내부자료, 2007.

3. 한국의 의회중심행정 연구

지금까지 국내 행정학의 연구 중 행정의 맥락에서 입법부에 관한 연구는 대단히 미약하였다. 「한국행정학보」를 대상으로 한국행정연구자에 대한 연구경향을 분석한 김대건 · 오수길(2007)에 따르면, 1967년 이후 2005년까지 입법부에 관한 연구는 전체 논문 중 2%(30편)에 불과한 것으로 나타났다.

기존의 한국행정연구에서 의회와 행정 그리고 의회와 정부관료제의 관계에 대한 연구는 크게 두 가지 관점에서 이루어져 왔다. 첫째, 행정부라는 범주에 대통령 등 정치집행부와 이의 통제하의 관료제를 하나의 제도적 단위로 파악하는 관점이 있다(박종민, 1998). 이러한 관점에서 입법부와 정부관료제의 관계는 입법부와 행정부 관계로 치환된다. 행정부의 개념에 대통령이 포함되는 논리는 "대통령이 국가수반인 동시에 행정수반의 역할을 담당하고 있다는 사실"과 삼권분립의 두 축인 입법부와 행정부의 관계에서 정부관료제가 행정부를 구성한다는 점에 기인한다(박종민, 1998: 2). 둘째, 정부관료제는 집행부의 통제와 더불어 입법부의 이중 주인의 통제를 받는다는 관점이 있다(정용덕, 1998; 정광호, 2002). 이러한 논리는 관료제와 민주주의라는 측면에서, 관료제가 갖는 비민주적 성격이 민주적 정당성을 가진 국회의 통제에 의해 제어될 수 있다는 점에 기반한다(정광호, 2002).

요약하면, 한국 행정연구에 있어 그동안 입법부에 대한 연구가 대단히 미약하였고, 이는 집행부중심의 관점에서 국회를 접근하고 있다고 볼 수 있다.

Ⅴ. 결　　론

한국 정치행정과정에서 국회가 차지하는 비중은 양적, 질적으로 큰 발전이 있었다. 그러나 이러한 발전에도 불구하고 공공행정 연구에서 국회의 역할에 대해서는 이론적으로 저발전되어 왔다. 본 연구는 공공행정의 거시적 맥락에서 우리 사회가 가진 '국가사회' 전통, 엘리트주의 국가와 공공행정의 '관리적 접근'의 편향, 그리고 정부관료제를 입법부와 사법부로부터 단절된 정치집행부의 배타적 통제 대상으로 취급하는 시각이 입법부를 행정연구로부터 소원케 하였다고 보았다. 이러한 맥락에서 집행부중심 행정에 대한 대안적 시각으로 입법부중심 행정 이론을 소개하였다.

기본적으로, 대통령제의 권력분립원리는 능률성을 촉진시키기 위해 채택된 것이 아니라, 권력의 독단적 행사를 막기 위해 채택되었다(Sideman, 1998: 12). 즉 공공행정이 집행부중심으로 단순히 능률성의 가치만을 추구하는 것이 아니며 삼부가 견제와 균형을 통하여 정부라는 하나의 시스템으로서 효과를 발휘해야 함을 의미한다.

현재 한국 정당정치의 수준, 특히 정책정당의 제도적 인프라가 부족한 상황에서 당장 미국수준의 입법부중심 행정을 한국 행정에 주창하기는 무리가 있다. 그러나 앞으로 민주적인 국정거버넌스의 구축을 위해서는 행정학 연구에 있어 그동안 소외되었던 입법부와 관련한 연구과제를 보다 적극적으로 탐색할 필요가 있다.

첫째, 행정부의 행정에 국회가 관여할 수 있는 제도적 장치를 탐색할 필요가 있다. 행정절차법, 정보공개법, 그리고 정부업무평가기본법을 이러한 관점에서 접근할 필요가 있다. 예를 들어, 「정부업무평가기본법」은 집행부중심 행정의 관점에서 추진되었다고 볼 수 있다. 이 제도설계 시 정부성과의 극대화와 효율성 차원 등 관리적 측면에 대해 많은 논의가 있었음에도 불구하고, 제도운영에서 차지하는 국회의 역할 등 정치적 성격에 대한 고민은 없었다. 실제 우리나라 제도의 모태가 되는 미국의 정부성과결과법의 이면에는 의회의 개입과 역할을 강화케 하고 있다. 행정기관의 전략기획과 중요한 의사결정 단계에서 의회에 자문을 받도록 하고, 성과측정개발 등과 관련해서는 의회가 광범위한 역할을 할 수 있도록 하였다(Rosenbloom, 2000: 60-103). 이러한 예는 공공행정이 행정부 내에서만 집행되는 것이 아니라, 입법부와의 상호작용을 통해 이루어질 수 있음을 시사한다.

둘째, 행정부를 견제하기 위한 국회 입법관료제의 제도적 장치에 주목할 필요가 있다. 감사원의 소속이 그 한 예일 것이다. 그리고 정부부처 구성과 연관한 국회 상임위원회와 특별위원회 조직의 설계, 정부관료제의 규모 성장에 미친 국회 상임위원회의 역할 등 정부관료제와 입법관료제의 관계에 대해 주목할 필요가 있다. 그리고 국정관리에서 집행부와 입법부간의 상호작용과정에서 정부관료제에 미치는 영향력을 경험적으로 조사할 필요가 있다. 예를 들어, 예산 편성과 심의 과정에서 정부관료제안, 행정부안, 입법부의 최종안의 변화과정에서 상대적인 영향력의 변화추세를 분석할 수 있을 것이다.

셋째, 정부관료제의 기구유형과 관련해 준사법적, 준입법적 기능을 수행하는 행정기구는 행정부와 입법부가 소속에서 자유로운 독립기관 형태의 새로운 기구유형을 고려할 필요가 있다. 최근 정부조직 개편 시 방송통신위원회의 대통령 소속을 둘러싼 논쟁에서 그 한 사례를 지적할 수 있다.

넷째, 입법부중심 행정의 토대는 정당의 정책·관리 역량에 기반한다. 따라서 정당정치와 행정의 관계, 분점정부와 단점정부가 미치는 행정과정의 차이, 정책정당의 제도적 기반과 제고 방안에 대한 연구 등이 필요하다. 나아가 대통령제와 의원내각제의 제도적 맥락이 집행부중심 또는 입법부중심 행정체제에 미치는 영향도 보다 근본적인 연구주제가 될 것이다.

마지막으로, 그동안 입법관료제는 정부관료제와는 대조적으로 관리적 측면에 대한 관심이 상대적으로 부족하였다. 이러한 입법관료제의 관리적 측면에 대한 연구가 요구된다.

◈ 참고문헌

국회사무처 기획조정실. (2007). 국회의원 및 의원보조직원 변천 내역. 내부자료.

기획재정부. 각 연도. 「결산개요」.

김근세 · 권순정. (2005). 1980년 이후 미국 연방정부의 행정구조 변화: 인력과 예산을 중심으로. 「한국행정연구」, 14(3): 185-216.

김대건 · 오수길. (2007). 한국행정연구의 연구자 특성과 거버넌스 연구영역 변화분석: 한국행정학보를 중심으로. 「한국행정학보」, 41(1): 227-245.

박종민. (1998). 행정부의 입법부 지배: 변화와 지속. 「의정연구」, 4.

서원우. (2004). 행정입법에 대한 통제: 의회에 의한 통제를 중심으로. 「행정법연구」, 12: 1-14.

이관희. (1999). 국정감사제도의 문제점과 개선방향. 「공법연구」, 27(3): 139-174.

장영수. (2006). 헌법상 입법권자의 임무와 역할. 「공법연구」, 35(2): 27-54.

장영수. (2004). 국회의 기능 활성화와 제어, 「공법연구」, 32(5): 113-138.

정광호. (2002). 입법과정에 있어서 국회와 관료제의 관계에 대한 예비적 분석. 「의정연구」, 14.

정용덕. (1998). 관료제와 의회의 관계. 「의정연구」, 8.

정하명. (2004). 행정입법의 국회제출제도. 「공법연구」, 32(4): 427-446.

행정안전부. 각 연도. 「지방재정연감」.

행정안전부. 각 연도. 「통계연보」.

홍준형. (2004). 행정입법에 대한 국회의 통제. 「공법연구」, 32(5): 139-157.

Arnold, P. (1986). *Making the Managerial Presidency: Comprehensive Reorganization Planning, 1905-1980*. Princeton: Princeton University Press.

Bovaird, T and Loffler, E. (2003a). Understanding Public Management and Governance. In T. Bovaird and E. Loffler(ed.), *Public Management and Governance*, 3-12. London: Routledge.

Bovaird, T and Loffler, E. (2003b). The Changing Context of Public Policy. In T. Bovaird and E. Loffler(ed.), *Public Management and Governance*, 13-23. London: Routledge.

Dunleavy, P. and O'Leary, B. (1987). *Theories of the State: The Politics of Liberal Democracy*. London: Macmillan.

Gulick, L. (1937). Science, Values and Public Administration. In L. Gulick and L. Urwick (ed.), *Papers on the Science of Administration*, 189-195. New York: Institute of Public Administration.

Davis, G. (1997). Executive Coordination Mechanisms. In P. Weller and H. Bakvis(ed.), *The Hollow Crown: Countervailing Trends in Core Executives*, 126-147. Suffolk: Macmillan Press LTD.

Dyson, K. H. F. (1980). *The State Tradition in Western Europe: A Study of an Idea and Institution*. Oxford: Martin Robertson.

Fiorina, M. (1979). Control of Bureaucracy: A Mismatch of Incentives and Capabilities. In W. Livingston et al.(ed.), *The Presidency and Congress: A Shifting Balance*. Austin: LBJ School.

Fisher, L. (1998). *The Politics of Shared Power: Congress and the Executive*, 4th. College Station: Texas A & M University Press.

Hammond, T. and Knott, J. (1996). Who Controls the Bureaucracy?. *Journal of Law, Economic, and Organization*, 12(1): 119-166.

Hill, M. (1997). *The Policy Process in the Modern State*, 3rd. London: Prentice Hall.

Ingraham, P. and Rosenbloom, D. (1990). Political Foundations of the American Federal Service: Rebuilding a Crumbling Base. *Public Administration Review*, March/April: 210-219.

Kaufman, H. (1956). Emerging Conflicts in the Doctrines of Public Administration. *The American Political Science Review*, 50(4): 1057-1073.

Mansfield, H. (1970). Reorganizing the Federal Executive Branch: The Limits of Institutionalization. *Law and Contemporary Problems*, Summer: 461-495.

Matheson, A and Kwon, H. (2003). Public Management in Flux: Trends and Differences across OECD Countries. In T. Bovaird and E. Loffler (ed.), *Public Management and Governance*, 41-52. London: Routledge.

McCubbins, M. (1985). The Legislative Design of Regulatory Structure. *American Journal of Political Science*, 29: 721-748.

Moe, R. C. (2004). Governance Principles: The Neglected Basis of Federal Management. In T. Stanton and B. Ginsberg (ed.), *Making Government Manageable: Executive Organization and Management in the Twenty-First Century*, 21-39. Baltimore: The Johns Hopkins University Press.

Mosca, C. (1939). *The Ruling Class. trans*. H. D. Kahn, London: McGraw-Hill.

National Academy of Public Administration. (1997). Standing Panel on Executive Organization and Management. *Principles of Organization*.

Richardson, J. J. and Jordan, A. G. (1979). *Governing under Pressure*. Oxford: Martin Robertson.

Rosenbloom, D. (2000). *Building a Legislative-Centered Public Administration: Congress and the Administrative State, 1946-1999*. Alabama: Alabama University Press.

Rosenbloom, D. and Goldman, D. (1998). *Public Administration: Understanding Management, Politics, and Law in the Public Sector*, 4th. New York: McGraw-Hill.

Rosenbloom, D. and Kravchuk, R. (2002). *Public Administration: Understanding Management, Politics, and Law in the Public Sector*. New York: McGraw-Hill.

Rourke, F. (1993). Whose Bureaucracy is This, Anyway?: Congress, the President and Public Administration. The 1993 John Gaus Lecture. *PS: Political Science and Politics*, December, 1993: 687-692.

Seidman, H. (1998). *Politics, Position, and Power: The Dynamics of Federal Organization*. New York: Oxford University Press.

Short, L. (1923). *The Development of National Administrative Organization in the United States*. Baltimore: John's Hopkins Press.

Weingast, B. (1984). The Congressional-Bureaucratic System: A Principal-Agent Perspective. *Public Choice*, 44: 147-191.

국회예산정책처. (2008). http://www.nabo.go.kr/

국회입법조사처. (2008). http://nars.go.kr/index.jsp

제 2 편

규범적 접근

규 . 범 . 적 . 접 . 근

5장 행정에 관한 규범적 연구

임 의 영

Ⅰ. 서 론

행정학은 일반적으로 처방적인 성격을 갖는 사회과학으로 인식되고 있다. 그리고 처방능력을 강화하기 위해서는 과학적인 방법에 의존해야 한다는 생각이 지배적이다. 행정학에 대한 이러한 일반적인 인식은 행정학의 진화과정에서 오랜 기간에 걸쳐 형성된 것이다. 그런데 행정학에 대한 '고고학적 관찰(archaeological observation)'을 통해서 보면, 하나의 담론이 또 다른 담론에 의해 배제되고 억압되는 과정을 볼 수 있다. 하나의 담론은 과학적인 것이며, 다른 하나는 규범적인 것이다. 과학적 담론의 권력화는 규범적 담론의 배제로 귀결되었다. 담론에 내포된 권력은 인간적 의도와는 별개로 작동하는 하나의 흐름으로 존재한다. 그러니까 과학적 담론에 의해 규범적 담론이 배제된 것은 학자 개개인이 의도적으로 그렇게 한 것이라기보다는 과학적 담론을 구성하는 이야기 구조와 학자공동체의 지식생산방식 자체가 그러한 결과를 만들어냈다는 것이다. 따라서 이 글에서는 행정학에 대한 '계보학적인 접근(genealogical approach)'을 통해 배제되고 억압된 국지적 담론들이 작동하는 계기를 마련하는데 초점을 맞추고자 한다.[1] 행정에 관한 규범이론의 가능성을 모색한다는 것은 동굴 속에 갇혀있는 규범적 담론을 밖으로 불러내는 작업이라 할 수 있다. 이를 위해 이 글에서는 Snow(1996)가 말하는 '두 문화(two cultures)' 현상이 한국행정학에 절대적인 영

---

* 이 글은 2008년 한국행정학회 춘계학술대회 발표 논문 "행정에 관한 규범이론의 가능성 모색"을 수정 및 보완한 것이다.

1) 고고학이 국지적인 담론들을 분석하기 위한 방법론이라면, 계보학은 국지적 담론들에 대한 기술을 토대로 해방되었어야 할 정복당한 지식들이 작동하게 하는 전술이라 할 수 있다 (Foucault, 1980: 85).

향을 미치고 있는 미국행정학에서 어떻게 전개되었는지를 살펴보고, 그러한 '두 문화' 현상이 한국행정학계에서는 어떤 모습으로 재현되고 있는지를 스케치해보고자 한다. 그리고 한국행정학의 발전을 위해 한국행정학계가 가지고 있는 규범적 연구에 대한 기대를 살펴보고, 한국행정학계의 시계에서 벗어나 그늘에 가려진 규범적 담론이 빛을 발하기 위한 조건, 규범적 연구의 성격, 내용 및 방법을 제시하고자 한다.

Ⅱ. 미국행정학의 '두 문화'

사회의 지적 생활은 서로 간에 소통이 잘 이루어지지 않는 인문적 문화와 과학적 문화로 분열되어 있다는 Snow(1996)의 주장은 주목할 만하다. 그는 문화를 '지적 계발, 정신의 계발(77)', '생활상의 공통된 관습, 공통의 전제, 공통의 방법으로 결합된 동일한 환경에 살고 있는 일군의 사람들(79)'을 의미하는 것으로 사용하였다. 그리고 문화는 '인간성의 특징을 이루는 성질과 능력(77)'을 형성하는데 중대한 영향을 미치는 것으로 보고 있다. 문제는 이러한 두 문화가 서로 소통하지 않으면서 공존한다는 것이다. 어느 문화에 귀속되느냐에 따라서 사람들은 인간성을 이루는 '상이한' 성질과 능력을 갖게 된다. 그리고 각각의 문화권에 귀속된 사람들은 서로에 대해 알지도 알려고 하지도 않게 된다는 것이다.

> 한쪽 극에는 문학적 지식인이 그리고 다른 한쪽 극에는 과학자, 특히 그 대표적 인물로 물리학자가 있다. 그리고 이 양자 사이에는 몰이해, 때로는(특히 젊은이들 사이에는) 적의와 혐오로 틈이 크게 갈라지고 있다. 그러나 그보다 더한 것은 도무지 서로를 이해하려 들지 않는다는 점이다. 이상하게도 그들은 서로 상대방에 대해서 왜곡된 이미지를 가지고 있다. 그들의 태도는 아주 딴판인데 심지어 정서적인 차원에서도 별반 공통점을 찾을 수가 없다(Snow, 1996: 15).

행정학 분야에서도 이러한 '두 문화' 현상이 관찰된다. 행정학의 과학화를 강조하는 Simon과 행정학의 규범적 성격을 강조하는 Waldo는 '두 문화'를 상징한다. Simon(1952)은 과학에 대해 신뢰를 갖지 않는 Waldo를 비판하고 있으며, Waldo(1952a, 1952b)는 Simon의 과학에 대한 종교적 신념을 비판하고 있다. 다음 인용은 두 문화가 마치 건널 수 없는 강을 사이에 두고 있는 듯하다.

> Waldo씨의 전제가 옳고 그름을 떠나서, 우리들이 대부분의 다른 정치이론가들이 취하고 있는 느슨하고 문학적이며 경구적인 스타일로 계속 생각하고 글을 쓴다면, 정치철학이 어떻게 진보할 수 있을지 도무지 알 수 없다. 정치이론에서 인정되고 있는 엄밀성의 기준은 아리스토텔레스 논리학이건 상징논리학이건 기초과정에서도 제대로 학점을 받을 수 없을 것이다. 정치철학자들은 자신들이 실증주의의 와해공작으로부터 민주주의를 보호하기를 원한다면, 무엇보다도 먼저 그들이 그들 자신의 근거 위에서 실증주의자들을 공격하기 위한 기술적 능력을 현대의 논리분석에서 배울 것을 제안한다. 그렇게 되면 나와 친분이 있는 대부분의 실증주의자들과 경험주의자들은 그들을 적으로 대하기보다는 오히려 진리를 추구하는 동맹자로서 받아들이게 될 것이다(Simon, 1952: 496).

> Simon 교수는 내가 논리실증주의의 신성한 장소를 모독한데 대해 책임을 묻고 있다. 그리고 나도 혹시나 그렇지나 않았을까 하고 걱정이 된다. 내가 보기에 Simon 교수는 이렇게 세속화된 시대에 깊은 신앙심을 가진 아주 희귀한 사람이기 때문에 이렇게 말하는 것이다. 그의 신념은 완전하고 충만하다. 이교와 죄에 대해 그는 전혀 관용할 줄 모른다. 구원의 길은 오직 하나밖에 없다. 우리는 우리의 죄를 고백하고 말씀을 받아들이고 Carnap과 Ayer의 피로 깨끗이 정화되어야 한다. 그때 그는 우리가 더 이상 적이 되지 않을 것이라고 말한다(Waldo, 1952b: 501).

인문적 문화와 과학적 문화의 대립은 단지 개별 학문들 간에만 나타나는 것이 아니다. Snow의 '두 문화'는 인문학과 자연과학 간 소통이 부재하는 현상을 지적하고 있다. 그러나 행정학에서 관찰되는 '두 문화'는 하나의 학문 영역 안에서도 두 문화 현상이 나타나고 있음을 보여주고 있다. 무엇이 이러한 문화적 단절을 가져오게 했는가? 인용문을 통해서 볼 수 있는 것처럼 단절의 결정적인 원인은 '방법론(methodology)에 대한 태도의 차이'에서 찾을 수 있다. 가령 Simon과 Waldo의 경우를 보면 문화적 차이가 방법론의 차이를 가져오고, 그것이 사회와 학문을 바라보는 방식의 차이를 가져온 것이다. 과학적 행정학을 주장한 Simon은 미국 행태주의(behavioralism)의 산파역을 한 Chicago대학의 Merriam교수의 제자로서 정치학에 입문했다. 그에 반해 Waldo는 박사과정에서 정치이론을 전공하였으며, 민주주의와 행정의 관계를 주제로 당대에 발표된 행정학적 저작들을 비판적으로 검토하는 박사학위논문을 제출하면서 행정학계에 발을 들여놓았다. Simon과 Waldo는 상이한 문화적 전통에서 학문적 훈련을 쌓았으며, 그러한 차이가 사회현상을 바라보는 관점의 단절을 낳게 된 것이다. 가르치는 교수의 입장이 다르고, 배우는 교과서가 다르며, 시험이나 학위논문을 작성하기 위한 주제나 방법론이 다르다 보면 예비학자들은 편식을 하지 않을 수 없다. 그 과정에서 다른 문화에 대해 문을 닫게 된다. 그럼에도 불구하고 문화적 차이를 인정하지 않는 '문화'가 두 문화 안에 공통적으로 존재한다. '두 문화'가 공통적으로 가지고 있는 입장은 진리가 하나인 것처럼, 하나의 학문에는 하나의 문화만이 있어야 한다는 것이다. 두 문화의 공존이 아니라 한 문화의 '선택'만이 학문의 '진화'를 가능하게 한다는 문화적 편견이 지배하고 있다. 이러한 의미에서 패러다임을 일종의 종교와 같이 비유한 Kuhn(1970)의 지적은 음미할 만한 가치가 있다.

그렇다면 행정학계에서 과학적 문화와 인문적 문화는 어떻게 발전해왔는가? 먼저 행정학계에서 인문적 문화가 어떠한 모습으로 전개되었는지를 살펴보자. Nigro and Richardson(1990)의 연구에 따르면, 1930, 40년대는 주로 재량과 행정책임을 중심으로 규범적인 논의가 전개되었다. Gaus, White and Dimock(1936)은 공무원의 재량권이 확대되고 있음에 주목하였고, 능률성이 행정의 중심 가치로서 타당한 것인가에 대해 문제를 제기한다. Tugwell(1940)은 능률성에 대한 대립적인 가치로서 현대의 공익(public interest)을 의미하는 일반이익(general interest) 개념을 제시한다. 특히 이 시기에는 공무원의 책임을 둘러싸고 전문직업적 통제를 강조하는 Friedrich(1935)와 제도적 통제를 강조하는 Finer(1941)의 논쟁이 있었다. 1930, 40년대의 공무원의 책임에 대한 논의들은 공무원은 행정조직과 절차를 통해서 민주주의의 원리에 봉사하고 그것을 발전시키는 것이라는 데 초점을 맞추고 있다(Levithan, 1943; Caldwell, 1943; Leys, 1943; Kingsley, 1945; Sayre, 1951). 그리고 1950년대에는 규범적 논의가 거의 이루어지지 않았으며, 다른 것 가운데도 공무원에 대한 외적 통제 장치를 고안하는 논의들이 주종을 이루고 있다(Moneypenny, 1953; Sayre, 1958). 1960년대는 1950년대의 외적 통제장치를 고안하는 규범적 논의를 극복하고 내적인 통제장치를 고안하는 것의 중요성이 강조된다(Cornog, 1962). 조직을 '도덕적 문제'로 바라보는 관점도 등장한다(Golembiewski, 1962). 특히 Bailey(1964)는 공무원은 바람직한 정신적 태도와 낙관주의, 용기, 박애심과 같은 도덕적 속성을 가져야 한다고 강조한다. 1960년대 말부터 1970년대는 행정에 관한 규범적인 논의가 폭발적으로 증가한 시기라 할 수 있다. 미국은 정치, 경제, 사회, 문화 모든 영역에서 엄청난 혼돈의 소용돌이에 빠져 있었다. 1968년의 Minnowbrook학술대회는 행정학의 적실성을 제고하기 위한 방향을 모색하려는 노력이었으며, 거기에서 사회적 형평성, 적응, 고객중심성, 대응성, 책임성 등등 다양한 규범적 가치들이 부각되었다(Marini, 1971; Waldo, 1971). 그리고 1974년에는 사회적 형평성을 주제로 Public Administration Review 지상 심포지엄이 이루어졌으며, Rawls의 정의관에 기초한 사회적 형평성 이념이 정립되었다(Harmon, 1974; Hart, 1974). 특히 주목할 만한 것은 같은 시기에 형이상학적 사유의 부재가 행정학의 위기임을 직접적으로 지적하면서 행정철학의 필요성을 강조한 논문이 발표되었다는 것이다(Scott and Hart, 1974). 1970년대 중후반과 1980년대에는 행정에 관한 규범적 논의의 영역이 확장되는 모습이 보인다. 정치체제의 가치(regime value)에 초점을 맞춘 연구(Rohr, 1976; 1989), 시민권(citizenship)과 민주주의에 초점을 맞춘 연구(Frederickson, 1982; PAR, 1984; Frederickson and Hart, 1985; Hart, 1989; Denhardt, 1989), 그리고 덕 윤리(virtue ethic)에 초점을 맞춘 연구들이 등장하였다(Frederickson 1985; Hart, 1989, Cooper, 1987). 1990년대 이후에는 방법론적으로 다양한 접근방법들이 등장하게 되는데, 특히 포스트모더니즘(postmodernism)은 근대적인 합리적 가치에 대한 비판적 관점을 제공함으로써 규범적 논의의 내용을 보다 심화·확대할 수 있는 계기가 되고 있다(Farmer, 1995).

이제 행정학계에서 과학적 문화가 형성, 발전된 과정을 살펴보자. Dahl(1961)에 의하면, 미국 정치학계에서 행태주의가 형성된 이유는 복합적이다. 우선 실용주의, 사실중심주의, 과학에 대한 신념이 강한 미국사회의 특성은 행태주의가 자리를 잡기에 좋은 토양이 되었다는 것이다. 그리고 좀 더 구체적인 이유를 찾아보면, 첫째로 1925년 미국정치학회장에 취임한 Merriam은 연구방법이 바뀌어야 할 때가 되었다고 선언하고 '정치행태(political behavior)'연구의 중요성을 강조하였다. 그가 재직하던 Chicago대학은 행태주의적 접근방법을 일반화하는데 주도적인 역할을 하였다. 둘째로, 1930년대 유럽의 학자들이 대거 미국으로 망명하였다. 이를 계기로 미국의 대학에서는 이들 학자들을 유입할 수 있는 좋은 기회를 얻게 되었다. 그 과정에서 유럽의 사회학이나 심리학이 소개되었으며, 유럽 사회과학자들의 연구들이 유입되었다. 셋째로, 2차 세계대전의 영향을 들 수 있다. 워싱턴에서 근무했던 정치학자들은 전통적인 이론

정치학이 현실을 이해하고 예측하는데 무기력하다는 인식을 갖게 되었다. 넷째로, 현실주의자인 E. P. Herring이 미국 사회과학의 연구를 주도했던 사회과학연구회(Social Science Research Council)를 책임지게 되면서, 정치행태와 관련된 위원회를 구성하고 그 분야의 연구를 독려하였다. 다섯째, 유권자의 투표행태를 분석하기 위한 서베이 기법이 급속도로 확산되었다. 그와 더불어 통계적 분석기법도 발달하였다. 마지막으로 학술활동을 지원하던 각종 재단들(Carnegie, Rockefeller, Ford)이 과학적 연구를 집중적으로 지원하였다. 따라서 학자들은 행태주의적 접근방법에 적응하기 위해 노력하게 되었다. 정치학계에서 행태주의의 형성에 영향을 미친 이러한 계기들은 직간접으로 행정학계에서 행태주의가 형성되고 주도권을 잡는데 영향을 미쳤다.

1920, 30년대에는 행정학을 과학화하기 위해 일반적인 조직구성의 원리를 모색하는 논의들이 있었다(Gulick and Urwick, 1937). 일종의 법칙과 같은 원리를 발견하고 그것을 조직에 적용하면, 행정이 추구하는 능률성을 극대화할 수 있다는 것이다. 물론 과학화를 위한 노력에 대한 심각한 고민이 없었던 것은 아니다. 일관된 자료를 확보할 수 없는 인간과 사회현상을 과학적으로 연구하는데 있어서의 한계들에 대한 지적이 있었다(Gulick, 1937). 이러한 문제의식은 1940년대에 Dahl(1947)에 의해서 보다 구체적으로 제시된다. 주제선택과정에서 개입되는 가치문제, 일관된 자료를 확보할 수 없는 대상으로서 인간의 문제, 보편성에 대한 문화적 제약성 등이 제기되었다. 행정학계에서 과학의 전도사 역할을 하였던 Simon(1947a; 1976)은 원리주의는 과학적 명제가 아니라 경구들(proverbs)을 모아놓은 것에 불과하다는 비판과 Dahl의 문제제기는 과학에 대한 무지에서 비롯되었다는 비판과 함께, 행정학은 순수과학으로서 정립될 수 있으며, 사회심리학 분야에서 이루어낸 방법론적 성과를 참고할 필요가 있음을 역설하였다. Simon의 이러한 입장은 행정학에 대한 학자들의 태도에 심대한 영향을 미쳤다.[2)]

행정학 분야에서 인문적 문화와 과학적 문화가 균형을 이루고 있다고 말할 수는 없다. 사회과학의 일반적인 흐름은 거시적으로는 기능주의 패러다임이, 미

---

2) 행정학계에서 과학적 문화는 주류이다. 따라서 그 발전의 이력을 전체적으로 조망하는 것은 엄청난 작업으로서 논문에서 모두 다룰 수는 없다. 이 글에서는 행태주의가 지배적인 흐름이 된 계기와 행정학의 과학화를 위한 기원에만 초점을 맞추었다. Simon 이후 과학적방법과 실증연구는 주류행정연구의 공통분모로 현재까지 지배적이다.

시적으로는 행태주의 패러다임이 지배하고 있다(Burrell and Morgan, 1979). 행정학도 예외는 아니다. 소위 객관적인 인과법칙의 발견이야말로 행정학이 추구해야 할 궁극적인 목표라는 데 대해서 문제를 제기하는 경우는 극히 드물다. 그러니까 행정학계에서 과학적 문화는 다수의 지배적인 문화이며, 인문적 문화는 소수의 문화라 할 수 있다. 다수의 과학적 문화는 대학에서의 교과과정, 프로젝트, 논문쓰기 등 지식의 생산, 유포, 소비와 관련된 전반적인 과정을 지배하고 있다. 그리고 소수의 인문적 문화는 주변화되고 있다.

Ⅲ. 한국행정학의 문화

한국행정학을 이해하는데 미국 혹은 미국행정학이 중요한 이유는 무엇인가? 한국행정학은 미국행정학의 아류이기 때문이다(정성호, 2005). 이렇게 단정적으로 말할 수 있는 근거는 한국행정학의 태생과정에서 제시될 수 있다. 일반적으로 어떤 분야의 학문적 정립여부는 대학의 학과설치 정도, 그 분야에 대해 전문적으로 연구하는 학자군의 형성, 그리고 연구 성과들이 공유되는 학술적 장치 등과 같은 지표에 의해서 판단된다. 이러한 기준들을 통해서 보면, 한국행정학의 정립과정에서 미국이 미친 영향은 거의 결정적이라 할 수 있다. 세계대전 이후 미국은 한편으로는 유럽 국가들의 재건을 돕기 위해 마샬 플랜(Marshall Plan)을 추진하고, 다른 한편으로는 신생독립국들을 미국의 우산 아래 두기 위한 지원 프로그램을 구상하게 된다. 미국은 대외원조기관인 국제협조처(ICA)를 통해 후진국에 행정대학원 설치를 위한 원조계획을 시행하였다. 한국에서는 1955년부터 미국원조계획 담당자와 미네소타대학 그룹, 그리고 한국정부간에 행정대학원 설립을 위한 기본적인 결정이 이루어지고 추진하여 1959년 서울대학교에 행정대학원을 설립하게 되었다. 한국행정학의 1, 2세대 학자들은 미국 원조계획과 직간접으로 관련이 있다 하겠다. 실제로 서울대학교의 행정대학원 설립은 법학의 일부로 여겨졌던 행정학이 미국식으로 변화하는 결정적인 계기가 된다. 서울대학교 행정대학원 설립 이후 다른 대학의 행정학과들 역시 교육과정상에 많은 변화를 보이기 시작하였다.

1956년 3월, 미국 비교행정학/발전행정학을 대표하는 F. Riggs가 공무원훈련원에서 3주간 강의를 하기 위해 내한하였으며, 그해 10월에는 그가 참관하는 가운데 '행정일반에 관한 학리와 실태를 조사연구'하는 것을 목적으로 한국행정학회의 전신인 '한국행정연구회'가 창립되었다. 아직은 행정학을 전공하는 학자들의 참여가 저조하여 행정학회보다는 행정연구회라는 이름을 선호한 것으로 보인다. 그러던 것이 1961년 5.16쿠데타로 정권을 잡은 군사정부의 포고령에 의해 일시적으로 학술단체의 활동이 중지되었다가 재개되는 시점에서 한국행정연구회는 '한국행정학회'로 명칭을 변경하게 된다. 그해 11월 한국행정학회 창립총회가 열렸다. 총회에서 통과된 정관에서는 '행정의 원리를 연구 조사하여 한국의 행정발전에 기여함'을 목적으로 제시하였다. 이것은 단순히 '행정일반에 관한 학리와 실태를 조사한다'는 행정연구회의 목적에 비하여 적극적인 측면을 보여주고 있다(윤재풍, 2006: 485). 행정발전에 기여하고자 하는 적극적 측면은 발전이데올로기를 앞세워 조국근대화를 추진하고자 했던 군사정권과 이념적 친화성을 가지고 있는 것이다. 한국행정학회의 창립과정에 학자뿐만 아니라 많은 행정 관료들이 참여하였다는 것은 한국행정학의 특성을 이해하는데 중요한 의미를 갖는다. 그리고 1967년에 학술논문집의 형태로 '한국행정학보'가 창간되었다. 한국행정학은 군사정권 이후 다른 학문분야에 비해 상대적으로 엄청난 성장을 하게 된다(백완기, 2005: 20; 안병영, 2006; 정용덕, 1996).

한국행정학의 발전과정에서 특이한 현상 가운데 하나는 1959년부터 행정학이 고시과목이 되면서 나타나게 된다. 한국사회에서 무엇보다도 계층상승의 수단으로 인식되었던 고시에 많은 인재들이 몰리고, 그 과정에서 고시과목으로서 행정학은 주목의 대상이 되었다. 그러다 보니 행정학자들은 시험을 위한 수험서로서 교과서 집필에 많은 노력을 기울이는 현상이 일반화되었다. 행정학의 학문적 성장에 실질적인 기반이 될 수 있는 논문보다는 시험 준비에 용이한 백화점식 이론소개서들 — 내용의 차이 없이 대부분이 유사한 교과서 — 의 출판이 연구업적의 상징으로 인식되었다. 이러한 의미에서 보면, 행정학이 고시과목이 된 것은 한편으로는 행정학이 발전할 수 있는 기반이 되었다는 긍정적 측면과 다른 한편으로는 학문적 성격의 왜곡을 가져왔다는 부정적 측면을 동시에 가지고 있다.

한국행정학은 국가건설과정에서 미국의 전폭적인 지원, 고시과목으로 선정된 것, 그리고 행정학을 발전이데올로기를 정당화하고 실무적으로 지지해줄 수 있는 학문으로 인식했던 군사정권의 관심 등으로 짧은 기간에 비약적으로 성장하였다. 한국행정학은 도구적 가치 때문에 성장의 가능성을 확보하게 된 것이다. 이러한 이유 때문에 한국행정학은 '정부용역학'(안병영, 1982)이라는 냉소의 대상이 되기도 하였다.

초창기 한국행정학은 외형적인 성장에 비해 내실은 매우 빈약한 기형성을 특징으로 한다. 한국행정학은 단순히 미국의 행정이론들을 번역·소개하는 수준에 머물러 있었다. 그러나 1970년대에는 '행정학의 토착화'의 필요성이 제기되었다(이종범, 1977; 김광웅, 1979; 김번웅, 1987). 토착화에 대한 논의에서 주목해야 할 것은 토착화를 위한 방법론이다. 토착화의 논리는 이론의 적실성을 추구하는 것으로서 외국의 이론을 한국적 현실에 적합한 형태로 변형시키는 것을 의미한다. 외국이론이 하나의 가설로 제시되고, 한국적 조건과 사례들의 관찰을 통해 검증 작업을 수행하는 것이 토착화의 기초적인 방법론으로 제시되었다. 행정학의 토착화가 논의되던 시기를 주목하는 이유 가운데 하나는 연구방법론에 있어서 변화가 있었기 때문이다. 1960년대에서 1970년대에 이르기까지는 규범적, 제도적, 서술적 접근방법이 주종을 이루었으나, 1970년대 말부터는 경험적, 행태적, 실증적, 통계적 방법들이 서서히 고개를 들기 시작하다가 1990년대가 되면 지배적인 접근방법으로 자리를 잡게 된다(백완기, 2005: 24-25). 그 과정에는 미국에서 유학하고 돌아온 3, 4세대 행정학자들의 영향이 적지 않았다. 그런 측면에서 보면, 토착화는 한국적 행정학의 정립을 지향하기보다는 미국행정학이 한국이라는 토양에 자리를 잡는 과정으로 이해될 수도 있을 것이다.[3)]

한국행정학의 문화는 어떠한 특성을 가지고 있는가? 이미 살펴본 것처럼, 한국행정학은 미국행정학의 문화적 특성을 이식해놓은 듯하다. 과학적 문화가 지배적인 문화로 자리를 잡고 있다. 그에 반해 인문적인 문화는 지나치게 왜소하다. 윤태범(2006)의 조사는 이러한 현상을 확연하게 보여주고 있다. 그는 "한국행정학회보," "한국행정논집," "한국사회와 행정연구," "한국정책학회보" 등 4개의 학회보에서 행정윤리와 관련되어 발표된 논문들을 조사하였다. 그에 따

3) 사전적 의미에서 토착이란 '한 곳에 머무르는(사는) 것'을 의미한다. 그리고 생물학적으로는 '생물이 어떤 곳에 들어와(침입하여) 거기에 정주하는 일'을 의미한다. 이러한 의미에서 보면, 이론의 토착화는 토착화가 이루어지는 장소의 특수성이나 그 곳에서의 적응(변용)은 강조되지만, 그 곳에서 출발하여 다른 장소(사회)로 나아갈 가능성(일반화 혹은 보편화)은 배제되고 있는 것이다. 결국 토착화란 어떤 절대적이고 신성한 것(즉, 보편적인 이론)의 다소 일방적인 적응·변용의 과정만을 의미하는 것이라 할 수 있다(김필동, 2002: 39). 이러한 문제의식은 '행정학의 위기'를 주제로 한 2000년 kapa@포럼과 '행정학의 한국화'를 주제로 한 2005년의 kapa@포럼에서 반영되고 있다.

르면, 학회지에 게재된 논문 3,168편 가운데 2.4%인 76편만이 행정윤리와 관련된 논문이었다. 그리고 행정학전체의 발간논문의 누적건수는 크게 증가하고 있는데 반해, 윤리 관련 논문의 누적 증가율은 상대적으로 낮게 나타나고 있다는 것이다. 특히 행정윤리 관련 저자수 분포는 행정윤리 연구의 관심이 얼마나 적은 것인지를 실감하게 한다. 76편의 논문을 게재한 학자의 수는 55명이다. 그 가운데 2편 이상 게재한 학자는 13명이며, 3편 이상 게재한 학자는 5명에 불과하다. 그 5명의 학자가 윤리 관련 논문 76편의 39.5%인 30편을 게재하였다. 규범에 관한 연구는 한국행정학에서 관심의 대상이라고 말하기 어려운 실정이다. 게다가 방법론적으로 규범의 문제를 인문적인 방법으로 다룬 경우는 더욱 적게 나타나고 있다. 행정윤리 관련 연구를 방법론에 따라 분류해보면, 개념연구가 43.4%인 33편, 경험적 연구가 55.3%인 42편, 그리고 기타가 1.3%인 1편이다. 따라서 한국행정학에는 '두 문화' 현상이 아니라 '한 문화' 현상이 나타나고 있는 것으로 볼 수 있다. 이러한 조사를 통해서 볼 때, 한국행정학은 미국행정학을 수입하는 과정에서 어떤 '누락'이 있었던 것으로 보인다. 가령 미국행정학은 전반적으로 과학적 문화가 지배하지만, 1940, 50년대 행태주의가 지배하기 이전, 그리고 1960, 70년대 신행정학이 활발히 성장하던 시기에는 의미 있는 규범적 연구들이 적지 않게 이루어졌다. 그럼에도 불구하고 한국행정학은 미국행정학의 이러한 경향을 수입품목에서 제외시켰던 것이다. 김종술(2005)은 한국행정학이 미국행정학을 모방하는 과정에서 이러한 '끊긴 고리(missing link)'가 존재하고 있음을 지적하고, 그 고리를 연결하는 노력이 필요함을 제안한 바 있다.

한국행정학계에서는 '두 문화'가 존재할 수 있는 가능성을 보인 보기 드문 논쟁의 사례가 있었다. 물론 그 이전에는 물론이고, 그 이후에도 그러한 논쟁은 이루어지지 않았다. 논쟁을 회피하는 행정학계의 풍토 때문이라 할 수도 있지만, '한 문화'가 또 다른 '한 문화'에 대해 전혀 반응하지 않는 무관심 역시 논쟁을 어렵게 하는 것으로 보인다. 가령 어느 세미나에서 과학적 방법론에 대한 필자의 비판에 대해, "아무리 비판을 한다 하더라도 그러한 비판에 아무런 반응을 보이지 않는다면 그러한 비판이 무슨 의미가 있을까?"라는 임도빈 교수의 논평성 질문은 바로 이러한 소통이 부재하는 한국행정학계의 자화상을 그대로 보여주고 있다. 그러한 의미에서 1992년 《한국행정학보》에 게재되었던 문태현(1992a; 1992b)과 김영평(1992)의 논쟁은 행정학계가 무게 있게 주목해야 할 희귀한 '사건'이라 판단된다. 과학적 문화에 대한 비판에 대해 거의 유일하게 반응을 보인 사건이었기 때문이다. 그 논쟁에서 소통이 이루어지지 않고 있는 '두 문화' 현상을 관찰할 수 있다.

> 비판이론가들은 "인간을 부자유와 구속으로부터 해방시키는" 것을 비판이론의 가장 중요한 목표로 삼고 있는 것 같다. 그러면서도 그들은 해방의 의미를 심도 있게 탐구하지 않는다. 그저 용어를 인용할 뿐이다. 과문인지는 몰라도 인간해방이라는 이 모호한 용어의 의미가 무엇인지 깨우쳐주는 글을 아직 대하지 못했다. 이것은 나의 탐구력 부족 때문이기를 바란다. 해방의 의미를 한번 되새겨보자. 해방이란 부자유와 구속, 즉 무엇인가의 속박으로부터 벗어나는 것일 것이다. 인간의 문명과 문화가 하나의 큰 속박이다. 질서가 그렇고, 제도가 그렇고, 대부분의 문명의 이기들도 우리에게 많은 속박을 준다. 문화의 속박은 능률과 효과성의 대가이다. 결국 그들이 쓰는 해방이 모든 문화적 구속으로부터의 해방을 의미한다면, 문명파괴주의자에 다름 아니다(김영평, 1992: 1030).

> 실증주의는 18세기 산업혁명이 가져다 준 자신감과 낙관적인 분위기 속에서 태동하였으며, 궁극의 목적은 사회현상을 통제하고 지배하는데 있다. 사회현상을 지배하고 통제하기 위해서는 사회현상에 대한 정확한 예측과 설명을 필요로 하므로 연역적·법칙적 모델이나 귀납적·확률론적 모델에 크게 의존한다(White, 1986: 16). 이러한 실증주의의 주된 관점은 과학만이 타당한 지식이며 사실만이 지식의 대상이 된다고 보고 과학적 방법으로 환원될 수 없는 명제는 의미 없는 것으로 보고 형이상학이나 윤리학은 믿을 수 없는 망상에 불과한 것으로 일축한다(Passmore, 1967: 53-56). 이러한 실증주의의 의도와 목적 및 논리구조 속에서 가치문제에 속하는 정의 문제가 심도 있게 다루어질 수 없음은 자명하다(문태현, 1992b: 1464-1465).

두 사람의 논쟁은 한국행정학에 '두 문화'가 존재할 수 있는 가능성을 보여주고 있으며, 논쟁이 지속될 수 있다면 '두 문화'의 소통이 가능할 수도 있다는 또 다른 가능성까지도 기대하게 만든다. '두 문화' 현상이 그나마 반갑게 보인 이유는 "어느 이론도 선험적으로 진실과 정의를 독점할 수 없다(김영평, 1992: 1029)"는 점을 명백하게 확인할 수 있었기 때문이다. 그리고 '두 문화'의 소통가능성을 기대하게 하는 이유는 "비판론적 정책논의로 정책분석의 지평을 확대하자(문태현, 1992b: 1462)"는 의지가 보였기 때문이다. 그럼에도 불구하고 양자의 극단적인 편견 때문에 소통이 불가능할 가능성이 더 커 보인다. 김영평은 실증주의의 시각에서 바라본 비판이론을 비판이론이라 생각하고 있으며, 문태현은 비판이론의 시각에서 바라본 실증주의를 실증주의라 생각하고 있다. 그러나 논쟁 이후 지금까지 '두 문화' 간에 소통이나 개선된 논쟁은 더 이상 나타나지 않았다. 단지 비공개적인 방식으로 '편견의 동원'이 일어나고 있을 뿐이다. 과학적 문화에 익숙한 행정학교과서들, 과학적 문화를 강조하는 교육과정, 용역을 강조하는 학회 운영 시스템과 대학의 평가시스템, 과학적 '글쓰기'를 중시하는 학술지의 심사기준 등에서 과학적 문화의 편견이 동원되고 있는 것을 볼 수 있다.

Ⅳ. 규범적 연구의 필요성에 대한 인식

미국행정학이건 한국행정학이건 공통적으로 관찰되는 것은 '두 문화'가 존재하기는 하는데, 과학적 문화에 비해서 인문적 문화가 지나치게 왜소하다는 것이다. 현실적인 문제를 해결하기 위해서는 과학에 의존해야 한다는 믿음의 보편화, 행정학의 교육과정 안에 인문적 문화를 경험할 수 있는 계기가 마련되어 있지 않은 것, 과학적 문화에 적합한 글쓰기 방식의 체계적 규율화, 과학적 문화에 기반한 타학문과의 제한된 소통 등 다양한 이유로 해서 인문적 문화는 행정학의 학문적 시계에서 벗어나 있는 것이 현실이다. 그러다 보니 과학적 문화에 익숙한 학자들과 인문적 문화에 익숙한 학자들 간에는 '자신의 관점'에서 상대 문화를 비판하는 왜곡된 소통방식이 체계적으로 정식화되고 있다. 가령 과학적 문화는 '지배'를 은폐하고 있는 권력의 화신으로 비춰지고 있으며, 인문적 문화는 현실에 대해 아무런 처방도 제시할 수 없는 '말놀음' 정도로 비춰지고 있다. 그러다 보니 과학적 문화에 속한 학자들은 친미, 친정부, 친강자, 친부자적, 보수적 태도를 가지고 있는 것으로 비판을 받기도 하는 반면, 인문학적 문화에 속한 학자들은 반미, 반정부, 반강자, 반부자적, 이상적 태도를 가지고 있는 것으로 비판을 받기도 한다. 이것은 하나의 학문에는 '두 문화'가 공존하는 것이 당연한 것임에도 불구하고 '한 문화'만이 존재해야 한다는 왜곡된 신념에 기초하는 것으로 보인다. 행정학에서는 과학적 문화가 '한 문화'여야 한다는 인식이 지배적이다.

'한 문화'는 과학적 문화여야 한다는 인식이 지배하다 보면, 행정학의 학문적 정체성에 왜곡현상이 발생할 가능성이 커진다. 행정학은 '과학(science)'이라는 등식 자체가 애매하게 인식될 수 있다. 한국어에서는 행정학은 '학문'이라는 보다 포괄적인 개념을 사용함으로써 인식상의 혼돈을 피하는 것이 별로 어렵지는 않겠지만, 그럼에도 불구하고 학문을 과학과 동일시하는 인식상의 혼돈은 여전히 나타날 수 있다. 다시 말해서 public administration = science라는 등식은 '행정학 = 학문'이 아니라 '행정학 = 과학'으로 인식되고 있다는 것이다. 그리고 과학은 학문의 한 분야임에도 불구하고, 인식 상에서 '학문 = 과학'이라는 개념적 전치현상이 일반화되고 있다. 사실 science라는 말이 근대적 의미의 자연과학이나 물리학을 의미하게 된 것은 최근의 일이다. 의미가 진화된 과정을 살펴보면, science는 1300년대에 '연구를 통해 얻게 된 무엇에 대한 지식' 또한 '특별한 지식의 분야'를 의미하였다. 그것은 '학문' 혹은 '학'이라는 포괄적인 의미로 사용되었다. '비인문적 연구(non-arts studies)'라는 근대적 의미가 사용된 시기는 1678년으로 소급된다. 그 차이는 일반적으로 이론적 진리(episteme)와 실질적인 결과를 가져오는 방법(techne)간의 차이로 이해되었다. 그러나 science는 때때로 실질적인 적용(application)과 기능을 적용하는 기술(art)을 의미하는 것으로 사용되었다. 그리고 '규칙적 혹은 방법적 관찰의 체계 혹은 어떤 주제에 관한 명제'라는 보다 협소한 근대적 의미가 사용된 시기는 1725년으로 소급된다. 17-18세기에 이 개념은 철학(philosophy)이라 불렸다.[4] 그리고 Snow(1996: 126)가 19세기 후반에 작업한《옥스퍼드 영어사전》을 조사한 바에 따르면, 영국에서는 1860년대 이전에는 science가 물리학이나 자연과학이라는 의미로 사용된 예가 제시되지 않았다는 것이다. 그리고 W. G Ward의 1867년 더블린 보고서(The Dublin Review)에서 영어의 science가 물리학적인 의미로 사용되기 시작했음을 보여주고 있다. "우리는 science라는 단어를 영국인들이 일반적으로 부여하는 의미, 신학적 형이상학적인 것을 배제하고 물리적 실험적 과학을 표현하는 것으로 사용할 것이다." 오늘날의 용법에 따르면, 자연과학은 과학이다. 그리고 과학은 학문이다. 과학적 문화에 속한 사람들에게 있어서 이러한 인식은 이미 19세기 초에 일반화되고, 과학과 철학 간에는 일종의 '위계적 서열'(Wallerstein, 1996: 19)이 존재한다는 인식이 당연시되고 있다.

그럼에도 불구하고, 한 가지 다행스러운 것은 한국행정학계에서는 행정학

4) http://www.etymonline.com/index.php?search=science&searchmode=none.

의 '토착화', 행정학의 '위기', 그리고 행정학의 '한국화'를 주제로 한 논의를 통해서 행정학의 학문적 정체성을 확고히 다지기 위한 조건으로서 행정학의 규범적, 과학적, 처방적 측면이 균형 있게 발전해야 할 필요성에 대한 요구가 지속적으로 있었다는 것이다. 이종범(1977)에 의하면, 행정학의 연구대상이 '가치의 우선순위를 결정하는 가치판단에 입각하고 있는 대부분의 정책들'이기 때문에, 철학적인 측면이 중요하게 다루어져야 한다는 것이다. 특히 그는 처방적 적실성을 높이기 위해서는 사회철학이나 정치철학에 관심을 가져야 하며, 가치판단의 문제에 특히 초점을 맞출 필요가 있음을 강조한다. 그리고 박종민(2006)은 행정을 '공공선의 달성을 위한 공적 권한과 자원의 사용'이라 규정하고, 이러한 대상을 연구하는데 있어 규범적, 경험적, 처방적 연구가 균형 있게 이루어져야 함을 강조하고 있다.

> 각 시기별 행정연구의 주제적 연구의 관심이 달랐지만, 어느 시기든 행정학자들의 화두는 좋은 정부를 위한 행정에 있었다. 그럼에도 그러한 화두를 중심으로 한 행정이론의 형성에 기여할 정도로 연구 성과가 축적되지는 못하였다. 규범적 연구는 '좋은' 정부란 어떠한 정부인지에 대한 도덕적 및 철학적 논의를 심화시켜야 한다. '좋은' 정부의 본질에 관한 규범적 논의를 통해 '정부의 질'을 평가하는 기준이 정당화될 수 있어야 한다. '좋은' 정부를 위한 행정은 어떠해야 하는지, 행정현실은 어떠한지, 왜 그러한지, 그것이 정부의 질에 어떠한 영향을 주는지 분석하고 설명하는 것이 필요하다. 또한 우리의 역사와 맥락에서 '좋은' 정부를 위한 행정을 어떻게 설계하고 선택할 것인가에 대한 처방적 연구가 필요하다. 지난 반세기 동안의 한국행정연구는 이 점에서 균형을 이루지 못하였다(박종민, 2006: 52).

임의영(2006)은 '자연과학의 편견에서 벗어난 사회과학으로서 행정학'의 학문적 정체성을 강조하고, 거기에서 행정철학의 정당성을 제시하고 있다. 이상사회에 대한 창조적 상상력, 개방성에 기초한 대화와 토론, 그리고 실존적인 진정성에의 의지를 바탕으로, 행정의 실천적 활동과 학문적 활동에 대한 반성적, 비판적 사유를 통해서 행정/행정학의 존립근거, 사고 및 연구의 방법, 그리고 행정/행정학이 추구해야 할 방향을 지속적으로 모색하는 데 초점을 맞추는 행정철학의 필요성을 제안한 바 있다.

문제는 규범적 연구의 필요성에 대해서 한국행정학계가 대체적으로 인정하고 있음에도 불구하고 규범적 연구가 여전히 이루어지지 않고 있다는 데 있다. 더불어 규범적 연구에 대한 불신 역시 작용하고 있다는 것이다. Snow의 지적대로 '두 문화'는 공존함으로써 세계에 대한 보다 풍요로운 인식에 이를 수 있음에도 불구하고, 왜 '두 문화' 간에 건강한 소통이 이루어지지 않는 것일까? 행정에 관한 규범적 연구의 필요성이나 정당성에 대한 주장은 이제 진부한 일로 보인다. 현 단계에서 과제는 '두 문화' 간의 '실질적인 개방(임의영, 2005)'을 가능하게 하는 방법을 찾는 것이다.

Ⅴ. 규범적 연구의 가능성 모색

1. 연구 활성화를 위한 조건

우선 한국행정학에서 규범적 연구를 활성화하기 위한 실질적인 조건들을 모색할 필요가 있다. 단순히 학자들의 개인적인 의지에 기대어 규범적 연구의 활성화를 기대하기는 어렵기 때문이다.

첫째, 우리나라 대학들 대부분의 행정학과 교육과정에 따르면, 행정윤리, 행정철학, 정의론 등과 같은 규범적인 교과목이 개설된 경우가 매우 드물다. 일차적으로는 그것을 가르칠 교수인력이 부족하기 때문이며, 다음으로는 행정학을 전공하고자 하는 학생들이 인문적 문화에 대해 관심이 없다는 것이다. 그리고 최근 교육과정의 운영 원칙 가운데 하나는 수요자중심성을 강조하는 추세이며, 학생들의 선택권을 더욱 확대하는 경향을 보이고 있다. 동일한 맥락에서 교양과목이나 전공과목에 대한 필수과목 지정이 사라지는 경향을 볼 수 있다. 그러다 보니 인문적 문화를 경험할 가능성이 구조적으로 매우 취약하다. 가령 필자는 지난 10년 간 행정철학을 수강하는 학생들에게 철학과 관련된 교과목을 이수한 경험을 물어보았다. 놀랍게도 손을 드는 학생을 본 경험이 거의 없었다. 2007년 강원대학교에서 작성한 "사회과학 기초학문 활성화 프로젝트 연구보고서"에 포함된 사회대학 7개학과(행정학과, 부동산학과, 정치외교학과, 신문방송학과, 문화인류학과, 사회학과, 심리학과) 학생들에 대한 의식조사 결과에 따르면, 행정학과 학생들의 학과공동체에 대한 만족도가 다른 학과들에 견주어 가장 낮은 것으로 나타났다. 그리고 기초분야와 응용분야로 나누어 분석한 결과에 따르면, 기초분야 학과가 응용분야에 비해 상대적으로 학과공동체에 대한 만족도가 높은 것으로 나타났다. 미래의 공무원이 되고자 하는 학생들의 공동체에 대한 의식이 낮다는 것은 심각하게 고민해보아야 할 문제라 판단된다. 그러한 의미에서 행정학과의 교육과정은 과학적 문화에 제한된 교육과정에서 인문적 문화와의 소통을 자극하는 교육과정으로의 전환이 필요하다.

둘째, 한국행정학계에는 규범적인 관점에서 행정학을 연구하고 가르치는 학자군이 거의 형성되어 있지 않다. 예비학자들을 교육하는 과정, 학자공동체에서 요구하는 학술논문의 성격, 직장을 얻기 위한 현실적인 욕구, 과학적 분석을 통한 처방책을 요구하는 프로젝트 참여와 그를 통한 경제적 욕구의 충족, 학자들을 프로젝트에 몰아가는 대학의 교수평가체계, 미국행정학의 주류인 과학적 문화의 세례, 규범적인 교과목의 수강이나 전공 선택을 기피하는 학생들, 과학적 문화에 속한 학자들에 집중된 사회적 인센티브체제 등등 이루 헤아릴 수 없이 많은 이유들이 중층적으로 작용하면서 규범적 연구를 선호하는 학자군의 등장을 어렵게 하고 있다. 2006년 한국정책학회하계학술대회에서 필자는 인문학의 진흥을 위한 '경제인문사회연구회' 특별 세션에 참여한 바 있는데, 당시 인문학자들은 행정학이 잘나가는 학문이라는 인식을 가지고 있었다. 그리고 그들은 그 잘나가는 행정학 안에도 그들과 같은 인문적 문화에 속하는 학자들이 존재한다는 사실에 대해서는 전혀 의식하지 못하고 있었다. 행정학은 잘 나가는 학문이라는 편견으로 인해서 행정학 안에 존재하는 인문적 문화의 어려움은 전혀 보이지 않고 있다. 만일 행정학계에 다양한 문화가 공존하는 것이 학문발전에 자극제가 될 것이고, 행정학이 학문적 성숙을 위해 당연히 규범적 연구가 필요하다면, 인문적 문화에 관심 있는 예비학자나 학자들의 연구를 장려하는 인센티브 체제를 마련하는 것도 학자군을 형성하기 위한 방안이 될 수 있다.

셋째, 한국행정학계에는 극단적인 두 가지 방식의 글쓰기만이 허용된다. 하나는 한국행정학계의 뿌리 깊은 전통으로서 교과서식 글쓰기이다. 그러한 글쓰기는 소개되는 이론에 내포된 치밀한 사유의 과정을 삭제하고, 결과들만을 정리 나열하는 특성을 가지고 있다. 따라서 교과서 독자들은 이론의 개발과정에서 한번 씩은 겪을 수 있는 다양한 규범적인 문제에 대한 고민을 공유하지 못한다. 다른 하나는 과학적 논문쓰기이다. 엄밀한 가설의 설정과 실증적인 검증과정이 글쓰기의 핵심을 이룬다. 개념들 간의 관계를 확률적으로 분석하는 과정에는 인문적 고민이 개입할 여지가 없다. 그러나 학문으로서 행정학은 상상력을 필요로 한다. 상상력이 작동하지 않고는 발전이나 새로움을 이룰 수 없는 것이다. 따라서 행정학의 발전을 위해서는 획일화된 글쓰기 방식에서 벗어난 다양한 글쓰기를 장려하고 인정할 필요가 있다. 가령 행정학의 위기나 한국화를 다룬 "kapa@포럼"에서는 많은 행정학자들이 전통적인 과학적 글쓰기에서 벗어나 자유롭게 아이디어를 제시하였다. 엄밀한 과학적 글쓰기 모델에 의하면, 별로 가치가 없는 글들이다. 그러나 필자는 포럼을 통해서 엄청난 지적 자극을 받았음을 고백하지 않을 수 없다. 이처럼 다양한 글쓰기가 허용되고 그것이 하나의 실적으로 인정될 필요가 있다. 그리고 그러한 글쓰기가 가능한 토론공간의 확보가 필요하다. 그 공간은 당연히 과학적 문화와 인문적 문화가 소통하게 될 수밖에 없을 것이다. 아이디어는 '상상력'을 먹고살기 때문이다.

2. 규범적 연구의 성격

이제 규범적 연구의 구체적인 방법과 내용에 대해 살펴보자. 규범적 연구란 무엇을 의미하는가? 사전적으로 규범(norm)은 '인간이 행동하거나 판단할 때에 마땅히 따르고 지켜야 할 가치 판단의 기준'이나 '사유나 의지, 감정 따위가 일정한 이상이나 목적을 이루기 위하여 마땅히 따르고 지켜야 할 법칙과 원리'를 의미한다.[5] 이러한 의미에서 행정학의 규범적 연구는 '행정/행정학이 마땅히 따라야 할 가치판단의 기준'에 대한 연구이다. 그렇다면 이러한 연구는 어떠한 특성을 가지고 있는가?

1) 시-공간적 제약

규범적 연구는 다양한 입장에서 이루어진다. 규범의 보편성과 특수성, 동태성과 정태성에 대해 어떠한 입장을 가지는가에 따라 규범적 연구의 지향점이 달라진다. 두 가지 준거는 공히 규범적 연구에 있어서 시-공간 의식의 중요성을 일깨워준다. 먼저 규범의 보편성과 특수성에 대해 논리적으로 취할 수 있는 입장이나 연구전략을 검토해보자. 첫째, 규범은 보편적이라는 것이다. 따라서 규범적 연구는 사회문화적 제약을 초월하는 보편적 규범을 모색하는데 초점을 맞추어야 한다는 것이다. 보편적 규범을 구축하고, 그것을 기준으로 올바

---

5) krdic.naver.com/search.nhn?dic_where=krdic&query=&query_euckr=%B1%D4%B9%F C&x=31&y=12.

르지 않은 규범들을 교정해야 한다는 것이다. 그러나 보편적 규범의 연구는 규범의 보편성을 증명할 수 있는 방법이 불명확하다는 문제를 안고 있다. 또한 우려스러운 것은 어떤 규범의 보편성에 대한 정당성이 신념화되면, 그것으로부터 벗어나는 것들은 나쁜 것, 그른 것, 야만스러운 것, 저질스러운 것, 열등한 것, 악한 것 등으로 해석될 가능성이 크다는 것이다. 둘째, 규범은 보편적일 수 없다는 것이다. 규범은 인간의 신념, 태도, 행동과 관련된 것인데, 그러한 것들의 선악이나 옳고 그름을 판단할 수 있는 기준은 사회문화적인 제약을 받지 않을 수 없다는 것이다. 따라서 규범적 연구는 사회문화적 상대성을 전제하면서, 특정사회의 고유한 규범적 특성들을 탐구하는 데 초점을 맞추어야 한다는 것이다. 이러한 연구전략의 난점은 사회문화적 교류가 활발히 이루어지고 있는 현대사회에서 특정사회만의 '순수한' 규범적 특성을 추출한다는 것이 현실적으로 불가능하다는 데 있다. 규범적 혼합물 자체를 처리할 수 있는 방법을 찾는 것도 쉬워 보이지 않는다. 또한 '각자는 진리이면서 동시에 어느 것도 진리일 수 없다'는 상대주의적 허무주의의 벽은 답답해 보인다. 셋째, 규범은 제한된 보편성을 갖는다는 것이다. 규범적 연구는 제한된 범위 내에서 보편적인 규범을 모색하는데 초점을 맞추어야 한다는 것이다. 가령 유교문명권이나 기독교문명권이라는 범위를 설정하고, 그 안에서 제한된 보편적 규범을 탐구하는 것이다. 문명권 내에서의 제한된 보편성을 추구하는 전략은 보편성이나 특수성 가운데 어느 하나에 집착하지 않는다는 점에서는 어느 정도 유연하게 보인다. 그러나 특정 문명만의 순수한 규범적 특성을 추출하는 것은 어려워 보인다. 또한 앞에서 지적한 것처럼, 문명 간의 규범적 혼합물 자체를 처리할 수 있는 방법을 찾는 것도 쉬워 보이지 않는다. 넷째, 보편적 규범은 존재하지만, 그 자체로 표현되는 것이 아니라 사회문화적인 옷을 입고 표현된다는 것이다. 이 경우는 보편과 특수가 서로를 규정하는 관계에 있는 것으로 본다. 따라서 규범적 연구는 보편성과 특수성의 관계에 초점을 맞추어야 한다는 것이다. 그러나 문제는 사회문화적인 옷을 입고 있는 규범들의 근거가 되는 규범의 순수한 형식을 찾는 것이 쉽지 않다는 것이다. 또한 보편과 특수가 우연적인 관계에 있는 것인지, 아니면 필연적인 관계에 있는 것인지를 확인하기 어렵다는 것이다.

다음으로 규범의 동태성과 정태성에 대해 논리적으로 취할 수 있는 입장과 연구전략을 검토해보자. 첫째, 규범은 변화하지 않는다는 것이다. 규범적 연구는 변하지 않는 규범의 내용과 표현형을 탐구하는데 초점을 맞추게 될 것이다. 둘째, 규범의 본질은 변화하지 않으나, 표현방식이 변화한다는 것이다. 규범적 연구는 변하지 않는 규범이 어떠한 조건에서 어떠한 방식으로 표현되는지를 탐구하는데 초점을 맞추게 될 것이다. 셋째, 규범의 본질과 표현방식 모두가 변화한다는 것이다. 규범적 연구는 규범의 변화 조건을 탐구하는데 초점을 맞추게 될 것이다. 넷째, 규범은 유형에 따라 상대적으로 쉽게 변화하는 것이 있는 반면, 쉽게 변화하지 않는 것이 있다. 규범적 연구는 규범변화의 상대적 속도에 영향을 미치는 요인들을 탐구하는데 초점을 맞추게 될 것이다.

규범의 보편성과 특수성에 대한 성찰에서 제시된 네 가지 논리적인 연구전략은 연구자들이 일반적으로 취하고 있는 입장 가운데 하나일 것이다. 어느 것이 올바른 방법이라고 말하기는 불가능하다. 단지 연구자들이 자신의 연구가 어떠한 연구전략을 취하고 있는지를 인식하고, 그것이 가지고 있는 한계를 의식하는 것이 중요하다고 말할 수 있다. 더불어 규범에 대한 비교연구의 중요성을 인식할 필요가 있다. 그리고 규범의 정태성과 동태성에 대한 성찰을 통해서 규범의 변화에 대한 인간의 '의식적인 개입의 가능성'을 찾을 수 있다. 개입의 계기는 아마도 규범의 약한 고리, 즉 '규범에 내재된 편견'에서 찾아야 할 것이다. 가령 사회적인 억압과 지배를 정당화하는 규범에 내재된 편견을 발견하고 그것을 드러내는 것이야말로 무엇보다 중요한 개입의 명분이 될 수 있다.

2) 학제적 연구

규범적 연구는 사회의 특성에 민감해야 한다. 따라서 규범적 연구는 사회에 대한 총체적인 이해와 함께 이루어져야 한다. 사회는 정치, 경제, 사회, 문화적 요소들이 화학적으로 상호작용하면서 만들어지는 사람들의 관계망이다. 따라서 사회의 특성에 대한 적실성 있는 이해는 사회의 다양한 주제들을 연구대상으로 하는 다양한 학문들 간의 긴밀한 소통 속에서 가능하다 하겠다. 규범적 연구는 학문 분야의 엄밀한 분리라는 이데올로기로부터 벗어나야 보다 충실하게 이루어질 수 있는 것이다. 이러한 측면에서 보면, 행정학은 매우 유리한 상황에 있다. 행정학의 위기에 대한 논의의 주제 가운데 하나는 정체성 문제이다. 독자적인 학문적 정체성을 제시할 수 없기 때문에 Waldo는 전문직업주의를 제안하기도 하였다. 이러한 제안은 이상하게 보일 수도 있지만, 이것 이상의 대안을 찾기도 쉽지 않다. 이러한 정체성 문제는 행정학의 학문적 모호성을 지적하는 것이기는 하지만, 역으로 행정학의 학제적 성격을 드러내는 것이라 할 수 있다. 전문직업주의의 기본 아이디어는 '공공의 문제'를 해결하는데 관련된 다양한 학문적 성과들을 조직하고 적용하는 것을 행정학의 핵심으로 볼 수 있다는 것이다. 이러한 제안에 근거해서 보면, 규범적 연구가 지향해야 할 바를 찾을 수 있다. 공공성(publicness)이 행정의 중심규범으로 전제되고 있다는 것이다. 따라서 행정에 관한 규범적 연구는 공공성에 초점을 맞추고, 그것에 대한 연구를 다양한 학문분야에서 발굴하여 소통하는데 초점을 맞추어야 할 것이다. 그러니까 규범을 다루는 철학, 사회철학, 정치철학, 법철학, 동양철학 등과 막연하게 소통하는 것이 아니라 공공성이라는 개념을 중심으로 소통의 망을 구축해보자는 것이다. 물론 규범적 연구는 여기에 멈추어서는 안 된다. 다양한 철학분야들과의 소통은 공공성 개념을 이론화하는데 유의미하다. 그러나 그것의 현재적 의미를 발굴하고 제시하기 위해서는 문화인류학, 역사학 및 사회과학적인 연구 성과들을 참고하지 않을 수 없다. 문화인류학과 역사학은 사람들의 삶의 방식은 다양하고 나름대로의 정당한 근거를 가지고 있다는 것과 사회는 변화한다는 것을 인식하게 한다. 또한 구체적인 역사적 상황의 변화와 규범의 변화가 어떻게 서로를 강화하거나 이반하는지를 읽게 해준다. 그리고 정치학, 경제학, 법학, 사회학 등과 같은 사회과학을 통해서 사회를 입체적으로 조망할 수 있는 가능성을 얻게 된다.

3) 다분야적 연구

그렇다면 학문만이 사회와 규범을 이해하는 통로를 제공하는가? 그렇지 않다. 논리적이고 체계적인 설명을 제공하지 않더라도 직관과 이미지를 통해서 우리는 사회의 상황과 규범의 의미를 이해할 수 있다. 비록 학문과는 다르지만 그러한 직관들 역시 세상에 대한 지식을 얻는 방법 가운데 하나라면, 그것 역시 소통의 대상이 되는 것이다. 사회에 대한 보다 충실한 이해를 위해서는 다양한 학문적 연구 성과들 이외에도 예술과 종교 분야까지도 망라해야 한다. 학문은 체계화된 지식이라는 렌즈로 사회를 바라볼 수 있는 망원경이다. 예술은 직관과 표현이라는 렌즈를 통해서 사회를 바라볼 수 있는 망원경이다. 문학, 음악, 미술, 체육, 영화 등의 다양한 장르에서 이루어지고 있는 '표현'을 통해서 당대 사회의 의미를 추출할 수 있다. 특히 예술에 주목할 필요가 있는 이유는 그것의 방법론이 바로 상상력이라는 점이다. 상상력은 보이지 않는 것을 볼 수 있는 능력이다. 따라서 그것은 논리적으로 설명할 수는 없다. 그러나 직관적으로 보이는 그 무엇은 때때로 당대 규범에 대한 심각한 성찰을 자극한다. 규범에 대한 재성찰은 규범에 대한 확증을 가져오기도, 때로는 기존의 규범을 무력화시키는 결과를 가져오기도 한다. 가령 Pink Floyd의 뮤직비디오《벽 *The Wall*》은 충격적인 영상과 음악을 통해서 기존의 규범에 대한 재성찰을 자극한다. 규범이나 규율을 상징하는 벽이 무너지는 장면은 바로 규범에 대한 인간의 의식적 개입의 가능성을 다른 방식으로 보여주는 것이다. 철학은 '망치'라는 니체의 말처럼, 규범적 연구는 때때로 망치가 되어 벽을 무너뜨리는 역할을 할 수도 있는 것이다. 종교는 깨달음과 구원의 조건에 대한 인식이라는 렌즈를 통해 사회를 바라볼 수 있는 망원경이다. 특히 종교는 규범 그 자체라 할 수 있으며, 예술에 비해 상대적으로 보수적이다. 특정 사회의 종교는 구성원들이 가지고 있는 규범적 태도에 절대적인 영향을 미친다. 가령 한국사회나 한국행정에 대한 규범적 연구는 한국문화에 내재되어 있는 유교와 불교의 영향에 대한 성찰 없이는 충실할 수 없다. 물론 근대에 한국사회에 초대된 기독교(천주교, 개신교)에 대한 관심 역시 필요하다. 규범적 연구는 사회의 예술적 경향성이나 종교에 대한 이해를 통해서 보다 충실하게 내용을 채울 수 있다.

4) 학문적 자기성찰

행정에 관한 규범적 연구는 '자기의식적(self-conscious)'이다. 규범적 연구는 연구의 대상에만 한정되어 이루어지는 것이 아니다. 그것은 연구하는 주체 역시 연구의 대상으로 삼는다. 자기의식이라는 말은 자기 자신을 지속적으로 성찰하는 능력을 의미한다(강명구, 2001, 2008). 성찰의 대상은 행정학, 행정학계, 행정학자, 연구 및 교육, 사회적 참여 등과 관련된 모든 것이 될 수 있다. 첫째, 규범적 연구에는 행정학의 정체성에 대한 비판적 성찰이 포함되어야 한다. 행정에 대한 사회구성원들의 인식이나 기대는 시간의 흐름에 따라 변화될 수밖에 없다. 따라서 학문으로서 행정학이 그 변화에 적절히 대응하고 있는지를 검토할 필요가 있다는 것이다. 물론 사회구성원의 인식과 기대는 다양하기 때문에 하나의 방향으로만 해석될 수는 없을 것이다. 이것이 바로 정체성 문제에 대한 성찰과 담론이 지속적으로 이루어져야 하는 중요한 이유이기도 하다. 둘째, 규범적 연구에는 행정학자 및 행정학계에 대한 비판적인 성찰이 포함되어야 한다. 행정학자들이 훈련되고 배출되는 교육 전반에 대한 반성, 행정학자들의 연구풍토 — 연구주제의 선정논리(정무권, 2006; 최준호, 1987), 글쓰기의 다양성 수용여부, 과학적 문화 편향성 여부, 미국 편향성 여부(정성호, 2005), 프로젝트에 대한 입장 등 — 에 대한 반성 그리고 행정학자들의 사회적 참여에 대한 반성 등이 체계적으로 이루어질 필요가 있다.

3. 규범적 연구의 내용과 방법

지금까지 행정에 관한 규범적 연구를 위한 조건으로서 시·공간적 의식, 다분야적 성격, 학제적 성격, 자기 의식적 성격 등을 살펴보았다. 이제부터는 보다 구체적으로 행정에 관한 규범적인 연구의 내용과 방법은 무엇이어야 하는지를 살펴보자.

1) 내 용

이 글에서는 규범적 연구의 내용을 임의영(2006)이 제시한 행정철학의 네 가지 논의범주를 중심으로 살펴보고자 한다. 첫째, 행정의 본질에 대한 개념적 사유와 관련된 '행정존재론(ontology of public administration)' 범주이다. 예시적으로 행정 및 행정학과 관련된 핵심개념들은 과학, 학문, 국가, 정부, 공공성, 행정, 관리, 봉사, 관료제, 권력, 정치, 정책, 공무원, 국민, 행정학 등을 들 수 있다. 개념적 사유는 단순히 행정학의 영역에 머물지 않는다. 각각의 개념이 다양한 학문 분야에서 어떻게 정의되고 유통되는지를 종합적으로 고찰하는 노력을 요구한다. 둘째, 행정에 관한 지식을 생산하고 유포하며 소비하는 일련의 과정에 관한 '행정인식론(epistemology of public administration)' 범주이다. 행정인식론은 지식의 의미, 이론을 구성하는 '방법론', 학자공동체의 이론구성 '활동'에 초점을 맞춘다. 셋째, '좋은(good) 행정' 혹은 '옳은(right)' 행정의 가능성을 사유하는 '행정윤리론(ethics of public administration)' 범주이다. 행정윤리론은 다시 행정이 추구해야 할 가치의 의미에 관한 행정가치론(axiology of public administration), 그리고 그러한 가치의 실현을 위한 방법론에 관한 행정실천론(praxeology of public administration)으로 세부화될 수 있다. 행정가치론에서는 정의, 공익, 민주주의, 인권, 자율, 자유, 평등, 복지, 합리성, 능률성, 중립성, 합법성 등과 같은 가치들을 개념적으로 사유한다. 행정실천론에서는 정직, 책임, 봉사, 부패, 내부고발 등과 같은 공직윤리를 다룬다. 그리고 보다 포괄적으로는 행정과 관련된 공론장의 문제와 지식인(행정학자)의 책임과 참여 문제를 다룬다. 넷째, 인간의 문제를 다루는 '행정인간론' 범주이다. 이 범주에서는 행정이론에 내재된 인간관만이 아니라 학문일반에서 제시되고 있는 인간관 일반을 함께 다룬다.

2) 방 법

그렇다면 규범적 연구는 어떻게 이루어지는 것이 바람직한가? 앞에서 두 문화 현상을 지적하면서 방법론이 중요한 의미를 가지고 있음을 이미 살펴보았다. 두 문화의 소통이 갖는 중요성을 생각한다면, 규범적 연구가 실증주의와 대립각을 세워야 한다고 주장하는 것은 위험한 것으로 보인다. 물론 실증주의와 대비되는 현상학, 해석학, 비판이론, 포스트모더니즘 등 다양한 방법론들이 규범적 연구에서 많이 활용될 것이다. 그렇다고 실증주의적인 방법론이 배제될 이유는 없다. 중요한 것은 실증주의적인 방법을 규범적 연구에 활용할 수 있는 방법, 즉 실증적으로 수집된 자료를 해석하는 방법에 대해 고민할 필요가 있다는 것이다. 가령 최근에 발표되고 있는 논문들 가운데 윤리나 가치와 관련해서 공무원들이 가지고 있는 태도를 실증적으로 연구한 것들이 더러 눈에 띈다. 이러한 연구들에서 보이는 한계는 규범적 개념에 대한 이해가 충분하지 않다는 것, 그리고 그것들을 측정 가능한 것으로 조작하는 과정에서 개념이 갖는 본래의 의미가 왜곡되는 경우가 적지 않다는 것, 특히 결과에 대한 해석이 말 그대로 실증주의적인 방식에 머무르고 있다는 것이다. 즉, A요인과 B요인이 확률적으로 유의미한 관계에 있다는 것을 밝히기는 하지만, 'A와 B가 그러한 관계에 있는 이유'에 대한 설명은 생략되거나 회피되고 있다. 이러한 한계들을 극복하면서 실증적 자료들을 활용할 수 있는 방법을 찾고 적용한다면, 굳이 규범적 연구에서 실증주의적 방법을 배제할 이유는 없을 것이다.

지금까지 규범적 연구의 활성화를 위한 실질적인 조건, 규범적 연구의 성격, 그리고 규범적 연구의 내용과 방법 등에 대해 살펴보았다. 마지막으로 한 가지 첨가할 요구는 규범적 연구는 '두 문화' 현상을 극복하는, 다시 말해서 과학적 문화와의 소통을 전제하는 방향으로 진행될 필요가 있다는 것이다. 그것이 학문의 발전을 위한 긴장과 창의성을 확보하는 길이 될 수 있기 때문이다.

Ⅵ. 맺 음 말

한국행정학계의 학문적 위기의식은 다른 학문에 비해 상대적으로 강한 편이다. 이러한 자기의식은 학문의 발전을 위해 중요한 의미를 갖는다. 따라서 이 장에서는 학문적 자기의식이 전제해야 할 조건에 대한 '인문적 고민'을 제시하는 것으로 결론을 대신하고자 한다. 먼저 행정학자건 실무자건 적어도 이상사회에 대한 '상상력'을 발동해야 할 필요가 있다는 것이다. 행정학을 배우고 가르치는 사람들이 좋은 사회에 대한 꿈이나 희망을 나누지 못한다면, 학문적 비극일뿐만 아니라 학자적 삶의 비극이기도 할 것이다. 두 번째로 다양한 가능성에 대해서 우리 자신을 '개방'해야 한다는 것이다. 행정학이 무엇인지 확정할 수 없는 현실이 위기로 이해되기도 하지만, 역으로 다양한 가능성들이 모색될 수 있는 기회이기도 한 것이다. 따라서 가능성에 대한 유연한 태도는 학문발전에 중요한 의미를 가질 것이다. 마지막으로 학자로서 혹은 지식인으로서의 '진정성'에 대해 고민하는 장이 마련될 필요가 있다. 행정학의 도구적 성격이 도구적 지식인으로서 행정학자를 정당화할 수는 없기 때문이다. 그리고 그러한 모습은 학문의 발전에도 결코 도움이 되지 않는다. 이러한 측면에서 보면, 과학적 문화와 인문적 문화의 소통은 긴장관계에 있으면서 학문의 발전을 자극하고 풍요롭게 하는 데 중요한 자극제가 될 것이다.

◈ 참고문헌

강명구. (2001). 한국행정학 위기론에 관한 소고: 반주변부로부터의 사색. 「정부학연구」, 7(2): 91-114.

강명구. (2008). 직업으로서의 행정학: 「한국행정학 50년: 1956-2006」에 대한 비판적 성찰. 「한국행정학보」, 42(1): 435-455.

감기택 외. (2007). 「사회과학 기초학문 활성화 프로젝트 보고서」. 강원대학교.

김광웅. (1979). 사회과학연구방법의 토착화에 관한 소고. 「행정논총」, 17(2): 146-170.

김번웅. (1987). 한국행정이론의 토착화. 「행정논집」, 16. 동국대학교행정대학원.

김영평. (1992). "정책분석과 비판"에 대한 논평. 「한국행정학보」, 26(3): 1027-1035.

김종술. (2005). Missing Link를 찾아서. 「kapa@포럼」, 112: 15-17.

문태현. (1992a). 정책분석과 비판이론: Habermas의 의사소통능력이론을 중심으로. 「한국행정학보」, 26(2): 265-280.

문태현. (1992b). 정책분석과 비판이론의 재음미: 평론에 대한 답론. 「한국행정학보」, 26(4): 1461-1473.

박종민. (2006). 한국 행정이론을 위한 비판적 성찰. 한국행정학회(편). 「한국행정학 50년: 1956-2006」, 37-59.

백완기. (2005). 「한국행정학 50년: 문헌검토를 중심으로」. 서울: 나남.

안병영. (1982). 행정이론의 토착화와 '정부용역학'의 극복. 「월간조선」, 7: 314-342.

안병영. (2006). 시대별 국가과제와 행정학의 대응분석. 한국행정학회(편). 「한국행정학 50년: 1956-2006」, 403-432.

윤재풍. (2006). 한국행정학회 창립의 배경과 의의. 한국행정학회(편), 「한국행정학 50년: 1956-2006」, 471-487.

윤태범. (2006). 윤리행정. 한국행정학회(편). 「한국행정학 50년: 1956-2006」, 227-255.

이종범. (1977). 행정학의 토착화에 관한 논거. 「한국행정학보」, 11: 198-223.

임의영. (2005). '행정학의 한국화'를 위한 단상. 「kapa@포럼」, 111: 26-29.

임의영. (2006). 「행정철학」. 서울: 대영문화사.

정무권. (2006). 사회적 약자를 위한 행정: 복지・교육・여성. 한국행정학회(편). 「한국행정학 50년: 1956-2006」, 257-286.

정성호. (2005). '행정학의 한국화'에 대한 정신분석학적 사색. 「「kapa@포럼」, 111: 23-25.

정용덕. (1996). 한국행정학 발전의 동인. 「한국행정학보」, 30(4): 1-17.

최호준. (1987). 「시민행정학」. 서울: 거목.

Bailey, S. K. (1964). Ethics and the Public Service. *Public Administration Review*, 24(4):

234-243.

Burrell, G. and Morgan, G. (1979). *Social Paradigms and Organizational Analysis.* London: Heineman.

Caldwell, L. K. (1943). Thomas Jefferson and Public Administration. *Public Administration Review*, 3: 240-253.

Cooper, T. L. (1987). Hierarchy, Virtue, and the Practice of Public Administration: A Perspective Normative Ethics. *Public Administration Review*, 47: 320-328.

Cornog, G. Y. (1962). Developments in Public Administration. *Public Administration Review*, 22: 98-105.

Dahl, R. (1947). The Science of Public Administration: Three Problems. *Public Administration Review*, 7(1): 1-11.

Dahl, R. (1961) The Behavioral Approach in Political Science: Epitaph for a Movement to a Successful Protest *American Political Science Review*, 763-772.

Denhardt, K. G. (1989). The Management of Ideals: A Political Perspective on Ethics. *Public Administration Review*, 49(2): 187-193.

Farmer, J. (1995). *The Language of Public Administration: Bureaucracy, Modernity, and Postmodernity*. Tuscaloosa and London: The University of Alabama Press.

Finer, H. (1941). Administrative Responsibility in Democratic Government. *Public Administration Review*, 1: 335-350.

Foucault, M. (1980). *Power/Knowledge: Selected Interviews & Other Writings 1972-1977*. ed. by C. Gordon, L. Marshall, J. Mepham, K. Soper. New York: Pantheon Books.

Frederickson, G. and Hart, D. K. (1985). The Public Service and the Patriotism of Benevolence. *Public Administration Review*, 45: 547-553.

Frederickson, G. (1982). The Recovery of Civism in Public Administration. *Public Administration Review*, 42: 501-508.

Friedrich, C. J. (1935). Responsible Government Service under the American Constitution. in Friedrich and others. *Problems of the American Public Service*. McGraw-Hill.

Gaus, J. M., White, L. D., and Dimock, M. E. (1936). *The Frontiers of Public Administration*. Chicago: University of Chicago Press.

Gluck, L. and Urwick, L. (1937). *Papers on the Science of Administration*. New York: Institute of Public Administration.

Gluck, L.(1937). Science, Values and Public Administration. Gluck, L. and Urwick, L, *Papers on the Science of Administration*, 191-195. 1937. New York: Institute of Public Administration.

Golembiewski, R. T. (1962). Organization as a Moral Problem. *Public Administration*

Review, 22(2): 51-58.

Harmon, M. (1974). Social Equity and Organizational Man: Motivation and Organizational Democracy. *Public Administration Review*, 34: 11-18.

Hart, D. K. (1974). Social Equity, Justice and Equitable Administrator. P*ublic Administration Review*, 34: 3-11.

Hart, D. K. (1989). A Partnership in Virtue among All Citizens: the Public Service and Civic Humanism. *Public Administration Review*, 49: 101-105.

Henry, N. (1986). *Public Administration and Public Affairs*, 3rd. New Jersey: Prentice-Hall Englewood Cliffs.

Kingsley, J. D. (1945). Political Ends and Administrative Means: The Administrative Principles of Hamilton and Jefferson. *Public Administration Review*, 5: 87-89.

Kuhn, T. S. (1970). *The Structure of Scientific Revolution*. 2nd ed. Chicago: University of Chicago Press.

Levitan, D. M. (1942). The Neutrality of the Public Service. *Public Administration Review*, 2(4): 317-323.

Levitan, D. M. (1943). Political Ends and Administrative Means. P*ublic Administration Review*, 3: 353-359.

Leys, W. A. (1943), Ethics and Administration Discretion, *Public Administration Review*, 3(1): 10-23.

Marini, F. (1971). Toward a New Public Administration: The *Minnowbrook Perspective*. New York: Chandler Publishing Company.

Moneypenny, P. (1953). A Code of Ethics as a Means of Controlling Administrative Conduct. *Public Administration Review*, 13: 184-187.

Nigro, L. G. and Richardson, W. D. (1990). Between Citizen and Administrator: Administrative Ethics and *PAR*. *Public Administration Review*, 50: 623-635.

Rohr, J. A. (1976). The Study of Ethics in the P.A. Curriculum. *Public Administration Review*, 36(4): 398-406.

Rohr, J. A. (1989). *Ethics for Bureaucrats: An Essay on Law and Values*, 2nd. ed. New York: Marcel Dekker, Inc.

Sayre, W. S. (1951), Trends of a Decade in Administrative Values. *Public Administration Review*, 11(1): 1-9.

Sayre, W. S. (1958), Premises of Public Administration: Past and Emerging, *Public Administration Review*, 18: 102-105.

Scott, W. G. and Hart, D. K. (1973). Administrative Crisis: The Neglect of Metaphysical Speculation. *Public Administration Review*, 33: 415-422.

Simon, H. (1952). Development of Theory of Democratic Administration: Replies and Comments. *American Political Science Review*, 46(2): 494-496.

Simon, H. (1947). A Comment on "The Science of Public Administration." *Public Administration Review*, 7(3): 200-203.

Simon, H. (1976). *Administrative Behavior: A Study of Decision-Making Processes in Administrative Organization*. New York: The Free Press/London: Collier Macmillan Publishers.

Snow, C. P. (1993). 「두 문화」, 오영환(역). 서울: 민음사.

Tugwell, R. G. (1940). Implementing the General Interest. *Public Administration Review*, 1: 32-49.

Waldo, D. (1952a). Development of Theory of Democratic Administration. *American Political Science Review*, 46(1): 81-103.

Waldo, D. (1952b). Development of Theory of Democratic Administration: Replies and Comments. *American Political Science Review*, 46(2): 500-503.

Waldo, D. (1971). *Public Administration In a Time of Turbulence*. San Francisco: Chandler Publishing Company.

Wallerstein, I. 외. (1996). 「사회과학의 개방: 사회과학 재구조화에 관한 괼벤키안 위원회 보고서」. 이수훈(역). 서울: 당대.

6장 정책과 사회정의 및 규범이론

김 희 강

Ⅰ. 서론: 정책연구의 현시점

최근의 몇몇 한국 행정학자들은 기존의 정책연구가 가치가 지나치게 배제된 도구적(혹은 기술적) 처방학문의 성격을 띠어 왔다고 비판한다(임의영, 2006; 박종민, 2006; 정무권, 2006). 이들에 따르면 공공정책을 제안, 수립, 평가, 그리고 분석한다는 것은 사회와 공공영역의 문제를 인식하고 해결하는 과정을 의미하기 때문에 이는 필연적으로 가치 판단적이라는 것이다. 더불어 정책연구의 가치 판단적인 성격은 그것의 규범성을 내포한다고 설명한다. 실제로 주류 정책연구의 한계로서 몰가치성과 수단성을 비판하며, 정책연구가 가치와 규범을 포함해야 한다는 이와 같은 주장은 한국 행정학계에서 더 이상 새로운 것이 아니다. 박종민(2006: 46)이 지적하듯 규범이론에 대한 관심을 촉구하는 움직임은 한국 정책(행정) 연구의 초기부터 있어 왔으나(안병영, 1979), 논리실증주의와 과학주의를 강조하는 지배적인 연구 경향은 정책연구에 있어 규범적 접근을 궁극적으로 크게 위축시키는 결과를 낳았다.

규범과 가치를 소홀히 다뤄온 정책연구에 대한 비판은 미국 행정학계에서도 찾아볼 수 있다. 1960년대 말 H. Frederickson에 의해 제시된 사회적 형평성(social equity) 개념은 경제학적 효율성(efficiency) 중심의 주류 정책연구를 비판하며 발전된 대안의 규범적 가치이다. 사회적 형평성 개념은 이후 약 20년 동안 공공정책을 수립하고 평가하는 주요한 규범적 가치로서 적용되어 왔다. 그

---

* 이 글은 2008년 한국행정학회 춘계학술대회 발표 논문 “정책연구의 규범적 접근”을 수정 및 보완한 것이다.

럼에도 불구하고 한국의 경우와 유사하게, 미국 학계에서도 사회적 효용성의 규범이론은 정책연구의 주류 담론을 형성하는 데에 실패하였을 뿐만 아니라 1980년대 말 가치 지향적 움직임이 사그라짐과 동시에 그 의미의 중요성도 잃게 되었다(Frederickson, 1990; 임의영, 2006: 9장).

이 글의 목적은 정책연구에 있어 규범적 이해의 불가피성이나 중요성을 강조하는 것에 그치지 않는다. 앞서 언급했듯이 한국학계와 미국학계 모두에서 정책연구에 관련되어 가치 판단의 내재성이나 규범이론의 발전 필요성에 대한 지적은 1960년대 말부터 이미 있어 왔으며, 이를 단순히 반복하고자 하는 것이 이 글의 의도가 아니다. 오히려 정책연구에 있어 규범 논의가 앞으로 어떠한 방향으로 발전되는 것이 바람직한지에 대해 살펴봄으로써 정책연구 분야에서 규범 논의를 보다 풍부하고 건설적으로 만들고자 하는 목적을 지닌다. 따라서 가치 배제적이고 효율성 중심의 지배적인 정책연구의 담론을 비판하며 그 대안으로서 가치 내재적인 규범이론의 발전 필요성을 제시하는 이전 연구와 글의 성격을 달리한다. 정책연구에 있어서 가치에 대한 문제는 중요할 뿐만 아니라 피할 수 없는 부분이라는 점을 전제하고, 그렇다면 어떠한 규범적 가치를 모색하는 것이 정책연구의 핵심인 사회성의 문제를 보다 적절히 다룰 수 있는지에 관심을 갖는다. 특히 사회정의의 중심 요소인 '평등'의 규범적 가치에 초점을 맞춘다. 평등의 가치를 추구하는 사회정의 규범이론은 어떠한 모습을 보이고 있으며 어떠한 내용을 포함하고 있는지 살펴보고자 한다.

이 글의 구성은 다음과 같다. Ⅱ에서는 기존 정책연구에서 규범적 가치의 기준이 되어온 효율성과 사회적 형평성 논의를 재검토한다. 효율성과 사회적 형평성이 규범적 가치로서 유의미함에도 불구하고, 정책연구의 주요 대상인 사회정의의 문제, 보다 구체적으로 사회의 구조적 불평등의 문제를 다루는데 있어 나타나는 한계를 지적하고자 한다. Ⅲ에서는 사회정의의 문제를 다룰 수 있는 규범이론은 어떠한 내용을 담고 있는지에 대해 보다 건설적인 입장에서 논하려 한다. 마지막으로 결론 부분인 Ⅳ에서는 사회정의 문제를 적절히 다룰 수 있는 규범이론이 근거한 공공정책이 적용된 사회는 어떠한 모습일지에 대해 추상적이고 이론적인 수준에서나마 간략하게 그려보겠다.

Ⅱ. 효율성과 사회적 형평성: 의의와 한계

효율성과 사회적 형평성은 자주 회자되는 정책연구의 규범적 가치이다. 효율성이 기본적이고 지배적인 가치의 기준으로 여겨지고 있었다면, 효율성 중심의 정책연구를 비판하며 1960년대 말부터 정책연구의 대안적 가치로 떠오른 것이 사회적 형평성 개념이다. 여기에서는 효율성과 사회적 형평성이라는 가치가 정책연구에 있어서 중요한 규범적 기준을 제시하고는 있지만, 현재의 사회가 당면하고 있는 구조적 불평등의 문제를 인지하고 해결할 수 있는 사회정의의 규범이론으로서 역할하기에는 한계가 있음을 밝히고자 한다.

효율성의 근본 원칙은 공리주의(utilitarianism)에서 기원한다. 정부의 공공정책은 시민 최대 다수의 복지(행복)를 극대화하고자 하는, 즉 최대다수 최대행복의 공리주의에 근거한다. 공리주의는 정책연구에 있어서 가장 영향력 있고 널리 적용되는 원칙이다. 정부의 공공정책이 공리주의 원칙에 기초한다는 것은 정부가 정책을 제안, 수립, 그리고 평가하는 경우에 전체 시민의 복지를 최고의 가치로 두고 있음을 의미한다. 이 글에서는 공리주의에 대해 깊이 있는 사상적이고 철학적인 논의를 다루지 않겠다. 하지만 공리주의 원칙이 정책연구와 관련되어 어떤 의미를 가지는지에 대해 다음과 같은 두 가지 관점에서 짧게 언급해 보겠다.

첫째, 공리주의에서는 효용(utility)을 개인들이 추구하는 다양한 가치를 조정할 수 있는 유일하고 포괄적인 가치라고 설명한다. 예를 들면, T. Hobbes가 주장하는 안보, J. Locke가 주장하는 생명 · 자유 · 재산, J. Rousseau가 주장하는 공동체 등 다양한 규범적, 도덕적 가치가 존재할 수 있겠지만, 이러한 다양한 가치를 포괄할 수 있고 또한 이들에 우선하는 가치로 제시된 것인 효용이다. 공리주의자에게 효용은 개인의 복지의 한 형태로서, 보다 일반적으로는 선호의 만족(preference satisfaction)으로 이해된다. 개인의 선호를 최고로 만족시키는 상태, 즉 개인의 효용을 극대화하는 것이 공리주의의 목적이다. 이때 개개인은 효용 가치를 측정함에 있어 모두 평등하게 취급된다. 어떤 사람도 다른 사람보다 더 중요하거나 혹은 덜 중요하지 않으며 효용을 측정함에 있어 모두가 평등하다는 논리에 기초해 있다. 둘째, 정책입안자는 다양하고 갈등을 일으킬 수 있는 규범적 가치들을 하나의 효용 가치로 전환될 수 있다는 공리주의

원칙을 기본적으로 전제한다. 그리고 정책이 적용되었을 때 시민들이 얻게 되는 비용과 편익을 효용의 측면에서 계산하고, 최소한의 효용 비용으로 시민들의 복지를 극대화시키는 정책을 선택한다. 결과적으로 정책연구에서 쓰이는 지배적인 원리인 비용편익분석(cost-benefit analysis)은 최소의 비용으로 최대의 효과를 추구하는 효율성 원리에 기초하며, 효율성의 측정은 공리주의에서 발전시킨 효용가치에 근거한다(Kymlicka, 1990: chap. 2; Gutmann and Thompson, 1996: chap. 5).

정책연구에 있어 가치의 문제는 매우 중요하고 필수적일 뿐만 아니라 가치판단이 적용되지 않은 정책연구는 기본적으로 불가능하다. 공공정책과 관련하여 규범적 이해를 촉구하는 학자들은 비용편익분석이 몰가치적이라고 비판지만, 이 또한 효용(구체적으로 효용의 극대화)이라는 규범적 가치를 내포하고 있다는 점이 간과되어서는 안 된다(Adler and Posner, 2001). 효율성 중심의 주류 정책연구는 사회 구성원의 효용(복지 혹은 행복)을 공공정책의 궁극적인 목표와 규범성의 기준으로 삼고 있는 것이다(Stokey and Zeckhauser, 1978: 4-5). 많은 정책연구에서 효율성의 가치내재성이나 규범성이 간과된 채 기술적이고 도구적인 용도로만 사용되고 있다면, 이는 정당한 비판의 대상이 될 수 있겠다. 그러나 이것이 효율성이 지니는 규범성과 가치내재성을 단순히 부인하는 것으로 인식되어서는 안 된다. 효율성이 정책연구에 있어 규범적 기준이 되지 못한다면, 그 이유는 효율성이 규범적이지 않기 때문이 아니라 현재 사회의 주요하고 심각한 문제인 부정의와 불평등을 효율성의 분석 틀로는 적절히 설명하지 못하기 때문이어야 한다. 다시 말해, 이는 사회구성원의 복지의 총합을 다루는 공리주의가 사회정의 문제를 다루는데 적절한 규범적 기준으로 작동할 수 있는지에 대한 근본적인 질문이어야 한다는 것이다.

정책연구 분야에서 사회정의 문제에 보다 천착하게 된 계기는 사회적 형평성이라는 개념이 소개되면서부터이다. 사회적 형평성은 Frederickson에 의해 1960년대 말 정책연구의 규범적 기준으로 발전되었다. Frederickson은 절약, 효율성과 더불어 사회적 형평성을 행정연구에 있어 세 가지 핵심이 되는 가치로서 제안한다. 절약과 효율성이 행정관리와 행정경영의 측면에서 유의미한 규범적 가치라면, 사회적 형평성은 정부이론의 측면에서 유의미한 가치의 기준이 되어야 한다고 설명한다(Frederickson, 1990: 228). 사회정의 문제를 인식하고 설명할 수 있는 규범적 가치의 기준으로 사회적 형평성이 제시된 것이다. Frederickson의 사회적 형평성 개념은 Rawls의 정의론에서 비롯되었는데, Ralws가 관심을 보였던 사회정의 문제인 개인의 자유와 사회의 공평성(fairness)과 깊이 있게 연관된다. 특히 사회적 형평성은 Rawls의 정의 원칙이 제시하는바, 즉 사회 구성원들에게 기본적인 자유와 기회의 평등이 보장되어야 할 뿐만 아니라 사회에서 가장 덜 우월한 입장에 있는 사람들(the least advantaged people)에게 가장 큰 혜택(the greatest benefit)을 주는 방향으로 자원이 분배되어야 한다는 평등주의 사상을 전제한다. 무엇보다도 사회적 형평성 개념이 의미 있는 이유는, 이를 통해서 사회정의가 정책연구의 주요 대상으로서 인지되었다는데 있다.

이러한 장점에도 불구하고 여기에서의 중요한 질문은, 사회적 형평성이 정말로 정책연구에서 규범적 가치로서 적절한 역할을 할 수 있는지에 대해서이다. 다시 말해, 사회적 형평성이 사회정의 문제를 올바르게 인식하고 해결하는 데 있어 유의미한 규범적 기준이 될 수 있는지에 대한 질문이다. 이는 앞서 필자가 공리주의의 효율성을 비판하며 던졌던 질문과 같은 맥락에 있다. 이 점에서 임의영(2006: 208)의 지적은 의미가 있다. 임의영에 따르면 Frederickson의 사회적 형평성은 Rawls의 정의론을 행정학 분야에서 전환시켜서 적용시킨 경우에 불과하기 때문에, Rawls의 정의론이 내재하는 문제를 사회적 형평성이 공유하고 있다고 주장한다. 물론 이것이 Rawls 정의론의 이론적 중요성을 쉽게 간과하는 것은 아니지만, Rawls 정의론이 비판받고 있는 한계를 Frederickson의 사회적 형평성도 함께 지니고 있다는 점에서 주목할 필요가 있다. 예를 들어, Rawls의 정의론이 비판받는 중요한 측면 중의 하나가, 그것이 자유주의적 전통에 속하고 있기 때문에 사회 비판적이고 변혁적인 성격이 제한되어 있다는 것이다. 다시 말해, Rawls의 자유주의적 이론이 지니는 궁극적인 체제유지적 성격이다. 그 구체적인 예로써 W. Kymlicka(1990: 89)는 젠더 문제를 설명한다. Kymlicka에 의하면 Rawls의 정의론은 소외된 계층의 문제와 불평등의 문제를 다루고 있음에도 불구하고, 자유주의 전통의 이론에서 자주 생략되는 이슈 중의 하나인 성불평등을 간과하고 있다고 설명한다.

그렇다면 사회정의와 평등의 문제를 다룸에 있어 효율성과 사회적 형평성의 가장 치명적인 한계는 무엇인가? 필자가 강조하고 싶은 가치 규범으로서의 효율성과 사회적 형평성의 한계는 사회의 고질적인 부정의인 사회 집단들 간의 불평등 문제를 적절히 설명할 수 없다는데 있다. 최근 학자들은 사회의 고질적인 부정의의 하나로 사회 집단들 간의 관계에 주목한다. 특히 주류 집단과 비주류 집단 간의 관계, 즉 사회에서 특권을 누리는 집단과 그렇지 않고 불이익을 받는 집단 간의 관계에 초점을 맞춘다. 여기에서 주로 문제가 되는 것은 성, 민족, 인종, 종교, 문화 등의 차이에 따라 구분되는 집단이며, 이들 집단 간의 불평등한 관계이다. 다시 말해, 여성이 남성에 대해서, 소수(비주류)민족이 다수(주류)민족에 대해서, 외부 이민자가 이전 정착민에 대해서 겪는 불평등, 차별, 억압의 문제는 사회정의의 핵심 이슈이며, 정책연구는 이러한 불평등, 차별, 억압의 문제를 진단할 수 있어야 할 뿐만 아니라 이를 교정, 수정할 수 있는 규범적 지침을 제시할 수 있어야 한다. 따라서 정무권(2006: 268)이 지적한 대로, 정책연구는 사회정의의 문제를 "본질적인 차원에서 접근"할 수 있어야 하며, 이를 위해서는 "사회적 취약 계층의 발생원인, 그것이 사회의 구조, 작동원리에 미치는 효과에 초점"을 맞춰야 한다. 이는 "억압, 소외, 배제되는 집단"을 사회적 약자로 나누고, 이들을 사회적 약자로 나누게 되는 가치적, 철학적 논쟁을 필연적으로 포함한다. 정책연구의 규범논의란 "보다 적극적이고 거시적인 차원에서 사회문제의 구조적인 인식과 사회문제의 해결"과 관련된다(정무권, 2006: 267).

쉽게 말해, 사회부정의에 대한 구조적인 인식과 이러한 구조적 불평등에 대한 해결의 차원에서 효율성과 사회적 형평성의 한계가 있다는 것이다. 개인의 선호 만족을 최고의 그리고 유일한 가치로 보는 공리주의에서는 집단들 간에 나타나는 고질적인 구조적 불평등 문제를 제대로 접근하기에 어려움이 있다. 예를 들어, 효율성의 관점에서라면 성불평등의 주요 원인으로 분석되는 가정 내 성별분업의 문제점을 적절히 설명할 수 없다. 많은 여성이 자녀양육을 위해 노동시장에서의 전임제(full-time) 직업을 포기하고 가정주부로서의 삶을 선택하거나 이전의 전임 직업에 훨씬 못 미치는 시간제(part-time) 직업을 선택하고 그 결과 그러한 선택에 만족하고 있다면, 효율성의 측면에서 볼 때 그러한 여성의 선택은 하나도 문제될 것이 없다. 그러나 왜 그리고 무엇이 여성들로 하여금 그러한 선택을 하게끔 하였는지에 대한 근본적인 질문에 대해서라면 효율성의 관점에서는 설명될 수 없다. J. Elster(1985)가 지적하였던 적응화된 선호(adaptive preference)의 문제, 특히 특정 집단의 특정 선택에서 보이는 적응화된 선호의 문제를 규범적으로 접근하기에는 한계가 있다.

사회적 형평성 역시 사회부정의에 대한 구조적인 인식과 구조적 불평등을 분석하기에 한계를 보인다. Rawls의 정의론은 효율성의 관점과 비교해 볼 때 사회구조와 불평등의 문제에 보다 천착한 점은 주목할 만하다. 그러나 개인의 자유에 대한 절대적인 신봉과 동시에 자원의 분배를 강조한 Rawls의 정의이론은, 제도의 문제와 근본적인 사회구조의 변화를 다루기에는 여전히 부족한 점이 많다. I. Young(1990)이 주장하듯 Rawls류의 자유주의 학자들이 제시하는 분배의 패러다임(distributive paradigm)에 근거한 사회정의 이론은 사회부정의와 불평등의 근본적인 원인으로 지적되는 제도와 사회구조의 문제를 단지 피상적으로만 접근할 뿐이다. 분배의 패러다임의 모형을 제시하는 것도 중요하지만 정의로운 사회는 어떤 사회인가, 우리는 정의로운 사회에 살고 있는가, 현재 사회의 고질적인 부정의는 무엇인가, 사회부정의는 어떻게 교정, 수정될 수 있는가라는 질문에 보다 실질적으로 접근할 필요가 있다. 앞서 임의영(2006: 208)의 언급한 대로 이는 자유주의적 사회정의 이론의 체제유지적 성격에 대한 비판이다.

따라서 사회정의의 규범이론은 사회의 주요한 구조적 불평등과 사회부정의에 대한 인식이 우선 먼저 전제되어야 한다. 효율성과 사회적 형평성의 규범가치가 비판받아야 하는 이유는 그것이 현재 사회가 직면하고 있는 주요한 사회부정의와 불평등의 문제를 적절히 설명할 수 없기 때문이다. 다시 말해, 기존의 규범이론이 구조적 불평등과 사회부정의의 문제를 설명하기에 어떠한 점이 부족했는지에 관심을 가져야 한다. 이것은 효율성이 가치 배제적인지 아니면 가치 내재적인지에 대한 질문이 아니며, 혹은 사회적 형평성이 효율성을 대신하는 규범적 가치로서 얼마나 의미 있는지에 대한 질문도 아니다. 대신에 현재 사회가 직면하고 있는 문제를 바르게 인식하고 이것을 설명해 줄 수 있는 규범이론에 대한 논의가 다양한 관점에서 검토되어야 하겠다(임의영, 2006: 9장).

그렇다면, 구조적 불평등과 부정의를 인지하고 해결할 수 있는 규범이론은 어떠한 내용을 포함해야 하는가? 다음에서는 기존의 규범이론에 대한 비판을 넘어 보다 건설적인 시각에서 사회정의의 규범이론에 대해 모색해 보겠다.

Ⅲ. 사회정의와 규범이론

사회부정의를 인식하고 그것을 해결 혹은 개선할 수 있는 규범이론은 어떠한 내용을 포함해야 하는가? 정책연구에 적용되는 규범적 가치는 어떠한 성격을 띠어야 하는가? 여기에서는 사회정의를 다루는 정책연구의 규범이론이 갖추어야 하는 다음과 같은 네 가지 범주를—① 집단들 간의 사회관계에 관한 평등, ② 구조적 불평등을 다루는 사회적 책임, ③ 개인의 자율성 도모, ④ 개인의 책임성 측정—중심으로 살펴보고자 한다. 집단들 간의 사회관계에 관한 평등과 구조적 불평등을 다루는 사회적 책임의 범주는 사회정의에 천착하면서 개인보다는 집단, 그리고 행위자보다는 사회구조에 주목하고 있다. 반면에 개인의 자율성 도모와 개인의 책임성 측정의 범주는 집단과 구조를 강조함과 동시에 그 중요성을 간과할 수 없는 개인의 자유와 선택에 관해 주시하고 있다. 이러한 네 가지 범주가 포괄적인 사회정의 이론을 구성하는 데에 충분하지 못하겠지만, 정책연구에 적용되는 규범이론이 갖추어야 할 청사진을 제시하는 기초로서는 유의미한 논의가 되리라고 생각한다.

1. 집단들 간의 사회관계에 관한 평등

사회정의에 초점을 둔 정책연구의 규범이론은 평등을 정의할 수 있어야 한다. 즉 평등을 기본적으로 사회관계에 적용되는 개념으로 인식하여야 하며, 평등의 주요한 목적이 집단들 간의 정당한 사회관계를 유지하고 증진시키는데 있다는 것을 강조해야 한다.

이와 같은 평등에 대한 정의는 최근 일련의 평등주의 정의론자에 의해서도 제시된다. D. Miller(1999), S. Scheffler(2003), R. Norman(1998), T. Hinton(2001), E. Anderson(1999) 등은 평등의 문제를 다루는데 있어 사람들 간의, 특히 집단들 간의 사회관계에 주목한다. 다시 말해, 자원을 사회구성원 개개인에게 어떻게 '평등'하게 분배해야 할지를 결정하거나 (예를 들어, Rawls의 정의론은 이러한 분배적 평등의 부류에 속한다) 혹은 개인의 환경을 운과 선택의 요소로 나누고 운에 의한 요소를 제거하는 하는 것은 (예를 들어, R. Dworkin을 포함한 운평등주의자의 이론이 여기에 속한다. 물론 Dworkin의 자원평등 이론은 궁극적으로 분배의 평등에 기초하고 있다) 평등을 적절히 개념화하지 못한 것이라고 주장한다. 이들에 따르면, 평등은 분배의 양식을 정하는 것도 아니고 사람들의 삶에 영향을 미치는 불행의 요소를 제거하는 것도 아니며, 대신에 사회관계의 모습을 그리는 것이라고 주장한다.

사회관계를 강조하는 이들의 주장을 간단히 살펴보면 다음과 같다. Miller는 Rawls와 Dworkin의 분배적 평등과 구별되는 그의 "사회적 평등(social equality)" 개념을 제시한다. Miller(1999: 239)에 따르면 "사회적 평등은 사람들이 서로를 어떻게 대하느냐, 그리고 사람들이 그들 간의 사회관계 속에서 어떻게 행동하느냐의 문제"라고 단언한다. 이 점에서 사회적 평등은 "개개인의 사람들이 권력, 위신, 혹은 재산의 면에서 모두 똑같이 분배받아야 한다고 요구하지 않는다. 또한 [사회적 평등은] 사람들이 힘이나 지적 수준과 같은 생태학적인 측면에서도 모두 똑같아져야 한다고 요구하지 않는다." Scheffler(2003: 31)는 그의 "평등의 사회적 및 정치적 이상(social and political ideal of equality)" 개념을 발전시키면서 평등이라는 것은 사람들 간의 사회관계를 지배하는 개념이며, 따라서 "[평등의] 핵심 가치는 인간관계의 규범성"이라고 주장한다. Hinton(2001: 80)도 평등이란 경제적 착취나 사회적 지배와 같은 부정당한 "인간 상호작용"을 제거함으로서 성취 가능한 것으로 보고 있다. Norman(1998: 42-51)도 평등이란 "특정 종류의 사회관계를 특징짓는 것"이라고 주장하면서, 어떤 종류의 사회관계가 다른 종류의 사회관계보다 더 낫다고 결정할 수 있다면 바로 "이것이 평등이다"고 설명한다. Norman(1998)에 따르면 만약에 어떤 사람이 다른 사람에 비해 더 많은 양의 일을 하도록 강요당했다면, 혹은 어떤 사람이 다른 사람 몰래 자신의 몫을 갈취당했다면, 이들 간의 관계는 지배와 착취이지 평등은 아닌 것이다. 즉, Norman에게 평등이란 협력과 상호이익으로 이해될 수 있겠다.

요약건대, Miller, Scheffler, Norman, Hinton 모두 평등을 개인들이나 집단들 간의 사회관계의 형태로 간주하고 있다. 그리고 이러한 입장에 필자도 전적으로 동의하는 바이다. 그러나 이들의 주장에 더해 한 가지 첨가되어야 할 것이 있다면, 정책연구의 규범이론은 평등이라 불릴 수 있는 정당한 사회관계의 모습에 대해 구체적으로 그릴 수 있어야 한다. 다시 말해, 평등을 집단들 간의 정당한 사회관계의 한 형태로 정의한다면, 이러한 정당한 사회관계가 어떠한 특징을 가지고 있는지 밝힐 수 있는 것이 중요하다. Scheffler(2003: 37)의 단어를 빌리자면, "동등한 사람들 간의 관계란 어떤 모습인지에 관한 질문"에 답할 수 있어야 한다. 정당한 사회관계란 도대체 어떤 모습의 관계인가? 부정당한 사회관계와 정당한 사회관계를 어떻게 구별할 수 있을까? 부정당한 사회관계의 특징은 무엇이며, 이것이 정당한 사회관계의 특징과 어떻게 구별되는가? 규범이론이 이러한 질문에 답할 수 있기 위해서는 집단들 간의 사회관계를 평가할 수 있는 규범적인 척도를 제시하고 더 나아가 정당한 사회관계가 어떠한

모습을 띠고 있는지에 대한 모습을 그리려는 노력이 필요하다고 본다.[1]

2. 구조적 불평등을 다루는 사회적 책임

사회정의에 초점을 둔 정책연구의 규범이론은 사회적 책임(social responsibility) 개념에 근거해야 한다. 집단들 간의 평등한 사회관계와 정당한 사회구조를 유지시키는 것은 궁극적으로 사회의 책임이기 때문이다. 사회구조란 개인과 집단의 관계, 행동, 선택뿐만 아니라 사회관습, 사회화, 문화관습, 그리고 제도 및 조직 등을 통해서 사회적으로 구성된 것이다. 따라서 부정당한 사회구조와 불평등한 사회관계를 변화시키기 위한 책임이 특정 개인이나 특정 집단에 일임될 수는 없다. 더군다나 특정 개인이나 특정 집단은 사회구조에 대해 완전한 통제권을 가지고 있지도 못하다. 사회구조의 부정의와 사회관계의 불평등은 사회구성원 모두의 집단적인 노력에 의해서만이 해결될 수 있다. 이러한 사회의 책임을 총괄적으로 관리하는 것이 정부의 역할이며, 정부는 공공정책을 통해 그 역할을 수행한다.

여기에서 논의되는 사회적 책임 개념은 Young(2003)이 주장하는 정치적 책임(political responsibility) 개념에서 비롯되었음을 밝혀둔다.[2] Young은 사회적 책임 개념을 법학이나 윤리학 분야에서 주로 거론되는 책무(liability) 개념과 구별지어 설명한다. '책무'는 손해나 피해를 입은 개인과 집단에게 주어지는 보상(compensation)차원의 논의임에 반해, '사회적 책임'은 사회의 구조적 부정의를 개정(rectification)하는 차원의 논의이다. 사회적 책임은 다음과 같은 네 가지 특징을 포함한다.

첫째, 사회적 책임은 구조적 시각에 근거한다.[3] 다시 말해 사회적 책임은 집단들 간의 관계에 관한 거시적인 패턴을 관찰하는데 주목한다. 집단들 간의 사회적 관계를 진단하고 평가하는 과정에 초점을 맞추고 있다. 이러한 구조적 시각을 통해서만이 궁극적으로 그리고 결과적으로 사회 구성원 개개인의 복지와 기회의 실질적인 평등이 보장될 수 있다고 본다.

---

1) 집단들 간의 사회관계를 평가하는 규범적 척도에 대한 보다 자세한 설명은 H. Kim(2006) 참조. "1. 집단들 간의 사회관계에 관한 평등" 부분은 Kim(2006)의 서론에서 요약, 발췌한 것이다.

2) 이 글에서는 '정치적 책임' 대신에 '사회적 책임'이라는 표현을 쓰겠다

3) Young(2003: 10)은 이를 두고 '매크로(macro)적인 관점'이라고 설명한다.

둘째, 사회적 책임은 모든 사람에게 '평등한 관심과 존경(equal concern and respect)'이라는 평등의 근본 원칙에 부합한다. 즉, 사회적 책임을 통해 정당한 사회구조가 전제됨으로서 사회구성원 개개인이 존경받을 수 있는 정당한 조건이 조성된다고 볼 수 있다. 이러한 특징은 다른 평등이론의 성격과 차이를 보인다. 예를 들어, 개인의 운의 요소와 개인의 선택을 구분해야 하는 운평등주의(luck egalitarianism)와 같은 경우, 개인의 내적 자산에 대한 평가를 불가피하게 수반한다. 어떤 개인이 경험하는 빈곤의 원인이 나태함 때문이라면, 그 나태함이 개인의 선택에 의한 것인지 아니면 부모로부터 받은 유전요소 때문인지에 대해 평가가 필요하기 때문이다. 따라서 평등을 위해서 개인의 속성에 대해 평가를 해야 하며, 이는 때때로 개인을 격하시키고 창피하게 할 수 있다. 평등 때문에 개인의 자존심이 침해된다면 궁극적으로 평등이 추구하는 평등한 관심과 존경이라는 원칙에 위배된다고 본다(Wolff, 1998; Anderson, 1999: 304-307; Scheffler, 2003). Hinton(2001)에 따르면, 개인의 속성에 초점을 맞추는 자유주의 사회정의 이론은 공정성과 존경 중에 하나를 선택해야 하는 경우가 있다고 지적한다. 그러나 공정성이 정당한 사회관계와 사회구조를 목적으로 하고 있는 한 공정성과 존경은 서로 완벽하게 양립되는 개념일 수 있다.

셋째, 사회적 책임은 정당한 사회관계를 추구하는 규범성에 근거한다. 기존의 많은 사회정의 이론이 자원(예를 들면, 돈이나 월급)의 '평등'한 분배에 관한 패턴에 초점을 맞추고 있다면, 이와는 대조적으로 사회적 책임은 구조적 부정의를 야기하고 재생산하는 개인과 집단의 행동, 선택, 사회적 관습, 제도의 모든 과정에 관여한다. 구조적 부정의를 진단하고 개선하는 관점의 사회적 책임은, 개개인들에게 실질적인 기회의 평등을 제공하고 다양한 삶의 계획을 추구할 수 있도록 하기 위해 집단들 간의 정당한 사회관계를 유지, 규율하는 목적을 지닌다. 따라서 사회적 책임은 자원의 재분배에만 한정된 것이 아니라 사회구조를 구성하는 집단들 간의 정당한 관계를 만들고 개선하는데 그 목적이 있다.

마지막으로 넷째, 사회적 책임은 개인의 자율성과 양립될 수 있을 뿐만 아니라 개인의 자율성을 촉진시키고 도모하는데 도움을 준다. 개인이 자발적인 선택을 하고 그 선택에 책임을 진다는 것으로 개인의 자율성을 충족시키는 필요충분조건이 되지 않는다. 사회의 책임 하에서 정당한 사회관계가 우선 형성되어야 하며, 정당한 사회관계 속에서 개인의 자율성이 증진될 수 있다. 다시 말해 정당한 사회구조를 추구하는 사회적 책임은 개인의 자율성을 발전시키기 위한 필요조건이 된다고 본다.

3. 개인의 자율성 도모

정책연구의 규범이론은 개개인의 자율성(autonomy)을 도모해야 한다. 이를 위해서 자율성 개념을 재정의할 필요가 있다. 전통적인 자유주의 입장에 따르면, 자율성은 개인의 독립(independence), 자립(self-sufficiency), 그리고 다른 사람들과의 분리(separateness)로서 이해된다. 자율적인 사람은 독립적이고, 자립적이고, 다른 이들과 분리될 수 있는 독자적인 사람이다. 그러나 규범이론은 이러한 전통적인 자유주의적 개념과는 다르게 자율성을 자결(self-determination) 혹은 자치(self-government)로서 접근해야 한다. 자율적인 사람은 자신에게 주어진 기회를 평가하고, 그것에 대해 비판적으로 사고하고, 그 결과 선택을 함으로써 자신의 삶에 대한 지배력을 행사하는 사람이다.

따라서 규범이론은 자율성의 사회적 측면을 인정하는 것이 중요하다. 개인의 자율성을 재정의하고 재개념화하기 위해서는 개인의 상호의존성과 사회관계를 중요하게 고려한다. 이 점에서는 관계 자율론자의 이론은 의미가 있다. 대표적인 관계 자율성 이론가들로는 J. Nedelsky(1989), M. Friedman(2003), D. Meyers(1989; 1997) 같은 학자를 들 수 있다. 이들 이론에 따르면, 개인은 사회 속에서 필연적으로 위치지어지고, 그들의 자아와 주체성, 그리고 자신의 삶을 이끄는 능력은 사회구조와 복잡하게 얽힌 사회관계에 의해서 구성되고 만들어진다. 즉, 개인의 자율성은 본질적으로 관계적이고 사회적이기 때문에, 사회관계는 개인의 자율성을 개념화하는데 필수적이라고 본다.

개인의 자율성은 사회적으로 구성된 것이다. 자율성을 바르게 이해하기 위해서는 개인의 자율성을 증진시키거나 혹은 방해할 수 있는 사회관계의 특징을 바르게 이해하는 것이 중요하다고 하겠다. 다시 말해, 사회관계가 좋은 방향으로 개인의 자율성을 증진시키는 방법과 사회관계가 나쁜 방향으로 개인의 자율성을 방해하는 방법을 구별하는 것이 필요하다. 따라서 개인의 자율성을 도모하기 위해서는 정당한 사회구조와 사회관계가 선행되어야 하는 것이 필수적이다. 이러한 사회구조와 사회관계 속에서 개인의 선택과 선호가 필연적으로 맥락화되고 구성되며 만들어진다. 정당한 사회관계 속에서 개인은 자율적인 선택을 할 수 있고, 이러한 선택의 경우 개인이 선택의 결과에 따른 정당한 책임을 부여할 수 있는 것이다. 앞서 언급했던 집단들 간의 정당한 사회관계라는 것은 평등의 규범적 기준이 될 뿐만 아니라 개인의 자율성의 도모를 위한 선행조건이라고 할 수 있다.

4. 개인의 책임성 측정

정책연구의 규범이론은 집단들 간의 정당하지 못한 사회관계를 진단, 평가할 수 있는 평등의 이론화가 필요하고, 더불어 구조적 불평등과 부정의를 개선하기 위해서 사회 전체의 노력의 필요성을 강조해야 한다. 그러나 집단 중심으로 평등을 이론화하고 구조적 부정의를 개선하는 사회적 책임을 강조한다고 해서, 규범이론이 개인의 선택의 중요성을 간과하거나 선택의 결과에 대해 개인이 책임지지 않아도 된다고 보는 것은 아니다. 개인이 자신의 선택과 행동에 대해 어느 정도 책임을 져야 한다는 것은 당연하며, 개인의 선택의 결과에 따른 불평등한 결과는 어느 정도 정당화될 수 있어야 한다. 혹자는 필자가 지금 설명하는 개인의 선택과 책임에 대한 강조가 앞서 설명했던 개인의 선택에 대한 사회적 구성성이나 사회구조의 맥락에서 구성되는 개인의 선택에 대한 강조와 배치된다고 생각할지 모른다. 그러나 개인의 선택이 사회적으로 구성되었다는 것이 개인이 자신의 선택에 대해 어떠한 (아주 작은 정도라도) 책임도 없다는 것을 의미하지는 않는다.

따라서 자신의 선택에 대해 개인이 얼마만큼의 책임을 져야 하는지에 대한 문제는 규범이론에서 필수적으로 다뤄져야 하는 대상이다. 실제로 많은 사회정의 이론가들도 이 문제에 천착하였지만, 이것이 쉽게 해결될 수 있는 문제가 아님을 분명히 했다. G. Cohen은 개인의 책임과 선택에 대해 다음과 같이 설명한다. 개인의 자유로운 선택에 근거한 책임의 문제는 “정치철학을 [쉽게 해결될 수 없는] 자유의지(free will)라는 문제의 늪에 빠지게 한다.” 이는 궁극적으로 “정치철학을 해결될 수 없는 형이상학의 문제에 종속되게 하였다”(Cohen, 1989: 934). Scheffler(2004), A. Stark(2002), M. Matravers(2002)도 개인의 선택은 형이상학 차원의 문제로서 다분히 논쟁적일 뿐만 아니라 궁극적으로 해결될 수 없다고 지적한다. Scheffler(2004: 4)의 주장에 따르면, “[개인의 선택에 근거한] 책임성을 중심으로 한 정의 개념은 평등주의 정치철학의 초점이 되지 말아야 한다”고 보았다.

이러한 개인의 선택과 책임에 관한 형이상학적 설명은 모두 의미 있는 지적이다. 그러나 자유의지 문제가 해결되기 어렵다고 해서 개인의 책임 문제를 회피해야 하는 정당한 근거를 제시하고 있다고 보지 않는다. Matravers(2002: 569)가 옳게 지적하였듯이, "우리가 개인의 선택에 근거한 책임에 관한 문제를 설명할 수 없다고 가정한다고 해도 책임에 관한 어떠한 문제도 설명되지 못한다는 극단적인 결론에 도달해서는 안 된다." 개인의 책임성을 설명할 수 있는 이론화가 필요하다. 정책연구의 규범이론은 개인의 선택에 대한 책임의 정도를 측정할 수 있는 논의를 포함해야 한다.

여기에서는 개인의 책임성의 정도를 어떻게 측정할 수 있을지에 대해서는 구체적으로 논의하지 않겠다. 다만, 집단 중심의 규범이론에서 개인의 책임성을 다루는 것이 왜 중요한지에 대해 짧게 두 가지 점에서 언급하고자 한다. 첫째, 필자는 Young(2001), A. Phillips(1999; 2004), O. Fiss(1976), N. Lacey(1998)와 같이 집단 중심의 사회정의와 평등이론을 지지하는 학자들의 의견에 동의한다. 이들이 주장하듯이, 사회의 부정의와 불평등을 결정하는 기준으로 개인의 선택과 책임을 삼는 것은 적절하지 못하다고 본다. 이러한 맥락에서 Phillips(2004: 18)는 구조적 부정의가 심각하게 고려된다면 "개인의 선택의 결과에서 나온 정당한 불평등(이것은 개인이 책임을 져야 하는 불평등이다)은 우리가 일반적으로 인식하는 불평등의 아주 적은 부분만을 차지하고 있다"고 주장한다. Phillips의 이러한 주장은 전적으로 옳으며 따라서 동의하는 바이다. 그러나 이러한 Phillips의 주장은 잘못 이해되어서는 안 된다. 왜냐하면 "불평등의 아주 적은 부분"이라고 할지라도 이것이 정당하게 무시되거나 축소될 수 있다는 것을 의미하지는 않기 때문이다. 따라서 규범이론은 집단 중심의 평등이론과 폭 넓은 사회적 책임 개념의 이해가 필요하지만 동시에, 개인의 선택의 결과에 개인이 얼마만큼 책임을 져야 하는지에 대한 정도를 측정할 수 있는 논의도 함께 포함되어야 한다. 이것이 규범이론이 개인의 선택과 책임에 전적으로 의존하여야 한다는 것을 의미하지는 않지만, 개인의 선택과 행동에 대해서 어느 정도 개인이 책임을 져야 한다는 사실은 도덕적으로 옳기 때문이다.

둘째, 집단 중심의 평등이론을 비판하는 관점들 중의 하나는 이것이 집단 내 개인들 간의 차이를 간과할 수 있다는 점이다. D. Rae(1981: chap. 2)에 따르면, 집단 중심의 평등이론은 같은 집단을 동질의 성격을 가진 한 블록으로 다루기 때문에, 같은 집단 내의 개개인들 간의 차이를 다룰 수 없다고 보았다. 결과적으로 집단 중심의 평등이론은 집단들 간의 평등을 다루고는 있지만 집단 내의 평등의 문제에 대해서는 소홀하다는 것이다. 예를 들어 흑인과 백인 간의 불평등의 증거로서 흑인과 백인과의 평균 소득을 비교하여, 흑인과 백인의 평균 소득을 같게 만드는 것을 목적으로 하는 정책제안을 내 놓는다고 하자. 이 정책은 흑인과 백인 집단 간의 차이를 다룰지언정 흑인과 백인 집단 내의 (정당한) 불평등을 감소시키지는 않는다. Rae가 제시한 것처럼 규범이론은 집단 중심의 평등이론에게 가해진 이러한 비판을 심각하게 다뤄야 한다고 생각한다. 왜냐하면 집단들 간의 차이를 강조하는 것이 개인들 간의 차이나 각각의 집단 내의 정당한 불평등을 단순히 간과할 수 있다는 것과 다르기 때문이다. 따라서 정책연구에서 규범이론은 집단 중심의 평등이론이 개인의 선택과 책임을 조화할 수 있는 가능한 방법을 찾아야 한다.

Ⅳ. 맺 음 말

앞에서 제시한 네 가지 특징을 포함한 규범이론에 토대를 둔 공공정책이 적용된 사회는 어떤 모습일지에 대해 다음과 같은 세 가지 측면으로 살펴보는 것으로 결론을 대신하려 한다.

첫째, 정당한 사회관계에서 사회 집단의 구성원들 간의 평균적인 지위는 평등해진다. 지위라는 것은 단순히 부나 임금 같은 경제적인 평가 기준에 의해서 측정되는 것이 아니다. 지위라는 것은 기회, 자원, 직업, 권력, 명성 등 여러 다른 영역들에 걸쳐 나타나는 사회적 자리지움이라는 측면에서 이해되어야 한다. 비록 지위의 평등이 집단들 간에 구체적인 분배의 패턴을 정하는 것을 단순하게 의미하지는 않지만, 지위의 평등은 학교 입학에서의 적극적 우대조치(affirmative action)나 선거 대표에 있어서의 할당제(quota system)와 같이 분배의 문제에 있어서 특정 집단에게 우대하는 다양한 사회적 또한 정부 차원의 정책과 프로그램으로 성취될 수 있다.[4] 다시 말해, 이와 같은 사회정의의 규범이론은 적극적 우대조치와 할당제의 정당성이 근거하는 이론으로 제시될 수 있을

---

4) 이 장에서는 사회적, 정부적 차원의 실질적인 정책제안과 정책이행의 이슈에 대해서는 다루지 않았다.

것이다.

둘째, 집단들 간의 정당한 사회관계는 집단 구성원들에게 실질적인 기회의 평등을 갖게 해주는 정당한 사회 배경을 만들어 낸다. 여기서 주의해야 할 점은 정당한 사회 배경은 단순히 사람들의 선택에 영향을 미치는 모든 구속의 사회구조를 없애는 것을 의미하지는 않는다는 사실이다. '구속'이라는 것은 그 자체로 부정적인 함의가 있다고 간주해서는 안 된다. 우리가 사회에서 살고 있고 다른 사람들과 다양한 상호 관계를 맺고 있는 한, 우리의 선택은 필연적으로 구속의 사회구조에 의해 영향을 받는다. 따라서 문제는 이러한 구속을 없애는 것이 아니라, 특정 집단 구성원들의 선택이 다른 집단의 구성원들의 선택에 관계해서 체계적으로 이익을 받거나 불이익을 받지 않는 정당한 구속을 갖자는 것이다. 따라서 정당한 구속의 사회구조는 사람들에게 실질적인 기회의 평등을 보장해 주는 선택의 배경을 제공해 준다.

마지막으로, 집단들 간의 정당한 사회관계에서는 집단들에 의해 추구된 다양한 삶의 방식들이 집단 구성원들의 집합적인 복지와 안녕에 정당한 영향력을 끼친다. 풀어 말하면, 집단들이 얼마만큼 각기 다른 삶의 행태와 모습을 추구하든, 정당한 사회관계에서는 이런 다양한 삶의 형태나 모습이 평등하게 가치 평가되어진다. 따라서 집단들 간의 정당한 사회관계에서는 집단들 간의 차이는 장애라기보다 기회로 여겨진다.

◈ 참고문헌

박종민. (2006). 한국행정이론을 위한 비판적 성찰. 「한국행정학 50년: 1956-2006」, 36-59.

안병영. (1979). 한국의 행정현상과 행정학연구의 주체성. 「한국정치학회보」, 13: 49-66.

임의영. (2006). 「행정철학」. 서울: 대영문화사.

정무권. (2006). 사회적 약자를 위한 행정: 복지, 교육, 여성 등. 「한국행정학 50년: 1956-2006」, 257-286.

Adler, M. D. and Eric, A. P. (2001). *Cost-Benefit Analysis: Legal, Economic, and Philosophical Perspectives*. Chicago: University of Chicago Press.

Anderson, E. (1999). What is the Point of Equality? *Ethics*. 109(2): 297-337.

Cohen, G. A. (1989). On the Currency of Egalitarian Justice. *Ethics*. 99(4): 906-944.

Elster, J. (1985). *Sour Grapes: Studies in the Subversion of Rationality*. Cambridge University Press.

Fiss, O. (1976), Groups and the Equal Protection Clause. *Philosophy & Public Affairs*, 5(2): 107-177.

Frederickson, H. G. (1990). Public Administration and Social Equity. *Public Administration Review*, 50(2): 228-237.

Friedman, M. (2003). *Autonomy, Gender, Politics*. Oxford: Oxford University Press.

Gutmann, A. and Thompson, D. (1996). *Democracy and Disagreement*. Cambridge, Mass.: Harvard University Press.

Hinton, T. (2001). Must Egalitarians Choose Between Fairness and Respect? *Philosophy & Public Affairs*, 30(1): 72-87.

Kim, H. (2006). Equality as an Evaluation of Social Relations. *Public Affairs Quarterly*, 20(4): 313-328.

Kymlicka, W. (1990). *Contemporary Political Philosophy: An Introduction*. Oxford: Clarendon Press.

Lacey, L. (1998). *Unspeakable Subjects: Feminist Essays in Legal and Social Theory*. Oxford: Hart Publishing.

Matravers, M. (2002). Responsibility, Luck, and the 'Equality of What?' Debate. *Political Studies*, 50: 558-572.

Meyers, D. (1989). *Self, Society, and Personal Choice*. New York: Columbia University Press.

Meyers, D. (ed.). (1997). *Feminists Rethink the Self*. Boulder, CO: Westview Press.

Miller, D. (1999). Equality and Justice. In his *Principles of Social Justice*. Cambridge,

MA: Harvard University Press.

Nedelsky, J. (1989). Reconceiving Autonomy: Sources, Thoughts, and Possibilities. *Yale Journal of Law and Feminism*, 1(1): 7-36.

Norman, R. (1998). The Social Basis of Equality. In Andrew Mason (ed.). *Ideals of Equality*. Oxford: Blackwell Publisher.

Phillips, A. (1999). *Which Equalities Matter?* Cambridge: Polity Press.

Phillips, A. (2004). Defending Equality of Outcome. *The Journal of Political Philosophy*, 12(1): 1-19.

Rae, D. (1981). *Equalities.* Cambridge, MA: Harvard University Press.

Scheffler, S. (2003). What Is Egalitarianism? *Philosophy & Public Affairs*, 31(1): 5-39.

Scheffler, S. (2004). Choice, Circumstance, and the Value of Equality. Presented in the Center for the Study of Law and Society Bag Lunch Speaker Series. University of California, Berkeley. Paper 17.

Stokey, E. and Zeckhauser, R. (1978). *A Primer for Policy Analysis*. New York: W.W. Norton & Company, Inc.

Stark, A. (2002). Beyond Choice: Rethinking the Post-Rawlsian Debate over Egalitarian Justice. *Political Theory*, 30(1): 36-67.

Young, I. (1990). *Justice and Politics of Difference*. Princeton: Princeton University Press.

Young, I. (2001). Equality of Whom? Social Groups and Judgments of Injustice. *Journal of Political Philosophy*, 9(1): 1-18.

Young, I. (2003). Responsibility and Structural Injustice. Presented at the Political Theory Workshop. University of Chicago. March 2003. Unpublished.

Wolff, J. (1998). Fairness, Respect, and the Egalitarian Ethos. *Philosophy & Public Affairs*, 27(2): 97-122.

제 3 편

이론, 개념 및 맥락

이.론.개.념.및.맥.락

7장 행정학의 위기와 조직연구

김 호 정

Ⅰ. 서 론

최근 한국행정학의 위기를 걱정하는 사람들은 신공공관리론 때문에 행정학자가 소외되었고 행정학의 범위가 축소되었다고 주장하거나, 과도한 계량적 연구 때문에 위기가 발생했다고 위기의 원인을 진단하는 경향이 지배적인 것 같다. 위기의 원인을 이렇게 본다면 문제의 핵심을 비켜갔다고 보여진다. 한국행정학 위기의 직접 원인은 신공공관리론도 아니고, 지나치게 편향된 계량적 연구방법의 탓도 아니다. 사상누각이 큰 파도에 훼손되었다면 원인을 파도에서 찾아서는 안된다. 언제든 밀어닥칠 수 있는 파도를 예상하지 않고 지은 사상누각이 문제이다. 지나친 계량적 연구방법도 원인의 일부에 불과하다. 위기를 유발한 핵심은 바로 경쟁력 없이 외화내빈의 상태가 된 한국행정학이고, 보다 정확하게는 행정학을 이렇게 만들어 놓은 한국행정학자들의 책임이다. 내실 있는 한국행정학을 정립하지 못한 것이 위기를 초래한 직접적인 핵심 원인이다. 나아가 원인(遠因)은 1960년대 개발독재시대에 발전행정을 앞세워 권력과 밀착한 상당수 행정학자들의 비학문적 행태와 그들이 형성한 한국행정학의 몰가치적·수단적 성격이 될 수 있다. 1970년대에 발전행정의 부작용이 표출되었고 이를 염려한 일부 행정학자들이 정체성과 토착화 문제를 거론하였지만, 행정학의 태평성대와 함께 방심도 계속되었고 결국 과거의 비학문적 행태와 수단적 성격은 개조되지 못한 채 대를 이어 현재까지 계승되어 왔다. 이러한 유산의 답습으로 말미암아

* 이 글은 2008년 한국행정학회 하계학술대회 발표 논문 "한국행정학의 위기와 한국조직학 연구"를 수정 및 보완한 것이다.

행정학의 허약한 체질은 개선되지 못했고, 마침내 신공공관리론이라는 복병을 만나 한국행정학은 비틀거리게 된 것이다. 학문적 진지함이 없으니 미숙하고 단편적인 계량적 연구들이 기승을 부리는 것도 당연한 결과이다.

이 글은 한국행정학의 위기를 〈그림 7-1〉과 같이 일련의 인과관계 틀로써 설명하고, 이 틀 속에서 한국조직학 연구의 문제점을 찾아내어 대책을 강구하기 위해 시도되었다. 이러한 시도의 배경에는 행정학 위기와 조직학 연구는 상당한 관계가 있으며, 행정학 위기의 책임을 조직학 연구자들도 통감해야 한다는 이유가 존재하고 있다. 전통적으로 조직학은 행정학의 핵심 부분을 이루었으며 아직도 조직론[1]은 행정학의 주요 분야임을 부인할 수 없다. 더구나 한국행정학 위기의 근원에 해당하는 수단적, 관리기술적 성격은 조직론의 대표적인 성격이기도 하다. 이러한 맥락에서 행정학 위기에 대해 조직론만큼 공감하고 책임져야 할 분야는 없을 것이다. 행정학 부실의 상당한 부분은 조직론의 부실이며 조직론의 책임이다.

Ⅱ. 한국행정학 위기

1. 개념과 내용

작금의 한국행정학 위기는 다양한 의미로 해석되고 규정되고 있다. 예컨대 박종민(2006: 40)은 행정학 고유의 핵심 개념과 이론이 형성되어 있지 못한 정체성의 위기로 보았고, 조성한(2005: 1)은 행정학 자체의 위기보다는 행정학이 취직에 도움이 되지 않아 行政學科의 매력이 감소하는 行政學科 존립의 위기에서 비롯된 것이라고 한다. 윤견수(본서 14장)는 학문으로서의 위기와 행정(학)이 소유한 권력의 위기(사회적 유용성과 학문범위의 축소)로 구분했다. 안병영(2005: 4)은 학문적 차원에서 행정학이 한국의 독특한 행정현상을 이해하고 설명하지 못하며, 응용적 특성에서 행정학연구가 정부의 행정관리와 정책개발에 실제로 도움을 주지 못하고, 교육적 관점에서 행정학이 공무원 교육에 도움을 주지 못하는 현상을 종합적으로 표현했다.

1) 여기서 조직론은 조직이론과 조직관리론(혹은 조직행태론)을 포함한 것으로 조직학과 동일한 의미로 사용된다.

이처럼 선행연구에서는 대체로 행정학의 위기를 학문의 위기나 실용적 차원의 위기로 구분하고 있으며, 이들 중 한 가지를 가리키거나 혹은 두 가지 모두를 포함하여 행정학의 위기라고 부르는 것 같다. 학문으로서 행정학 위기는 오랫동안 꾸준히 잠재해 있었으며 갑자기 불거진 것은 아니지만, 최근의 위기는 학문의 위기가 초래한 실용적 차원의 위기에서 촉발된 것으로 보여진다. 겉으로는 후자의 위기가 중심인 것 같으나, 후자의 위기는 표상에 불과하고 전자의 위기가 본질이라고 할 수 있으므로 이 두 가지 위기를 모두 포함하여 한국 행정학의 위기로 보는 것이 타당할 것이다. 이러한 입장에서 행정학의 위기를 "행정학이 다른 학문분야와 차별화되는 고유의 학문영역을 확보하지 못하고 다른 학문분야보다 우월한 전문성을 갖지도 못하여, 정부의 행정에 실질적 도움을 주지 못한 결과 행정학과 행정학자가 사회로부터 외면당하는 현상"이라고 규정하고자 한다.

이러한 개념을 바탕으로 행정학 위기의 내용을 정리해 보기로 한다. 첫째, 행정학이 인접한 다른 학문에 비해 전문성이 떨어진다는 것이다. 학문의 상호교류를 통해 동일한 주제나 이론들이 여러 학문분야에서 함께 다루어지는 경향이 있는데, 공통의 영역에서 행정학이 다른 학문분야보다 경쟁력이 떨어진다는 것이다. 거시적 이론은 정치학이나 사회학에 뒤지고, 미시적 이론은 경영학이나 심리학을 능가하지 못하고 있다. 둘째, 관리, 정책, 개혁이라는 주제들에 대해 행정학이 다른 학문보다 경쟁력을 가지려면 적어도 공공성에 대해서는 체계적으로 정립된 독자적 이론들을 갖고 있어야 한다. 그래서 공익을 고려하는 분야의 문제해결에 행정학이 우선적으로 적용될 수 있어야 한다. 그러나 한국의 행정학은 공공성, 행정철학, 행정윤리 등 행정학에서 집중적으로 다루어야 할 주제들에 대해 체계적이고 심도있는 이론들을 갖추지 못하여 고유의 학문영역을 수립하지 못한 점도 행정학의 위기에 해당된다. 셋째, 행정학은 전문성이 떨어지고 독자적 영역을 확보하지 못하여, 행정현실이 직면한 문제들을 기대한 만큼 해결해 주지 못하고 있다. 이러한 실용성 문제도 행정학 위기의 일부가 된다. 넷째, 행정학이 현실행정에 도움이 되지 않으니 행정학의 수요가 감소하고 있다. 행정학자와 행정학과의 인기도 떨어지고 있다. 행정학을 고시과목에서 제외하자는 움직임이 있고, 공무원 교육에서 행정학이 법학에 밀리고 있다. 정부는 용역이나 자문을 위해 행정학자보다 경영학자나 법학자를 더 선호하고 있으며(안병영, 2005: 4), 고시생들은 행정학 교수가 쓴 교과서보다 학원 교재에 더 의존한다(조성한, 2005: 3). 행정학과의 학생충원이 어려워지는 경우가 발생하고 졸업생들의 공직취업은 매년 힘들어간다. 이처럼 행정학이 사회로부터 외면당하는 현상을 가리켜 행정학의 위기라고도 한다.

〈그림 7-1〉 한국행정학 위기의 원인

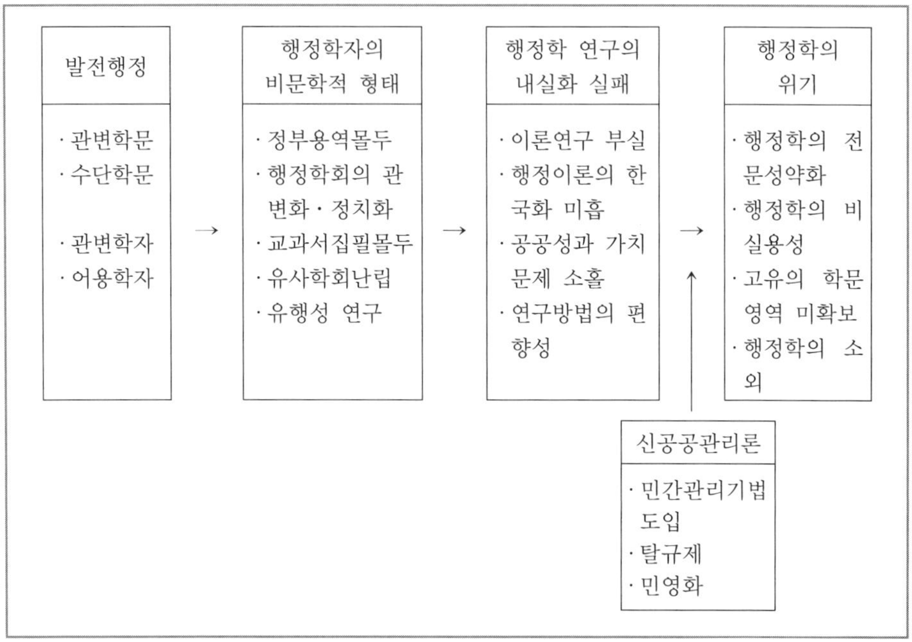

2. 발전행정의 영향

1960년대, 70년대 발전행정 시기에 한국행정학은 관변학문과 수단적 학문의 성격이 강했다. 이 때 한국행정학은 권위주의 정권과 밀착하여 정권의 정책기획, 자문, 용역 등에 대거 참여하여 관변학문의 성격을 강화했으며, 정권과 발전주의적 연립을 통하여 스스로 도구화하면서 자신을 관리기술학으로 규정하고 권력의 그늘에 숨어버렸다(안병영, 2006: 411). 당시 행정학은 정권과 공생관계를 형성함으로써 정권이 설정한 목표를 합리화시켜 주는 대신 그 보답으로 상당한 혜택을 누렸다. 행정학은 국가의 발전목표나 방향의 정립에는 관여하지 않았고 오로지 발전목표의 효과적 수행방법을 분석하였으며, 이 때부터 행정학과의 신설과 증원 및 교수의 확충은 전국적으로 이루어졌고 행정학의 수요는 급팽창했다. 이러한 현상은 인접한 정치학과의 신설과 증원이 억제된 것에 비하면 대단한 특혜였다.

행정학을 관변학문, 수단학문으로 만들어 놓은 책임이 행정학자들에 있었으므로, 행정학자들이 관변학자, 어용학자라는 비판을 받은 것은 당연하다고 하겠다. 그러는 가운데 행정학자들은 한편으로 개인적 욕구를 충족시킬 수 있는 기회를 가졌다. 정부활동에 다양하게 참여함으로써 권력욕과 명예욕을 채울 수 있었고, 정부와 긴밀한 관계를 이용하여 다수의 정부용역을 받음으로써 금전욕도 충족시켰다. 이 때 정부용역 결과는 권위주의 정부의 정권유지와 정당화에 기여하는 일이 잦았으므로(안병영, 2005: 9), 정부용역은 행정학을 관변학문, 도구학문, 어용학문으로 전락시키는 주요한 역할을 하였다. 또한 행정학자들은 고시풍토에 편승하여 경쟁적으로 행정학원론을 출간하였다. 전문적 서적보다 비대화된 행정학 교과서가 시장성이 훨씬 높았고 이러한 책의 저자는 大家로서 사회의 인정을 받았기(이종범, 1977: 219) 때문으로 이해된다. 즉, 행정학원론의 출간을 통해 금전욕구와 존경욕구도 충족시킬 수 있었다. 문제는 이러한 책들이 외국에서 개발된 이론을 무비판적으로 받아들여 기존 교과서에 추가하는 조립식 형태였다는 것이다(이종범, 1977: 203). 행정학자들의 이러한 행태를 통해 학문적 문제의식과 정신은 마비되어 갔고 학자로서 자존심도 지키지 못하면서 개인의 욕구는 충실히 충족하였음을 짐작할 수 있다.

당시 일부 행정학자들은 발전행정의 문제점을 인식하고 행정학 발전을 위한 대안마련에 부심하였다. 이들은 공공성, 행정철학, 가치문제 등에도 관심을 가져 행정학의 정체성을 확립해야 하고, 외국이론을 무비판적으로 수입만 할 것이 아니라 한국의 토양에 맞게 수정하거나 한국적 이론개발에 힘써야 한다고 지적하였다(예컨대 김운태, 1976; 조석준, 1980; 백완기, 1987; 안병영, 1979; 이종범, 1977). 그러나 행정학의 과대성장에 도취되고 다양한 욕구충족에 만족한 다수의 행정학자들은 발전행정의 학문적 성격을 개조하지 못하고 자신들의 비학문적 행태를 사제지간에 대를 이어 가면서 계승시켜 왔다. 그 결과 관변학자들은 더욱 불어나서 과거보다 훨씬 많은 행정학자들이 정부위원회에서 활동하고 관직에 진출하고 있다. 심지어 국회의원이 되어 정치인으로 변신하는 학자들도 점차 증가하고 있다. 언제부턴가 한국행정학회장은 정부기관이나 관변단체의 장이 되거나 정치인으로 진출하는 발판으로 인식하게 되었고, 정부용역과 정부지원을 많이 받아 오는 것이 자신들의 역량을 높이 평가받는다고 여기게 되었다.

정부용역을 받기 위해 동분서주하는 행정학자들도 날로 늘어났다. 발전행정에서 얻은 관변학자, 어용학자의 속성을 계속해서 유지해 온 결과라고 하겠다. 찬밥, 더운 밥 가리지 않고 정부 프로젝트에 매달리는 통에 행정학은 "정부용역학"이라는 경멸적 별칭(안병영, 2005: 8)을 얻을 정도가 되었다.

행정학 교과서도 내용은 별로 나아진 것이 없으면서 종류만 많아졌다. 십수 년 전의 교과서가 그대로 존재하고, 동질의 교과서들만 저자와 출판사를 바꾸어 나오고 있다(조성한, 2005: 3). 이러한 현상은 발전행정시대의 고시풍토가 아직도 이어져 오고 있으며, 행정학자의 학문적 문제의식 결여와 개인적 욕구충족도 개선되지 못하고 지속되었기 때문으로 볼 수 있다.

다수의 행정학자들은 당시 유행한 발전행정을 통해 행정학이 성장했고 학자들도 성공할 수 있었다고 판단한 것 같다. 발전행정의 성공경험을 토대로 1970년대 후반에는 쇠퇴한 발전행정을 과감히 버리고 인기있는 새로운 분야를 다시 맞아들였다. 그 이후에도 유행을 좇는 행정학연구의 이동은 정보체계론, 거버넌스, 신제도이론, 신공공관리론 등을 향해 계속되어 왔다. 유행을 따라 학문의 관심영역이 쉽게 바뀌는 것은, 초기에 발전행정이라는 유행의 영입이 성공했다는 학습효과와 발전행정이 초래한 학문의 문제의식과 철학의 결여가 만들어 낸 합작품이라고 할 수 있다.

한국의 행정학계에는 유사한 학회들이 난립되어 있다. 난립의 근저에는 행정학자들의 비학문적 의도가 깔려있다. 정부와 대학에서 수준 높은 논문을 요구하는 데 대해, 논문의 질을 향상시키기보다 이전처럼 게재가 용이하면서 요건을 갖춘 논문으로 인정받기 위해 유사학회를 난립시켜 이를 이용하고 있다. 더불어 학회회장이라는 감투를 쓸 기회도 많아지고 행정기관으로부터 용역과 재정지원을 받을 수도 있으니 일거양득인 셈이다. 이렇게 볼 때 유사학회의 난립은 발전행정으로부터 물려받은 학문적 문제의식과 정신의 결여 그리고 개인적 욕구충족이 결합된 시대적 산물이라고 하겠다.

3. 행정학자의 연구행태

발전행정이 지닌 관변학문과 도구학문의 성격, 이를 주도한 행정학자들의 학문적 문제의식 결여와 개인적 욕구는 오늘날 행정학자의 비학문적 행태를 유발한 주요 요인으로 작용하였다. 다시 말해 정부용역 몰두, 행정학회의 관변화·정치화, 행정학원론의 경쟁적 집필, 유행성 연구, 유사학회 난립을 초래하는 데 중요한 역할을 하였다.

그러면 이러한 비학문적 행태의 산물들은 다시 어떤 결과를 낳았는가? 한마디로 외화내빈의 행정학, 덩치는 큰 데 내실이 없는 부실하고 허약한 행정학을 만들었다. 세부적으로 살펴보면 다음과 같다. 첫째, 정부용역이 행정학연구의 내실화실패에 미친 영향을 부인할 수 없다. 연구용역의 주제는 비학술적이거나 준학술적인 지식 雜役인 경우가 대부분이므로(강명구, 2008: 444), 연구용역에 쫓기다 보면 학문적 연구와는 거리가 멀어진다. 전공분야의 이론을 붙잡고 고민할 시간도 없고 하고 싶은 의욕도 식어간다. 지적 호기심과 학문적 도전의식이 사라지기 때문이다. 이런 상태가 계속될수록 연구능력도 떨어진다. 그래도 논문은 발표해야 하니 용역보고서를 정리하여 논문으로 포장한다. 유사학회가 난립하여 실을 데는 많다. 이렇게 되니 논문은 많은데 이론적 창작논문은 드물고 행정학에서 이론의 발전은 어려워진다. 용역을 수주받는 입장에서는 발주자의 요구에 응해야 한다. 연구주제와 내용 심지어 연구결과까지도 발주자의 주문에 따라야 한다. 연구의 자율성은 침해받고 비판도 자유롭지 못하다. 객관성과 공정성도 갖기 어렵다. 더구나 이론적 연구도 약하고 학문적 진지함도 없는 상황에서, 연구와 비판도 자유롭지 못하므로 한국사회에 적실성 있는 이론을 개발하고 대안을 모색하는 연구를 기대할 수 없다. 행정학자들의 연구용역은 주로 정부로부터 받으므로 정부의 입장을 거스를 수 없다. 정부의 입장을 합리화시켜 주고 능률적 집행을 위해 방법을 제시해 주면 된다. 더 높은 수준의 가치판단은 삼가해야 한다. 이렇게 행정학자는 정부용역에 열중하면서 공공성이나 가치문제에 대해 연구할 기회를 잃어갔다. 연구용역에 맞추어 합리적 방법을 분석하고 현상을 설명하는 데 적합한 연구방법은 계량적 방법이므로, 행정학자들이 사용한 연구방법은 계량적 방법에 편중되었고, 가치문제를 다루기에 적절한 질적 연구방법은 자연스럽게 행정학자들로부터 외면당하였다. 이처럼 과다한 연구용역은 계량적 연구를 양산한 반면 질적 연구를 억제하여 연구방법의 지나친 편향성을 가져왔고, 이는 한국행정학의 건강한 발전에 장애가 되었다.

둘째, 한국행정학회와 학회장이 행정학의 내실화를 어렵게 하고 있다. 행정학회는 학자들이 창조적 업적에 집중할 수 있도록 제도적 기반을 마련하고 지원하는 방향으로 학문풍토를 조성해야 한다(이종범, 2006: 32). 실제는 행정학회가 그런 역할을 하지 못하고 오히려 학문풍토 조성을 가로막고 있다. 학회장 선거에서는 학문적 정신보다 사회적 네트워크에서 우위를 점하는 후보가 득세를 하고(강명구, 2008: 444), 학회운영비의 대부분은 정부의 용역과 지원에 의존하고 있으며, 학회장 경력은 관직이나 정치인이 되기 위한 수단으로 활용되고 있다. 염불보다는 잿밥에 더 관심이 많은 형국이라고 해야 할 것 같다. 이러한 상황은 "고민을 많이 하고 공을 들인 연구," "사색과 고뇌가 담긴 연구"(이종범, 2006: 32)에 방해가 될 뿐이다. 2008년 한국행정학회 예산 18억 4천만 원 중 용역연구비가 15억으로 80%가 넘는다(kapa@포럼, 2008: 63-65). 앞에서 설명하였듯이 연구용역이 행정학연구의 내실화를 실패하게 한 주요 원인임을 감안할 때, 연구용역에서 탁월한 실적을 올리고 있는 행정학회는 내실화 실패의 선봉에 섰다고 할 수 있을 것이다.

셋째, 행정학자들이 교과서 집필에 열성을 보인 현상도 행정학연구의 발전에 기여하지 못하고 오히려 방해가 되었다. 교과서 집필에 열중하느라 제대로 된 연구논문 작성에 관심과 노력을 기울이지 못했으며, 교과서 내용이 연구 내실화에 도움을 주지도 못했다. 한국의 행정학 교과서들은 대체로 내용이 대동소이하면서 백화점식으로 각종 이론들을 담고 있는데, 이런 이론들은 저자가 충분한 연구를 한 다음에 그 결과로 실은 내용이 아니고 기존 이론을 소개한 것이므로 교과서는 많아도 이론연구에는 도움이 되지 않았다. 그렇다보니 교과서의 이론들은 한국 행정현실에 적합하지 않는 것이 많아서 행정이론의 한국화에도 기여하지 못했다. 교과서도 과학성을 강조하는 관점에서 쓰여졌으므로 행정학의 공공성이나 가치문제 연구에도 도움이 되지 못했고, 풍부한 의미와 해석을 전달하는 경험사례의 소개가 부족하여 질적 연구에도 도움이 되지 않았다(윤견수, 2005: 14).

넷째, 유행하는 주제를 따라 다니면서 연구하는 행태도 연구의 내실화에 부정적 영향을 미친다. 외국에서 유행한 새로운 경향을 수입하여 제대로 한국적 검증을 거치지 않은 상태에서 신이론으로 소개하고 이후에 새로운 이론이 나오면 다시 그 쪽으로 몰리는 현상은 행정학의 기초이론연구를 기피하게 하고 연구결과가 축적되지 않아 이론의 발전도 어렵게 한다. 더구나 한국에 적실성 있는 연구, 이론의 한국화에도 역행하고 행정철학이나 행정윤리와 같은 고전적 주제는 인기 없는 것으로 인식되어 관심에서 멀어지게 한다.

다섯째, 유사학회의 난립현상은 건강한 연구풍토를 저해한다. 학회의 명칭이 서로 비슷해서 구분조차 어려운 학회들이 우후죽순격으로 난립하는 것이 한국행정학계의 한 특징이다. 학술진흥재단에 등재된 논문집이 되기 위해서는 학문의 수준은 크게 문제되지 않고 형식요건이 더 중요한 현실에서, 대부분의 학회지는 등재(후보)지가 되었고 등재(후보)지에 논문을 게재하는 일은 어렵지 않게 되었다. 구태여 "사색과 고뇌가 담긴" 연구를 하지 않더라도 정부와 대학이 요구하는 논문을 만들어 낼 수 있다. 학문적 정신이 담기지 않은 연구로는 이론의 발전이나 행정이론의 한국화를 이룰 수 없고, 발전행정이 외면한 공공성에 대해서도 깊은 관심을 가질 수 없다. 이런 현실에서 단편적인 계량연구는 양산되고 깊이 있는 질적 연구가 설 공간은 좁아진다.

4. 행정연구의 내실화 실패

한국에서 행정학연구가 내실화에 실패했다는 것은 논문의 수는 유사학회의 난립에 비례하여 급증하고 있으나 행정학의 발전에 기여할 수 있는 우수하고 창의적인 논문은 적었다는 의미이다. "풍요 속 빈곤"이나 "외화내빈"으로 표현할 수 있겠다. 내실화 실패를 구성하는 요소들은 이론연구의 부실, 이론의 한국화 미흡, 공공성과 가치문제 소홀, 연구방법의 편향성으로 보고, 이들이 행정학 위기 혹은 위기의 각 요소에 미친 영향을 살펴하기로 한다.

먼저 행정이론연구의 부실로 인해 행정학의 전문성이 다른 학문에 비해 떨어졌다고 볼 수 있다. 이론은 보편성을 띠므로 다양한 상황에서 공통으로 적용될 수 있지만, 사회과학의 이론은 자연과학과 달리 문화와 환경의 영향을 받는 경우가 많다. 따라서 행정학에서는 인접 학문분야와 뿌리가 같은 이론이라도 행정현실을 대상으로 심도 있는 연구가 축적되어야 행정현상을 정확하게 기술하고 설명할 수 있는 적실성 있는 이론으로 발전할 수 있다. 수입된 이론이든 한국에서 자생한 것이든 이론연구가 축적되어 다른 학문분야와 차별화된 행정이론이 많이 나올수록 행정학은 전문성을 가질 수 있다. 그러나 앞에서 설명하였듯이 여러 가지 원인으로 이론연구는 제대로 이루어지지 않았다. 박종민(2006: 43, 52)도 경험적 연구는 이론과 연계되는 논의가 부족했고, 이론 지향적 사례연구도 극히 드물었으며, 한국행정에 관한 지식을 체계화시켜 줄 이론의 형성은 아직 이루어지지 않았다고 평가하고 있다. 이런 상황에서 한국행정학은 다른 학문분야에 비해 전문성과 경쟁력을 가질 수 없다.

행정이론의 토착화와 한국화를 위한 노력이 부족하고 가치문제에 대한 연구에 소홀하여 행정학이 행정현실에 실질적인 도움이 되지 못한 측면도 있다. “토착화”란 외국이론을 수용하면서 자국의 문화와 역사가 요구하는 이론을 개발하는 것을 의미하고(백완기, 1987: 158), “한국화”는 토착화를 포함하여, 외국이론이나 제도와 무관하게 한국사회와 문화의 특성을 감안하여 한국고유의 이론 및 분석체계, 방법론 등을 개발하는 것까지도 지칭하는 개념으로 본다(안병영, 2005: 3). 1990년대 이후 한국의 현실 문제를 다루는 연구가 증가하였다고 하나, 아직도 외국이론의 도입이나 적용에 급급하여 한국의 행정현실을 이해하는 데 도움이 되는 이론개발은 거의 이루어지지 못하고 있으며, 우리의 행정현실을 통해 외국이론을 검증하고 수정하는 데 적극적이지 못했다(박종민, 2006: 55)는 평가가 적절한 것 같다. 아직도 행정이론의 한국화는 제대로 이루어지지 못하고 있는 실정이다. 이종범(1977: 202-203)은 오래 전에 행정학이 실무처리에 도움이 되지 않는다는 행정실무자의 불평을 언급하면서 그 이유로 행정이론과 사실문제 접근과의 괴리, 수입된 외국이론의 현실문제 해결에 부적당, 한국행정현상에 대한 분석 결여 및 한국현상의 설명에 적절한 개념 부족, 행정의 대상은 당위문제나 가치문제를 포함하나 행정학은 과학성을 강조한다는 점을 지적했다. 1970년대 행정학의 토착화가 이루어지지 않고 가치문제에 대한 연구가 부족하여 행정학은 현실성이 떨어지고 실용성이 적었으며 그 결과 현실문제의 해결에 도움이 되지 않았다는 취지의 설명이다. 이러한 지적은 행정이론의 한국화가 미흡하고 가치문제의 연구가 부족한 현재에도 행정학의 현실무용론에 대한 타당한 설명이 될 수 있다.

한국행정학이 공공성과 가치문제에 대한 연구에 소홀하여 다른 학문분야와 차별화된 고유 영역을 체계화시키지 못한 것도 위기의 한 국면이다. 현실행정은 정치와 분리될 수 없으므로 행정의 연구대상에 가치문제도 포함되어야 한다. 가치 중에서도 공공성의 가치에 대한 논의가 활발해야 한다. 공공성, 공익, 민주성, 형평성에 대한 체계적인 연구가 필요하고 행정이론연구에서도 이러한 가치문제를 고려해야 한다. 이처럼 다른 학문분야에서 제대로 다루지 않는 행정학의 특성과 장점인 공공성과 그 가치문제를 중시함으로써, 행정학은 고유영역을 가질 수 있고 정체성도 확보할 수 있다. 그렇게 되면 행정학은 정책의 효율적 관리집행방법에 매달려 고전하지 않아도 된다. 정책의 방향이나 목표를 설정하고 평가기준을 결정하는 데 실질적 도움을 줄 수 있고, 관리집행방법에서도 효율성보다 더 중요한 가치기준을 설득력 있게 제시함으로써 전문성에 기초한 신뢰를 얻을 수 있다. 그러나 과도한 정부용역, 관변화 · 정치화된 학회 등으로 인해 정부로부터 학문적 자율성을 가질 수 없었던 행정학은 가치문제의 개입을 자제하고 집행의 효율화를 위한 연구, 현실 문제를 설명하는 연구에 집중하였다. 그 후유증으로 행정학은 자신의 고유한 영역을 확보하지 못하였고, 사회로부터 인정을 못 받는 안타까운 상황에 놓이게 되었다.

지나치게 계량적 방법에 의존한 연구방법도 행정학의 위기를 가중시키는데 일조를 했다. 한국행정학에서 객관주의적 방법은 많이 소개되고 활용되고 있으나 주관주의적 방법은 제한적이고 이 분야에 대한 학계의 연구는 매우 부족한 현실이다(이종범, 2006: 25). 조사결과에서도 계량분석의 비중이 최근 급증한다고 한다(윤견수, 2005: 9). 이러한 지적들은 행정학연구에서 질적 연구가 제대로 이루어지지 않고 있으며 양적 연구가 지배적인 경향임을 말해 준다. 특정 연구방법에 대한 지나친 편향성과 독점은 행정현상의 일부분만 보여줌으로써 현실에 대한 심층적 이해를 어렵게 하고 왜곡된 이해로 이어질 수 있으므로(원숙연, 2002: 2), 행정학의 적실성과 전문성을 약화시킬 수 있다. 한편, 연구방법은 연구의 영역이나 주제와 깊은 관계가 있다. 행정학의 주된 연구대상은 효율적 관리와 현실의 설명이었으며, 이러한 주제는 실증적 연구방법이 적합하므로 실증연구가 주류를 이루었던 것이다. 또한 실증적 방법은 가치판단의 문제에 관심이 없으므로 실증방법을 주로 이용하는 연구자도 가치문제에 흥미를 잃게 된다. 이처럼 관심 주제와 연구방법은 상호작용하면서 가치문제와 질적 방법이 동반하여 홀대를 받아왔다고 볼 수 있다. 따라서 계량적 방법에 대한 지나친 의존현상은 공공성과 가치문제에 대한 연구를 외면하게 하고, 그 결과 행정학의 고유영역 확보를 어렵게 하여 위기의 한 부분을 키웠다고 하겠다.

5. 신공공관리론의 영향

신공공관리론을 행정에 도입하는 목적은 행정의 효율성과 서비스를 향상시키는 것이고, 전제는 시장의 효율성에 대한 믿음과 민간기업의 관리기법이 공공부문의 그것보다 우월하다는 믿음이다(김정렬 · 한인섭, 2003: 21-22). 시장의 효율성에 대한 믿음의 이면에는 정부의 비효율성과 비생산성에 대한 불신이 깔려 있다. 이러한 전제 하에 이루어진 구체적 전략은 민간관리기법 도입, 탈규제, 공기업 민영화, 서비스 전달업무의 민간이양 등이다. 이렇게 해서 신공공관리론이 행정에 미친 영향은 행정학에 대한 경영학의 우월성과 행정학자의 비전문성 인식, 민영화와 민간이양에 따른 행정학의 대상범위 축소, 행정학의 고유영역 위협 등으로 요약될 수 있다. 여기서 고유영역 위협이란 공공성, 공익, 형평성 등 종래 행정학의 고유영역으로 분류되었던 공공부문의 규범들이 기업가 정신, 효율성 등 시장적 규범으로 대체되는 것을 의미한다.

만일 공공성, 공익, 형평성, 민주성에 대한 체계적 연구가 축적되어 한국행정학이 이 분야에서 세계적 수준의 이론들을 갖고 있었다면, 그리고 행정과 경영 간, 한국과 미국 간 문화를 비교하여 그 차이점을 설명하는 연구가 체계적으로 이루어져 있었다면, 한국정부는 효율성을 행정의 우선적 가치(목표)로 내세우면서 신공공관리론을 행정에 쉽게 도입하지 못했을 것이다. 행정과 경영의 목표와 성격이 엄연히 다름에도 불구하고 경영의 논리와 기법을 기초로 한 신공공관리론을 행정에 도입한다는 것은 타당성과 적실성에서 상당한 문제점을 안고 있기 때문이다. 행정학자들이 한국행정의 특수성을 감안한 적실성 있는 관리이론들을 개발하여 한국화를 이루어 놓았더라면 지금처럼 행정학(자)의 경쟁력이 약화되었다거나 행정현실에 도움이 되지 않는다거나 고유영역을 확보하지 못했다는 등의 위기설은 나오지 않았을 것이다.

신공공관리론이 한국행정에 도입되기 이전부터 이미 행정학은 내실화 실패로 인해 적실성과 실용성이 낮은 상태였고 그래서 고시과목이나 공무원 교육에서도 외면당하고 있었다. 행정학의 위기는 이미 예고된 것으로, 표면화되지 않았을 뿐 오랫동안 잠복해 있었다. 마침 불어 닥친 신공공관리론이 행정학의 내실화 실패와 상호작용하여 행정학 위기를 수면 밖으로 끌어 올렸던 것이다. 내실화에 실패한 한국행정학이 적실성이 부족한 신공공관리론을 막아내지 못하고 방관하는 동안 행정학의 위기는 부지불식간에 찾아 온 것이다. 그래서 신공공관리론 때문에 한국행정학의 위기가 왔다는 주장은 행정학자들의 책임전가로 들릴 수 있다. 행정학의 위기는 올 것이 왔을 뿐이다.

Ⅲ. 한국조직학 연구의 반성

지금까지 설명한 한국행정학 위기의 내용과 원인은 한국조직학에도 적용된다고 하겠다. 경영학에 대한 행정학의 전문성 약화는 경영조직론과 대부분의 이론들을 공유하고 있는 행정조직론의 경우는 더욱 심각한 실정이고, 이론연구가 부실하고 이론의 한국화가 실현되지 못한 점은 조직론도 마찬가지이므로 조직론도 공공조직의 관리에 실질적 도움을 주지 못하고 있다. 관리기술학에 가까운 조직론은 본질적으로 가치문제에 관심이 적으므로, 공공성을 중심으로 경영학과 차별화되는 고유 영역을 확보하기가 더욱 어려운 실정이다. 이렇게 볼 때 행정학 이상으로 조직학은 사회로부터 외면당할 수밖에 없는 처지에 있고 위기도 심각하다고 볼 수 있다.

조직론의 상당부분은 조직을 효과적으로 관리할 수 있는 방법을 다루고 있으므로, 조직론은 수단적 성격이 강한 도구적 학문이라고 볼 수 있다. 이러한 도구성을 이용하여 정부와 긴밀한 관계를 유지하고 정부의 입장을 합리화시켜 주는 연구를 함으로써 관변학문의 성격도 띠고 있었다. 학문의 성격이 이러하니 행정학자와 마찬가지로 조직학자도 학문적 문제의식과 정신이 결여되었고, 그 결과 정부용역에 열중하고 유행을 쫓아 연구하는 비학문적 행태를 보여 왔다. 그렇지만 교과서 집필에 몰두하고 학회를 비학문적으로 운영하며 유사학회들을 난립시키는 문제들은 행정학만큼 심각하지 않았던 것 같다. 신공공관리론의 역할도 조직학분야에서 더욱 강하게 나타났다. 신공공관리론의 주요 전제가 공공부문보다 민간기업 관리기법의 우월성과 시장의 효율성에 대한 믿음인데, 이러한 믿음의 저변에는 공공조직과 기업조직 간에 조직관리는 유사하다는 사고가 깔려 있다. 그러므로 신공공관리론의 위협이 가장 크게 영향을 미친 분야는 행정학 중에서도 조직론이라고 할 수 있다.

앞에서 행정학 위기의 원인 중에서 '행정학 내실화의 실패'를 직접적이고 핵심적인 것으로 보았다. 여기서도 조직학 위기의 직접 원인을 '조직학 내실화 실패'로 보고, 내실화 실패의 네 가지 요소들을 한국조직학 연구에 적용함으로써 조직학 연구에 대해 반성할 점들을 찾아보기로 한다.

1. 이론연구의 부실

한국정부조직에 관한 연구들을 조사한 결과, 1970년대와 80년대에는 이론지향연구가 실천지향연구보다 4-5배 많았으나, 90년대 와서는 이론지향연구가 약 60%로 줄었고 2000년대에는 50% 정도로 더욱 낮아졌다고 한다(민진 · 유홍림, 2001: 3). 특히 조직론의 기초이론들 중에서 갈등, 동기부여, 의사전달에 관해서는 수십 년 전의 이론만 소개하고 있을 뿐 최근의 연구경향을 반영하는 연구는 거의 없었다. 조직구조에 관해서도 체계적 연구는 극히 부족했다. 다행히 리더십연구는 변혁적 리더십이 소개되면서 2000년대 이후 꾸준히 이어지고 있고, 조직문화에 관해서는 1970년대 이후 행정문화 연구의 맥을 이어받아 최근에는 활발한 연구성과를 내고 있다. 조직론의 토착화와 한국화를 선도하는 분야가 조직문화라고 할 수 있겠다.

조직론에서 이론중심의 연구가 부족한 주요 이유는 유행에 편승하는 주제나 용역 중심의 주제에 치중한 결과로 보여진다. 조직론 분야의 기초이론 연구도 제대로 하지 않은 상태에서, 재난관리, 정보화나 전자정부, 신공공관리론, 거버넌스 등과 같이 유행하는 주제를 쫓아 다니는 경향이 있고, 처방적 성격이 강한 정부용역 보고서를 수정한 듯한 논문들이 다수 발표되고 있기 때문이다.[2] 정부조직개편이나 행정개혁에 관한 연구들도 이론적 논의와 연결시키지 못한 채 현실적 진단과 처방을 중시했다. 한국행정조직에 대한 충분한 타당성 검토 없이 최근의 새로운 관리기법들을(예컨대 BSC, BPR) 소개하거나 행정조직에 적용하려는 연구들도 경쟁적으로 있어 왔다.

논문의 형식이 이론지향인가 실천지향인가를 떠나 논문의 내용이 이론형성에 얼마나 도움이 되는 연구인가, 이론적 깊이에 어떤 보탬이 되는가 하는 문제가 이론연구에 더 중요할 것이다. 한국행정조직론 연구에서 나타난 이론연구의 문제점들을 지적하면 다음과 같다. 첫째, 굳이 실증분석을 하지 않더라도 누구나 알 수 있는 상식적 수준의 내용을 가설로 설정하여 검증하면서 노력을 낭비하는 논문들이 있는데,[3] 이러한 연구결과는 지식의 축적에 도움이 되지

---

2) 이러한 성격의 논문들이 주로 이용하는 연구방법은 선행연구들을 검토하여 이를 기초로 가설이나 모형을 설정하되 이론적이나 논리적 설명이 거의 없이 단순히 검증만 하는 계량적 방법이고, 연구주제는 정보화나 경영분석에 관한 것이 많은 편이다. 예컨대 교육행정 정보화 사업의 성과분석, 참여정부의 전자정부 집행분석, 공공조직 정보화 수준평가의 문제점과 개선방안, 정부기관 혹은 산하기관에 대한 경영분석이나 경영실적 평가, 공공부문 BSC 적용사례분석, 공공부문 BSC 성공적 운영방안에 관한 연구 등이 있다.

3) 이러한 가설의 예를 들면 다음과 같다. 조직몰입은 근무성과에 정(+)의 영향을 미칠 것이다. 경력정체를 많이 지각하는 구성원일수록 조직몰입은 낮을 것이다(혹은 이직의도가 높을 것이다). 조직간 의사소통이 잘되면 목표달성에 더욱 도움이 될 것이다. 이 밖에도 독립변수와 종속변수의 내용이나 속성이 상당부분 중복되어 있는 경우에도 누구나 예측할 수 있는 가설이 되는데, 예를 들면 다음과 같다. 행정조직 내 발전문화가 강할수록 조직구성원의 혁신성향이 높을 것이다. 승진, 보수, 동료 등에 대한 만족이 높을수록 직무만족이 높을 것이다. 조직몰입이 이직의도에 부(−)의 영향을 미칠 것이다. 변혁적 리더십이 강할수록 신뢰가 높을 것이다.

않고 조직론의 이론발전에도 기여하지 못한다. 이러한 경우라면 이론이나 논리를 동원하여 체계적으로 내용을 설명하는 연구가 유익할 것이다. 둘째, 조직학 분야에서도 비교연구를 흔히 볼 수 있는데, 대부분 이론연구를 위한 노력이 부족하다. 예컨대, 직무만족이라는 주제를 갖고 남성과 여성, 상위직과 하위직, 중앙과 지방, 행정조직과 기업조직 간에 비교를 한 연구들에서 이론적 설명이 결여된 경우를 흔히 볼 수 있다. 비교만으로 그칠 것이 아니라 이론적 기초 위에서 비교하여 설명하고 분석결과를 논의한다면, 이론형성에 기여함으로써 연구결과는 보다 널리 이용되고 응용될 수 있을 것이다. 셋째, 실증연구에서 연구모형이나 가설이 예상대로 검증되지 않고 기각된 경우 검증결과만 제시하고 기각된 이유를 설명하지 않는 논문들도 자주 접할 수 있다. 이렇게 무책임하게 연구결과를 마무리하는 경우도 제대로 된 이론연구가 될 수 없다. 가설이 기각된 경우는 가설설정이 잘못 되었거나 표본추출이나 측정도구의 오류로 인해 발생한 것으로 볼 수 있는데, 어떤 요인의 탓인지 철저한 규명을 함으로써 분석결과에 대한 정확한 해석이 가능하다. 또한 행정현실에 대한 적절한 설명이 가능하고 적실성 있는 이론의 정립에도 도움을 줄 수 있다. 이론의 검증 결과가 환류되어 이론의 재평가에 활용되어야 이론이 발전할 수 있다. 넷째, 질적연구에서도 이론을 경시하는 연구들이 있다. 이론경시 현상은 “문제점과 개선방안”을 주요 목적으로 삼는 연구들에서 자주 나타난다. 이런 종류의 논문들은 특정 주제에 관해 실상을 설명하고 여기서 문제점을 도출하고 문제점을 근거로 개선방안을 제시하는 것이 보편적인 절차이고 형식인데, 현황이나 문제점, 개선방안에서 기존 이론을 근거로 하거나 이론적 논의를 하는 경우가 거의 없다. 현실적 처방만을 추구하는 전형적 연구에 해당된다. 문제점과 개선방안의 도출근거로 외국의 제도나 운영과 비교하기도 하는데 이것 또한 이론적 연구라고는 볼 수 없다.

조직론 교과서들도 대체로 이론연구에 기여하지 못하는 것 같다. 교과서들을 분석한 결과, 저자의 일관된 시각에 입각한 이론들의 비교·정리가 미비하여 이론들 간 상호관계성 파악이 곤란하고(민진·유홍림, 2001: 15), 저자가 준거틀을 가지고 이에 입각하여 비교하고 평가하면서 조직이론을 소개하는 교과서는 없었다고 한다(박통희, 1996: 196). 교과서마다 경쟁적으로 다양한 이론들을 소개하고 설명하는 데에 주력하였고, 이러한 이론들에 대한 저자의 비판과 평가 및 비교가 결여되었다는 점이 한국조직론 교과서들의 공통된 특성인 것 같다. 더구나 조직론 분야의 전문연구서는 아직도 부족하다. 특정 주제에 관해 심도있게 기술하고 구체적으로 분석하고 다양한 이론을 근거로 해석하는 연구서, 공통 주제에 관한 여러 논문들을 한데 모아서 엮은 연구서는 몇 권 되지 않는다.[4] 이처럼 대학원용 교재로 쓸 수 있는 전문연구서를 구하기 어려운 현실 또한 조직론 이론의 체계적 정립을 어렵게 하는 것 같다.

2. 이론의 한국화 미흡

외국의 조직이론을 도입하여 한국의 문화와 역사에 부합하는 이론을 개발하거나(토착화), 한국사회의 문화와 특성을 감안하여 한국고유의 이론을 개발하는 것을 조직이론의 한국화라고 할 때, 한국의 조직학 연구는 한국화의 노력도 부족했다고 볼 수 있다.[5] 이런 평가를 하게 된 구체적 근거는 다음과 같다.

첫째, 외국의 조직이론을 한국에 적용하기 위해서 외국에서 개발된 설문지를 한국에서 그대로 사용하는 경우들이 있다. 한국인의 가치관이나 관습과는 상이한 외국인의 정서에 맞는 문항을 한국인의 입장에서 충분한 타당성 검토 없이 한국에서 번역하여 사용하면 정확한 조사연구가 될 수 없다. 문항에서 사용한 개념의 의미와 해석이 국가 간에 차이가 날 수 있어서 분석결과를 신뢰할 수 없기 때문이다. 예컨대 조직문화나 리더십의 경우 외국(미국)에서 조사한 자료와 한국에서 번역하여 조사한 자료를 대상으로 요인분석을 하면 상당한 차이가 발생하는 사실을 확인하는 것은 어려운 일이 아니다. 이렇게 되면 외국이론을 한국에 도입하더라도 정확한 내용을 전달할 수 없어서 이론의 의미와 내용이 왜곡될 수 있다. 결국 이론의 토착화가 어려워진다.

둘째, 이론의 토착화나 한국화를 위해서는 한국의 행정현상에 대한 정확한 정보나 지식이 필요하다. 그러나 한국에서 실증분석을 통해 얻어진 자료 중에는 정확성을 믿을 수 없는 경우가 많다. 표본추출방법의 오류로 인해 대표성이

---

4) 전자의 예로는 한국의 행정문화(백완기, 1982), 민주주의 문화론(백완기, 1994), 국민과 정부관료제(이종범, 1986), 한국행정과 조직문화(조석준, 2004) 등이 있고, 후자의 예는 딜레마 이론(이종범 외, 1994), 한국관료제의 이해(박천오 · 박경효, 1996), 합리적 선택과 신제도주의(정용덕 외, 1999), 정책과 제도의 문화적 분석(박종민 외, 2002), 편견의 문화와 여성리더십(박통희 외, 2004) 등이 있다.

5) 다만, 한국행정과 조직문화(조석준, 2004)는 조직론의 한국화를 시도한 전형적 예라고 볼 수 있다.

낮은 자료들이 수집되고 있고,[6] 분석기법을 잘못 적용하여 분석결과에 오류가 발생한 사례들을 자주 발견할 수 있기 때문이다.[7] 특히 복잡한 분석기법일수록 전제요건이 까다로운데 이러한 요건들을 충족시키지 못하여 오류가 발생하는 사례가 빈번하다. 질적 연구 또한 질적 방법의 장점을 충분히 살리지 못하고 양적 분석 절차를 암묵적으로 따르고 있으므로(윤견수, 2005: 16), 분석결과가 제공하는 정보의 양과 질에 한계가 있다.

셋째, 연구모형을 정립하면서 선행연구에만 전적으로 의존하는 경우가 흔히 있다. 특히 인과분석의 경우 선행연구들에서 이미 사용한 변수들을 추출하여(혹은 공통적인 변수들만 모아서) 그대로 사용하거나, 외국의 모형을 통째로 연구모형으로 삼기도 하는데, 이렇게 되면 연구대상 조직에 대해서도 외국의 모형이 의미있게 나타나는지 혹은 선행연구들의 결과가 연구대상 조직에도 유효한지를 확인해 보는 정도에 그친다. 이런 유형의 연구결과로는 한국의 행정조직에 적합한 모형이 어떤 것인지를 발견하고 설명하기에는 너무 부족하다. 지극히 단편적이고 지엽적인 지식만 제공하므로 이와 유사한 연구결과가 여러 편 축적되더라도 이론의 토착화에는 기여하지 못한다. 한국의 문화적 특성, 조직문화, 조직특성 등을 충분히 감안하여 연구모형을 재정립해야 한다.

넷째, 연구모형의 설명에 충실하지 않는 연구들이 있다. 왜 그러한 모형이 성립되는지, 모형 내 변수들의 관계가 그렇게 되는 이유는 무엇인지에 대한 설명이 생략된 논문들을 보게 된다. 조직론 분야의 연구는 경험적 방법을 이용하더라도 자연과학의 논문형식에 맞출 필요는 없다. 연구모형을 객관적이고 정확하게 검증하는 일에만 급급해서는 안된다. 사회과학 논문은 사실의 발견만이 중요한 것이 아니고 발견된 사실을 이론적으로 논리적으로 설명할 수 있어야

---

6) 표본추출방법의 문제로 인한 자료의 정확성을 떨어뜨리는 예를 들면 다음과 같다. 첫째, 편의추출방법에 지나치게 의존하는 경우가 많다. 다른 방법이라고 명시되어 있으나 실제로는 편의추출방법을 사용한 사례들도 있다. 둘째, 최고관리자의 리더십을 조사하면서 현실적으로 최고관리자와 접촉이 어려운 하급공무원들을 주요 대상으로 조사한 경우도 있다. 셋째, 두 집단 간 직무만족이나 조직시민행동을 비교하면서 이들 변수에 영향을 미칠 수 있는 성별, 학력, 직급의 표본구성 비율이 매우 상이하게 표본을 추출한 연구들도 있다. 이 외에도 표본추출방법을 아예 밝히지 않은 논문들도 발견할 수 있다.

7) 분석기법이 잘못된 대표적인 예는 모수통계학의 요건을 제대로 충족시키지 못한 상태에서 모수통계기법을 적용한 사례를 들 수 있다. 특히, t검증이나 F검증을 사용한 경우에 이러한 오류가 많이 발견된다. 또한 회귀분석을 사용하면서 독립변수나 종속변수가 한 문항의 서열척도(평정척도)로 측정된 경우들이 있고, 독립변수의 수가 지나치게 많아서 회귀계수의 타당도가 의심스러운 경우도 있다.

한다. 이러한 과정이 생략되면 비록 검증을 통해 입증된 모형이라 하더라도 단순히 분석결과만 전달할 뿐, 연구결과의 응용이 어렵고 적용범위가 좁을 수밖에 없다. 연구결과의 보편성을 제고하고 이론화와 이론의 한국화에 도움이 되기 위해서는 한국적 특수상황을 감안하여 모형이나 가설에 대한 이론적, 논리적 설명을 충분히 해야 한다. 아쉽게도 계량적 분석을 한 연구들 중에는 모형이나 가설에 대한 설명을 만족스럽게 한 경우를 발견하기 어려운 실정이다.

다섯째, 한국의 특수상황을 연구에 반영하기 위해서는 상황변수를 만들어 직접 연구모형에 포함시켜야 할 경우도 있는데, 이런 경우에도 상황변수를 생략한 연구들이 있다. 사회과학에서는 어느 상황에서나 적용되는 보편타당한 이론이 존재하기 어렵다. 어떤 이론이라도 국가나 조직에 따라 효과가 상이하게 나타날 수 있고 문화의 영향으로부터 자유로울 수 없다. 어느 상황에서나 적용되는 유일, 최선의 방법은 존재하기 어렵다는 의미이다. 그렇다고 수많은 상황을 모두 고려할 수는 없다. 이론적, 논리적 검토를 먼저 거친 다음, 적절한 상황변수를 찾아내어 상황변수의 역할을 설명하고 검증하는 것이 적실성 있는 연구가 될 것이고, 한국적 행정조직론의 성립에도 기여할 것이다. 예컨대 변혁적 리더십이론을 정립한 B. Bass(1990)는 이 이론의 탁월한 효과를 역설하는데 치중한 나머지 상황변수를 고려하지 않았다. 그렇지만 한국의 행정조직은 기업조직과는 다른 조직적 특성을 지니고 있으므로(위계문화, 기계적 구조, 보상의 어려움), 변혁적 리더십의 행사나 수용이 모두 용이하지 않아서 이 리더십의 효과는 제한적일 수밖에 없다. 이 때 조직문화와 조직구조를 상황변수로 사용하면 변혁적 리더십이론의 한국적 토착화에 도움이 될 수 있다. 한국의 조직론 연구들 중에는 이처럼 상황변수의 존재와 영향을 충분히 인정할 수 있음에도 불구하고 상황변수가 무시되기도 한다. 더구나 상황변수를 도입했다 하더라도 상황변수의 검증방법을 잘못 사용하여 현실을 왜곡시킨 연구결과들도 있다.

3. 공공성과 가치문제 소홀

조직론에서 가치문제를 직접 다루는 데는 한계가 있다. 조직론은 조직관련 이론들과 조직의 관리방법을 주된 연구대상으로 삼고 있으므로 가치문제가 개입될 여지가 적다. 그래도 행정학에서 조직론의 대상은 주로 공공조직이므로 공공성을 강조할 수밖에 없다. 조직론에서 공공성 연구를 하는 방법으로는 첫째, 공공조직과 민간조직을 비교하여 공공성을 강조하거나 둘째, 조직에 관한 일반이론을 연구하면서 공공조직의 주요 특성으로 공공성을 고려할 수도 있다. 셋째, 공공성에서 중시하는 가치인 봉사성, 대응성, 형평성 등을 조직효과성의 판단기준으로 사용하는 것이다. 이렇게 볼 때 공공성은 행정조직론에서 이론의 한국화를 위해서도 당연히 고려해야 할 요소라고 하겠다.

위 세 가지 방법에 의하더라도 한국의 행정조직론 연구에서는 공공성을 가볍게 여겼던 것 같다. 신공공관리적 행정개혁의 일환으로 민간의 관리기법을 행정에 도입할 것을 주장하기에 앞서, 혹은 도입하려는 정부에 조직론 연구자들이 동조하기에 앞서, 한국과 외국의 문화나 풍토 비교, 행정과 경영의 비교에 관한 연구들을 풍부하게 해야 했었다. 그랬더라면 행정조직의 특성으로 공공성을 강조했을 것이고, 공익을 우선으로 하는 행정조직은 이윤추구를 우선으로 하는 기업조직과 달리, 효율성보다는 민주성과 형평성이 더 중요한 가치가 되고, 시장의 경제원리보다는 사회적 정당성이 더 중요한 작동원리가 되며, 법과 정치의 통제가 심해서 기업처럼 자유경쟁이 이루어질 수 없는 곳이라는 점들을 정부에 인식시킬 수 있었을 것이다. 그러나 한국의 조직학자들은 이러한 연구에 대체로 무관심했다. 미국은 1970년대부터 이미 공・사 행정의 비교에 관한 관심과 연구가 꾸준히 증가한 반면, 한국에서는 공・사 행정 비교에 관한 연구가 드물어서 이론적 뒷받침이 부족한 상태에서 신공공관리론이 도입되었다(김호정, 1996: 53). 조직학자들은 공공성의 가치를 앞세우며 신공공관리론이 한국행정에 적절하지 않다는 논리를 전개할 수 없었으니 그러한 행정개혁을 막아내지 못했고, 동시에 행정(조직)학자들은 경영학자들에 비해 전문성을 인정받지 못하여 행정개혁 과정에서 외면당했다. 그 후 행정(조직)학자들은 정부용역을 통해 행정개혁의 성과를 평가하는 작업에는 경쟁적으로 참여했다.

공공조직을 대상으로 한 연구에서도 대체로 민간조직과 거의 차이가 없는 변수들을 사용하고, 설명하는 이론과 논리도 민간조직과 유사했다. 외국에서 개발된 조직이론을 거의 무비판적으로 도입했듯이, 경영학이나 사회학의 조직이론을 공공조직에 적용하면서도 공공성을 비롯한 공공조직의 이념적 가치를 거의 고려하지 않았다. 그 결과 행정조직이론의 수준은 경영조직이론을 넘어설 수 없었다.

행정조직론 연구에서 주로 사용되는 조직효과성의 변수는 조직몰입, 직무만족, 조직시민행동 등으로 경영조직에서 사용하는 변수와 거의 같다. 조직효과성은 조직이 얼마나 바람직하게 작동되고 있는가를 판단하는 기준이라고 볼 수 있는데, 이러한 기준은 일종의 가치기준으로서 목적이 서로 다른 공공조직과 기업조직 간에 일치하지 않는 것이 자연스러운 현상이다. 그렇지만 행정조직론 연구는 민간조직과 유사한 가치기준을 공공조직에도 적용함으로써 가치문제를 소홀하게 다루고 있다는 인상을 준다. 이러한 현상은 행정조직론 교과서에서도 마찬가지로 나타난다. 기존 행정조직론 교과서들을 분석한 결과에 의하면 교과서들은 정부조직의 특수성에 관한 내용을 거의 소개하지 않고(박통희, 1996: 198), 공공조직 이론들이지만 조직에 대한 기술과 처방은 일반조직이론의 수준에서 이루어지고 있다(민진 · 유홍림, 2001: 15).

4. 연구방법의 편향성

현재 조직연구의 경향성은 기능주의가 기반하고 있는 실증주의적 방법론에 의해 지배되고 있으며 이러한 독점성은 한국의 경우도 예외는 아니다(원숙연, 2002: 2). 실제로 한국의 조직학 논문들을 조사해도 연역적 접근에 의한 연구가 많고 귀납적인 이론의 개발은 부족하다고 한다(민진 · 유홍림, 2001: 5). 이처럼 실증주의 방법이 지나치게 되면 조직현실에 대한 깊은 이해와 다양한 해석을 어렵게 하여 조직학의 적실성을 떨어뜨리고, 행정조직론과 경영조직론의 본질적 차이인 공공성의 가치에 대한 연구가 부족하여 행정조직론의 고유영역을 확보하지 못한 채 경영조직론의 하위영역으로 전락할 수 있다. 결국 질적 연구의 부족현상은 한국조직학의 위기에도 부정적 영향을 미치게 된다.

한국의 조직학연구에서 질적 방법보다 양적 방법이 많이 이용되는 이유를 다음과 같이 정리해 볼 수 있다. 첫째, 질적 방법은 가치문제를 연구하기에 적절한 방법이지만 조직론에서는 사실을 설명하는 문제를 주로 연구하고 있으므로 질적 방법의 비중이 낮았다. 둘째, 질적 방법과 양적 방법이 모두 가능한 주제에서도 양적 방법이 많이 사용되고 있다. 가령 조직문화연구의 경우 초기 연구에서는 개별 조직의 문화를 진단하여 특성을 서술하고 해석하는 데 주력하였으므로 질적 방법이 주로 활용되었으나, 최근에는 조직문화의 인과관계를 설명하기 위해 양적 방법이 많이 쓰이고 있다. 셋째, 질적 방법보다 양적 방법을 이용하면 논문작성이 용이하다는 판단을 하는 것 같다. 실제로 실증연구를 한 조직학 논문들 중에 상당수는 이론적 기반이 허술하거나 통계분석과 조사

설계에서 중대한 오류를 지니고 있다. 넷째, 양적 연구는 질적 연구보다 학술지에 게재될 가능성이 높다. 논문의 심사자들 중에 양적 방법을 이용하는 사람이 다수이므로 양적 방법의 기준으로 질적 논문을 심사하는 경우가 많아서 질적 논문이 상대적으로 불리한 평가를 받을 확률이 높다. 다섯째, 연구용역비나 연구비를 받을 때 양적 방법이 유리하다. 특히 양적 방법의 경우 조사연구비나 연구보조원의 인건비를 추가로 청구할 수 있으므로 금액을 늘릴 수 있다.

Ⅳ. 한국조직학 연구의 과제

한국행정학이 직면한 위기를 극복하기 위해 조직학 차원에서 해야 할 일은 다른 학문분야의 조직론에 비해 행정학의 조직론이 전문성과 경쟁력에서 우위의 입장에 서고 이를 바탕으로 한국의 행정조직이 안고 있는 다양한 문제들을 해결하는 데 실질적인 기여를 할 수 있는 학문이 되는 것이다. 그러기 위해서는 기초이론의 연구에 충실하여 다른 조직론보다 깊이 있고 체계적인 이론을 많이 보유해야 하고, 공공성의 가치를 중시하고 한국행정의 특성을 충분히 감안하여 행정현실에 적실성 있는 조직이론들을 개발해야 한다. 체계적인 조직이론연구와 조직이론의 한국화를 위해 연구주제의 선정에 신중해야 하고, 연구내용이 충실해야 하며, 연구방법이 적절하고 균형을 갖추어야 한다.

먼저 연구주제를 선정하기 전에 왜 연구를 해야 하는가에 대한 깊은 고민이 있어야 한다. 이러한 고민 끝에 연구의 주제가 나와야 한다. 외국에서 유행하는 주제, 프로젝트나 연구비 받기에 유리한 주제, 쉽게 성과를 낼 수 있는 주제에 집착해서는 안된다. 행정학이나 조직학의 기본이론을 근간으로 하면서 한국적 이론을 정립하는 데 직·간접으로 도움이 되는 주제를 선정하도록 고민해야 한다. 기본이론이 한국의 행정조직에 적실성이 있는가, 이 이론이 한국에서는 어떻게 수정되어야 적합할 것인가, 한국의 행정현실을 설명하기에 적합한 이론은 무엇인가, 한국행정이 안고 있는 문제점을 해결하기 위한 처방은 무엇이며 이를 위해 어떤 이론들이 활용되어야 하는가와 같은 점들을 염두에 두고 주제를 선정해야 한다.

연구의 내용은 독창성과 적실성으로 인정받아야 한다. 사회과학에서 역사, 문화, 풍토를 무시한 채 남의 아이디어를 단순히 검증만 하는 연구는 단편적인 연구결과만 전달한 뿐 독창성과 적실성이 결여되어 학문과 사회의 발전에 도움이 되지 않는다. 순수한 한국적 모형을 정립하고 타당성을 인정받을 수 있는 연구가 기대되지만 외국의 모형을 수정하여 한국적 모형으로 적실성을 인정받을 수 있는 것이라면 한국의 조직학 발전에 기여할 수 있다. 이러한 모형을 만들기 위해서는 연구주제의 선정보다 훨씬 많은 고민이 필요하다. 관련 이론들을 동원하고 응용하여 그리고 한국행정조직의 특성을 반영하여 연구모형을 이론적이고 논리적으로 설명할 수 있어야 한다. 그래서 보편성과 적실성을 동시에 인정받을 수 있어야 한다. 이런 모형을 정립하는 연구자는 흔히 비판받는 단편적인 정보나 지식의 제공자가 아니라, 진정한 전문가가 될 수 있다. 교수는 많은데 전문가가 적은 우리의 대학현실은 연구모형의 단순한 검증에 그치는 논문들이 많다는 데에도 원인이 있을 것이다.

적실성 있는 조직이론이 되기 위해서는 현실에 대한 정확한 자료를 바탕으로 해야 하고, 정확한 자료는 적절한 자료수집방법, 분석방법, 연구방법을 통해 얻을 수 있다. 자료수집방법 중에서 표본추출방법은 표본의 대표성을 최대화할 수 있는 방법이 선택되어야 하고, 척도유형과 분석방법은 상호관련 속에서 결정되어야 한다. 즉, 연구목적에 따라 연구가설이 결정되고, 연구가설을 보고 분석기법을 결정해야 하며, 분석기법에 맞는 척도유형을 정해야 한다. 이러한 관계를 무시하고 결정될 경우에 잘못된 분석기법 사용, 가설검증의 부정확 등으로 인해 분석결과의 정확성은 크게 훼손된다. 분석방법은 단순할수록 오류가 적을 수 있고 복잡할수록 잘못 적용될 가능성이 높으므로, 빈도분석이나 평균만을 이용한 분석이 가장 오류가 적고 정확한 정보를 제공해 줄 수 있다.

연구방법에서는 질적 방법과 양적 방법이 균형을 이루는 것이 바람직하다. 양적 연구와 질적 연구가 모두 중요하고 필요하다. 최근 행정학(조직학 포함)에서 양적 연구가 많다는 우려가 있지만, 양적 연구 자체가 문제는 안된다. 양적 연구의 규준을 어겼거나, 질적 연구를 해야 할 것을 무리하게 양적 연구로 처리했다거나, 이론적 기반이 결여된 채 조사분석에만 치중했다는 등 신뢰할 수 없거나 단편적인 정보만을 제공하는 양적 연구가 비난의 대상이다. 한편, 행정학(조직학)에서 질적 연구는 어떻게 진행해야 하는지, 바람직한 질적 연구는 어떤 것들인지를 구체적으로 설명하는 연구가 아직은 부족한 것 같다. 나아가 한국행정현상을 대상으로 질적 연구의 규준들을 엄격히 준수하면서 깊이 있는 기술과 다양한 해석을 하는 연구들도 발견하기 쉽지 않다. 이런 가운데 실증주의적 설명과 포스트모더니즘 조직연구의 해석적 이해를 상호보완적 관계를 설정하고, 이들을 다양한 방식으로 연계시킴으로써 보다 적실성 있는 조직연구가 될 수 있다는 제안이(원숙연, 2002: 13) 연구방법 문제의 해결책이 되기를 기대한다.

Ⅴ. 맺 음 말

한국행정학의 위기는 학문으로서 위기와 실용성의 위기를 포함한 개념으로 규정해야 위기의 의미를 정확히 파악할 수 있다. 위기의 직접 원인은 신공공관리론이라는 외부적 요인보다 행정학연구의 내실화가 부족했다는 내부적 요인으로 보아야 할 것이다. 행정학연구의 내실화를 이루지 못한 것은 행정학자들의 비학문적 행태에서 주로 기인했으므로, 행정학의 위기는 남의 탓이 아닌 내 탓임과 동시에, 위기를 일으킨 주체는 바로 행정학자라고 보아야 한다. 신공공관리론과 같은 외부의 충격에 위기를 느끼지 않기 위해서는 행정학자들이 학문적 문제의식과 진지함을 갖고 강건한 행정학을 만들어가야 한다.

내실있고 경쟁력있는 행정학을 정립하기 위한 행정학자의 자세와 행태는 어떻게 변해야 하는지 정리해 보기로 한다. 첫째, 용역을 자제해야 한다. 학자가 문제의식을 결여한 채, 세속적, 금전적 동기에서 정부용역에 관여하는 경우 도덕적 해이만 가져올 뿐 학문적으로 아무 것도 수확하지 못한다(안병영, 2005: 9)는 충고를 명심해야 한다. 둘째, 행정학회는 호화스로운 잔치를 통한 사교의 장에서 벗어나, 검소한 학문교류의 장으로 바뀌어야 한다. 정치나 사회활동을 희망하는 사람은 행정학회를 발판으로 이용하지 말아야 한다. 학회간부진은 학문적 모범을 보인 인사들로 구성되어야 한다. 행정학회보에 논문 한 편 없는 교수가 정치적 의도로 이런 자리를 차지하면 안된다. 셋째, 학회를 내실화하고 논문수준을 향상시키기 위해 유사학회들을 통폐합시켜야 한다. 수많은 지역학회는 가령 '중부 행정학회'와 '남부 행정학회'로 통합되고, 조직학회와 인사행정학회도 통합되는 것이 바람직하다. 넷째, 기존의 행정학원론이나 조직론과 뚜렷한 차별화를 보이지 않는 교과서의 출판은 자제하고, 대신 전문연구서의 발간에 역점을 두어야 한다. 다섯째, 연구윤리가 강화되어야 한다. 제자가 쓴 논문에 이름올리고, 용역보고서를 요약하여 논문으로 내고, 출처를 밝히지 않고 외국논문 대부분을 번역하여 자기 논문으로 내고, 남의 글을 표절하고도 당당함을 잃지 않는 이런 현상들을 행정학계에서 볼 수 없어야 한다. 한평생 한국행정학의 정신을 바로 세우기 위해 노력하신 노학자의 충언을 명심해야 할 것이다. "목숨을 거는 공부가 인류의 생명을 건지는 공부를 만들며, 그러한 공부만이 학문이다. 그리고 행정학도 학문이어야 한다"(이문영, 2008: 40).

◈ 참고문헌

강명구. (2008). 직업으로서의 행정학. 「한국행정학보」, 42(1): 435-455.
김운태. (1982). 한국행정학 및 정치학의 회고. 「한국정치행정의 체계」. 서울: 박영사.
김정렬・한인섭. (2003). 행정학위기의 실상과 대책. 「한국행정학보」, 37(4): 19-38.
김호정. (1996). 한국의 공무원과 기업체직원의 무사안일행태 비교. 「한국행정학보」, 30(3): 53-70.
민진・유홍림. (2001). 한국정부조직연구의 경향과 전망. 한국행정학회 동계학술대회 발표논문. 1-20.
박종민. (2006). 한국 행정이론을 위한 비판적 성찰. 「한국행정학 50년」. 서울: 한국행정학회.
박종민 편. (2002). 「정책과 제도의 문화적 분석」. 서울: 박영사.
박천오・박경효. (1996). 「한국관료제의 이해」. 서울: 법문사.
박통희. (1996). 한국행정학의 「조직론」 교과서에 대한 평론. 「한국행정학보」, 30(4): 189-201.
박통희. (2004). 「편견의 문화와 여성리더십」. 서울: 대영문화사.
백완기. (1994). 「민주주의 문화론」. 서울: 나남출판.
백완기. (1987). 한국적 행정이론의 성립가능성 모색. 「한국정치학회보」, 21: 153-174.
백완기. (1982). 「한국의 행정문화」. 서울: 고려대학교 출판부.
안병영. (2006). 시대별 국가과제와 행정학의 대응분석. 「한국행정학 50년」. 서울: 한국행정학회.
안병영. (2005). 한국행정학의 성찰과 전망. 한국행정학회 춘계학술대회 발표논문. 1-11.
안병영. (1979). 한국의 행정현상과 행정학연구의 주체성. 「한국정치학회보」, 13: 49-66.
원숙연. (2002). 포스트모더니즘 조직연구. 「한국행정학보」, 36(2): 1-18.
윤견수. (2005). 한국행정학의 질적 연구방법에 대한 반성과 제안. 「한국행정학보」, 39(2): 1-22.
이문영. (2008). 나의 학문순례. 「kapa@포럼」, 121: 35-40.
이종범. (2006). 서론. 「한국행정학 50년」. 서울: 한국행정학회.
이종범 외. (1994). 「딜레마이론」. 서울: 나남출판.
이종범. (1986). 「국민과 정부관료제」. 서울: 고려대학교 출판부.
이종범. (1977). 행정학의 토착화에 관한 논거 .「한국행정학보」, 11: 198-223.
정용덕 외. (1999). 「합리적 선택과 신제도주의」. 서울: 대영문화사.
조석준. (2004). 「한국행정과 조직문화」. 서울: 대영문화사.
조석준. (1980). 「한국행정학」. 서울: 박영사.

조성한. (2005). 행정학 연구 — 비판과 전망. 한국행정학회 춘계학술대회 발표논문. 1-11.
한국행정학회. (2008).「kapa@포럼」, 봄호 통권 121호.

Bass, B. (1990). From transactional to transformational leadership: learning to share the vision. *Organizational Dynamics*, 18(1): 19-31.

8장 행위론적 접근

임 도 빈

이 글은 행정학 분야에서 현실문제 해결에 도움이 되는 적실성 있는 연구가 이뤄지지 않는다는 것을 지적한다. 정책대안을 제시하는 것을 목적으로 하는 행정학 논문은 양적으로 상당히 많은 편이고, 정부의 각종 연구용역이 주로 행정학자들에 의해 이루어지고 있다. 더구나 연구용역은 학문적 근거에 따라 엄격히 연구되기보다는 관료들의 입맛에 맞는 일부 연구자들이 전담하여 부실한 보고서를 생산해내고 있다. 정책개선을 주장하는 많은 연구들은 연구대상 현장에 대한 깊이 있는 정보 탐색을 하기보다는 신뢰도와 타당도가 의심되는 성의 없는 설문조사에 의존하고 있다. 따라서 행정학자들에 의해 제기된 정책이나 제도의 도입이 현실에 도움이 되기는커녕 오히려 부작용만 일으키는 경우가 많으며, 이런 부작용을 개선해야 한다며 또다시 연구용역을 맡는다. 또한 정책개선안의 효과를 측정하고 평가하는데 그 개선안을 만든 연구자 자신이 개입하여 효과를 홍보하는 일까지 있다. 따라서 이러한 행정학 연구는 항상 겉돌게 된다. 한국행정현상에 대한 설득력 있는 설명과 적절한 처방을 위해서 행정학 연구를 바로 잡아야 한다. 행정학 연구가 겉도는 이유는 행정인들의 행위에 대한 충분한 조사와 성찰이 없기 때문이며, 질을 추구한다는 전제하에서 행위론적 행정연구는 겉도는 한국행정학을 제자리로 돌릴 수 있는 하나의 방법이 될 것이다.

---

* 이 글은 2008년 한국행정학회 하계학술대회 발표 논문 “겉도는 행정학 연구 바로잡기: 행위론적 접근”을 수정 및 보완한 것이다.

Ⅰ. 행정학연구의 적실성 결여

행정학은 사회과학 제분야, 법학, 인문학 등 여러 학문들이 서로 교차하는 교차로에 위치해 있다(Chevalier, 1996). 이러한 애매모호한 위치에 있는 행정학은 정치권력에 기생하여 독자적인 역할을 하지 못하는 정치에 붙어사는 기생충화의 문제, 합법성이나 효율성과 같은 규범성과 당위성에 의해 포획되어 교조적인 연구만 해내는 문제, 실제 문제도 제대로 인식하지 못한 상태에서 성급한 처방만을 양산하는 행태 등의 위험성을 항상 가지고 있다. 행정학이 독립학문으로 충분히 발달하지 못한 프랑스의 현실을 감안하면 사회과학으로 자리매김을 추구하는 Chevalier(1996)의 문제의식은 충분히 이해가 된다.

한국의 행정학도 이런 문제에서 예외가 아닐 것이다. 특히 노무현 정부 이래 행정학자들의 현실참여는 매우 활발해졌다. 응용학문으로서 행정학을 전공으로 하는 학자들은 끊임없이 현실참여의 기회를 가진다. 정권마다 명칭은 상이하지만 대통령 직속 혹은 다른 지위의 기관에서 '행정(혹은 정부, 경쟁력)개혁위원회'의 설치는 보편화되었을 뿐만 아니라 기구의 크기는 점점 확대되어 왔다. 이런 위원회 이외에도 각 부처의 자문위원이나 기타 위원, 그리고 정부용역 참여자까지 합하면 매우 큰 숫자가 현실참여를 한다.

오석홍(2007: 3)은 행정학자의 현실참여라는 잣대로 네 가지의 경력발전 유형을 분류했다. 교수로서 학자로서 한 우물을 파는 '안정형', 행정학자로 기본은 유지하되 학내 보직 등을 통해 이동하는 '선형형', 행정학자로 계속성을 갖기는 하지만 다른 일을 하느라고 왔다 갔다 하는 '나선형', 그리고 행정학자를 다른 직업을 갖는 디딤돌로 생각하는 '과도형'이 그것이다. 윤리적 관점에서 볼 때 과도형은 비난받아야 마땅하다.

그러나 비난받지 않을 수준 혹은 존경받는 수준에서 현실참여도 가능하지 않을까. 즉, 학자로서의 높은 윤리성이 담보되어 있고 방법론적 엄격성을 전제하면 긍정적 효과를 낳는 현실참여는 가능하다. 문제는 이런 조건이 충족되지 않은 상황에서 한국의 많은 행정학자들이 각종 자문위원 참여, 컨설팅, NGO참여, 그리고 현실처방적 논문게재 등으로 현실 문제를 무차별적으로 다루고 있다. 즉, 안정형을 찾아보기 어렵고, 현실처방적 참여를 하는 다른 유형이 보편화되어 있다.

문제는 그럼에도 불구하고 현실의 문제를 해결하는데 충분히 도움이 되는 적실성 있는 연구가 이뤄지지 않는다는데 있다. 즉, 행정학자의 처방들이 적실성을 현저히 결핍하여 거의 현실문제 내용을 파악하기조차 하지 못한 상태에서 이뤄진다는 비판도 많이 있다. 그렇다면 이런 문제가 왜 생겨나며, 치유방법은 없는가에 대한 고민을 할 필요가 있다.

Ⅱ. 행정학연구의 겉돌기

역대 정권이 들어설 때마다 행정개혁(혁신)이 거론되었다. 명칭은 다르지만 '위원회'라는 형태의 조직이 만들어지고, 여기에 행정학자들이 참여하여 개선안을 만든다. 물론 행정학의 각종 논문이나 저술들이 적어도 현실에 대한 분석과 더불어 개선안을 제시한다. 아예 많은 연구들이 제목부터 "○○의 개선방안에 대한 연구"라고 정해지기도 한다. 그런데 이를 자세히 들여다보면 이미 나와 있는 과거의 것보다 그리 획기적인 내용이 아니라는 것을 금방 알 수 있다.

1. 연구인력

행정학회에 회원으로 등록된 사람은 총 1,613명이다. 2006년 현재 전국에 대학의 학과의 형태로 57개교(54%), 학부의 형태로는 46개교(46%)로 총 105개 대학에 행정학과(부)가 설치되어 있다. 이외에도 한국행정연구소, 지방행정연구소, 서울시정개발연구원 등 각 광역자치단체에서 설치한 연구소 등 합하면 상당히 많은 숫자이다. 사회과학 어느 분야에 못지않게 행정학이 확산되어 있다.

〈표 8-1〉 행정학회 회원의 소속

행정학회 회원의 소속								
대학	연구소	정부		타기관 (공사, 국회 등)	사회단체	기업	기타	총계
		중앙	지방					
1,213	140	77	73	44	38	24	5	1,613

출처: 조무성(2006: 11)에서 발췌.

한국행정학회의 2006년 회원수 1,613명 중 대학에 소속한 구성원이 1,213명으로 압도적으로 많고 그 다음이 연구원이다. 대학에 소속되어 있는 행정학회 회원 중 대부분은 교수이다. 연구소에 속해 있는 140명은 대학교수에 비하여 행정현실에 관련된 처방적 연구보고서를 많이 써야 하는 처지에 있다. 국회에도 예산 정책실 등 사실상 연구소 연구원과 유사한 지위에서 근무하는 인력이 있다. 사회단체 소속에는 NGO뿐만 아니라 복지기관 등 다양한 기관이 있다. 공무원이 차지하는 비율을 보면 9% 정도로 낮은 편이며 중앙공무원과 지방공무원의 비율이 비슷하다. 이렇게 보면, 행정학 관련 연구를 하는 인력은 아무리 적게 잡아도 약 1,000명, 많이 잡으면 1,600명 이상이다. 이들 중 공무원을 제외하면 대부분 행정체제의 외부인으로서 연구하는 연구자들이다.

학자들이 현실에 참여하는 방법은 각종 위원회의 위원으로 참여하는 것이 대표적이다. 이런 위원회에 참여한 행정학자들은 노태우 정부 때에 9명이던 것이 노무현 정부에서는 132명으로 급증했다(김병섭, 2007: 27). 결국 노무현 정부에서는 한국의 전체 행정학자 중 약 10%가 참여한 셈이니 대단히 높은 비율이라고 할 수 있겠다. 나아가서 김병섭(2007)이 분석대상으로 한 위원회뿐 만아니라 다른 형태의 참여(예, 부처의 각종 자문위원)도 많으므로 실제로 직접 행정부에 참여하는 학자들을 나타내는 이 수치는 상당히 높은 비율이라고 할 수 있을 것이다.

2. 용역공화국

행정학자들에 의해 발표되는 논문의 수는 얼마나 될까. 매년 얼마나 많은 학술논문이 발표되는가를 추정해보기로 한다. 우선 익명의 심사자에 의한 엄격한 심사를 통해 게재되는 학술논문만으로 한정하기로 한다. 2008년 5월 현재 학술진흥재단에 등재지로 등록된 행정학 관련 총 학술지수는 15종이다.[1] 그리고 등재후보지로 등록된 학술지도 10종에 이른다. 이 중 연 4회 발행이 대부분이지만, 등재후보지는 연 2회 발행도 있다. 평균적으로 연 3회 발행된다고 가정하고, 한 호에 평균 10개의 논문이 게재된다고 계산하면, 1년간 약 750편의 논문이 발행되고 있다고 볼 수 있다. 그리고 학술재단에 등재후보지도 아닌 학

---

1) 2008년 5월 현재 학술진흥재단에 등록된 총 학술지수는 이공계와 예술체육 분야 등을 모두 포함하여 1,582종이다. 그리고 이 중 사회과학 분야의 학술지는 509종이다.

술지도 많이 있으므로 이를 모두 고려하면 넉넉히 잡아 연 1,000편 정도의 논문이 발행된다고 할 수 있다.

이 수치는 앞에서 행정학 연구인력을 약 1,000여명으로 추산하였으니, 연간 1명당 약 1편의 학술논문이 발표된다는 것을 의미한다. 그러나 연구인력 중 연령 등 여러 가지 이유로 학술논문을 잘 발표하지 못하는 일부 사람들을 제외한다면 1인당 2편 이상 수편의 논문을 쓰고 있다고 볼 수 있으므로, 어느 분야에 못지않은 논문 양산체제에 돌입해 있다고 할 수 있다. 특히 주목해야 할 것은 매년 산출되는 이들 1,000편 정도의 논문들은 순수 이론 논문보다는 현실 처방적인 것이 대부분을 차지하고 있다는 점이다. 행정부의 여러 활동에 대해 이렇게 많은 처방들이 쏟아져 나오고 있는 것이다.

학술지에 발표되는 어떤 개선방안에 대한 논문과 더불어 정부의 필요에

〈표 8-2〉 행정학 분야 학술진흥재단 등재학술지

등재 학술지	발행기관	연간 발행 회수
정부학연구	고려대 정부학연구소	4
정책분석평가학회보	한국정책분석평가학회	4
지방정부연구	한국지방정부학회	4
지방행정연구	한국지방행정연구원	4
한국사회와 행정연구	서울행정학회	4
한국정책과학학회보	한국정책과학학회	4
한국정책학회보	한국정책학회	4
한국지방자치학회보	한국지방자치학회	4
한국지방재정논집	한국지방재정학회	4
한국행정논집	한국정부학회	4
한국행정연구	한국행정연구원	4
한국행정학보	한국행정학회	4
행정논총	서울대학교 한국행정연구소	4
International Review of Public Administration	한국행정학회	2
The Korean Journal of Policy Studies	서울대학교 행정대학원	2

〈표 8-3〉 연도별 정부용역비

	2004	2005	2006	2007	2008	계(단위: 원)
행정안전부	3,505,000,000	173,950,000	7,217,672,340	12,017,002,877	70,000,000	22,983,625,217
계	15,532,067,946	10,563,276,568	134,421,628,194	133,927,443,787	13,333,331,318	307,777,747,813

의해 수행되는 각종 연구용역이 있다. 이 모두 행정학자들에 의해 이뤄지고 있다. 행정학에 대해 다른 학문을 하는 사람들이 가진 부정적 인식은 '정부용역학'이라는 것이다. 즉, "○○의 개선방안"이란 제목의 연구보고서를 내는 것이 그들의 중요한 업무 중 하나라는 것이다. 용역비를 받고 연구보고서를 작성하는 것은 물론이고, 각종 자문위원격으로 정부에서 하는 일에 대해 전문가 의견을 제공한다. 심지어 관료들에게 개인적 인맥관계를 통하여 조언을 해주기도 한다.

연구용역은 관료들이 정책결정에 필요한 지식을 제공하는 것으로 그리 나쁜 것은 아니다. 여기서 문제시 하는 것은 정말 관료들이 필요로 하는 지식을 제공하고 있느냐는 것이다. 우선 얼마나 많은 정부용역이 이뤄지고 있는가를 알아볼 필요가 있다.

2007년의 경우 각 부처에서 수행된 총 연구건 1,965건 중 환경부에서 발주한 것은 258건, 행정안전부(과거치는 행자부 + 중앙인사위)에서 발주한 것이 221건으로 각각 1, 2위를 달리고 있다. 즉, 환경부와 행안부는 외부용역에 많은 의존을 하는 '용역부'라는 것을 알 수 있다. 행안부는 주로 정부개혁에 관한 것이고, 환경부는 환경에 관한 각종 제도 개선에 관한 것을 각각 많이 발주하는 것으로 보인다. 행정학자들 중에도 자신의 전공이 정부개혁(혁신)이라고 하는 사람과, 환경정책이라고 하는 사람은 이런 용역에 관련된 경험이 많은 것이 사실이다.

대학교수도 용역이나 각종 처방을 내리는데 많은 시간을 소모하지만, 국책연구원은 더욱 관료들의 정책대안 개발을 대행하는 업무를 많이 수행한다. 어떻게 보면 이들은 순수한 연구자라기보다는 반(半) 관료라고 봐도 과언이 아닐 정도로 관료들의 하수인 역할을 하는 셈이다.[2)]

연구기관별 분포를 보면 PRISM(Policy Research Information Service and

2) 일부 관료들은 공식적으로는 이들 전문가들을 존중하는 척하지만, 사석에서 이런 학자들을 비하하는 발언을 서슴지 않는 이중적 태도를 보인다.

Management)자료가 축적된 연도의 총 누적건 6,455건 중 가장 많은 건수를 차지하는 기관은 국방연구원으로 2.45%인 155건을 발주하였다. 서울대학교의 경우 2,000명 정도의 교수를 확보한 종합대학교이고 다양한 전공분야가 있기 때문에, 용역연구 수행기관의 상위에 있음을 주의해서 해석해야 할 것이다. 이런 특수한 경우를 제외하면 어느 기관이 용역연구를 많이 하나 알 수 있다. 그것은 분야별 특성도 있을 것이다. 특이한 것은 한국행정연구원이 10위를 나타내고 있다는 점이다. 2007년 부처별 발주 건수로 보면 행정안전부가 환경부 다음으로 많은 것과 연결해 보면 행정학 분야의 연구가 활성화되고 있음을 알 수 있다.

더구나 PRISM에는 용역발주형태나 책임연구자별 용역건수 등의 통계가 나와 있다. 이런 용역이 학문적 근거를 갖고 엄격히 연구되면 좋으나 그렇지 않은 경우에 문제가 된다. 연구용역발주 형태가 경쟁입찰보다는 수의계약이 많고, 연구자별로는 행정학자 중 몇 명은 1년에 수건을 하는 경우도 있다. 실제로 이들은 PRISM에 나와 있는 것 이외에도 더 많은 연구와 자문활동을 하면서, 관료들의 입맛에 맞는 용역을 전담하고 있음을 짐작할 수 있다. 지나치게 많은 연구를 한다는 것은 각 연구에 집중할 시간이 적어 부실한 보고서를 작성할 가능성이 높을 뿐만 아니라, 본연의 임무에도 소홀히 할 수 있다는 등 윤리상의 문제가 있을 수 있다.

〈표 8-4〉 정부용역의 기관별 순위

순위	기관	건수	비율(%)
1	한국국방연구원	155	2.4
2	한국노동연구원	133	2.06
3	서울대학교	94	1.46
4	산업연구원	79	1.22
5	한국보건사회연구원	68	1.05
6	한국조세연구원	64	0.99
7	한국환경정책평가연구원	62	0.96
8	한국여성정책연구원	58	0.90
9	한국직업능력개발원	57	0.88
10	한국행정연구원	54	0.84

Ⅲ. 겉돌기의 원인

1. 설문조사의 오남용

정부가 필요로 하는 연구용역이든 아니면 학술논문이든 정부에 어떤 정책대안을 제시하는 것을 목적으로 하는 것이면 연구대상 현장에 대한 깊이 있는 정보탐색이 있어야 한다. 그러나 이를 이해하기 위해 시간과 에너지를 충분히 투입하지 않는데서 문제가 기인한다. 가장 쉽게 사용되는 것이 설문조사이다. 설문조사는 행정학연구에서 필수적인 방법론인 것처럼 간주되고 있다. 이것은 연구문제의 성격에 따라 설문조사여부를 결정하는 것이 아니라, 알고 싶은 것은 모두 설문문항으로 채워놓고 이를 합산하여 실증적 증거로 사용하려는 연구편의주의 때문이다. 한국에서 사용되는 설문조사 방법은 다음과 같은 문제가 있다.

첫째, 응답자의 입장에서 볼 때 각종 설문조사를 너무 자주 하기 때문에 성실한 답을 하기 어렵다. 즉, 필요 이상으로 설문조사를 남용하는 경향이 있다는 것이다. 정부부처 등 각 기관에는 각종 설문조사가 일주일에 3-4개씩 실시된다. 심지어 10여개가 책상에 쌓인다는 불평도 있다. 적어도 많은 중앙부처의 과장급 이상은 이렇게 쌓이는 설문에 직접 응답하기가 귀찮기 때문에 거의 답을 하지 않는다고 한다. 그러니 비록 자기 부처가 발주한 연구용역의 일환이라고 하더라도 몇 번씩 독촉하고 강요해야 겨우 일정한 숫자의 응답률을 확보할 수 있다. 다른 사람이 답을 하니 신뢰도는 0일 수밖에 없다. 회수율을 확보하기 위한 것으로 시간에 좇기면서 강요된 응답이니 타당성이 낮을 수밖에 없다.

둘째, 실증주의연구를 주장하는 행태론자들은 설문조사를 과학적인 방법이라고 내세우지만, 실제로 설문지에는 연구자가 원하는 답을 직접 물어보는 직설적인 문항이 많다. 물론 문항이 직설적 어법이라고 하여 나쁠 것은 없다. 문제가 되는 것은 응답자도 조직 구성원이기 때문에[3] 외부전문가의 진단을 요청한 것이라는 점이다. 그런데, 그 답을 알기 위해 그 즉시 구성원에게 물어본다는 것은 신문기자들도 할 수 있는 피상적인 것이다. 더구나 조직개혁 등은 설

3) 스스로의 문제는 실제로 자신이 잘 모르기도 하고 자신을 정당화하는 집단사고에 빠져 있는 경우도 많다.

문결과 조직에 해가 될 것으로 생각되는 문항에 대해서 응답자가 정직한 답을 하지 않는다. 예컨대 설문지에는 다음과 같은 질문이 많이 있다.

> "귀 ○○부처에서 가장 한가한 부서는 어디라고 생각하십니까?" (개방형)
> "우리 부서는 업무처리 절차가 복잡하다." (리커트 5점 척도 선택형)

예시의 개방형 질문의 경우 민감한 사항이므로 응답하는 사람이 매우 적다. 따라서 1-2명이 답한 것을 가지고 마치 의미 있는 것처럼 활용하는 경우가 많다. 응답을 많이 하도록 하기 위해서 때로는 연구자가 예시를 주고 선택하도록 한다.

문제는 이 설문의 답이 바로 발주처가 연구용역을 통해서 알고자 하는 핵심내용이라는 것이다. 그리고 그 설문결과의 단순 %를 보고서의 정책대안 근거로 내세운다. 단순히 조직구성원의 의견을 취합하는 것이라면 전문연구자에게 의뢰할 필요도 없다. 이런 정도는 내부 공무원들이 얼마든지 할 수 있는 것이다.

셋째, 연구자 편의에 의해 만들어지기 때문에 묻고 싶은 것이 다 들어 있다. 따라서 설문문항수가 대단히 많다. 100문항이 넘는 경우는 다반사이고, 심지어 정부조직진단 시 문화행태조사라는 설문에는 총 256개 문항이 있었다. 응답자의 인구학적 특성을 묻는 질문에는 보통 답하기를 꺼려하는 학력, 소득, 나이 등은 흔히 들어간다. 이 경우 응답자는 설문에 저항감을 느끼는 경우가 많다. 또한 한 가지 문제에 대해 하나의 문항으로 물으면 신뢰도에 문제가 있다는 비판이 있으니 분석 시 문항 간 타당도와 신뢰도를 검증하기 위하여 유사한 문항도 많이 들어 있다. 이 경우 응답자는 정확히 무엇을 묻는지도 모르고 지루하니까 대충 응답하는 경향이 있다.

넷째, 연구자 편의에 의해 만들어지기 때문에 학술적인 용어가 무차별적으로 사용된다. 질문의 내용이 무엇인지 이해하기 어려운 난해한 개념이 들어 있는 경우가 많다.

설문지를 사용하는 조사는 나름대로 여러 가지 전제조건이 충족되어야 가능하다. 이러한 이유 때문에 예컨대, 설문조사에 의한 연구결과가 서로 상이한 결론을 내기도 하고, 심지어 동일 지역을 대상으로 실시된 동일 주제의 설문도 일관된 결과를 보여주지 않는 신뢰성 결여도 발견된다(강민아 외, 2007: 416).

즉, 설문지법은 응답자들이 질문의 주제에 대해서 충분한 지식을 가지고 있고, 질문할 내용에 대해 나름대로 의견을 가지고 있으며 이 의견이 상당기간 변하지 않는다는 전제하에 적합한 방법이다(강민아 외, 2007: 426).

자신(조직구성원)들도 잘 몰라서 외부연구자에게 의뢰한 연구임에도 불구하고(즉, 충분한 지식이 없음), 응답자가 알기 어려운 학술적 용어를 혼용하여 질문을 한다든지 하면 질문 앞에 '○○○는 무엇을 의미한다'는 식으로 개념정의를 한 후, 질문을 하는 것으로 연구자는 친절을 베풀었다고 생각할지도 모르나 오히려 타당성 높은 응답을 얻어내기 어렵게 만드는 요인이 될 수 있다. 더구나 권위주의적 행정문화에서 과도하게 눈치를 보는 응답자 문제를 고려해야 한다. 즉 자신의 조직이나 인사문제에 관련된 질문의 경우 연구결과가 해(害)로 돌아올까 미리 고려하여 '안전한 답'을 고르게 된다. 이런 경우는 조사를 하지 않는만도 못하다.

충분한 지식이 있다고 가정하지만 실제로는 특수한 집단만 설문대상으로 선택하는 선택의 오류를 범할 수도 있다. 심지어 문제를 알고 있다고 생각되는 당사자보다는 편의상 다른 사람들에게 실시하고 마치 그 집단의 것인 것처럼 유추하는 경우가 있다. 당사자들보다는 전문가들을 설문대상으로 하는 것이 그것이다. 노무현 정부에서 실시한 조직진단 사업이 어떻게 집행되었는가를 이 사업에 참여한 전문가들을 대상으로 설문조사해서 그 집행상태를 유추하는 것이 한 예이다

2. 현실을 모르는 정책집행론

행정학은 처방적 학문 내지 응용학문이라고 하니 정책이 어떻게 집행되는가에 대한 집행론이 매우 중요하다. 조직론도 관료제 등 집행업무를 담당하는 실체를 연구하는 학문이다. 따라서 정책집행론과 조직론은 사실 유사한 연구대상을 가지고 있다고 하겠다. 많은 경우 정책집행의 수단은 행정조직이기 때문이다.

그런데 정책집행론을 연구하면서 서구의 최근 연구된 결과를 가지고 이의 연장선처럼 유사한 가설을 수립하여 검증하는 경우가 대부분이다. 흔한 것은 집행의 장애요인 혹은 결정요인 등을 상술한 설문조사방법으로 조사한 후 회귀분석 등의 방법으로 규명하는 연구가 많다. 문제는 조직의 특성 혹은 대상집단의 특성에 대해서 아무 것도 모르고 연구를 한다는 점이다.

이 경우 상술한 설문의 한계가 항상 작용한다. 설혹 그렇지 않은 경우라고 해도, 기껏해야 응답자의 '인식'의 결정요인에 불과하다. 문제는 인간이란 존재는 복잡하여, 이와 같이 응답자의 여러 요소에 관한 인식에 인과관계나 규칙성이 있다고 보기에는 어렵다는 것이다. 이런 종류의 연구에서는 근거되는 자료를 어떻게 얻었는가? 얻어진 자료를 어떻게 분석했는가? 그리고 그런 연구에서 나온 결론을 신뢰하는 이유가 무엇인가를 곰곰이 생각해 볼 필요가 있다 (Williams, 1982: 38).

집행론은 어떤 정책이 잘 집행되었는지 여부, 혹은 집행의 집행효과를 아는 것이 관건이다. 집행이 되기 이전에 정책분석(policy analysis)이란 방법으로 미리 효과를 분석하여 정책결정에 도움을 주기도 하고, 집행 이후 정책평가 (policy evaluation)라는 방법으로 그 효과를 측정하여 환류하기도 한다. 그런데 여기에 무수한 고급 통계기법을 사용함에도 불구하고 그 효과를 잘 알기 어려운 경우가 더 많다.

정책집행에는 어느 정책이든 다른 정책과의 수많은 상호관계 속에 추진되지 진공상태로 추진되는 것은 아니다. 아래 표에 나타나는 것이 이들 간의 가상적 관계이다. 이들 관계를 보면 어느 하나의 정책만 보아서는 그 결정이 아무리 합리적이라고 하더라도 집행 단계에서 성공을 장담할 수 없음을 알 수 있다(김영평, 2008: 6).

그럼에도 불구하고 정책집행론에서 보통 단일 정책으로 집행전략을 짜기도 하고, 그 효과를 측정하기도 한다. 실제로 집행현장에서는 어떻게 이뤄지는지를 제대로 파악하지 못하고 겉돌고 있는 것이다. 즉, 단순히 인식을 보는 것이 아니고 정책대상집단이 어떻게 받아들이고 반응하는 행위를 했는지에 대한 통찰이 있어야 한다. 다시 말하면 정책집행 실무자와 정책대상 집단 구성원의

〈표 8-5〉 정책간 관계의 다양성

		정합성	
		높음	낮음
상호의존성	높음	상보적	상충적
	낮음	자율적	경쟁적

출처: 송하진 · 김영평(2006: 198).

행위(action)를 중심으로 봐야 문제의 실체가 보이는 것이다.

중요한 것은 정책의 집행단계에는 여러 행위자들이 서로 상호작용한다는 점이다. 결정된 어떤 단일정책을 집행하는 데 다수의 거래행위(transactions)가 일어나야 할 경우 그 복잡성 때문에 집행의 효과를 알기 어렵다. 각 단계(거래행위)에서 성공적 집행이 그 정책의 성패에 중요한 경우에는 수많은 단계를 거치는 경우 정책의 전체적 성공확률은 줄어든다.

또한 정책집행은 시간적 연속선상에서 진행되는 진행형이다(임도빈, 2007a). 대부분의 정책집행론은 대상집단의 1차 반응만 보았지 2차 반응을 보지 못한다. 인간은 끊임없이 생각하고 주어진 상황에서 나름대로 합리적 혹은 비합리적인 반응을 한다. 시간적 연속선상에서 보면 정책집행의 현황이 계속 변화함을 알 수 있다. 예컨대 어떤 정책에 대하여 A라는 합리적인 반응을 보인 다음, 우연히 다른 사람들이 모두 이를 악용하고 있음을 알고 나면 그 이후 A라는 반응을 보이지 않는 것이 일반적 현상이다.

정책집행 현상이 이런 특성을 갖고 있으므로, 한국행정학계에서 연구가 충실하지 않은 분야이다. 행위에 집중해야 함에도 불구하고 외국이론에 근거하여 설문조사에 의존하다보니 피상적으로 이해하는데 끝나는 것이다. 정책집행론이 이런 상태이니 정책평가론과 분석론은 매우 취약한 학문분과이다. 특히 단일 정책의 효과를 수리모형에 의해 평가하는 경우는 매우 신중할 것이 요구된다. 어떤 정책이 집행되는 것은 다른 정책이나 관행이 그대로 있는 상황에서 이뤄지는 것이 아니고 다른 것이 동시에 작동한다. 아무리 이론적으로 영향을 미칠 가능성 있는 모든 변수를 넣는다고 하더라도 실제로는 영향을 미칠 요인을 다 넣는다는 것이 불가능하다. 따라서 계량모델에 의한 평가결과는 불완전할 수밖에 없다.

3. 행정개혁론: 반복되는 오류

행정학이 '용역학'으로 자리매김하면서 학자들마다 현실을 개선하는 대안을 제시하기 바쁘다. 각종 혁신이든 공공서비스 개선이든 여러 가지 개선안이 나오지만, 실제로 변하는 것은 별로 없다. 환언하면 개선안이 제대로 효과를 발휘하지 못했기 때문에 연구실패(research failure)라고 봐야 한다.

노무현 정부 시에는 '혁신'을 하라고 하니 '도대체 무엇을 혁신하라는 것인지 헷갈린다'고 말하는 관료들이 많았다. 이명박 정부에서도 자꾸 무엇을 바

꿀 창의적인 것을 내놓으라고 하니 친한 행정학자들에게 SOS를 친다. 그러나 별로 적절한 아이디어가 나오는 것이 없다. 그래서 이전 정부 때 하던 서류를 꺼내 글자 몇 자를 바꾸고, 창의적인 것이라고 올리는 것이다.

팀제 등 아이디어를 내고 마치 효과 있는 것처럼 주장한다. 그런데 그것은 기껏해야 공무원 자리수를 늘리는데 기여할 뿐 실제로는 달라진 것이 별로 없다. 김귀영(2007)은 팀제 도입 이후 공식적으로는 중간관리 수가 줄어들었지만 오히려 다양한 형태의 비공식적 중간관리자가 등장하였으며, 대면을 통한 구두 보고도 공식지표로는 전자결재시스템을 통해 줄어든 것 같아 보이지만 실제로는 공식결재 이전에 비공식 사전보고가 존재한다는 것을 발견하였다.[4] 그러나 팀제와 같은 개혁이 경쟁체제 도입으로 바람직한 결과를 가져 왔다는 연구가 많이 있다.

김경한(2004)은 지방자치단체 공무원을 대상으로 한 설문조사를 바탕으로 목표관리제(MBO)의 실시가 조직의 생산성 향상에 긍정적으로 기여하고 있다고 주장하였다. 그런데 미국의 경우 55개의 선행연구를 검토한 메타분석 결과 성과급 도입이 별로 긍정적 효과가 없었다고 밝히고 있다(Perry, 2008). 개인주의적이고, 금전을 중시하는 문화를 가졌다고 하는 미국(Potter, 1973; Datesman et al., 1997)에서도 성공적이지 못한 제도가 한국에서 성공했다는 결론이 나오는 것을 도저히 이해하기 어렵다.

이외에도 경력개발제도(CDP), 성과급제도 등 각종 제도의 도입을 주장하는 정식 용역 보고서가 행정학자에 의해 작성되어 집행되었지만, 이 중에는 별로 도움이 안 된 각종 정책개선대안이 한 둘이 아니다. 그럼에도 불구하고 이를 제안한 행정학자들은 반성은커녕 또 다른 처방책을 내 놓는다. 원인진단도 종전에 포함하지 않았던 것(예, 새로운 상황의 것)을 포함하는 등 끊임없는 차연(difference)의 전략을 사용한다.

이것은 한국의 용역이나 정책평가에서 행위론적 접근이 전혀 없는 공허한 평가에 근거한다는 것을 의미한다. 법적 제도만 고치려고 하는 이런 행정학자의 역할은 소비자들이 불신하는 일부 카센터와 같다. 흔히 자동차를 고치러 가면, 카센터에서는 '이것도 교체하라', '저것도 교체하라'라고 한다. 심지어 엔진오일이나 브레이크 오일 등도 더러워진 정도에 관계없이 3,000km, 5,000km마

4) 김귀영(2007)은 팀제 도입 이후 변화에 대한 설문조사와 통계적 방법의 한계를 지적하면서 행정자치부 공무원 18명을 포함한 32명의 공무원 등을 대상으로 심층면접을 하였다.

다 교체 주문을 한다. 돈을 절약해야 하거나 의심이 많은 소비자는 다른 카센터에 가고 그 부품이 문제가 없다는 것을 알면 화가 난다.

그러나 여전히 그 카센터 주인들은 고객들에게 부품교체를 자신 있게 권한다. 부품을 교체한 이후에 혹시 고장이 생겨서 와도 카센터주인은 아무런 거리낌이 없다. 새로 교체한 부품에서 고장이 생길 확률은 매우 낮은 것이므로 오히려 다른 부품을 교체하지 않았다고 지적해 낼 수 있기 때문이다. 상술한 차연의 방법이다.

이것은 바로 행정개혁에서 나오는 논리와 비슷하다. 비슷한 용역을 하는 사람은 카센터주인과 같다. 한 사람이 각종 자문위원도 하고 용역도 하는 경우가 그것이다. 흔히 비판하듯이 행정관료제는 낡은 차와 같아 언제 봐도 어딘가 문제가 있다. 자꾸만 고치라고 해도 차는 계속 고장을 일으키고, 용역거리는 자꾸 더 생기는 것이다.

더욱 심각한 것은 연구자의 윤리적 결함이 노정된다는 점이다. 어떤 정책개선안이 나오면, 직후부터 개선의 효과가 있다고 홍보를 하는데 그 개선효과를 측정하고 평가하는 일은 개선안을 만든 자신이 하는 것이다. 선수와 심판이 겸하지 못하는 원리인데, 이를 무시한다는 것이다. 설혹 이미 그 정책 만드는데 참여한 사람에게 효과를 평가하는 작업의뢰가 오면 사양하는 것이 윤리적임에도 불구하고, 오히려 그 평가를 하겠다고 자원하고 심지어 로비까지 하는 것이다. 노무현 정부 때 혁신위에서 전문위원 등으로 활동한 사람들 중에 이런 부류의 사람이 많이 있다. 주요 정책을 추진한 고위관료들은 그 정책에 대해 긍정적 평가가 나와야 대통령에게 잘 보이므로 이런 비윤리적 학자가 평가 작업까지 하는 것을 선호한다. 이렇게 되니, 관료제운영개선과 같은 관료자신들의 행위를 중시해야 할 부분에 허공에 뜬 개선안이 나오고, 항상 겉도는 결과가 나온다.

Ⅳ. 행 위 론

많은 연구가 한국행정현상에 대한 설득력 있는 설명을 제공해 주지도 못할 뿐만 아니라, 적절한 처방도 내려주지 못하는 것이 현실이다. 그것은 행정현실에서 멀리 떨러진 공허한 연구를 하기 때문이다. 겉도는 행정학연구를 바로 잡아야 한다. 행정연구가 겉도는 이유는 행정인들의 행위에 대해 충분한 조사와 성찰이 없기 때문이다. 즉, 피상적인 1차자료에 충분한 시간과 노력을 기울이지 않기 때문이다. 인간의 행위(action)에 연구초점을 맞추지 않으면 해결할 수 없는 문제이다.

1. 행위전략접근법

1) 행 위

행위란 외부인이 객관적으로 관찰하는 행동(behavior)과 구분된다. 행동은 외부의 자극 또는 환경에 대한 반응으로서 생물체가 나타내는 동작을 말한다. 이에 비하여 행위는 의식·자각·결단 등을 수반하는 것으로 특정한 목적을 향하여 동기(動機)를 가지고 행한다.

겉도는 행정학 연구는 연구대상인 관료나 국민의 행동에 조차도 충분한 주의를 기울이지 않은 채로 진행된 것들이다. 더욱 중요한 것은 행정연구가 각 행위자들이 의미를 부여하며 행동하는 행위(action)에 관심을 두어야 한다는 것이다. 행위란 복잡한 개념이다. 지향하는 주체인 인간을 상정하는 현상학적 행위도 이에 해당한다(cf. Silverman, 1971; Lefebvre, 1968). 그런데 모든 행위는 사회적이라는 점을 강조할 필요가 있다. 따라서 어떤 행동을 한 당사자는 의식하거나 의도하지 않았어도, 다른 사람에게 중요한 의미가 전달된 경우에는 이를 연구대상으로 해야 한다.

한 가지 유의할 것은 여기서 행위는 행정법에서 말하는 행정행위와는 다르다.[5] 행정법의 행정행위는 기관의 의사결정과 유사하나, 여기서는 개인의 행위에 관심이 있다. 물론 연구대상의 규모가 커지면 편의상 이들을 몇 개의 집단으로 묶어서 이해하고 분석하는 방법이 사용된다. 그러나 기본적으로 정보수집은 평범한 개인(관료, 국민)으로부터 출발해야 한다.

그런데 외부연구자가 연구대상자들의 행위를 어떻게 알아내느냐의 문제가 있다. 가장 좋은 방법은 행위자로 하여금 과거의 행위를 자유롭게 회고하도록 하는 비구조화된 심층면접법(unstructured in-depth interview)이 가장 좋다(임도빈,

5) 법률행위적 행정행위는 그 법적 효과가 행정청의 효과의사표시의 내용에 따라 발생하는 것을 말하고, 준법률행위적 행정행위는 행정청의 단순한 정신작용의 표현이기는 하지만 그 효과는 법령이 정하는 바에 따라 부여되는 행위이다.

2004). 그러나 참여관찰 등도 좋은 방법이고, 문헌분석법도 좋은 것이다. 실제로 일어난 행위에 관심이 있지 행위자의 생각이나 담론자체는 분석대상이 아니다. 이때 각 행위자가 지향한 행위의 목적이나 의도는 행위자간 상호작용과정에서 나타나는 것으로 사후적으로 그 내용이 밝혀질 수 있을 뿐이며, 윤리적, 선험적으로 표현될 수 없는 것으로 보고자 한다(cf. Harmon, 1981: 83-85).

2) 행위전략법

행정현상이 일어나는 것을 정책이나 법령보다는 사람위주로 파악하기 위해서 관련자들의 행위에 분석초점을 맞춰야 한다. 문제는 수많은 단위로 일어나는 행위를 모두 파악하기도 어렵거니와, 설사 이에 관한 정보가 있다고 하더라도 일목요연하게 정리하기 힘들다.

축구를 모르는 외계인이 축구와 같은 운동경기의 내용을 분석하는 것을 비유할 수 있다. 각 선수들의 1거수 1투족만을 서로 연계없이 개별적으로 관찰한다면 축구가 무엇인지 이해하는데 상당한 시간이 걸릴 것이다. 그러나 이 중 대표적인 동작을 다른 사람과의 관계(즉, 패스)와 연결시켜 본다면 훨씬 이해가 빠를 것이다. 물론 FIFA의 문서에 나온 경기규칙 등은 행정조직에는 업무분장표 등 각종 문서의 내용은 좋은 참고가 되는 정보이다. 그러나 분석범위나 조직에 따라 이런 문서정보가 전혀 없을 수도 있다. 그런 경우에도 연구자는 경기(분석대상 사회의 행위자)를 잘 관찰함으로써 경기를 통한 일정한 규칙인 행위구조를 기술할 수 있다.

먼저 연구범위를 정할 필요가 있다. 연구범위는 자연적으로 정해진 것이 아니고 연구목적에 따라 다르다. 축구경기의 경우에도 한 팀 11명으로 한정할 수도 있고 혹은 22명의 선수일 수도 있고 양 팀 감독, 심판까지 포함한 27명일 수도 있고, 관중까지 포함한 그 이상일 수도 있다. 일단 범위가 정해지면, 분석에 활용할 수 있는 개념적 도구는 다음과 같다.

목표: 각 행위자(혹은 행위자그룹)가 가지고 있는 것으로, 예컨대 프로선수의 경우 연봉높이기일 수도 있고, 감독에게 잘보이기일 수도 있다.

전략: 목표를 달성하기 위해 어떤 노력을 기울이는가에 관한 총체적인 것이므로 예컨대 퇴장당하는 것을 불사하고 태클을 가하기 등이 있다.

수단: 경계대상인 상대선수를 괴롭히기, 파울 2번하기, 심판에게 대어들기

등이 있다.

제약점: 게임시간, 홈경기 여부, 3반칙 퇴장규칙, 등을 들 수 있다.

불학실성영역: 상대방 혹은 상대팀의 전략일 것이다. 상대팀의 구체적인 선수의 특성일 수도 있다.

이런 개념을 가지고 각 행위자가 행한 행위를 분석하고 종합해 보면, 그 게임전체의 의미를 이해하기 쉽다. 여러 행위자들의 전략을 종합하면 왜 게임이 그렇게 되는지를 선명히 이해할 수 있다. 마치 해설을 곁들인 축구경기와 같이 흥미진진하게 이해할 수 있다. 즉, 방법론적 개체주의에서 시작하지만, 전체주의적 이해도 가능한 것이다. 따라서 조직이든, 정책집행이든 이런 행위전략론은 매우 유용하다.[6)]

보통 행정현상은 다수 이상의 행위자간 상호작용에 의한다. 따라서 사회적 존재로서 행위를 어떻게 하는가에 초점을 맞춰야 한다. 일반적으로 행위는 다음과 같은 특성을 갖는다(Reimann, 1993: 151-158 참조).

- 행위자는 항상 의식적 혹은 무의적으로 다른 사람의 행위를 고려하여 행위한다.
- 행위자는 무엇인가를 추구하기 때문에(즉, 목적이 있음), 이를 달성하기 위해 다른 사람들과 상호작용한다.
- 행위자는 유사한 상황에서는 유사한 행위를 함으로써 예측가능성을 높이며, 이것은 여러 사람들 간에 이뤄짐으로써 안정된 사회체제를 형성한다. 즉 체제론적 특성을 가지고 있다.
- 법과 규범은 행위자들의 행위폭을 제약하고, 행위에 대한 정당화의 근거로 사용된다. 그러나 모든 행위자가 법과 규범을 준수하는 것은 아니다. 즉 개인주의적 특성을 가지고 있다.
- 통합(체제론적 특성)과 분화(개인주의적 특성)의 측면을 동시에 봄으로써 사회현상을 적절하게 이해할 수 있다.

6) 임도빈(2007)은 노무현 정부의 조직진단 사업이라는 활동을 외부컨설팅, 행자부, 부처공무원들 간 행위전략이라는 시각에서 분석한 예이다.

2. 정보획득의 문제

외부인이 일상적으로 어떻게 행위하는가에 관한 1차적인 객관적인 정보를 획득하는 것이 매우 중요하다. 공식적으로 사용된 문서자료, 직무기술서, 설문조사, 면접방법 등 모든 방법이 활용되어야 한다. 풍부한 자료가 적실성 있는 연구를 산출하기 위한 1차 요건이다. 근거이론에서 말하는 두터운 기술(thick description)을 하려면, 풍부한 현장정보가 있어야 하기 때문이다. 위에서 지적한 겉도는 연구들은 일단 빈약한 정보(예, 설문결과)에 전적으로 의존하는 경우가 많다.

행위전략론에 의해 분석을 하기 위해 획득해야 하는 정보는 인간이 조직생활에서 '이미' 행한 행위이어야 하고, 따라서 '과거'의 사실이다. 그러나 어떤 조직이나 모임의 내부 정보를 아무 것도 모르는 외부연구자에게 이것은 매우 어려운 작업이다. 설문조사든 면접이든 그 방법에 관계없이 연구자가 획득하는 정보는 진실되지 않거나 왜곡된 것이기 쉽기 때문이다.

가장 빠지기 쉬운 유혹은 주요 정보제공자(key informant)에 대한 지나친 의존이다. 연구주제에 따라 다르지만, 그 조직의 최고책임자, 연구용역 담당자 등이 주정보제공자인 경우가 많다. 이들은 최하위층이 아니고 중상위급들이다. 이들은 어떤 문제를 인식하고 어느 정도 해결방안까지 생각을 갖고 있는 사람들이기 때문에 연구자의 입장에서는 활용만 잘하면 연구가 용이하기도 하다. 그러나 연구초기에 이들을 활용하는 것은 불가피하기도 하지만, 연구 말기까지 이들에게 의존하는 것은 다음과 같은 문제가 있다.

첫째, 이들은 조직의 이익보다는 경력발전 경로 상 자신의 이익에 더 충실한 사람이다. 이들뿐만 아니라 모든 행위자가 이런 특성을 갖는다. 그런데 이들이 정보를 제공하는 데에는 이런 연구 결과가 자신에게 이익이 된다고 생각하기 때문에 그런 것이고, 이에 정반대되는 정보를 제공하기는 쉽지 않다(임도빈, 2007: 106), 즉 이들의 지위효과(position effect)를 생각해야 한다.

둘째, 이들은 문제의 개념화에 대해 다른 사람보다 앞서고, 말로 의사를 표현하는 능력이 높은 편이다. 우리가 연구를 할 때 연구문제를 잘 정립하면 차후연구단계가 순조로운 것처럼 이들의 문제제기가 용역이나 논문의 외부연구자의 연구에 지대한 영향을 미치는 것이다. 그러나 개념화를 못하고, 말로 표현하는 능력이 부족하면서도 실무 현장에서 중요한 역할을 담당하는 사람들의 행위가 제대로 고려되지 않는 것이다, 즉, 다수 행위자들을 배제하는 효과(exclusion effect)가 있다.

셋째, 이들은 1차 사실에 대한 정보(raw facts)보다는 자신의 생각과 해석이 들어 있는 것을 표현한다. 다양한 부하들의 의견이 간략하게 종합(summative synthesis)되는 것은 물론 자신의 희망, 불만, 철학 등이 내포되어 있다. 즉 주관적 해석의 효과(interpretation effect)가 있다. 이를 감안하지 않으면 당사자의 행위를 연구대상으로 해야 하는 행정학 연구가 소수의 해석에 근거한 겉도는 연구가 될 가능성이 농후하다. 예컨대 조직문화에 대한 조사로서 Cameron(1985) 등의 측정도구를 사용하면 과거, 현재, 미래 등 시간 차이를 고려하는 것 같지만, 실제 응답자는 그럼에도 불구하고 사실이 아닌 자기의 생각을 섞어서 응답한다. 이 경우 연구자는 실제 일어난 것과 단지 정당화나 자기 내세우기로 보이려는 말과 행동을 구분해야 할 것이다. 말(talk)과 행위(action)를 구분하여 행위에 초점을 맞추어야 한다. 물론 연구목적에 따라서는 담론분석과 같이 말에 초점을 둬야 할 때도 있다.

넷째, 과거의 사실이 아니라 미래의 것까지 상상하여 응답하거나 진술하면 연구를 (무의식적으로) 호도하기도 한다. 다시 말해서, 연구자들의 역량이 부족한 상태에서는 연구결과(특히 개선방안)를 유도하는 경향이 있다. 조직진단에서 연구진으로 파견된 부처공무원들이 조직을 감축하기보다는 확대하는 쪽으로 강한 영향을 미치는 것과 유사하다(임도빈, 2007: 106). 즉 결론유도 내지 조작의 효과(conclusion manipulation effect)가 있다.

마지막으로 행위가 일어난 시간의 차원에 주의해야 한다. 주요 정보제공자가 제공해주는 정보는 시간차원에서 혼돈적인 것이 많다. 예컨대 공식적인 계획이 마치 일부 실현된 것처럼 과장하는 경향이 있다. 흔히 정부의 보고문서에도 보면, 앞으로 할 일, 아직 진행되고 있는 것도 마치 실적(實績)인 것처럼 포장되어 있는 경우가 많다.

외부 연구자는 내부자의 도움 없이는 연구진행이 불가능하므로 주요정보제공자에 의존적일 수밖에 없다. 그런데 행정학자들은 이를 걸러내 소화하지 못하고 그대로 받아들이면서, 한편으로 연구를 용이하게 하는 '게으름 현상'을 나타낸다. 현실에 일어난 정확한 행위에 대한 사실만을 가려서 이해하는 것이 겉도는 연구를 바로 잡는 핵심적 방법이다.

신진 행정학자가 위와 같은 취약점을 벗어나기는 거의 불가능하다. 일단 행정현실에 대한 지식이 부족하기 때문이다. 노련한 관료들은 어떻게 학자들을 다루는지도 잘 안다. 장관에 임명된 교수나 정치인 등 외부인들이 한동안 관료들에게 꼭두각시에 불과하게 되는 것이 이러한 이유에서이다.

행위론 방법으로 연구 진행시 적어도 1차 자료수집단계에서는 정확한 행위만을 구분해 내는 것이 매우 중요한 작업이다. 물론 차후에 이를 해석하는 것이 남아 있는 것이다. 흔히 통계자료는 자명한 것으로 알려져 있어 관료나 조직원들은 연구자에게 자신에게 유리한 통계자료만을 제시한다. 자료의 수집과정, 자료의 1차 가공과정에서 많은 누락과 왜곡이 있게 된다. 이를 철저히 검토하지 않고 이용하는 경우에는 사실적 기초(foundation)가 없는 연구로서 허공에 뜬 결론을 도출하기 쉽다.

3. 사례연구

1) 자연적 수동적 실험

행위전략론을 적용하기 위해서는 수만 명 이상의 대규모 집단에 대한 설문조사보다는 비교적 작은 조직을 대상으로 사례연구를 하는 것이 필요하다. 행위자마다 특수성이 있기 때문에 일반화를 위한 대규모 표본조사는 사실을 왜곡하기 쉽다.

많은 사회과학연구가 실험설계를 중시한다. 그런데 현실이 복잡하고 모순적이기 때문에 이런 실험효과가 나오기 어렵다. 더구나 한국사회에서는 다른 사람(외부 연구자 포함)의 눈치를 보기 때문에 제대로 된 반응을 얻기 어렵다.

어떤 정책의 시행도 마찬가지이다. 정부관료제의 운영을 개선하기 위한 인사제도 등 각종 정책실험은 특히 이에 해당한다. 연구목적상 실시하는 설문조사나 면접조사도 대부분 이런 실험효과를 동반한다. 하향식(top down)으로 실시되는 이런 방식들로 인해 획득된 정보들은 정책결정자나 연구자가 잘못된 판단을 하게 하는 원인이 되곤 한다. 행정학 연구가 겉돌기 마련이다.

이런 측면에서 볼 때 심층사례연구는 가장 적절한 방법이다. 그러나 사례연구도 어떤 정책의 실험효과를 보는 경우 상당한 주의를 요한다. 인위적 효과와 일시적인 들뜸 효과가 마치 진정한 효과인 것처럼 착각하게 만들기 때문이다. 따라서 있는 그대로 관찰하고 해석하는 것이 매우 중요하다. 만약 중요한 정책실험을 연구하는 경우에는 정책집행 후 충분한 시간이 지난 이후 그 실험 대상이 자연적인 상태가 되었을 때 비로소 실험효과를 측정하는 사례연구를 해야 정확하다.

개혁이 예상되는 분위기거나 개혁이 진행된 직후 설문조사 등을 통해 조사연구를 하는 것은 진실을 왜곡하기 쉽다. 이 문제는 Mayo 등이 실험한 결과 나온 인간관계론(Human relations) 학파의 태동을 생각하면 쉽게 이해할 수 있다. 평상시의 조직운영 실태를 파악하고 이에 대한 개혁이 이뤄진 후 완전히 정상화가 된 후 효과를 측정하는 것이 중요하다. 즉 겉돌지 않는 행정학연구가 되기 위해서는 자연적, 수동적 실험(natural and passive experimentation)이 중요하다(Sturbucks, 2004).

2) 깊이 있는 사례연구

겉돌지 않은 적실성 있는 연구는 연구자가 직접 현장을 경험해야 비로소 가능하다. 즉, 행위론과 사례연구는 매우 밀접한 관계가 있다. 예컨대 특허행정에 전산화가 어떤 영향을 미치는가를 연구(즉, 지식관리행정)하는 사람이 지식관리시스템(KMS) 도입 전후가 어떠한지에 관하여 특허청 직원에게 설문지를 만들어 배포하고 분석하는 경우가 있다고 하자. 그 연구자가 특허가 출원되면 어떤 과정을 거쳐 어떻게 등록이 되는지, 특허 분쟁은 어떻게 처리되는지 등에 관하여 절차를 모른다면 적실성 있는데 설문문항이 나올 리 없다.

모든 연구에서 사례연구는 불가피하다. 물론 순수 이론적인 것을 제외하면 모든 행정학 연구는 광의의 사례연구라고 봐도 과언이 아닐 것이다. 그러나 여기서 사례연구란 한정된 조직이나 집단을 깊이 있게 조사하는 것을 의미하기로 한다. 통계학적인 가설검증을 하더라도 그 대상(집단이나 조직)의 실제에 관한 정보가 없으면 겉도는 결과가 나오기 마련이기 때문이다. 적어도 연구초기에는 사례연구를 통해 기초를 튼튼히 해야 통계치를 해석할 때 의미 있는 결과를 산출할 수 있는 것이다.

사례연구는 그냥 사례를 들여다본다고 좋은 결과를 산출하는 것은 아니다. 예컨대 사례연구를 통해 조직이나 정책집행 연구를 할 때 좋은 결과를 내려면 다음 6가지에 초점을 맞춰야 한다(Reed, 1985: 147-148).

- 물질적・사회적 환경에 대한 기술: 조직이 처해 있는 환경

- 조직 내 영향력 집단에 의해 주도되는 개혁의 힘에 의해서 생기는 과거의 운영방식에서 다른 운영방식으로의 전환
- 변화를 가져오기 위해 (그리고 새로운 운영방식의 유지를 위해) 관리층에 의해 동원되는 메커니즘이나 자원의 범위
- 조직변화가 기존 운영방식에 끼치는 영향이나 제도화의 문제
- 위와 같은 조직 내 변화가 좀 더 넓은 차원의 제도와 관계에 갖는 의미
- 해결해야 할 문제나 딜레마에 대한 평가

행정학에서 인용되는 많은 의미 있는 연구들이 비교적 장기간에 걸친 사례연구에서 비롯되었다. 예컨대 Selznick(1949)은 TVA, Gouldner(1954)은 광산, 그리고 Crozier(1964)는 프랑스 행정조직을 연구하였다. 이들 고전들의 사례연구를 위에 제시한 기준으로 분석하면 다음 표와 같다. 한국 행정학연구가 겉돌지 않기 위해서는 많은 노력이 투입된 이런 연구가 필요하다. 며칠 동안 일회성 방문을 통해 수집된 정보에 근거한 연구가 아니라 수개월 혹은 수년간에 걸친 정보축적이 이뤄진 것이어야 비로소 신뢰성 있는 연구가 가능한 것이다. 영월군 주사의 행위에 대한 윤견수(2001)의 연구, 조직진단사업을 통해 2년간

〈표 8-6〉 주요 사례연구

	Selznick(1949)	Gouldner(1954)	Crozier(1964)
물질적 사회적 환경	뉴딜: 중앙집권, 정부간섭강화 분위기	노사관계와 생산시장의 강화	고도의 구조화된 제도적 환경
운영방식변화	공식적 관료제에서 고객위주 관료제	Mock bureaucracy에서 처벌관료제	전략적 관료제에서 합리적 관료제로
변화를 유도하는 메커니즘	Grass root적 흡수(cooptation)	전략적 교체, 신기술, 관료화, 교조화	기술적, 조직적 합리화
조직 내 권력관계에 대한 영향	대규모 농업집단의 지배력 강화	Wildcat 파업, 지배집단의 권력관계 제도화	전문가보다는 관리층의 권력 강화
조직 내 권력관계의 함의	조직관 관계에 기존권력관계 강화	관리층에 의해 기업의 통제강화	관리층 엘리트 지배
해결되지 못한 과제	전국적 비판, 지역민들 불만	산업갈등에 해결방법으로 관료화	관료제의 악순환

출처: Reed(1985: 167-168).

직접 참여관찰로 이뤄진 임도빈(2007)의 연구나, 지방자치실시 이후 각 지역정치현상을 분석한 박종민(2000)의 연구도 이런 사례연구에 속하는 예라고 할 수 있다.

V. 한국행정 행위론 연구의 시도

행위론에 근거한 한국행정이론은 어떠한 모습이 될 것인가 궁금하다. 기존의 연구들이 겉돈다고 한다면, 충실한 연구는 어떤 결과를 보여줄 것인가를 보여줘야 설득력이 있기 때문이다. 기존의 많은 연구들이 적실성이 부족하다는 지적에는 동감하는 사람들이 많기 때문에 이 측면에 궁금증이 더해진다. 그러나 아직 충분한 연구가 되어 있지 않으므로 시론적으로 서술하기로 한다.

1. 한국적 개념의 사용: 시기심, 의리, 불신

서구의 이론들은 비록 제한된 합리성을 가정하더라도 여전히 합리적인 인간이란 가정에서 출발하는 것이 많이 있다. 공공선택론을 비롯한 경제학 계열의 연구들은 이런 과도한 단순화를 하는 것이 보통이다.

행정의 현상은 불완전한 인간 간의 상호작용을 통하여 나타난다. 인간들은 경제적 합리성만을 추구하는 존재가 아니고, 나름대로 감정을 가지고, 비합리적인 행위도 서슴지 않는 존재이다. 각 개인은 어떤 목적을 가지고 매사에 이를 실현시키려고 기계적으로 움직이는 존재는 아니다(Crozier and Friedberg, 1977: 55-57). 계획성 있게 치밀하게 행동한다는 것도 매우 드문 현상이다.

한국인의 경우 '배고픈 것은 참지만 배 아픈 것은 못 참는다'는 표현이 매우 설득력이 있음을 잘 알고 있다. 동료들, 경쟁조직, 다른 국가들에 대한 질투심, 경쟁심이 많은 경우 동기부여의 요인이 된다(임도빈, 2005). 그럼에도 불구하고 경제적 합리성은 예컨대 인사행정이나 조직론의 주요변수가 된다. 그러나 인사행정에서 성과를 정확히 측정하여 성과급을 부여하면 동기부여가 되리라는 것은 서구적인 시각에 불과하다.[7]

---

7) Perry(2008)는 서구에서도 이런 결론이 나오지 않는다고 한다.

조직을 경험해 본 사람은 누구나 인사가 중요하다는 것을 알고, 그것의 이면에서 경쟁심이라는 것을 잘 알고 있다. 겉으로는 합리적인 이유를 대지만 그 이면에는 경쟁심(competition)이 작동하는 경우가 많다.

단기적 금전적 이익보다는 장기적인 측면에서 움직이는 것도 한국인이 가진 중요한 특성 중의 하나이다. 상사와의 관계에서 살아남기 위해 단기적 이해관계보다는 장기적인 보호관계에 있는 사람을 위해 손해를 감수하는 '의리' 등이 한국에서 더욱 중요한 개념이다. 이를 지키기 위한 '빽'도 중요하다. 의리를 지키기 위해 조직 이외에 사람들을 불신하는 것도 커다란 특성이다. 그럼에도 불구하고 서구식 신뢰(trust)라는 개념으로 행정현상을 설명하려는 시도가 많이 있다. 오히려 서구에서 많이 쓰는 신뢰(trust)보다는 '불신'이 더 강한 설명력을 갖는다(박통희, 1999).

한국행정학이 겉돌지 않기 위해서는 설명력이 낮은 서구에서 수입된 개념을 버리고, 한국적 개념을 쓰는 것부터 시작해야 한다. 예컨대 시기심, 의리, 불신, 체면, 눈치, 신바람 등의 개념 등을 정교화하고 이를 사용해야 한다. 행정학의 발달이 늦은 일본이 행정지도(administrative guidance)라는 개념을 보급한 것에 자극을 받아야 한다. 한국인의 행위를 이해하는데 너무나 서구적 시각의 개념인 민주주의, 다원주의, 엘리트론, 신뢰, 거버넌스, 신제도주의, 조직몰입, 직무성과 등을 그대로 사용하는데 한계가 있음을 인식하고, 적절한 개념의 명료화 이후에 사용해야 한다.

2. 상호작용에 대한 강조

행정현상은 정체된 공간에서 혼자 있을 때 일어나는 것이 아니다. 정부나 공공성이라는 주제 하에 한국인을 중심으로 복잡하게 일어나는 인간들의 관계이다. 상호작용(interaction)에 주목해야 한다. 실제로 행정관료 간 혹은 행정관료와 민간 간에 일어난 행위가 무엇인가를 확실히 이해해야 한다.

행정에서 정부정책을 중심으로 행위가 일어나면 이에 대응하여 다른 행위가 일어나고 이러한 행위들이 복잡하게 얽히고설킨다는 점을 간과해서는 안 된다. 이러한 점이 더욱 중요한 분야는 행정조직론, 행정문화론, 리더십론, 인사행정, 정책집행론 등이다. 따라서 이런 분야에서 1인에 한정한 분석을 한다면 불충분할 경우가 대부분이다.

이런 시각에서 연구를 하면 의도하지 않은 효과, 악순환 모델 등의 이론화에 이르기 쉽다. 한국행정인의 상호작용을 설명하기 위해 예컨대, 뒤통수치기, 경쟁에서 이기기, 뒤로 봐주기, 보은 등의 개념이 유용하게 등장할 것이다. 방법론적 개별주의로는 설명이 되지 않는 부분이 살아난다. 엄격한 이론화 문제는 안고 있지만, 한국인의 행태에 전체주의적 접근을 하는 신바람 W이론(이면우, 1992)[8]이 하나의 예이다.

그러나 실제로 한 행위자는 아침에 일어나서 잠자리에 들 때까지 수많은 행위를 하고, 또한 행정문제에서 수많은 사람들이 직간접적으로 연루되므로 이를 그대로 모두 다룬다는 것이 불가능에 가깝다. 더구나 있는 그대로 이해하는 것은 '복잡하다'는 것 이외에 다른 답이 없게 된다. 이렇게 되면 학문의 유용성까지 의심을 할 수밖에 없다. 왜냐하면 모델이 복잡해짐에 따라 인간 행동의 패턴을 추적하는 것이 힘들어지고 이에 따라 명백한 인과관계 메커니즘을 밝혀내는 것도 어려워지기 때문이다. 단순화된 수리모델이 현실적합성이 떨어지므로 점점 더 복잡하게 변수를 추가하게 되고, 추가하면 할수록 오히려 현실이해가 어렵게 되는 Bonini's Paradox가 생기는 것이다(Starbucks, 2004).[9]

상호작용을 중시할 때에는 시간이란 차원을 매우 신경을 써야 한다. 물론 모든 연구는 연구대상시점의 종점이 있기 때문에 무한정의 시간으로 연구범위를 넓힐 수 없다. 그런데 대부분의 연구는 공식적 정책의 작동을 연구대상의 종점으로 하고 있어 행정학 연구가 겉도는 것이다. 꺼진 불도 다시 본다는 말과 같이 정책이나 행정현상에는 충분한 잔여시간을 고려해야 한다.

예컨대 조직진단의 경우 최후까지 용역발주처는 보고서에 대해 각종 수정과 보완을 요구하기 때문에 용역종료시한을 훨씬 넘긴다. 이 기간뿐만 아니고 보고서 인쇄단계까지 부처파견 직원을 중심으로 다각적으로 끈질긴 조직 늘리기 설득작업이 진행된다(임도빈, 2007b). 연구대상 조직원들은 그동안 마치 객관적인 진단을 받는 것처럼 했던 태도를 바꿔 강하게 반발하거나, '이렇게 조직

8) W이론은 외국의 이론을 무분별하게 수입하지 말고 우리의 기술과 산업문화, 한국형 기술, 한국형 산업문화, 한국형 발전전략을 통해 한국 실정에 맞는 독자적인 경영철학을 세우자고 제시한 것이다. 이 이론은 한민족 고유의 특성인 '신바람'을 언급하면서, 이론을 정립하기 위한 근거를 선조들이 제창한 실사구시에서 찾는다(이면우, 1992). W이론이라고 하는 것은 Theory X, Y, Z 등을 염두에 둔 것이다.

9) 모델이 점점 더 현실적이 됨에 따라 모델은 현실세계의 과정을 이해하는 데는 어렵게 되는 Bonini's Paradox가 발생하게 된다.

을 늘리지 못하면 부서로 돌아가 동료직원들에게 왕따 당한다' 등의 동정심을 유발하는 수단을 동원한다. 이런 과정을 거쳐 겨우 얼버무려지는 최종보고서를 마치 최종의 조직개편대안으로 보면, 연구가 겉도는 것이다.

이러한 점을 고려할 때 연구자와 연구대상 간의 상호작용에 각별히 주의해야 한다. 정책연구에서는 정책입안부터 집행 시, 그리고 평가 시까지 외부연구자가 대상집단과 긴밀히 상호작용하여 추진해야 한다. 예컨대 조직진단의 경우, 조직개편안을 담은 보고서 제출이 최종점이면 안 되고, 그 개편안의 집행에도 연구자가 깊이 간여하여 소정의 효과가 나오도록 해야 한다. 행위연구(action research)가 필요한 것이다(Cunliffe and Jun, 2005).

Ⅵ. 맺 음 말

한국행정학 연구가 적실성을 결여한 채 겉돌기를 계속하는 것은 연구대상의 현실에 대한 진지한 탐구자세가 부족했기 때문이다. 그 가장 큰 이유는 상식수준의 피상적 이해를 바탕으로 처방을 마음대로 하는 돌팔이 의사식 현실참여가 있었고 이것이 마치 전문가 견해인 것처럼 받아들여졌기 때문이다. 우선 양보다는 질, 그리고 진지한 탐구자세가 필요하다. 이를 위해서 다음과 같은 처방이 가능하다.

첫째, 학술지의 숫자를 줄이고 연구자들이 무책임한 연구를 양산하는 체제를 개선해야 한다. 연구자의 능력을 논문 수나 용역 건수로 평가하는 분위기는 사라져야 한다. 한 주제에 대해 수년간 끈질기게 연구하는 학자를 높이 평가해야 한다.

둘째, 국책연구소도 정비하고 소관부처와의 관계에서 마치 모든 연구를 받아하는 아웃소싱기관이 아니라 진지한 연구기관으로 거듭나야 한다.

셋째, 연구자의 윤리의식이 개선되어야 한다. 무차별적으로 여러 분야에서 전문가인 척 하는 것이나, 용역을 동시에 다수 진행하는 것, 연구참여자가 그 정책의 평가자를 한다든지 하는 것 등은 자제되어야 한다.

이와 같이 질을 추구한다는 전제 하에서 행위론적 행정연구는 겉도는 한국행정학을 제자리로 돌릴 수 있는 하나의 전제조건이 될 것이다. 여기서 주장하는 행위연구는 오직 행위만이 행정학연구대상이 된다는 것을 의미하지는 않는다. 지금까지와 같이 겉도는 행정학을 바로 잡기 위해서는 행위론적 접근이 필수적이라는 것을 주장할 뿐이다. 철저한 행위론에 기반한 1차 자료 수집 후 연구자의 해석은 매우 중요한 지적 작업이다. 이것을 결여한 채, 일반화를 위해 무조건 표본수를 늘린다든지 고급통계학을 무분별하게 사용한다든지 등의 방법론적 남용은 없어야 한다.

행위론은 깊이 있는 현장조사를 필수로 하기 때문에 몇 천 명 이상을 대상으로 하는 대규모 연구에는 부적합하다. 사례연구는 각 사례의 특수성을 이해하는데 적합하다. 근거이론이 주장하는 바와 같이 밑에서 올라오는 현실에 건실한 바탕을 둔 연구가 필요하다. 이런 조건을 충족시키기 위해서는 하나의 연구를 위해 최소 몇 개월 이상 몇 년도 하나의 연구에 집중할 필요가 있다. 외국의 개념에 억지로 맞춰서 한국현실을 해석하는 부자연스런 것보다는 한국적 현실을 잘 대변해주는 개념을 개발하는 작업도 이러한 노력을 통해서 가능하다.

소수 사례나 소수자를 대상으로 하는 인터뷰는 다음과 같은 한계가 있음을 인식하고 항상 보완해야 한다.

대표성의 문제: 적고, 치우친 표본에서 결론을 도출하려는 것이다.

가용성의 문제: 진실로 대표성이 있는 표본보다는 손쉽게 구할 수 있는 표본에 만족한다.

이러한 한계는 연구후반기에는 반드시 통계를 이용한 조사가 필요하다는 것을 말해 주는 것은 아니다. 통계조사도 필요하지만, 한계를 염두에 둔 보완조사 등이 필요하다. 예컨대, (잠정적) 일반화를 목적으로 하는 연구의 경우 최소한 3개 이상의 사례를 확보할 필요가 있다.

나아가서 한국행정학은 행위만 연구대상이라고 생각하면 안된다. 말이나 아이디어도 좋은 행정학 연구대상이다.[10] 이러한 논의는 Brunsson(2002)의 위선(hypocrisy)개념으로 연결된다. 그가 사용하는 위선은 반드시 말(Talk), 의사결정(decisions), 그리고 행위(actions)와 논리적으로 완벽하게 연결되지는 않는다.

---

10) 언어도 발화자가 신체를 작동시켰고, 연구자가 청취를 통해 이해가 되므로 행위의 일종이라고 볼 수 있다. 그러나 여기서 말이란 이 이상의 것을 지칭하는 것으로 (물론 언어라는 수단으로 이를 알 수 있지만) 인간이 가지고 있는 생각도 포함하기로 한다.

Brunsson(2002)은 말이 중심이냐 아니면 행위가 중심이냐에 따라 정치조직과 행위조직이라는 두 가지로 조직을 유형화한다. 정치조직은 외부의 다양한 이해관계를 가진 집단과 연대함으로써 자원을 획득할 수 있다. 조직 내 의사결정(decision)이 구성원 간에 충분한 합의가 이뤄지지 않은 채 이뤄지기도 하고, 조직의 관리층보다는 일반직원에 의해 집행되기도 한다. 이렇게 하여 말(talk)과 행위(action)에 관련되는 것이다. 풍요로운 담론을 통해 다양한 소통이 일어나고, 행정이 작동을 하는 것이다.

행위조직이란 구체적인 것의 집행을 조직의 정당성을 얻는 주요 근거로 삼는다. Brunsson(2002)은 담론보다는 일사불란한 집행을 중시하기 때문에 행위조직의 관련인들을 이전보다 더욱 단순하게 만들고 심지어 바보(stupid)같이 만든다고 본다. 단순화되는 관료적 성격형(personality)을 예로 들 수 있다. 이들은 풍부한 고민이나, 비판의식보다는 성취열망을 요구하기 때문이다. 행위가 주요 연구대상이 아닌 이런 종류의 연구도 행정학에서 필요하다. 포스트 모더니즘적 시각은 우리의 논의를 풍부하게 해주기 때문이다. 다만 연구방법론상으로 볼 때 철저한 심층사례연구를 기초로 시작해야만 연구가 겉돌지 않을 것이다.

◈ 참고문헌

강민아 · 손주연 · 김희정. (2007). 통합연구방법 적용 가능성에 대한 탐색연구. 「한국행정학보」, 41(4): 415-437.

김경한. (2004). 목표관리제의 효과성에 관한 연구. 「한국행정학보」, 38(1): 93-114.

김귀영. (2007). 팀제도입에 따른 조직루틴의 변화에 관한 연구. 「한국행정학보」, 41(1): 46-69.

김근세 · 이경호. (2006). 중앙행정기관 조직진단의 경험과 함의: 진단, 변화관리사업을 중심으로. 「한국행정논집」, 18(1): 257-285.

김병섭. (2007). 정부혁신지방분권위원회의 활동과 행정학자의 역할. 「한국행정학보」, 4(4): 23-44.

김영평. (2008). 정책이론에 합리성의 한계와 모순의 관리. 서울대학교 행정대학원 제15회 정기학술발표회 세미나 자료.

박종민. (2000). 「한국의 지방정치와 도시권력구조」. 서울: 나남출판.

박통희. (1999). 신뢰와 불신의 역학: 불신의 제도화를 중심으로. 한국행정학회 1999년도 춘계학술대회 발표논문집.

문정욱. (2007). 공공부문 정보화의 주요 성패요인과 정보공유 저해 요인: 공무원의 인식조사를 중심으로. 「정보통신정책」, 19(6): 1-17.

송하진 · 김영평. (2006). 「정책 성공과 실패의 대위법: 성공한 정책과 실패한 정책은 어떻게 가려지나」. 파주: 나남출판.

오석홍. (2007). 특별편집인의 서문: 행정개혁에 있어서 행정학자의 역할과 책임. 「한국행정학보」, 4(4): 1-6.

윤견수. (2001). 약자의 설득전략: 어느 하위직 지방공무원의 개혁활동에 대한 현상학적 보고서. 「한국행정학보」, 35(1): 143-160.

이면우. (1992). 「W이론 만들자」. 서울: 지식산업사.

임도빈. (2004). 「한국지방조직론」. 서울: 박영사.

임도빈. (2005). 한국행정의 설명모델을 찾아서: 악순환모델. 「한국거버넌스학회보」, 14(1): 1-30.

임도빈. (2007a). 시간의 개념분석: 행정학에의 적용가능성을 중심으로, 「한국행정학보」, 41(2): 1-21.

임도빈. (2007b). 정부조직진단 사업의 조직사회학적 분석. 「한국행정학보」, 41(4): 89-112.

임의영. (1996). 행동, 행위, 프락시스 개념의 행정윤리적 정향. 「한국행정학보」, 30(3): 19-33.

조무성. (2006). 성숙기 한국행정학의 전문성과제: 생활행정학의 시각. 한국행정학회 동계학술대회 논문집

Brunsson, N. (2002). *The Organization of Hypocrisy: Talk, Decisions, Actions in Organizations*. Second Edition. Copenhagen: Copenhagen Business School Press.

Cameron, K. S. and Freeman, S. L. (1985). *Cultural Congruence, Strength, and Type: Relationships to Effectiveness*. Working Paper, Graduate School of Business Administration, University of Michigan.

Chevalier, J. (1996). Public Administration in Statist France. *Public Administration Review*, 56(1): 67-74.

Crozier, M. (1964). *The Bureaucratic Phenomenon*. Chicago: Chicago University Press.

Crozier, M. and Friedberg, E. (1977). *L'acteur et le système*. Paris: Seuil.

Cunliffe, A. L. and Jun, J. S. (2005). The Need for Reflexivity in Public Administration. *Administration and Society*, 37(2): 225-242.

Datesman, M. K., Crandall, J. A. and Kearny, E. N. (1997). *The American ways: an introduction to American culture*. Upper Saddle River, N.J.: Prentice Hall Regents.

Gouldner, A. W. (1954). *Patterns of Industrial Bureaucracy: A Case Study of Modern Factory Administration*. New York: Free Press.

Harmon, M. M. (1981). *Action Theory for Public Administration*. New York: Longman Publishing Group.

Lasserre, B., Lenoir, N. and Stirn, B. (1987). *La Transparence Administrative*. Paris: Presses Universitaires de France.

Lefebvre, H. (1968). *The Sociology of Marx*. New York: Columbia University Press.

Milloz, P. (1987). *Le Mal Administratif*. Paris: Dunod.

Perry, J. (2008). Performance-Related Pay in the Public Sector: Are We Headed for a Sequel of Back to the Future? Paper presented at annual conference AOM. Cal.: Ahnheim.

Perter, D. M. (1973). *People of plenty: economic abundance and the American character*. Chicago: University of Chicago Press.

Reed, M. (1985). *Redirections in Organizational Analysis*. London: Tavistock Publications.

Reimann, H., B. Giesen, D. G. and M. Schmid(이남복 옮김), (1993). 「사회학의 이론모델」. 서울: 닥나무.

Selznick, P. (1949). *TVA and the grass roots: a study in the sociology of formal organization*. Berkeley: University of California Press.

Silverman, D. (1971). *The Theory of Organisations: A Sociological Framework*. New

York: Basic Books.

Starbuck, W. H. (2004). Why I Stopped Trying to Understand the Real World. *Organization Studies*, 25(7): 1233-1254.

Williams, W., Nathan, R. P. and Yin, R. K. (1982). *Studying Implementation: Methodological and administrative issues*. Chatham. N. J.: Chatham House Publishers, Inc.

9장 역사적 제도주의의 적용과 극복

장 지 호

Ⅰ. 들어가면서

한국 행정학에 있어서의 역사적 제도주의는 과연 서구 학계에서 이룩된 뚜렷한 성과와 비견될만한 이론적 공헌을 하였는가? 본 연구는 근 10년 전 국내에 소개된 이후 역사적 제도주의가 이룩한 학문적 성과를 중심으로 이론의 적실성에 대한 개략적인 검토를 하고자 한다. 일찍이 March와 Olsen(1984)이 정책결정을 둘러싼 구조적 제도에 대한 이해가 올바른 정책분석의 선행조건이라고 역설한 이후 신제도주의는 경제학자 중심의 합리적 선택 제도주의, 정치학자 중심의 역사적 제도주의, 사회학자 중심의 사회학적 제도주의로 분화되어 발전하였다. 이와 같이 서구에서의 역사적 제도주의는 다른 유형의 제도주의들과 경쟁하면서 혹은 수렴하면서 그 이론적 궤적을 그려나갔다. 애초 역사적 제도주의는 행위자의 개별적 행위가 계산된 자기이익의 표출된 결과로서 개인의 선호를 반영한다는 합리적 선택론을 비판하면서 비롯되었다(Hall and Taylor, 1996; Reich, 2005). Thelen(1999)에 의하면 역사적 제도주의자들은 인간이 행동하는데 있어 자신의 효용을 계산한다는 가정에는 동의하지만 정작 행위의 소산물은 개인의 선택을 넘어서는 역사적 맥락에 의해 구조화된 제도적 요인에 의해 제약됨을 강조한다. 물론 서로 다른 제도주의들이 공통적으로 제도에 의한 개인의 선택의 문제를 주요 연구문제로 다루면서 다른 제도주의와의 이론적 교류를 확대하고 있으나, 그럼에도 불구하고 각 제도주의는 여전히 제도선

* 이 글은 2008년 한국행정학회 춘계학술대회 발표 논문 "역사적 제도주의의 한국적 적용"을 수정 및 보완한 것이다.

택에 있어서 개인의 합리성에 근거를 둔 효율성인지, 제도적 권력관계인지, 사회구성원 간의 합의된 공유인지에 따라 근원적인 차별성을 띠고 있다(정무권, 2007).[1] 해외에서의 제도주의 간의 치열한 이론적 논쟁과는 달리 역사적 제도주의에 근간을 둔 국내 연구들은 이러한 제도주의 간의 차이점을 실증적으로 논하거나 다른 제도주의의 개념과 비교하면서 수행된 연구는 찾아보기가 어렵다. 다만 이론적 소개와 정리를 하는 연구들 몇 편만이 개별 제도주의간의 차이를 서술하고 있을 뿐, 경험적인 자료를 중심으로 이러한 제도주의 간의 장·단점을 제시하고 실증적으로 검증한 연구는 전무하다. 정책결정과정에서 합리성에 근거를 둔 참여자의 전략적 선택과 중·장기적인 시간 속에서의 제도적 맥락(context)의 유용성에 대한 다층적이고 총체적인 논의 없이 국내 대다수의 역사적 제도주의 연구는 그 이론이 표방하는 '제도'와 '역사'에 매몰되어 폐쇄적인 벽을 쌓았다. 그 결과 양적으로는 적지 않은 연구결과들이 축적되었음에도 불구하고, 그들만의 리그가 되어 이론적 고립을 자초하게 되었으며, 이론적 토착화는커녕 서구에서 활발히 진행되어 온 제도주의간의 수렴화조차도 제대로 반영하지 못하고 있는 실정이다.

이 글은 역사적 제도주의가 국내에 본격적으로 소개된 이후 발표된 다양한 분야에서의 문헌들을 중심으로 이론적 전개를 총체적으로 검토하면서 그 한계와 극복방안에 대해 성찰하고자 한다. 기존의 역사적 제도주의에 입각한 모든 연구물들을 망라하여 학문적 추세를 분석하는데 목적을 두고 있지 않다. 편의상 이론이 도입되고 실증적으로 적용되는 시기별로 연구물들을 일별하였지만, 궁극적으로 이론적 한계의 극복을 지향하는 시론적 고찰이므로 기존의 개별 문헌에 대한 선택은 자의적으로 하였다. 그 결과 실증적으로 충분히 의미있고 참신한 시도를 했음에도 불구하고 지나치게 약술되거나 간과된 연구가 다수 있음을 미리 알려두는 바이다. 이 글은 크게 세 부분으로 구성되어 있다. 우선 역사적 제도주의의 주요 개념인 맥락으로서의 '제도'를 적용한 국내 연구들이 단순한 제도 자체의 묘사가 아닌 정책참여자들 간의 상호작용을 제약하고 규율하는 '관계'로서의 제도의 역할을 얼마만큼 실제적으로 규명하였는지를 알아본다. 또한 이론의 주요 한계로 지적되는 제도결정론을 보완하기 위해 아이디어와 담론을 주목한 접근법과의 이론적 수렴가능성을 살펴본다. 다음은 역

1) 제도주의 간의 차별성에 대한 보다 자세한 논의는 정용덕(1999)과 하연섭(2003)을 참고.

사적 제도주의의 또 다른 주요 개념인 경로의존성을 중심으로 한 연구들의 공통점에 대해 알아본 후, 역사적 수동성의 한계를 극복하고자 출현한 토착적 시차이론과의 접목가능성에 대해 논의한다. 끝으로 비교연구의 확충을 비롯한 한국적 역사제도주의의 향후 과제를 제시한다.

Ⅱ. 역사적 제도주의의 출현과 도입

서구에서의 역사적 제도주의가 등장하게 된 배경은 이전의 행태주의 접근법이 정치현상의 보편성을 강조하여 일반법칙의 발견에 주력하는 것에 대한 반발로서 그간 무시되었던 제도의 문제를 개념화하면서부터이다(Immergut, 1998). 특히 과거 정책과정에 관한 연구는 대개 합리주의적 전통에 의거하여 정책에 관련된 주요 행위자들은 자신들의 경제적 이득을 추구하기 위해 합리적으로 행동하는 주체로 파악하여 그들의 행동과 상호관계의 결과물인 정책 산출은 궁극적으로 가장 비용이 덜 드는 방식으로 결정된다고 보았다. Fischer(2003)는 1970년대의 정책연구가 양적인 분석, 사실과 가치의 분리, 사회적 맥락과 유리된 타당도에 중점을 두었다고 지적한다. 의사결정자들은 먼저 경험적으로 문제의 존재를 파악한 후 최적의 해결책을 이끄는 목표를 설정하고 대안과 관련된 비용과 이익에 대한 계량적 가치를 예측한 다음 효율적이고 유효한 방안을 선택한다는 것이다. 이러한 접근법은 경험적이며 기술관료적(technocratic)인 합리적 정책결정 모델을 추구하게 된다. 그러나 개별 이득을 추구하는 행위자들 사이의 '합리적' 갈등과 조정을 분석하는 전통적인 접근법만으로는 행위자들의 이해관계와 그 이해관계가 타협된 결과만을 알 수 있을 뿐이며, 행위자들이 어떤 방식으로 상호작용을 하여 결과를 산출해냈는지에 대한 설명이 부족하게 된다. 특히 정책결과가 행위자들의 합리적 배분이나 권력관계로 보기 어려운 경우 정책참여자들의 사적 관계, 권력자의 의지, 장막 뒤의 담합을 통한 거래 등의 음모론적인 설명을 시도하게 된다. 행위자들의 다양한 이해관계와 정책결정을 주물을 제작하는 거푸집에 비유한다면, 기존의 접근방식은 제작에 사용되는 재료와 그 결과물인 최종 주물만을 보여주는데서 그치고 정작 거푸집 안에서 재료들이 어떻게 혼합되어 제품을 생산하는지에 대한 설명은 용이하지가 않다. 거푸집 안의 내부구조와 재료들의 혼합과 반응의 특정 방식을 발견하기 위해서는 '맥락으로서의 제도'에 대한 고찰의 필요성이 제기되었다. 따라서 역사적 제도주의자들은 정책 결정요인으로서 정책참여자들의 이해와 선호를 결정하는 제도적 속성을 주목하였다. 다양한 정책영역에 있어서의 각 제반 환경을 구축하고 있는 제도적 장치와 절차가 관련 정책행위자들이 추구하는 정책대응에 어느 정도 영향을 미치는지에 대한 분석이 역사적 제도주의의 가장 기본적인 연구주제이다(Hall and Skocpol, 2002).

국내 행정학계에서 최초로 역사적 제도주의란 용어가 사용된 것은 염재호(1994)의 논문이다. 여기서 연구자는 구제도주의와 구별되는 신제도주의의 독창성과 방법론적인 측면에서의 비교론적 접근법과 역사적 분석법의 유용성을 서술하였다. 그는 구제도주의가 정태적으로 법제도와 행정조직 등 한 국가 내의 특징적인 정치체제의 서술에 그치고 있는 반면 신제도주의는 단순한 제도 자체의 묘사를 넘어서 정책의 맥락을 형성하는 제도 간의 역동적인 상호작용에 집중하여 분석틀로서 제도를 활용한다는 점을 강조하였다. 이후 국내에서의 이론적 논의는 정용덕(1999)이 편집한 〈신제도주의연구〉를 거쳐 하연섭(2003)의 연구로 이어진다. 관련 분야의 이론적 논의를 총체적으로 집결한 하연섭은 신제도주의에 관련된 방대한 논의를 각 학문적 조류에 따라 분류하여 설명한 뒤 제도변화, 인과관계, 방법론 등 쟁점별로 상세히 소개하였다. 염재호(1994: 33)는 "미시적 수준에서 개인과 집단의 행위의 합으로 접근하는 행태주의적 접근은 일반이론의 차원에서는 의미를 갖지만 거시적 수준에서 나타나는 구체적 정책의 차이를 설명하기에는 한계가 있기 때문에 개별 정책사례들을 대상으로 한 제도주의적 분석이 앞으로도 설득력을 확보하게 될 것"이라고 예견하였고, 김진영(1999)은 역사적 제도주의를 포함한 신제도주의의 이론적 확장을 1960년대의 행태주의에 견줄만한 '학문적 패러다임'의 이동이라고까지 평하였다. 그러나 뒤에서 살펴보겠지만 아쉽게도 국내의 다양한 역사적 제도주의 연구들은 서구학계에서 치열하게 논의되었던 상이한 제도론 내의 차별성을 실증적으로 보여주지 못한 채 파편화된 개별 개념들을 무비판적으로 차용하고 있다. 특히 양적으로 많이 축적되었던 연구들 속에서 어느 하나도 왜 한국적 상황에서 역사와 제도를 강조해야 하는지, 또 그러한 개념의 적용이 여타 접근법들, 이를테면 공공관리론이나 효율성 중심의 조직론에 비하여 어떠한 강점을 지니고 있는지에 대한 정공법적인 논의는 찾아볼 수가 없다. 그 결과 애초 이론도입의 단계에서 기대되었던 학문적 패러다임의 이동은 고사하고 또 하나의 학술 수

입상의 모습으로 전락한 것이 아닌가 하는 자책을 가지게 된다.

Ⅲ. 제도, 아이디어, 담론

1. 제도의 정의

역사적 제도주의의 국내·외 이론적 논의에서 공통적으로 발견되는 명제는 정책은 단순히 행위자들의 이익을 기반으로 하는 선호가 결집되어 결정되는 것이 아니라 역사적 경로를 통해 그 속성이 변하기 어려운 다층적인 제도를 거쳐 매개된다는 것이다. 물론 개념적으로 제도의 범위가 매우 다양하게 언급된다. Thelen과 Steinmo(1992)는 주로 법령, 규칙과 같은 공식적 제도를 다루었으며, Ikenberry(1988)는 제도를 조직의 특성과 정책관련자들의 행위를 정의하는 규칙 및 규범으로 개념화하였다. Sikkink(1991)는 더 나아가서 제도를 확립한 조직의 내적 기능과 다른 외부조직 및 사회와의 상호작용을 규정하는 규칙이나 관행으로 정의하였다. 서구에서와 같이 국내 연구자들도 제도의 범위를 각기 다르게 상정하고 있다.

홍성만 외(2007)는 미 군정 이후 제 4 공화국까지의 중앙재정기구의 형성과정을 고찰하면서 중앙재정시스템의 하위 운영규칙과 절차 등이 재정시스템의 발전과정에서 제도적 구성요인으로서 내재화되어왔음을 밝혔다. 이들의 연구는 제도의 범위를 국가 수준의 단일화된 재정시스템으로 좁히지 않고 공화국별로 다양한 재정·예산·기획기능과 관련된 재정기능의 중층적 운영원리로 확장하였다. 이런 식으로 제도가 중층적으로 혼성되어 있기에 역사적 사건이나 통치이념, 환경의 변화 속에서도 각각의 특성이 혼재된 형태로 나타나고 이에 따라 초기에 구축된 제도적 속성이 변화되기 어렵다는 결론을 내렸다. 이들의 연구는 제도를 공시적 운영규칙으로서만 정의한 반면, 하이닉스 사례를 분석한 이혜영(2005)이 주목한 것은 기존 규제체계에서의 비공식 관행이다. 연구자는 규제가 실제 운영과정에서 괴리되는 원인을 살펴보면서 당시 신설된 금융감독위원회가 공식적으로는 독립위원회의 형태로 정치적 중립성을 확보하면서 규제감독업무에 충실하도록 설계되었으나, 실제로는 기존 규제체계 하에서 형성된 정부 기관의 행정수행방식이나 관행을 탈피하지 못한 것으로 파악하였다. 그 결과 새로운 정책은 제대로 시행되지도 못하고 정부의 재량적 개입 형태는 지속되었음을 보여주었다. 전면적인 공식제도의 변화에도 불구하고, 비공식제도로서의 관행이나 관념의 지속성에 대한 탐구는 김미나(2004)가 언급한 제도적 맥락으로서의 '정책이데올로기'와 장지호(2003)의 '정부주도의 정책사고'에서도 공통적으로 발견된다. 김윤권(2008: 411) 역시 제도를 "행위자에게 제약과 기회를 제공하는 장기간에 형성된 공식적·비공식적인 관계"라고 정의하면서 여기에 개인적 인식을 넘어서 정책관련 행위자를 지속적으로 제약하는 '이념'을 포함시켰다.

이렇게 제도의 범위를 개별 연구자에 따라 각기 다르게 포괄하고 있어 이론정립에서의 개념의 일반화에 의한 보편적 적용이 쉽지 않다. 어찌 보면 역사적 제도주의라는 같은 이론적 접근법을 표방하는 연구일지라도 제도의 범위를 어디까지 상정하느냐에 따라 전혀 다른 결론을 제시할 우려가 상존하고 있다. 예를 들면 제도의 범위를 단순한 공식적 법령이나 조직구성에 국한한다면 변화의 정도가 광대할 것이며, 비공식적 관행까지로 확대할 경우 제도의 고착성에 천착하게 된다. 그러기에 역사적 제도주의에서 설명되는 제도는 제도 그 자체의 공식적 구성이나 정태적인 모습뿐만이 아니라 정책관련자들의 상호작용을 어떻게 구성하는지에 대한 제도의 '관계적' 성격에 주목하여야 한다. Hall(1986: 7)은 이미 이론화 초기부터 제도의 정의에 "정치와 경제체제 내의 다양한 층위에서 개인 간의 관계를 구조화하는 공식규칙과 이에 따르는 순응절차와 더불어 표준화된 관행" 등을 포함함으로서 개인들 사이의 관계를 구조화하는 매우 광범위한 단위를 제도로서 제시하였다. 이로서 제도는 일단 형성되면 스스로의 피드백 기능을 거쳐 제도 간 관성(inertia)과 점성(stickiness)으로서 지속적으로 인과적 연계를 구성하는 것이 가능한 것으로 고찰된다(Pierson, 2000). 즉 제도는 타자와의 관계에 따라 행위자의 전략과 목표를 형성하는 데 지대한 영향을 미치고 있는 동시에 그들의 협력과 갈등관계를 매개함으로써 정책을 둘러싼 상황을 구조화하고, 궁극적으로 정책적 결과를 산출하게 되는 것이다.

국내 제도연구의 비교적 초기작인 배응환(2001)의 연구는 선행변수로서의 환경변수와 독립변수로서의 정책구조를 중범위 수준의 제도적 변수들로 구분하여 산업정책을 분석하였다. 배응환(2001: 111-112)은 제도를 "국가를 구성하는 구조적 틀, 즉 국가와 사회를 구성하는 조직단위들과 이들 사이의 관계로 정의"하면서 제도의 범주를 정당시스템, 정부조직, 노조, 협회, 그리고 이 조직들

간의 관계로 포괄하였다. 그 결과 권위주의 시대의 국가 통제적 제도 안에서는 국가의 이익이 침투되는 중화학공업정책이 산출되었으며, 민주주의 시대의 민간 참여적 제도 내에서는 기업의 이익이 앞서는 업종전문화정책이 산출되었음을 보여주었다. 한국의 금융제도를 연구한 김선명(2000)이 정의한 제도 역시 정부의 지급보증과 선별적 신용할당과 같은 공식적 제도와 정부와 기업 간의 비공식적 "관계" 측면을 포함하였다. 이에 의하면 자원배분메커니즘으로서의 금융제도가 정부, 기업, 은행의 이해관계를 규정하여 이들의 행위를 제약하고 있다. 김시윤(2004)도 관계적 측면의 제도에 주목하였다. 1960년대와 70년대 강한 국가의 전형으로서의 한국이 관료의 자율성을 제한하고 책임성을 확보하도록 소규모의 관료제를 저비용으로 유지하면서 독특한 분업체계를 통한 효과적인 감시체계를 건설했다는 것이다. 이렇게 확립된 제도로서의 국가·기업 간 네트워크가 기업들의 지대추구행위를 방지하여 경제발전을 가능하게 한 것으로 보았다.

여기서 살펴본 바와 같이 역사적 제도주의자들이 강조하는 맥락으로서의 제도는 공식적으로나 비공식적으로나 행위자들의 행동규칙이나 평가기준을 주면서 문제에 대한 정치·사회적 해석을 구조화하는 동시에 실행될 정책의 선택을 제한한다. 정책 선택과 효과성에 영향을 미치는 제도적 변수들은 사회적 삶의 기초로서 규칙과 관행 등으로 구성되며, 개인, 기업, 단체, 정부조직 등이 움직이고 서로 상호작용하는 범위의 맥락 안에서 정의되는 체계로서의 의미를 가지고 있다. 물론 거기에서도 행위자의 이해관계가 작용을 하지만 그 이해관계는 그들이 추구하는 제도적 구조, 규범, 규칙에 영향을 받는다. 이때 연구자에 따라 제도의 개념은 공식 제도부터 관계의 속성을 다루는 맥락으로서의 제도, 이념으로서의 비공식 제도까지 다양하게 분류되었다. 그런데 문제는 대개의 연구가 산업정책과 경제정책을 중심으로 한 특정 부문에 집중되어왔다는 것이다. 물론 공식적 제도로 정의된 다양한 관련 조직에 대한 언급은 빠짐없이 등장하지만 대개의 연구들이 산업 및 복지 등의 특정 정책분야에 과도하게 집중되어있는 것을 발견할 수 있다. 이는 국내 연구만의 특이성이라고는 할 수 없으나 이론의 확장과 축적에 있어서는 그리 바람직한 현상은 아니다. 맥락으로서의 관계적 특성을 지닌 제도에 대한 탐구라면 굳이 특정 정책영역에 국한될 필요는 없는 것이다. 발전국가가 이룩한 경제적 성과에 대한 탐구 내지는 복지국가로서의 상대적 저발전에 대한 반성이 아니더라도 일반 사회정책이나 환경이나 보건정책 등 보다 세분화된 영역에서의 개념적 적용이 요구된다.

2. 제도 구성요인으로서의 아이디어와 담론분석

역사적 제도주의는 정책을 개인선호의 합이나 혹은 행위자들의 갈등과 조정의 기계적 산물이 아닌 역사적 경로에 의거한 공식적 혹은 비공식적 제도에 제약되는 것으로 간주한다. 그러므로 변화보다는 지속과 정태적 모습을 주로 다루게 된다. 역사적 제도주의에서 제시된 단절균형 모형만 하더라도 외부적 충격에 의한 급격한 변화에 주로 관심을 기울일 뿐 제도 내적인 요인에 의한 점진적 변화의 측면은 쉽사리 간과하는 경향이 다분하다. 그러나 실제로 다양한 분야에서의 제도의 구조적인 관계는 사회적 기대와 그 실현의 가능성을 형성해주고, 이에 따라 규칙체계로서의 공식적 제도는 끊임없이 변하기 마련이다. 이러한 제도변화는 기존의 잠재적인 제도가 새롭게 실효를 가지게 되는 것으로 해석되기도 하는데, 이 과정에서 강조되는 것이 제도적 구성요소를 재배열하게끔 하는 제도 내 아이디어(idea)이다(Beland, 2005). 아이디어는 정책행위자로 하여금 불확실한 상황 하에서 제도 내 행동지침을 제공하며, 무엇이 효율적이며 합리적인가에 대한 해답을 제공한다. Kingdon(1995)이 보여준 바와 같이 현재의 상황을 개선하고자 특정 아이디어를 옹호하는 정부 관료나 이익집단 등은 다양한 방법을 이용하여 그들의 아이디어를 정책에 반영하도록 시도한다. 기존 서구의 역사제도주의자들은 이미 이러한 아이디어의 역할을 제도의 구성에 포함하였다(Berman, 2001; Bleich, 2002; Blyth, 2002; Braun, 1999; Hansen and King, 2000; Walsh, 2000). 하지만 제도로서의 아이디어가 행위자를 제약하는 역할만을 강조하게 되면 제도변화과정에서 상이한 아이디어들 간의 갈등과 조정에 대한 동태적인 논의는 유보된다. 그러므로 광범위하게 정의된 제도와 차별적으로 아이디어를 개념화하여 관련 행위자들이 공유하는 아이디어를 어떤 방식으로 소통하는지를 고찰한다면 정책과정상의 역동성을 이해하게 된다.

규칙으로서의 제도와 그 실천 간의 상호작용에 초점을 맞춘 Sandholtz(1999)는 사회적으로 구성된 제도의 세계에서 중요시되는 것이 행위자들이 상대방에게 자신의 아이디어와 행위가 정당한 것임을 확증시키기 위해 사용하는 설득의 상호작용이라고 보았다. 즉 사회적 행위자들은 다양한 아이디어들이 서로 치열하게 경쟁하는 상황에서 상호작용과 실천을 통해 규칙을 해석, 적용, 협상 및 수정하는 것이다. 기존 제도에 대한 협상과 이에 따른 변화는 종종 수정되거나 혹은 완전히 새로운 제도의 등장으로 이어지고 이렇게 수정되거나 새롭게 등장한 제도는 다시 후속 행동들을 위한 논거와 기초가 된다. 맥락으로서의 제도를 강조하면서 동시에 제도 내 혹은 제도 간의 설득적 상호작용에 대한 분석을 병행할 경우 그동안 역사적 제도주의의 이론적 보수성의 원인으로 지목되는 제도결정론을 극복할 수 있다. 이런 관점에서 비록 제도주의와는 이질적인 발전단계를 거쳐 왔지만, 담론의 상이한 변이와 기능에 대해 탐구한 담론분석(discursive analysis)에서의 담론 개념을 역사적 제도주의가 제도 내적인 구성요소로서 적극적으로 수용하는 것을 진지하게 고민해봐야 할 것이다.

1990년대 중반 이후 서구 학계에서 '세계를 이해하고 동시에 변화시키려는 시도'로 주목받고 있는 담론분석은 '담론적 언어' 혹은 '상호담론적(inter-discursive)' 특성을 활용하면서 정책변화를 설명하고자 한다(Fischer and Forester, 1993; Nelson, 1996; Roe, 1994; Stone, 1997). 담론분석가들은 담론을 "물리적이고 사회적인 현실에 의미가 주어지는 관념(ideas), 개념(concepts), 범주화(categorizations)의 특정 조합"(Hajer, 1995: 44)으로 정의한다. 또한 이들에 의하면 담론은 일련의 제도 내에서 생산, 재생산, 변형되며, 담론과 사회적 행위자들 간의 담론적 실천은 행위자들로 하여금 자신들의 행동과 이러한 행동이 이루어지는 상황을 재해석하는 것이다. 담론분석에 따르면 정책적 행위를 유발하는 것은 제도 그 자체보다는 제도의 담론실천이며, 이 과정에서 사회적 상호작용의 특징적인 양식으로서 논증, 토의, 설득 등을 중요시해야 한다(Hajer and Wagenaar, 2003). 또한 담론분석은 정책변화에 대해 찬성하거나 반대하는 집단의 이해관계와 동기를 담론의 형성과 교환의 측면에서 설명한다. 즉 이익에 대한 행위자들의 이해의 틀을 담론으로 제시하고, 변화의 수단을 제공하는 규칙과 규범으로서의 제도가 담론실천을 통해 형성된다고 보고 있다(Bulkeley, 2000).

담론이 제도에 영향을 주는 대표적인 사례는 Fisher(2003)의 영국과 미국의 1980년대 경제거버넌스에 관한 연구이다. 그는 영국의 대처 정부와 미국의 레이건 정부가 각 국가에서 40여년 이상 형성되어 왔던 공익패러다임, 즉 공동선의 이름으로 유지된 경제규제와 사회보장을 탈규제, 자유시장, 기업이익의 극대화로 대치함으로써 공공담론의 지형을 재형성하고 이에 따른 제도적 실천을 행하는 과정을 기술하였다. 반면 제도가 담론에 어떻게 영향을 미치는지에 대한 고찰은 하연섭(2006)이 소개한 Dobbin의 연구에서 보여진다. 그는 초기 미국과 프랑스 철도 건설과정에서 정부 공식제도의 집중적이고 분산적인 배분 양상에 따라 미국의 자유방임적 사고와 프랑스의 국가 중심적 사고가 산출되었다는 것을 입증했다. 이와 같이 담론과 제도가 각각 상호 영향을 미칠 뿐만 아니라 담론은 제도 속에서 구체화될 수 있다. 이럴 경우 담론은 형식적인 제도적 규칙과 동일하게 사회적 상호작용의 맥락을 제공하는 비형식적 합의를 도출해낸다. Dryzek(1997: 41)의 비유에 따르면 형식적 규칙들이 제도적 하드웨어를 구성한다면 담론은 제도적 소프트웨어를 구성할 수 있다. 달리 말하면 담론은 사회의 순수한 진공상태에서 "떠다니는" 것이 아니라 특정 제도와 결부되기 때문에 담론적 지배가 기존의 어떤 제도적 배열(institutional arrangements)에 기반을 두고 있는지 그리고 어떤 수단에 의해 구체적인 경쟁이 심화되는지를 연구의 주요 주제로 삼아야 한다(Fischer and Forresterm, 1993: 48). 또한 담론의 가치와 영향력을 적절히 고찰하려면 그 지지자뿐만 아니라 비판자들에 대해서도 주목할 필요가 있다. 제도변화과정에서 서로 다른 담론들 간에 일어나는 논쟁이 실제로 존재하고 이러한 담론의 상호작용을 통해 새로운 규칙으로서의 제도로 변화되기 때문이다(Torfing, 2001).

담론분석은 제도 내 행위자를 특정 관념과 관념의 집합체인 담론을 생산하고 지지하는 존재로 규정하면서, 연구의 분석에서도 그들이 생산하고 지지하는 담론에 초점을 맞춰서 그러한 담론들의 생성, 경쟁, 변화에 주요한 관심을 둔다. 이렇게 보면, 개별행위자들 간의 관계는 특정 담론의 지지 혹은 반대의 연합으로 규정하는 것이 가능해지며, 그들의 입장 변화는 궁극적으로 대화적 상호작용을 통해 특정 정책문제에 대한 인식이 변화됨에 따라 제도변화로 이어진다. 그러므로 특정 맥락에서의 담론의 내용과 서로 대립되는 담론들로 인한 경쟁에 대한 분석은 제도변화 내지는 정책형성과 운용을 심층적으로 밝혀낼 수 있다. 이렇듯이 담론형성과 상호작용에 의한 제도변화를 성공적으로 고찰한다면 기존의 역사적 제도주의와 이상(理想)적인 이론적 결합이 될 수 있을 것이다. 물론 국내 행정학계에서는 아직 담론의 제도화를 본격적으로 고찰한 연구는 발견되지 않고 있다. 다만 주재현(2007)이 Schmidt의 분류를 활용하여 각 국가의 담론 제도화를 비교한 연구만이 시론적으로 존재하고 있는 형편이다.

3. 담론의 프레이밍과 제도변화

제도변화의 요인을 보다 잘 설명하기 위하여 역사적 제도주의가 담론분석의 접근법을 수용한다면 보다 구체적이고 실천적인 개념에 관심을 기울여야 한다. 즉 담론분석이 제도 내 행위자가 담론실천으로 구성된 것으로 본다면, 그들의 행위를 체계적으로 기술하기 위해서는 행위자에 의해 채용된 개념과 언어를 살펴봐야 한다(Hajer and Wagenaar, 2003). 이러한 관점에서 볼 때, 정책과정에서 다양한 형태로 제시되는 발표문, 담화문, 선언, 반박문, 회의록 등은 담론실천자로서의 행위자들의 이해관계와 세계관을 구성하는 중요한 근거로 분류된다. 담론분석가들은 이러한 담론실천의 역할과 수단을 설명하기 위하여 다양한 개념들을 고안해왔는데, 그 중 정치학자나 사회학자들에 의해 주로 사용된 것이 프레임이다(Benford and Snow, 2000; Campbell, 2004; Campbell and Pederson, 2001; Payne, 2001). Rein과 Schön(1994)이 정의한 프레임 개념을 빌리면 프레임은 행위자가 간주관적 의미를 창조하기 위해 사용하는 일종의 설득장치로서, 이는 불확실하고 모호한 현실세계에서의 정책문제를 의미 있게 구성한다. 해당 프레임에 적합하도록 특정 문제영역이 이름 지워지게 되며, 이렇게 문제영역을 틀 짓는 프레임으로 인하여 행위자들은 특정요소에 주목하게 되고 동시에 다른 요소들은 무시하게 된다. 고유의 프레임은 서로 다른 행위자들에 의해 다수의 현실과 정책문제에 대한 다양한 정의를 가능케 하며, 이렇게 서로 다른 프레임은 역시 서로 다른 정책대안의 채택으로 이어진다(Jachtenfuchs, 1997). 대립하는 당사자들이 상이한 프레임을 지지할 때 필연적으로 정책논쟁이 발생되고, 정책문제의 정의와 통제를 둘러싸고 벌어지는 담론경쟁은 "이슈영역의 사회적 의미를 놓고 벌어지는 상징적 다툼"으로 이해된다(Rein and Schön, 1994: 29). 프레임은 특정 상황에서 해당 행위자의 어떤 행동이 적절한 것인지를 규정하고 알려주기 때문에, "광범위하게 공유되는 규칙과 규범들의 구성을 위한 기본적 형성요소(building blocks)"이며 프레임을 공유하는 행위자들의 규범적 질서를 정당화하는데 기여하게 된다(Payne, 2001: 39). 그러므로 틀 짓는 프레이밍(framing) 과정은 정책상황을 사회 내 제도적으로 구성하는데 기여하며, 그 상황의 문제들을 정의하고 나아가 그 문제를 해결하기 위한 행동양식에 대한 지침을 제공한다.

제도변화를 촉구하는 참여자들은 프레이밍을 통하여 자신들의 담론을 부단히 전달하고 사회적으로 구성하는 의도적인 노력을 수행한다. Hajer(1995)와 Schön과 Rein(1994)이 프레이밍을 활용하여 다양한 정책 주제를 탐구한 이래로 국내에서도 흥미 있는 연구가 소개되고 있다. 주경일 · 이철주(2005)는 행위자의 의도적 선택과 인지작용을 파악함에 있어 제도적 제약요인과 더불어 미시적 연구수단으로 프레임 개념을 활용하였다. 연구자들에 의하면 기존 교육정보관리체계의 구조적 맥락과 주요 행위자의 전략적 프레임 간의 상호작용으로 인하여 개방형 집중통합제도의 도입이 가능하게 되었다. 나태준(2006)도 교육행정정보시스템(NEIS)의 구축사업 과정을 분석한 결과 갈등의 원인을 관련 집단의 상이한 인식 프레임 간의 조정과 소통의 부재로서 파악하였다. 1990년대 시군통합과정을 분석하면서 주경일(2005) 역시 프레임 개념을 적용하여 제도변화과정에서의 주요 관련자들이 선택한 전략과 행위들의 상호작용을 조망하였다. 연구자는 정책행위자가 능동적으로 제시하는 프레이밍이 구조화된 상황에 대한 개인의 인식체계로서 작용하므로 제도변화의 구조적 차원과 행위자 차원간의 통합적 연계를 도모함에 있어서 프레임 개념의 유용성을 주장하였다. 강민아 · 장지호(2007)는 방사성폐기물처리장의 입지선정에 관련된 참여자들의 관념과 가치관이 현격하게 차이가 있음에 주목하였다. 연구자들은 상당한 기간 동안 심각한 사회적 갈등이 야기된 정책과정에서 정책결정자나 시민단체들이 동일한 정책문제에 대해 극명하게 다른 의미를 부각하여 공중과의 의사소통을 자신들에게 유리한 방향으로 유도하고자 하는 프레이밍을 고찰하였다. 결론적으로 방사성폐기물처리장입지선정 사례와 같이 정책의 속성이 이성적이고 합리적인 접근으로 해결 가능한 '정책이견'에 근거한 것이 아닌 참여자들의 상이한 담론으로 인해 쉽사리 해결할 수 없는 '정책분쟁'의 성격을 가지고 있다면 정책 사안의 결정과정과 방법 역시 다르게 접근해야 할 필요가 있음을 제시하였다.

그러나 대개의 담론분석 혹은 프레임분석은 제도변화와 정책수정을 둘러싼 행위자들의 인식체계와 틀 짓기에 대한 고찰에 그치고 있다. 이런 점에서 하연섭(2006)이 예를 든 Schmidt에 의한 일련의 담론연구는 현실에서의 정책의 성공 가능성을 증대시키기 위한 방안을 제안하고 있다. 즉 프레이밍을 활용한 국가 간 상이한 담론과정과 각 국가 내 고유한 제도적 배열(institutional arrangements)을 연결시켜 고찰할 경우 각 국가의 제도적 기반에 상호보완적인 정책을 어떻게 형성시켜 나갈 것인가 하는 문제에 대한 답을 제시할 수 있을 것이다.

이렇게 프레이밍과정을 중심으로 하는 담론분석을 역사적 제도주의에 접목한다면 담론의 역동적인 역할에 따른 제도변화를 밝히게 되어 기존의 수세(守勢)적인 제도변화 설명의 이론적 한계를 부분적으로나마 극복하게 될 것이다.

Ⅳ. 경로의존과 시차적 변화의 문제

1. 역사의 기간

제도와 시간과의 관계에 있어서 역사적 제도주의자들은 ① 제도는 속성상 지속되는 경향이 있다; ② 변화되더라도 기존의 경로에 의존된다; ③ 제도적 배열의 전후과정에 따라 비효율성이 야기된다고 설명한다(Peters, Pierre and King, 2005). 그들에 의하면 우선 현재의 제도는 필연적으로 그 사회가 거쳐간 역사의 산물이며 특정 시점에서 형성된 제도는 제도 형성 당시의 사회경제적 환경이 변화되었을지라도 지속되는 경향이 있게 된다. 역사적 변화과정의 맥락에서 현재의 제도적 구조는 과거의 산물이며, 과거의 선택이 제도의 경로를 제약한다는 역사적인 인과관계가 존재한다는 것이다. 주경일 외(2004)의 공무원 임용제도에 관한 연구가 이러한 제도의 역사적 지속성을 잘 보여주고 있다. 이들에 의하면 전두환 정부 이후 김대중 정부까지 극심한 정치·경제 환경의 변화에도 불구하고 역사적 발전경로를 거쳐 일단 폐쇄형 계급제로 구축된 공직구조는 오히려 그 기능이 강해지고 기존 관행이 고착화되었다는 것이다. 다시 말해 과거 발전국가에서의 기능적 요구에 부응하기 위해 구축된 공직제도가 초기 구축될 당시의 사회적 환경이 변화되고 새로운 요구가 제기된 시점에 이르렀음에도 불구하고 제도 초기의 폐쇄적 속성이 여전히 지속되고 있음을 고찰하였다.

그런데, 역사적 제도주의자들은 제도의 지속성을 분석할 때 과연 제도형성의 어느 시점부터 고찰해야 되는지의 문제에 종종 봉착하게 된다. 김진영(1999: 421)은 역사적 제도주의의 한계를 지적할 때 "시간을 짧게 잡으면 역사적 제도주의는 매우 유용한 설명을 할 수 있는 경우가 많고, 만약에 시간을 길게 잡고 진화론적 시각에서 보면, 경제적 합리성이 없는 조직은 도태되게 된다"고 했으나 오히려 국내 제도주의 연구는 대개가 단기간의 제도에 집중하고 있다. 이러다보니 제도의 피상적인 유지 내지는 공허한 변화에 치중하게 되고, 오히려 본질적인 제도 속성이 얼마만큼 지속적으로 유지되는가 하는 면밀한 분석은 부족하다. 반면 Thelen(2004)은 독일, 영국, 미국, 일본 노동자들의 기술훈련제도화를 설명함에 있어서 19세기 말까지 거슬러 올라가 각 국가의 직업기관의 초기제도화의 근원을 고찰하는가 하면, Guiamraes(2005)는 1930년대의 브라질 정부의 경제정책으로부터 현재의 경로의존성을 설명하고 있다. 한 세기에 걸친 긴 시간이 아니더라도 인종정책에 관한 영국과 프랑스의 차이점을 1950년대의 제도화로부터 탐색한 Bleich(2002) 역시 제도화의 충분한 '역사'적 시간을 대상으로 고찰하였다. 이렇듯 서구 역사적 제도주의에서는 장기간에 걸친 역사적 지속성을 탐색하는 연구가 드물지 않게 나타나고 있다.

그러나 우리의 '역사'는 대개 정권의 5년 주기 또는 특정 정책프로그램의 시작에서부터 종결시점까지의 기간일 따름이다. 정명주(2006)가 정보화평가제도의 변화를 평가대상, 평가내용, 평가조직, 평가결과처리과정별로 분석했을 때도 제도의 역사는 1997년부터 2004년까지의 제도시행기간의 10년이 채 되지 않았다. 정의창(2006) 역시 권력구조, 정당체계, 행정부와 의회의 관계라는 제도적 맥락의 구조화를 살피면서 김대중 정부 5년을 대상으로 분석하였다. 물론 연구주제에 따라 역사적 시기를 언제로 하느냐가 결정되어야 하겠지만 '역사'적 제도주의의 이론적 함의가 구제도주의가 단순히 보여주었듯이 정태적인 제도의 수동적인 묘사와 서술이 아닌 기존제도 틀 속에서의 장기적인 경로의존에 관한 분석이라면, 보다 연구의 호흡을 길게 하여 제도화 기간을 충분히 고려하는 것이 역사적 지속성을 보다 극명하게 입증하는 길이 될 것이다. 그런 점에서 정무권(1996)의 연구는 독보적인 위치를 차지하고 있다. 한국사회복지제도의 연원을 일제 식민지시대의 중앙집권적이며 통제적 국가구조로 보면서 동시에 해방 이후 미국에 의해 도입된 자유주의적 복지관과 1960년대 군사정권의 산업화우위의 복지최소개입주의에서 찾았다. 즉 정치사회적인 제도적 유산을 역사의 긴 발전과정을 통하여 설명했다는 점에서 다른 연구와는 뚜렷한 차별성을 띠고 있다. 염재호 외(2004)의 연구도 미군정 시기부터 역사적 변천을 살펴봄으로서, 예측 불가능한 정권변화와 정권주체의 단절적인 전환에도 불구하고, 정부관료 시스템의 제도적 지속성이 유지되었음을 발견하였다. 김한창(2007) 역시 1공화국부터 현재까지의 공무원법과 시행령 위주의 국내 공무원 채용제도를 경로의존 측면에서 설명하였다. 향후 제도의 지속성에 관한 연구라면 이와 같이 제도의 숙성기간을 보다 길게 잡고 제도변화의 측면을 고찰해야 할 것이다.

2. 경로의존성과 비효율

다음은 제도변화의 경로의존에 대한 논의이다. 제도의 지속성을 강조하는 역사적 제도주의자들도 제도의 변화 가능성을 부정하지 않는다. Krasner(1984)는 단절균형점(punctuated equilibrium)으로, Thelen(2004)은 제도적 역동성(institutional dynamism)라는 개념으로 장기간에 걸쳐 안정되었던 제도가 급작스러운 외부의 위기나 압력으로 인하여 기존 제도와 외견상 전혀 다른 새로운 제도가 급속하게 생성되는 상황을 설명하였다. Ikenberry(1988) 역시 경제위기나 중대한 군사갈등, 정치적 급변으로 인하여 제도를 둘러싼 사회관계가 재형성되는 역사적 전환점(historical juncture)을 제시하였다. 이들은 공통적으로 경제적 혹은 사회적 위기, 국제적 압력, 정권교체와 같은 정치적 사건 등의 위기상황이 닥치면 과거의 사장된 제도가 재해석되거나 새로운 형태의 제도가 설정되는 방식으로 기존의 제도 틀을 벗어나 그 위기에 대응한다고 동의한다. 그럼에도 불구하고 궁극적으로는 새로운 제도가 기존 제도적 경로의 연장선상에 있는 것으로 해석하여 단기적인 단절적 균형이 결국 장기적인 맥락에서 보면 점진적인 지속성을 가진다는 것을 강조한다(Capoccia and Kelemen, 2007). 김태일 · 김선희(2006)는 최근의 의료보험제도의 변화에도 불구하고 여전히 높은 본인부담률의 저급여 정책이 유지되는 것에 의문을 제기하고 이를 제도변화의 경로의존성에 의거하여 설명하였다. 이들에 의하면 이러한 저급여 정책의 요인을 건강보험의 양적 확대 과정에서 정부는 저항을 불러일으키는 보험료 인상보다는 본인부담률을 제고하며 협의의 급여기준을 적용하고 있고, 동시에 국민은 보험료를 추가 부담하는 것은 꺼리면서도 의료이용의 빈도는 늘이는 이중적인 모습에서 찾았다. 방민석 · 김정해(2003)도 역대 정권별로 특정 정치 · 경제적 사건에 관련한 대기업규제는 이질적으로 나타나고 있으나, 박정희 정권 이후 형성된 정부주도적 개입이라는 제도적 유산은 규제의 성격에 있어서 변화의 일정 경로를 형성한다고 주장하였다. 결국 앞선 두 연구 모두 제도변화가 주어진 역사적 경로를 따라 이루어진다는 것을 설명함으로서 제도지속의 비효율성에 관한 다음의 논의로 이어진다.

역사적 제도주의는 제도적 배열의 전후과정과 그로 인해 야기되는 비효율성을 설명하면서 제도의 변화과정에서 일단 특정 경로가 선택된 이후에는 현재의 문제를 해결할 수 있는 보다 효율적인 다른 경로의 선택가능성이 배제됨을 강조하고 있다(Corell and Peterson, 2001). 특정 t 시점에서의 기능적 요구에 부응하기 위해 형성된 제도가 t+1 시점에서의 선택과 변화 방향을 제약하기 때문에 t+1 시점에서의 최적의 적응이 항상 가능한 것이 아닐 뿐만 아니라 오히려 문제해결에서의 역기능적인 역할을 수행할 수 있다는 것이다. 즉 기존의 제도적 경로에 의해 발생되는 의도하지 않았던 결과와 그에 따른 비효율성을 강조한다. 게임산업 육성의 실패요인을 제도의 비효율적 지속으로 해석한 김미나(2003)에 의하면 게임산업은 수입 및 유통업체를 중심으로 시장이 확산되는 민간주도적 산업의 특징을 지니고 있는데 반해 과거 인터넷 기반을 구축하는 데 성공한 정부가 과거의 지원제도를 그대로 유지함으로써 게임산업의 육성에는 실패했다는 것이다. 이러한 연구결과는 심상용(2005)이 제기한 혁신형 산업 지원정책에서도 동일하게 발견될 수 있다. 개별 산업의 특성과 기술변화의 속도를 고려하여 차별적으로 산업을 지원해야 됨에도 불구하고, 기존 제도를 고수함으로써 특정 산업정책이 환경 변화에 대응력을 상실하여 결국 정책실패를 야기했다는 것이다. 역사적 제도주의에서 필연적으로 강조되는 경로의존에 의한 '제도적 지체'의 비효율성은 결국 연구자들에게 "운명론적 절망감"을 안겨주었다(정정길, 2005c: 211). 이후 과연 이론적 접근이 현실적으로 정책선택에 있어서 어떠한 도움도 줄 수 없는지에 대한 고민에서부터 시작하여 이를 실천적으로 해결하고자 시차이론이 국내에서 등장하였다.

3. 시차에 따른 동태적 변화

제도에 관련된 시간상 선후(sequence)의 차이가 제도의 성격을 결정한다는 시차이론의 설명은 역사적 선후관계에 따른 제도적 배열이 결정적인 설명요인이라는 역사적 제도주의의 분석과 유사하다. 그러나 시차이론은 역사적 제도주의가 행정개혁과 같은 현실적인 문제에 있어서의 실천적 해결에 그리 큰 도움이 될 수 없는 수동적 체계임을 비판하고 이를 보완하고자 하였다. 시차이론에서 가장 중요시되는 명제는 변수들 간의 인과관계에 있어서 동일한 원인변수일지라도 어느 것이 먼저 혹은 나중에 작용하는지에 따라 결과변수를 결정짓는 인과관계의 크기와 방향이 전혀 상이하게 나타난다는 것이다. 즉 어떤 특정 원인변수가 작용하는 사이 영향을 받는 대상의 특성이 변화되며, 동시에 이 시점에서 다른 원인변수가 작동하게 되면 또다시 이미 변화된 혹은 변화되고 있는 작동대상의 특성 역시 변화된다는 것이다. 정정길(2005a: 33)이 밝혔듯이 "선행하는 원인변수의 작동에 의하여 작동대상의 특성이 달라지기 때문에 후행하는 원인변수의 작동이 다른 결과를 산출하는 것이다." 이전의 문제를 해결하기 위하여 고안된 정책이 시차에 의하여 막상 집행되는 시기에는 그 문제의 속성이 변화하여 문제해결을 목적으로 한 정책이 오히려 문제해결에 있어서 비효율적인 걸림돌이 되어버릴 수 있다는 것이다(정정길, 2005b). 예를 들어 1990년대 중반까지 대기업집단을 효율적으로 규제한다고 평가받던 출자총액제한제도가 외환위기 당시 투자활성화 명목으로 잠시 폐지되었다가 시민단체들의 반대로 인해 2년 만에 부활되고, 최근 또다시 폐지되는 과정을 보면, 정책변화에 있어서 환경과 수단 등에 결정적 영향을 미치는 시차적 요소를 고려하지 않고서는 이러한 정책의 현란한 변화과정이 이해되기 어렵다는 것이다.

PC방 등록제 사례를 활용하여 "원인변수들의 작동순서에 따라 결과가 달라지는 정책"의 인과관계를 고찰한 최성락(2008)의 연구는 시차의 선후가 얼마만큼 중요하게 정책의 성공과 실패를 가늠하는지를 보여주었다. 연구자는 애초의 시너지 효과를 기대한 4종류의 PC방 규제정책이 각기 시행시기가 달라짐에 따라 상황적 모순관계로 변형되고 그 결과 정책실패로 귀결되는 과정을 면밀히 살폈다. 이와 유사하게 이승종(2005)은 지방차원에서 행정정보공개조례가 확산되는 과정을 고찰하면서 어느 시점에 광역정부가 개입하느냐가 정책의 차별적인 확산유형을 결정하고 있음을 확인하였다. 이는 인과관계에 있어서 원인변수의 작동시점이 중요하다는 것을 보여주고 있다. 즉 중앙정부에서 정보공개법을 제정한 이후 지방차원의 정보공개조례의 확산이 둔화되거나 오히려 폐지되는 이유를 시간의 경과에 따라 과거에는 바람직한 정책으로 추진되었을지라도 관련 집단의 이해관계가 변화되거나 부정적인 인식이 높아져서 평가가 바뀐 결과로 설명하고 있다.

제도의 지속성에 의하여 필연적으로 나타날 수 있는 비효율성의 문제는 이미 역사적 제도주의에서 설명되었다. 그러나 원인변수와 결과변수 간의 동태적 변화에 있어서 변수 모두에 영향을 미치게 되는 시간의 차이를 활용한 설명은 기존 역사적 제도주의와 분명한 차별성을 보인다. 즉, 시차이론은 역사적 제도주의에서는 시간의 흐름이 원인변수라기보다는 대개 제도의 경로의존성을 설명하기 위한 맥락 속에 내재화된 설명변수로 치환되는데, 이러한 맥락이 "너무나 많은 요소들이 포함되기 때문에 이를 분해하지 않고는 연구의 능률이 떨어질" 수밖에 없는 단점을 지적하고 있다(정정길, 2005b: 214). 이러한 지적은 역사적 제도주의가 시간의 개념을 좀 더 세분화하여 분석에 사용할 때 참고할 만한 것이다.

4. 시차이론과의 수렴

시차이론은 역사적 제도주의를 비판하면서 워낙 다양한 원인변수의 작동 시점과 무모하리만큼 긴 역사적 맥락으로 인해 인과관계가 제대로 포착될 수 없다고 한다. 그러므로 이를 극복하기 위해서는 정책이나 제도요소 간의 정합성을 고려할 것을 강조한다(정정길, 2005a: 20-29). 이는 내적으로는 각 제도요소들 간에 상호보완적인 관계가 유지되거나 또는 적어도 적대적인 관계가 존재하지는 않는지를 파악하고, 외적으로는 제도가 그의 맥락적 환경과 제대로 부합되는지를 살피는 것이다. 예를 들어 이시원(2005)은 비교적 단시일 내에 5급 사무관 승진제도의 도입이 가능하게 된 것은 내외적인 제도정합성 때문으로 보았다. 그에 의하면 내부적으로는 대상 공무원들이 승진의 기회를 동등하게 부여받아 시험에 대한 부담을 줄였고, 동시에 승진임용의 권한을 기초자치단체까지 확대하여 단체장이 승진인사권을 확보하게 되었다는 것이다. 또한 외부적으로는 분권에 대한 요구가 증대하여 개별 기관단위에서의 인력운영을 타당한 것으로 간주하게 될 수 있었다는 것이다. 정준금(2005) 역시 개방형직위 임용제도의 내적 구성요소의 시간적 선후관계와 적시성을 파악한 결과 개방형임용제도의 경우 중앙인사위원회에 의한 중간평가를 통해 제도의 개선사항을 수시로 반영한다는 점에서 바람직한 숙성기간을 지니고 있는 것으로 결론지었다. 결국 시차이론은 제도적합성을 정책도입과 수행에서의 적시성을 고려하는 데에서 확보할 수 있다고 본다. 정책을 결정하고 집행하는 시기(timing)를 중요시하여 유사한 정책이더라도 언제 결정되는지 혹은 언제까지 집행되는지에 따라 정책의 효과성은 다르게 나타난다는 것이다(정정길, 2005b). 즉 시차이론이 역사적 제도주의와 차별적으로 제시하는 것은 무엇보다도 제도나 정책이 요소별로 숙성기간이 상이하고 제도나 정책대상의 업무내용에 따라 다르므로, 이를 면밀히 고찰할 경우 정책수행이나 제도도입의 성공여부와 효과를 평가하는 것이 가능하다는 것이다.

그러나 제도정합성에 대한 시차이론의 설명은 아직 해결해야 할 부분이 많다. 즉 최종원(2005)이 반문했듯이 시차이론의 처방적 논의가 현실적 의미를 가지려면 정책결정권자들이 합리적으로 판단할 수 있는 정확한 지식을 소유하고 이에 적합한 능력을 보유하고 있어야 하는데 과연 이것이 현실적으로 타당성이 있느냐 하는 것이다. 오히려 복잡한 의사결정과정에서 모호한 이론적 토대를 이용하여 빈번한 제도도입과 정책추진이 비일관적이고 유동적으로 나타날 수 있는 우려가 존재한다. 이는 시차이론이 희망하는 바와 같이 제도의 구성 요소가 체계적이고 계획적인 설계를 거쳐 통제가능한 정합성을 갖추었다고 보기보다는 불규칙적으로 당면한 문제들을 해결할 필요에 의해서 즉흥적으로 포함되는 것으로 간주되는 것이 현실적일 수 있다(하연섭, 2006). 이러한 현실적인 타당성의 문제뿐만 아니라 과연 행위자의 합리성에 의거한 의식적인 제도설계에 의한 변화를 기존 역사적 제도주의와의 접목에 있어서 어떠한 방식으로 구체화할 수 있을지는 매우 우려되는 바이다.

또한 염재호(2005)가 의문을 제기한 것처럼 제도와 분리되어 제도를 대체할만한 시간개념이 과연 설명력이 있는지의 문제이다. 이미 제도는 시간 속에서 형성되어 쉽사리 변화하기 힘든 특성을 지니고 있다는 점에서 제도와 시간을 분리해서 개념화하는 것은 역사적 제도주의에서 '역사'를 분리하여 반쪽짜리 접근법으로 만들 우려가 있다. 역사적 제도주의에서도 제도의 변화를 설명할 때 시차와 비견될만한 제도의 특정 기간을 대상으로 연구하고 있으며, 시차이론에서의 제도정합의 적시성 개념 역시 역사적 제도주의에서의 단절균형점하에서의 정책의 특정 시점과 유사하다고 볼 수 있다. 시차라는 용어를 직접적으로 사용하지는 않았지만 염재호(2002)는 일본전기전화공사의 민영화를 '시간순서대로 대응하며 진행되어가는 과정'으로 분석한 것이나 김윤권(2006)이 수도권정비계획법 등과 같은 제도의 제약으로 인한 비의도적 결과인 고양시의 산업공동화 현상을 고찰한 결과 기존 제도를 재구성하거나 새로운 제도를 고안할 경우 시차를 고려해야 한다고 역설한 연구들이 그 좋은 예이다.

시차이론은 토착이론이 희박한 학문적 풍토에서 나름대로의 적실성을 수립하면서 현재까지도 이론의 정립이 진행되고 있다는데 그 의미가 크며, 시차이론의 태생이 처방적 대안마련의 필요에서 비롯되었기에, 이러한 정합성에 대한 고찰은 역사적 제도주의에서 흔히 지적되는 '운명론적 절망감'에서 벗어날 수 있을 것으로 기대될 수도 있다. 그럼에도 불구하고 역사적 제도주의와의 수

렴화는 부분적으로나마 가능하다. 시차이론이 제기하는 행위자의 합리적 선택에 의한 제도변화의 실천적 과정이 아닌 제도도입의 시차적 순서에 대한 고찰과 정책수행 과정의 시간개념의 중요성을 포함시킴으로서 역사적 제도주의가 상대적으로 간과한 문제들을 보완할 수 있을 것이다.

Ⅴ. 나오면서

현재 서구 학계에서 역사적 제도주의는 풍부한 이론적·방법론적인 논의와 더불어 개별 정책 분야에 있어서도 적지 않은 연구물들을 생산하고 있다. 해외에서 활발히 진행되고 있는 역사적 제도주의에 대한 논의가 과연 국내에서는 얼마만큼의 성과를 이루었는지 또한 이론적 한계를 극복하기 위해서는 어떠한 시도가 가능한지가 이 글의 주된 관심사였다. 결론적으로 이론 도입 초기의 '학문적 패러다임의 이동'이라는 기대에 걸맞지 않게 국내의 역사적 제도주의 연구는 매우 제한적으로 적용되어 왔으며, 폭넓은 연구가 유기적으로 축적되었다기보다는 산발적으로 진행되어 여전히 학계의 주변부에 머무르고 있는 실정이다. 그럼에도 불구하고 역사적 제도주의는 정책과정 상의 실제 행위가 여러 수준의 제도를 통하여 구조화된다는 점을 강조하면서 그 이론적 독창성과 유용성을 담보하고 있다. 즉 정치적 결정 혹은 정책은 규칙체계, 절차적 관행, 역할분담, 조직구조로서의 제도에 뿌리내리고 있으며, 이런 것들은 행위자들의 행동에 대한 선호도, 기대, 경험, 해석을 형성하는 '의미의 제도적 구성'을 수행한다는 것이다. 따라서 제도의 경로의존성에 따라 특정 시점에서 기능적 요구에 부응하기 위해 형성된 제도가 변화된 사회적 환경 하에서 상이한 기능적 요구가 제기된다 할지라도 지속되는 경향을 보이게 됨을 보여주었다. 달리 말하면 정책결정권자의 합리적인 선택을 전제로 할지라도 그들의 행위는 공식적 혹은 비공식적 제도에 의해 제약되며 이러한 제도적 특성들이 상당 부분 지속성을 유지하게 되는 것이다.

역사적 제도주의에서 제시되는 경로의존성(path dependence), 시점 및 전후과정(timing and sequence), 비효율적 제도의 지속(institutional persistence) 등과 같은 개념적 도구들은 하연섭(2006)이 고백했듯이 어느 하나 기존의 사회과학적 논의에서 새로운 것은 없다. 그러나 이러한 개념들은 특정한 제도적 실천의 맥락 안에서 행위자들의 전략을 분석케 하고 개별적 이슈들에 대한 논쟁을 그들의 광범위한 역사적 맥락 안에서 분석하는데 유용하게 제공된다. 아쉽게도 국내에 이론이 도입된 지 적지 않은 기간이 지났지만 이러한 개념적 도구들을 면밀하게 적용한 실증연구를 쉽게 발견하기가 어려운 것이 사실이다. 그러기에 앞으로는 역사의 기간을 충분히 확보하여 서구 제도주의연구가 보여준 바와 같이 문자 그대로 기나긴 '역사' 속에서 지속되는 제도의 고유한 속성에 대한 진지한 탐구가 요구된다. 박종민(2006: 43)이 지적했듯이 "외국이론이나 개념에 의존해서 그것에 부합하는 관찰만을 선택하고 그렇지 않은 관찰은 간과"한 결과 "우리의 경험적 관찰에 근거한 개념의 형성이 미미했고 경험적 의미를 갖는 개념들을 체계적으로 연결시켜 주는 이론"이 부족하다는 비판을 벗어나는 길은 방대하게 축적된 우리의 역사적 자료를 풍부하게 활용하여 우리의 상황을 보다 적실성 있게 설명하기 위한 끊임없는 실증작업뿐일 것이다.

동시에 역사적 제도주의가 본래적으로 지니고 있는 한계를 극복하고자 인접 이론들과의 활발한 교류를 통하여 이론적 저변을 넓히는 것도 시급하다. 역사적 제도주의는 경로의존에 따른 기존 제도의 제약을 강조하다보니 자연스럽게 이론의 보수화에 시달리거나 제도결정론의 함정에 매몰될 우려가 있다. 역사적 제도주의가 제도의 역사적 맥락과 같은 거시적 수준에 집중함으로서 변화에 관련된 실제 행위자의 미시적 수준을 간과함에 따라 제도유지의 지속적 경향은 잘 설명되지만 제도변화의 구체적 진행과정 속에서의 모순과 행위자간 갈등에 대해서는 침묵하게 된다. 즉 제도의 변화를 설명할 때 관련 행위자의 미시적인 전략보다는 제도 외적인 환경이나 구조적인 요인으로 보는 경향이 지배적이 될 수밖에 없었다. 이를 극복하기 위한 보완책으로서 이 글은 담론분석과 시차이론과의 접목을 제안하였다.

담론분석은 정책형성에 대한 기존의 가정에 의문을 제기한 점에서 역사적 제도주의와 공통점을 지니고 있다. 다원주의에서의 정책은 다양한 집단의 관련 당사자들 간의 이해에 기초한 갈등과 조정의 상호작용에 의해 결정되는 것으로 간주된다. 그러나 아주 종종 사회적 행위자들의 상호작용은 이해관계 이상으로 복잡하고 복합적으로 진행되며 이럴 경우 위와 같이 이해관계에 근거한 설명만으로는 충분하지가 않다. 외생변수인 이익은 정책결정과정에서 권력의 역학관계를 중점적으로 보여주기 때문에 이러한 변수가 결정과정에서 어떤 방식으로 설득을 해나가고 동의를 얻어내는지에 대한 설명이 필요하게 되며 특히 정책형성과 제도설계가 이해당사자들의 이익의 주고받기만으로는 설명되지 않을 때는 더욱 그렇다. 물론 역사적 제도주의에서도 개인의 세계관과 규범적 신념으로서의 아이디어를 제도와 행위의 연계를 위한 개념으로 파악했으나, 거시적인 제도 맥락과 미시적인 선택행위라는 이질적인 두 요소를 유기적으로 연계시켜 고찰하기에는 미흡한 면이 적지 않았다. 역사적 제도주의의 핵심적인 '맥락으로서의 제도' 개념에 행위자의 담론 선택적 행위와 프레이밍을 주목하는 담론분석을 부분적으로 접목한다면 제도유지의 측면 못지않게 제도변화의 요인까지도 설명하게 될 것이다. 거시적 맥락으로서의 제도와 행위자들의 아이디어를 포함한 담론이 어떻게 사회적으로 구성해나가는지를 분석하면 특정 담론과 제도적 실천의 맥락 안에서 이해관계의 작용에 대한 고찰이 가능하게 될 것이며 이는 궁극적으로 제도변화를 야기하는 이해관계를 단순히 가정하는 것 이상으로 체계적으로 설명할 수 있을 것이다.

또한 역사적 제도주의의 운명론적 한계를 보완하기 위해서 시차이론을 검토해볼 필요가 있다. 시차이론은 제도의 의식적인 설계에 의한 변화라는 관점에서 제도가 어떤 식으로 바람직한 방향으로 변화될 수 있는지를 파악하기 위하여 제도 구성요소들의 도입순서와 타이밍 등에 대한 미시적인 고찰의 필요성을 제기한다. 물론 시차이론에서 요구하는 제도정합성과 같이 정책이나 제도가 적절한 시점(timing)에 결정되고 집행되는지 또는 시간적으로 충분히 숙성(maturation)이 되는지를 살펴보는 것은 역사적 제도주의에서는 무리이다. 그러나 염재호(2005)가 제시한 바와 같이 맥락으로서의 제도를 시간이 내재화된 개념으로 파악한다면 제도의 구성요소로서 보다 구체적으로 시간을 탐구할 수 있다. 일례로 임도빈(2007)이 시론적인 형태로 시간의 중요성과 필요성을 역설할 때 주관적 시간과 객관적 시간을 구분하였듯 제도 내 시차의 상이성을 살펴볼 필요가 있다.

끝으로 역사적 제도주의에 입각한 국가 간 비교연구가 강화되어야 한다. 역사적 제도주의자들은 각기 제도의 정의와 역사의 범위를 다르게 적용하고 있지만 '제도에 의해서 행위자의 선택이 제약된다'는 점에서 이론적 동의를 하고 있으며, 이는 국가 간 정책의 상이성을 설명하는 데 있어서 유용하게 적용된다. Thatcher(2004)가 밝혔듯이 유사한 외적 충격에도 불구하고 각 국가들이 상이한 정책대응을 하는 것은 그 나라가 지니고 있는 각기 다른 사회 및 역사적 맥락에서의 제도 때문이다. 또한 역사적 제도주의는 다른 국가에서 성공적으로 집행된 정책을 자국에 이전하더라도 기존의 확립된 제도적 절차와 관행으로 인하여 그 운영원리나 정책성과가 원래와는 다르게 될 수밖에 없음을 강조하였다(Pontusson, 1995). Steinmo(1993)는 미국, 영국, 스웨덴이 제각기 다른 조세정책을 선택하는 것은 각 국가의 기존 제도들이 상이하기 때문이라고 결론지었으며 Banchoff(2005)는 영국과 독일의 제도적 차이가 각 국가의 줄기세포연구의 허가과정에 결정적 영향을 미치는 것으로 보았다. Thelen과 Kume(1999)도 일본과 독일의 직능훈련정책을 비교하면서 그 차별성을 제도적 근원으로부터 밝혔다. 풍부한 비교연구가 진행되어온 해외와는 달리 국내의 국가 간 비교연구는 찾아보기가 어렵다. 그런 점에서 박정은 · 송희준(2006)이 미국, 영국, 독일, 프랑스, 한국, 일본 등 6개 국가의 추진조직에 따른 전자정부정책의 차이를 비교한 연구와 하태수(2002)와 하혜수(2004)의 국가 간 제도 비교연구는 나름대로의 중요한 시도로 여겨진다. 역사적으로 형성된 제도가 특정한 방식으로 정책관련자들의 상호작용에 지대한 영향을 미치는 과정의 국가 간 비교의 방법론적 장점을 국내 역사적 제도주의가 적극적으로 취합해야 한다는 김선혁(2004)의 지적은 유효하다.

우리의 역사적 제도주의는 그동안의 서구 이론의 기계적인 도입과 맹목적인 적용으로 인하여 이론의 토착화까지는 아직은 요원해 보인다. 한국의 역사적 제도주의가 이를 극복하는 길은 무엇보다도 도처에 있는 풍부한 사료(史料)를 활용한 면밀한 개념적용을 바탕으로 한 실증연구를 축적하면서, 동시에 서구의 이론적 한계를 극복하기 위한 다양한 시도를 수행해야 할 것이다. 그러한 시도 안에는 제도주의의 보수성을 탈피하기 위하여 담론분석을 접목하거나, 또는 제도 내 시간 개념을 포괄하기 위하여 시차분석을 검토하는 것도 포함될 것이다. 이러한 다양한 시도를 부단히 확대하는 것만이 역사적 제도주의의 이론적 적실성을 높이고, 이론의 한국적 토착화를 가능케 할 것이다.

◈ 참고문헌

강민아 · 장지호. (2007). 정책결정과정의 프레이밍에 대한 담론분석: 방사성폐기물처리장입지 선정과정을 중심으로.「한국행정학보」, 41(2): 23-46.

김미나. (2003). 한국 게임산업정책의 제도적 지체와 경로의존적 변화.「한국정책학회보」, 12(3): 143-170.

김선명. (2000). 한국 금융제도의 경로의존에 관한 연구: 역사적 제도주의 접근법을 중심으로.「한국정책학회보」, 9(3): 187-215.

김선혁. (2004). 비교정책학의 현재와 미래: 신제도주의, 사회적 구성주의, 신비교행정학을 중심으로.「한국정책학회보」, 13(3): 259-278.

김시윤. (2004). 국가와 경제발전: 약탈적 국가론에 대한 비판적 고찰.「한국행정학보」, 38(2): 203-223.

김윤권. (2006). 공식적 제도제약의 비의도적 결과: 고양시 산업육성의 법적제약을 중심으로.「한국행정학보」, 40(4): 553-578.

김윤권. (2008). 중국 중앙정부 행위의 제도적 제약: 역사적 제도주의를 중심으로.「한국정행정학보」, 42(1): 407-434.

김진영. (1999). 서평: 신제도주의연구.「한국행정학보」, 33(3): 419-423.

김태일 · 김선희. (2006). 의료보험 급여제도의 경로의존에 관한 연구.「한국정책과학학회보」, 10(4): 41-64.

김한창. (2007). 공무원채용제도의 진화이론과 신제도주의 통합적 설명가능성: 국가공무원법에 나타난 제도변화를 중심으로.「정부학연구」, 13(2): 163-211.

나태준. (2006). 정책인식프레이밍 접근방식에 따른 갈등의 분석: 교육행정정보시스템 도입사례를 중심으로.「한국정책과학학회보」, 10(4): 297-325.

박정은 · 송희준. (2006). 전자정부 추진조직과 정책의 관계에 관한 국가간 비교연구.「한국정책학회보」, 15(4): 111-142.

박종민. (2006). 한국행정이론을 위한 비판적 성찰.「한국행정학오십년: 1956-2006」. 서울: 한국행정학회.

방민석 · 김정해. (2003). 대기업규제정책에 대한 신제도주의적 분석: 정책변화의 경로의존성을 중심으로.「한국행정학보」, 37(4): 233-259.

배응환. (2001). 환경변화, 제도변화, 그리고 정책변화: 신제도주의 접근방법을 중심으로.「행정논총」, 39(2): 103-139.

심상용. (2005). 과거 성장전략의 경로의존성과 혁신주도 동반성장의 과제에 대한 연구.「한국정책학회보」, 14(4): 223-248.

염재호. (1994). 국가정책과 신제도주의.「사회비평」, 11: 10-33.

염재호. (2005). 정책연구에서 시간개념 도입의 유용성.「한국행정학보」, 39(4): 431-441.

염재호 · 홍성만 · 왕재선. (2004). 정부관료제의 역사적 형성과 제도변화: 중앙행정기관 조직시스템 변화에 대한 역사적 제도주의 접근을 중심으로. 「정부학연구」, 10(1): 5-49.

이승종. (2005). 지방차원의 정책혁신 확산과 시간: 지방행정정보공개조례의 사례연구. 정정길 외. 「행정의 시차적 접근」. 서울: 박영사.

이시원. (2005). 시차이론에 의한 5급 승진제도 사례분석. 정정길 외. 「행정의 시차적 접근」. 서울: 박영사.

이혜영. (2005). 금융규제정책 변동에 있어서 제도적 제약에 관한 연구: 규제기관의 제도적 구조와 관행을 중심으로. 「한국정책학회보」, 14(1): 1-27.

임도빈. (2007). 시간의 개념분석: 행정학 연구에 적용가능성을 중심으로. 「한국행정학보」. 41(2): 1-22.

장지호. (2003). 김대중 정부의 대기업 구조조정정책 연구: 역사적 제도주의의 적용. 「한국정책학회보」, 12(2): 89-110.

정명주. (2006). 우리나라 정보화평가 제도변화 과정에 대한 역사적 고찰. 「행정논총」, 4(1): 190-215.

정무권. (1996). 한국 사회복지제도의 초기형성에 관한 연구. 「한국사회정책」, 3(2): 309-352.

정무권. (2007). 한국 발전주의 생산레짐과 복지체제의 형성. 「한국사회정책」, 14(1): 257-302.

정의창. (2006). 정부조직개편의 역사제도주의적 분석: 김대중 정부의 사례. 「한국정책과학학회보」, 10(3): 1-25.

정정길. (2005a). 행정과 정책연구를 위한 시차적 접근방법. 정정길 외. 「행정의 시차적 접근」. 서울: 박영사.

정정길. (2005b). 정책과 제도의 변화과정과 인과법칙의 동태적 성격. 정정길 외. 「행정의 시차적 접근」. 서울: 박영사.

정정길. (2005c). 시차적 접근, 역사적 맥락과 정태균형론. 정정길 외. 「행정의 시차적 접근」. 서울: 박영사.

정준금. (2005). 시차이론과 제도변화: 개방형직위 임용제도를 중심으로. 정정길 외. 「행정의 시차적 접근」. 서울: 박영사.

주경일. (2005). 1990년대 시군통합과정 분석을 통한 행정구역 변화기제 연구. 「지방행정연구」, 19(2): 93-124.

주경일 · 이철주. (2005). 우리나라 교육정보관리체계의 역사적 변화과정 연구. 「정부학연구」, 11(1): 201-241.

주경일 · 이병량 · 함요상. (2004). 우리나라 정부관료제의 인사체제에 대한 역사적 고찰: 공직구조를 중심으로. 「정부학연구」, 10(1): 86-136.

주재현. (2007). 정책형성 담론의 국가간 비교분석. 「현대사회와 행정」, 17(3): 29-57.

최성락. (2008). 정책시차와 정책 적정성: PC방 등록제 사례에 대한 시차적 접근. 「행정논총」, 46(1): 151-176.

최종원. (2005). 시차이론과 행정개혁. 정정길 외. 「행정의 시차적 접근」. 서울: 박영사.

하연섭. (2003). 「제도분석: 이론과 쟁점」. 서울: 다산출판사.

하연섭. (2006). 신제도주의의 이론적 진화와 정책연구. 「행정논총」, 44(2): 217-245.

하태수. (2002). 한국과 영국의 기업지배구조 개혁의 비교: 역사적 신제도주의 시각을 중심으로. 「한국행정논집」, 14(2): 239-258.

하혜수. (2004). 차등적 지방분권제도의 한국적 도입가능성에 대한 연구. 「한국행정학보」, 38(6): 153-178.

홍성만 · 염재호 · 최홍석. (2007). 한국 중앙재정기구의 형성과 변화과정. 「정부학연구」, 13(2): 251-288.

Banchoff, T. (2005). Path Dependence and Value-Driven Issues: The Comparative Politics of Stem Cell Research. *World Politics*, 57(2): 200-203.

Benford, R. and Snow, D. (2000). Framing Processes and Social Movements: an Overview and Assessment. *Annual Review of Sociology*, 26: 611-639.

Beland, D. (2005). Ideas and Social Policy: An Institutional Perspective. *Social Policy & Administration*, 39(1): 1-18.

Berman, S. (2001). Ideas, Norms, and Culture in Political Analysis. *Comparative Politics*, 33(2): 231-250.

Bleich, E. (2002). Integrating Ideas into Policy-Making Analysis: Frames and Race Policies in Britain and France. *Comparative Political Studies*, 35(9): 1054-1076.

Blyth, M. (2002). *Great Transformations: Economic Ideas and Institutional Change in the Twentieth Century*. Cambridge: Cambridge University Press.

Braun, D. (1999). Interests or Ideas? An Overview of Ideational Concepts in Public Policy Research. In D. Braun, and A. Busch (Eds.), *Public Policy and Political Ideas* (pp. 11-29). Northampton, MA: Edward Elgar.

Bulkeley, H. (2000). Discourse Coalitions and the Australian Climate Change Policy Network. *Government and Policy*, 18(3): 727-748.

Campbell, J. L. (2004). *Institutional Change and Globalization*. Princeton: Princeton University.

Campbell, J. L. and Pederson, O. (Eds.) (2001). T*he Rise of Neoliberalism and Institutional Analysis*. Princeton: Princeton University.

Capoccia, G. and Kelemen, R. D. (2007). The Study of Critical Junctures: Theory,

Narrative, and Counterfactuals in Historical Institutionalism. *World Politics*, 59(2): 341-69.

Cortell A. P. and Peterson, S. (2001). Limiting the Unintended Consequences of Institutional Change. *Comparative Political Science*, 34(7): 768-799.

Dryzek, J. (1997). *The Politics of the Earth: Environmental Discourse*. New York: Oxford University Press.

Fischer, F. and Forester, J. (Eds.). (1993). *The Argumentative Turn in Policy Analysis and Planning*. Durham, NC: Duke University Press.

Fischer, F. (2003). *Reframing Public Policy: Discursive Politics and Deliberative Practices*. New York: Oxford University Press.

Guimaraes, A. Q. (2005). Historical Institutionalism and Economic Policymaking: Determinants of the Pattern of Economic Policy in Brazil, 1930-1960. *Bulletin of Latin American Research*, 24(4): 527-542.

Hajer, M. A. (1995). *The Politics of Environmental Discourse: Ecological Modernization and the Policy Process*. New York: Oxford University Press.

Hajer, M. and Wagenaar, H. (2003). *Deliberative Policy Analysis: Understanding Governance in the Network Society*. London: Cambridge University Press.

Hall, P. A. (1986). *Governing the Economy: The Politics of State Intervention in Britain and France*. New York: Oxford University Press.

Hall, P. A. and Taylor, R. C. (1996). Political Science and the Three New Institutionalism. *Political Studies*, 44(4): 936-957.

Hansen, R. and King, D. (2001). Eugenic Ideas, Political Interests, and Policy Variance: Immigration and Sterilization Policy in Britain and the U.S. *World Politics*, 53: 237-263.

Ikenberry, G. J. (1988). Conclusion: An Institutional Approach to American Foreign Economic Policy. I*nternational Organization*, 42(1): 219-243.

Immergut, E. M. (1998). The Theoretical Core of the New Institutionalism, *Politics and Society*, 26(1): 5-34.

Jachtenfuchs, M. (1997). Conceptualizing European Governance. In K. Jorgensen (ed.), *Reflective Approaches to European Governance* (pp. 39-50). New York: Macmillan Press.

Kingdon, J. (1995). *Agendas, Alternatives, and Public Policies*. New York: Harper Colins College Publisher.

March, J. and Olsen, J. P. (1984). The New Institutionalism: Organizational Factors in Political Life. *American Political Science Review*, 78: 734-749.

Nelson, B. (1996). Public Policy and Administration: An Overview. In R. E. Goodin and H. D. Klingmann (eds.), *A New Handbook of Political Science*. New York: Oxford University Press.

Payne, R. (2001). Persuasion, Frames and Norm Construction. *European Journal of International Relations*, 7 (1): 37-61.

Peters, G. B., Pierre, J. and King, D. S. (2005). The Politics of Path Dependency: Political Conflict in Historical Institutionalism. *The Journal of Politics*, 67(4): 1275-1300.

Pierson, P. (2000). Increasing Returns, Path Dependence, and the Study of Politics, *American Political Science Review*, 94(2): 251-268.

Pontusson, J. (1995). From Comparative Public Policy to Political Economy: Putting Political Institutions in Their Place and Taking Interests Seriously. *Comparative Political Science*, 28(1): 117-147.

Reich, S. (2005). The Four Faces of Institutionalism: Public Policy and a Pluralist Perspective. *Governance: An International Journal of Policy and Administration*, 13(4): 501-522.

Rein, M. and Schön, D. (1994). *Frame Reflection: Toward the Resolution of Intractable Policy Controversies*. Basic Books.

Roe, E. (1994). *Narrative Policy Analysis: Theory and Practice*. Durham, NC: Duke University Press.

Sandholtz, W. (1999). Globalization and the Evolution of Rules. In A. Prakash, and J. Hart (eds.), *Globalization and Governance* (pp. 77-102). London: Routledge.

Schön, D. and Rein, M. (1994). *Frame Reflection: Toward the Resolution of Intractable Policy Controversies*. New York: Basic Books.

Sikkink, K. (1991). *Ideas and Institutions: Developmentalism in Brazil and Argentina*. Ithaca: Cornell University Press.

Steinmo, S. (1993). *Taxation and Democracy: Swedish, British, and American Approaches to Financing the Modern State*. New Haven: Yale University Press.

Stone, D. A. (1997). *Policy Paradox: The Art of Political Decision Making*. New York: W. W. Norton & Company.

Thatcher, M. (2004). Varieties of Capitalism in an Internationalized World. *Comparative Political Studies*, 37(7): 751-780.

Thelen, K. (1999). Historical Institutionalism in Comparative Politics. *Annual Review of Political Science*, 2: 369-404.

Thelen, K. (2004). *How Institutions Evolve: The Political Economy of Skills in Germany, Britain, the United States, and Japan*. London: Cambridge University Press.

Thelen, K. and Kume, I. (1999). The Rise of Nonmarket Training Regimes: Germany and Japan Compared. *Japanese Journal of Political Science*, 25(1): 33-64.

Torfing, J. (2001). Path Dependent Danish Welfare Reforms: The Contribution of the New Institutionalism to Understanding Evolutionary Change. *Scandinavian Political Studies*, 24(4): 277-309.

Walsh, J. (2000). When Do Ideas Matter? Explaining the Successes and Failures of Thatcherite Ideas. *Comparative Political Studies*, 33(4): 483-516.

10장 행정학의 체계: 공공선택론의 관점

안 도 경

행정학의 정체성에 대한 논의는 지난 수십 년간 지속적으로 진행되어왔지만(박동서, 1977; 이종범, 1977; 백완기, 1978; 임의영, 1994; 소영진, 2003) 특히 최근 논의에서 주목할 만 한 점은 행정학의 연구 대상을 '정부' 또는 '관리'라고 하는 개념을 넘어서 폭 넓게 정의하고자 하는 노력들이다. 예를 들어, 이종범(2006)은 관리 지향적 행정학에 안주하지 말고 사회적 갈등과 딜레마에 대한 이론과 처방이라고 하는 더 큰 범위의 공공성을 다양한 주변 학문의 성과를 수렴하여 지향할 것을 제안하며, 박종민(2006; 본서 1장)은 행정부 중심의 행정학을 지양하고 행정학을 "공동선의 달성을 위한 공적 권한과 자원의 사용"(2006: 40)으로 정의하는 것이 행정학의 이론적 기반과 학문적 정체성을 확립하는데 필수적이라고 본다. 최흥석(2008: 99)은 한국행정학보와 미국행정학보(PAR)에 발표된 논문들을 분석하여 한국에서의 행정학이 "행정의 전략적 및 제도적 수준에 대한 연구를 소홀히 하고 상대적으로 운영 수준에 대한 연구에 집중하고" 있다는 우려를 나타내고 있는바, 이러한 견해 역시 이종범, 박종민의 견해와 상통하여 행정학을 폭 넓게 정의하고자 하는 노력으로 이해될 수 있다.

정부조직과 정부정책의 관리-운영이 행정학의 중점적인 대상 중의 하나가 되어야 한다는 데는 반대가 없을 것이다. 어쩌면 여타 사회과학과의 차별성이라는 관점에서 보면 정부의 관리와 운영은 가장 행정학에 고유한 분야라고 볼 수도 있다. 그렇다면 '정부'와 '관리'를 넘어서는 행정학을 주장하는 논거는 무

---

* 이 글은 2008년 한국행정학회 하계학술대회 발표 논문 "행정학의 체계: 공공선택론의 관점에서"를 수정 및 보완한 것이다.

엇인가? 그러한 행정학은 어떠한 모습을 띠어야 하는가?

이 글은 먼저, 행정학의 대상을 공공정책과 공공조직에 대한 기초 사회과학적 및 응용 학문적 성격을 포괄하여 넓게 정의하여야 할 필요성을 한국 사회과학 교육과 편재의 특성을 통해서 살펴본 다음, '공공재'의 개념과 '방법론적 개인주의'를 핵심으로 하는 공공선택의 관점에서 거버넌스론, 정책론, 조직론을 아우르는 행정학의 포괄적 이론체계를 구성하는 것이 어느 정도까지 가능한지를 탐색한다.

Ⅰ. 한국행정학과 공공선택론

이 글은 행정학이 정치학, 경제학, 사회학 등 기초 사회과학과 구별되는 독자적인 대상을 가지는 학문이라기보다는 제반의 사회과학적, 심지어 인문학과 자연과학적 지식조차도 포괄하여 공공정책과 공공조직을 연구하고, 공공정책과 공공조직의 문제들에 대한 해결을 지향하는 종합-응용과학이라고 본다.[1] 종합-응용과학의 성공을 위해서는 첫째, 이론과 실증의 상호작용을 통해 그 토대과학이 튼튼하게 정립되어야 하고, 둘째, 구체적 문제해결에의 적용을 통해 획득한 실천적 지식과 이론적 지식의 상호작용을 통한 학문의 현실적인 유용성을 입증하여야 한다. 한국의 행정학에 지대한 영향을 주고 있는 미국행정학의 경우에는 첫 번째 문제, 즉 행정학의 토대가 되는 기초과학적 토대를 주로 발전된 정치학, 경제학, 사회학, 심리학과의 적극적인 교류를 통해 마련한다. 현실적으로 연구와 교육이 밀접한 관계가 있을 수밖에 없기 때문에, 행정학이 학부 주요 전공 중의 하나가 아니고 대부분의 행정학자들이 전문대학원소속인 미국의 현실에서 행정학자가 기초학문 연구에 전념하는 것은 쉽지 않다. 행정학의 기초 학문적인 기반이 여타 사회과학에 크게 의존하고 있다는 것은 한국 행정학 이론에 크게 영향을 준 미국 학자들의 대부분이 정치학과, 경제학과, 사회학과 등에 소속되어 있었다는 사실에서도 드러난다.[2] 두 번째의 문제, 즉

1) 물론 이러한 이 글의 견해는 행정학이 정치학과 개념적으로 구분되는 독자적 대상을 가져야 한다는 1장의 견해와 대조된다.

2) Lasswell은 정치학 박사이며 시카고 대학의 사회학과에서 가르쳤다. Wildavski는 University of California at Berkeley의 정치학 교수였으며, Graduate School of Public Policy의 초대 학장이었다. Lowi는 코넬대학의 정치학과(Professor of American Institutions in the Government

행정학의 현실 공공문제의 해결에 있어서의 유용성의 제고라는 문제는 행정전문대학원을 중심으로 이루어지는 미국 예비 공무원들의 교육이라고 하는 과정을 통해서 끊임없이 구조적으로 추동을 받는다.

한국행정학의 사정은 미국과 매우 다르다. 한국에서 행정학은 오히려 정치학보다 규모가 큰 학부전공이며 또한 공무원의 임용제도와 예비 공무원에 대한 대학-대학원 내에서의 교육과의 연계가 미약하다. 뿐만 아니라, 한국의 정치학에서는 국내정치에 대한 연구가 역사적-규범적인 연구와 투표-여론에 대한 연구에 초점이 맞추어져 국내 정치-정책과정에 대한 제도적, 분석적인 연구가 미약하며, 실증적, 연역적인 사회과학적 방법론의 도입이 지체되고 있다. 이러한 한국의 사정은 기초 사회과학적 토대와 현실응용성의 제고라고 하는 양대 과제가 미국적인 방식으로 이루어 질 수 없게 한다. 종합학문으로서의 행정학의 성격과 한국 사회과학 편재의 특수한 사정은, 한국의 행정학이 정치학-경제학과 구분되는 대상을 설정할 것이 아니라 공공정책과 공공조직의 이해에 필요한 정치-경제학적 기초연구를 그 속에 포함해야 함을 시사한다.

이 글은 행정학의 정립의 한 축인 과학적인 이론체계의 구성의 문제에 집중하여 그러한 기초적 이론체계의 마련에 공공선택적 접근법이 어느 정도까지 기여할 수 있을 지를 탐색한다. 공공선택적 접근을 '공공재'의 개념과 '방법론적 개인주의'를 중심으로 광의로 해석하고 합리적 선택이론과 게임이론적인 제도론 및 정치과정론, 그리고 조직경제학의 근래 성과 등을 망라하여, 거버넌스론, 정책론, 조직론으로 구성되는 공공선택론적 행정학 체계의 골격을 제시하고자 한다. 물론 공공선택을 이렇게 광의로 정의하는 것은 '비시장적 의사결정

Department), Lindblom은 예일 대학의 정치학 및 경제학과에 적을 두었다. V. Ostrom 과 E. Ostrom은 인디아나 대학 정치학과 소속이며, Simon은 정치학 박사학위를 가지고 주로 카아네기 대학(Carnegie Institute of Technology 이후 Carnegie-Mellon University)의 Graduate School of Industrial Administration에서 재직하였으며, 노벨 경제학상을 수상하였다. Waldo는 예일 대학에서 정치학 박사학위를 받았고, Berkeley의 정치학 교수로 출발하여 이후 Syracuse 대학의 정치학과 및 Maxwell School에서 가르쳤다. J. Q. Wilson은 1961 to 1987까지 Harvard 대학의 정치학과에 재직하였다. J. G. March는 1970년 이후 Stanford 대학의 Schools of Business and Education 및 정치학과, 사회학과에서 가르쳤다. 발로하는 투표(voting-with-feet)의 Tiebout, 포획이론을 제시한 Stigler, 헌법선택론과 클럽이론의 Buchanan, 재대추구론의 Tullock, 관료조직의 예산극대화론의 Niskanen, 민주주의의 경제이론의 Downs 등은 다 경제학자들이다. 물론 행정학에 지대한 영향을 미친 많은 학자들이 정치학, 경제학, 사회학 등에 뿌리를 두고 있었다는 것이, 행정학이 구분되는 독자적인 영역을 가지지 않는다는 결론으로 바로 이어지지는 않는다. 예를 들면, 1장은 행정과 정치의 구분을 '제도'의 측면에서가 아니라 '기능'의 측면에서 이해해야 한다고 주장한다. 이에 대한 더 자세한 논의는 이 글의 영역을 벗어난다.

이론', '정치현상에 대한 경제학적 연구' 등 지금까지 널리 받아들여지고 있는 공공선택에 대한 협의의 정의의 관점에서 보면 공공선택개념의 지나친 확장으로 보일 수도 있다. 어떤 면에서 이 글은 공공선택이라는 용어를 행정학의 제반 주제를 방법론적 개인주의와 공공재의 개념을 통해서 비교적 일관된 체계로서 구성하는 것이 가능하다는 것을 보이기 위해 공공선택이라는 이미 널리 알려진 개념을 차용하고 있다. 그렇게 구성된 행정학의 체계를 지칭하는 용어는 무엇인가라는 질문에 대한 정답은 있을 수 없다. 합리적 선택 행정학 또는 신제도주의적 행정학의 체계라고 불려도 무방할 것이다. 중요한 점은 공공정책과 공공조직에 관련된 제반의 주제들에 대한 방법론적인 개인주의에 입각하고 광의의 공공재론적인 문제의식을 가진 수많은 연구들이 존재한다는 점이며 이 연구들이 하나의 체계로 묶여서 행정학의 이론적 기반을 강화하는데 기여할 수 있다는 점이다.

공공선택론의 출발 개념은 공공재이다. 사회 구성원간의 생산적인 협동을 가능하게 하는 기본질서와 규범까지를 포함하는 광의의 공공재는 행정학의 중심 개념인 공공성을 이론적으로 정의할 수 있게 해주며, 방법론적인 개인주의는 행위자들의 동기와 행동방식에 대한 일관된 가정에 입각하여 행정학의 다양한 주제들에 대한 연구를 연결시킨다는 장점이 있다. 또한 방법론적 개인주의는 과학적 이론 구성의 한 축인 연역적 이론 구성을 사회과학에서 가능하게 한다. 특히 게임이론의 발전과 이의 제도와 조직연구에의 광범위한 적용과 그 연구 성과들의 축적은 공공재 공급의 방식, 공공재 공급을 위한 제도적 배열의 문제, 각 제도의 운영으로부터 파생되는 문제, 조직내부에서 개인들 간의 상호작용의 문제 등에 대한 체계적인 이론 구성을 가능하게 한다.

공공선택이론은 물론 한국의 사회과학에서 낯선 분야는 아니다. 공공선택론의 광범위한 주제에 대한 개괄적인 소개와 한국의 정치경제에 대한 적용의 가장 폭넓은 시도는 경제학자인 소병희(1993; 1996; 2004; 2006; 2007)에 의해서 이루어졌다. 행정학 내에서도 공공선택이론에 대한 개괄적인 소개와 행정 및 정책 연구에의 적용가능성 그리고 그 함의에 대한 많은 논문들이 존재한다(예를 들어, 김영훈, 1978; 오석홍, 1984; 이명석, 2006; 장로순, 1991; 장행준, 2005; 전상경, 1999 등).[3] 이 중 특히 이명석(2006)은 공공선택을 행정학의 세부적인 주제

3) 행정학 외에도 법학(고영춘 외, 2002; 정순훈, 1992; 정영화, 2004), 재정론(김성철 외, 2005; 김정완 1994; 1996; 신해룡, 1991), 정치학(김동건, 1981; 윤홍근, 1994), 지방행정(김정

에 적용하는 것이 아니라 행정학의 핵심을 정의하고 그 규범적 및 방법론적인 토대를 제시하는 대안적인 접근법으로 소개하고 있다는 점에서 이 글과 그 취지를 공유한다.[4] 이 글은 이에서 한 걸음 더 나아가 공공선택의 관점에서 행정학의 체계를 광범위하게 구성하고자 하는 목적을 지닌다.

공공선택론적 관점에서 다루어지는 주제의 다양성은 공공선택이 개별 주제들에 대해서뿐만 아니라 행정학의 전반적인 체계를 좀 더 방법론적으로 일관된 형태로 구성하는데 기여할 수 있으리라는 가설을 가능하게 한다. 이 글은 전통적으로 '경제학적 방법에 의한 정치현상의 연구'라고 이해되는 협의의 공공선택론뿐만 아니라 게임이론적인 제도론과 사회계약론, 정치 및 정책과정에 대한 형식이론(formal theory), 그리고 거래비용경제학과 정보의 경제학을 바탕으로 하는 조직경제학(organizational economics)의 연구 성과들을 총괄하여, 공공정책과 공공조직에 대한 연구를 핵심으로 하는 행정학의 이론적인 체계를 구성하고자 한다. 그러한 체계를 ① 사회적 상호작용의 형태와 협동의 가능성, 제도와 사회계약, 그 속에서 사회구성원들의 공동의 대리인으로서의 정부 등의 개념을 정립하는 **거버넌스론**, ② 정책의 형성과정에서 정치적 경쟁의 역할, 관료제와 선거를 통해 선출된 정치인들의 상호작용, 정부와 사회, 이익집단의 상호작용 등을 대상으로 하는 **정책론**, 그리고 마지막으로 ③ 조직과 비조직, 공공조직과 사적조직의 구분, 조직 내에서의 협동과 조정의 문제, 인적자원 관리의 문제, 그리고 조직 내에서의 문화와 관행의 문제를 다루는 **조직론**으로 삼분하여 제시하고자 한다.

이 글의 초점은 행정학의 체계를 공공선택의 관점에서 제시하는 것이며, 위의 문단에서 언급한 거버넌스-정책-조직이라는 세 가지의 영역과 각 영역 내에서의 하위주제들은 그러한 체계의 핵심적인 구성부분으로 제시된 것이다. 그러나 각각의 소 영역들 자체가 사실은 수많은 학자들이 오랜 시간에 걸쳐서 많은 연구를 축적해 온 영역들이고(이는 공공선택적인 접근법을 택한 연구들만 고려하더라도 사실이다) 따라서 한 두 문단으로 각 영역에서의 핵심적인 연구들을 다 요약하기란 불가능하다. 따라서 각 영역에서의 핵심적인 주제가 무엇인가를

완, 2006; 이성로, 2003; 정용덕, 2001), 교육정책(임연기, 1995)과 공공윤리(김대군, 2005)에 이르기까지 공공선택이론은 한국의 다양한 학문분야에 영향을 미치고 있다.

4) 이명석에 따르면 공공선택론적 행정학의 핵심은 "좋은 공공서비스를 보다 효율적으로 공급하기 위한 대안적인 '제도적 장치(institutional arrangement)'의 탐구"이며 규범적으로는 '민주행정(democratic administration)', 방법론적으로는 '합리적 선택'의 입장을 취한다.

서술하는데 초점을 둘 것이며 오직 제한된 숫자의 연구들만을 직접 언급할 것이다. 이는 필연적으로 국내외의 많은 중요한 연구들이 빠트려짐을 의미한다.

Ⅱ. 공공선택론과 거버넌스

공공선택론은 '조직으로서의 정부'(government)를 전제하거나 그 이론체계의 출발점으로 삼지 않는다. 조직으로서의 정부는 사회의 구성원들이 공존하고 더 나아가 서로에게 이득이 되는 협동을 달성하기 위한 수단의 일부로서 간주된다. 공존과 협동을 위해 사람들이 사회를 구성하고 상호작용의 형태를 결정하거나 또는 발전시키는 것을 거버넌스(governance) 또는 '기능으로서의 정부'라고 지칭하자.[5] 물론 이는 명시적 암묵적인 규칙들에 의해서 질서 지워지고 개인들 간의 역할의 설정과 권한의 분배, 공존과 협동을 위한 규칙체계의 본질 등을 탐구한다는 의미에서 정치체(polity)론이라고 지칭될 수도 있을 것이다.

공공선택론적 거버넌스이론은 실증적인 측면도 있으나, 시대적 가치체계를 전제로 하여 정치공동체의 본질을 규명하고 그 속에서 정부의 존재 근거와 그 역할의 철학적인 기반을 탐구한다는 의미에서 매우 규범적인 성격을 지닌다. 조직으로서의 정부를 전제하지 않고 사회질서의 합리적인 구성이라는 관점에서 정부의 필요성과 역할을 도출하는 공공선택의 방법 역시 매우 규범적인 성격을 띠는데, 이는 정부존재와 형태변화의 역사적 탐구와 대비되는, '정부의 합리적 재구성'이라 할 수 있다. 이러한 면에서 공공선택론은 행정학의 체계 내에서 행정철학의 부분을 제시할 수 있다. 방법론적 개인주의에 입각하여 정치공동체의 본질, 사회적 공존과 협동의 방법들, 그를 위한 제도, 그 속에서 조직으로서의 정부의 본질과 역할 등에 대한 이론들은 다음과 같이 네 가지의 범

5) 거버넌스 개념의 이러한 사용은 최근 행정학을 비롯한 사회과학에서 그 개념에 부여하고 있는 의미와 완전히 일치하지는 않는다. 그러나 '사회적 조정'으로서 거버넌스를 보고자 하는 이명석(2002)의 견해나 거버넌스 개념을 통해 사회계약의 관점에서 정부, 시장, 시민 간의 관계를 정립하고자 하는 박영주(2000)의 시도는 이 글에서의 조직으로서의 정부이전에 개인들 간의 상호작용의 유형과 제도의 고안과 진화, 사회계약, 조직으로서의 정부의 도출과 그 역할 등에 대한 이론의 영역을 '거버넌스'론의 영역이라 지칭하는 것이 완전히 무근거하지는 않음을 보여준다. 이 글은 '거버넌스'가 무엇인가 하는 논쟁에서 입장을 취하려는 것은 아니며, 다만 행정학의 체계에서 정책과 조직의 문제를 다루기 전에 필수적으로 다루어야 한다고 보는 여러 주제들을 포괄할 수 있는 개념의 모색 중에서 '거버넌스'를 발견하여 차용하는 것이다.

주들로 구분될 수 있다: 갈등, 협동과 조정, 제도론, 사회계약론, 정부론.

1. 갈등, 협동과 조정

공공재나 공공선택, 공공정책과 공공조직 등에 등장하는 공공(public)의 개념은 개인들 간의 필연적인 상호작용과 상호의존성, 또한 그것이 주체의 의식과 무관하게 존재하는 것이 아니라 개인들의 의해 인식되고 이해되고 또한 고안된다는 점으로부터 출발한다(V. Ostrom, 1980). 따라서 개인들의 상호작용으로부터 공공성의 개념을 도출하는 것, 질서의 필요성과 그 가능한 형태들을 탐구하는 것이 공공선택론적 거버넌스이론의 논리적인 출발점이 된다.

갈등, 협동과 조정의 문제는 정책과 조직의 모든 구체적인 문제들 속에 녹아있다. 공공선택론체계의 출발점으로서의 갈등, 조정과 협동의 연구는 한편으로는 방법론적인 개인주의를 확립하고 또 다른 한편으로는 사회적 상호작용의 유형을 가장 추상적인 차원에서 설정하는 데에 주안점을 둔다. 게임이론은 방법론적 개인주의 학습의 좋은 출발점이 되며, 잘 알려진 고전적 게임들 — 죄수의 딜레마(Prisoner's Dilemma), 조정(Coordination) 게임, 성대결게임이론(Battle of Sexes), 치킨게임(Chicken game) 등 — 은 사회적 상호작용의 유형 및 갈등, 조정과 협동의 개념들을 체계적으로 정의하는데 도움이 된다. 특히 관심이 되는 것은 협동의 문제인데, 죄수의 딜레마를 비롯한 사회적 딜레마(social dilemmas)에 대한 다양한 게임이론적인 모형들은 사적인 이익을 추구하는 합리적 개인들의 선택이 어떻게 집단차원에서 비합리적 또는 비효율적인 결과를 초래하는지를 잘 보여준다.

개인의 합리성과 집단적 합리성 간의 긴장이라는 문제는 공공선택론적인 행정학 체계의 전반에 걸쳐서 핵심적인 화두로서 정책과 조직의 이러저러한 개별적인 특정 주제들에 대해서 적실성을 가지는 것이 아니라, 공공선택의 관점이 정책과 조직의 문제를 개념화하는 기초가 된다. 예를 들어 환경문제, 교통문제, NIMBY현상, 조세정책, 조직 내에서의 주인-대리인 문제, 보상체계의 문제 등을 자세히 살펴보면 모두 개인의 이익과 집단의 이익간의 갈등이 어떻게 드러나고 그것을 어떻게 해결할 것인가라는 문제와 관련이 있다.[6] 거버넌

6) 예를 들어 이명석(1996)은 교통문제가 개인과 집단의 갈등과 어떠한 관계가 있는지를 게임이론적인 정책분석을 통해서 보여준다.

스론의 첫 세부 주제로서의 갈등, 협동과 조정에 대한 논의에서는 정책과 조직의 구체적인 문제를 다루는 것이 아니라, 그러한 문제들을 다루기 위한 기본적인 개념들과 방법론을 확립하고 훈련하는 데에 초점이 두어진다.

이 단계에서는 또한 상호작용의 형태들에 대한 개념정립뿐만 아니라, 자발적으로 생겨나는(spontaneous) 문제해결 방식들을 연구하는 것 역시 중요하다. 자발적인 문제해결에 대한 대표적인 연구로는 반복되는 Prisoner's Dilemma 게임에서 협동의 진화에 대한 Robert Axelrod의 연구(Axelrod, 1981; 1984; Axelrod and Hamilton, 1981) 그리고 조정게임에서 제도와 규범의 자생적인 진화에 대한 Peyton Young의 연구(1993; 1998) 등이 있다. 또한 국내에서는 이명석(1996)의 게임이론을 사용한 공유재(common-pool resources) 딜레마 상황에 대한 자발적인 해결 가능성에 대한 연구가 있다.

2. 제 도 론

협동과 조정의 문제는 반복적인 상호작용과정에서 자연발생적으로 해결될 수도 있지만, 대규모의 문제, 복잡성의 정도가 높고 반복되는 문제 상황들을 다루기 위해서 사람들은 제도를 진화시키거나 고안하기도 한다. 제도의 개념에 대해서는 다양한 논의들이 있지만 공공선택적 행정학에서의 제도는 '규칙의 체계'로 정의할 수 있으며 이는 E. Ostrom의 제도에 대한 정의와 가장 유사하다(Ostrom, 2005; Crawford and Ostrom, 1995). 즉 제도란 "서로 연관되어 있는 규칙들의 집합"으로서[7] 사람들이 반복되는 상호작용을 조직하고 예측 가능하게 하기 위해 발전시킨 것이다.[8] 여기서 규칙이란 단지 명시적으로 서술되어 있는 법과 계약과 같은 규칙들뿐만 아니라 쓰여져 있지 않더라도 행위자들 간의 공유된 이해(shared understanding)를 바탕으로 하여 실제로 사용되는 규칙들(rules-in-use)을 포함한다(E. Ostrom, 1990; 1992, chap. 2). 제도가 규칙의 체계라면 제도에 대한 구체적인 연구는 규칙들과 그 체계에 대한 연구이다. 규칙과

7) 제도에 대한 이러한 정의는 제도를 '게임의 규칙'으로 보는 North(1990)의 견해와 유사하며, 제도를 균형(equilibrium)으로 간주하는 Calvert(1995), Aoki(2007) 등의 견해와 대조된다. 한편, Aoki(2007), Denzau and North(1995), Greif(2006) 등은 제도의 주관적 차원, 즉 제도에 있어서의 행위자들의 신념(belief)의 문제를 강조한다.

8) 정책 또한 특정한 지속되는 문제영역에 적용되며, 위반에 대한 처벌 조항이 포함되어 있는 규칙의 체계라는 면에서 제도라고 볼 수 있다.

규범은 양자 모두 무엇을 '해야 한다(must)', '해서는 안된다(must not)' 또는 '해도 된다(may)' 등과 같은 의무, 금지, 권리에 대한 언명들인데, 규칙이 규범과 구별되는 것은 의식적으로 설정되어 있는 처벌의 조항이 규칙에 딸려 있다는 점이다(Crawford and Ostrom, 1995). Ostrom(2006)은 규칙과 제도에 대한 자신의 연구(Ostrom 1990)를 한 걸음 더 발전시켜 규칙의 종류, 성공적인 제도의 일반적인 공통점 등을 논한다.

물론, 제도를 연구하는 것이, 제도와 규칙의 개념, 규칙의 유형론 등에 국한될 수 없다. 제도연구의 핵심은 문제해결에 도움이 되는 제도와 도움이 되지 않거나 오히려 문제를 악화시키는 제도를 그 제도들이 해결하려는 문제들의 특성, 문제로부터 영향을 받고 있는 공동체의 특성과 연관시켜 살펴보는데 있다. 그러므로 제도에 대한 연구는 공동체의 구성원들이 협동과 조정의 문제를 해결하기 위해 어떠한 노력들을 하며, 그 노력들이 어떻게 성공하거나 실패하는가에 대한 경험적 연구와 결합되어야 한다.

E. Ostrom의 연구가 주로 집합행동의 문제를 해결하기 위해 공동체 구성원들이 자발적으로 발전시키는 제도에 대한 연구라면, 2007년 노벨 경제학상 수상자인 L. Hurwicz(1987; 1993)는 기제고안(Mechanism Design) 이론을 토대로 원하는 결과, 또는 게임이론적 균형으로부터 출발하여 이러한 결과를 도출하기에 적합한 게임의 형태, 특히 행위자들에게 허용되는 선택의 범위와 개별 선택들로부터 집합적인 결과를 도출하는 방식 등을 숙고하는 '고안자'의 관점에서 제도의 문제를 접근한다.

3. 사회계약

시간을 두고 자발적으로 진화하는 제도(E. Ostrom) 또는 고안자의 관점에서 합리적으로 설계되는 제도(Hurwicz)의 관점을 넘어서, 다양한 이해관계를 가진 다수의 개인들이 협의와 숙고[9]를 통해서 사회의 기본규칙들을 합의할 수 있을 것인지, 그러한 합의의 근본적인 대상과 내용은 무엇이어야 하는지를 다루는 것은 사회계약의 영역이다. 이러한 의미에서 사회계약론은 공공의 문제를 다루는 행정학의 철학적 기반, 즉 행정철학의 주요한 구성부분이 되어야 한다.

9) 또는 A. Hamilton(1987)이 말하는 '숙고와 선택(reflection and choice)'.

물론, 공동체 성립의 의미를 논하는 정치철학 전체가 행정철학의 기초가 되어야 하겠지만, 공공선택론적 관점에서 주목하는 것은 방법론적 개인주의로부터 출발하여 사회형성의 전제와 의미를 밝히는 계몽적 사회계약론(Hobbes, Locke, Rousseau 등)과 그 전통을 이어 받는 현대적 계약론들이다.

현대의 규범적인 공공선택이론(Mueller, 2003: Part V)은 크게 사회효용함수의 개념을 중심으로 한 공리주의적 접근(Bergson, 1938; Samuelson, 1947; Arrow, 1951)과 사회적 선택이 이루어지는 과정과 맥락을 중시하는 계약론적인 접근이 있다. 현대적 사회계약론의 대표적 학자인 Rawls(1971)는 '무지의 장막', '원초적 입장', '자유의 우선성', '분배적 정의의 원칙' 등과 같은 개념들을 통해서 사회정의론의 활성화에 크게 기여하였다. Rawls의 계약론이 공공선택의 관점에서 자주 논의되는 이유는 그가 정의로운 사회제도를 도출하는 과정을 '무지의 장막' 뒤로 들어간 합리적인 개인이 '의도적-윤리적'으로 상정된 불확실성의 조건하에서 최저보상을 최대화하는(minmax) 선택을 행하는 과정, 즉 어떤 의미에서 개인의 합리적 선택의 과정으로 보았기 때문이다. Rawls의 계약론은 그 막대한 영향력에 버금가는 다양한 비판에 직면하였는데, 그 대표적인 것은 Rawls의 계약론이 애초의 출발점에서부터 정의(justice)의 문제를 분배적 결과와 관련된 문제로만 보도록 설계되어 있다고 주장하며, 대안으로 '정당한 권리의 원칙'(entitlement principle)을 제시하는 Nozick(1974)이다.[10)]

집단의 행동을 규율하기 위한 규칙 선택의 문제는 그 선택규칙을 어떠한 규칙에 의해서 선택할 것인가의 문제를 제기한다. 엄밀한 의미에서의 사회계약론은 아니지만, 규칙 선택에 대한 규칙의 문제를 다루는 Buchanan and Tullock (1962)에서 비롯한 헌법선택이론 또한 광의의 사회계약론의 일부로 볼 수 있다.[11)]

4. 정 부 론

공공선택론의 관점에서 조직으로서의 정부(government)는 사회계약의 결과로서 성립되는 질서의 한 부분으로 볼 수도 있고, 또는 공공재 공급에 관련한 구성원들 간의 협동이 무임승차의 문제로 인하여 자발적으로 해결되지 않음으

---

10) Rawls와 Nozick 이후 사회정의론의 전개에 대해서는 김희강(본서 6장)이 잘 정리하고 있다.

11) 윤홍근(1994)은 이러한 관점에서 Rawls와 Buchanan을 비교한다.

로 인하여 구성원들이 합의에 의해서 설립하여 중재자, 감시자, 처벌자의 역할을 위임하는 공동의 대리인이라는 관점에서 볼 수도 있다. 전자의 관점은 자발적인 협동, 자율적인 시장에서의 교환관계 등도 소유권의 확립과 강제(enforcement)를 비롯한 기본적인 질서를 전제로 한다는 것인데, 이 경우 그러한 질서는 근원적인 공공재(fundamental public good)로 본다. 후자의 관점은 조직으로서의 정부의 일상적인 활동에 대한 공공선택적인 접근에 좀 더 직접적으로 관련된 것으로서, 이러한 접근법에서 볼 때 정부론의 출발점은 클럽이론 (theory of club)이다(Buchanan, 1965). 공공재론에서 클럽이란 완전히 비경합적이지 않은(congestible) 공공재를 공급하기 위해, 또는 공공재 공급에서 무임승차의 문제를 해결하기 위해 배제(exclusion)의 원칙에 의해서 구성되는 개인들의 집합을 의미한다. 클럽은 대리인을 설정하여 재화 공급의 수준과 비용의 분담에 관련된 제반의 문제를 위임할 수 있는데, 이러한 위임계약은 시장의 기제를 통해서 행해질 수도 있고, 또는 투표 등 정치적인 절차를 통해 대리인을 선출하는 방식으로 진행될 수도 있다. 공공선택의 관점에서 정부는 바로 후자와 같이 정치적 과정을 통해 선출되고 공공재 공급의 문제를 위임받은 대리인 또는 대리인들의 조직이다.

정부에 대한 이러한 클럽이론적인 관점은 몇 가지의 근본적인 문제를 제기하는데, 첫째는 사회구성원들이 요구하는 다양한 공공재들이 공급되기 위한 클럽의 최적규모가 공공재 별로 다르고(예를 들어, 국방이라고 하는 공공재가 공급되기 위한 최적의 규모는 쓰레기 수거라고 하는 공공서비스를 공급하기 위한 집단의 최적 규모와 다르다), 둘째, 사회 구성원들 간에 선호의 이질성(heterogeneity)으로 인하여 하나의 정부를 통해서 모든 구성원들의 선호를 만족시킬 수가 없다는 점이다. 이처럼 외부효과의 규모와 범위, 선호의 이질성의 문제를 고려하는 공공선택론적 정부론은 필연적으로 단일한 정부(Government)가 아니라 정부들(governments) 및 정부들 간의 관계의 문제를 다루게 된다.[12)]

공공서비스 공급에 있어서의 다중심성(polycentricity)의 개념을 발전시킨 Ostrom, Tiebout and Warren(1961) 그리고 '발로하는 투표'(voting-with-feet)와 정부들 간의 경쟁을 통해서 선호의 이질서의 문제해결을 모색한 Tiebout(1956)는 이후 공공선택론적 관점에서의 정부를 통한 공공재 공급문제 연구에 지대한

---

12) 정부의 적정규모 및 공공선택론적 정부론과 신거버넌스론에서의 정부론의 관계에 대한 국내의 논의로는 이명석(1999)과 김석태(2007)가 있다.

영향을 미치게 되며, 근래의 신공공관리, 신거버넌스론의 뿌리가 된다고 볼 수 있다.

Ⅲ. 공공선택론과 정책

정책론은 전통적으로 광의의 정책과정론과 정책분석-평가론으로 나뉜다. 정책분석 평가는 주로 미시경제학적(방법론적 개인주의를 바탕으로 하는) 분석방법을 사용하여 다양한 정책대안들의 편익과 비용을 분석한다. 특정 정책이 시민 또는 소비자의 선택에 어떠한 영향을 미칠 것인가에 대하여 미시경제학적 분석을 수행한다는 점에서 전통적인 정책분석은 공공선택이론과 방법론적으로 상통한다.[13] 그러나 전통적인 미시경제학적 정책분석에 있어서 정책의 입안과 집행의 주체로 상정되는 정부는 그 속을 들여다 볼 수 없는 블랙박스 또는 부패할 수 없고 전지전능한 존재라고 가정된다. 그 방법론적인 공유에도 불구하고 공공선택론과 정책분석이 갈라지는 지점은 바로 공공선택론이 정부 그 자체를 합리적이고 자기이익을 추구하는 개인들로 구성된 집단으로 보며, 그러한 개인들이 정책의 형성과 집행에서 주어진 권한을 어떠한 식으로 사용하는지를 분석하는데서 시작한다. 달리 말해서 정책분석이 시장실패의 교정자로서의 정부를 전제한다면, 공공선택론은 시장의 교정자로서의 역할을 자임하는 '정부의 실패'의 양태와 그 교정가능성을 연구한다는 것이다. 정부실패에 대한 공공선택적 강조는 정책 내용의 분석뿐만 아니라 정책의 형성과정과 집행과정에 대한 공공선택론의 지대한 관심으로 이어진다. 비록 공공선택론이라는 제하에서 행해지는 연구들은 아니지만, 미국 정치학에서 게임이론의 적용이 가장 활발한 분야가 또한 이 분야이다. 여기서는 정책의 형성과 집행에 대한 공공선택론적 논의들을 정치적 경쟁과 정책의 형성, 정치가와 관료제의 상호작용, 정부와 사회집단의 상호작용을 중심으로 살펴보도록 하겠다.

---

13) 이러한 미시경제학적인 정책분석이 과연 정책학의 창시자라고 불리는 라스웰의 "정책과학"의 필연적인 발전인지, 아니면 타락인지에 대해서는 논란이 여전히 진행 중이다. 그러나 분명한 것은 미시경제학적인 정책분석이 정책학의 주류를 이루고 있다는 점이다.

1. 정치적 경쟁과 정책의 형성

정치적 경쟁의 논리, 그리고 유권자의 투표행태라는 주제들은 행정학이 깊게 다루어 왔거나 앞으로 반드시 다루어야 할 주제들은 아니다. 그러나 정책을 이해하는 데는 정책이 어떠한 과정을 통해서 형성되는가를 이해하는 것이 필요하고, 또한 민주주의에서 정책의 형성은 선거를 통해 유권자들이 공직자를 선출하는 과정에 의해 크게 영향을 받는다는 것을 부인할 수는 없다면, 선거를 통한 정치적 경쟁이 정책의 형성에 어떻게 영향을 미치는지에 대한 최소한의 지식은 행정학의 체계 속에 반드시 포함되어야 할 것이다. 정치적 경쟁에 대한 공공선택론적 이론은 Downs(1957)로부터 시작되었다고 해도 과언은 아니다. Downs의 이론은 선거의 공간이론(spatial theory of election)으로 불리기도 하는데, 주로 유권자의 선호분포를 전제하고 득표 최대화를 추구하는 정치가들이 선거에서 어떠한 정강을 선택할 것인가의 문제를 다룬다. 중위투표자 이론, 즉 두 개의 정당이 일차원적인 정책공간에서 서로 경쟁할 때 정당들의 정책은 중위투표자(median voter)의 선호로 수렴하게 된다는 이론은 Downs의 분석 중에서 가장 중요하고도 유명한 것이다. 물론 Downs 자신과 그 이후 방법론적으로 더 발전된 여러 공간경쟁 연구자들은 선거에서의 정치적인 균형, 즉 각 정당 또는 후보자들이 정책의 입장을 취하고 그것을 득표 극대화를 위해 바꾸지 않는 상태가 항상 존재하지 않을 뿐 아니라, 오히려 현실적인 가정하에서는 특수한 경우임을 밝히고 있다. 그러므로 Downs 이후의 공간경쟁 연구자들의 관심은, 왜, 어떠한 조건하에서 정당들이 서로 다른 입장을 취하게 되는지, 또한 어떠한 조건하에서 정치적 경쟁의 균형상태가 도출되는지 등의 문제를 집중적으로 다루었다(Riker and Ordeshook, 1973; Hinich and Munger, 1994).

2. 정치가와 관료제의 상호작용

선거의 단계가 종결되면 헌법적인 기구들인 대통령과 의회의 구성이 정해진다. 물론, 선출된 정치가들이 과연 약속한 정책들을 수행할 것인가 또한 공공선택적 관심사이기는 하지만 여기서는 일단 권력을 장악하거나 나누어 가진 정치가들의 선호를 전제하고 그들이 관료제를 어떻게 통제하여 자신들의 정책

선호를 집행의 단계에서 관철시키는지를 살펴본다. 이는 관료들이 어떠한 조건하에서 어떠한 방식으로 선출된 정치가들의 선호와 일치하지 않는 정책을 입안하거나 집행하는지의 문제와 동일한 것이다. 공공선택론적 입장에서 정치가와 관료제의 관계를 보는 틀은 역시 주인-대리인의 이론이며 그 관계에서 위임과 통제라는 개념들이다.[14] 관료조직이 선출된 정치가와 다른 선호(정책의 내용, 정책을 집행하는 방법, 정책집행에 필요한 비용의 문제에 대해서)를 가질 수 있다는 것이 문제의 출발점이 되는데, 이는 주로 관료제적 표류(bureaucratic drfit)라는 개념을 통해 연구된다(Macey, 1992). 여기서 주목할 만한 이론들은 정치인들이 관료제를 통제하는 다양한 방식에 대한 것들이다. 예를 들자면, Weingast and Marshall(1988), Shepsle and Weingast(1987) 등은 의회의 위원회를 포함한 조직적 구조를 통해서 정치가들이 관료제를 통제한다고 보며, McCubbins, Noll, and Weingast(1987; 1989)는 행정절차를 통한 통제를 제시한다. Epstein and O'Halloran(1999)은 거래비용의 개념을 사용하여 분점정부(divided government) 하에서 관료제의 통제문제를 연구하였다.

정책의 내용에 대한 관료제와 정치가들 간의 갈등의 문제 이외에도 공공선택론이 전통적으로 다루어왔던 문제는 관료조직의 동기의 문제이다. Niskanen (1971)에 의해서 제시된 예산극대화론은 이후 수많은 이론적 경험적인 후속 연구들로 이어졌는데(Bendor, Taylor, and van Gaalen, 1985; Miller and Moe, 1983), 광범위한 경험적인 연구들을 종합적으로 검토한 Mueller(2003: 373-380)는 정부관료제의 비효율성에 대한 Niskanen의 이론이 경험적인 연구들에 의해서 뒷받침되고 있다는 결론을 내린다.

3. 정부와 사회, 이익집단의 상호작용

앞의 정치가들과 관료조직의 상호작용에 대한 이론에서는 정치가들이 유권자로서의 시민들의 선호(엄밀하게 말해서 중위 투표자의 선호)를 대변한다는 암묵적인 가정이 내포되어 있다. 그러나 관료제, 의회, 행정부의 수반을 포괄하는 조직으로서의 정부가 유권자 대다수의 이해를 대변한다는 보장은 없다. 이는

14) 권순만 · 김난도(1995)는 주인-대리인 이론의 관점에서 국민-국회-관료제의 관계, 정부조직 내의 문제 등에 대한 체계적인 논의를 제시한다. 정치학의 관점에서 주인-대리인 간의 위임(delegation) 문제에 대한 체계적인 문헌검토로는 Bendor et al.(2001)이 있다.

특히 정부가 경쟁을 제한하는 형태로 시장에 개입하고 따라서 사회집단의 일부가 경쟁의 제한으로부터 기인하는 초과이익, 즉 지대(rent)를 획득할 기회를 가지게 될 때 현실화된다. 지대추구 이론은 독점이 사회적 효율성에 미치는 영향은 미미하고 주로 분배적 효과를 가진다는 견해들을 비판하기 위하여 Tullock(1967)이 제시한 관점이다. Tullock은, 경쟁의 제한을 통해서 이익을 볼 가능성이 있는 사회집단들은 그러한 이익을 획득할 수 있는 지위를 확보하기 위하여 관료에 대한 뇌물제공 등을 포함하는 합법·비합법적인 활동들에 자원을 투입하게 되고 이러한 활동이 경쟁적으로 일어나면 사회적 차원에서 볼 때 막대한 낭비가 발생한다는 것을 지적하였다. Krueger(1974)는 이러한 낭비적 활동들을 지대추구(rent-seeking) 행위로 지칭하였다. 비록 지대추구라는 개념을 바탕으로 행해진 것은 아니지만, 국가의 흥망성쇠에 대한 Olson(1982)의 연구는 조직화된 사회집단의 집단이기주의가 국가의 경제성장에 어떠한 영향을 미치는 지를 잘 보여주고 있다. 이후 지대추구 현상에 대한 수많은 이론적, 경험적 연구들이 이어졌으며[15] 특히 게임이론의 적용과 실험적 방법을 통한 연구들도 활발하게 행해지고 있다. 지대추구론은 정부에 의한 경쟁의 제한뿐만 아니라, 기타 자원재분배의 효과를 가지는 정부활동의 영역, 그리고 다음 절에서 살펴볼 바와 같이 조직내부에서의 영향력 추구 활동(Milgrom and Roberts, 1988)에 이르기까지 그 적용이 확대되고 있다.

Ⅳ. 공공선택론과 조직

조직론은 전통적으로 공공선택론의 일부는 아니었고, 공-사 조직에 대한 연구는 사회학과 심리학의 영역으로 간주되어왔다. 여기에서 공공선택론적 조직론으로 소개하는 경향과 업적들은 사실 Ronald Coase의 기념비적인, 그러나 오랫동안 주목받지 못하였던 논문 “The Nature of the Firm”(1937) 및 그의 저작이 1960-70년대에 재조명받으면서 Williamson(1985) 등에 의해 1980대부터 본격적으로 발전된 거래비용 경제학(transactions cost economics)에 뿌리를 두는 조직경제학(Organizational Economics)의 영역에 속한다. 물론 조직경제학은 거래

15) 이에 대해서는 Mueller(2003: chap. 15)에서 매우 상세하게 정리하고 있다.

비용 경제학뿐 아니라 G. Akerlof(1970), M. Spence(1973), J. Stiglitz(2000) 등에 의해 발전된 정보의 경제학(Information Economics)과 이를 바탕으로 한 미시경제학의 유인(incentive) 이론 등을 종합하고 있다. 조직경제학은 블랙박스로 취급되던 생산주체로서의 회사(firm)조직의 속을 미시경제학의 방법론적인 개인주의적 가정들을 유지하면서 분석하는 것, 즉 조직내부에서 합리적이고 자기이익을 추구하는 개인들의 상호작용이 이윤의 극대화라는 경제조직의 목표달성과 그를 위한 조직의 구조형성에 어떠한 영향을 미치는지에 대한 연구에 중점을 두었지만, 이후에는 경제조직뿐만 아니라 조직일반에 대한 적용으로 확대되었다. 그리하여, 관료적 위계적 조직에서의 담합의 문제(Tirole, 1986), 의사결정에 영향력을 미치고자 하는 조직 내의 지대추구 행태(또는 influence activity)와 영향력 비용의 문제(Milgrom and Roberts, 1988), 더 나아가 조직내부의 관행과 조직문화의 의미(Kreps, 1990) 등의 주제에 대해서도 기존의 사회학적-심리학적 방법과 다른 합리적이고 자기이익을 추구하는 개인들 간의 상호작용을 게임이론적인 방법을 사용해서 다루었다. 조직경제학이 공공선택론적 행정학 체계에서 조직의 부분을 담당할 수 있다고 보는 것은 조직경제학이 조직의 핵심문제를 조정(coordination)과 협동(cooperation)의 문제로 보고 또한 합리적-이기적 개인들을 상정하고 게임이론 등을 통해 연역적인 방법으로 이론을 구성하는 방법론적 개인주의의 전통을 이어받고 있기 때문이다. 조직경제학은 근래에 들어 상당한 체계를 갖추고 전통적인 조직론에서 다루는 대부분의 주제들을 다룰 수 있게 되어, Stanford나 MIT의 경영대학원에서는 Milgrom, Roberts, Gibbons와 같은 경제학자들에 의해 대안적 조직론의 교과목으로 제공되고 있다.

조직의 영역은 거버넌스론이나 정책론에 비해서 방법론적 개인주의의 도입이 늦게 이루어졌고, 또한 그 동안의 조직경제학적 연구의 축적이 기존의 사회학적-심리학적 조직이론의 업적들을 대체하기에는 상당히 부족한 것이 사실이다. 따라서 국내외에서 경제학적인 조직이론의 한계에 대한 진지한 지적들이 있다(예를 들어, Simon, 1951; 박우순, 1994). 그러나 조직경제학이 전통적 조직론과 매우 다른 방법론을 가지고 있다고 해서, 조직경제학에서 제공하는 조직에 대한 설명들이 사회학적, 심리학적 조직론과 항상 상반되는 것은 아니다. 이는 조직경제학이 바탕하고 있는 거래비용경제학이나 정보의 경제학이 계약과 정보의 불완전성과 그에 따른 제한적으로 합리적인 개인들을 상정하고 있는 것으로부터 필연적으로 귀결하는 것이다. 어떻게 보면 지난 수십 년간의 조직경제학적인 연구는 전통적인 조직론의 성과들을 따라 잡고, 전통적인 조직이론가들이 발견하고 서술한 조직현상들에 대한 경제학적인 설명을 제공하려는 노력이었다고 볼 수도 있다. Gibbons(2003)는 조직경제학과 전통적인 조직론이 수렴하는 여러 가지의 예를 제시하고 있다.[16] 다시 말해서, 조직경제학이 그리고 있는 조직의 모습은 경제적 합리성으로 무장하고 최적의 결정을 내리는 조직이 아니라, 정보의 비대칭성, 계약의 불완전성, 그로 인한 구성원들의 기회주의적 사익추구 등으로 인하여 조직의 목표가 끊임없이 위협받는 현실의 조직인 것이다. 그렇다면, 조직경제학의 의미는 무엇인가? Gibbons는 첫째, 형식모형(formal model)에 입각한 조직이론은 그 결론이 비형식적(nonformal) 조직이론과 일치한다 하더라도, 그 논리의 정합성을 체계적으로 점검할 수 있게 해주며, 둘째, 조직이론의 경험적인 함의를 분명하고 검증 가능한 형태로 제시할 수 있게 해주며, 셋째, 비형식적 조직이론이 간과한 함의들을 도출할 수 있게 해준다는 데에서 조직경제학적 접근의 의미를 찾는다. 조직경제학적 조직론을 공공조직에의 적용을 염두에 두고 다음과 같은 소주제들로 나누어서 개괄해 보겠다: 공공조직과 사조직의 차이, 동기화와 인센티브의 문제, 고용계약과 보수, 경력의 문제, 조직문화.

1. 공공조직과 사조직

정의(definition)의 관점에서 볼 때 물론, 공조직과 사조직(특히 경제적 이윤을 목적으로 하는 기업조직)의 차이는 그 소유구조 또는 근래 유행하는 개념을 사용하자면 '지배구조'에 있다. 이는 물론 사적재화와 공공재의 생산의 방식의 차이에서 근본적으로 기인하며, 조직의 목적에도 영향을 미친다. 그러나 조직경제학의 관점에서 볼 때, 공조직과 사조직의 경계가 개념적으로 아주 분명하지는 않은데 이는 바로 소유권이라고 하는 개념 자체의 복잡성에서 근거한다. 거래비용경제학에서 연유하는 소유권의 개념의 핵심은 잔여적인 결정권(residual decision right)과 잔여적인 재산권(residual ownership)이다(Alchian and Demsetz, 1972). 즉, 명시적 계약에 의해서 특정화되지 않은 결정의 문제, 사용과 처분의

16) 예를 들어, 앞서 언급했던 조직 내에서의 영향력 활동에 대한 Milgrom and Roberts의 연구, 비공식적 권위에 대한 Aghion and Tirole(1997) 및 Baker et al.(1999)의 연구, 그리고 조직 내의 권력과 정치에 대한 Skeperdas(1992), Rotemberg(1994) 등의 연구를 들 수 있다.

문제 등에 대해서 누가 권한을 가지고 있는가 하는 것을 결정하는 것이 바로 소유권인 것이다. 이러한 관점에서 볼 때, 물론 양 극단에 단순한 경제조직(작은 음식점)과 공식적인 정부기관과 같이 완전한 사적 조직과 궁극적으로 국민 전체에 귀속되는 공조직의 예들이 있지만, 그 사이에 대규모의 주식회사나 수익성의 압력을 받는 공기업과 같은 중간적인 형태의 조직이 무수히 존재하는 것이다. 또한, 양도권과 결정권이라고 하는 소유권 개념의 핵심적인 내용들에 입각해서 보더라고 대규모 주식회사 또는 한국의 재벌과 같은 조직을 완전히 사적인 조직이라 보기 어려우며, 정부기관이 궁극적으로 국민들에게 책임을 진다고 해서, 국민들의 헌법적 잔여결정권 행사가 현실적으로 어려운 상태에서 공적인 소유라는 것의 의미 또한 분명하지 않게 된다. 결국, 조직경제학의 관점에서 볼 때, 공조직과 사조직의 단순한 이분법은 근본적인 한계를 지니고 있는 것이며, 이는 이분법을 삼분법, 사분법으로 바꾼다고 해서 해결되는 문제는 아니다. 대신, 조직경제학의 관점은 각각의 조직을 구체적으로 보는 것, 즉 공식제도적 측면과 실질적 측면 양면에서 조직의 의사결정권과 해체와 양도를 포함하는 잔여적 재산권이 어떻게 분배, 행사되고 있는지를 보아야 한다는 것이다.

2. 동기화와 인센티브의 문제

전통적인 조직론에서는 조직 구성원들을 조직의 목적을 위해 헌신하게 하는 문제, 즉 동기화의 문제에 대해 사회학적 및 심리학적인 측면에서 다양한 연구가 이루어져 왔는데, 조직경제학은 이를 주인-대리인 이론의 관점에서 주인의 목적과 대리인의 목적을 최대한 일치시키기 위한 계약의 문제로 접근한다. 동기화(motivation)의 문제는 조정(coordination)의 문제와 더불어 조직이 해결해야 할 근본적인 문제이다. 동기화가 문제가 되는 것은 합리적이고 사적인 이익을 추구하는 조직의 구성원들은 조직의 목적에 반하거나, 또는 조직구성원이 되기로 한 계약의 사항들과 일치하지 않는 행동을 할 기회주의적 행동의 가능성을 가지고 있기 때문이다. 물론, 이러한 기회주의적 행동은 정보의 비대칭성과 불확실성으로 인하여 완전한 계약을 맺는 것이 불가능하기 때문에 발생한다. 특히 계약 후에 발생하는 기회주의적인 행동을 도덕적 해이(moral hazard)라고 하는데, 조직 내에서 도덕적 해이는 단순한 게으름부터 시작하여,

부정확한 정보의 보고, 조직의 목표와 다른 사적인 목표를 조직의 자원과 조직 내에서의 지위를 이용하여 추구하는 것 등의 형태로 나타난다.

도덕적 해이의 문제를 대처하는 가장 널리 쓰이는 방법은 물질적인 유인(incentive)을 제공하는 것이며[17] 따라서 유인의 종류, 유인 계약(incentive contract)의 형태와 원칙 등에 대한 논의는 조직경제학의 매우 큰 부분을 차지한다. 인센티브에 대한 조직경제학적 접근은 매우 신중하고 조심스럽다. 경제학에 대한 선입견을 가진 사람들은 조직경제학이 적절한 유인을 제공함을 통해서 동기화의 문제를 해결할 수 있다고 주장하리라고 생각할지도 모르지만 실제로 조직경제학은 유인이 작용하지 않는 조건, 물질적인 유인이 역효과를 가져오는 경우, 유인을 제공할 때 고려해야 할 원칙 등에 대한 매우 상세한 이론들을 제시한다.[18] 즉 물질적인 유인이 효과를 발휘할 수 있는지, 그렇다면 그것이 어떠한 형태와 강도로 제시되어야 하는지를 조직의 특성과 개인의 업무 특성으로부터 도출하는 것이다.[19] 공공부문에서의 유인(incentive)에 대한 조직경제학적인 논의들 역시 물질적 유인의 효과를 인정하고 도입해야 한다는 단순한 주장과는 상당히 다른, 매우 조심스러운 입장을 보이고 있다(Dixit, 2001; Miller, 2000).

3. 고용계약과 보수, 경력

조직경제학은 고용관계(employment relationship)의 본질을 '제한적 합리성으로 인한 계약의 한계'와 그로 인하여 피고용자가 고용자의 권위와 명령에 따를 것에 대한 합의로 보는데 이는 기본적으로 이미 반세기 전에 Simon(1951)이 제시한 바와 동일하다. 또한 전통적인 경제학 이론이 고용과 보수의 문제를 완전 균형의 틀에서 한계 생산성의 관점에서 접근함에 비해, 조직경제학은 고용과 보수에 있어서의 인적자본(human capital) 특히 조직에 특정화된(organization specific) 인적자본의 문제를 중시한다. 그리하여 보수의 문제를 설명함에 있어

17) 그 외에, 감시(monitoring)와 bonding 등의 방법이 있다(Milgrom and Roberts, 1992: 185-191).

18) Milgrom and Roberts(1992: 214-231)는 다음과 같은 네 가지를 유인계약의 원칙으로 제시한다: 정보성의 원칙, 유인강도의 원칙, 감시강도의 원칙, 그리고 동일 보상의 원칙.

19) 이는 어떻게 보면 성격이 다른 다양한 정부의 부처들에 동일한 형식의 업무평가 방식과 유인 보상 방식을 도입한 최근 한국 행정부의 인사-보수 제도 개편의 한계를 지적하고 개선 방안을 모색하는데 조직경제학이 기여할 수 있는 부분이 있음을 시사한다.

서 조직에 특정화된 인적자본과 이직의 비용 등을 고려하여 임금이 인적자원의 관리(human resource management)에 관련된 다양한 목적, 즉, 유능한 인재의 확보와 이직의 방지, 기능의 개발, 동기화, 피고용자를 경제적 위험으로부터 보호하는 것 등의 추구를 위한 수단으로 이해된다. 또한 장기고용, 연장자 우선 원칙(seniority rule), 생산성과 괴리된 나이와 경력에 의한 보수(age-wage coupling) 등이 광범위하게 나타나는 원인을 규명하는 것도 조직경제학의 중요한 주제 중의 하나이다. 고용계약과 보수 및 승진제도 등에 대한 방대한 조직경제학적인 연구(Milgrom and Roberts, 1992: chaps. 10-11)는 아직 공공조직의 연구에 본격적으로 적용되지 않고 있다. 다만 토너먼트식의 승진체계가 업무성과급보다 공공조직에서 훨씬 더 효과적이라는 Whitford(2006)의 주장, 그리고 조직 내 도덕적 해이(Moral Hazard)의 문제해결의 불가능성(Holmstrom, 1982)으로부터 특히 공공조직에서 유인체계의 한계를 지적하고 관료제의 정치적 독립성을 주장하는 Miller(2000)의 주장 등은 귀담아 들을 만하다고 보겠다.

4. 조직의 관행과 문화

조직 내에서의 관행(convention) 또는 정형화되고 일상화된 업무처리의 양식(routine) 등은 흔히 조직의 비합리성과 비효율성의 표현으로 간주되어 왔다. 조직경제학은 관행이 지속되는 이유, 루틴이 합리적일 수 있는 조건 등에 주목한다. 조직의 근본문제를 조정과 동기화로 보는 조직경제학의 관점에서 조직의 routine은 어떤 조건하에서 저비용의 조정을 이루어내는 효과적인 수단이 된다. 효율적인 루틴은 제한적 합리성을 가진 결정자들이 의사결정자원의 한계를 고려하여 조직적 업무의 처리형식을 정하는 것으로부터 연유한다. 따라서 이는 모든 가능성을 고려했을 때의 최선의 선택은 아닌 경우가 대부분이지만 주어진 제약 하에서는 그 의미를 가질 수 있다. 물론, 변화하는 환경에 적응하여 루틴을 제고하지 않는 것을 조직의 관성이라 하며 이는 비효율성과 실패의 한 원인이 된다. 조직의 문화에 대한 조직경제학적 관점 또한 이와 유사하다. 조직의 문화란 조직 내에서 적용되는 루틴의 집합 및 이에 대한 조직구성원들의 기대, 그리고 그러한 기대를 전수하기 위한 다양한 방식들로 구성된다. 조직의 문화는 또한 조직이 그 구성원들과 외부의 행위자들에 대한 평판을 유지하고 신뢰를 확보하는 데에 기여할 수 있다(Kreps, 1992). 즉 불완전 계약으로 인하여 조직이 대내외적으로 행한 약속들을 준수하는지를 매 순간 확인하는 것이 불가능할 수 있는 상황에서 조직문화는 그 약속의 내용과 약속준수의 여부를 검증하는 일을 단순화시켜 주는 역할을 하는 것이다.

Ⅴ. 맺 음 말

이 글은 한국의 사회과학적 지형이 행정학이 공공문제에 대한 기초 사회과학적 연구를 내적으로 포함할 것을 요구하고 있다는 전제하에서 공공재 개념과 방법론적 개인주의를 바탕으로 하는 공공선택의 관점에서 행정학의 이론적인 체계를 구축하는 것이 어느 정도 가능한지를 거버넌스론, 정책론, 조직론의 세 가지 영역으로 나누어서 살펴보았다. 그 결과 최소한 일관된 이론체계라는 측면에서 광의의 공공선택론은 행정학의 이론적인 바탕을 강화하는데 상당한 기여를 할 수 있으리라는 판단을 할 수 있었다. 물론 이러한 방식으로 제시된 행정학의 이론체계가 한국의 행정학자들이 심혈을 기울여 연구하고 있는 모든 주제들을 포괄하지는 못한다. 또한 공공선택론의 입장에서 행정학 전체의 체계를 구성해보려는 시도에 대해서는 철학적, 심리학적, 문화적, 거시적 관점들을 경시하는 너무 편협한 관점으로 귀결되지 않을까 하는 우려가 예상되기도 한다. 물론 그러한 측면이 없지는 않겠지만, 공공선택의 관점을 채택함으로써 기존의 이론이 간과했던 부분을 밝히거나, 새로운 연구주제를 개발하고, 새로운 현상에 대한 주의와 연구의 필요성을 제시하거나, 이미 알려진 사실을 새로운 관점에서 볼 수 있게 하는 등의 기여를 하는 경우 또한 있을 것이다. 조직의 연구에서 전통적인 조직론과 조직경제학의 수렴이 논의되고 있듯이, 여타의 분야에서도 그러한 수렴은 가능성으로 열려 있다.

◈ 참고문헌

강윤호. (2001). 지방자치 실시가 지방정부 사회복지지출에 미친 영향 — 공공선택론적 접근의 시도. 「지방정부연구」, 5(1): 109-126.

고영춘 · 김인배 · 김일중. (2002). 법제도 변화의 내생성에 관한 공공선택이론적 연구: 환율제도를 중심으로. 「경제학연구」, 50(3): 111-139.

권순만 · 김난도. (1995). 행정의 조직경제학적 접근: 대리인 이론의 행정학적 함의를 중심으로.

김대군. (2005). 공직자의 도덕적 해이 현상에 대한 공공선택론적 분석. 「윤리연구」, 60: 345-373.

김동건. (1981). 공공선택이론에 관한 고찰 — 실증적 투표모형을 중심으로 — . 「행정논총」, 19(1): 1124-1137.

김석태. (2007). 지방정부 규모에 대한 공공선택론의 신거버넌스이론과의 관련성. 2007 춘계행정학회 발표 논문.

김성철 · 박기묵 · 윤진훈. (2005). 우리나라의 공공선택론적 예산결정형태에 관한 연구: 예산담당자들의 인식을 중심으로. 「한국사회와 행정연구」, 16(3): 133-148.

김정렬, 한인섭. (2003). 행정학 위기의 실상과 대책. 「한국행정학보」, 37-19-38.

김영훈. (1978). 행정의 정치경제학 — 공공선택이론을 중심으로 — . 「사회과학논집」, 9: 67-73.

김정완. (1994). 한국 재량적 재정흑자의 결정요인과 메카니즘의 분석 — 공공선택론의 관점에서. 「한국행정학보」, 28(1): 99-114.

김정완. (2006). 신행정도시 건설에 대한 공공선택론적 분석. 「한국행정과학회보」, 10(4): 223-241.

김정완. (2006). 공공선택론의 재정적자 메카니즘과 재정헌정주의. 「한국거버넌스학회보」, 13(3): 1-23.

김행범. (1998). 예산 지출 관료의 행동모형에 관한 공공선택론적 연구. 「한국행정학보」 32(2): 45-63.

문병기. (2000). 자치단체 자문위원회제도의 공공선택론적 해석: 서울시 사례를 중심으로. 「한국지방자치학회보」, 12(1): 51-70.

박영주. (2000). 뉴거버넌스와 사회계약: 시민, 정부, 시장간의 역할과 책임의 모색. 「한국행정학보」, 34(4): 19-39.

박종민. (2006). 한국행정이론을 위한 비판적 성찰. 「한국행정학 50년」. 서울: 한국행정학회.

소영진. (2003). 행정학의 위기와 공공성 문제. 「정부학연구」, 9: 5-22.

박동서. (1977). 행정학 체계의 수정. 행정논총, 15: 54-65.

박우순. (1994). 조직경제학에 대한 전통적 조직이론의 비판적 논거. 「한국행정학보」 28(4): 1387-1406.

백완기. (1978). 한국행정학의 학문성 정립문제: 과학주의의 입장에서. 「한국정치학회보」, 12: 73-91.

소병희. (1993). 「공공선택의 정치경제학」. 서울: 전영사.

소병희. (1996). 공공선택론의 이해와 정책학분야에서의 응용. 「한국정책학회보」, 5(2): 267-292.

소병희. (2004). 「공공부문의 경제학」. 서울: 전영사.

소병희. (2006). 「한국경제와 한국정치: 공공선택론적 분석」. 서울: 국민대학교 출판부.

소병희. (2007). 「정부 실패」. 서울: 삼성경제연구소.

신해룡. (1991). 한국재정치출의 공공선택적 분석. 「재정논집」, 5: 225-266.

오석홍. (1984). 현대행정학의 두가지 반발적 기류 — 공공선택론과 신행정학. 「행정논총」, 22(2): 2139-2154.

유금록. (1995). 공공선택론과 한국행정에 대한 함의. 「한국사회와 행정연구」, 6: 121-139.

윤홍근. (1994). 헌법원리의 정치적 정당화에 관한 연구 — J. 롤즈의 정의이론과 J. 뷰캐넌의 공공선택이론을 중심으로. 「한국정치연구」, 4: 303-344.

이명석. (1995). 공유재 문제의 자치적 해결 가능성. 「한국행정학보」, 29(4): 1291-1312.

이명석. (1996). 정책분석에서 게임이론의 활용: 제도분석틀의 관점에서. 「한국행정학보」, 30(2): 49-63.

이명석. (1999). 제도와 정부규모: 시정부를 중심으로. 「한국행정학보」, 33(4): 211-224.

이명석. (2002). 거버넌스의 개념화: '사회적 조정'으로서의 거버넌스. 「한국행정학보」, 36(4): 321-338.

이명석. (2006). 행정학으로서의 공공선택이론. 「한국공공선택학회 총서 시리즈 I: 공공선택의 이론과 응용」, 141-166.

이성로. (2003). 도농통합이 주민의 정치적 행태에 미친 영향 — 공공선택이론의 시각에서. 「한국행정학보」, 37(1): 165-182, 324.

이종범. (1977). 행정학의 토착화에 관한 논거. 「한국행정학보」, 11: 198-223.

이종범. (2006). "서론". 「한국행정학 50년」. 서울: 한국행정학회.

임연기. (1995). 공공선택이론의 의의와 교육정책적 함의. 「교육행정학연구」, 13(4): 155-172.

임의영. (1994). 행정학의 규범적 논의의 형성계기로서 왈도의 정체성 위기론에 대한 일고찰. 「한국행정학보」, 28: 21-35.

장로순. (1991). 공공선택모형서설 — 행정학에 있어서 방법론적 개체주의 — . 「사회과학연구」, 31: 25-48.

장행준. (2005). 공공정책분석에 있어서 공공선택이론의 적용에 관한 연구. 「지역발전연구」, 10(1): 255-238.

전상경. (1999). 공공선택론의 고전들(전상경, 행정과 정책, 1999). 「정부학연구」, 5(1): 228-252.

정순훈. (1992). 공공선택이론과(公共選擇理論) 경제규제법학. 「연세법학연구」, 2(1): 196-218.

정영화. (2004). 헌법상 예산제도의 개선방안 — 공공선택론에 의한 분석 —. 「세계헌법연구」, 10: 229-254.

정용덕. (2001). 한일 중앙-지방정부간 국가기능 배분에 관한 실증적 연구 — 공공선택 모형의 적용을 중심으로. 「國際地域研究」, 10(2): 1-23.

최흥석. (2008). 한국 행정학의 연구 영역에 관한 고찰: 미국 행정학과의 비교를 중심으로. 「정부학연구」, 14(1): 85-102.

Aghion, P. and Tirole, J. (1997). Formal and Real Authority in Organizations. *Journal of Political Economy*, 105(1): 1-29.

Akerlof, G. (1970). The Market for Lemons: Quality Uncertainty and the Market Mechanism. *Quarterly Journal of Economics*, 84(3): 488-500.

Alchian, A. and Demsetz, H. (1972). Production, Information Costs, and Economic Organization. *American Economic Review*, 62: 775-795.

Aoki, M. (2007). Endogenizing Institutions and Institutional Changes. *Journal of Institutional Economics*, 3: 1-31.

Arrow, K. J. (1951). *Social Choice and Individual Values*. New York: John Wiley&Sons.

Axelrod, R. (1981). The Emergence of Cooperation among Egoists. *American Political Science Review*, 75: 306-318.

Axelrod, R. (1984). *The Evolution of Cooperation*. New York: Basic Books.

Axelrod, R. and Hamilton, W. D. (1981). The Evolution of Cooperation. *Science*, 211: 1390-1396.

Baker, G., Gibbons, R. and Murphy, K. J. (1999). Informal Authority in Organizations. *Journal of Law, Economics, and Organization*, 15: 56-73.

Bendor, J., Glazer, A. and Hammond, T. (2001). Theories of Delegation. *Annual Review of Political Science*, 4: 235-269.

Bendor, J., Taylor, S. and Gallen, R. (1985). Bureaucratic Expertise versus Legislative Authority: A Model of Deception and Monitoring in Budgeting. *American Political Science Review*, 79: 1041-1060.

Bergson, A. (1938). A Reformulation of Certain Aspects of Welfare Economics. *Quarterly*

Journal of Economics, 52(7): 314-344.

Buchanan, J. M. and Tullock, G. (1962). *The Calculus of Consent*. Ann Arbor: Universit of Michigan Press.

Calvert, R. L. (1995). Rational Agents, Equilibrium, and Social Institutions. In J. Knight and I. Sened (eds), *Explaining Social Institutions*. 57-93. Ann Arbor: University of Michigan Press.

Coase, R. (1937). The Nature of the Firm. *Economica*, 4: 386-405.

Crawford, S. and Ostrom, E. (1995). A Grammar of Institutions. *American Political Science Review*, 89: 582-600.

Denzau, A. and North, D. (1994). Shared Mental Models: Ideologies and Institutions. *Kyklos*, 47: 3-31.

Dixit, A. (2002). Incentives and Organizations in the Public Sector: An Interpretative Revie. J*ournal of Human Resources*, 37(4): 696-727.

Epstein, D. and O'Hallorn, S. (1999). *Delegating Powers*. Cambridge: Cambridge University Press.

Gibbons, R. (2003). Team Theory, Garbage Cans and Real Organizations: some History and Prospects of Economic research on Decision-Making in Organizations. *Industrial and Corporate Change*, 12:(4): 753-787.

Greif, A. (2006). Institutions and the Path to the Modern Economy: Lessons from Medieval Trade. New York: Cambridge University Press.

Hamilton, A., Madison, J. and Jay, J. (1987). *The Federalist Papers*. Penguin Books. (reprint)

Holmstrom, B. (1982). Moral Hazard in Teams. *Bell Journal of Economics*, 13: 324-340.

Hurwicz, L. (1987). Inventing New Institutions: The Design Perspective. *American Journal of Agricultural Economics*, 69(2): 395-402.

Hurwicz, L. (1993). Toward a Framework for Analyzing Institutions and Institutional Change. In Samuel Bowles, Herbert Gintis, and Bo Gustafsson (eds.) *Markets and Democracy: Participation, Accountability, and Efficiency*, 51-67. Cambridge University Press.

Kreps, D. (1990). Corporate Culture and Economic Theory. in J. Alt and K. Shepsle (eds) *Perspectives on Positive Political Economy*. Cambridge University Press.

Krueger, A. (1974). The Political Economy of the Rent-Seeking Society. *American Economic Review*, 64: 291-303.

McCubbins, M. D., Molls, R. and Weingast, B. R. (1987). Administrative Procedures as Instruments of Political Control. Journal of Law, Economics, and Organization, 3:

243-277.

McCubbins, M. D. and Schwarts, T. (1984). Congressional Oversight Overlooked: Police Patrols versus Fire Alarms. *American Journal of Political Science*, 28: 165-179.

Milgrom, P. and Robert, J. (1988). An Economic Approach to Influence Activities in Organization. *American Journal of Sociology*, 94: 154-179.

Milgrom, P. and Robert, J. (1992). *Economics, Organization and Management*. Prentice Hall.

Miller, G. (2000). Above Politics: Credible Commitment and Efficiency in the Design of Public Agencies. *Journal of Public Administration Research and Theory*, 10: 289-328.

Miller, G. and Moe, T. (1983). Bureaucrats, Legislators, and the Size of Government. *American Political Science Review*, 77: 297-322.

Mueller, D. (2003). Public Choice Ⅲ. Cambridge University Press.

Olson, Mancur. 1982. *The Rise and Decline of Nations: Economic Growth, Stagflation, and Social Rigidity*. New Heaven: Yale University Press.

Ostrom, E. (1990). *Governing the Commons: The Evolution of Institutions for Collective Action*. New York: Cambridge University Press.

Ostrom, E. (1992). Crafting Institutions for Self-Governing Irrigation Systems. San Francisco: ICS Press.

Ostrom, E. (2000). Collective Action and the Evolution of Social Norms. *Journal of Economic Perspectives*, 14(3): 137-158.

Ostrom, E. (2005). *Understanding Institutional Diversity*. Princeton: Princeton University Press.

Ostrom, V. (1973). *The Intellectual Crisis in American Public Administration*. Tuscaloosa: University of Alabama Press.

Ostrom, V. (1980). Artisanship and Artifacts. *Public Administration Review*, 40(4): 309-317.

Ostrom, V., Tiebout, C.M. and Warren, R. (1961). The Organization of Government in Metropolitan Areas: A Theoretical Inquiry. *American Political Science Review*, 55: 831-842.

Rotemberg, J. (1994). Power in Profit-Maximizing Organizations. *Journal of Economics and Management Strategy*, 2: 165-198.

Samuelson, P. A. (1947). *Foundations of Economic Analysis*. Cambridge: Harvard University Press.

Shepsle, K. A. and Weingast, B. (1987). The Institutional Foundations of Committee Power. *American Political Science Review*, 81: 86-108.

Simon, H. (1947). *Administrative Behavior: A Study of Decision-Making Processes in*

Administrative Organizations. New York: Macmillan.

Simon, H. (1951). A Formal Theory of Employment Relationship. *Econometrica*, 19: 293-305.

Skaperdas, S. (1992). Cooperation, Conflict, and Power in the Absence of Property Rights. *American Economic Review*, 82: 720-739.

Spence, A. M. (1973). Job Market Signaling. *Quarterly Journal of Economics*, 83: 355-377.

Stiglitz, J. E. (2000). The Contributions of the Economics of Information to Twentieth Century Economics. *Quarterly Journal of Economics*, 115(4): 1441-1478.

Tirole, J. (1986). Hierarchies and Bureaucracies: On the Role of Collusion in Organizations. *Journal of Law, Economics, and Organization*, 2: 181-214.

Tullock, G. (1967). The Welfare Costs of Tariffs, Monopolies and Theft. *Western Economic Journal*, 5: 224-232.

Weingast, B. R. and Marchall, W. (1988). The Industrial Organization of Congress: or Why Legislatures Like Firms, are not Organized as Markets. *Journal of Political Economy*, 96: 132-163.

Whitford, A. (2006). Incentives and Tournaments in Public Organizations. Working Paper: University of Georgia.

Williamson, O. (1985). *The Economic Institutions and Capitalism: Firms, Markets, Relational Contracting*. New York: The Free Press.

Young, H. P. (1993). The Evolution of Conventions. *Econometrica*, 61: 57-84.

Young, H. P. (1998). *Individual Strategy and Social Structure: An Evolutionary Theory of Institutions*. Princeton University Press.

11장 집합행동의 딜레마: 참여의 진화적 관점

이 경 원

Ⅰ. 문제의 제기

1. 집합행동의 딜레마

민주주의에 있어 공익은 사회구성원들 개인 이익의 합으로 간주한다. 이러한 공익관은 개인의 미시적 행동에 공익 결정의 근거를 찾는 방법론적 개인주의와 다른 구성원의 동의(협동)에 바탕을 두고 있다. 그러나 이러한 자유민주주의적 공익관은 심각한 문제를 안고 있다. 예를 들어 대의명분이 확실한 소위 '밝은 사회'의 건설에 사회구성원들의 자발적인 참여를 기대하기가 쉽지 않다는 것이다. 즉 밝은 사회의 건설과 개별적 참여 동기가 일치하지 않는 현상이 나타난다. 집합행동의 문제는 합리성에 바탕을 둔 개인의 이익추구행동이 집단이익의 관점에서 보았을 때 의도하지 않은 불합리한 결과를 초래하게 되는 경우에 발생한다. 결과적으로 집합행동의 문제는 합리적인 자기이익 추구의 행동이 파레토 열위(Pareto-inferior)의 결과로 이어지는 상황과 관련이 있다.

자유민주주의에서 각 개인은 그들의 이익을 무제약적으로 극대화 하고자 하는 합리적 경제인(호모 에코노미쿠스)을 가정한다. 그러나 개인 이익의 합이 모두의 이익(공익)으로 귀결될 수 없는 딜레마의 상황에 봉착하게 된다. 이러한 상황을 가장 잘 표현한 것이 죄수의 딜레마(Prisoner's Dilemma: PD)게임이며, 그 문제의 중심에는 항상 무임승차(free-riding)와 공공재(public good)의 문제가 있다. 집합행동의 논리에 따르자면(Olson 1965; Hardin, 1968) 사회의 구성

* 이 글은 2008년 한국행정학회 하계학술대회 발표 논문 "집합행동의 딜레마: 참여의 진화적 관점"을 수정 및 보완한 것이다.

원이 그들의 기여에 상관없이 혜택을 받을 수 있다면 공동선(이익)의 달성은 기대할 수 없게 된다. 즉 사회적 기대수준의 공공재 공급이 어려워진다는 의미이다.

집합행동의 문제는 이론적 문제이자 동시에 실질적인 문제이기도 하다(이명석, 1995; 2004).[1] 그렇다면 어떻게 사람들 사이에 협동 또는 참여가 이루어질 수 있는가. 이는 사람들 사이에 자발적 협동(E. Ostrom, 1990)을 통한 참여나 또는 정부정책과 같은 제3자의 간섭이나 규제를 통한 방식으로 해결이 가능할 수 있다(Taylor, 1990). 그 밖에 경제학, 사회심리학, 생물학 등과 같은 다양한 학문의 범주에서 협동적 행동의 (불)가능성이 논의되는 만큼 그 해법 역시 관점에 따라 차이가 있다. 그럼에도 그러한 질문에 보편적인 해답이 있다면, 먼저 사람들은 자발적으로 집합행동에 참여하지 않으리라는 것이며, 만약에 참여한다면 이는 인간의 본성 또는 집단의 생성, 유지와 관련하여 대안적 설명을 필요로 한다.

실제로 인간은 선사시대 이래로 생존을 위해 용이주도한 자기이익의 추구나 또는 자기방어를 위한 협동적 차원의 집합행동을 실천해 왔다. 혈연집단이 대표적인 예다. 혈족 내에 존재하는 누군가에 의한 이타적 협동행위의 존재는 상호부조의 호혜성(reciprocity)을 인식시키고 이를 통해 종족의 생존 능력을 높혀 왔다(Hamilton, 1964). 그 후 인간의 정주생활 패턴이 자리를 잡고 공동체가 형성되면서 혈족 이외의 사람들 간의 관계에 있어서도 호혜성이 요구되었다. 장거리의 물물교환이 이루어지고 공동체의 공동자산의 관리 필요성이 대두되면서 이들의 보호를 통한 상호 혜택을 위해서 호혜성의 원칙은 필수적이었다(Trivers, 1971). 진화적 관점의 심리학자들은 인간들이 호혜성의 규범이나 사회적인 규칙의 습득을 통해 집합행동으로부터 보상을 제고할 수 있는 능력을 진행시켜 왔음을 보여주고 있다.

참여에 관한 행정학의 연구는 규범적 차원에서의 중요성과 제도적 측면의 가능성을 중심으로 다루어져 왔다(한상일, 2003). 그 밖에 참여의 방식과 그의 유용성(유재원, 2000; 유재원 외, 2005; 박희봉, 2006), 개인의 귀인적 특성(곽현근,

1) 집합행동의 문제는 학회 운영과 같은 조직관리의 문제, 공해문제, 공동목장과 어족자원의 보전과 같은 공유재(common pool resources)의 문제, 범죄예방과 같은 사회문제 더 나아가 국가간의 분쟁과 같은 문제에서도 발견된다. 이는 정치란 집합행동의 딜레마를 극복하는 방법을 모색하는 것이라는 주장에 설득력을 더한다(Elster, 1976).

2005, 2008)에 따른 몇몇 경험적 연구가 있어 왔을 뿐이다. 참여의 주체에 관한 가정은 대체로 주어진 것으로 간주한다. 민주주의나 거버넌스의 관점에서 참여는 필요한 전제이며 당위적 조건으로 이해되어 왔다. 반면 인간의 본성에 따른 행동이나 주어진 여건에 적응하고자 하는 과정에 대해서는 관심을 기울이지 못하였다. 참여의 주체가 처한 문화적 맥락이 도외시되어 왔음을 의미한다. 보다 구체적으로 인간 본성의 다양한 가정과 상호작용에 따른 참여의 결정이나 인간 행동의 유전적 요소와 문화적 환경으로부터의 전수에 따른 행위의 분석 등은 이루어지지 못하였다.

2. 공공재(협동)의 문화진화적 접근

한국행정연구의 성찰을 통해 정체성을 확립하려는 노력들이 행정학 도입 반세기에 맞춰 활발하게 이루어지고 있다. 이는 행정의 개념에 대한 논의는 물론 이론적 시도와 접근 그리고 방법론에 이르기까지 폭넓은 개관을 통해 이루어지고 있다(백완기, 2003; 박종민, 2006). 이러한 시도의 특징적 현상 가운데 하나는 행정이론의 토착화에 대한 요구이다.[2] 비록 이론이 추구하는 보편타당한 일반법칙의 추구를 감안하더라도 정체성 위기의 일단은 한국의 행정현상에 대한 체계적인 설명이 부족하다는 것이다. 이러한 문제의 배경에 그간 심화되어 온 행정학의 이론 구축 노력과 처방적 연구간 불균형의 문제가 있다. 다시 말해 우리 행정현상의 설명을 위한 자료의 축적보다 행정을 둘러싼 정치, 경제적 환경의 변화에 따라 행정개혁의 미명하에 앞선 나라의 제도와 관행 그리고 행정문화의 도입을 처방하는데 더 많은 관심을 기울여 왔다는 것이다(박종민, 2006: 55; 임도빈, 본서 8장).

정체성의 논란을 극복하고 한국적 행정이론을 구성하기 위한 개념 형성의 중심에 공공성이 있다(임의영, 2003; 소영진, 2003). 행정(학)의 위기는 공공성 연구의 위기를 반증한다. 공공성의 범주는 참여자들에 의해 인식되고 반응하는

2) 그간 행정학의 토착화에 대한 강조와 주문은 꾸준하게 이루어져 왔다(박동서, 1967; 강신택, 1971, 2005; 이종범, 1977; 1979; 백완기, 1987; 안병영, 1979; 김광웅, 1979; kapa@포럼 111-112호 등). 그럼에도 뚜렷한 진전을 보지 못하는 이유로 한국행정의 이론 구성을 위한 필요조건으로 개념 형성의 토착화 문제를 지적하기도 한다(박종민, 2006: 53-54). 이는 한국행정의 이론화를 위한 구성 개념들이 우리의 행정현실을 제대로 반영하고 있는지의 평가가 선행되어야 한다는 의미이기도 하다.

상호작용 관계 그리고 상호의존성을 기초로 한다(V. Ostrom, 1980). 따라서 개인들의 상호작용 방식을 통해 공공성의 개념을 이해하고 이를 통해 제도와 질서의 가능한 역할을 모색하는 것은 행정이론 구성의 중요한 과제가 될 수 있다.

공공성의 개념은 행정이론 구성의 근거이자 위기극복의 대상이 된다. 시대적 변화에 따라 의사결정의 주체는 정부, 시장 또는 시민사회간 중심이동을 경험해왔다. 아울러 그들 간의 네트워크와 조정기제로서 뉴거버넌스(이명석, 2002; 유재원 외, 2005)의 출현에 관심이 모아지기도 한다. 그럼에도 지배적인 정책결정체제의 전환과 무관하게 사회적 제도와 질서의 필요성은 상존하고 있으며 이는 공공성의 범주를 구성한다. 결과적으로 행정학의 위기에 대한 스스로의 처방은 공공성을 중심으로 한 이론의 형성이라 할 수 있다(정무권 · 한상일, 본서 2장). 공공성의 보다 구체적인 개념으로 공공재를 들 수 있으며 이는 사회구성원들간의 질서나 규범과 같은 상호작용과 협동을 통한 공익추구 활동을 포함한다(안도경, 본서 10장). 문화진화적 접근에서 보면 협동과 같은 공공재적 성질의 행동규칙 또는 패턴은 개개인들 행동의 상호작용과 조정의 결과로서 생겨난다. 따라서 협동과 같은 사회적 규범으로서 공공성의 범주와 개념은 문화적 및 사회적 맥락과 분리해서 설명할 수 없다. 그 역시 진화과정을 통해 형성된 경험과 지식의 산물이기 때문이다.[3)]

문화적 진화는 개인의 경험과 학습결과가 행동규칙으로 축적되어 나타나는 문화적 학습과정으로 볼 수 있다. 경험의 형태로 농축된 사회구성원들의 학습과정은 경험축적으로 이어져 종국적으로 세대 간에 전수되는 명백한 정보와 우월성이 입증된 제도의 형태로 구현된다(Hayek, 1991). 이 과정에서 제도로 공급되는 정보와 지식은 대부분 진화과정의 엄격한 검증을 통해 그 가치를 인정받게 된다. 이러한 의미에서 제도는 개인간 경험과 지식의 축적으로 작용한다. 결과적으로 인간사회의 진화는 사회, 문화적 상황 또는 제도의 형성 및 발달과 관련이 있으며, 때로는 왜 의도하지 않은 규칙이나 제도의 진화가 사회 전체적으로 유지되는가 하는 의문을 던지기도 한다.

이 글은 협동의 가능성을 중심으로 집합행동의 문제를 다룬다. 먼저 집합

---

3) 특히 호혜적 관계에 따른 진화과정의 전개는 정치현상의 경제학적 분석으로 일컬어지는 전통적인 공공선택론의 주제 범위를 확장한다. 협동의 가능성과 제도의 출현, 그리고 거버넌스와 같은 새로운 형태의 정부, 정책과정에서 참여자들의 관계를 다루는 형식이론들, 그리고 조직의 협동, 관리, 문화와 같은 조직경제학의 제 문제는 공공선택론적 입장의 또 다른 부분을 구성한다(안도경, 본서 10장).

행동에 있어 협동의 가능성을 부정하는 (방법론적) 개인주의논리가 있다. 합리성에 바탕을 두고 자기이익(self-interest)의 극대화를 추구하는 개인은 집합행동의 기초가 된다. 이는 개인이익과 집단이익이 일치하지 않는 딜레마 상황으로 이어지며 많은 정책문제의 발단이 된다. 다음으로 신고전주의 경제학의 호모 에코노미쿠스에 대한 가정과 한계 그리고 제도의 출현에 대해 논의한다. 여기서 반복적인 상호작용에 따른 학습과정과 호혜성의 원칙 그리고 현저한 대안의 출현 등은 관심의 대상이 된다. 이는 문제의 접근에 있어 진화적 관점의 유용성을 시사한다. 마지막으로 우리의 문화심리적 맥락과의 관련성이다. 한국의 대표적인 문화심리적 특성인 '우리성'에서 보여지는 참여동기와 그의 함의에 대해 살펴볼 필요가 있다. 이에는 개인행동의 방향을 예측하고 이해하기 위한 '자기(self)'에 대한 개념적 이해가 요구된다. 우리의 문화 맥락적 특성은 사람들로 하여금 공공문제에의 참여와 협동에 보다 긍정적 또는 부정적으로 작용한다는 가정을 할 수 있다. 이는 공공성에 대한 사람들의 인식을 이해하는데 시사점을 줄 수 있을 것이다. 이러한 논지는 인간의 본성에 대한 가정, 우리사회에 끊임없이 발생하는 집합행동과 그의 딜레마, 정부의 개입을 포함한 다양한 해결책의 모색, 그리고 구성원으로 하여금 집합행동에의 자발적 참여를 가능케 하는 문화진화적 진단과 관련이 있다.

Ⅱ. 호모 에코노미쿠스, 호모 레시프로칸스, 제도

1. 호모 에코노미쿠스: 집합행동의 딜레마

호모 에코노미쿠스(homo economicus)는 합리적 경제인간을 말한다. 최소의 비용으로 최대의 효과를 추구하는 인간의 경제적 본성을 도구주의적 합리성의 관점에서 정형화한 모형이다(박정순, 1998). 아담 스미스의 고전주의 경제학에 그 합리성이 규정되었고, 산업혁명을 거쳐 자본주의가 자리를 잡으면서 호모 에코노미쿠스의 합리성은 신고전주의 경제학의 핵심가정으로 현대 주류경제학의 토대를 마련하였다. 그는 주어진 자원의 범위 내에서 일관된 선호(preference)를 통해 가능한 대안들과 그 결과에 대해 완전한 정보와 계산능력을 동원하여 자기이익 또는 효용(utility)의 극대화를 합리적으로 추구하는 경제 주체이다(Etzioni,

1988: 140).

집합행동에 있어 협동의 불가능을 제기한 Olson(1965)의 주장은 비교적 간단하다. 합리적인 인간이라면 대집단(large group)에 있어 공동의 이익을 위해 협동할 아무런 인센티브가 없다는 것이다. 완전경쟁시장을 가정했을 경우 동일한 이해관계를 가진 대규모 조직의 구성원을 위해 로비를 부담한다는 것은 합리적인 행위가 아니다. 왜냐하면 비용이 기대수익을 초과하기 때문이다. 더구나 합리적인 인간이라면 그러한 조직은 구성원 한사람이 기여(contribution)를 철회한다 하여도 그 차이를 인식하지 못할 것이라는 것도 안다. 더 나아가 집단 활동에 의한 수익은 집합재(collective goods)의 성격을 갖기에 혜택에 따른 배제가 불가능하다(Olson 1965: 11-14). 결국 무임승차의 문제가 발생한다. 모든 사람들이 같은 생각을 하기에 공공재의 생산에 자발적인 기여를 기대하기란 쉽지 않다. 협동을 유인하기 위해 뭔가 강제적이거나 부가적인 혜택을 제공할 필요가 생긴다.[4)]

문제의 내용은 고전적인 PD게임에서 잘 나타난다. 합리적이고 자기이익의 극대화를 추구하는 참여자들은 상호간에 협동에 이르지 못하게 된다. 그렇다고 해서 상호간 갈등의 정도를 알 수 있는 것도 아니다. 이러한 게임의 중요한 측면은 서로 협동적이지도 못하고 의사소통이 없다는 것이다. 즉 서로가 무엇을 원하는지를 확인할 방법이 없다. 또한 서로 간의 약속(commitment)을 담보할 어떠한 외부적 기제도 없다(Rasmusen 1994: 18).[5)] 그러므로 이 모형은 불신의 장벽 또는 이러한 현실을 낳는 시스템 내 개인의 무력함을 보여준다.

그러나 PD게임의 유용성은 게임의 반복을 통해 드러난다. 즉 반복적인 게임을 통해 이기적인 참여자들이 자발적으로 협동하는 방법을 터득하게 된다(E. Ostrom, 2000). 반복게임은 여러 가지 형태로 이루어질 수 있는데, 그 가운데 단계게임(stage game)의 반복되는 횟수를 미리 정해 놓고 하는 경우를 들 수 있다. 이 경우에 모든 단계게임에서 배신(defect)을 하는 것이 정답(최적)이

4) 소집단(small group)의 경우 사정은 다르다. 이 경우 집단에 대한 한 개인의 기여는 다른 멤버에 의해 확인과 구별이 가능하다. 따라서 기여는 비용 대비 그만한 가치가 있다. 규모가 중간인 집단(intermediate group)인 경우 개인이 집합행동에 참여할 어떠한 인센티브는 없는 반면 동시에 그들의 기여는 집단의 다른 구성원들에 의해 확인이 되는 정도의 집단이다. 이러한 경우 공공재가 제공될 수도 그렇지 않을 수도 있다.

5) 다시 말해 PD 게임 자체가 극도의 제한된 구조를 가지고 있다. 특히 참여자들은 과거의 인연이 없으며 앞으로도 관계를 가질 가능성이 극히 낮아 목전의 이익이 선택의 근거가 된다. 따라서 어떤 형태의 연대감이나 공통 규범에 의해 영향을 받을 일이 없다.

다.[6] 이러한 결론은 우리의 일상적인 경험과는 거리가 있다. 무엇보다 몇 회의 게임이 지속될지 모르는 경우가 대부분이다. 예를 들어 단골고객이 언제까지 우리 가게를 찾아줄지 등을 미리 알기란 어렵다. 이에 관한 대표적 실험(Axelrod, 1984)의 결과는 딜레마를 극복할 수 있는 가능성을 시사한다. PD게임의 단계게임을 100여회 반복하는 게임의 전략들 가운데 여러 복잡한 전략들을 제치고 단순한 '맞대응전략(tit-for-tat: TFT)'이 가장 효과적으로 판명이 되었다. 이 상황은 진화론에서 여러 개체가 생존확률과 번식을 극대화하기 위하여 경쟁하는 것과 비슷하다. 이 전략은 처음에는 협조하고, 다음부터 상대방이 직전 단계게임에서 선택한 전략을 따라 하는 것이다. 따라서 TFT는 어리석지 않으면서 현실적인 전략이라 할 수 있다. 양측이 모두 이 전략을 사용한다면 반복게임 내내{협조, 협조}라는 최선의 결과가 얻어진다.

여기서 논의의 초점은 어떤 것이 협동적인 행동인지 규정하는 것이 아니라, 이기적 개인으로 하여금 협동적 행동(참여)을 하도록 하는 논리적 근거가 무엇인지에 있다. TFT 전략은 진화생물학의 적자(適者)의 개념에 부합한다(왕규호 외, 2004: 66). 적자가 반드시 힘이 가장 세거나 기회주의적인 자는 아니다. 오히려 TFT 전략에서 보듯이 적자는 자기이익의 목적을 충족시키기 위해 타인과 잘 협동하는 자라 할 수 있다. 다시 말해 이타적 또는 협동적 행동은 주어진 상황 하에서 이기심을 최대한 충족시키기 위해 필요한 합리적인 행위라는 것이다. 모든 게임 참여자가 TFT 전략을 사용하면 사회적으로 가장 바람직한 결과 즉 후생의 극대화를 가져올 수 있다. 즉 이타적 또는 협동적 행동이 경제적 합리성과 상통하게 된다.

반복적인 게임이 진행됨에 따라 점차 서로의 성격과 행동 패턴을 파악하게 되어(학습, 감시효과) 정보비대칭이 해소되고, 반복게임으로 인하여 상대의 배신을 응징하고 상대의 협조에 상응할 수 있는 길이 열려서(동기부여효과) 서로 기회주의적인 행동을 자제하게 되어 최적의 의사결정이 이루어진다(김정동, 2006). 다시 말해, 장기적 관점에서 불신에 따른 거래비용적 요인의 영향이 해소되어 보다 효율적인 결정(보다 완전경쟁시장)에 이를 수 있게 된다. 거래관계가 장기적으로 지속되면 이기적인 개인이 자발적으로 타인과 협조하게 된다는

6) 여기서 마지막 단계에서는 최적의 선택이 배신이고, 그렇다면 마지막에서 둘째 단계에서도 배신 이외의 다른 선택을 할 이유가 없다. 이러한 후진귀납법(backward induction)논리를 계속하면 결국 모든 단계게임에서 배신하는 괴로운 선택을 계속해야 한다는 결론에 도달한다.

것이 반복게임 모형의 가장 중요한 시사점이다. 즉 협동심이나 이타심은 이기심에서 진화되어 나온다는 것이다. 다시 말해 자기이익 추구의 개인이 직면한 딜레마적인 상황도 반복거래가 이루어진다면 협동적, 이타적 개인[7]의 출현으로 극복되어질 수 있게 된다.

2. 호모 레시프로칸스: 호혜적 진화

호모 에코노미쿠스에 대한 체계적인 대안은 합리성의 불완전학파(the imperfect school)와 확장학파(the extended school)에서 찾을 수 있다(박정순, 2003: 214-218). 전자는 호모 에코노미쿠스의 확실성하에서의 완전한 정보 획득을 통한 자기이익 극대화 가정에 대한 비판으로 이는 시장에 적용될 수 없는 비현실적 기준이라는 것이다. 또한 불완전한 합리성을 상정하는 것이 완전한 합리성을 가정하는 신고전주의학파보다 더 현실적이라는 것이다. 확장학파는 인간의 동기와 합리성이 자기이익의 극대화만이 아니라고 보고 호모 에코노미쿠스의 동기와 합리성의 개념을 확장한다. 확장의 영역에 포함되는 것은 사회적 규범과 제도, 관습, 감정, 이타주의, 도덕적 동기의 내면화, 공약(commitment)과 헌신 그리고 공동체적 결속감 등 매우 다양하다. 또한 보다 포괄적인 새로운 인간관이 제시되고 있는데, 자기이익과 이타주의가 상호 인접하는 사회생물학적 관점의 호혜적 이기주의 또는 이타주의도 확장학파의 입장과 관련성을 갖는다.[8]

먼저 PD게임이 갖는 내쉬 균형상의 문제점[9]을 극복하기 위해 보다 제한된 합리성에 기초한 인간을 가정한다. 따라서 동일한 상황의 게임을 반복적으로 실행해 나가면서 참가자들이 학습과정을 통해 전략을 수정해 나갈 수 있다. 전략의 반복적인 수정을 통해 다른 참가자와 상관없이 안정적인 전략, 즉 자신

---

7) 이는 적응과 자연선택에 바탕을 둔 적자생존의 진화론적 관점과는 일견 배치되는 주장이기도 하다. 즉 개체는 환경에 대하여 적응성을 높혀가며 진화되어 왔으며 상대적으로 이기적인 개체가 보통의 개체보다 적응도가 높다는 것이다. 이는 적응주의 진화의 기제는 이기성의 정도이며, 선택의 단위는 개체 차원에서 이루어진다는 것이다(최종덕, 2004).

8) 그 밖에도 호모 에코노미쿠스의 합리성을 인정하되 공평성(fairness)의 조건 하에서 인정하는 보다 고차원적인 합당성(the reasonable)의 제약(Rawls, 1985)과 자기이익의 제한적 극대화를 통해 종국적으로는 자신의 이익을 증진시킬수 있는 더 많은 기회를 갖는다는 호모 모랄리스(homo moralius)적인 입장(Gauthier, 1986)이 있다.

9) PD게임은 내쉬 균형이 파레토 최적이 아닐 수도 있다는 것을 보여주는 대표적인 경우다. 이는 게임이론이 인간의 완전한 합리성에 기반을 두고 있기 때문이기도 하다.

의 우월한 장기균형점에 도달하는데 이를 '진화적 안정전략'(evolutionary stable strategy)으로 정의한다(Maynard, 1991). 진화적 게임이론은 다윈으로 거슬러 올라간다. 즉 자연선택에 바탕을 둔 성공적 생존전략의 원리가 진화적 게임 및 안정전략의 개념적 효시가 되었다(김종한, 2005). 전통적인 게임이론과 구별하여 진화론적 게임이론에서는 경기자들이 의도적으로 전략을 선택하는 것이 아니라, 자신의 유전자에 포함되어 있는 특정전략을 아무런 생각없이 본능적으로 사용한다고 본다. 대신 전통적인 게임이론에서 의도적으로 전략을 선택하는 것을 다윈의 적자생존(the fittest survival)으로 대체하고 있다(김종한, 2000: 105-112).[10] 실제로 진화론적 게임이론에서 경기자는 오로지 자신의 유전자에 들어있는 전략만을 사용하는 무척 비합리적인 존재이다. 그러나 적자생존과정을 거쳐 안정적인 상태에 이르면, 각 전략을 사용하는 경기자들의 비율이 절묘한 조화를 이루어 마치 합리적인 경기자들이 의도적으로 전략을 선택한 경우와 동일한 결과를 낳게 된다. 특히 진화적 게임의 결과로서 나타난 호모 레시프로칸스(homo reciprocans)라는 새로운 인간유형이 집합행동에의 참여 동기에 대한 분석에 있어 대안적 방법의 미시적 토대를 제공할 수 있다(김애경, 2005: 132-137).

한 사회 혹은 공동체가 형성·유지되는 과정에서 어떠한 경우에 사람들이 이기적으로 또는 상호협력하면서 행동하는가를 몇 가지 진화적 게임모델의 분석을 통해 확인할 수 있다.[11] 이들 진화적 게임의 결과는 인간 행동의 합리적이고 호모 에코노미쿠스(homo economicus)적인 가정에 문제를 제기하고 있다. 실험에서 나타난 개인들은 합리적이고 이기적이라기보다 서로의 관계 속에서 공정함(fairness)이라는 기준을 갖고 이 기준에 어긋나는 사회구성원들을 징벌하는 사람들이다. 즉 실험에 참가한 사람들 사이에는 공동체의 유지를 위해 자신을 희생하더라도 반사회적인 사람들을 적발, 징벌해 나가는 것이 발견되었다. 보울스와 긴티스(Bowles and Gintis, 2002a, 2002b)는 인간의 이러한 성향을 호혜적 인간, 호모 레시프로칸스라 부른다.[12] 호모 에코노미쿠스를 대체하는 호모

---

10) 적자생존이란 환경에 잘 적응하는 종(species)은 그 수가 번성하는 반면, 잘 적응하지 못하는 종은 점점 그 수가 줄어드는 과정이다. 이에 따라 경기 상대방이 사용하는 전략에 최적대응이 되지 못하는 전략을 사용하는 경기자의 비율은 점점 감소할 것이다. 적자생존과정의 결과로 도달하는 안정된 상태가 균형이 된다(왕규호 외, 2004: 64-66).

11) 대표적인 것으로 최후통첩 게임(ultimatum game)과 그 변형인 독재자 게임(dictator game), 무차별 게임(impunity game), 공공재 게임(public goods game) 등이 있다. 이들의 자세한 내용은 오스본(Osborne, 2004) 참조.

12) 여기서 호혜적 인간이란 (1) 상대방을 도울 줄 알며, (2) 상대방이 규범으로부터 이탈했을

레시프로칸스의 존재,[13] 즉 단기적 자기이익만을 추구하는 합리적 경제주체에 머물지 않고 협력과 공정함까지도 동시에 추구하는 이러한 존재는 집합행동의 형성과 진화를 설명하는 중요한 요소라 볼 수 있다. 이는 개인적 동기에 의해 행동하는 호모 에코노미쿠스와는 달리 개인적 동기와 사회적 동기가 공존하기 때문에 가능하다고 볼 수 있다.[14]

진화적 관점의 심리학, 경제학, 생물학 그리고 게임이론에 따르면 인간들은 습득한 규범이나 규칙을 효과적으로 적용하고 자기발견적인 학습과정을 진행시킬 수 있다(E. Ostrom, 1998: 10). 인간들은 일을 처리하는데 있어 특정한 인지 구조를 진화시켜 왔다. 이에는 사회적 딜레마의 상황에서 상호작용을 통해 얻을 수 있는 장기적 관점의 수익 증대도 포함되어 있다. 인간들은 호혜성의 규범을 학습할 수 있는 능력을 물려받았고 이를 통해 여러 형태의 사회적 딜레마 상황에서 생존과 이익 창출의 기회를 확대시켜 왔다. 호혜성이라 함은 사람들은 그들의 애초의 협동적 행동에 대해 상대방이 긍정적인 반응이 있는 경우 역시 긍정적인 반응(협동)을 보이고, 반대로 즉 신뢰를 저버리는 경우 제재를 가한다는 것이다. 이는 대부분의 사회에서 볼 수 있는 보편적인 규범체계이기도 하다(Becker, 1990; Blau, 1964).

진화적 관점에서 가장 잘 알려진 호혜성의 전략으로 TFT가 있다. 특히 반복적 과정이 충분히 진행되는 경우에 이러한 전략이 성공하여 협동의 가능성이 높아지게 된다. 이와 관련 자발적 참여의 기제로서 사회적 자본(social capital)의 역할이 제기되기도 한다. 집합행동의 문제에 직면했을 경우 자발적 순응

때 이를 응징하는 성향을 가진 사람을 지칭한다. 이는 앞서 살펴본 게임의 반복에 따른 호혜성의 성립과는 구별을 요한다(최정규, 2004: 236). 즉 호혜적 인간이라고 할 때에는 게임이 반복되지 않은 상황에서도 위의 성향을 보여주는 경우를 의미한다. 이를 강한 호혜성(strong reciprocity)이라 부르기도 한다(Bowles and Gintis, 2000). 강한 호혜성이란 상대방을 돕고 공정하지 않은 것에 대해 응징하는 성향이다.

13) 실험결과에 따른 호모 레시프로칸스는 강한 상호성을 모델화한 것으로 볼 수 있다. 사람들은 친 사회적 행위 형태들 속에서 협력하고 처벌하는 경향이 있고 분배적 결과뿐만 아니라 그들 동료들의 의도에 대해서도 고려한다는 것이 실험의 중요한 결과이다. 전략적 상호행위에서 확인되는 상호성의 중요성은 현실 삶의 많은 형태 속에서도 보편적으로 나타난다. 이러한 상호성은 Axelrod의 반복되는 PD게임의 결과인 TFT에서 잘 나타난다. 그러나 그의 실험에서 확인되는 상호성은 호모 에코노미쿠스와 차이가 나지 않는 '강화된 자기 이해'를 의미한다는 것이다(Bowles and Gintis, 1997).

14) 진화적 게임의 실험에서 확인되는 호모 레시프로칸스는 친사회적 행위에 대한 확고한 기초를 제공한다. 실험에 참가한 사람들은 공동체 형성을 위해서는 자신을 희생해서라도 반사회적인 태도를 가진 사람들을 찾아내 징벌하는 경향이 있다.

(협동)의 형성을 목격할 수 있으며 이는 사회적 자본의 개념으로 설명되어진다(Putnam, 1993). 사회적 자본은 개인으로 하여금 집합행동에의 참여를 유도하는 사회적 관계의 축적으로 볼 수 있다(김상준, 2004). 집합행동 문제의 자발적 해결 가능성은 한 사회가 축적해온 사회적 자본의 정도와 밀접한 관련이 있음을 시사한다. 그간의 주장은 사회적 자본의 핵심 요소인 신뢰의 제고를 통해 자발적 협동을 이끌어내고 이는 궁극적으로 사회 통합 및 경제 발전에 기여한다는 것이다(Coleman, 1990; Putnam, 1993; Fukuyama, 1995; 이재혁, 1996; 1998; Knack and Keeper, 1997; Uslaner, 2003; 김상준, 2004).[15)]한편 우리사회에 있어 신뢰사회의 형성을 위한 시민참여와 제도(국가) 간의 역할에 관한 비교 분석은 후자의 중요성을 보다 강조하고 있으며(박종민 · 김왕식, 2006: 박병진, 2007),[16)]소위 '좋은' 자본과 '나쁜' 자본 구분의 타당성을 확인시키기도 한다. 이러한 결과는 또한 우리사회에 있어 자발적 단체에의 참여와 관계망에 의존함으로서 신뢰를 형성하고, 이를 통해 공공 문제의 해결을 시도하기보다는 국가나 시장과 같은 공적 신뢰의 제고를 통하는 것이 보다 효과적이라는 것을 보여준다.

3. 제도의 출현

1) 사회계약적 관점

딜레마의 해결은 궁극적으로 제도의 형성 및 변화와 관련이 있다. 이는 미시적 수준에서 개인들의 행위선택이 사회구조적 현상을 낳게 된다는 것이다(김용학, 1992: 150). 위에서 본 바와 같이 집합행동의 딜레마 상황을 타개하기 위해 하나는 제도의 자연발생적인 생성(spontaneous emergence)과 또 다른 하나는 제 3 자의 개입 또는 사회계약적 합의를 통하는 것이다. 후자는 근대국가의 출현과 관계를 갖는다. 자연상태의 무질서로부터 벗어나 협동과 상호 호혜적 관계의 사회공동체를 구성하는 일은 Hobbes를 비롯한 사회계약론자들의 관심사

15) 사회적 자본의 주요 요소인 신뢰의 형성에 영향을 주는 요인으로는 크게 사회관계적 및 제도적 관점으로 구분할 수 있다(박병진, 2007). 전자는 사회적 자본은 단체에의 자발적 참여나 사적 관계망을 통하여 주로 형성되며 이는 민주주의 발전에 중요한 요소로 작용한다는 것이며(Putnam, 1993; Coleman, 1990), 후자는 국가나 제도와 같은 공식적 기구가 사회자본 형성의 주요 원천이라는 것을 강조한다(Levi, 1998; Uslaner, 2003).

16) 이와 관련 최근 우리사회를 대상으로 신뢰 생성의 근원에 관한 경험적 연구가 활발히 이루어지고 있다(서문기, 2001; 장수찬, 2002; 박종민 외, 2006; KDI정책대학원, 2006; 김우식, 2006; 박병진, 2004, 2007 등)

였다. 무질서에 대한 Hobbes의 비관적 견해는 PD게임에서 보았듯이 구성원 개개인의 합리적인 행동의 결과가 빚어낸 것이다. Hobbes에 의하면 이러한 무질서의 자연상태로부터 벗어날 수 있는 확실한(유일한) 방법은 국가와 같은 제도를 통해 개인간의 갈등을 줄이는 것이다. 이는 주로 제재를 동반한 정부의 개입(정책)을 의미하는데, 보다 구체적으로 정치적 리더십을 통한 선택적 보상(selective incentive)의 제공이나, 신념 혹은 기대수준의 변화를 유도하여 협동에 이르게 하는 방법을 들 수 있다. 그 밖에 사유재산권의 폭넓은 채택을 통해 공공재의 영역을 줄임으로서 '공유지의 비극'을 사전에 봉쇄하는 방법이 제시된다. 규범 역시 외부적 해결의 한 접근으로 볼 수 있다(Knight, 1992).

정치인들에 의한 문제 해결의 시도는 대체로 구성원들의 선호나 신념을 바꾼다거나 그들에게 새로운 자원(새로운 기술이나 지식 등과 같은)을 주입함으로서 구성원들로 하여금 문제 해결을 보다 효과적으로 할 수 있게끔 하는 것이다(Taylor, 1990: 233-240).[17] 정치적 리더는 단지 선택적 보상을 활용하는 개혁자나 자원 배분의 역할을 담당하는 것만이 아니다. 특히 중요한 것은 구성원의 신념을 바꾸는데 있어서의 역할이다. 신념이란 공공재 자체, 상대방의 행동이나 신념에 대한 믿음을 의미한다. 대부분의 집합행동은 일정한 형태의 조건부적 협동(conditional cooperation)의 성격을 갖는다. 즉 나의 협조 여부는 상대방의 행동 여하에 달려있다. 조건부 협동은 매우 불확실한 상황을 전제로 하기 때문에 상대방의 행동에 대한 정보는 매우 중요하다. 따라서 구성원의 행동을 모니터링하는 것은 정치적 리더의 중요한 역할이 된다. 그 밖에도 협동과 관련된 호혜성의 원칙을 구성원들에게 인식시켜 기여를 이끌어내는 것도 그들의 역할이 된다.

다음으로 공공재나 공유재의 사용에 있어서 나타나는 무임승차문제의 해결 방법으로 사유재산권의 확립을 들 수 있다. 재산권은 사람들로 하여금 자원의 과도한 사용이나 저투자를 방지할 수 있는 동기부여의 한 방법이다. 이는 재산권의 확립을 통해 개인행동의 외부적 효과를 내부화함으로서 가능해진다.

---

17) 필요한 공공재의 생산을 위한 정치적 리더십이 곧 문제의 해결책은 아니다. 리더십의 발휘에 의한 공공서비스의 제공 역시 공공재적 성격을 갖기에 그를 지지한다는 것 자체도 집합행동의 문제를 낳게 된다(Taylor, 1990: 233). 즉 공공재 생산의 딜레마가 리더의 선출과 관련된 집합행동의 딜레마로 대치될 따름이다. 그리고 정치적 리더가 공공재 생산을 다짐하고 또한 선택적 보상을 제공함으로서 지지를 얻게 된다면, 이는 Olson이 말한 부산물 이론(by-product theory)에 해당한다.

그러나 사유재산권 주장자들은 몇 가지 문제점을 드러내고 있다. 먼저 공동재산이라는 것이 그에 대해 곧 무분별한 접근과 사용을 의미하는 것으로 보고 '공유지의 비극(tragedy of the commons)'으로 단언하기에는 많은 예외가 있다(Libecap, 1990). 자원에 대한 공동의 소유권이나 집단적 통제를 가능한 것으로 본다면[18] 공동체 구성원에 의한 사용의 규제가 가능해질 수 있다.[19]

또 다른 외부적 해결책으로 규범을 든다. 규범이 집합행동의 문제를 해결한다는 것은 PD게임 상황에서 협동을 이끌어 낸다는 것으로 볼 수 있다. 규범은 일반적으로 준수해야 할 약속으로 볼 수 있으며, 그렇지 않을 경우 역시 제재가 따르는 것으로 본다. 그렇다면 PD 게임에서와 마찬가지로 규범 역시 제재에 의해서 유지가 된다. 규범 단독으로는 문제해결이 불가하다는 의미이다. 한편 규범이 이미 내재화되어 제약이 없이도 구성원들이 준수한다면 애초에 해결해야 할 집합행동의 문제는 존재하지 않는 것으로 볼 수 있다.[20] 무질서의 상태에서 불확실성을 제거하는 수단으로서 사회적 약속에 의한 국가제도의 수립이나 헌법적 약속을 생각해 볼 수 있으나, 한편 개인적 권리와 소유권을 보장하는 제도적 장치는 어떤 면에서 또 다른 불확실성을 야기할 수 있다(Buchanan, 1988).[21]

그 밖에도 외부경제의 존재와 관련해서도 국가와 같은 제 3 자의 개입이 요구된다. 소규모 집단인 경우 외부성의 문제에 직면해서 제 3 자의 개입 없이도 합리적인 개인들이 파레토 최적을 가져오는 전략이나 행동을 기대할 수 있으나 대규모의 분산된 집단에 있어서는 파레토 최적의 협동적 행위에 도달하기 위한 거래비용이 너무 크다(Williamson, 1975). 거래비용을 최소화하기 위한

18) 공동 소유와 관리에 대한 부정적 견해의 배경에 거래비용의 문제가 있다(Alchian and Demsetz, 1973). 공동 소유 및 관리규칙을 위한 협상과 동의 그리고 모니터링 등에 따르는 비용이 이에 해당한다. 그러나 사유재산의 경우에 비해 공동 소유 및 관리의 비용이 전체적으로 항상 더 높아야 하는 이유가 타당한 것은 아니다.

19) 공유재나 공공재에 대한 재산권자의 주장은 어느 정도 극단적 시각에 머물러 있다. 방임에 따른 비극적 결말이나 아니면 사유화 또는 국유화를 대안으로 제시한다. 즉 집단적 소유와 관리의 가능성에 대해 그리 호의적이지 못하다. 그러나 공유지의 비극과는 달리 공동 목초지의 경우 수백년 동안 훌륭한 상태로 유지 계승되고 있는 경우를 어렵지 않게 찾아 볼 수 있다(Taylor, 1990; 윤순진, 2006).

20) 그럼에도 어떻게 규범이 내재화되고 사람들이 준수하게 되는지는 별개의 문제로 설명을 요한다.

21) 헌법의 내용에 있어 의사결정에서 요구되는 방식(만장일치 또는 다수결)에 따라 개인의 권리와 자유를 보호하는 정도는 달라질 수 있으며 이는 또 다른 불확실성을 야기하는 기제가 될 수 있다.

계약적 제도로서 기업이 출현하듯이, 집단적 외부 비경제가 존재하거나, 공공재의 생산 그리고 사회 구성원들의 기회주의적인 행동에 직면해서 거래비용을 최소화하기 위한 제도로서 국가와 같은 제3자의 출현과 역할을 기대하게 된다.

종합해보면 집합행동에 대해 외부적 해결책을 동원한다는 것은 공통적으로 제재 또는 강제적 집행을 포함하고 있다. 이에 대해서는 어떻게 제재가 등장하고 유지될 수 있는지에 대해 설명해야 한다. 공공재의 생산에 있어 무임승차의 문제를 해결하기 위해 구성원을 제약하고 강제적으로 징벌한다는 것은 그 자체로서 공공재의 성격을 갖게 된다. 즉 누군가 이러한 불편한 일을 담당해야 한다는 것이다. 결론적으로 집합행동의 문제 해결을 위한 시도는 또 다른 집합행동의 문제를 발생시키게 된다.

2) 진화적 관점: 집단선택

다른 하나는 진화적 관점의 해결방식으로, 이는 제도의 자연발생적 생성으로 볼 수 있다. 각 개인이 각자의 목적을 추구하는 가운데 그들의 상호작용 속에서 우연히 결정되는 사회적 질서가 상호 호혜적인 제도를 형성할 때, 이것은 인위적인 설계가 아니라 진화의[22] 선택과정을 통해서 달성되는 효율적 경쟁의 결과로 간주한다(Hayek, 1979).[23]

Hayek는 제도나 규칙의 생성 전개를 진화적 관점에서 설명하고자 한다(Hodgson, 1991). 인간행동에 있어 어떤 특성의 전달에 의한 자발적인 사회질서의 출현은 두 가지 요건에 따른다. 하나는 유전적 요인의 전달(genetic transmission)에 의해서이다. 인간행동의 양식은 주어진 여건에 적합한 유전적 특성의 영향으로 결정된다는 것이다. 다른 하나는 문화적 요인의 전달(cultural transmission)에 의해서이다. 이 요인은 유전적 요인에 따른 성향은 아니며 특정한 성격이 학습됨으로서 문화적으로 전수되어지는 행동양식의 규칙을 의미한다. 이는 보편적으로 동질적인 유전적 인자를 가지고 있는 인간사회의 제도와 관습이 어떻게 집단에 따라 달라질 수 있는지를 설명하는 중요한 단서를 제공한다. 이러한 점은 생물학적 유전자의 변이와 진화에 의해서만 인간행동의 양

22) 사회과학에서 진화란 어떤 것이 시간을 거치면서 다른 것으로 변하는 것 또는 한 체계가 내생적으로 생성된 변화에 의해 시간이 흐르면서 변화하는 것을 의미한다(김종한 2005: 106).

23) Hayek에 의한 자연발생적 시장조직의 출현에 대한 문화적 진화 개념에 의한 설명은 경쟁시장에 대한 Smith적인 보이지 않는 손에 의한 논리와 맥을 같이한다(최병서, 2000: 263-264).

식을 설명하고자 하는 Wilson(1978, 이한음 역, 2000)의 사회생물학적 관점과는 구별되는 문화적 진화론(cultural evolution)의 관점이라 할 수 있다.

이러한 진화적 과정에 따른 제도의 출현은 다음의 두 가지 과정의 상호작용에 의해서 이루어진다(Hayek, 1979; Hodgson, 1991). 첫째는 변이의 과정(process of variation)이다. 이는 개체의 행동 양식에서 지속적으로 새로운 변이가 생겨나는 과정으로 사회적 과정에서 발견되어지는 쇄신(innovation)과 유사한 과정으로 볼 수 있다. 둘째는 선택과정(process of selection)이다. 앞의 과정에서 생성된 변이 중에서 적응적 특성이 선택되어 집단 내에 전이되는 과정을 말한다. 이러한 전개가 공동체 내에서 개체들의 집단적 행동양식을 결정하게 된다. 이러한 과정을 사회적 환경에 비추어 보면 각 개체들이 집단 내의 우월한 전략 또는 행동양식을 모방, 답습하는 과정으로 볼 수 있다. 각 개체는 특정한 행동양식을 따르는 것이 유리하기 때문에 그 행동양식은 제도로서 정형화되고, 개체와 집단간의 연쇄적인 상호작용에 의해 더욱 공고화된다.

같은 맥락에서 인간의 어떤 특성이 집단 전체에 혜택을 준다면 그러한 특성을 가진 개체를 더 많이 둔 집단이 그렇지 않은 집단에 비해 생존이나 번영의 가능성이 더 높다는 추론이 가능하다(Sober, 1998, 2000; Sober and Wilson, 1998). 집단이 가진 특성의 내용과 그러한 특성을 가진 개체의 보유정도에 따라 그 집단의 생존 가능성과 그 특성의 전파 여부가 결정되는데 그러한 과정을 집단선택(group selection)과정이라 한다. 개인선택(individual selection)과 달리 집단선택은 개체의 적응력이나 이익을 감소시키는 행동이 집단이나 종의 적응력과 번식을 증대시키는 현상을 설명하는 개념이다. 인간 협동행위의 존재와 진화 역시 집단선택의 과정으로 볼 수 있다. 이와 유사한 진화생물학적 설명으로 혈연관계에서 형성되는 협동적 관계를 바탕으로 한 친족선택모형(Kin Selection Model)이 있다(Hamilton, 1964).[24] PD적인 무질서의 상황에서 협동적 행위가 가능하고 이러한 행동이 제도로서 진화할 수 있는 가능성을 설명하고 있다.

---

24) 친족선택 가설은 어떻게 협동적 또는 이타적인 유전자를 가진 개체가 집단내부에 존재하고 대를 이어 내려올 수 있는지를 설명한다(Hamilton, 1964). 요약하면 내가 자식을 포함하여 혈족을 도와주는 이유는 다름이 아닌 나와 동일한 유전자를 갖고 있을 확률이 높은 개체들을 도와주는 것이다. 그들의 자손이 늘어나면 그만큼 나의 유전자를 퍼뜨릴 기회도 높이게 된다. 이것이 결국에는 나와 혈연관계에 있는 자들을 도와주는 행동을 함으로서 내가 얻는 '이익'이 된다는 것이다. 이는 Dawkins(1990)에서 사람들의 희생이나 이타적 행위를 '행위자'의 관점이 아니라 '유전자'의 입장에서 보는 것과 유사하다. 이 경우 행위자들(사람이나 동식물 등)은 유전자를 보유하고 그의 명령에 따라 움직이는 담지자에 지나지 않는다.

인간을 포함한 많은 동물의 세계에서 친족간의 행위에 따른 생존과 번영이 보편적으로 발견된다는 것도 무질서의 딜레마에서 벗어날 수 있는 단서를 제공한다. 협동적 행동이 이러한 혈연관계의 범주를 넘어 확장될 수 있음을 보여주는 것이 집단선택의 개념이다(Sober and Wilson, 1998).

집단선택의 기본전제는 한 집단 내 협동적인 구성원들이 차지하는 비율과 그 집단의 생존 및 번영가능성은 높은 정(+)의 상관관계가 있다는 것이다(최정규, 2004: 180-184). 즉 한 집단 내에서 협동자의 비중이 커지면 그 집단의 생존과 발전 가능성은 그 만큼 커지게 되고 결과적으로 협동적 행동이 사회 전체적으로 확산된다. 이러한 주장은 개인 차원에서의 자연선택의 논리와는 상반되는 것처럼 보인다. 즉 어떤 환경에 적합한 특성을 가진 개인은 그렇지 않은 개인보다 적응도가 높고 결과적으로 한 집단 내에 그러한 특성을 가진 개인들이 점점 늘어나게 된다. 따라서 어떤 집단에 협동자가 늘어날수록 이기적 인간의 특성이 발동되어 무임승차의 동기가 살아나 협동자들의 설자리가 줄어들게 된다.

그러나 집단선택이론은 역설적이다. 즉 어떤 협동적 특성을 가진 개체의 비중이 높은 소집단의 경우 진화적으로 그렇지 않은 소집단보다 생존 및 번영의 가능성이 더 커지게 된다는 것이다. 무임승차자(비협조자)가 많은 소집단은 환경에의 적응과 성장의 면에서 불리하게 되어 결국 장기적으로는 소멸되어진다. 협동에 따른 집단의 이익이 무임승차로 인한 집단 내에서의 손실을 능가할 수 있다면 사회 전체적으로 협동자의 비중은 늘어나게 될 것이다. 여기서 역설적 현상의 핵심은 집단내부에서 일어나는 무임승차(자)와 같은 개인선택과정과 집단간에 진행되는 협동적 행동과 같은 집단선택과정이 서로 방향을 달리한다는 것이다(정상모, 2008: 137-141). 즉 소집단 내에서 이기적 개체들의 비중은 커질 수 있는 반면 집단선택과정에 따르자면 전체 사회(전체 집단)에서 이기적 개체의 수준은 낮아져 협동적 개체를 보다 많이 보유한 집단이 더 증가할 수 있다는 것이다.

문제는 두 개의 선택과정이 일어나는 진행속도이다(최정규, 2004: 186-192). 일반적으로 개인선택에 비해 집단선택의 경우 그 속도가 상대적으로 느리게 진행된다. 즉 개인간에 일어나는 이기적인 전략의 학습속도는 이기적인 사람이 많아져(협동적인 사람이 적어서) 소멸해 가는 집단에 비해 더 빠르다는 것이다.[25)]

25) 이러한 이유로 사회생물학에서 집단선택이론은 현실적으로 적용에는 많은 무리가 따른다는 비판을 받는다.

또 다른 문제는 집단선택이 일어나기 위해서는 집단간에 차이가 있어야 하는데, 이러한 집단선택과정이 진행되면서 결국에는 무임승차자가 많은 집단이 소멸될 것이기 때문에 집단 간의 차이가 없어지고 집단선택은 더 이상 작용하지 않게 될 것이다.

이러한 문제점에도 불구하고 현실적으로 존재하는 협동적 행동의 진화를 설명하는데 집단선택의 이론은 설득력을 가질 수 있다. 제도적 장치가 해답의 열쇠를 제공한다(최정규, 193-199). 제도적 장치는 개인선택과정의 속도를 늦추고 집단선택과정의 효과를 극대화함으로써 우리 사회의 협동적 행동의 진화에 영향을 미칠 수 있다. 소득재분배정책을 한 예로 들 수 있다. 소득분배 구조의 형평성 여부가 그 사회의 공공재 공급에 영향을 미친다는 주장이 가능하다. 사회구성원들 사이에 소득격차가 작을수록 구성원들 사이에 공공재 공급의 합의 가능성이 높아지게 된다. 즉 소득격차를 줄이는 정책은 개인선택의 압력을 줄여 진행속도를 늦춤으로서 집단 내의 협동적 행위자의 소멸속도를 줄여줄 수 있게 된다.

Ⅲ. 집단선택의 문화적 특성: '우리성'

1. 집합행동의 문화심리적 배경

1) 집합행동의 행위자: self

집합행동의 문제 핵심에는 원자화되고, 이기적(selfish)이고, 전적으로 합리적인 개인(self)에 대한 가정이 있다. 서구에서 self의 개념은 육체적 '나(I)'를 의미함과 동시에 내속에 있는 '존재론적 자기실체(ontological being)'를 뜻한다(최상진, 2000: 123-125). 이 경우 내가 '나(I)' 속에 있는 존재론적 자기실체를 대상화(objectify)하여 성찰하고 체계화하고 또는 적극적으로 재구성할 수 있다. 한편 우리의 일상 언어에서 '자기'는 서구의 'I'에 해당하는 '나'라는 말과 혼용하는 경우가 대부분이며 '자기'라는 말이 사용되는 경우와 맥락은 제한되어 있다.[26] 대체로 한국인들은 '나(I)'를 사용하기에 주저한다. 그 이유로는 한국문

---

26) 서구의 self와 기능면에서 유사한 개념으로 '나의 마음(my mind)'을 든다(최상진, 김기범,

화에서 '나'를 강조할 때 개인주의적인 사람으로 비춰지며 상대를 배척하는 것으로 해석될 수도 있다. 한국에서 개인주의는 이기주의와 비슷한 뉘앙스를 갖는다. 따라서 한국인의 자기는 행위나 생각의 준거(reference)의 대상으로 관여되는 경우도 낮으며 주체성과 독립성이 강조되지 않는다는 점에서 존재적 self의 규정도 강하게 요구되지 않는다.

이처럼 서구적 형태의 self와 다른 방향으로 발달한데는 한국의 문화적 성격이 중요하게 작용하고 있다. 즉, 한국인에게는 사회적으로 부여된 사회·문화적 가치를 내면화하는 것이 개인을 개성화하는 일보다 더욱 중요하게 작용하고 이를 또한 사회적 규범으로 수용하고 있다. 따라서 한국인에게는 자신의 self를 발견, 구성하는 일보다 사회적으로 부여되고 규정된 사회적인 ideal self를 자기의 마음속에 내면화하고 성장시키는 것이 보다 중요하고 중심적인 과제가 된다(최상진·김기범, 1999).

한국인에게서 개인적 self의 형성을 저해하는 또 다른 요인으로서 자신이 상호작용하는 대상과 상황에 따라 자신의 생각과 행동을 바꾸고, 적응시켜야 하는 사회-문화적 맥락주의를 들 수 있다. 이러한 행동은 서구인들에게는 이중인격으로 비춰질 수 있다. 따라서 언행의 일관성보다 상황적 적합성을 중요시 여기는 한국문화권에서 self는 중요한 것으로 인식되기 어려우며, 굳이 드러내야 할 필요성을 느끼지 못한다. 반대로 한국인에게 중요한 것은 상황에 따라 적합한 행동을 하며 동시에 자신의 마음을 사회적 가치와 일치시키는 유연성이다(최상진, 2000: 131).

요약하면 서구의 경우 self는 물체처럼 속성을 가지고 존재하며 경계가 있으며, 객관적 분석과 구체성을 바탕으로 재구성의 대상이 될 수 있다. 따라서 자신의 생각이나 행동에 대한 평가에서 믿을 만한 준거의 대상이 될 수 있다. 서구인의 '나의 self'는 타인에 대비해서 나 자신의 존재 근거를 확인시켜 주는 준거가 된다. 즉 나의 self를 통해 나의 독립성을 선언한다. 그러한 self는 또한 대상과 상황을 초월하는 '초월적 자기(transcendental self)'로서의 성격을 부여받는다(Holland, 1997). 한국과 같이 관계지향적인 사회에서 개인의 마음은 대상과 상황에 따라 맥락적으로 규정되며 따라서 서구의 self와 같은 사태 초월적 일

1999). 마음은 존재하는 것이면서 동시에 상태를 뜻하는 의식과 감정의 형태이기도 하다. 한국에서 마음이 서구의 self에 비견되는 것으로 보는 배경에는 의도성(intention)을 가진 마음이 자신의 행위와 선택을 결정하는데 실체적 역할을 한다는 믿음이다.

관성을 갖지 않는다. 한국인에게 있어 '나의 마음'의 초월성의 약화는 관계지향적 한국문화와 밀접히 관계된다.

2) 집합행동의 구조: 집단주의

한국인의 문화심리적 특성에 관한 연구(차재호, 1994; 최상진, 1997, 2000; 조긍호, 2003)는 공통적으로 집단주의를 대표적인 현상으로 보고 그 근저에 유학사상이 있음을 지적하고 있다.[27] 유학사상은 한국인의 사고와 행동에 가장 큰 영향을 미친 전통사상이라 할 수 있다(이광세, 1998; 이승환, 1998; 조긍호, 2003). 한국인의 의식구조 속의 가치관과 행동 또는 사유방식으로 자리잡은 것을 "마음의 유교적 습성들(the Confucian habit of the heart)"이라 칭하기도 한다(Tu, 1996).[28] 한국의 집단주의 문화의 사상적 배경이 한국인이 보유하고 있는 "마음의 유교적 습성"에 있다고 보고 그에 따른 한국인의 인간관계와 문제해결의 독특한 문화적 맥락이 지배하고 있다면 한국인의 집합행동 또는 참여에 있어서도 예외가 아닐 것이다.

한국인의 문화적 심리에 대한 기존의 연구는 몇 가지 특징을 확인하고 있다(최상진, 2000; 조긍호, 2003; Nisbett, 2004). 먼저, 사회적 관계의 유지와 조화를 지향하는 문화를 들고 있다. 인간존재의 기본 특성을 사람과 사람 사이의 관계라는 사회성에서 찾고 있다. 이는 사회적 관계체로 인간의 존재특성을 규정하는 유학사상의 기본적인 인간관과 일맥상통 한다.[29] 따라서 사회구성원들과 원만한 관계를 추구하는 문화적 심리가 중요시 된다.

이와 관련하여, 한국인들은 자기억제와 자기은폐를 지향하려는 심리가 있다. 타인과 견해차가 있는 경우 이를 잘 드러내지 않고 자신의 주장을 숨긴다. 주요 문화적 심리들로 개인의 이기적인 욕구를 절제하고, 집단의 협동가치를 추구하고 권위에 복종하여 집단 내 위계질서에 반하지 않으며, 자기를 지나치

27) 우리나라의 유학사상은 고려(918-1392) 중기인 11세기 초 최충(崔冲, 984-1068)과 그 문하생들에 의해 본격적으로 도입되었다. 13세기 말과 14세기 초에는 주자학이 도입되었으며, 조선시대 신유학(新儒學)의 한 갈래인 성리학이 국가의 최고이념으로 자리하면서 지금까지 우리의 정신세계에 영향을 미치고 있다(조긍호, 2003: 115).

28) 이러한 습성에는 "… 유기적 인간관계, 신의에 바탕을 둔 공동체 사회, 개인적 이익과 공동선의 조화, 책임과 함께 증가하는 도덕의식, 지도자들의 도덕적 실천에 대한 기대, 문화적 엘리트의 사회적 책임 …" 등이 포함되어 있다(이광세, 1998: 66).

29) 인간본성의 도덕적 기초 仁, 義, 禮, 智는 바로 이러한 인간존재의 사회성으로부터 연유하는 것이라는 관점이 유학사상의 핵심인 것이다.

게 과소평가하는 것 등이 있다. 이러한 자기억제의 심리는 집단목표를 개인목표보다 상위에 두는 경향으로 볼 수 있으며 따라서 개인이익의 표출은 사회의 통합과 조화를 저해할 수 있는 것으로 본다. 이는 한국인들이 내집단 성원들과의 원만한 관계를 유지하기 위해서 일정한 수준에서 자기이익의 추구를 억제하는 것으로 나타나기도 한다.

결과적으로 집단주의 사회에서는 다양한 상황과 관계에 의해 사람이 규정된다고 본다. 그래서 집단주의 문화권에서 개인은 특정한 상황과 관계에 맞추어 자신의 행동을 적합하게 조정하는 등 상황과 관계에 따른 행동의 가변성을 강조한다. 이러한 이유로 한국인들은 대인관계의 유지에 힘쓰며 조화를 해치지 않도록 유념한다. 집단주의 사회에서 관계 속의 조화가 깨지는 것은 자신의 결함 때문이라 여기기 때문이다.

관계중시의 집단주의 성향은 우리 삶의 한 방식으로 볼 수 있다. 문화이론(cultural theory)[30]에 따르면 특정한 사회의 삶의 방식은 사회적 관계와 문화적 편향의 공생적 관계에서 유지된다. 즉 관계의 문화를 통해 문화적 편향이 구체화되고 그렇게 형성된 문화적 편향은 애초의 사회적 관계를 고착화시키며 우리 삶의 양식으로 이어져가게 된다(박종민 편, 2002: 204-231).

2. 우 리 성

한국의 집단주의 문화에서 개인들은 상호독립적인 개체로서의 존재가 아니라 관계를 바탕으로 하나가 되는 '우리'[31]로 지향하는 존재로 본다(최상진, 2000). 이러한 인간관계의 그물망 속에서 개인들은 항상 독립적이고 유리된 객관적인 제 3 자가 아니라 '우리'라고 하는 사회적인 관계 속에서 부분자로서의 성격이 강하다(최봉영, 1994). 즉 하나의 단위로 묶여진 당사자들이다.[32] 따라서

---

30) 문화적 현상의 일반이론으로의 발전을 시도한 문화이론이 일단의 사회과학자들(Douglas, 1986; Wildavsky, 1987)에 의해 전개되었으며 이들은 문화적 편향(cultural bias), 사회적 관계(social relation), 삶의 양식(way of life) 등의 개념을 구분하고, 이들 간의 관계를 규정하고 있다(박종민 편, 2002). 특히 망(grid)과 집단(group)의 교차적 결합을 통해 개념들 간의 관계를 체계화시킨 문화이론을 제시한다.

31) 우리는 자기와 타인(들)이 공통성이나 관계유사성의 인식을 통해 상호동질감을 경험함으로써 형성되는 사회인지적 집단정체로서, 개인의 정체가 집단의 정체로 전환되어 자기 정체를 집단과의 관계에서 찾는 자기-함몰적 우리라고 정의할 수 있다(최상진, 1997). 한국인에게 있어 '우리'는 '확대된 가족의식'으로 특성화된다.

32) 한국의 집단주의는 행정문화에 있어 가족주의, 권위주의, 의식주의와 같은 집단적 계층주

자신이 갖는 특성은 집단 속에서 그가 맡은 역할과 기능에 의해 규정되어지며 이것이 자신의 자아구성에 있어 핵심적인 요소가 된다. 따라서 한국인의 인간관계에서 가장 시급하고 중요한 목적은 우리가 갖는 집단적 특성인 '우리성'(weness) 집단을 구성하고 확인하며 유지하는 일이다. 그것은 한국인은 자신과 공동운명에 있는 또 다른 부분자(partial individual)를 우리 관계 속에 포함시킬 때 자기정체성의 부족이 메워지기 때문이다. 그러므로 한국인에게는 부단히 다른 부분자들을 우리 속에 포함시키고, 동시에 우리 속에 포함된 부분자들 간의 우리성 관계를 강화시키는 것이 곧 인간관계의 제일차적 기본축이 된다(박정열 등, 2001).

우리성의 배후에 '정'(情)의 개념이 있다(박통희, 2004). 정은 한국인의 사회적 행동과 대인관계에 있어 중요한 정서적 요인으로 작용하고 우리의식의 본질적 연결요소라 할 수 있다. 우리사회에서 이어져 내려온 물질적 내지 심리적인 상호부조의 형태로 이루어지는 일체의 호혜적 관계의 개념으로 본다(김주희 1992).[33] 이러한 상호관계를 바탕으로 이루어진 정을 통해 '우리' 집단은 친근감, 애정, 동일체적 유대감, 그리고 호혜적 기대감을 형성하게 된다.

다음으로 주목해야 하는 부분은 정에 바탕을 둔 '우리'의 생성조건이다. 정이 형성될 수 있는 조건으로 일반적으로 사람들 사이 물리적 또는 시·공간적 공유뿐만 아니라 심리적 공감대의 형성을 들 수 있다. 특히 산업화의 진행과 정보사회로의 진입은 사람들 사이의 상호작용의 관계를 시공간의 제약에서 벗어나 다양한 차원에서의 정서적 공감대의 형성을 가능케 하고 있다.[34] 결과적으로 정에 바탕을 둔 '우리'의 형성은 심리적 공감대를 형성할 수 있는 공통점의 존재를 필수로 한다. 다시 말해 공통된 경험을 바탕으로 한 '우리' 집단의 형성을 들 수 있다.[35] 공통 경험이란 유사한 문화적 공간에서의 삶의 경험

의의 형태로 나타나기도 한다(박종민 편, 2002: 227-231).

33) 박통희(2004: 26-27)는 정에 대한 개념 논의를 종합하여 오랜 기간 동안 관계의 지속을 통하여 우리를 형성시켜 나가고, 이러한 과정에 누적 강화되는 애정, 친밀감, 마음 편안함을 의미하며 결과적으로 서로의 관계에 대해 애착을 갖게 되는 것으로 정의한다.

34) 농·경제 시대의 일차적 관계에 바탕을 둔 우리, 산업화에 따라 1차집단의 관계를 떠나 '연'에 따른 우리, 그리고 최근에는 가상공간의 활성화에 따른 3차원의 세계에서 정서적 공감대가 형성되고 있음을 볼 수 있다. 이러한 연고단서들이 확인될 때는 초면의 경우에도 '우리를 대하는 마음틀'이 바로 작동되고, 따라서 우리성 인간관계의 유형을 나타내 보인다.

35) 이러한 논의는 서구 사회심리학에서의 내집단(ingroup)/외집단(outgroup)의 구별과 유사하며, 한국의 집단주의를 보더라도 자기 자신의 관점, 요구와 목표보다 내집단의 그것들을 중시하는, 개인적 이익의 추구보다는 내집단에 의해 주어진 의무와 사회적 역할을 따르며, 내

을 의미한다. 공통 경험을 바탕으로 한 공감대 형성의 대표적 형태로 혈연, 지연, 학연과 같은 연줄망을 들 수 있다(김성국 등, 2003). 이러한 연을 중심으로 집단을 형성하고 소속집단의 생존과 번영을 위해 다양한 전략을 구사하고 정책과정에 영향력을 행사하게 된다. 이러한 소집단이 번성하는 이유로 무임승차의 통제를 들 수 있다. 무임승차자가 많은 집단은 그렇지 않은 집단보다 생존의 측면에서 불리하다는 것을 인식하여 집단 내의 통제를 강화하게 된다.

동시에 한국인들에게 '우리성'의 의도하지 않은 결과가 있다. 즉 '우리'와 '우리가 아닌 남'들 사이에 있어 대하는 양식의 확연한 구분이다(최상진, 1997). 한국인들은 '우리'로 인식되는 사람에게는 정(情)을 쏟고 허물없이 행동하지만, '우리가 아닌 남'으로 인식되는 사람에 대해서는 차별적이며 적대적이다. 또한 '우리'로 인식되는 사람들과는 집단주의 성향을 보이지만 '우리가 아닌 남'으로 인식되는 사람에 대해서는 자기의 개인이익을 앞세운다.[36] 사회적 평등성에 바탕을 둔 공공성의 형성이 어려워지는 이유가 된다. 우리성의 전개과정을 요약하면 아래(그림 11-1)와 같다.

협동적 행위의 집단이 그렇지 않은 집단보다 더 큰 적응도(fitness)를 갖는다는 것이 집단선택의 전제라 할 수 있다(Sober and Wilson, 1998). 다시 말해 협동은 개인선택의 관점에서 비적응적이지만 집단선택의 관점에서는 적응적이다. 집단 내에 무임승차와 같은 이기적 형질이 지나치게 증대되면 집단간의 적응도가 떨어지므로 한 집단이 자체의 지속가능한 번성을 원할 경우 이기적 형질의 과도한 비율이 줄어 들 수 있다. 이러한 사회적 관계성과 집단의 강한 사적(私的) 신뢰에 바탕을 둔 '우리성'은 사회적 자본의 한 형태이자 집단선택의 결과로 간주할 수 있다. 사회적 자본을 사회적 협동을 촉진하는 관계자원이라는 정의에는 호모 에코노미쿠스를 넘는 이타적 행위, 호혜적 행위 그리고 형평성을 기대하는 친사회적 행위유형을 포함한다.[37]

집단과 공유하는 신념과 규범을 유지하고, 내집단에 협조하는 문화적 경향으로 정의할 수 있다(최인재 외, 2002). 이러한 문화적 특성의 경우 자아(self)의 개념이 독립적이기보다는 기본적 관계를 중시하는 상호의존적으로 자신이 속한 내집단과 관련하여 자아를 파악하게 되므로 사회정체감이 더 중요하고 자신을 묘사할 때도 많은 집단적 정보를 이용한다.

36) 자원을 분배할 때도 집단주의 문화에서는 '우리' 집단에 대해서는 균등이나 필요의 원리를 적용하려 하지만 '남'에 대해서는 형평의 원리를 적용하려는 이중성을 보인다(장성수, 1988).

37) 따라서 사회적 자본은 공공선을 위한 이타적 행위 및 협동적 규범, 이타적 사회봉사, 기부, 결사체참여, 연줄망 그리고 일반적 대인신뢰를 망라하는 넓은 개념으로 보기도 한다(김상준, 2004).

〈그림 11-1〉 '우리성(weness)'의 형성과 결과

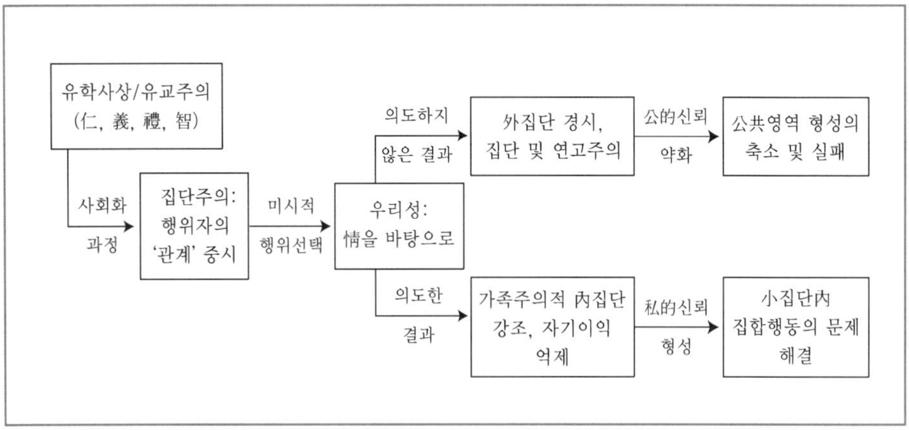

한편 단체의 결성이 호혜적 혜택을 위한 도구적 차원이건 가치지향적 차원의 자발적 단체이건 간에 이러한 관계맺음의 다양한 동기는 상이한 형태의 사회적 자본을 형성하게 된다.[38] 사회적 자본의 주요 요소인 신뢰의 경우 그 형성의 중요한 동기로서 사회적 참여를 꼽는다. 그러한 자발적 단체에의 참여는 일반신뢰의 형성에 기여하고 공익과 민주주의의 보편적 가치를 확산시키게 된다. 그러나 강한 사적 신뢰와 약한 공적 신뢰로 대변되는 한국사회의 진단(이재혁, 1998)은 '우리성'을 중심으로 형성된 특수한 신뢰의 과잉 축적과 일반신뢰의 과소 형성과 관련되어 있다. 연줄망에 따른 단체의 형성이나 참여는 특정집단의 특수이익에 기여할 수 있는 사회자본이다. 그 경우의 특수이익을 지향하는 집단의 선택과 문화적 전수는 공공성의 확대에 부정적 영향을 초래할 수 있다(박병진, 2007: 67-70). 이는 모든 사회적 참여가 일반신뢰와 같은 사회적 자본을 형성하는 것은 아니며, 그 자체로 항상 사회의 공공선을 축적하는데 기여하지도 않는다는 의미가 된다. 사회자본이 집단 내의 협력행동을 촉진시켜 집단의 생존과 번영을 가져올 수 있으나 공공선의 증진 및 공적 관계 및 제도의 발전에 긍정적 기여를 하는 것만은 아니라는 것이다.[39] 특히 연고에 따른

38) 이기적(self-interest oriented) 또는 도구적 사회자본과 이타적(altruistic) 사회자본을 들 수 있다.

39) 外집단에 대한 차등적 대우와 특정 사회에 만연된 부정, 부패는 흔히 학연, 혈연, 지연으로 연결된 연고집단의 강한 유대와 그 내부의 사회적 자본에 의해 발생한다는 주장(김우식, 2006)이 실례라 할 수 있다.

선택적 사회 참여의 만연은 집단 내 구성원들 사이의 신뢰에 의해 거래비용을 감소시킬 수는 있지만 전체 사회의 일반적 거래관계에 있어 거래비용을 감소시키는 요인으로 작용할지는 의문이라 할 수 있다(김우식, 2006). 관계적 연줄망을 도구적 참여로 활용하는 것은 사회적 부채로 작용하여 장기적으로 공익의 퇴보를 불러올 수 있다는 의미이다.

개인 간의 연줄망의 확대를 통해 집단 구성원들 사이의 신뢰와 협력을 증진시킬 수 있으나 그러한 집단의 증가가 사회전체의 합리성에 기여하리라는 보장은 없다. 배타적 연줄망에 바탕을 둔 집단선택의 확산은 사회전체의 합리성과 효율성을 제고하기 어려우며 공정성이나 투명성과 같은 공공성의 기준을 약화시켜 결국에는 사회전체의 정당성을 위협할 수도 있게 된다(박병진, 2007: 73).

우리사회는 특수이익에 바탕을 둔 연고성 집단의 선택확률이 여전히 높아 보인다. 한 조사(KDI 국제정책대학원, 2006)에 의하면 우리나라 국민들의 사회적 관계망 가입비율은 동창회가 50.4%로 가장 높고, 종교단체 24.7%, 종친회 22.0%, 향우회 16.8% 등이 뒤를 이었다. 반면 공익성이 짙은 단체들의 가입률은 2%대에 머물렀다. 집단주의적 문화에서 특정한 이익을 추구하는 연고성 집단의 번성은 이해관계에 바탕을 둔 '우리성' 집단이 선택과정에 힘입어 확산, 강화되고 있음을 의미한다. 목적성 이타주의[40]라는 세련된 이기주의만이 호혜적 이타성의 결과를 가져오고 있으며 이를 통해서 집단의 존속과 번영이 보장된다는 것이다. 따라서 '우리성'의 집단선택을 통해 우리사회 보편적인 공동선을 향한 협동적 행위의 확산을 기대하기가 어렵다.[41] 이는 진화과정에 있어 여전히 유교적 '관계'에 바탕을 둔 內집단 위주의 사회구성으로 인해 친족선택이 우월한 전략으로 작용하기 때문일 수 있다. 그 밖에 공동선의 가치를 추구하는 협동적 사람들이 지배적인 집단의 번성 속도가 자기이익 추구에 따른 개인선택의 과정을 따라가지 못하는 것으로 대안적 설명이 가능할 수 있다. 다시 말해 그러한 속도 문제를 해결하기 위한 제도(정책)의 미비가 공익성 집단의 선택과 확산을 가로막는 원인으로 설명할 수 있겠다.

---

40) Wilson(1975)은 이타주의를 맹목적 이타주의와 목적성 이타주의로 나누고 있다. 전자는 생물학적 이타주의에 해당되고 후자는 보다 세련된 이기주의라 할 수 있다.

41) 생물학적 이타주의 현상의 공통점은 생물학적 평등성이며, 이는 집단선택의 중요한 내재적 의미이기도 하다(Wilson, 1997). 즉 동일한 유전자를 공유하지 않은 제3자에게 이타적 행위를 하는 것을 기초로 한다.

Ⅳ. 참여의 딜레마: 진화적 관점의 모색

참여의 문제와 해결의 모색은 수만년 인류의 역사와 기원을 같이한다. 작게는 생존을 위한 가족간의 관계로부터 국가간의 분쟁의 해결에 이르기까지 다양한 형태의 딜레마를 경험해 왔다. 이러한 오래된 사회적 현상에 진화적 개념의 도입은 자연스런 일이다. 특히 윌슨(Wilson, 1975, 1998)의 사회생물학적 관점의 도입 이후 사회과학에서, 특히 심리학과 경제학을 중심으로 활발한 논의가 이루어지고 있다. 단순한 인과법칙이 갖는 설명력의 한계를 극복하려는 시도이기도 하다(최재천, 2008). 또한 진화적 관점은 역사적 차원의 도입을 통해 다차원적이고 다양한 성질의 분석대상을 인정하려는 시도이다.

이는 단지 집합적 차원에서 사회문제 발생과 해결을 위한 정책의 개입이라는 단순한 도식을 넘어 우리사회 공공성의 개념과 공공영역의 성격 논의와 관련이 있다. 더 나아가 인간 본성에 대한 의문 그리고 이를 설명하기 위한 문화적 환경의 진화에 따른 상관성의 연구에 대해서도 그 필요성을 제기한다. 논의의 중심에 집합행동의 문제를 해결하기 위한 방법으로 사회계약적(정책적) 접근과 자연진화적인 접근이 있다(최병서, 2000: 265-269). 진화론자들은 각 개인이 자기목표의 추구를 위해 상호작용을 하는 가운데 자생적으로 출현하는 사회질서가 상호 호혜적인 관계를 가져올 수 있으며 이는 인위적인 개입이 아니라 진화의 선택과정을 통해 달성되는 효율적인 경쟁의 결과로 본다. 양 접근의 핵심에 무임승차자의 문제가 있다. 즉 두 접근에 있어 공통적 과제는 무임승차자의 규제이다.

이러한 문제는 앞서 지적했듯이 개인 차원에서의 합리성의 추구와 진화과정이 집단 전체(또는 종)의 차원에서 효율성을 증대시키는 방향으로 진행이 되느냐 하는 문제와 관련이 있다. 이에는 상반되는 가능성이 있다. 하나는 개체(개인)의 이익과 집단의 이익이 일치하는 경우로서 고전적인 진화론의 관점에서와 같이 집단이 생존, 번영하는 경우를 설명하는데 무리가 없으며 개체(개인)의 선택과정에서 자연선택이 이루어지게 된다. 이는 시장경제의 환경에서 보이지 않는 손에 의해 조정과정이 이루어지는 것과 같다. 두 번째 가능성은 개인의 이익과 집단의 이익 간에 딜레마적인 상황이 발생하는 경우이다. 이 경우 사회적 합리성을 위해서 개인의 이익을 희생해야 하는가 아니면 무임승차자가 되느냐이다. 물론 현실은 무임승차자만 존재하는 것은 아니다. 실제로 자기희생의 행위양식은 소멸하지 않고 계속 진화해 왔다. 자기희생을 감수하는 협동적 행동에 대해 역사적 과정으로서의 설명이 필요한 이유이다.

집단선택에 있어서 자연선택의 대상은 개인이 아니라 집단이다. 어떤 유전적 또는 문화적 특성이 개인의 생존 가능성이나 번성 가능성에 영향을 미치는 것처럼 어떤 집단의 특성이 그 집단의 생존과 번영에 영향을 미친다는 것이다. 인간사회의 협동적 특성이 진화해온 배경에 집단선택의 논리가 있다. 집단선택 과정의 논리에 따르자면 집단 내에서 각 구성원들이 자기희생적 협동행위로 인해 받게 될 불이익의 정도와 그러한 행동이 확산됨으로서 집단 전체가 총체적으로 얻는 이익을 다른 집단과 비교했을 때 후자가 더 큰 경우 협동적 행동이 자리를 잡고 진화, 번성할 수 있다. 집단선택을 통해 협동행위를 진작시키고 이를 위반하는 무임승차적 행위에 대해 제재하는 것을 가능하게 할 수 있다. 특히 집단선택은 문화적 진화의 과정에서 보다 중요한 역할을 할 수 있다. 어떤 환경 하에서 특정한 문화적 특성을 갖는 것이 그렇지 않은 것에 비해 더 많은 이익과 번영을 가져다준다는 것이 판명되면, 그 특성은 학습과정을 통해 사회의 더 많은 부분으로 전파될 것이다. 연고에 따른 우리성 집단의 번성을 이해하는데 중요한 시사점을 준다.

한국인의 집단주의적 문화 현상의 중심에 '우리성'의 개념이 있다. 연고의 공통경험을 바탕으로 한 집단의 형성과 번영을 우리성의 개념에서 발견할 수 있다. 관계의 배경에 정(情)을 가진 우리성 집단은 사회적 자본의 한 형태인 신뢰를 공유한다. 집단 내의 특수이익을 중심으로 신뢰를 공유하는 우리성 집단은 더 큰 적응도를 가지고 집단선택과정을 진화해 왔다. 그러나 이러한 우리성은 공공성의 인식 확대와 관련하여 한계를 갖는다. 한국인의 우리성 관계는 배타적인 우리성 관계, 배타적인 우리성 집단이다. 그러므로 한국인들은 '우리'와 의도하지 않은 결과로서 '우리가 아닌 남'을 대하는 두 가지 서로 다른 '마음틀'을 갖게 되며 이를 통해 상대를 어떤 관계로 인식하느냐에 따라 극명하게 대비되는 방식으로 행동하게 된다. '우리가 아닌 남'에 대해서는 상호관계의 평등성을 전제로 한 집단선택과정을 통해 협력적 관계의 성립과 확산이 어렵게 된다. 유교적 관계에 바탕을 둔 내집단 위주의 번영은 집단 내의 무임승차자의 제재와 관련하여서는 성공적 전략이 되었으나 공공성의 확대로는 이어지지 못하는 실정이다. 이는 '우리성'과 같은 특수한 신뢰 내지 협력관계가 일반

신뢰로 전환되기 위한 기제가 필요한 이유이기도 하다(Cohen, 1999).

개인 간의 연고와 그에 따른 신뢰에 바탕을 둔 배타적 집단의 확산을 막고 특수한 신뢰를 일반신뢰로 전환시키기 위해서는 국가나 제도와 같은 공적 신뢰의 구축이 요구된다. 즉 국가나 제도에 대한 신뢰의 구축이 앞서 말한 매개체의 역할을 할 수 있다. 이는 사적 연줄망에 바탕을 둔 집단의 지배를 사전에 차단하고 공적신뢰의 제고를 위해 불신의 제도화가[42] 전제되어야(이재열, 2001) 한다는 의미이기도 하다. 이 제도화를 통해 연줄망에 기초한 집단의 폐해를 억제하고, 집합행동에 있어 기회주의적 무임승차행위와 딜레마를 극복하고 공익 활동에의 참여를 높힐 수 있게 된다. 또한 공익에 대한 공적 담론이 형성되고, 호혜성과 공정성을 증대시키는 합법적 제도에 대한 공적 신뢰가 담보되고, 결과적으로 자발적 조직의 활동과 사회적 역할에 대한 학습이 이루어져 연줄망에 따른 폐쇄적 조직의 지대추구행위가 어려워지면 개인은 연줄망에의 투자가 더 이상 합리적 선택이 아님을 인식하게 될 것이다(박병진, 2007: 74).

V. 맺 음 말

참여 또는 집합행동의 딜레마 배경에 인간행동에 대한 다양한 가정이 존재한다. 먼저 고전경제학의 경제적 인간을 지칭하는 호모 에코노미쿠스가 있다. 합리성에 입각해 자기이익의 극대화를 추구하는 인간 모형이다. 본 인간이 직면하는 딜레마는 PD게임에 잘 나타난다. 이기적 인간으로 가득찬 현실의 비정함과 시스템의 무질서로 공공재의 생산을 더 이상 기대하기 어렵다. 그러나 이러한 인간의 무력감은 실제 현실과는 거리가 있다. 사람들의 빈번한 상호작용과 그에 따른 학습과정은 협동적 행동의 가능성을 열어준다. 인간행동의 반복적 상호작용은 TFT 전략에 이르러 진화적 전개의 가능성을 암시한다. TFT는 진화생물학의 적자생존 전략과 맥을 같이한다. 딜레마의 타개를 위한 호모 레시프로칸스의 출현은 인간의 합리성에 대한 확장적 견해의 한 축을 이루게 된다. 특히 강한 호혜성의 등장은 공정한 사회적 행위와 이러한 가치를 위한 협력적 행동이 존재해 왔음을 인정하고 있으며, 이러한 성향은 집합행동의 형

42) 이는 모든 사람들이 자기이익을 위해서 행동하고 배신의 가능성이 상존하고 있으며 그 결과 공공재(공공선)의 공급이 심각한 위협에 놓일 수 있다는 불신의 가능성을 의미한다

성과 진화를 설명하는 단서를 제공한다.

딜레마의 해결을 위한 접근은 제도의 형성과 출현으로 이어진다. 이는 사회계약적 관점과 진화적 관점으로 구별이 된다. 문제해결을 위한 정책적(사회계약적) 접근과 자발적 해결의 관계는 공동체가 가진 사회적 자본의 성격과 문제해결에 요구되는 자발적인 제도적 기제 그리고 규범적 맥락과 밀접한 관련이 있다. 진화적 관점의 제도 출현에 있어 변이로 생성된 개체 가운데 적응적 특성이 선택되어 집단 내로 퍼지는 현상을 설명하는 집단선택과정이 있다. 개체의 적응적인 협동적 행위가 집단의 번성을 가능케 하는 현상을 말한다.

한편 한국인에게 있어 사회적 관계의 기본축은 개인이 아닌 '우리성' 집단이다. 한국인은 사회적 인간관계에서 독립적이라기보다는 '관계성 개인'이며, 따라서 그들의 인간관계는 집단선택과정의 틀 속에서 접근되어질 수 있다. 그러나 한국인의 우리성 관계는 제한적이며 배타적인 우리성 집단을 전제로 한다. 이는 오늘날의 확장된 질서(extended order) 사회 또는 열린사회의 신뢰형성을 제한함으로써 '공공성'의 확대에 부정적 효과를 초래할 수 있을 것이다.

이 글은 진화적 관점에 입각해서 집합행동의 딜레마를 조명해보고자 하는 시도이다. 특히 집단선택과정을 도입하여 한국의 집단주의 문화의 한 특성인 '우리성'을 해석하고자 하였다. 이는 우리사회에서 공공의 영역이 상대적으로 축소되어 있는 현상에 대해 대안적 설명을 시도하는데 의의가 있다고 하겠다.

◈ 참고문헌

강신택. (1971). 한국행정학사서설. 「한국정치학회보」, 4: 135-144.

강신택. (1987). 행정학 연구방법의 변천과정과 앞으로의 방향. 「한국행정학보」, 21(1): 3-32.

곽현근. (2005). 지역사회 주민조직 참여의 편익과 비용에 관한 연구. 「한국지방자치학회보」, 17(3): 51-74.

곽현근. (2008). 지역사회 주민조직 참여의 영향요인 및 집합적 효능감에 미치는 영향에 관한 연구: 대전광역시를 대상으로. 「한국행정연구」, 17(2): 115-146.

김광웅. (1979). 사회과학 연구방법의 토착화에 관한 소고: 정치학, 국제정치학, 행정학 분야. 「행정논총」, 17(2).

김봉식. (1968). 한국인의 사고방식을 통해본 한국행정문화. 「한국행정학보」, 2: 341-354.

김상준. (2004). 부르디외, 콜만, 퍼트남의 사회적 자본 비판. 「한국사회학」, 38(6): 63-95.

김성국 외. (2003). 우리에게 연고는 무엇인가: 한국의 집단주의와 네트워크. 「전통과 현대」, 통권 23호.

김애경. (2005). 게임이론의 정치경제학적 수용 가능성. 「새정치경제학 방법론연구」, 119-142. 김형기 엮음. 한울아카데미.

김용학. (2003). 「사회구조와 행위: 거시적 현상의 미시적 기초를 찾아서」. 나남.

김우식. (2006). 연결망, 불평등, 위법행동: 비도덕성을 생성하는 사회적 자본. 「한국사회학」, 40(5): 29-60.

김정동. (2006). 사회윤리의 경제학적 분석에 관한 소론. 「기업윤리연구」, 12: 21-48.

김종한. (2005). 정치경제학 분석방법에서 진화적 관점의 유용성 모색. 「응용경제」, 7(1): 103-122.

김주희. (1992). 「품앗이와 정의 인간관계」. 서울: 집문당.

박동서. (1967). 한국행정이론서설. 「행정논총」, 5(1): 43-62.

박동서. (1992). 한국행정의 과제와 행정학의 재정향. 「한국행정학보」, 26(4): 1429-1435.

박수현・최상진. (1990). '우리성'에 대한 사회심리학적 한 분석. 「한국심리학회 연차대회 발표논문집」, 69-78.

박정순. (1998). 호모 에코노미쿠스 살생부. 「철학연구」, 21: 1-41. 고려대 철학연구소.

박정순. (2003). 개인이익과 공익의 자유주의적 관련방식. 「철학연구」, 61: 203-220. 고려대철학연구소.

박정열・허태균・최상진. (2001). 사회적 범주과정의 심리적 세분화: 내집단 속의 우리와 우리편. 「한국심리학회지」, 21(1): 25-44.

백완기. (1987). 한국적 행정이론의 성립가능성 모색.「한국정치학회보」, 21(2): 153-174.
백완기. (2003). 행정학사: 행정학과 공공정책.「한국정치학회50년사」. 서울: 한국정치학회.
박병진. (2004). 공적 신뢰의 조건: 공정성과 제재의 확실성.「신뢰연구」, 14(1): 37-66.
박병진. (2007). 신뢰형성에 있어 사회참여와 제도의 역할.「한국사회학」, 41(3): 65-105.
박종민. (2006). 한국행정이론을 위한 비판적 성찰.「한국행정학 50년」. 서울: 한국행정학회.
박종민 편. (2002).「정책과 제도의 문화적 분석」. 서울: 박영사
박종민 · 김왕식. (2006). 한국에서 사회신뢰의 형성: 시민사회와 국가제도의 역할.「한국정치학회보」, 40(2): 149-167.
박희봉. (2006). 시민참여와 로컬 거버넌스.「한국정책과학학회보」, 10(2): 1-23.
박통희. (2004). 정, 가족주의, 그리고 대인간 신뢰: 한국 중앙정부의 사례.「한국행정학보」, 38(6): 23-45.
백명호. (1997).「진화론적 경제학의 방법론 연구」. 연세대학교 대학원 경제학과 석사학위논문.
서문기. (2001). 한국사회의 정부신뢰구조.「한국사회학」, 35(5): 119-146.
소영진. (2003). 행정학의 위기와 공공성 문제.「정부학연구」, 9(1): 5-22.
안병영. (1979). 한국의 행정현상과 행정학연구의 주체성.「한국정치학회보」, 13: 49-66.
왕규호, 조인구. (2004).「게임이론」. 서울: 박영사.
유재원. (2000). 사회자본과 자발적 결사체.「한국정책학회보」, 9(3): 23-43.
유재원 · 소순창. (2005). 정부인가 거버넌스인가? 계층제인가 네트워크인가?.「한국행정학보」, 39(1): 41-63.
윤순진. (2006). 제주도 마을 공동목장의 해체과정과 사회 · 생태적 함의.「농촌사회」, 16(2): 45-88.
이광세 (1998).「동양과 서양: 두 지평선의 융합」. 서울: 길.
이명석. (1995). 공유재 문제의 자치적 해결 가능성.「한국행정학보」, 29(4): 1291-1309.
이명석. (1996). 정책분석에서의 게임이론의 활용: 제도분석틀의 관점.「한국행정학보」, 30(2): 49-63.
이명석. (2002). 거버넌스의 개념화: '사회적 조정'으로서의 거버넌스.「한국행정학보」, 36(4): 321-338.
이명석 · E. 오스트롬 · J. 워커. (2004). 제도, 이질성, 신뢰 그리고 사회적 딜레마 상황에서의 협동가능성.「한국행정학보」, 38(1): 1-21.
이승환. (1998).「유가사상의 사회철학적 재조명」, 고려대 출판부.
이재열. (2001). 미래사회의 변화추세와 새로운 사회통합 원리의 모색, 도정일, 성경륭의「새천년의 한국인, 한국사회」, 257-285. 서울: 나남.

이재혁. (1996). 신뢰, 거래비용 그리고 연줄망. 「한국사회학」, 30(3): 519-543.

이재혁. (1998). 신뢰의 사회구조화. 「한국사회학」, 32(2): 311-335.

이종범. (1977). 행정학의 토착화에 관한 논거. 「한국행정학보」, 11: 198-223.

이종범. (2006). 서론. 「한국행정학 50년」. 서울: 한국행정학회.

임의영. (2003). 공공성의 개념, 위기, 활성화조건, 「정부학연구」, 9(1): 23-50.

장성수. (1988). 집단응집성이 분배원칙 선호에 미치는 영향. 「사회심리학연구」, 4(1): 403-437.

장수찬. (2002). 한국사회에 나타난 악순환의 사이클, 「한국정치학회보」, 36(1): 23-43.

정상모. (2008). 진화론적 이타주의 — 그 비판적 분석, 박만준 외. 「사회생물학, 인간의 본성을 말하다」, 123-158. 민주주의사회연구소 편. 산지니.

조긍호. (2003). 「한국인 이해의 개념틀」. 서울: 나남.

조용현 · 이경근. (2007). 한국인의 문화심리특성이 지식경영활동에 미치는 영향: 체면민감도와 우리성 지각을 중심으로. 「산업경제연구」, 20(4): 1689-1715.

차재호. (1994). 「문화설계의 심리학」. 서울대학교 출판부.

최병서. (2000). 아나키에서 제도로: 사회계약적인가 아니면 자연진화적인가. 「경제학연구」, 48(1): 241-271.

최봉영. (1994). 「한국인의 사회적 성격(I) — 일반이론의 구성」. 서울: 느티나무.

최상진. (1997). 한국인의 심리특성: 한국인의 고유심리에 대한 분석과 한국인 심리학 이론의 구성. 한국심리학회 편. 「현대 심리학의 이해」, 695-766. 서울: 학문사.

최상진. (1999). 한국인의 마음, 최상진 · 윤호균 · 한덕웅 · 조긍호 · 이수원, 「동양심리학: 서구심리학에 대한 모색」, 377-479. 서울: 지식산업사.

최상진. (2000). 「한국인 심리학」. 중앙대학교 출판부.

최상진 · 김기범. (1999). 한국인의 self의 특성: 서구의 self 개념과의 대비를 중심으로, 「한국심리학회지: 사회 및 성격」, 13(2): 275-292.

최인재 · 최상진. (2002). 한국인의 문화심리적 특성이 문제대응방식, 스트레스, 생활만족도에 미치는 영향: 정, 우리성을 중심으로, 「한국심리학회지: 상담 및 심리치료」, 14(1): 55-71.

최재천. (2008). 사회과학, 다윈을 만나다, 박만준 외. 「사회생물학, 인간의 본성을 말하다」, 15-57, 민주주의사회연구소 편. 산지니.

최정규. (2004). 「이타적 인간의 출현」. 서울: 뿌리와 이파리.

한상일. (2003). 미국 근린참여제도의 유형별 분석과 한국의 주민참여에 대한 함의. 「한국행정학보」, 37(3): 159-180.

KDI국제정책대학원. (2006). 「사회적 자본 확충을 위한 기본조사 및 정책연구」.

Alchian, A. A. and Demsetz, H. (1973). The Property Rights Paradigm. *Journal of*

Economic History, 33: 16-27.

Axelrod, R. (1984). The Evolution of Cooperation. N.Y: Basic Books.

Becker, L. C. (1990). Reciprocity. Univ. of Chicago Press.

Blau, P. M. (1964). Exchange of Power in Social Life. NY: Wiley.

Bogason, P. (2000). *Public Policy and Local Governance: Institutions in postmodern society.* Edward Elgar.

Bowles, S. and Gintis, H. (1997). The Evolution of Pro-social Norms in Communities, *Evolution of Human Behavior*, 18.

Bowles, S. and Gintis, H. (2002a). Prosocial emotions. *Santa Fe Institute Working Paper.*

Bowles, S. and Gintis, H. (2002b). The Origin of Human Cooperation. *Santa Fe Institute Working Paper.*

Boyd, R. and Richerson, P. J. (1988). The Evolution of Reciprocity in Sizable Groups, *Journal of Theoretical Biology*, 132(June): 337-356.

Buchanan, J. M. (1988). Review of R. Sugden's *The Economics of Rights, Cooperation and Welfare, Economics and Philosophy*, 4: 341-342.

Cohen, J. (1999). Trust, Vulnerability Association and Workable Democracy: the Contemporary American Discourse of Civil Society, 208-248 in Mark E. Warren(ed.) *Democracy and Trust*. Cambridge: Cambridge Univ Press.

Coleman, J. (1990). *Foundations of Social Theory.* Cambridge. Mass: Harvard Univ Press.

Dawkins, R. (1976). *The Selfish Gene*. Oxford Univ Press. 「이기적 유전자」. 홍영남(역). 2006. 서울: 을유문화사.

Donald P. G. and Shapiro, I. (1994). *Pathologies of Rational Choice Theory: A Critique of Applications in Political Science.* Yale Univ Press.

Douglas, M. (1986). *How Institutions Think.* Utica. NY: Syracuse Univ Press

Elster, J. (1976). Some conceptual Problems in Political Theory in *Power and Political Theory.* 248-249. (ed) by Brian Barry. London: Wiley.

Elster, J. (1989). *The Cement of Society: A Study of Social Order.* Cambridge: Cambridge Univ Press

Etzioni, A. 1988. the Moral Dimension: Toward A New Economics. N.Y.: Free press.

Fukuyama, F. (1996). *Trust*. Free Press. 「트러스트」. 구승희(역). 1996. 서울: 한국경제신문사.

Gauthier, D. (1986). *Morals by Agreement.* Oxford: Oxford Univ Press.

Hamilton, W. D. (1964). The Genetical Evolution of Social Behavior, Ⅰ, Ⅱ. *Journal of Theoretical Biology*, 7: 1-16, 17-52.

Hardin, R. (1995). *One for All: The Logic of Group Conflict.* Princeton. NJ: Princeton

Univ Press.

Hayek, F. A. (1979). *Law, Legislation and Liberty, Vol Ⅰ, Ⅲ.* University of Chicago Press .

Hodgson, G. M. (1991). Hayek's Theory of Cultural Evolution. *Economics and Philosophy*, 7: 67-82.

Hodgson, G. M. (1993). *Economic and Evolution: Bringing Life Back into Economics.* Polity Press.

Holland, D. (1997). Selves as culture: As told by an anthropologist who lacks a soul. In R. D. Ashmore, & L. Jussim (eds.), *Self and Identity: Fundamental Issues*, 161-190. N.Y.: Oxford Univ Press.

Knack, S. and Keeper, P. (1997). Does Social Capital have an Economic Payoff? A Cross-country Investigation. *Quarterly Journal of Economics*, 112(4): 1252-1288.

Knight, J. (1992). *Institutions and Social Conflict.* Cambridge: Cambridge Univ Press.

Landau, M. (1972). Political Science and Public Administration: "Field" and the Concept of Decision-Making. In his *Political Theory and Political Science.* New York: Macmillan.

Levi, M. (1998). A State of Trust, V. Braithwaite and M. Levi(eds.), *Trust and Governance.* NY: Russel Sage.

Libecap, G. (1989). *Contracting for property Rights.* Cambridge Univ Press.

Maynard, S. J. (1991). *Evolution and the Theory of Games.* New York: Cambridge Univ Press.

Nisbett, R. E. (2003). *The Geography of Thought*. N.Y.: Free Press. 「생각의 지도」. 최인철(역). 2003. 김영사.

Olson, M. (1965). *The Logic of Collective Action: Public goods and the theory of groups.* Harvard Univ Press.

Osborne, M. J. (2004). *An Introduction to Game Theory*. Oxford Univ. Press.

Ostrom, E. (1990). *Governing the Commons: The Evolution of Institutions for Collective Action.* New York: Cambridge Univ Press.

Ostrom, E. (1998). A Behavioral Approach to the Rational Choice Theory of Collective Action, presidential Address, American Political Science Association. *The American Political Science Review*, 92(1): 1-22.

Ostrom, E. (2000). Collective Action and the Evolution of Social Norms. *Journal of Economic Perspectives*, 14(3): 137-158.

Ostrom, V. (1980). Artisanship and Artifact. *Public Administration Review*, 40: 309-317.

Putnam, R. (1993). *Making Democracy Work: Civic Traditions in Modern Italy.*

Princeton. N.J.: Princeton Univ Press.

Rawls, J. (1985), Justice as Fairness: Political not Metaphysical. *Philosophy and Public Affairs*, 14.

Robert McC. (1981). *Netting, Balancing on an Alp: Ecological Change in a Swiss Mountain Community.* Cambridge Univ Press.

Sen, A. K. (1977). Rational Fools: A Critique of the Behavioral Foundations of Economic Theory. *Philosophy and Public Affairs*, 6: 317-344.

Sober, E. (1998). What is Evolutionary Altruism? in D. Hull and M. Ruse(eds.), *The Philosophy of Biology.* Oxford Univ Press, 459-478.

Sober, E. (2000). *Philosophy of Biology*, 2nd. Westview Press.

Sober, E. and Wilson, D.S. (1998). *Unto Others: The Evolution and Psychology of Unselfish Behavior.* Harvard Univ Press.

Taylor, M. (1990). Cooperation and Rationality: Notes on the Collective Action Problem and its Solution in Karen S. Cook and M. Levi(eds.). *The Limits of Rationality*, 222-239. 1990. Univ of Chicago Press.

Taylor, M. (1990). Cooperation and Rationality: Notes on the Collective Action Problem and Its Solutions, in *The Limits of Rationality.* (ed) by K. S. Cook and M. Levi, Univ of Chicago Press.

Taylor, M. (1987). The Possibility of Cooperation. Univ of Cambridge Press.

Tu, W. (1996). *Confucian tradition in East Asian modernity.* Cambridge MA: Harvard Univ Press.

Uslaner, E. M. (2003). Trust, Democracy and Governance: Can Government Policy influence Generalized Trust?. Marc Hooghe and Dietland Stolle(eds.). *Generating Social Capital: Civil Society and Instiytutions in Comparative Perspective.* NY: Palgrave.

Waldo, D. (1955). *The Study of Public Administration* (Random House). [An excerpt reprinted in Shafritz and Hyde (1997)]

Wildavsky, A. (1987). Choosing Preferences by Constructing Institutions: A Cultural Theory Preference Formation. *American Political Science Review*, 81: 3-21.

Williamson, O. E. (1975). *Markets and Hierarchies.* New York: Free Press.

Wilson D. S. (1997). Altruism and organism: disentangling the themes of multilevel selection theory. *American Naturalist*, 50: 122-134.

Wilson, E. O. (1975). *Sociobiology: The New Synthesis*. Harvard Univ Press. 「사회생물학」. 이병훈, 박시룡(역). 1992. 서울: 민음사.

Wilson, E. O. (1978). *On Human Nature*. Harvard Univ Press, 「인간본성에 대하여」. 이

한음(역). 2000. 서울: 사이언스 북스.

Wilson, E. O. (1998). *Consilience: The Unity of Knowledge*. Alfred A. Knopf. 「통섭: 지식의 대통합」. 최재천 · 장재익(역). 2003. 서울: 사이언스 북스.

제 4 편

방 법 론

방 . 법 . 론

12장 행태모형과 정책연구

이 혁 주

Ⅰ. 서 론

행정학분야의 연구방법론은 서술적 연구방법, 통계학적 연구방법, 모의실험 및 수학적 모형을 이용한 연구방법 등 세 가지로 분류할 수 있다(권경득, 2006). 이 글은 이 가운데 세 번째 연구방법인 수학적, 경제학적 분석기법을 이용하는 모의실험을 중심으로 그 연구방법론적 의미와 시사에 대해 알아본다. 모의실험을 이용한 사회현상의 분석기법은 어떤 방식으로든 수학적 방법론을 이용한다는 공통점을 가지지만, 이 접근법에는 *差分方程式*(difference equation)과 같이 아주 간단한 기계적 모형에서부터 합리적 의사결정자를 전제하는 미시경제학적 모형, 그리고 복잡계의 원리를 이용한 모의실험 모형까지 다양한 접근법이 있다(Stokey and Zeckhauser, 1978; 민병원, 2005). 방법론상 개인이나 기업과 같은 단위를 분석상의 기본단위로 하는 이 행태적 접근법은 방법론적 개인주의 혹은 환원주의라고 불리는 접근법이다. 이러한 의미에서 행태적 접근법은 의사결정단위에 대한 명확한 인식이 없는 공학적 접근법, 그리고 개체보다는 전체의 구조와 논리, 체계, 구조를 강조하는 시스템적 모의실험접근법과 다르다.

이 방법론적 개인주의는 정치학 분야에서도 합리적 선택이론이라는 이름으로 흥미로운 연구성과를 양산해 왔으면서도, 인접 학문분야에서 이 접근법의 한계점에 대해 지속적으로 문제제기가 되어 온 바이기도 하다(민병원, 2005). 그러나 그러한 비판에도 불구하고 방법론적 엄정성, 그리고 설명의 단위를 개체

---

* 이 글은 2008년 한국행정학회 하계학술대회 발표 논문 "행태모형과 사회현상의 연구: 사례, 가능성, 한계"를 수정 및 보완한 것이다.

에 두는데서 오는 나름의 장점을 고려했을 때 여전히 매력적인 연구방법론이 아닐 수 없다. 이를테면 사회과학적 설명방식 혹은 행태적 이론이 분명하지 않은 공학적 설명방식에 비해 이 접근법은 행위자의 內的 誘因體系에 근거해 사회현상을 설명하고자 한다. 또한 분석의 主對象을 개별 의사결정자와 그 행위원리에 두고 이들의 행위 혹은 작동원리로부터 전체의 작동방식을 구성적으로 설명하기 때문에 전체와 같은 추상적 개체를 전제하지 않는 특색을 지니고 있다.

방법론적 개인주의에 입각한 연역적 연구방법론의 장점은 안도경(본서 10장)의 언급에도 잘 나타나 있다.

> … 기존의 이론이 간과했던 부분을 밝히거나, 새로운 연구주제를 개발하고, 새로운 현상에 대한 주의와 연구의 필요성을 제시하거나, 이미 알려진 사실을 새로운 관점에서 볼 수 있게 하는 등의 기여를 하는 경우 또한 있을 것이다.

이 글에서 말하는 행태론적 모의실험 접근법은 기본적으로 사회현상의 이해와 설명 즉 치열한 이론화의 도구로서 잠재력이 크다는 기본인식에서 출발한다.

이 글은 경제학적 의사결정주체를 전제한 미시적 접근법을 이용한 모의실험 방법이 이들 거시적, 전체적, 기계론적 접근법을 채택하는 모의실험적 접근법(이하 공학적 접근법이라고 부름)과 비교하여 어떤 차이와 장점을 가지는지에 대해 알아본다. 특히 이론구성의 도구로서 경제학적 접근법이 가지는 장점에 대해 주목한다. 이 글에서 경제학적 접근법은 개별 의사결정 주체 혹은 단위가 자신의 가치함수 혹은 목적함수에 준해 의사결정을 하고 그러한 의사결정의 총화로 주어지는 집단적 사회현상을 분석하는 행태론적 접근법을 가리키는 말로 사용하고자 한다. 이러한 의미에서 이 글에서 말하는 행태적 모형은 가치함수의 존재를 전제하지 아니하는 공학적 수식기반 모형과 대비된다.

Ⅱ. 행태적 접근법과 공학적 접근법의 비교

1. 연구자의 관점

행태론적 모의실험을 이용한 접근법은 경제학, 공학, 수학과 관련된 전문

지식과 훈련이 필요하기 때문에 통상의 사회과학적 훈련을 받은 학도들이 구사하기가 쉽지 않은 단점이 있다. 행정학의 연구대상 자체가 학제적 속성을 상당히 가지고 있는데, 여기에 더하여 이 모의실험적 접근법은 연구방법론 측면에서 또 다른 복합적 배경지식과 훈련을 요구한다. 한국 행정학에 있어 모의실험적 기법을 이용한 저작을 학술논문을 중심으로 살펴보면 그것이 공학모형이든 행태모형이든 다른 방법론, 특히 통계학적 방법론에 비해 여전히 소수에 불과하다. 2000년 이후 한국행정학보와 한국정책학회보에 실린 논문을 조사해 보면 이 점이 명확해진다. 이들 학술지에 실린 미시경제학적 접근법을 택한 모의실험 논문은 모두 시스템 다이나믹스를 이용한 연구로서 정석환 · 주영종(2005)과 최남희(2003) 등 2편에 그쳤고, 몇 해 거슬러 더 올라가 1997년도에 한국정책학보에 미시경제학의 비용함수를 이용해서 천연가스 및 전력산업의 수직통합에 따른 효과를 예측한 김연배 · 김태유 · 허은녕(1997)의 연구 한 편 정도가 있을 뿐이다. 이렇게 모의실험 접근법을 활용한 연구가 소수에 그치고 있다는 점은 한편으로는 연구방법론의 다양화가 필요함을 보여준다고도 볼 수 있지만, 또 다른 한편으로는 이러한 접근법에 대해 보통의 행정학도들이 느끼는 방법론상의 불편함도 반영하고 있는 것으로 보인다. 물론 이 불편함에는 두 종류가 있다. 첫째는 이 방법론이 기술적으로 어렵다고 느끼는 데서 오는 불편함이고, 둘째는 사회현상을 이렇게 복잡한 수식을 통해 꼭 분석해야만 하느냐 하는 비판적, 회의적 시각에서 오는 불편함이다.

이 모의실험 접근법을 다시 미적분학(공학도들과 경제학도들이 애용하는 기법)과 같은 기법을 이용하는 解析的 접근법과 구체적인 수치를 이용한 數値解析的 접근법[1] 등 두 가지로 다시 나누어 볼 수 있다. 특히 전자의 해석적 접근법은 구체적인 경험자료의 구득가능성을 전제로 하지 않기 때문에 세상 밖으로 나가지 않고 연구실에서 종이와 연필만 이용해 연구하는 것이 가능한 경우가 많다. 경우에 따라 모의실험에 필요한 자료를 외부기관에 의존해야 하는 불편이 이 접근법에는 없다는 편리함이 미적분학만을 이용하는 해석적 접근법의 장점이라고 말할 수도 있다.

1) 解析的이라는 말은 다른 말로 분석적, 영어로는 analytical을 일본의 선배 학자들이 번역해 사용한 것으로 보인다. 따라서 분석을 말하는 解析은 풀이와 설명의 의미를 갖는 解釋과는 명확히 다르다.

2. 이용자의 입장

여러 가지 힘이 복합적으로 작용해 나타나는 사회현상의 경우 어떤 정책이 어떤 효과를 가지는지에 대해 연구자뿐 아니라 특히 실무자는 큰 관심을 가지지 않을 수 없을 것이다. 이러한 상황에서 현상을 들여다보는 眼鏡인 모형은 일정 부분 불가피하게 복잡한 모양을 하게 된다. 최남희(2003)는 서울시의 도시동태성을 분석하는 모형에서 모형의 하위 구성요소 간 환류과정을 고려하고 있는데 이 분야에 관심을 가진 연구자가 보아도 그 개념도는 복잡하기 이를 데 없다. 비록 이런 복잡한 모형을 통해서라도 인간은 미래를 예측하고 정책의 효과를 측정해보고 싶은 것이다. 만약 과거의 추세가 가까운 장래까지 지속된다고 믿을 만 하다면 과거의 패턴이 가까운 미래에도 반복될 것이므로, 이 모형의 숫자가 어찌 나왔든지 모형의 예측은 대체로 정확할 것이라고 말할 수 있을 것이다. 이 모형을 이용하면 모형의 설정방식에 따라 정밀한 수준까지 예측하는 것이 가능하다. 이에 비해 행태모형은 여러 가지 이유에서 미세한 부분까지 예측하는 힘을 가진 접근법은 아니다.

모의실험 접근법은 그것이 해석적이건, 수치해석적이건 비전문가의 입장에서 보면 난해하고 신비로운 기호와 암상자의 집합체로 인식될 수 있다. 이러한 기술적 난해성과 이용자의 無知로 인해 연구결과의 신뢰성과 전문성이 확보되기도 한다. 그러나 기술적 난해성은 다른 한편으로는 연구결과를 효과적으로 전달하는 데 있어 연구자는 별도의 노력을 기울여야 함을 의미하기도 한다.

그러나 두 가지 이유에서 소통이 항상 쉬운 것만은 아니다. 첫째 이유로는 비전문가가 가진 지식의 한계 그 자체를 들 수 있다. 둘째 이유로는 간혹 연구자도 잘 설명하기 힘든 실험결과를 얻을 수도 있는 상황이 발생할 수 있다. 이 후자의 문제가 일어나는 원인은 다양하다. 첫째, 관찰된 현상이 관련 분야에서 처음 보고되는 새로운 현상인 경우도 있다(이 글의 뒤에서 좀 더 자세히 보게 됨). 둘째, 사회현상을 공학모형과 같은 기계론적 모형을 이용해 이해하고자 하는 경우 실험결과를 기계론적으로 설명하는 것밖에는 달리 설명할 수 없는 경우도 있다. 이러한 설명은 설명이라기보다는 記述的 報告라고 해야 한다.

3. 연구방법론적 측면

모의실험 접근법은 기본적으로 가상실험이기 때문에 이 접근법의 가장 큰 장점은 연구수행상의 편리함에 있다고 해도 과언이 아닐 것이다. 이를테면 대규모 사회실험이나 자료의 수집을 전제하지 않고 비교적 손쉽게 가설을 검증하고 새로운 이론의 개발이 용이한 접근법이 바로 이 모의실험 접근법이다. 따라서 事後硏究로서의 경험연구와 달리 모의실험 접근법은 事前硏究가 가능하고, 어떤 일이 벌어지기 전에 관련현상을 연구하고 관련이론을 개발해 제시할 수도 있는 '경제적인' 접근법이기도 하다.

모의실험 접근법과 서술적, 통계적 접근법은 지식생산과정에서 상호보완관계에 있다. 이를테면 이론가들의 이론을 사회조사·분석 전문가들이 경험연구를 통해 검증하는 것처럼, 경험적, 서술적 연구성과를 모의실험적 접근법을 통해 정식화(定式化)하고 체계화함으로써 모의실험적 접근법은 관념적, 경험적 연구결과에 대한 이론적 기반과 근거를 제시해 주거나 혹은 그 전제조건과 한계에 대한 지적을 통해 기존 연구성과를 보완 혹은 수정하는 역할을 하기도 한다.

지금부터 행태이론에 기반한 수치해석적 모의실험 접근법이 다른 접근법과 연구방법론상 어떻게 다른지 구체적인 예를 통해 좀 더 자세히 알아본다.

Ⅲ. 행태모형과 공학모형의 연구방법론적 비교

1. 연구질문

교통 및 환경정책상 중요한 의미를 갖는 혼잡통행료[2]와 주행세를 통해 연구방법론상 행태적 접근법이 가지는 특징에 대해 좀 더 자세히 살펴본다. 지금

2) 이 글에서 혼잡통행료라고 할 때 이 혼잡통행료는 교통 혼잡이 야기하는 사회적 비용 모두를 내부화하도록 부과되는 최선의 통행료(first-best congestion tolls)를 말한다. 이에 반해 주행세는 도로의 혼잡도와 직접 연계되지 않고 주행거리에 비례해 소비되는 기름에 대해 정률로 부과되는 피구의 세금(Pigouvian tax)이라는 차이가 있다.

부터 살펴볼 사례는 개별 가계와 기업을 모형의 핵심 구성요소로 하고 이들의 행동원리에 근거해 연구질문과 정책실험을 한다는 의미에서 미시경제학적이다. 그러나 이들 '경제주체'가 실제로 도시공간상에서 달성하게 되는 균형을 푸는 문제는 경제원리를 이용하면서도 교통공학에서 발달한 풀이과정을 이용하고 또한 사회과학의 방법론상 행태적 접근법에 속하기 때문에 '미시경제학적' 접근법이라는 표현 대신 '행태적'이라는 중립적이고도 포괄적인 표현을 사용하기로 한다. 여기서 살펴볼 균형문제의 풀이는 산업공학분야에서 별도의 주제로 연구될 만큼 중요하고(예: Luo, Pang and Ralph, 1996) 일반균형문제를 푸는 일은 수식을 나열하는 것과는 전혀 다른 문제이다.

우선 다음과 같은 질문에 대해 연구자 혹은 정책분석가는 어떻게 대답할 것인지 생각해 보자.

> 질문 1 외부효과를 전적으로 내부화하는 혼잡통행료는 오랫동안 경제학자들 사이에서 교통부문에 존재하는 외부효과를 교정하는 최선의 정책수단이라고 인식되어 왔다. 그러나 이 최선의 정책은 시민의 정치적 저항뿐 아니라 부과와 징수에 따른 행정비용으로 인해 실제로 집행하는데 여러 가지 어려움이 있다. 그 대안으로 자주 거론되는 것이 바로 주행세이다. 이때 주행세율의 적정 수준은 얼마인가?

> 질문 2 주행세와 혼잡통행료는 모두 (−)의 외부효과를 내는 '소비활동'에 대한 세금 즉 피구(Pigou)의 세금이다. 그렇다면 주행세와 혼잡통행료를 부과하게 되면 도시의 토지이용, 출퇴근 통행패턴, 주거 및 직장의 분포 등에서 어떤 변화가 일어날 것이며, 그 기저에 있는 작동기제는 무엇인가? 이들 질문은 도시 및 교통계획적 측면에서뿐 아니라 학술적 측면에서도 중요한 질문이 아닐 수 없다.

우선 서술적, 사변적 연구방법은 이미 알려져 있는 사실들에 더해 새로운 이야기를 할 수 있는 접근법은 아닌 것 같다. 왜냐하면 우리가 원하는 답은 설명적이면서도 향후 관련연구의 디딤돌이 될 수 있는 구성적 답변이고 또한 계획 및 정책수립상 지침이 될 수 있는 구체적인 답 즉 숫자이기도 하기 때문이다. 두 번째 방법으로서 통계적 접근법은 위 두 질문에 대해 일정부분 대답할 수 있다. 이를테면 주행세의 부과로 인한 비용과 편익을 보여주고 '적정' 주행세율에 대해 질문해 볼 수 있다.

통계적 기법은 설명적 이론의 구축수단으로서 사용하기에 따라 얼마든지 유용하게 사용될 수 있다. 이 점은 부연이 필요하지 않을 만큼 연구사례가 많다. 그러나 통계적 기법을 이용해 도시의 세금 부과 전후에 도시의 토지이용에 어떤 변화가 일어날 것인지 추적하는 일은 쉬운 일이 아니다. 우선 도시의 물리적 구조물은 장기간의 조정과정을 거치기 때문에 이러한 조정과정의 결과가 반영된 자료를 구하기가 어렵다. 그리고 통계적 기법 자체는 설명적 이론을 내부에 포함하고 있는 것은 아니다. 가상의 상황을 전제하고 일반 시민이나 전문가에게 설문해보는 것도 한 가지 방법이지만 사람들의 상상력에 지나치게 큰 의미를 부여하는 것은 연구방법론상 권장할 만한 것이 아니다.

한편 해석적 접근법은 어떤 단일 현상에 대한 부분적 이해가 우선인 경우 대단히 효과적이다. 부분을 이해하는데 있어 복잡한 모형을 동원할 필요는 없기 때문이다. 그러나 모의실험 모형이 여러 가지 한계를 가지고 있는 것처럼, 이 접근법도 복잡한 현상의 이해와 정책결과의 비교 및 평가 등에 있어서 그 나름의 한계를 가지고 있다. 이를테면 해석모형을 이용해 도시의 토지이용 변화를 추적하는 것이 불가능한 것은 아니지만 '부호 불확정성'으로 대표되는 고질적인 문제에 봉착하게 되는 일이 흔하기 때문에 '혼합토지이용'을 전제한 현대적 도시에서 이 접근법을 이용해 의미 있는[3] 분석을 하는 것은 사실상 불가능하다고 하겠다. 이때 의존할 수 있는 기법이 수치해석적 모의실험법인데 시스템 다이나믹스나 도시경제학자들이 주로 사용하는 연산 가능한 일반균형 모형이 그 예이다. 수치해석적 모의실험 접근법의 경우 분석시스템의 전체 얼개를 구상한 후 하위체계 내, 하위체계 간 관계를 연구질문에 답하기 적합한 방식으로 수학식을 통해 맺어 주게 된다. 비행태모형의 경우 토지이용에 영향을 주는 요인을 선별한 후 기존의 통계자료와 이론을 이용해 토지이용(종속변수)과 변화요인(독립변수) 간 관계를 일정한 수식으로 규정하게 된다. 최남희(2003)는 일정 시점에서 어떤 변수의 수준을 해당 수준변수의 초기 값과 해당 변수의 변화율을 이용해 표현하고 있다. 모형의 하위요소를 구성하고 이들 사이의 관계식을 행태적 가정에 입각하거나 통계적 적합성 등 일정한 기준에 따라 구성하는 것은 기본적으로 행태모형과 크게 다르지 않아 보인다.

공학모형의 경우 행태적 모형의 요소는 일정한 관계식으로 정리되어 모형

3) 해석적 접근법에서는 외생변수의 변화에 대한 내생변수의 변화방향을 검사하는 작업을 많이 하게 되는데(일명 부호검증), 혼합토지이용을 전제한 모형에서는 이러한 내생변수의 변화방향을 확정짓는 것이 매우 어렵거나 불가능에 가깝다.

의 일부로서 구성되고 개별 의사결정자의 존재는 암묵적이기 때문에 모형에 가해진 일정한 자극에 대해 어떻게 반응할 것인지 이미 프로그램화된 반응공식에 따라 의사결정자의 유인체계를 우회하여 결과로서만 나타나게 된다. 이 점은 비행태모형이 복잡한 정책현상을 다루는데 상당한 정도의 유연성을 가질 수 있는 근본적 이유가 된다. 그러나 이러한 우회적 접근 때문에 공학모형은 사회현상의 행태적 설명 또한 우회함으로써 새로운 이론을 구성하고 생산하는데 있어 큰 한계를 가진 접근법이 되기도 한다. 사회현상에 대한 이해는 어떤 식으로든 그 현상의 작용기제에 대한 설명이 있어야만 하는데, 공학적 모형의 경우 그 추상성 때문에 이러한 설명과 이해를 하기가 쉽지 않다.

2. 분석모형

행태적 접근법과 비행태적 접근법이 앞서 나열한 질문 1과 질문 2 등 동일 연구질문에 대해 어떻게 달리 답하는지 알아보자. 이를 통해 두 기법의 특징이 잘 드러나고 특히 행태적 접근법이 설명 및 이론화의 도구로서 다른 접근법과 비교해 어떤 차별적 가치가 있는지 알게 될 것이다. 이 글은 행태적 접근법과 비행태적 접근법 간 비교가 주목적이기는 하지만 행태적 접근법을 중심으로 기술된다.

1) 地　　理

두 접근법을 비교하기 위해 구체적인 도시공간을 상상해 보자. 이 도시는 가운데는 좁고 두 끝은 넓은 一字 모양을 하고 있다고 하자. 도시는 권역 1에서 11까지 동질적인 권역 11개로 구성되고 이들 권역은 아래첨자 i, j, k, v 등으로 표시되며, 생산 활동은 도시 전역에서 이루어지고 따라서 일자리도 도시 전역에 산재해 있다고 하자. 이러한 선형도시에서 각 권역은 도심으로부터의 거리에 따라 차별화된다. 도시 내 각 지점이 2차원적 평면에서 구별될 특별한 이유가 없다면 선형도시만으로도 도시의 중요한 공간현상을 모형화하는데 큰 문제는 없다.

2) 도시체제

교통혼잡이나 배기가스의 배출 억제를 위해 혼잡통행료 혹은 주행세를 부과할 수 있다. 따라서 다음과 같은 세 가지 유형의 도시체제의 성과를 비교해 보기로 한다.

기준도시: 혼잡통행료도 주행세도 없는 도시
최적도시: 都市全域에서 사회적 혼잡비용과 개인이 부담하는 교통관련 (평균)비용 간 차이에 해당하는 혼잡통행료가 부과되는 도시(즉 최선의 혼잡통행료가 부과되는 도시)
주행세도시: 자동차 연료가격에 대해 종량세율 τ로 주행세가 부과되는 도시

주행세는 연료 1리터당 가격 p_i에 세율 τ를 적용되어 리터당 τp_i원 부과되고 이때 소비자 가격은 리터당 $p_i + \tau p_i$원이 된다. 따라서 주행거리가 많을수록 통행자는 주행세를 많이 내게 된다. 혼잡통행료는 도시의 각 지점에서 부과되고 징수되기 때문에 별도의 관리체제가 구축되지 않으면 시행이 어려운 제도이다. 주행세는 기존의 세금징수 체제를 이용해 부과하고 징수할 수 있는 장점이 있다.

3) 개별 행위주체 및 가치함수

이 글에서 개별 의사결정자로서 통행의 주체인 가계, 이들 가계에 대해 일터를 제공하고 출퇴근 통행을 발생케 하는 기업, 그리고 제 3 의 주체로는 지방정부를 상정하기로 한다. 이제 분석의 핵심대상인 개별 가구의 가치함수인 효용함수를 전제하자. 이 효용함수는 비행태적 접근법에서는 도입되지 않는 개념이다. 권역 i에 살면서 권역 j로 연비가 e인 승용차를 타고 출퇴근하는 어떤 가구의 경제적 후생은 살고 있는 땅의 면적(즉 대지면적)과 여가시간, 소유하는 자동차의 안락함 정도와 가처분 소득(소비재의 소비량을 가처분 소득에 대신해 모형에 사용)에 비례해 증가한다고 하자. 이러한 관계를 다음과 같은 효용함수를 통해 수식화해 모의실험에 사용할 수 있다.

$$u_{ije} = f(\text{소비재 소비량, 대지면적, 여가시간, 차량의 쾌적성}) + \text{개별 가구의 특이선호항}$$

$$= \underbrace{\alpha \ln\left(\sum_k z_{ijke}^{\rho}\right)^{\rho}}_{\text{소비재 소비량}} + \underbrace{\beta \ln q_{ije}}_{\text{대지면적}} + \underbrace{\gamma \ln l_{ije}}_{\text{여가시간}} + \underbrace{u(e)}_{\text{자동차의 쾌적성}} + \underbrace{\varepsilon_{ij} + \varepsilon_{ije}}_{\text{개별가구의 특이선호항}} \tag{1}$$

식(1)에서 q_{ije}, l_{ije}는 각각 이 가구가 점유하는 대지의 면적과 여가 시간

을 말한다. α,β,γ 등은 (+)의 상수로서 해당 항목이 개별 가구의 경제적 후생 u_{ije}에서 차지하는 중요도를 말한다. 이들 세 상수는 전체 가구 소득 가운데 해당 경제활동에 투입되는 소득의 비중 즉 지출비중과 대체로 비슷한 비율로 주어진다. z_{ijke}는 권역 k에서 생산되는 재화에 대한 월간 소비재 구매량으로서 앞서 말한 가처분소득에 대응하는 개념으로 이해하면 된다. 연비가 낮은 차일수록 대형차인 경향이 있고 대형차는 소형차에 비해 안락성과 안전성에서 우월하다. 이러한 특성은 $u(e)$에 반영된다. ε_{ij}와 ε_{ije}는 주거-직장짝 및 주거-직장-연비에 대한 개별 가구들의 차별적 선호를 보여주는 항으로서 확률변수이다. 이들 특이선호항은 일정한 확률분포를 하고 이 확률분포에 준해 주거-직장짝 및 보유 차종의 연비 간 가구의 분포가 결정된다. 어떤 가계가 소비활동으로부터 얻는 총효용의 크기 u_{ije}는 주요 소비재로부터 얻는 부분효용(z_{ijke},q_{ije},l_{ije})과 특이선호항(ε_{ij},ε_{ije})의 합으로 주어진다. 전체 효용을 이렇게 부분효용의 합으로 하게 되면 주요 소비부문별 소비결정이 다른 소비부문의 의사결정에 직접적 영향을 받지 않게 된다. 이는 대체로 현실에서 관찰되는 현상이기도 하다. 이 효용함수의 型을 사용하게 되면 가격탄력성 및 소득탄력성이 현실에서 보는 값과 크게 다르지 않게 된다.

개별 가구는 소득 및 시간제약 등 두 제약조건하에서 자신의 효용을 극대화할 수 있도록 주거지, 직장, 차종 및 소비관련 의사결정을 한다. 연비가 높은 차량을 소유하게 되면 연료 지출비용이 줄고 통근비용이 따라서 줄게 되어 실질 월간수입은 증가하게 된다. 반면 연비가 높은 차 즉 소형차를 몰게 되면, 차량의 안락함과 안전성 등 쾌적성 $u(e)$가 낮게 나타나게 된다. 따라서 기름값도 적게 들면서 동시에 차량의 쾌적성도 무한정 좋은 차량의 선택은 불가능하고 개별 가구는 차량 선택시 쾌적성과 운행비용 간 상충성을 고려해 차종을 선택하게 된다.

기업의 경우는 이윤을 극대화하는 생산요소의 고용량과 생산량을 결정한다. 기업은 도시 내 각 권역에서 활동하므로 사람들은 도시 전역에서 생산활동을 하게 된다. 그 결과 도시의 바깥쪽에서 안쪽으로 향하는 통근통행뿐 아니라 안쪽에서 바깥쪽으로 향하는 역통근통행도 이루어진다. 또한 도시전역에서 생산활동이 이루어지므로 도시 내 각 권역은 주거용 토지뿐 아니라 생산용 토지도 함께 포함하게 된다(즉 혼합 토지이용).

이제 가계와 기업의 행동원리에 공간균형 문제를 풀 수 있는 여러 가지

시장(토지시장, 노동시장, 소비재시장, 기업의 진출입)의 균형조건을 더하면, 교통이라는 물리현상을 사회현상으로 재해석한 문제설정이 마련되고 이 문제를 푸는 과정은 행태적 접근법을 이용해 교통현상을 풀어내는 과정이 된다. 이때 주행세와 혼잡통행료는 서로 다른 정책수단으로서 서로 다른 공간균형을 낳게 된다. 정책평가는 이렇게 상이하게 주어지는 균형상태에 대한 가치판단을 말한다.

4) 수치해석적 모형의 완성

이제 모형의 틀이 완성되었으므로 구체적인 모수 값을 부여하고 모형의 균형을 구하는 절차에 착수하게 된다. 〈표 12-1〉은 실험에 사용된 모수 값들이다.

〈표 12-1〉 母 數

연비 $c^e = \begin{cases} 0.016 \text{ 갤론}/km, e = 0.75 \text{ (소형차의 경우)} \\ 0.025 \text{ 갤론}/km, e = 1.25 \text{ (대형차의 경우)} \end{cases}$

혼잡함수 : $a = 1/80$ 시간/km, $b = 60$, $c = 1.5$, $\zeta = 1.1$

권역의 길이 : 내부권역 3.2km, 권역 1과 11의 경우 8km

도시의 반경 : $(9 \times 3.2 + 2 \times 8) \div 2 = 22.4$km

재화 1단위 구매에 필요한 월간 구매통행 횟수 $= 1/13$

주: 혼잡함수는 $g_i = a(1 + bF_i^c)$로서 일명 BPR(Bureau of Public Roads)함수라고도 불리는 것으로서 권역 i의 1km를 주행하는데 걸리는 시간을 말한다. 여기서 a,b,c는 (+)의 상수로서 a는 교통혼잡이 전혀 없을 때 자동차 주행속도의 역수이다. F_i는 권역 i의 교통량을 말한다.

이 모의실험에서 이들 모수 값은 연구자가 외생적으로 부여하는 값들이다. 이들 모수를 이용해 모형의 내부에서 결정되는 값들은 예시하면 다음과 같다.

> 도시의 크기, 인구밀도, 선택된 연비의 분포, 교통시간, 토지이용, 주거-직장 분포, 연료비 지출, 자동차의 주행속도, 가구의 소비지출, 여가시간 및 점유하는 대지면적, 후생수준 W, 통행패턴, 생산활동의 규모와 분포, 임금률, 소비재의 가격, 토지임대료, 총주행거리, 기름 소비량, 가계의 전체 가용시간 가운데 교통에 사용되는 시간의 크기, 최적 주행세율, 최선의 혼잡통행료

이들 값이 내생적으로 결정된다는 것은 모수의 조작을 통해 민감도분석을

할 수 있다는 말이다. 즉 민감도 분석을 통해 여러 가지 가상적 상황에서 연구자는 다양한 질문을 해볼 수 있게 되고 이 과정에서 가설을 검증하고 새로운 관찰결과를 학계에 보고하기도 하게 되는 것이다.

Ⅳ. 최적 주행세율 결정문제: 질문 1

최적주행세율을 결정하기 위해 다음과 같이 몇 가지 평가지표를 생각해 볼 수 있다.

① 평균 주행속도 지표: 각 권역에서 실현되는 자동차 주행속도의 교통량가중 평균치
② 연료비 지표: 도시 전역에서 자동차 이용자가 지출하는 연료비 총계

문제는 〈그림 12-1〉 에서 보는 것처럼 주행세율이 높아지면서 교통량이 줄어들어 주행속도가 개선됨과 동시에 도시 전역에서 사용되는 연료소비량도 함께 줄어들게 된다는 점이다. 즉 두 가지 지표가 동시에 개선됨에 따라 주행세율을 무한정 높이는 것이 최적이라는 불합리한 결론에 도달하게 된다. 물론 이때 도

〈그림 12-1〉 평가기준과 정책안의 선택

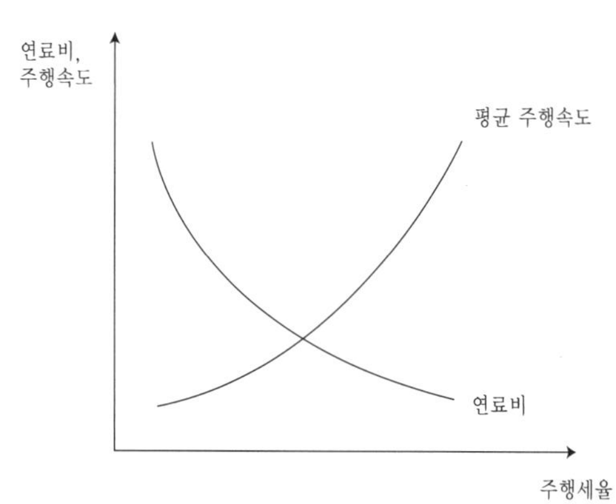

시경제는 지나치게 높은 주행세 때문에 치명적 타격을 입게 된다. 이러한 불확정성 문제를 해결하기 위해 분석자는 정부의 조세수입 목표, 가계의 부담, 목표로 하는 주행속도, 자동차 통행량 저감목표치, 배기가스 저감량 목표치 등 단일의 목표치를 설정하고 이를 달성하게 하는 주행세율을 결정하되 다른 지표는 보조지표로 삼아 최적 주행세율을 결정해 볼 수도 있을 것이다. 이때 이러한 접근법은 정책분석과 같은 응용연구에서는 별문제가 없지만 목표설정의 작위성, 도시경제에 미치는 다양한 영향을 평가에서 제외했다는 비난을 감수해야 한다.

이에 반해 이 글에서 채택한 행태적 접근법의 경우 앞서 자동차의 속도, 연료소모 및 도시경제에 미치는 영향을 종합적으로 고려해 판단할 수 있는 단일 후생지표를 제공하는 장점이 있다.

$$W = f(\text{소득, 소비재의 가격, 토지임대료, 임금률, 정책변수로서 혼잡통행료와 주행세})$$
$$= \frac{1}{\lambda_2}\log\sum_{ij}\exp\lambda_2 U_{ije} \quad (2)$$

식(2)에서 사용된 기호 U_{ije}는 주민의 소득 Ω_{ije}, 소비재의 교통비용 포함 가격 p_{ijke}, 지대 r_i, 임금률 w_j 및 자동차의 쾌적성 $u(e)$ 등의 함수로 주어진다.

$$U_{ije} = \ln\Omega_{ije} + \frac{\alpha(1-\rho)}{\rho}\ln\left(\sum_k p_{ijke}^{\rho/(\rho-1)}\right) - \beta\ln r_i - \gamma\ln w_j + u(e)$$

이들 식에서 λ_1과 λ_2는 각각 ε_{ije} 및 ε_{ij}의 분포와 관련된 모수들이다. 개별 가구는 ε_{ije} 및 ε_{ij}으로 대표되는 (i,j,e)에 대한 선호를 가지고 있는데, 어떤 가구는 (i,j,e)를 선택할 때 자신의 선호에 최적인 짝 (i,j,e)를 선택하게 된다. 이때 이러한 최선의 짝으로부터 얻는 개별 가구의 효용수준의 평균값, 즉 도시민 전체에 대한 최대 효용에 대한 기대치를 ε_{ije} 및 ε_{ij}의 분포로부터 유도해 낼 수 있다. 그 결과가 식(2)에 있는 후생함수 W이다.[4] W의 수식에서 보는 것처럼 개별 가구의 소득이 높을수록, 토지의 임대료가 낮을수록, 차량의 쾌적성이 클수록 각 가구의 경제적 후생은 높은 것으로 평가된다. 그리고 여가라는 시간의 기회비용인 임금률이 낮을수록 마찬가지로 가구의 경제적 후

4) 이 수식의 유도에 필요한 이론은 Ben-Akiva and Lerman(1985)을 참고하라.

생은 높아지게 된다. 정책변수인 주행세율 및 혼잡통행료는 함수 W 속에 숨어 있어 식(2)에는 명시적으로 나타나 있지 않다.

이러한 지표는 분석상의 이론적 엄정성을 유지하게 하는 중요한 개념이지만 이 지표의 유도과정에서 동원되는 '추가적' 가정이라는 비용을 지출해야 한다. 즉 주어진 분석설정(analytical setup)에서 많은 정보를 뽑아내려면 그에 상응하는 정보상의 투입이 전제되어야 한다. 때로는 그러한 투입이 가정에 의할 수도 있고 혹은 경험연구를 통해 확보되는 경우도 있을 것이다. 이러한 관점에서 보면 행태적 접근법이 기존의 공학적, 통계학적 접근법에 항상 우월한 접근법이라는 판단은 금물이다. 오히려 비행태적 접근법을 통해 정책질문에 답하는 것이 더 현명할 수도 있다.

이제 이 후생지표를 이용해 주행세와 혼잡통행료 가운데 어느 것이 더 좋은 정책인지 평가할 수 있다. 주행세율을 τ라고 하고 혼잡통행료와 맞설 최적의 주행세율 τ^*를 식(2)을 이용해 찾아보면 $\tau^* = 0.72$일 때 후생수준은 $W=$ 8.3792으로서 최대가 됨을 알 수 있다. 이 값을 기준도시의 W값과 비교해 보면 가계소득으로 다시 측정했을 때 기준도시 대비 0.11%의 후생개선 효과를 보이는 것으로 평가된다. 혼잡통행료를 부과하는 경우는 후생수준이 0.13% 향상된다. 따라서 식(2)과 같은 지표에 따르면 무엇이 더 좋은 정책수단인지 쉽게 판가름할 수 있다. 이 지표는 개별 정책수단이 도시경제와 토지이용, 교통 등

〈그림 12-2〉 주행세율과 도시의 후생수준

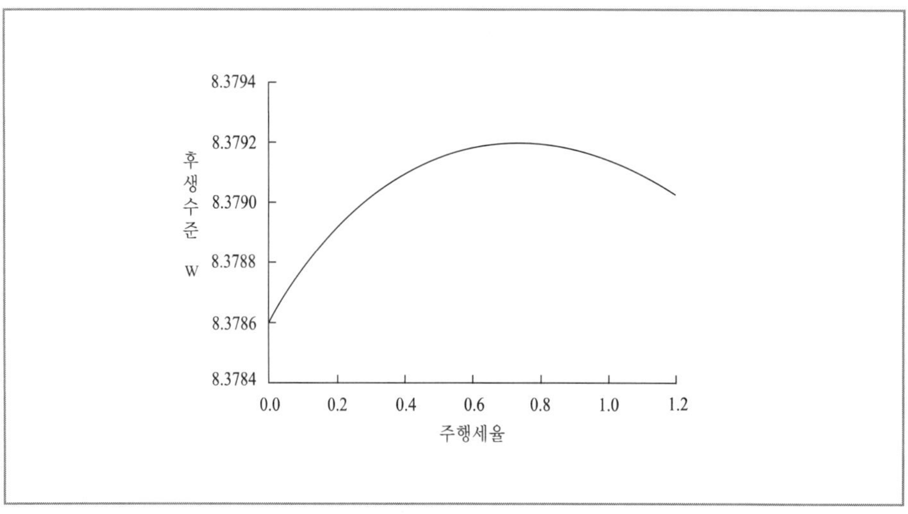

〈표 12-2〉 주행세로 인한 후생증진분의 원인별 분해

시장효과			혼잡개선 효과	소득감소 효과	계
토지시장	재화시장	노동시장			
−1.06	+9.63	−8.29	+1.00	−0.60	+0.69

주: 혼잡개선에 의한 후생변화분을 +1.00으로 놓았을 때(표의 네 번째 열) 원인별 후생변화분을 혼잡개선 효과의 배수로 표현한 값들이 이 표에 보고되고 있음. 이를테면 주행세는 토지 임대료가 가장 높은 도심 쪽으로 도시의 활동을 집중시키는 경향이 있기 때문에 토지시장 기준으로 평가한 주행세 부과의 부정적 효과가 '혼잡개선 효과'에 비해 1.06배에 이름(첫 번째 열 참고). 또한 임금률에서 주행세를 공제한 실질 임금률은 주행세 부과와 더불어 하락하게 되어 노동공급을 위축하게 되는 부정적 효과가 혼잡개선 효과의 물경 8.29배에 달한다(세 번째 열); 이들 숫자는 주행세율을 0.8000에서 0.8002로 미량 변화시켰을 때의 후생변화분. 이 상대적 숫자의 크기는 주행세율에 대해 안정적으로 변화하는 모습을 보임; 마지막 열의 +0.69는 혼잡개선 효과의 크기를 1로 놓았을 때 종합효과는 1보다 작은 0.69에 불과하다는 의미.

여러 부문에 미치는 영향을 종합해 보여주는 함축적 수치라는 장점을 가지고 있다.

이론적 기반이 탄탄한 후생지표를 이용하면 주행세의 변화에 수반되는 후생변화분을 이용해 여러 가지 의미 있는 시사를 유도해 낼 수 있는데, 이 점은 공학모형이나 통계적 접근법으로는 해내기 힘든 이론기반 접근법의 큰 장점이다. 〈표 12-2〉는 주행세율을 조금 변화시켰을 때 발생되는 후생변화분을 그 원인별로 분해한 결과를 보여준다. 이 표에 따르면 주행세가 본래 의도했던 효과는 혼잡개선효과(+1.00)이었음에도 불구하고 시장을 통한 효과뿐 아니라 주행세 부과로 인한 가처분 소득 감소와 이로 인한 후생감소 효과("소득감소 효과"< 0) 등 여러 가지 종류의 효과가 동시에 나타나고 있음을 잘 보여준다.

지금까지의 논의를 바탕으로 다음과 같이 행태적 모의실험 모형에 대해 말할 수 있다.

정책평가 관련 시사 〈표 12-2〉에서 명확하게 보는 것처럼 주행세나 최적 혼잡통행료와 같은 정책수단의 일반균형 효과가 무시할 수 없을 정도로 크다면, 이런 일반균형 효과를 적절히 고려하지 않고 수행된 정책평가는 평가결과에 있어 편향(bias)이 내재된 한계를 지닌다고 말할 수 있다. 이와 대비되는 연구사례로 이를테면 조은경·김성수(2007)를 참고할 수 있다. 이 문제는 공학적 접근법과 통계적 접근법에서 특히 문제가 된다는 것이 필자의 판단이다. 앞서 이미 지적한 것처럼 통행비용의 변화는 불가피하게 장기적으로 거주지와 직장소재지 선택에 변화를 초래

하고 이는 다시 도시 내 경제활동의 장기적 분포에도 영향을 주게 된다. 이 때 이러한 장기적 영향의 정도가 〈표 12-2〉에 토지시장과 노동시장에 반영되어 나타난 것이다. 공학적, 통계학적 접근법에서는 일반 균형적 영향을 보통은 누락시켜 분석하게 된다. 이 점은 행태적 모의실험 접근법이 공학적, 통계적 접근법과 분명히 구분되는 연구방법론상의 장점이다.

학술연구상의 시사 주행세와 혼잡통행료는 기준도시 대비 각각 0.11% 및 0.13%의 후생이 개선된다면 두 정책 간 후생경제학적 측면에서 그리 큰 차이는 아니다. 만일 그 효과에서 별로 차이가 없다면 향후 교통혼잡과 관련된 학술적 연구는 전통적으로 최선의 혼잡통행료 그 자체를 고집하는 것보다는 주행세와 같은 次善의 정책수단에 좀 더 관심을 가지고 추진되어야 할 것이다. 이 글과는 약간씩 다른 맥락이기는 하지만 유사한 문제제기는 이미 다른 경제학자들에 의해 제기되고 있다. 한편 환경비용을 포함한 연구로 확장하는 문제는 Parry and Bento(2002), Murphy and Delucchi(1997) 등의 연구를, 자동차 보유세, 진입통행료(cordon tolls), 구역통행료(area tolls)와 같은 정책수단에 대한 연구는 Mun, Konish and Yoshikawa(2003, 2005), Verhoef(2005), Proost et al.(2002) 등을 참고할 수 있고 도시의 내부구조를 전제한 연구는 본 모형을 확장해 좀 더 세부적으로 다시 연구가 될 필요가 있다.

교통정책상의 시사 만약 최선의 혼잡통행료가 정치적, 행정적 이유에서 실제 시행하기 어려운 것이라면 주행세율은 기름가격의 72%수준으로 책정하는 것이 적정하다. 주행세는 혼잡통행료에 비해 도심권역에서는 적게 내지만, 도시의 외주부에서는 주행세가 오히려 혼잡통행료보다 더 크게 부과된다. 또한 〈표 12-3〉에서 보면

〈표 12-3〉 주행세도시와 최선도시에서 교통관련 비용의 가계부담 비교

	가구 소득 대비 교통관련 비용의 비중(%)		설명
	소형차의 경우	대형차의 경우	
기준도시	4.7	7.1	연료비
최선도시	10.7	12.7	연료비 + 통행료
주행세도시	12.1	17.7	연료비 + 주행세

주: 세 번째 열에 보고된 %는 자동차 관련 지출(기름값 포함)이 미국 가계의 경우 20%에 근접하다는 점을 고려해 보정되었다. 그러한 구체적 보정에 관계없이 도시유형 간 가구 소득 대비 교통관련 비용의 비중(%)의 상대적 순위에는 변화가 없다.

정치적 저항을 최소화한 차선책인 주행세를 시민이 받아들이면 그 대가로 혼잡통행료에 비해 부담은 더 크면서도 후생수준은 오히려 낮은 도시를 받아들이게 되는 것이다.

Ⅴ. 도시 내 활동분포에 대한 설명과 이론의 구성: 질문 2

학자들의 입장에서 보면 최적 주행세율의 결정만큼이나 관심을 가지는 연구주제가 서로 다른 정책수단 하에서 나타나게 되는 토지이용, 통행패턴, 주거-직장의 분포 변화 등 활동의 분포와 그 작동방식 등이다. 행태이론에 기반한 접근법은 이런 지적 욕구를 효과적으로 충족시킬 수 있는 연구수단으로 보이며, 이 점에 관한 한 행태적 접근법이 공학적, 통계적 접근법에 비해 탁월한 연구방법론이라는 것이 필자의 생각이다. 이제 이러한 주장에 대해 찬찬히 살펴보자.

이 글에서 설명하는 행태적 모의실험 접근법에서 이론의 구성, 즉 사회현상의 설명방식은 실험결과를 경제학적 이론에 근거해 해석하는 데서 출발한다. 간단한 현상은 쉽게 설명이 되지만 모형의 복잡도가 증가될수록 금방 설명이 되지 않는 경우가 빈번하게 발생한다.

〈표 12-4〉 기준도시가 주행세도시로의 변화로 발생되는 주거-직장 분포의 변화

(단위: %포인트)

권역구분		직장 소재지			합
		1-3	4-8	9-11	
주거권역	1-3	+0.43	−0.02	−0.57	−0.15
	4-8	−0.07	+0.44	−0.07	+0.30
	9-11	−0.57	−0.02	+0.43	−0.15
합		−0.20	0.40	−0.20	0.00

주: 권역 1, 2, 3과 권역 9, 10, 11은 도시의 외주부에 있는 권역들. 반면 권역 4, 5, 6, 7, 8 등은 도시의 중심에 있는 권역들; 권역 1, 2, 3에 살면서 동시에 권역 1, 2, 3에서 일하는 사람의 비율이 기준도시가 주행세도시로 변하게 되면서(즉 기준도시에 주행세가 도입되면서) 0.43%포인트 증가(왼쪽 위 회색 칸의 숫자). 다른 칸의 숫자들도 마찬가지 방식으로 해석; 혼잡통행료의 경우도 이 표와 비슷한 통행의 局地化 현상 발생.

주행세와 혼잡통행료가 후생수준을 높이는 이유는 과도하게 분산된 도시의 활동이 합리적으로 재배치되기 때문이다. 좀 더 구체적으로 다시 살펴보면

① 토지이용상 주거가 더 도심 집중적으로 분포하게 되고
② 통근행태상 근거리 통행이 늘고 원거리 통행이 줄어들게 되면서

도시민의 후생은 개선된다. 즉 실험을 통해 후생수준의 개선은 위 ①, ②와 같은 두 가지 요인 때문에 발생된다는 사실을 확인할 수 있다.[5] 특히 교통이 합리화되는 과정에서 활동이 도시의 중심 쪽으로 이동하고, 동시에 교통의 국지화가 진행되면서 도시 외주부로 일부 활동이 집중해 도시의 확장요인이 발생함에도 불구하고 도시의 크기는 오히려 줄고, 그 결과 전체적으로 교통비용이 저하되는 현상이 관찰된다. 이러한 연구결론을 행태적 기반이 없는 공학모형을 가지고 추정한다면, 시나리오의 나열 혹은 근거가 취약한 허구를 기술하게 될 가능성이 많다. 통계학적 연구방법론을 이용할 경우 경험자료를 확보하기도 어렵지만 설령 확보에 성공했다 해도 위의 ①, ②와 같은 작용메커니즘을 분석틀 내부에서 제공하기는 쉽지 않아 보인다. 가능하면 분석틀 내부의 자체논리를 이용해 현상이 내생적으로 설명하는 방식이 더 좋은 설명방식이다.

이러한 행태론적 실험결과의 해석과정에서 주목할 것은 실험결과로 얻은 수치가 모두 상호 합치한다는 점이고 바로 이러한 합목적적 합치성은 실험결과를 해석하는 과정에서 새로운 설명이론 혹은 설명방식을 제안할 수 있게 하는 토대가 된다는 점이다. 여기서 수치의 합목적성은 수치들이 가치극대화라는 행위의 전제와 합치되게 주어진다는 말이다. 상호 합치성은 시장의 균형상태에서 주어지는 여러 가지 시장신호를 받아 어떤 개별주체가 자신의 가치함수를 극대화한 선택이 동시에 시장의 균형상태와 '부합'되고 그러한 의미에서 분산적 의사결정체제인 시장에 의해 도출된 균형상태가 지탱될 수 있다는 의미이다. 만일 실험의 결과가 가치함수를 극대화하는 값이라면 실험결과는 이러한 합목적적 관점에서 해석할 수 있을 것이다. 따라서 행태적 모형의 경우 어떤 수치라도 설득력의 차이는 있을지언정 이론적 설명이 가능하다. 바로 이러한

5) 실은 이들 두 가지 요인에 의해 발생한다는 점은 실험 결과를 해석하면서 사후적으로 확인되는 것이 보통이다. 현상의 복잡성이 증대될수록 이러한 사후적 발견이 사전적 추측보다 더 늘어나는 경향이 있다는 것이 필자 개인의 경험이다.

합목적적 해석 가능성이야말로 행태적 접근법이 지닌 장점인 것으로 보인다.

행태론적 모의실험이 해석적 이론으로는 답하기 어려운 질문에 대해 답을 하기도 한다. 이를테면 각 도시체제의 균형상태에서 변수 간 관계를 수학적으로는 표현하는 일은 비교적 쉬운 일이다. 그러나 이러한 수학적 관계식과 각 의사결정자의 행태적 가정으로부터 의미 있는 가설 혹은 이론을 도출해 내는 것은 별개의 문제이다. 의미 있는 이론을 유도하기 위해서는 수학적 관계식을 '흔들어' 보았을 때 모형의 실험결과가 어떻게 달리 나타나는지 추적할 수 있어야 한다. 그러나 불행히도 주행세 모의실험에서처럼 모형의 복잡성이 증대되면서 이러한 일이 미적분학적 관점에서 보았을 때 통상 급속한 속도로 어려워진다. 이러한 점에서 모의실험적 기법은 해석적 기법과 달리 연구방법론상 일종의 간편(short-cut)기법에 해당한다고도 말할 수 있다.

한편 공학적 접근법을 이용해 토지이용, 통행분포 등의 변화를 추정하고 그 결과를 어떻게 해석할 수 있는지에 대해 좀 더 자세히 알아보자. 공학모형의 경우 여러 변수들 간의 관계는 행태적 모의실험과 마찬가지로 경험적, 이론적 관찰결과를 요약한 여러 가지 기술적 관계식으로 규정된다. 그런데 문제는 공학모형의 경우 이들 관계식의 행태적 가정이 불분명하다거나, 관계식 간 관계가 상호 일관되지 않다거나, 모형이 너무 많은 관계식으로 구성되어 있어 오히려 수많은 교란(noise)으로 인해 실험결과의 해석이 어렵게 되기도 한다. 그 결과는 정책 혹은 계획상의 시사를 얻는 데는 일정한 효용이 있지만 이론개발 도구로서는 근본적인 약점을 지닌 경우를 보게 된다.

1. 결과 해석상의 문제

모의실험을 하게 되면 여러 가지 숫자들이 쏟아져 나오고 실험자는 이들 숫자에 의미를 부여하는 작업을 하게 된다. 실험자는 왜 그런 숫자들이 나왔는지 설명을 하면서 보고할 수도 있고, 아니면 별다른 설명 없이 독자 앞에 숫자들을 쏟아 놓을 수도 있다. 이때 설명한다는 것은 이해할 수 있고 일관성이 있는 방식으로 여러 숫자들을 꿰어 염주를 만드는 작업이며 이러한 작업을 통해 기존의 설명방식을 보다 풍부하게 만들기도 하고 변화를 주기도 하며 경우에 따라서는 새로운 관찰결과를 일정한 설명방식을 동원해 보고하기도 한다. 그런데 경험자료에 지나치게 충실해 현실적합성을 중시하다보면 추정한 수식은 그 자체로 정당한 것으로 간주되고 실험결과를 엄정한 논리로 해석하기 어려운 경우 다만 결과 그 자체가 말해준다는 논리로 실험결과가 합리화되는 경우가 있다. 좋은 이론개발 도구일수록 독자에게 모의실험 결과를 납득시킬 수 있는 설명방식을 제공해야 하고, 연구목적상 그럴만한 사유가 없다면 가능하면 암상자를 제거하는 것이 좋다. 그런데 공학적 접근법에서 동원 가능한 설명방식은 대단히 제한적이다. 그 이유는 간단하다. 행태론적 모형이 아니기 때문이다. 그래서 설명할 근거가 취약하다.

2. 이론개발 도구로서의 한계

행태적 가정의 불분명성, 잠재된 행태적 가정의 상호 비일관성, 모형의 복잡성으로 인한 실험 결과 해석상의 어려움 등은 공학적 모형을 이론개발 도구로 부적합하게 만드는 결정적 사유가 된다. 이를테면 모형을 한번 '돌리고' 나면 그 다음에는 별로 논문을 쓸 이유가 없게 된다거나, 혹은 새 논문을 쓰기 위해 모형에 새로운 요소를 추가하고 그 규모를 키워야 한다는 강박관념에 사로잡힘에도 불구하고 오히려 모형의 결과물 해석이 더욱 어렵게 되는 악순환에 빠지기도 한다. 학자의 연구가 記述보다 설명에 더 집중되어야 한다고 본다면, 결과물의 해석도 어렵고 가치도 떨어지는 연구는 교육적, 실용적 목적이 아닌 한 제한적으로 수행될 필요가 있어 보인다.

행태적 가정을 명료하게 하고 일관된 논리구조를 유지하는 일이 얼마나 중요한지는 새로운 관찰결과를 설명하고 새 이론을 제시할 때 특히 분명해진다. 연구자는 그 결과를 관련분야 전문가들한테 이들이 알아듣는 어휘로 설명할 수 있어야 한다. 이 설명과정은 전문적이면서도 동시에 설득력이 있으면서 그 결과는 우리의 직관과도 맞아떨어져야 한다. 이때 보편적 타당성을 이미 획득한 엄정한 이론구성과 이에 기반한 설명방식은 연구결과의 소통과 설득력 유지에 있어 큰 도움이 되고 많은 경우에 있어 필수적이기까지 하다. 이 논제가 바로 다음 절의 주제로서 독자는 행태론적 접근법이 공학적 접근법뿐만 아니라 통계학적 접근법과 어떻게 다른지 그 차별성을 더욱 분명하게 느낄 수 있을 것이다.

Ⅵ. 반통념적 실험결과와 이론화 사례

행태기반 접근법은 이론기반 접근법이고, 행위주체의 가치함수와 행태적 관점에서 합치되는 행위만을 전제한 실험결과로부터 사회현상을 이해하고 이론을 제안하는 접근법이다. 바로 이러한 연역적 사고방식은 反通念的 실험결과조차 합리화해 주는 힘을 가지고 있다. 만약 전제한 행태적 가정이 암묵적이든 명시적이든 온당한 것으로서 독자가 동의하고 연역적 논리전개에 문제가 없다면, 이 독자는 반통념적 실험결과에 대해서도 받아들이고 인정해야 논리적이다.

좀 더 구체적인 예를 통해 행태모형이 이론화의 도구로서 어떤 가능성을 가지고 있는지 알아보자.[6)]

사례 1: 혼잡통행료의 非最適性(suboptimality) 기존의 경제이론에 따르면 경제의 한 부문에만 시장왜곡이 존재하는 경우 이 시장왜곡을 교정함으로써 이 경제는 최적의 경제적 후생상태에 도달하게 된다. 따라서 이 글과 같은 도시의 공간균형모형에서 교통혼잡이라는 외부효과만이 유일한 시장왜곡의 원인이라면 개별 통행자에 대해 이 외부효과를 모두 내부화하는 피구의 세금(즉 전통적 계산방식에 따르는 혼잡통행료)[7)]을 부과함으로써 도시경제는 사회적 최적상태에 도달해야 한다. 즉 교통혼잡이라는 외부효과를 100% 내부화를 하는 것이 이 전통적 혼잡통행료라면 이 혼잡통행료 부과방식은 사회적 후생상태를 최적상태로 돌린다는 의미에서 최선(first-best)이 되어야 한다. 그런데 이 글에서와 같은 모형설정방식과 사회적 후생지표를 이용해 최선의 혼잡통행료와 구역통행료의 후생효과를 평가하면 진입통행료가 '더 효율적'이라는 분석결과를 얻기도 한다. 구역통행료는 혼잡이 가장 심한 지역에만 통상 설치되고 이러한 혼잡지역에 진입할 때만 통행료가 부과되기 때문에 혼잡의 교정은 부분적일 수밖에 없다. 만약 해당 모형과 모의실험의 全過程에서 문제가 없다고 한다면 지금까지 관련 연구자들 사이에서 次善이라고 통상 지칭되어 오던 정책들을 앞으로도 계속 차선이라

---

6) 사례 1, 3, 4는 현재 저자가 참여하고 있는 연구과제의 주제이고 사례 2는 Anas and Rhee (2007)에 실린 내용이다.

7) 어떤 권역 i의 교통량을 F_i, 이 권역의 교통처리 능력을 K_i, 이 권역에서 1km를 가는데 걸리는 시간을 g_i라고 하고 $g_i = a\left[1 + b(F_i/K_i)^c\right]$으로 주어진다고 하자. 이때 교통혼잡을 100% 내부화하는 혼잡통행료는 시간의 가치$\times abc(F_i/K_i)^c$로 주어진다.

고 부르는 일은 재고되어야 한다. 또한 여기에 그치지 않고 기존의 차선정책들에 대한 학자들의 연구도 차선이 아니라 기존의 최선을 능가하기도 하는 정책으로서 새롭게 재평가되고 또한 적극적 선택에 의해 연구되어야 할 것이다.[8)]

사례 2: '최선'의 혼잡통행료와 도시의 반경 교통부문에 존재하는 외부비용으로 인해 도시가 과대하게 확산된다면 효율적인 도시는 과대 확산된 도시의 규모, 즉 도시의 반경을 축소시킴으로써 실현될 수 있을 것이다. 그러나 도심이 매우 혼잡한 경우에는 도심 쪽 기반시설에 대해 걸린 과도한 부하를 부하가 덜 걸린 도시 외주부의 기반시설로 옮김으로써 도시후생은 개선될 수도 있다. 이 문제를 혼잡통행료와 관련지어 다시 논하면 혼잡통행료가 부과되면 도심권역에서 이 외부비용에 비례해 통행료가 크게 부과되어 도심의 활동이 도시의 외주부로 이전하게 되어 결국 도시는 더 커질 수도 있다. 표준적 사고방식에 따르면 통행료 부과로 도시의 지대곡선이 더욱 급하게 되면서 도시의 반경은 줄어야 한다. 엄정한 이론모형이 아니고서는 이러한 異常現象을 설명하고 납득시키기가 어려워 보인다.

사례 3: 재택근무와 도시의 확산 재택근무가 촉진되면서 사람들은 점점 직장과 가까이 살 필요가 없게 되고 도시는 더욱 확장이 될 것이다. 또한 원격근무에 필요한 통신기술이 발달하면서 재택근무에 소요되는 기업과 가계의 관련비용이 점차 줄어들게 될 것이다. 이러한 여러 가지 사회적, 기술적 요인 때문에 도시는 점점 커지게 되고 결국 도시는 사라지게 될지도 모른다는 견해를 피력하는 사람도 나타나게 된다. 그러나 재택근무의 촉진과 더불어 사무공간에 대한 수요가 줄고 노동자 간 현장에서의 상호작용 감소로 기업의 생산성이 떨어진다면(도시축소 요인) 재택근무로 인한 도시 확대 요인에도 불구하고 도시의 규모는 축소될 가능성도 있다. 이 두 가지 힘이 어떻게 상호 경쟁해 결국 도시의 크기에 어떻게 작용하는지는 가계와 기업과 같은 개별주체의 의사결정 과정을 명시적으로 고려한 수치해석적 모형을 통해 검정하는 것이 가능하다. 재

---

8) 이 연구에서 사용하고 있는 분석환경이 이 글의 분석환경과 유사하고 사회적 후생함수 역시 식(2)과 유사한 모양을 하고 있다. 기존의 '결정적 모형'과 달리 현재의 '확률적 모형'에서 사용하는 효용함수에 포함된 특이선호항 때문에 이렇게 반통념적인 분석결과가 나타난 것으로 판단된다. 이 문제에 연구결과는 향후 대한국토·도시계획학회의 학술지인 국토계획 혹은 해외 교통공학·정책 학술지를 통해 보고할 예정이다.

택근무의 정도와 도시의 규모가 반비례할 수 있다는 주장이 가지는 파격성을 고려했을 때 이러한 새 이론을 독자에게 설명하려면 엄정한 이론에 기초한 논리전개가 필수적인 것으로 판단된다. 지금까지 관련 연구나 암묵적 이해에 따르면 '재택근무의 확대 = 도시 확산의 촉진'으로 받아들여져 왔다. 만약 공학적, 통계학적 접근법을 이용해 이 질문에 대해 답을 한다고 하면 과연 어떠한 방식으로 연구질문에 대답을 할 수 있을지 필자는 쉽게 상상이 되지 않는다. 왜냐하면 도시축소라는 결과는 도시경제를 구성하는 개별 행위자의 내적 유인체계가 반응한 결과이기 때문에 이에 대한 엄정한 모형화 과정이 생략된 접근법으로 어떻게 대답할 수 있을지 막연하기 때문이다.

사례 4: 교통과 관련된 피구의 세금은 다양하다. 이를테면 도심 혼잡한 지역에 대해 일정 기간 그 횟수에 관계없이 통행권을 보장하는 구역통행료, 도심 혼잡한 곳 주위에 금을 긋고 이 금을 바깥에서 안으로 통과할 때마다 통행료를 받는 진입통행료 등도 있다. 이때 계획가들이 직면하는 문제는 어디에 금을 긋고 통행료는 얼마나 받아야 하느냐이다. 어떤 통행료 방식하에서 부과권역이 더 크거나 혹은 작은가? 어떤 통행료 방식 하에서 부과수준이 더 높거나 낮은가? 그 이유는 무엇인가?[9] 각 부과 방식 하에서 주거와 직장의 분포, 토지이용 등은 어떻게 달라지는가? 전반적인 도시의 후생은 어느 방식하에서 극대화되고 이때 후생개선의 정도는 얼마나 되는 것으로 기대할 수 있는가?

반통념적 실험결과일수록 연구자가 당혹스러워 하는 것은 당연하다. 납득하기 어려운 실험결과를 이해하기 위해 실험자는 자신이 수행한 실험의 全過程을 되짚어 보게 된다. 실험과정과 모형의 행태적 전제에 어떤 잘못 혹은 무리가 없다는 점을 확인하게 되면 연구자는 실험결과를 받아들일 수밖에 없다. 좀 더 적극적으로 연구자는 실험결과를 합리화하는 설명방식을 고민하는 다음 단계의 작업에 들어갈 것이다. 이러한 설명 혹은 새 이론의 수립과정에 착수할 수 있는

9) 이 '이유'에 대해 통계학적, 공학적 접근법은 의미 있는 대답을 거의 할 수가 없다. 마찬가지로 서술적 연구방법론도 대단히 제한적이다. 왜냐하면 구체적 상황을 설정해야 연구자도 상상력을 동원해 서술적 방식으로 답을 할 수 있다. 그러나 서술적 방식은 그 자체 그러한 분석용 그림을 그리는데 능숙하거나 적합한 연구접근법이 아니다. 결론적으로 질문 1과 2에 대한 의미 있는 대답을 혹시 독자가 기대한다면 이 글에서 제시한 방법론을 이용해 연구질문에 답하는 것이 현실적이라고 필자는 생각한다.

이유는 실험결과가 이미 밝힌 행태적 가정으로부터 도출된 논리적 귀결로 주어진 결과물, 즉 행태론적 접근법의 실험결과물이 지닌 합목적적 합치성 때문이다.

Ⅶ. 맺 음 말

연구방법론 간 우열을 말하기는 어렵고도 어리석은 일일 것이다. 통계학적 방법론을 가지고도 얼마든지 가치 있는 연구를 할 수 있다. 엄정한 이론에 기반한 모의실험 기법을 이용해서도 얼마든지 가치 없는 연구를 할 수 있다. 공학적 모의실험을 통해서도 얼마든지 의미 있는 연구를 할 수 있고 필요하다면 행태적 보완이 가능한 기법으로 보완·발전시키는 것도 가능하다. 이렇게 보면 기법 자체의 장단점보다는 연구목적 달성에 적합한 기법을 선택하고 어떻게 적용할 것인지가 더 중요한 문제일 수 있다. 또한 똑같은 주제, 똑같은 기법을 사용해 분석해도 의미와 기여도에서 분석결과 간 크게 차이가 날 수 있다. 연구자의 태도 문제와 역량을 빼놓고 연구성과의 질과 기여를 논하는 것이 힘들어 보인다. 그러나 모든 방법론이 모든 연구주제와 연구 상황에 똑같이 유용하게 활용될 수 없는 것도 사실이다. 이 글에서 주장하는 바는 여러 가지 연구방법론이 지닌 개별적 장점에도 불구하고 행태론적 접근법이 지닌 뚜렷한 특장(特長) 때문에 특히 사회현상의 설명과 이해에 있어 특히 유용한 연구방법론이라는 점이다.

이제 한국 행정학계도 행태론적 접근법을 이용해 진지한 이론의 개발이 이뤄져야 할 시기에 왔다. 이 문제는 한국 행정학계가 국제 학계에 독자이론을 통해 기여해야 하는 문제에 앞서 한국 행정학계가 우선 풀어야 할 과제라고 본다. 획기적인 이론의 개발에 앞서 통상의 행정현상에 대해 한 학자가 설명이론을 제기하면 다른 학자가 다시 받아 상호작용하면서 발전해 가는 모습이 필요하다. 이러한 자생적 과정이 전제되지 않는 한 행정학의 위기는 앞으로도 계속될 것이며, 행정학의 위기라는 외침도 결국 양치기 소년의 상투적 외침으로 전락하게 될 것이다. 이때 한국 행정학계는 여전히 행정이론 수입국의 지위를 벗어나지 못한 채 '선진'이론의 경연장에 불과할 것이라는 우려를 하지 않을 수 없게 된다. 이 과정에서 행태론적 접근법은 아직 한국행정학계가 경험해보지 못한 기여를 할 잠재력을 가지고 있다. 정말 그리 할 수 있느냐는 물론 개별 연구자의 역량과 학계의 풍토에 달려 있다.

◈ 참고문헌

권경득. (2006). 「한국행정학보」. 게재논문의 연구경향 분석: 연구영역과 연구방법을 중심으로. 「한국행정학 오십 년」. 한국행정학회.

김연배 · 김태유 · 허은녕. (1997). 국내 천연가스산업과 발전산업의 수직적 시장구조 정책에 관한 연구. 「한국정책학보」, 6(2): 45-62.

민병원. (2005). 「복잡계로 풀어내는 국제정치」. 서울: 삼성경제연구소.

정석환 · 주영종. (2005). 시스템다이내믹스 방법론을 이용한 정책파급효과분석: 성매매특별법을 중심으로. 「한국행정학보」, 39(1): 219-236.

최남희. (2003). 시스템 다이나믹스 기법을 이용한 서울시 도시동태성 분석과 정책지렛대 탐색: 인관순환구조와 시스템 행태분석을 중심으로. 「한국행정학보」, 37(4): 329-358.

Anas, A. and Rhee, H.-J. (2007). When Are Urban Growth Boundaries Not a Second-Best to Congestion Tolls? *Journal of Urban Economics*, 61: 263-286.

Ben-Akiva, M. and Lerman, S. (1985). *Discrete Choice Analysis*. Cambridge, Massachusettes: MIT Press.

Luo, Z., Pang, J. and Daniel, R. (1996). *Mathematical Programs with Equilibrium Constraints*. New York: Cambridge University Press.

Mun, S., Konishi, K. and Yoshikawa, K. (2005). Optimal Cordon Pricing in a Non-Monocentric City. *Transportation Research Part A*, 39: 723-736.

Mun, S., Konishi, K. and Yoshikawa, K. (2003). Optimal Cordon Pricing. *Journal of Urban Economics*, 54: 21-38.

Murphy, J. and Delucchi, M. (1997). Review of Some of the Literature on the Social Cost of Motor-Vehicle Use. Report #3 in the series: *The Annualized Social Cost of Motor-Vehicle Use in the United States*. Institute of Transportation Studies, University of California at Davis.

Parry, I. W. and Bento, A. (2002). Estimating the Welfare Effect of Congestion Taxes: The Critical Importance of Other Distortions within the Transport System. *Journal of Urban Economics*, 51: 339-365.

Proost, S. et al. (2002). How Large Is the Gap between Present and Efficient Transportation Prices in Europe?. *Transport Policy*, 9: 41-57.

Small, K. A. and Kazimi, C. (1995). On the Costs of Air Pollution from Motor Vehicles. *Journal of Transport Economics*, 29: 7-32.

Stokey, E. and Zeckhauser, R. (1978). *A Primer for Policy Analysis*. New York: Norton and Company.

Verhoef, E. (2005). Second-Best Congestion Pricing Schemes in the Monocentric City. *Journal of Urban Economics*, 58: 367-388.

13장 실증적 사례연구방법: 분석, 평가 및 제언

김 승 현

Ⅰ. 서 론

사회현상이나 자연현상에 대한 지적 탐구를 목적으로 하는 학문을 과학이라고 부르지만 사회현상을 대상으로 하는 영역에 대해서는 많은 수식어가 붙거나 과학이라고 부르기를 주저하기도 한다. 역사적으로 과학의 원형은 자연과학이었고, 사회과학에서는 이에 가까워지려는 시도가 부단히 계속되어왔다. 때로는 낙관적으로 때로는 비관적으로 사회현상에 접근하는 커다란 주기를 발견할 수도 있다(Gerring, 2001). 이런 과정에서 존재론적(ontology) 또는 인식론적(epistemology) 배경이 전혀 다른 두 가지 연구방법 간의 논쟁은 끊임없이 지속되어왔다. 거의 항상 양적 연구와 질적 연구로 구분되는 이들의 차이를 통해서 많은 논의가 이루어지고 있다. 양적 분석을 지향하는 학자들은 질적 분석에 의존하는 연구들이 엄격한 절차를 따르지 않는 것을 탓하면서 측정할 수 없는 것은 아무것도 아니라고 생각한다. 질적인 분석에 의존하는 학자들은 마찬가지로 무엇을 측정한다면서 변수로 변환시키고 주제를 천박하게 만들고 역사적 행위자가 스스로 의미 있는 진술을 할 기회를 박탈한다고 생각한다. 따라서 측정할 수 있다면 별 의미가 없는 대상으로 간주한다.

그러나 이런 이분적 논쟁 때문에 보다 구체적인 방법론적 구분과 발전을 이해하기 어렵게 하였다. 즉 실증주의(positivism)와 해석적 입장(interpretivism)으

* 이 글은 2008년 한국행정학회 하계학술대회에서 발표되고 「정부학연구」, 14권 4호에 게재된 논문 "행정학 분야의 실증적 사례연구에 관한 분석과 평가"를 수정한 것이다.

로 양분하고, 양적 분석을 실증주의에 일치시키고 질적 연구를 해석적 입장에서만 이해함으로써 방법론에 관한 논의를 지극히 단순화하고 있다. 그러나 최근까지의 방법론적 논쟁 중 상당 부분은 이런 단순한 이분적 논리로는 이해할 수 없다(Sil, 2000). 특히 질적 연구방법은 실증주의적 입장에서부터 해석적 입장에 이르기까지 다양한 과학철학적 배경을 갖고 논의되기 때문에 이를 분명히 할 필요가 있다.

실증적인 사회과학연구방법에는 대체로 세 가지의 흐름 — 통계적 방법, 수리적 모형(formal modeling), 그리고 사례연구방법 — 이 있다(George and Bennett, 2005). 역사적으로 통계적 방법은 너무 우세한 위치를 점하고 있어서 통계적 모형의 가정으로 사례연구를 비판하는 오류를 범하기도 하였다. 사례연구는 통계적 방법 및 경험적 연구를 수반하는 수리적 모형과 유사한 인식론적 논리를 공유하고 있으나 서로 다른 방법론적 논리를 갖고 있다. 인식론적으로는 세 가지 방법 모두가 논리적으로 일관성 있는 모형이나 이론을 개발하고 이로부터 관찰 가능한 함의를 도출하여, 이를 경험적 관찰에 견주어 봄으로써 검증결과를 바탕으로 추론하고 이론을 수정하는데 있다. 방법론적으로는 사례선택, 조작화, 귀납적·연역적 논리의 사용 등의 기본적인 이슈에 대해 서로 다른 논리를 펴고 있다. 이러한 차이점 때문에 서로 보완적인 장점이 있는 것이며 사례연구가 단순히 분석대상이 되는 사례의 수가 제한되어 있기 때문에 어쩔 수 없이 선택된 분석방법이라는 생각은 잘못된 것이다. 실제로 요즈음 강조되는 다방법분석(multi-method or triangulation)은 대체로 이런 인식론을 공유하는 방법들 간에 이루어지고 있다.

이해의 혼란에는 용어의 중복적 사용이 또 한 몫을 하고 있다. 즉 비교방법, 사례연구방법, 질적 방법이라는 용어 간의 혼란이 있다. 사례연구를 비교방법과 구분하려는 시각에서는 후자가 몇몇 사례를 비교하는데 비해서 사례연구는 단일사례들을 심층적으로 분석하는 것으로 보기도 한다. 그러나 일반적으로 사례연구방법은 단일사례들의 사례내(within-case) 분석뿐만 아니라 소수사례들의 비교(cross-case)연구를 포함하는 것으로 받아들인다. 그런데 질적 연구라는 용어는 보다 광범위하게 쓰여서 실증적 사례연구와 해석적 사례연구를 포괄한다.[1] 이런 이해와 시각으로 보면 양적 분석과 질적 분석 간의 지속적인 논쟁

1) 주로 인식론의 관점에서 구분하고 있지만 존재론의 관점에서 보면 실재론(realism)과 관념론(idealism) 또는 상대주의(relativism)적 입장이 대립하고 있다. 이들 철학적 입장의 차이는

외에 실증적 인식론을 공유하는 계량적 분석과 사례연구방법 간의 논쟁도 아주 오래된 것이다.

그러나 최근에 이르러서는 한 가지 방법 이상에 익숙하고 각 방법이 나름대로의 한계를 갖고 있다고 생각하는 새로운 세대의 학자들이 등장하였다. 아울러 과학철학의 발달로 인해 대안적 접근방법의 철학적 기초를 분명히 하였다. 뿐만 아니라 사회과학의 여러 분야에서 규범, 제도 및 행위자의 신분과 선호에 초점을 맞추고 역사적, 사회적 변화를 주로 신실증주의적인 입장에서 논하게 되었다. 이런 변화로 인해서 서로 다른 방법 간의 협력이 가능하였고 확대되었다. 특히 계량적 방법과 사례연구방법 간의 논쟁은 후자의 분석방법을 체계화하는데 크게 기여하였다. 이런 진전을 반영하듯 미국에서는 ICPSR에 대응하여 2001년 애리조나 주립대에 위치한 Consortium on Qualitative Research Methods(CQRM)가 설립되었다.[2)]

본 연구는 실증적 사례연구방법이 우리의 토양에서 얼마나 적극적으로 이해되고 수용되고 있는가를 알아보기 위한 것이다. 일반화를 암묵적 또는 궁극적 목적으로 하는 실증적 사례연구를 되돌아보고 이러한 연구들을 진행되고 있는 방법론적 논쟁 또는 발전에 비추어 반추해야 될 필요가 있다. 실용성과 현실성을 지향하는 행정학이나 정책학의 영역에서 이루어지는 많은 사례 연구는 대부분 실증주의적 입장에서 이루어지고 있다(윤견수, 2005). 뿐만 아니라 전통적으로 정책이나 정부조직이 주된 분석단위인 행정학 분야에서 사례연구의 중요성은 일찍부터 인식되어왔다. 1951년 결성된 Inter-University Case Program은 행정학분야에서 축적되는 의사결정과정, 정부조직, 정책 등에 관한 사례연구들을 분석방법과 일반화의 측면에서 살펴보는 집단적 노력이었다(Jensen and Rodgers, 2001). 주된 관심은 가설형성과 가설검증, 그리고 이를 통한 일반화에 있었으므로 실증적 사례연구에 집중하고 있음을 알 수 있다.

우리나라에서도 행정학 분야에서 기존 연구들을 방법론적 측면에서 연구경향을 살펴보는 논문들이 어느 정도 시간을 두고 발표되어왔다. 기존 연구들

주로 인식과 해석과는 독립적인 사회적 현실이 객관적으로 존재하는가에 관한 것이다(Snape and Spencer, 2003).

2) ICPSR처럼 대학원생과 교수를 훈련하는 단기프로그램도 운영한다. Consortium on Qualitative Research Methods(http://www.asu.edu/clas/polisci/cqrm/). 그리고 특정 주제에 대한 newsletter도 정기적으로 발행하고 있다. Newsletter of the American Political Science Association Organized Section on Qualitative Methods.

에서도 양적 연구에 비해 비율이 줄어들고는 있지만 사례 연구가 다수를 차지하고 있다. 그러나 이 논문들의 특징은 기존 연구를 주로 질적 연구와 양적 연구로 구분하고 방법론적 추세가 어떻게 변하고 있는지에 일차적 관심이 있다(권경득, 1996, 2006; 심준섭 · 주영종, 2005; 주상현, 2002). 발표되는 연구의 상당 부분을 차지하는 사례 연구에 대해 최근의 체계화된 분석방법의 시각에서 평가하는 연구는 없다. 따라서 이런 유형의 시도가 행정학, 나아가 사회과학의 영역에서 실증적 사례연구를 이해하고 논의하는 근거가 되고자 한다.

Ⅱ. 방법론적 논쟁

사례연구방법의 역사는 주로 19세기 중반까지 소급한다. John S. Mill의 비교의 논리, Max Weber의 해석적, 실증적 분석의 혼합적 접근방법, 그리고 동시기의 불란서 사회학을 시작으로 본다. 그러나 양적인 방법과의 논쟁과 발전이라는 측면에서는 미국의 경험이 주된 대상이 된다. 미국에서 사례연구는 주로 19세기 말과 20세기 초에 시작된 사회학적 연구의 경향에서 찾을 수 있다. 시카고대학의 사회학자들이 주도한 연구에서 그 효시를 찾을 수 있고, 이런 이유에서 이를 시카고학파라고 부른다. 이들의 연구는 세기말에 대량의 이민자들이 유입되고 급속한 도시화가 병행되면서 야기된 또는 악화된 많은 사회문제들을 연구대상으로 하고 있었다. 처음에는 문서연구에 그치던 것이 현장조사에 의해 빈곤, 폭력, 범죄 등의 다양한 문제들을 연구하기 시작하였다. 방법론적으로는 귀납적 접근방법에 의존하여, 연구대상을 구성하는 경험적 실체를 사회적 맥락 속에서 고려함으로써 사회학적 설명을 시도하였다. 따라서 해석적 입장에서 이루어진 연구가 주류였다고 해도 과언이 아니다(Hamel, 1993).

그러나 1930년대에 이르면 통계적 서베이가 인기를 얻기 시작했고 특히 컬럼비아대학을 중심으로 시카고학파의 연구방법을 반대하고 통계적 방법을 선호하는 학자들이 등장하였다. 시카고학파가 사례연구의 한 부분으로서 통계적 방법을 수용하였지만 그들에게는 연구대상을 규명하는 하나의 수단에 불과한 것이었다.[3] 그렇지만 새로운 학자들은 통계적 방법은 실험과학에서처럼 이

---

3) 양자 간의 갈등에 대한 설명에서 빠지지 않는 인용은 다음과 같다: “When you cannot measure it, when you cannot express it in numbers, your knowledge is of a meager and

론을 검증하는 능력이 있다고 믿었고 그 검증의 기반이 되는 것은 연구과정에서 주관적 요소를 배제하는데 있었다. 이 새로운 방법은 지극히 연역적인 과정을 밟으며, 개인적인 인상에 빠지기 쉽기 때문에 연구대상과의 접촉을 배제한다. 즉 통계적 방법에서 현장조사는 지극히 보잘것 없으며 자료와 이론 간에는 아주 분명한 구분을 짓고 있다. 아울러 사례연구에 의해 제시된 이론들의 일반성에 대해서도 회의가 일기 시작하였다. 사례연구를 하는 사람들도 차츰 통계적 검증의 기준으로 사례연구를 평가하기 시작하였다. 당시의 사례연구의 약점으로 지적되었던 것은 두 가지로 요약된다. 하나는 관찰대상이 된 사례의 대표성에 대한 문제이고, 다른 하나는 경험적 자료의 수집, 구성, 분석에 있어서 객관성이 결여되었다는 점이다.

그러나 1960년대에 이르면 30여 년 전에 사례연구에 대해 그랬던 것처럼 양적 분석의 내재적 문제점과 한계가 지적되면서 다시 질적 연구에 대한 관심이 높아지게 되었다. 이와 더불어 실증적 사례연구에 대한 방법론을 체계적으로 설명하려는 시도도 활발해졌다.[4] 이러한 저술들을 통해서 실증적 사례연구가 교육과 연구에서 확고한 사회과학방법론으로 자리잡는데 중요한 역할을 하였다. 그리고 1990년대 중반 이후 더욱 확고하게 방법론적 체계화가 이루어졌다. 중요한 계기는 King, Keohane and Verba(1994)의 저서, Designing Social Inquiry(이후 DSI)이다. 계량적 방법의 틀로 사례연구의 문제점을 지적하고 통일된 인과적 추론의 방향을 제시한 이 책은 이후 수많은 논쟁의 중심에 있었다. 이러한 과정을 통해서 지난 10여 년 간 실증적 사례연구방법은 가장 큰 발전을 보았다.

DSI는 과학적 연구가 갖추어야 할 우선적 요건, 서술적·인과적 추론(descriptive and causal inference),[5] 그리고 인과적 추론을 정당화하는 근본적인

---

unsatisfactory kind." — Lord Kelvin: "When you can measure it, when you can express it in numbers, your knowledge is still of a meager and unsatisfactory kind." — Jacob Viner. 여기서 Lord Kelvin은 19세기 영국의 물리학자인데 컬럼비아대학의 William F. Ogburn이 시카고대학으로 옮긴 뒤 새로 준공된 사회과학관(1929)에 새겨 넣은 인용구이다. 당시 시카고 대학의 경제학자인 Viner는 Ogburn에게 Lord Kelvin이 한 그 다음 말들이 생략되었다면서 위 인용구를 언급하였다. Ogburn은 이를 확인하려고 노력하였으나 찾지 못해서 다시 Viner에게 질문했을 때, Kelvin이 그런 말을 했을 거라고 응답했다는 일화가 있다(Merton et al., 1984).

4) 주로 정치학이나 사회학의 영역에서 많은 연구가 이루어졌다. Stinchcombe(1968), Przeworski and Teune(1970), Lijphart(1971), Eckstein(1975), Smelser(1976) 등 다수의 방법론적 연구가 이루어졌다.

5) 서술적 추론은 표본으로부터의 일반화, 관찰대상을 일반화한 개념 정립 등을 일컫는다 (DSI, chap. 2).

가정들을 밝히고 있다. 과학적 연구는 자료로부터 보다 광범위한 의미를 갖는 결론을 이끌어내는 추론을 위한 것이다. 그리고 그 절차인 사례선택, 자료수집 방법 및 분석과정을 공개적으로 밝혀야 하며 분석방법이 연구의 질을 평가하는 기준이다. 아울러 모든 연구결과가 근본적으로 불확실하다는 점을 반영하여 추론의 불확실성 정도를 알려주는 것이 필요하다. 그들의 이런 주장은 모든 실증적 연구의 공통된 관심사이며 논쟁의 여지가 별로 없다. 그러나 인과적 추론과 추론과정의 가정들이 지극히 계량적 관점, 그것도 회귀분석의 틀에서 이루어진 것으로 비판을 받고 있다(Brady and Collier, 2004).

DSI에서 정의된 인과관계는 특정 사례에서 독립변수의 존재와 부재가 종속변수에 미치는 영향의 차이로 규정된다(counterfactual definition of causation). 그러나 실제로는 동일 사례가 동시에 이러한 요건을 충족시킬 수는 없다. 대신에 현실적으로 유사한 사례들에서 독립변수의 존재 여부를 종속변수의 상이한 값과 연관시켜 비교할 수밖에 없다. 그리고 이러한 추론을 가능하게 하기 위해서 중요한 것은 높은 수준의 통계적 의의를 확보하기 위해 편의(bias)를 없애고 추정치의 분산을 최소화하는 것이 중요하다. 편의를 없애기 위해서는 체계적인 측정오차(DSI, 155-57), 종속변수와 연관된 사례선택절차(DSI, 128-37), 중요한 독립변수의 누락(DSI, 168-76), 종속변수나 오차가 독립변수에 영향을 미치는 상황(endogeneity, 185-96)에 유념해야 한다. 추정치의 분산을 최소화하기 위해서는 상관없는 독립변수를 제외(DSI, 182-85)하고 비체계적 오차(DSI, 157-68)를 줄여야 한다. 아울러 관찰의 개수를 늘리려는 노력이 무엇보다도 필요하다(DSI, chap.6).

이러한 설명은 아주 명시적인 세 가지 가정을 근간으로 하고 있다(DSI, chap. 3). 그 첫째는 인과적 동질성(causal homogeneity)이다. 즉 독립변수의 값이 동일한 모든 사례들은 종속변수에 있어서 동일한 기댓값을 갖는다. 서로 다른 두 집단의 사례들의 인과적 설명이 서로 다를 수 없다는 점이다. 예를 들어 A라는 국가에서 X_1이라는 변수가 Y에 미치는 영향의 크기는 B라는 국가에서도 동일하다는 가정이다. 둘째, 특정 변수의 값은 다른 관찰치에 의해 영향받지 않는다(independence of observations). 분석 대상이 되는 사례들의 독립성이라고 할 수 있다. 만약 이 가정이 충족되지 않는다면 추론에 연관된 변이가 커진다. 세 번째 가정은 DSI가 채택한 인과관계의 정의에 근거하는 것으로 배정(assignment)과 결과의 조건부 독립성(conditional independence)에 관한 것이다.

즉 X가 존재하는 경우 Y의 값(Y_t)과 X가 없을 경우의 Y의 값의 차이(Y_c)를 인과적 효과로 보는데, 실험적 상황을 가정한다면 모든 사례들이 Y_t와 Y_c에 무작위적으로 배정된 관계를 의미한다. 이상적으로는 관심의 대상인 X 이외의 변수들에 관해서는 두 집단이 동질적이라는 가정이지만, 현실적으로는 이를 충족시키기 어렵기 때문에 이를 위협하는 주요 변수를 통제함으로써 이를 충족시킨다. 이것이 조건부 독립성이며 소위 통계적 통제라고 부르는 것이다. 이런 가정과 위의 다양한 지침들이 질적 연구의 전통에서 어떻게 고려되어야 하는가를 설명하고 있다.

이런 계량적 가정과 방법으로 사례분석을 접근한 이 저술이 사례연구방법을 체계화하는데 중요한 공헌을 하였다고 해도 과언이 아니다. 이런 주장을 반박하는 사례연구방법에 관한 수많은 논문과 저서가 출판되면서 사례연구방법의 철학적 배경과 방법론적 논리가 더욱 분명해진 것이 사실이다. 먼저 사례연구방법의 진영에서는 이러한 지침들은 여러 가지 측면에서 사례연구의 논리와 절차를 이해하지 못한 것이라고 반박한다. 무엇보다도 인과관계에 대한 상충된 이해를 지적하고 있다. 즉 사례연구에서 규정하는 인과관계는 독립변수의 인과적 효과보다는 인과적 과정(causal mechanism)[6]에 일차적 관심이 있고 이를 통해서 계량적 연구에 의해서 규명하기 어려운 새로운 설명이나 검증이 가능하다. 뿐만 아니라 한정된 사례 내에서 관찰이 이루어지므로 개념과 측정의 타당성이 훨씬 높다. 계량적 연구의 경우 관찰의 수를 늘리는 과정에서 불가피하게 개념을 확대해석(conceptual stretching)하게 되어 타당성이 의문시되는 경우가 많다. 물론 이런 이유에서 일반화의 범위가 크게 제한되는 것은 사실이지만 연구성과가 누적되면서 모집단의 범위가 분명해지는 과정을 밟는다(Ragin, 2000). 무엇보다도 계량적 연구는 대표성을 기반으로 관찰대상의 수를 늘리고자 하지만, 사례연구는 연구의 목적과 내용에 의해 다양한 방법으로 사례를 선택한다.

계량적 방법과 사례연구 간의 과학철학적 논쟁도 중요하지만 새로운 논쟁은 주로 사례연구자 간에 이루어진 것이다. 두 가지 분석방법은 아주 광범위한 의미에서 실증적 논리를 공유하고 있다는 것은 자명하다. 즉 대안적 이론으로부터 검증 가능한 가설을 도출하고 경험적 자료로 검증하며, 결과를 바탕으로 이론을 수정하는 등의 측면에서 추론의 논리가 유사하다고 할 수 있다. 그럼에도 불구하고 사례연구는 계량적 연구가 해내지 못하는 영역을 담당하고 있을

6) 인과관계의 다양한 이해에 대해서는 Little(1991: chap. 2)이나 DSI(chap. 3)를 참조.

뿐만 아니라, 상당부분 근본적으로 상이한 존재론적 배경을 갖는 연구라는 주장도 있다(Hall, 2003; Bennett and Elman, 2006). 즉 양적 분석이나 수리적 모형과 같은 방법론은 사례연구방법보다 분석 대상으로서의 사회를 단순한 것으로 이해한다고 주장한다. 이에 비해 사례연구자는 경로의존성, 상호작용효과, 사회적 맥락, 인과관계의 복잡성, 동일귀결성(equifinality: 동일한 결과에 이르는 다양한 경로들), 다귀결성(mutifinality: 맥락에 따라 동일한 독립변수가 다양한 결과를 야기함) 등의 사회현상의 복잡성을 믿고 있다고 한다. 즉 사례연구는 복잡한 인과적 과정을 밝히고자 하며 이는 인과적 효과에 관심을 두는 연역적 법칙적(deductive-nomological) 접근방법과는 상이하고, 이러한 차이는 근본적으로 존재론적 시각이 다르기 때문이다. 이를 뒷받침하는 것이 바로 과학적 실재론으로서, 설명이란 직접적으로 관찰할 수는 없지만 작동하면 관심의 대상이 되는 결과를 야기하는 하나의 과정을 찾아내는 것이다(George and Bennett, 2005: chap. 7; Danermark et al., 1997). 하나의 인과적 과정이 맥락에 따라 서로 다른 결과를 야기하기도 하며, 연구목적과 성격에 따라 다양한 연구방법이 사용될 수 있다(Sayer, 2000). 이보다 더 진전된 주장은 일반화, 인과적 설명, 객관성 등의 다양한 측면에서 전적으로 과학적 실재론으로 사례연구의 철학적 배경을 정당화하려는 노력(이영철, 2006)도 있다.

그러나 철학적 배경까지 다르다고 주장하는 것은 다방법적 접근을 어렵게 할 뿐 아니라, 사례연구방법에 인용되는 이론이 훨씬 단순하고 보편적인 경우도 많다는 점을 간과하고 있다(Levy, 2007). 오히려 연구자의 관점에 따라, 연구목적이 무엇인가에 따라 채택된 방법이 다르다고 보는 것이 타당하다. 즉 연구자의 방법론적 훈련도 중요한 결정요인이며 연구목적이 서술, 설명 또는 정책적 처방인가에 따라 요구되는 방법이 달라진다고 본다. 서술과 묘사의 경우 복잡성의 표현이 불가피하지만 설명에 가까워지면 차츰 중심적 특성만을 논하게 될 것이다. 보다 현실적인 정책적 관심을 갖는 경우에는 지나친 일반화는 별로 도움이 되지 않고 다양한 조건부 일반화가 필요하다고 본다(George, 1993).

Ⅲ. 사례연구방법의 특징

이런 배경을 중심으로 지속적 논쟁을 통해서 밝혀진 사례분석방법의 특징을 계량적 분석과 대비하여 이해할 필요가 있다. 이는 이론과 가설, 인과관계와 설명, 일반화의 범위, 개념과 측정, 사례선택의 방법[7]이라는 측면에서 살펴볼 수 있다. 먼저 가장 근본적인 차이는 계량적 분석이 가설검증을 주된 목적으로 하는 반면에 이론의 개발과 가설창출을 위해서는 사례연구가 가장 적합한 방법이다. 현실적으로 가설은 연구자와 증거의 개방적 대화를 통해서 생겨나며 사례연구의 탐색적 성격이 이를 뒷받침하는 강점이 된다. 만약 연구자가 흥미로운 결과를 설명하려고 하는데 그 원인에 대해서는 분명하게 알려진 게 없다면 이는 종속변수 중심적 연구라고 할 수 있다. 이에 비해 특정 원인의 효과에 대해 관심이 있다면 이는 독립변수 중심적 연구라고 볼 수 있다. 보다 분명하게 인과관계를 규명하는 연구도 있다. 그렇지만 사례연구가 가설창출적인 연구에만 국한된 것은 아니다. 오히려 계량적 분석에 의해 가능하지 않은 가설검증의 영역을 시도할 수 있다. 즉 가설검증적인 사례연구인 경우, 단순히 인과관계를 뒷받침하거나 반증하는 것을 의미하지 않는다. 예를 들어 허위(spurious) 관계를 규명하는 데는 사례연구가 효과적이며, 탐색적 연구의 성격을 띨 경우 더욱 바람직하다(Gerring, 2007). 사례연구는 이런 다양한 연구목적에 합당한 연구방법이지만 특히 종속변수 중심적 연구에서 가장 널리 채용되고 있다는 점이 논쟁의 중심이 되어왔다. 즉 종속변수에 의한 사례선택방법(selecting on the dependent variable)을 하게 되면 독립변수의 영향력을 크게 저평가한다는 점을 지적하고 있다(DSI, 128-137). 아울러 단일사례연구는 종속변수의 변이가 없음에도 불구하고 설명하려는 소위 무분산 설계(no-variance design)로서 비판을 받아왔다. 그러나 이후의 사례연구의 방법론적 반론에서 필요조건을 규명하거나(Goertz and Starr, 2003) 일탈사례를 연구하는 경우에는 전혀 문제가 되지 않는다는 점을 분명히 하였다.[8] 필요조건에 관한 가설의 경우에는 논리적으로 종속변수의 결과에 의한 사례선택이 전제되기 때문이며, 일탈사례의 경우 연구목적이 왜 이 사례가 이론의 예측과 어긋나는지를 규명하려고 하기 때문이다. 아울러 사례 내 분석을 통해 인과적 과정을 추적하는 경우에는 단일사례연구도 적합한 방법임을

7) 사례선택의 방법은 사례분석방법과 긴밀히 연결되어 있어서 때로는 명확한 구분이 어렵다. 가령 비교사례방법은 통제된 비교를 목적으로 Mill의 논리와 방법에 기초함으로써 사례선택과 분석방법은 동일한 논리로 진행된다. 이런 이유에서 여기서는 Mill의 비교방법, 일치법(congruence methods), 과정추적, 범주적 이론화방법(typological theorizing) 등(George and Bennett, 2005)에 대한 분석방법을 따로 설명하고 있지 않다. 아울러 실재 연구에 대한 관심 때문에 과학철학적 논쟁도 여기에 간략히 소개하는 수준에 그친다.

8) 독립변수의 무분산 설계의 경우는 충분조건을 규명한다(Seawright, 2002).

보여주었다.[9] 다른 측면에서 보면 단일 사례의 통시적(diachoronic) 연구는 변이의 관찰대상을 늘리는 효과가 있다(Gerring, 2007).

이상의 논쟁을 통해서 계량적 연구와 사례연구가 서로 다른 인과관계를 가정하고 지향하는 설명도 다르다는 점이 분명해졌다(Mahoney and Goertz, 2006). 무엇보다도 계량적 연구가 독립변수의 인과적 효과(causal effects)에 관심(effects-of-causes approach)을 갖는 반면에, 사례연구에서는 결과변수의 원인규명을 위해서 인과적 과정에 더 큰 관심을 갖는다(causes-of-effects approach).[10] 즉 양적 연구에서는 주어진 모집단 내에서 각각의 요인이 평균적으로 결과에 미치는 영향을 추정하려고 한다. 이에 비해 사례연구는 특정한 사례나 일단의 사례들의 결과를 설명하는데 치중한다. 여기서 지향하는 설명은 양적 연구에서 설명되지 않고 남겨진 인과적 과정(black boxes)을 치밀한 인과과정(smoking gun)으로 바꾸는데 있다. 마찬가지로 비교적 단순한 인과적 효과에 관심을 갖는 양적 연구에 비해서 사례연구는 인과적 복잡성이 우선적 연구관심이다. 특히 동일귀결성, 다양한 상호작용효과, 피드백 고리(feedback loop), 경로의존성, 선택과 예상의 효과 및 개인과 사회적 구조 간의 연속적 상호작용을 포함하는 인과적 복잡성을 상정하고 있다.

인과적 복잡성을 상정하는 사례연구는 자연히 인과적 이질성을 가정(Ragin, 1987; 2000)한다. 이 때문에 아주 제한된 범위 내에서 일반화를 시도한다. 양적 연구가 큰 모집단을 가정하고 일반화를 시도하는 반면에 사례연구는 때로 분석대상이 된 사례로 일반화를 한정하기도 한다(예: Skocpol, 1979). 사례연구자의 입장에서는 모집단의 크기가 커지면 기존 이론에서 설명하지 못하거나 잘못 설정된 인과관계의 가능성도 증가한다. 비록 분석대상이 되었던 사례에는 적합한 설명도 사례의 수가 증가하면 이론의 수정이 불가피할 경우가 많다는 점을 인식하고 있다. 이에 비해 계량적 연구에서 가정하는 인과관계에서는 인과적 이질성을 전혀 다르게 인식된다. 독립변수의 평균적 효과를 추정하는데 있어서 새로운 사례들과 연관된 변수를 제외한다고 해도 조건부 독립성의 가정이 유효하다면 전혀 문제가 안된다. 새로운 사례들에서 중요한 독립변수들은 비체계적인 것으로 간주되어 오차항에 포함된다. 즉 계량적 연구에서는 모든 사례에 적

9) 계량적 관점에서 이루어진 비판은 더 심각할 수 있는 문제점을 놓치고 있다. 이는 가설에서 설명된 대로 변하는 변수들로 이루어진 사례만을 선택하고 모순된 사례를 무시할 뿐 아니라 이를 기반으로 지나친 일반화를 시도하는 경우이다(George and Bennett, 2005: chap. 2).

10) 인과적 과정을 규명하는 것은 해석적 사례연구의 영역이라는 주장도 있다(Lin, 1998).

합한 설명을 추구하지는 않으며 군소 변수들은 모집단에 관한 광범위한 일반화를 위해 제외될 수 있다. 그러므로 계량적 연구는 하위집단에서 보다 광범위한 모집단으로 옮아갈 경우 사례연구에 비해 안정적이다. 반면에 사례연구는 상위집단에서 하위집단으로 옮아갈 경우 계량적 연구보다 안정적이라고 할 수 있다(Mahoney and Goertz, 2006). 그렇기 때문에 사례연구에서 사례의 특수성과 더불어 일반화의 정도와 범위의 문제는 중요하고 이를 명시적으로 밝히는 노력이 필요하다.

일반화의 범위와 관련하여 또 하나의 특징으로 들 수 있는 것은 개념과 측정의 문제이다. 사례연구에서는 항상 정확하게 개념을 정의하는 것이 연구의 중심이 된다. 즉 개념적 타당성을 확보하지 않으면 측정오차가 있게 마련이므로 다수의 사례를 분석하는 경우 개념을 확대해석하는 경향(Sartori, 1970)을 피하려고 노력한다. 따라서 기존 개념의 적용 영역을 확실히 하거나 보다 많은 사례에 적절한 개념이 되도록 재정의하는 노력이 따른다(Munck, 2004). 그러나 계량적 연구에서는 조작화와 지표의 사용에 관심을 기울인다. 이러한 연구에서 측정오차는 주로 지표를 구성하면서 생기는 것이며 개념에 대한 관심은 비교적 적은 편이다. 그러므로 사례연구의 입장에서 보면 계량적 연구에 쓰인 지표가 개념의 중요한 요소들을 간과했거나, 다양한 맥락에서 동일한 대상을 측정하지 못하고 있는 것으로 보인다. 그러나 계량적 연구의 입장에서 측정오차는 피할 수 없는 것이며 문제는 이를 어떻게 모형에 반영하느냐가 문제이다. 문제는 체계적 오차가 발견될 경우인데 이때에는 보다 나은 지표를 찾거나 측정오차를 반영하는 보다 나은 방법을 찾아야 할 뿐이다(Goertz, 2006).

사례연구의 이러한 특성들을 감안하면 사례선택방법이 지극히 중요한 이슈가 된다. 양적 연구의 경우에는 독립변수를 중심으로 무작위 추출에 의해 사례를 선택하지만, 소수 사례연구는 철저히 의도적인 사례선택(purposive case selection)이 이루어지고 그 방법은 연구목적과 상황에 따라 달라진다.[11] 먼저 대표적인 사례(typical case)선택방법이 있다. 이 경우 연구자는 가설에 연관된 다양한 변수들을 규명하고 이 변수들의 전형적인 값을 밝힌 다음, 이 틀 안(causal model)에서 대표적 사례를 선택한다. 주로 가설검증에 쓰이는 사례선택방법이다. 둘째, 독립변수나 종속변수의 극한값(extreme case: 평균값 기준)을 갖

11) Gerring(2007: chap. 5)의 저술에 체계적인 설명이 제시되어 있다. 지나치게 세세한 분류가 혼란을 가져올 우려가 있어서 부분적으로만 그의 분류를 반영하였다.

는 사례선택의 방법이 있는데, 예를 들어 NICS(가장 성공적인 산업정책), 독일의 파시즘 등도 이 유형의 사례선택으로 볼 수 있다. 만약 한 쪽 값만을 취하는 사례를 선택하고 이들을 대표적 사례로 보아 사례 간 비교분석을 하면 종속변수에 의한 사례선택으로 비판받을 가능성이 있다. 보편적 사례에 대한 인식을 비교의 틀로 유지하면서 관심을 갖는 차원의 변이가 극대화되도록 하는 의식적 시도이다. 셋째 일탈사례(deviant case)선택의 방법은 연구문제에 대한 일반적 이해와는 전혀 동떨어진 사례를 선택하는 방법이다. 즉 기존의 인과적 모형에 비추어 봤을 때 설명할 수 없는 경우를 말한다. 극한 사례와 더불어 주로 가설창출을 위한 사례선택방법이다.

비교사례선택의 방법 중 가장 오래 된 것은 Mill의 차이법(method of difference)과 합치법(method of agreement)을 들 수 있다. 차이법은 서로 다른 종속변수의 값을 갖는 사례들을 비교하여 이를 유발하는 하나의 독립변수를 규명한다. 이런 비교가 성공적이기 위해서는 비교의 초점이 되는 주요변수 이외에는 여러 측면에서 유사한 대상들을 선택하여야 한다(most similar-systems design: Przeworski and Teune, 1970). 이에 비해 합치법의 경우 동일한 결과를 야기하는데 서로 다른 결정요인들이 상정되어 있다면 이를 제거해가는 방법이다. 아울러 합치법과 차이법의 결합으로서 간접적 차이법(indirect method of difference)이 있다. 그러나 사회과학 영역에서 Mill의 비교방법을 둘러싼 방법론적 논쟁은 오랫동안 지속되어 왔는데 이 중 가장 큰 쟁점은 이 비교방법이 근본적으로 아주 강력한 가정이 충족될 때만이 인과관계를 규명할 수 있다는 점이다. 무엇보다도 특정 결과를 야기하는 하나의 필요조건 또는 충분조건만을 포함하는 결정적인 인과관계를 대상으로 한다. 아울러 모든 결정요인들이 분석 이전에 규명되어야 하며, 단일요인 가설의 검증에만 유효하다(예: Lieberson, 1991; George and Bennett, 2005).[12] 이런 이유에서 각각의 사례 내에서 인과적 과정추적(process-tracing)이 요구된다. 이런 인과적 과정을 밝히기에 합당한 사례(pathway case: 경로사례)는 사례 간 분석을 통해서 밝혀진 인과적 가설이 분명하고 각각의 요인이 다른 혼합적 요인들과 분리하기 쉬운 사례이다. 이렇게 선택된 사례는 주로 가설검정을 위해 사용되는데 동일한 사례 내의 다른 시점에서 가정된 관계의 비교는 비교적 강력한 검증이 될 수 있다. 동일 사례 내에서는 많은 변수들이 변하지 않고 변화도 더

12) 여기에 덧붙여 논리적으로 가능한 모든 인과경로를 갖는 사례들이 이용 가능해야 한다고 주장하는 시각도 있다.

디기 때문에 유사체제설계로 간주되며, 일치법(congruence method)이라고 부른다(George and Bennett, 2005: chap.9).

끝으로 결정적 사례(crucial case)연구를 들 수 있다(Eckstein, 1975). 그 중 하나는, 특정 사례에서 이론의 모든 가정이 충족되고 특정 결과를 유발한다고 가정된 모든 조건이 존재한다면 꼭 예상되는 결과가 보일 것으로 간주되는 사례이다(most-likely case). 만약 이러한 사례에서 예측이 어긋난다면 이론의 신뢰성을 지극히 의심받을 수밖에 없다. 여기서 추론의 논리는 이론에 대한 선험적 신뢰가 경험적 자료에 의해 사후적으로 수정되는 Bayesian적 확률이론을 따른다. 따라서 가설의 선험적 타당성이나 가능성이 높을수록 확증적 자료의 역할은 미미한 반면에 반증적 자료의 영향은 크다고 볼 수 있다. 이와는 정반대로 가설의 조건을 거의 만족시키지 않는 사례의 경우는 이론의 예측이 맞지 않을 것이라고 가정할 수 있다(least-likely case). 그럼에도 불구하고 예측이 맞는다면, 다른 사례에서도 그럴 것으로 기대하고 이론에 대한 신뢰는 더욱 견고해질 것이다. 이런 두 가지 사례선택방법은 주로 가설검정에 쓰인다.[13)]

Ⅳ. 연구내용과 방법

위에서 살펴본 것처럼 오랜 방법론적 논쟁을 통해서 사례연구방법은 상당히 체계화되었다. 그뿐만 아니라 계량적 연구방법에 비해 사례연구가 갖는 장점과 문제점도 보다 확실해졌고 두 가지 방법이 상호보완적이라는 사실도 분명해졌다. 그러나 사례연구가 고유의 역할에 충실하기 위해서는 그 방법론적 가정과 문제점에 대한 이해가 선행되어야 한다. 이 연구의 관심은 지금까지 행정학이나 정책학의 사례연구에서 방법론적 인식이 어느 정도의 수준에 있는가를 알아보려는 것이다. 이를 위해 기존 연구들을 위의 논의 과정에서 밝혀진 특징을 준거의 틀로 평가하려고 한다. 즉 이론과 가설, 인과관계와 설명, 일반화의 범위, 개념과 측정, 사례선택의 방법 등이 중요한 기준이 된다.

먼저 가설창출적인 연구인지 가설검증적인 연구인지에 따라 평가의 기준

13) 이외에도 Ragin에 의해 개발된 Qualitative Comparative Analysis(1987)나 Fuzzy set analysis(2000)와 같은 다사례 분석방법이 있다. 행정학분야의 논문에서 시도된 적이 없어서 논의에서 제외하였다.

이 달라진다. 행정학 연구는 실용적이며 학제 간 성격을 갖는 사회과학 분야로서 확고하게 구분되는 이론적 관점이나 연구 패러다임이 있다고 보기 어렵다. 그래서 이론적 설명을 위해 다양한 연구정향의 요소를 결합하는 경우가 많다. 이런 이유에서 검증 가능한 가설을 개발하는 것도 중요한 연구목적이 된다. 가설창출적인 연구의 경우 종속변수 중심적 연구, 독립변수 중심적 연구 또는 탐색적 연구일 수 있다. 사례선택의 방법도 일탈사례연구, 극한사례연구, 사례 내 과정추적연구, 사례 내 분석과 사례 간 분석의 결합에 의한 연구가 가능하다. 이런 유형의 연구에서는 새롭게 개념을 정립하려는 시도도 있어야 할 것이고 일반화하려는 범위에 대한 규명도 뒤따라야 된다.

이에 비해 가설검증적 연구의 경우에는 인과과정에 대한 검증을 위한 연구이며 위에서 언급한 다양한 사례선택방법이 채택될 수 있다. 대표적 사례연구, 비교사례연구로서 합치법, 차이법, 간접적 차이법 및 결정적 사례연구로서 예측가능성이 낮은 사례와 예측가능성이 높은 사례 등을 분석하는 방법이 있다. 아울러 기존의 인과적 설명을 검증하는 연구이므로 과정추적을 통해서 허위적 관계(spurious relationship)를 밝힐 수 있어야 한다. 또 가설창출적인 연구에서도 그렇지만 종속변수에 의한 사례선택의 경우와 무분산 설계의 경우 가설과 검증결과를 필요조건이나 충분조건의 틀로 설명하고 있는가를 살펴보아야 한다. 가설 창출적 연구에 비해서 일반화의 범위나 개념의 타당성에 대한 명시적 설명은 없는 경우가 많고 다만 측정오차에 유의한다. 즉 계량적 연구에서처럼 측정이 양적으로 표현되지 않지만 측정치(변수) 간의 관계를 규정하는 이론에 의해 통제된다. 개념의 확대해석을 경계하고 일반화가 가능한 사례의 영역을 암묵적으로 전제한다. 그렇지만 이는 선택된 사례의 성격이 충분히 설명되었다는 것을 전제로 한다.

이상의 요건에 의한 평가는 부득이 내용분석에 의존할 수밖에 없다. 그러나 이 분석평가의 경우 계량적 지표에 의한 내용분석은 불가능하다. 대신에 평가의 틀이 무엇인지를 명확하게 밝히는 노력이 필요한데, 이를 위해 평가의 틀을 아래 표로 요약하였다. 내용분석의 대상이 되는 논문들은 행정학 분야의 대표적인 저널인 한국행정학보의 실증적 사례연구논문들로 국한한다. 그 기간은 2001년에서 2007년 사이의 7년간에 발표된 논문으로 하되 구체적인 내용분석은 홀수 해에 출판된 사례연구만을 대상으로 한다. 이렇게 기간을 한정하는 이유는 1990년대 후반 이후에 방법론적 논쟁에 따라 사례연구방법이 빠르게 체

〈표 13-1〉 분석 · 평가의 틀

연구목적	인과적 설명	사례선택과 분석 방법	일반화의 범위	개념과 측정
가설창출 종속변수 중심적 독립변수 중심적 탐색적	인과적 과정 필요조건 또는 충분조건의 틀로 결과해석	일탈사례 극한사례 경로사례 (사례 내 과정추적)	명시적으로 밝힘	엄격한 개념 규정 및 측정
가설검증 (인과관계)	허위적 관계규명	합치법 차이법 간접적 차이법 (사례 간 비교) 대표적 사례 결정적 사례	암묵적이지만 사례의 성격을 설명	기존 연구에서 확인된 개념(conceptual stretching을 경계) 측정오차에 유의

계화되었기 때문이며 이러한 방법론적 진전이 얼마나 잘 반영되고 있는지를 알아보기 위한 것이다. 아울러 홀수 해만을 보는 이유는 구체적인 분석대상을 한정함으로써 내용을 충실히 하고자 하는 것이기도 하고 전체적으로 매년 큰 변화가 있을 수 없기 때문이다. 그렇지만 이렇게 함으로써 전반적인 추세나 변화를 더욱 분명히 이해할 수도 있다.

Ⅴ. 분석결과와 해석

한국행정학보에 발표된 일반논문만을 대상으로 집계하고 분류한 결과는 다음 〈표 13-2〉와 같다. 분류의 기준은 서두에서 논의된 방법의 분류와 경향에 대한 논의를 바탕으로 한다. 즉 실증적인 방법으로서 통계적 방법, 수리적 모형 및 사례연구방법과 이에 대비되는 해석적 연구로 구분할 수 있다. 이들 연구는 구체적으로 경험적 자료의 분석이나 해석이 동반된 경우이다. 앞에서 논의되지 않은 분류 항목은 이론적, 서술적, 규범적 연구항목이다. 여기에는 구체적인 사례를 통해서 현상을 기술하거나 설명하는 연구가 아닌, 특정 제도나 정책의 현황, 문제점 및 개선방안을 규범적 기준에 의해 서술한 논문, 방법론적, 이론적 논문 등을 포함한다. 즉 경험적 자료에 의해 현상을 서술하고 개념을

〈표 13-2〉 행정학보 일반논문의 방법에 의한 분류

	2001	2002	2003	2004	2005	2006	2007
편수(N=415)	51	62	74	61	59	61	47
이론적, 서술적 또는 규범적 연구	9	12	14	12	9	10	7
계량적 연구 (수리모형)	29 (1)	35 (1)	39 (1)	27 (1)	36	35	31
해석적 연구	1			1		1	
실증적 사례연구(102편)	11	13	20	20	14	15	9

이해하거나 설명적인 논문만을 실증적 사례연구로 분류하였다.

이 표에서 알 수 있는 것은 발표논문 중 대략 25% 정도가 실증적 사례연구라는 사실이다. 뿐만 아니라 해석적 사례연구나 수리모형(formal modeling)에 의한 분석은 거의 이루어지지 않고 있음을 알 수 있었다.[14] 한 가지 특이한 점은 해석적 사례연구의 경우에도 예외 없이 일반화를 시도하고 있다는 점은 본래의 인식론적 배경으로 볼 때 특이한 해석이라고 말할 수 있다. 이미 설명하였듯이 2001, 2003, 2005, 2007년 등 격년으로 분석대상을 한정하였다. 심층적 분석을 위해 대상 논문의 수를 줄이기 위한 것도 이유이지만, 어떤 발전적 변화가 있는지 알아보기 위한 것이다. 그리하여 54편의 사례연구논문들을 방법의 측면에서 살펴보았다.[15]

2001년의 경우 분석대상이 된 논문은 11편이었다. 본래 논문들을 일별하고 이 항목으로 분류한 논문은 15편이었다. 그런데 이 중 네 편은 주로 문제점 및 개선방안에 중점을 두고 쓴 것이었다. 이런 종류의 논문에서 경험적 자료는 단편적(모범적 사례, 외국사례나 제도의 인용)이고 인상적이었으며 규범적 틀을 전제하고 쓴 것으로 분석단위는 사례이지만 실증적 사례연구논문으로 간주하기

14) 이 분류는 연구경향에 대한 이전의 연구들(윤견수, 2005; 권경득, 2006; 심준섭 · 주영종, 2005)과 부분적으로 차이가 있는데 이는 주로 경험적 자료와 분석을 수반하는 연구에 대한 판단에서 비롯된 것으로 생각된다. 수리모형의 분류도 귀납적 계량모형은 제외하였다. 통합연구방법에 의한 논문은 계량적 연구로 분류하였다. 대개 서베이자료의 양적 분석과 질적 자료의 분석을 병행한 것이다.

15) 관심있는 연구자의 요청이 있을 때는 대상논문의 목록과 분석내용을 제공할 것임.

어려웠다. 따라서 이들 논문은 서술적, 규범적 논문으로 다시 분류하였다.[16] 실천적 학문으로서 행정학에서 이런 분석과 주장도 필요하다고 생각되지만 학술적 가치가 실증적 논문에 버금간다고 보기도 어려울 것이다. 이들을 제외하고 살펴본 논문들에서 발견되는 공통적 특징이 있었다. 이는 이론적 서술이 경험적 자료보다 훨씬 풍부하게 제시되고 있다는 점이었다. 이 때문인지는 몰라도 확실하게 가설창출적 연구와 가설 검증적 연구로 구분하기가 쉽지 않았다. 가설창출적 연구로 분류할 수 있는 논문은 주로 두 가지 유형이 있다. 하나는 사례의 성격을 규명하는 것으로 단일변수 중심적인 연구이다. 주류의 이론이나 대립적인 유형을 제시하고 특정사례를 분류하거나 새롭게 정의하는 연구이다. 이는 주로 한국의 특정 정책을 대상으로 하는 것이다. 문제는 이론적 설명이나 유형의 구분에서 정책사례의 성격이 갖는 의미가 무엇인지를 분명히 하지 못하고 있다는 점이다. 때로는 비현실적인 정책제언을 하거나 새로운 개념을 제시하는데 이 개념의 타당성이 어느 사례에 국한되는지를 설명하지 않고 있다. 사례연구가 계량적 분석보다 유리한 점은 개념적 타당성을 확보할 수 있다는 점인데 이런 장점을 충분히 살리지 못한다.

또 다른 가설창출적 연구의 경향은 새로운 가설을 제시하기 위해 기존 이론을 절충하거나 한국의 상황에 맞게 수정하고 이를 검증하는 과정을 밟는다. 대부분 설명하고자 하는 종속변수를 중심으로 사례를 선택하고 앞에서 제시된 가설이 합당하다는 분석과정을 거치는데 이 중 대다수가 단일사례연구이다. 앞의 논쟁에서도 설명된 바이지만 이 경우 결과를 필요조건으로 해석하거나 일탈사례를 분석하는 경우가 아니면 결론을 합리화하기 힘들다. 더 큰 문제는 가설에서 설명된 대로 변하는 변수들로 이루어진 사례만을 선택하고 모순된 사례를 무시할 수 있다는 점이다. 이런 맥락에서 중요한 것은 선택된 사례의 성격과 일반화의 범위를 확실하게 밝히는 것이지만 이를 명시적으로 밝힌 경우는 없었다. 다만 한 단일사례연구에서 인과적 과정의 분석에 치중함으로써 이러한 비판을 비켜가고 있었다. 또 한편은 탐색적인 입장에서 단일사례로 가설창출적인 연구를 하고 있지만 사례의 성격이나 일반화의 범위에 대한 언급이 없다.

확실하게 가설검증적 연구는 세편이었고 이 중 두 편은 비교사례방법에

16) 이 때문에 다른 해의 논문들도 다시 점검하여 각 년도에서 2편 내지 4편 가량을 서술적, 규범적 연구로 분류하였다.

의해 다른 한편은 단일사례방법에 의해 분석되었다. 이들 모두 종속변수에 의한 사례선택이 이루어졌고 단일사례연구의 경우 인과과정을 집중적으로 분석하고 있지만 사례의 특성이나 일반화의 한계나 범위에 대한 언급은 없었다. 마지막으로 가설검증적인 두 비교사례연구는 국가수준의 연구로서 하나는 근본적으로 유사체제설계(most similar-systems design)이고 다른 하나는 상이체제설계로 대비된다. 즉 전자는 차이법을 후자는 합치법을 분석방법으로 채택하고 있는 것으로 간주된다. 그런데 차이법에 의한 연구는 유일하게 분석방법을 설명하고 있고 합치법에 의한 연구는 이에 대한 설명이 없다. 문제는 후자의 경우 동일한 결과에 대한 상이한 원인을 찾고 있다는 점이다. 그러나 합치법의 근본적인 논리는 여러 측면에서 상이한 사례들을 선택한 다음, 동일한 결과를 야기하는데 서로 다른 결정요인들이 상정되어 있다면 이를 제거해 가는 방법이다. 따라서 합치법으로 이러한 분석이 가능하다고 보기 어렵다. 두 국가 간의 다양한 차이를 상정하고 시작된 분석에서 어떻게 서로 다른 원인을 규명하는 것이 가능한가 하는 의문이 생긴다. 나아가 사례비교방법이 단일요인 가설의 검증에만 유효함에도 불구하고 여러 요인의 복합적 작용으로 설명하는 것도 문제가 있어 보인다. 비교사례연구에서 규명할 수 있는 요인은 하나뿐이고 복합적 요인을 제시하려고 한다면 새로운 자료를 과정추적과 같은 또 다른 방법으로 분석하여 보완하여야 한다.[17] 이 11편의 논문 중에서 분석방법에 대한 명시적인 설명을 수반하는 연구는 하나뿐이었고 사례의 성격에 대해서 설명하는 연구도 이것뿐이었다. 분석방법과 더불어 사례선택, 일반화나 분석의 한계 등을 체계적으로 설명하는 연구의 타당성이 훨씬 크다는 것을 알 수 있다. 단일사례연구의 경우 계량적 분석의 입장에서 제시된 비판(no-variance design)보다도 사례연구방법 연구자들의 지적을 상기해야 할 필요가 있다. 연구자의 가설에 합당한 사례를 선정하여 분석하는 것이 제일 경계되어야 한다는 지적이다. 그러므로 사례의 성격, 결과의 해석 등에서 더 엄격한 기준으로 분석결과의 타당성을 제고시켜야 할 필요가 있다. 이 경우 가능하면 보다 명확한 시간의 구분에 의해 통시적 연구를 지향함으로써 변이 관찰의 수를 늘리려는 노력이 수반되어야 한다.

---

17) Skocpol(1979)의 연구를 둘러싼 논쟁을 참조. 그러나 논문형태로 발간하기 위해서는 지면이 제약된다는 점에서 새로운 자료를 과정추적에 의해 분석하는 것은 지극히 어렵다고 생각된다.

2003년의 경우에도 2001년도에 발표된 사례연구논문들의 문제점이 반복되고 있었다. 대상이 된 20편의 논문 중에서 분명하게 사례의 선택과 일반화의 문제를 포함하는 분석방법에 대한 구체적인 설명이 제시된 연구는 4편이었다. 이 중 세 편은 비교사례연구이고 한 편은 단일사례연구이다. 이렇게 비교설계가 명시적인 경우 그 문제점도 쉽게 파악할 수 있었다. 이 중 두 편의 비교사례연구는 공통적으로 종속변수에 의해 사례들이 선택되었고, 하나는 합치법(성공사례), 다른 하나는 공동변화법(결과의 수준이 상이함)에 의해 분석이 이루어졌다. 합치법에 의한 분석의 경우 지나치게 많은 요인들을 원인으로 추출함으로써 분석의 타당성을 크게 해치고 있다. 공동변화법(method of concomitant variation)에 의한 분석도 '사례별 특성이 다양'하다는 점을 인식하면서도 너무 많은 원인변수를 분석결과로 제시하고 있었다. 이는 논문의 논리적 문제점을 확연하게 들어내는 것이다.[18] Mill의 비교방법들은 항상 제한된 요인만을 구별할 수 있는 방법이고 설계상 비교의 대상들이 지극히 유사하거나 상이해야 한다는 점을 염두에 두어야 한다. 나머지 한 편의 비교사례연구는 설계에서 비교 및 분석의 한계 등을 정연하게 설명하고 있다. 한 편의 단일사례연구는 종속변수에 의해 사례를 선택하고 결과에 이르는 과정을 추적함으로써 성공적 결과의 필요조건을 규명하고 있다. 이러한 과정이 이론적 배경을 근거로 한 것일 뿐 아니라 일반화의 한계도 논하고 있다. 이들을 통해서 분석방법에 대한 의식적 논의와 설명이 분석방법의 문제점을 보다 확연하게 들어나게 한다는 점을 알 수 있다. 이에 비해서 의식적 논의 없이 사례비교가 이루어진 하나의 논문은 유사한 사례를 비교한다고 하는데 내용 설명에 의하면 서로 다른 속성을 가진 사례를 차이법으로 분석하고 있다. 즉 속성이 다른 사례의 비교를 통해서 상이한 독립변수가 상이한 결과를 낳는다는 분석결과를 보여준다.

나머지 논문 중 13편이 단일사례연구인데, 유독 많은 연구들이 가설창출적인 입장에서 진행되었다. 즉 제도화 수준, 거버넌스 수준, 정치적 통제의 수준 등이나 유형을 구분하는 서술적이며 탐색적 연구들이 주를 이룬 것이 특징이다. 비록 구체적으로 분석방법을 논하는 논문은 제한되어 있지만 2001년에 비해 사례의 성격을 논하는 경우가 많았다. 그러나 여전히 '희소하면서 중요한

18) 차이법과 일치법의 유용성을 부정하고 공동변화법을 옹호한 Durkheim은 이 분석방법에서 제삼의 변수들의 통제에 대해 상당히 유연한 입장을 보이고 있으나 이 때문에 많은 비판(허위관계의 가능성)을 받고 있다(Smelser, 1976). 그러나 Durkheim이 공동변화법에 의한 프러시아와 바바리아지방의 자살률과 신구교의 비율 비교는 상당히 정교한 편이다.

사례'라든가 암묵적으로 대표적 사례로 간주하는 듯한 암시가 있을 뿐 분석방법에 대한 명시적 논의는 없는 경우가 많았다. 비교사례연구보다도 더 많은 문제를 안고 있다고 비판되는 단일사례연구에서 사례의 성격과 해석, 일반화의 문제를 심각하게 논의하지 않는 것은 여전히 문제로 지적할 수 있다. 특히 정책연구의 경우 때로는 너무 광범위한 일반화를 시도하거나 일반화의 한계에 대한 언급이 전혀 없는 경우를 보는데, 정책적 시사점은 조건부 진술에 의해서 이루어질 때 지식축적에 더 많은 도움이 된다는 지적을 상기할 필요가 있다. 특기할만한 하나의 연구는 분석대상과 범위에 대한 연구접근방법을 분석방법과 혼동하여 논의하고 사례분석을 진행하는 경우가 있었다. 사례선택의 이유나 성격, 일반화의 가능성이나 한계에 대한 논의도 없었다. 여전히 사례분석방법에 대한 체계적이고 의식적인 논의가 부족하다는 점을 알 수 있다.

2005년 14편의 논문 중에서 8편이 단일사례연구인데 이 중 여섯 편은 사례의 특성이나 실증적 의미에 관한 언급이 없이 이론적 설명을 뒷받침하는 것으로 논리를 전개해가고 있다. 이런 경우 다른 단일사례연구에서와 마찬가지로 사례선택의 자의성에 대한 비난을 피하기 어려울 것이다. 그럼에도 불구하고 일부의 논문은 광범위한 일반화를 시도하는 반면에, 다른 논문들은 이 점에 대한 언급이 전혀 없다. 이런 과정에서 외국의 사례를 분석하고 한국적 함의를 논하는 것은 더욱 신중할 필요가 있다고 생각된다. 사례비교의 논리가 암시하듯 대부분 정치적·사회적 배경이나 맥락의 비교가능성이 그리 높지 않기 때문이다. 나머지 두 편 중 한 논문은 특정국가의 행정기구에 대한 기술적 연구로 간주되고 이 사례 내에서만 설명을 시도한다. 그렇지만 변화의 원인을 규명하는 과정에서는 인과관계를 논리적으로 설득력 있게 제시하지 못하고 있다. 사례연구는 자칫 실증적 자료의 뒷받침 없이 기존 연구의 주장을 도입함으로써 논리적 타당성을 상실하기 쉽다. 다른 한 편은 어느 정도 사례의 대표성을 가정하고 가설을 검증함으로써 체계적인 논리전개를 보이고 있지만 명시적인 분석방법에 대한 논의가 없는 점은 아쉽게 생각된다.

6편의 논문은 비교사례연구이고 그 중 한편만 명시적으로 분석방법을 논하고 있으며 다른 한편은 탐색적인 입장에서 한국의 특정 제도의 제도화 수준을 평가하고 있다. 이 평가적인 논문을 제외한 다섯 편 중에서 세 편은 종속변수에 의해 사례를 선택하고 두 편은 독립변수에 의해 사례선택이 이루어졌다. 종속변수에 의한 비교사례연구의 경우 하나는 유사한 대상들을 중심으로 차이법에 의해 분석이 이루어지고 비교방법과 설계를 분명하게 밝히고 있다. 비록 분석결과에 영향을 미치지는 않지만 이 비교방법은 차이법이 아닌 공동변화법임을 알 수 있다. 다른 하나의 논문은 합치법에 의해 상이한 환경과 맥락에서 어떻게 유사한 원인이 동일한 결과에 이르는가를 논하고 있지만 분석방법에 대한 논의는 없다. 문제는 나머지 한 편의 논문의 분석방법이다. 유사한 환경에서 정도의 차이는 있지만 동일한 실패사례를 비교하여 어떻게 공통의 요인들이 작용하고 있는가를 규명하는 노력이다. 비교의 논리로 판단해보면 이는 합당한 비교방법이라고 볼 수 없다. 독립변수에 의한 비교사례연구에서도 마찬가지 문제점을 지적할 수 있었다. 하나의 논문은 원인변수의 측면에서 서로 다른 두 가지 사례를 비교하고 공통적 결과나 특징과 더불어 서로 다른 결과를 도출하는데 어떤 비교방법의 논리에 의해 이러한 결론이 가능한지 의문을 갖지 않을 수 없다. 나머지 한 편의 논문은 원인변수가 유사한 두 사례의 비교를 통해서 공통적 결과를 도출하고 일반화하는 과정을 밟는다. 그러나 유사체제설계에서 동일요인과 공통의 결과를 알아낸다는 것은 설계상 논리적 설득력이 크게 떨어진다.

2007년의 경우 9편 중 5편은 단일사례분석이며 그 중 한 편은 특정한 사업의 내용이 어떻게 변화했는가를 평가하는 결과 중심적 연구이다. 사례의 성격이나 결론이 어떤 이론적 의의를 갖는지에 대해서 언급이 없지만 이 특정사업에 한정된 분석으로 받아들인다면 큰 문제는 없어 보인다. 그러나 이 경우에도 분석방법에 대한 분명한 논의가 있어야 한다고 생각된다. 나머지 네 편 중 두 편은 독립변수에 의한 사례선택을 하고, 두 편은 종속변수에 의한 사례선택을 하였다. 독립변수에 근거해서 사례를 선택하고 분석한 두 편 중 하나는 사례선택의 근거에 대한 명시적인 언급도 없고 일반화의 한계에 대한 언급도 없다. 그러나 다른 한편은 사례의 성격에 대한 언급과 더불어 일반화 논의의 한계에 대해서 지적하고 있다. 두 편 모두 결과를 충분조건의 틀로 설명하고 있지 않다. 종속변수에 근거해서 사례를 선택하고 분석한 두 편은 모두 사례의 성격에 대한 구체적인 논의가 없다. 그렇기 때문인지는 몰라도 일반화의 문제에 대해서도 언급이 없으며 결과를 필요조건의 틀로 설명하고 있지도 않다. 단일 사례연구의 대부분이 암묵적으로 분석된 결과를 지나치게 일반화하는 경향을 보이고 있다.

네 편의 비교사례연구 중 비교의 설계를 어느 정도 이해할 수 있는 것은 두 편이었는데 이 중 하나는 유사체제연구이고 다른 한 편은 상이체제연구로 간주할 수 있다. 그런데 후자의 경우 합치법에 의한 비교분석을 하면서도 독자가 두 사례의 비교가능성에 의문을 가질 우려를 나타내고 있다. 이는 비교설계에 대한 이해가 부족한 것뿐 아니라 많은 사례연구가 계량적 분석의 틀에서 이해되고 있음을 시사하고 있다. 이들의 공통적인 문제점은 두 가지 사례의 비교를 통해서 너무 많은 성공요인을 도출해내고 있는 점이다. 나머지 두 편 중 한 편은 외국과 한국의 사례를 병렬적으로 비교하여 공통점을 도출하고 한국의 사례도 비슷한 이론적 틀로 이해할 수 있다는 기술적 연구이다. 마지막 비교연구의 경우 두 가지 변수에 의한 네 가지 타입으로 나누고 네 가지 사례를 비교 분류하고 있지만 이들 사례의 성격이 무엇인지 분명하지 않고, 여기서 도출된 결론을 지나치게 일반화하는 경향을 보인다. 개념적 분류노력과 네 가지 사례의 비교에도 불구하고 근본적으로 비교방법은 차이법을 따르고 있음을 알 수 있다.

위의 분석을 통해서 지금까지 이루어진 사례연구들의 몇 가지 특징이 드러난다. 무엇보다도 대부분의 연구가 지극히 연역적 논리전개과정을 밟는다. 새로운 가설을 제시하는 경우에도 이런 틀에서 단일사례로 검증의 절차를 거치는 경우가 많다. 그렇기 때문에 사례의 성격을 논하고 일반화의 범위를 밝히는 것과 함께 필요조건이나 충분조건으로 분석결과를 설명해야 함에도 불구하고 이런 의식적 노력은 찾아보기 어려웠다. 즉 대부분의 사례연구는 분석방법으로서 일치법(congruence methods)에 의존하고 있으므로 이 분석방법의 장단점을 부연설명할 필요가 있다.

이 방법은 상당한 이론적 설명을 배경으로 연구를 시작하여 특정 사례 내에서 이론에서 설명하고 예측된 결과가 나타나는지를 확인하는 방법을 말한다. 여기서 이론은 독립변수의 변이와 종속변수의 변이 간의 관계를 설명하며 연역적인 형태이거나 경험적 일반화일 수도 있다. 연구자는 사례에서 독립변수의 값을 확인하고 종속변수에 어떤 형태의 변화가 이론의 예측과 부합하는지를 설명한다. 만약 결과가 이론의 예측과 일치한다면 인과적 관계가 성립한다고 말할 수 있다. 이 분석방법은 비교적 단순하고 적용가능성이 많다는 장점을 갖고 있다. 방법 그 자체는 과정추적이 필요하지 않지만 과정추적의 방법과 결합되어 사용될 경우 인과관계의 허위성을 규명할 수도 있다. 아울러 이론적 설명이 불분명한 경우 이를 보다 정교한 설명으로 발전시킬 수 있는 도구가 될 수도 있다. 또 반사실적(counterfactual) 사례와 결합하여 비교분석을 시도할 수 있다.

그럼에도 불구하고 이 방법은 인과관계의 추론에는 문제점을 안고 있다. 즉 허위관계를 규명하거나 독립변수가 종속변수를 설명하는데 결정적 역할을 하는 변수인지의 여부(causal priority and causal depth)를 알아내는 데는 한계가 있다(George and Bennett, 2005: chap. 9). 따라서 이 방법에 의한 분석에는 주의가 필요하다. 특히 연역적으로 도출된 이론을 배경으로 하는 경우 사례의 선택은 조사설계에서 가장 중요한 결정이다. 이런 이유에서 관심의 대상이 되는 변수(독립변수 혹은 종속변수)가 극한값을 취하는 사례를 선택하는 경우 가장 바람직한 방법이라고 생각된다(van Evera, 1997: 58-63). 그러므로 사례선택과정에서 편의(bias)를 피하려는 노력과 더불어 일반화의 범위를 염두에 둔 사례의 대표성을 논하는 과정은 필수적이다. 이런 과정이 생략되면 설정된 가설에서 설명된 대로 변하는 사례만으로 분석하고 일반화한다는 비판을 모면하기 어렵다. 뿐만 아니라 일치법에서 밝혀진 인과적 추론의 유의미성을 대립가설에 비추어 논의할 수 있어야 한다. 이런 과정에서 어느 정도의 인과적 과정의 추적이 불가피할 때가 있을 것이고 이런 분석방법의 혼합이 권장된다고 볼 수 있다. 보다 구체적으로 사례 내에서 여러 시점에 걸쳐 다수의 관찰이 이루어질 수 있다면 훨씬 바람직한 연구가 된다는 말이다. 이런 한계를 인식하고 사례선택과 설계에 신중한 노력을 보인 연구는 거의 없었다고 해도 과언이 아니다. 여기서 사례연구에서 사례선택, 자료수집방법 및 분석과정을 공개적으로 밝혀야 하며 이를 포함하는 분석방법이 연구의 질을 평가하는 기준이라는 DSI의 지적을 다시 상기할 필요가 있다. 연구과정에서 이런 권고를 적절하게 수용하는 체계적인 노력이 절실히 필요하다.

비록 행정학 연구에서 사례연구는 "질적 논문의 형태를 띠고 있지만, 실제의 연구절차는 계량적 분석을 주로 하는 실증주의적 방법론을 따르고 있다는 결론"(윤견수, 2005: 11)이 가능하지만 그 절차가 엄격하다고 할 수는 없다. 아울러 사례중심적 연구가 아닌 변수중심적 연구(Ragin, 1987; 2000)에 치우치고 있지만 계량적 분석의 입장에서 권고되는 점들(DSI)이 반영되고 있다고 보기도 어렵다. 그러나 연역적 분석과정 때문에 이론적 논의가 경험적 자료의 분석보다도 많은 지면을 차지하고, 이런 이유에서 개념과 측정의 논의는 활발하게 이루어진다. 아울러 정책적 처방이나 함의에 대한 논의가 차지하는 부분이 많아서 간접적으로 지나친 일반화를 지향하는 경우가 많다. 비교사례연구에서도 일부 설계상의 문제점 외에도 논리적으로 밝힐 수 있는 요인은 지극히 한정되어 있음에도 불구하고 너무나 많은 요인들을 분석결과로 제시하는 경우가 많았다. 실용적인 측면에서 살펴보아도 정책적 시사점은 보다 구체적인 조건부의 서술로 제시되어야 쓸모가 있다.

Ⅵ. 결론 및 제언

방법의 관점에서 바람직한 논문들은 계량적 분석이든 사례연구이든 간에 분석방법을 구체적으로 설명하고 그 틀 내에서 분석이 이루어져야 한다. 양적인 분석에서만 방법의 가정이나 문제점을 설명하는 게 필요한 것이 아니다. 실증적 사례분석의 경우에도 분석방법을 명시적으로 서술하고 연구자가 이 틀을 따르는 것이 중요하다고 말할 수 있다. 그러나 기존 사례연구에서 이런 논문은 소수에 불과하였다. 이상의 논의를 통해서 기존의 많은 실증적 사례연구의 경우 이론적 영역에 대한 관심에 상응하는 사례분석이 이루어지고 있다고 보기 힘들다. 연구가 수행되는 방법에 대한 통찰이 부족하면 연구의 결과는 종종 취약할 우려가 크다. DSI에서도 분석방법이 연구의 질을 결정한다고 말하고 있고 어떤 방법으로 분석된 결과이든 간에 근본적으로 불확실하기 때문에 불확실성의 정도를 밝혀야 한다고 주장한다. 이는 실증적 사례연구자들의 입장에서도 전적으로 동의하는 바이다. 그렇기 때문에 사례연구에서 분석방법과 일반화의 정도를 설명하여야 하고 무엇보다도 분석대상이 되는 사례의 특성을 설명하는 것이 필요하다. 계량적 연구의 입장에서 개진된 여러 가지 비판을 극복하기 위해서는 명시적으로 방법과 사례를 설명하고 분석방법의 근본적인 가정과 약점을 인지하는 것이 무엇보다도 요구된다. 결론적으로 보다 우수한 연구, 누적적 지식축적을 위해서 분석방법에 대한 의식적 노력(self-conscious thinker; Mills, 1959: 121)을 보여줄 필요가 있다. 사례연구가 상당한 비중을 차지하는 행정학의 영역에서 특히 강조되어야 할 점이다.

아울러 용어의 혼란을 지적할 수 있는데, 종종 용어의 혼란은 방법의 혼란을 야기할 수 있다. 가령 접근방법(approach)을 분석방법(methods)과 혼동하거나 분석방법을 자료수집방법과 혼동하는 경우이다. 접근방법은 분석범위, 단위나 대상에 관한 관점을 말하고, 분석방법(methods)은 자료수집방법과 깊이 연관되어 있지만 구분되어야 한다. 즉 질적 자료수집방법과 소위 질적 분석 또는 사례분석방법을 의식적으로 구분할 필요가 있다. 아울러 분석방법을 방법론(methodology)과도 구분하여야 한다. 방법론에 관한 논의에서 또 다른 문제는 통계적 방법을 일상적으로 방법론으로 부른다는 사실이다. 그러나 이는 잘못된 관행이다. 방법론은 연장박스와 같고 방법은 그 박스 속의 하나의 연장에 불과하다고 이해할 수 있다. 이런 이해의 틀로 보면 통계적 방법은 하나의 연장에 불과한 것이다. 많은 연구자들은 방법에만 관심을 쏟고 그 논리적 근거에 대해서는 무관심하다. 목수가 사용하는 연장함과 전기공의 연장함은 서로 다르고 꺼내 쓸 수 있는 연장도 다르다. 따라서 방법론은 사회현상이나 세상을 이해하는 중요한 차이점을 나타내고 있다. 과학철학에서 이는 지식에 이르는 방법을 의미하고 있고, 이 분야는 다른 두 분야인 존재론 및 인식론과 깊이 연계되어 있다. 그래서 방법론은 연구기법이나 절차를 의미하는 방법과는 달리 개념, 이론, 기본적 사유의 논리 등을 내포하고 있다. 이를 배경으로 구체적인 방법들을 이해하고 이용하는 노력이 필요하다. 각 방법을 의복처럼 필요에 따라 바꿔 입을 수 있어야 함에도 불구하고 현재의 방법론에 관한 강의와 훈련과정은 이를 피부로 여기게 하였다. 대부분의 경우 방법론적 입장이 정해지면 방법은 지극히 전략적 문제일 뿐이다(Waltz, 1979: 13). 사례연구의 영역에서 보다 의식적인 논의와 사고가 필요한 것으로 생각된다.

이 연구의 가장 큰 목적은 1990년대 이후 본격화된 계량적 방법과 사례연구방법 간의 논쟁을 이해하고, 지금까지 진전된 실증적 사례연구방법을 연구에 적극적으로 포함시키는데 있다. 우리의 연구방법이 너무 계량적 방법에 편향되어 있지만 실제 기존 연구의 상당부분이 사례연구방법에 의존하고 있다. 그것도 실증적 입장에서 이루어진 사례연구가 대부분을 차지하고 있다. 이 연구를 통해서 사례연구방법의 방법론적 배경에서부터 구체적인 분석방법의 차이까지를 이해하고자 하였다. 많은 연구들이 양적 분석방법의 틀로 사례연구를 이해하고 연구문제에 접근하고 있다는 비판을 받았지만, 이는 논리적 전개과정만 그러할 뿐 실제 분석은 상당히 느슨하게 이루어지고 있다는 비판이 오히려 정확한 표현일 것이다. 이러한 평가를 통해서 좀 더 발전적 변화가 있다면, 계량적 분석과 사례연구의 보완적 역할을 도모할 수 있고, 보다 바람직한 다방법(multi-method)연구도 가능하다. 나아가 너무 추상적이고 규범적인 현재의 방법론적 연구를 보다 구체적인 차원에서 논의할 수 있는 기반이 되었으면 한다.

나아가 이러한 분석과 평가를 통해서 연구뿐만 아니라 교육에서도 변화가 필요하다는 점을 강조하고자 한다. 학부나 대학원에서 교재로 쓰이는 대부분의 방법론 교과서는 계량적 분석의 틀에서 쓰였다. 그러나 학부생들의 거의 대부분과 많은 대학원생 논문은 사례연구에 의존하고 있다. 그리고 그런 연구의 대부분이 실증주의적 관점에서 쓴 것이다. 그러므로 학부의 조사방법론강의와 대학원의 방법론강의에 이 내용을 적극적으로 포함시킬 필요가 있다. 대부분의 조사방법론 교과서는 양적 설계의 틀에서 사례연구방법도 설명하고 있는 실정이다. 그러나 양적 연구와 사례연구는 여러 부분에서 확연히 구분되는 논리로 전개된다. 구체적인 연구과정을 상술할 수는 없지만 중요한 차이점의 예를 들어보자. 우선 사례연구에서 연구목적을 규명하는데 주목하여야 할 부분이 있다. 분석대상이 되는 현상을 구체화하여 다루는 사례가 어느 범주에 속하는가, 종속변수의 변이를 설명하는가 아니면 무변이(단일사례의 과정추적)를 설명하는가, 어떤 이론적 틀을 이용하는가(이론과 대립가설, 또는 잠정적 가설, 그것도 없는 경우 어떤 변수), 기존 이론의 어느 부분을 검증, 구체화하는지를 분명하게 한다. 이는 연구결과의 일반화와도 깊이 연관된 것이다.

다음 단계이자 근본적으로 사례연구에서 가장 중요한 것은 사례선택의 논리와 방법이다. 주로 Bayesian 논리에 의해 설명될 수 있는 사례선택방법을 이해하기 위해 우선 통계학에서 설명되는 이 논리를 이해할 필요가 있다. 이는 새로운 증거가 확보되면서 기존의 믿음이나 지식을 수정해가는 과정을 말한다. 즉 새로운 정보를 고려하면서 차츰 전체를 이해해가는 과정이며 이는 전통적 통계적 접근방법에서처럼 자료를 일시에 분석하는 것이 아니라 이론과 자료간을 왕복하는 과정으로 상당부분 해석적 접근방법이라고 볼 수 있다. 이는 두 가지 측면에 전통적 통계적 방법과 다르다. 첫째, 주관적 확률을 시작으로 자료를 바탕으로 사후적 확률을 계산한다. 둘째, 추론을 하는 과정에서 사전 정보를 분명하게 고려함으로써 연구를 시작하기 전에 연구자가 갖는 여러 지식과 믿음을 인정하고 이런 것들이 연구자의 이해의 방향을 결정한다는 것을 인정한다. 사례연구, 비교사례연구에 있어서 사전 지식은 중요한 의미를 갖는다. 그리고 사전 지식의 수준에 따라 사례연구의 질도 달라진다. 다시 말해서 사례연구과정은 끊임없이 이론과 자료의 상호작용에 의해 진행된다고 할 수 있다. 물론 이러한 접근방법이 실증주의적 입장에서나 해석적인 입장 모두에게서 비판을 받고 있다. 실증주의적 입장에서 보면 주관적 사전 지식이 과학적 객관성을 해치고, 해석적 입장에서 보면 예측과 인과적 분석에 매달리는 이러한 접근은 여전히 연구자와 대상 간의 간극을 크게 하는 것이다. 그러나 계량적 연구에서도 실제 연구과정이 결코 도식적으로 이루진다고 할 수는 없다. 통계적 분석에서도 사전 정보를 강조하고 이를 통해서 국지적 맥락을 먼저 이해하는 것이 실제 분석과정에서 매우 중요한 의미를 갖는다. 뿐만 아니라 어떤 유형의 연구방법에서도 이론과 자료 간의 대화와 수정과정은 불가피하다는 점을 알아야 한다(McKeown, 2004).

뿐만 아니라 계량분석에서는 주어진 모집단을 상정하고 대표적인 사례들을 선정하여 분석하지만 사례연구에서는 모집단이 유동적이며 분명하지 않은 경우가 많다. 이런 측면에서 보면 대표적 사례보다는 다른 근거(앞에서 상술한 사례선택방법들)로 선택된 사례에 관한 연구가 많다고 볼 수 있다. 그러므로 사례선택의 논리를 실제 연구와 연계하여 가르치는 노력이 필요하다. 다음 단계에서 변수들의 변화를 서술하게 되는데, 사례연구에서는 변수들의 변이에 관한 서술이 이분적으로 이루어지는 경우가 많다. 하지만 이분적 분류보다는 가능하면 다양한 유형분류가 정책도구로서 도움이 된다.

결론적으로 사례연구의 조사설계와 연구과정을 계량적 연구의 틀로 설명하는 것은 상당한 오류가 있을 수 있다. 그러므로 양적 연구, 실증적 사례연구, 해석적 사례연구의 세 갈래에서 방법론 강의가 이루어져야 한다는 생각이다. 특히 학부생들의 제한적 양적 분석능력을 감안할 때 실증적 사례연구방법의 중요성은 더욱 크다고 할 수 있다. 아울러 대학원의 수준에서는 질적 연구방법을 독립된 교과목으로 설치하기 위한 노력이 필요하다. 이미 대부분의 미국의 대학원에서는 질적 연구방법에 대한 독립된 교과목을 설치하고 있고, 상당수의 학교들은 질적 자료수집방법에 대한 과목도 따로 가르치고 있다. 이 연구는 이러한 변화의 촉매제가 되기를 희망한다.

◈ 참고문헌

권경득. (1996). 한국행정학의 연구경향에 관한 실증적 분석: 한국행정학보 기고논문(1967-1995)을 중심으로. 「한국행정학보」, 30(4): 139-153.

______. (2006). 한국행정학보 게재논문의 연구경향분석: 연구영역과 연구방법을 중심으로. 「한국행정학오십년」. 한국행정학회: 617-640.

신준섭 · 주영종. (2005). 행정학 연구방법론에 대한 평가와 제안: Triangulation을 중심으로. 「국가정책연구」, 19(1): 31-63.

윤견수. (2005). 한국행정학의 질적 연구방법에 대한 반성과 제안. 「한국행정학보」, 39(2): 1-22.

이영철. (2006). 사회과학에서 사례연구의 이론적 지위: 비판적 실재론을 바탕으로. 「한국행정학보」, 40(1): 71-90.

주상현. (2002). 한국 행정학 연구경향의 실증적 분석: 최근 7년(1995-2001)간 한국행정학보 기고논문을 중심으로. 「한국행정학보」, 36(3): 39-55.

Archer, M. et al. (eds). (1998). *Critical Realism: Essential Readings*, London: Routledge.

Bennette, A. and Elman, C. (2006). Qualitative Research: Recent Development in Case Study Methods. *Annual Review of Political Science*, 9: 455-476.

Brady, H. E. and Collier, D. (eds). (2004). *Rethinking Social Inquiry: Diverse Tools, Shared Standards*. New York: Rowman & Littlefield.

Eckstein, H. (1975). Case Study and Theory in Political Science. In Fred I. Greenstein and Nelson W. Polsby (eds). *Handbook of Political Science*, Vol. 7. Reading, MA: Addison-Wesley.

Gerring, J. (2001). *Social Science Methodology: A Criterial Framework*. Cambridge: Cambridge University Press.

Gerring, J. (2007). *Case Study Research: Principles and Practices*. Cambridge: Cambridge University Press.

George, A. L. (1993). *Bridging the Gap: Theory and Practice in Foreign Policy*. Washington, D.C.: United States Institute of Peace Press.

George, A. L. and Bennett, A. (2005). *Case Studies and Theory Development in the Social Sciences*. Cambridge: MIT Press.

Goertz, G. (2006). *Social Science Concepts: A User's Guide*. Princeton: Princeton University Press.

Goertz, G. and Starr, H. (eds). (2003). *Necessary Conditions: Theory, Methodology and*

Applications. New York: Rowman and Littlefield.

Hall, P. A. (2003). Aligning Ontology and Methodology in Comparative Politics. In James Mahoney and Dietrich Rueschemeyer (eds). *Comparative Historical Analysis in the Social Sciences*. Cambridge: Cambridge University Press.

Hamel, J. (1993). *Case Study Methods*. Newbury Park: Sage.

Jensen, J. L. and Rodgers, R. (2001). Cumulating the Intellectual Gold of Case Study Research. *Public Administration Review*, 235-246.

King, G., Keohane, R. and Verba, S. (1994). *Designing Social Inquiry: Scientific Inference in Qualitative Research*. Princeton: Princeton University Press.

Levy, J. S. (2007). Qualitative Methods and Cross-Method Dialogue in Political Science. *Comparative Political Studies*, 40(2): 196-214.

Lieberson, S. (1991). Small N's and Big Conclusions: An Examination of the Reasoning in Comparative Studies Based on a Small Number of Cases. *Social Forces*, 70(2): 307-320.

Lijphart, A. (1971). Comparative Politics and the Comparative Methods. *American Political Science Review*, 65(3): 682-693.

Lin, A. C. (1998). Bridging Positivist and Interpretivist Approaches to Qualitative Methods. *Policy Studies Journal*, 26(1): 162-180.

Little, D. (1991). *Varieties of Social Explanation: An Introduction to the Philosophy of Social Science*. Boulder, CO: Westview.

Mahoney, J. and Goertz, G. (2006). A Tale of Two Cultures: Contrasting Quantitative and Qualitative Research. *Political Analysis*, 14(3): 226-249.

McKeown, T. J. (2004). Case Studies and the Limits of the Quantitative Worldview. In Brady and Collier eds.

Merton, R. K., Sills, D. L. and Stigler, S. M. (1984). The Kelvin Dictom and Social Science: An Excursion into the History of an Idea. *Journal of the History of the Behaviral Science*, 20(4): 319-331.

Mills, C. W. (1959). *The Sociological Imagination*. Oxford: Oxford University Press.

Munck, G. L. (2004). Tools for Qualitative Research. In Henry E. Brady and David Collier eds.

Przeworski, A. and Teune, H. J. (1970). *The logic of comparative social inquiry*. New York: John Wiley & Sons.

Ragin, C. (1987). *The Comparative Method: Moving beyond Qualitative and Quantitative Strategies*. Berkeley, CA: University of California Press.

Ragin, C. (2000). *Fuzzy-Set Social Science*. Chicago: University of Chicago Press.

Sartori, G. (1970). Concept Misformation in Comparative Politics. *American Political Science Review*, 64(4): 1033-1053.

Sayer, A. (2000). *Realism and Social Science*. London: Sage.

Seawright, J. (2002). Testing for Necessary and/or Sufficient Causation: Which Cases Are Relevant? *Political Analysis*, 10(2): 178-193.

Sil, R. (2000). The Division of Labor in Social Science Research: Unified Methodology or Organic Solidarity. *Polity*, 32(4): 499-531.

Skocpol, T. (1979). *States and Social Revolution: A Comparative Analysis of France, Russia and China*. Princeton: Princeton University Press.

Smelser, N. (1973). The Methodology of Comparative Analysis. In Donald P. Warwick and Samuel Osherson eds. *Comparative Research Methods*. Englewood Cliffs, NJ: Prentice Hall.

Smelser, N. (1976). *Comparative Methods in the Social Sciences*. Englewood Cliffs: Prentice-Hall.

Snape, D. and Spencer, L. (2003). The Foundations of Qualitative Research. In Jane Ritchie and Jane Lewis. eds. *Qualitative Research Practice: A Guide for Social Science Students and Researchers*. Thousand Oakes: Sage.

Stinchcombe, A. (1968). *Constructing Social Theories*. New York: Harcourt, Brace and World.

van Evera, S. (1997). *Guide to Methodology for Students of Political Science*. Ithaca: Cornell University Press.

Waltz, K. N. (1979). *Theory of International Politics*. Reading, MA: Addison-Wesley.

Yin, R. K. (2003). *Case Study Research: Design and Methods*. Thousand Oakes: Sage (3rd. ed.).

14장 인문학적 성찰과 행정학 방법론

윤 견 수

Ⅰ. 글을 시작하며

방법론이라는 것이 현실 인식의 길잡이 역할을 한다면 행정학 방법론은 행정 현상을 이해하는 중요한 수단이 된다. 그동안 주류 행정학 방법론은 대체로 과학주의나 실증주의적 기법에 토대를 두고 있었다. 만약 방법이 인식을 규정한다는 명제가 옳다면 행정에 대한 상당히 많은 이미지와 인식들은 과학적 방법에 토대를 두고 있는 셈이다. 그런데 과학적 방법은 엄밀성 확보를 목적으로 하는 반면, 행정 현상에 대한 이해와 인식은 다양성을 생명으로 한다. 행정학의 주된 가치인 공공성은 사회의 모든 가치와 이해관계를 고려하는 개념이기 때문에, 행정학이 공공성에 기반을 두고 있는 한 다양성을 추구해야 한다는 규범으로부터 벗어날 수 없다. 그러기 때문에 행정학이 과학주의 방법론만을 주장한다면 방법론이 추구하는 획일성이라는 가치와 존재론적으로 지향해야 하는 다양성이라는 가치가 늘 충돌할 수밖에 없다.

그동안 행정학자들은 연례적으로 행정학의 위기를 지적해 왔다. 학자들마다 관점은 약간씩 다르지만 대개 위기의 내용은 학문으로서의 행정학의 정체성에 대한 위기와, 실용학문으로서의 행정학 집단의 권력에 대한 위기 둘로 나눌 수 있다. 경제학이나 심리학 등의 학문과 달리 행정학이 무엇을 해야 하는지 명확히 말할 수 없다는 것이 정체성 위기다. 그리고 그동안 행정학자나 행

* 이 글은 2008년 한국행정학회 춘계학술대회 발표 논문 "인문학적 성찰과 행정학 방법론"을 수정 및 보완한 것이다. 이 글을 쓰는데 많은 분들의 도움이 있었다. 우선 당시 토론을 해주신 이영철, 김근세 교수님께 감사드린다. 그 후에 매지행정포럼에서 장지호, 이경원 교수님의 지적은 이 글을 가다듬는데 큰 힘이 되었다. 박종민 교수님은 다양한 방법으로 글의 내용을 바라볼 수 있는 기회를 만들어주셨다. 모든 분들께 감사드린다.

정학과가 누렸던 특권적 지위가 점차 약해지고 있다는 것은 실용성의 위기다. 많은 학자들이 나름대로 위기의 원인과 대책을 제시했지만 그것을 극복하지 못했던 이유는 근본적으로 방법론적 획일성과 존재론적 다양성간의 충돌을 눈여겨보지 못했기 때문이다.

행정이 갖고 있는 존재론적 다양성을 제대로 반영하기 위해서는 우선 방법론적 다원화가 필요하다. 여러 가지 형태의 다원화를 생각해볼 수 있지만 이 글에서는 과학주의를 극복할 수 있는 대안적 방법으로서의 인문학적 사유를 제시할 것이다. 행정학도 근본적으로 인간과 사회에 대한 것을 다루는 학문이기 때문에 그동안 '자연과학'의 테두리 안에서만 바라보았던 행정 현상을 앞으로는 '인문학'의 시각으로 접근할 필요가 있고, 그럴 경우 행정학의 위기는 상당 부분 줄어들 것이다. 이 글의 목적은 인문학적 사유를 행정학에 적용한다는 것이 어떤 의미를 가지며 그 내용들이 무엇인가를 살펴보는 것이다.

Ⅱ. 행정학 위기의 내용

행정학의 위기는 주기적으로 되풀이되어 왔던 한국 행정학계의 단골 주제다. 학술대회를 할 때마다 많은 학자들이 행정학의 학문적 성격과 정체성에 대한 논의를 끌어들이면서 위기의 원인을 진단하고 해법을 제시하곤 한다. 행정학의 위기가 행정학의 학문적 성숙을 가져오는 기회가 된다는(권인석, 2005) 주장도 있지만, 위기에 대한 논의가 되풀이 되는 이유는 행정학의 내용과 방법이 여전히 혼란스럽고 학문적 성숙과는 거리가 멀기 때문일 것이다. 더구나 행정학의 위기가 행정학이라는 학문의 위기를 말하는 것인지, 행정학계(행정학자)의 위기를 말하는 것인지 애매한 구석도 있다. 또한 행정학만의 위기인지 여타 사회과학이 갖고 있는 위기와 같은 범주의 것인지도 분명하지 않다.

한국 행정학계에서는 밀레니움 시대를 맞이하여 2000년부터 1년간 행정학의 학문적 성격과 위기 또는 발전방안에 대해 〈kapa@포럼〉에 약 30여 편의 글을 실었는데 위기에 대한 진단과 처방이 학자들마다 달랐다. 학자들마다 위기에 대한 관념이 너무 다른 것이 오히려 위기가 아니냐는 생각이 들 정도로 다양한 논의들이 전개되었다. 강명구(2001)는 이러한 글들을 분석하면서 각자가 속한 영역에서 바라보는 위기의 본질이 서로 다르다고 보았다. 예컨대 행정학자들은 행정학이라는 산업과 시장이 축소되는 것을 염려하고 있고, 다른 학문에 종사하는 학자들은 행정학이 안고 있는 도구주의적 성격을 의심하고 있으며, 실무에 종사하는 사람들은 여전히 행정학이 현실의 문제를 해결해주지 못한다고 보기 때문에 행정학이 위기라는 것이다. 이들의 논의와 그동안 행정학의 위기에 대해 문제를 제기했던 다른 글들을 묶어 위기의 내용을 다음과 같이 크게 3가지로 정리해 볼 수 있다.

첫째는 행정학의 학문으로서의 위기다. 어떻게 보면 행정학의 위기가 생기는 이유는 역사적으로 행정학이 과대성장의 길을 걸어왔기 때문이다. 그러는 과정에서 한국적 행정이론을 제대로 만들지 못했고, 민주적 가치와 비판정신에 관심을 기울이지 않았으며, 학문적 폐쇄성과 획일성을 부추켜 왔기 때문이다(안병영, 2000). 특히 다른 학문분야와 구분되면서 동시에 행정 현상을 설명할 수 있는 좋은 이론이 나오지 않았기 때문에 위기가 가중되었다. 박종민(2006: 3-4)은 행정학의 위기는 행정학 고유의 핵심 개념과 이론이 형성되어 있지 않아서 발생한다고 보았다. 독자적인 방법론이 없으면 독자적인 주제라도 있어야 하는데 현실의 제도나 기관의 활동에 집착한 나머지 행정부나 공공기관이 하는 일이나 활동을 행정이라고 봤던 것이다. 그는 이론의 발전을 통해 위기를 극복하기 위해서는 현실의 기관이나 제도와는 독립적으로 행정을 정의할 필요가 있다고 하면서 행정을 '공동선의 달성을 위한 공적 권한과 자원의 사용'이라고 정의하고, 행정이론을 '좋은 정부에 기여하는 행정 제도와 과정에 대한 이론'이라고 규정하였다.

이와는 전혀 다른 관점에서 위기를 바라보는 학자도 있다. 행정의 고유 주제가 없는 것이 아니라 너무 고유 주제만 다루려고 했기 때문에 위기에 빠졌다는 것이다. 정무권(2005)은 그동안 행정학은 외부와의 지속적인 교류를 통한 자기 성찰을 바탕으로 정체성을 쌓아온 것이 아니라, 폐쇄적으로 자신의 영역을 설정하고 그것을 보호하면서 자신의 순수성을 강조하는 방향으로 정체성을 구축해 왔다고 보았다. 행정이란 집단적 문제해결이기 때문에 인접학문은 말할 것도 없고 다른 영역의 학문까지 포함할 수 있도록 다학문적 접근을 통해 다양한 문제를 해결할 수 있어야 하는데 너무 행정 고유의 논리만을 강조하다보니 위기가 생겼다는 것이다.

역사적으로 보면 행정 고유의 논리와 주제가 무엇이냐의 질문과는 상관없이 학자들이 그것을 자생적으로 만들려는 노력이 없었기 때문에 행정학의 위기가 가중된 경향이 있다. 즉, 학계의 담론이 자생적으로 만들어진 것이 아니라 외부의 요구에 의해 주어졌기 때문이다(윤견수, 2001). 외부라는 것은 외국(특히 미국)의 개념과 이론들로만 무장된 학자들, 이해관계에 의해 학술행사와 용역을 지원하는 기관들, 이벤트와 홍보를 염두에 두고 학회를 꾸려나가는 집행부들을 의미한다. 정성호(2001)는 미국 의존적인 학문의 훈련체계로 인한 지적인 종속성, 군사 독재 정권 하에서 만들어졌던 발전이나 안보 등과 같은 사회적 기호의 지배력, 정부·대학·학회의 3자를 통해 형성되는 지적 규율체계 등이 행정학의 위기를 가중시켰다고 보고 있다.

둘째는 행정(학)이 소유하고 있었던 권력의 위기다. 행정(학) 권력의 위기는 두 가지를 말하는데 하나는 사회적 유용성이 줄어드는 것이고, 다른 하나는 학문이 포괄하는 범위가 축소되는 것이다. 행정학은 실용적인 학문이고 현실의 문제를 해결하는 학문인데 행정학이 그러한 요구에 부응하지 못하기 때문에 위기가 생겼다는 인식(윤성식, 2000)은, 사회적 유용성의 측면에서 행정학의 권력 축소를 말하는 것이다. 행정학과 졸업생들이 취업이 어려워지고 있으며 동시에 행정학과에 대한 평판이 줄어들고 있다는 실천적 위기도 같은 내용이다(유홍림·윤견수, 1997). 이러한 내용은 행정학의 위기가 학문적 태도와 성과에서 비롯된 위기가 아니라 최근의 사회변화, 특히 정부와 권력에 인력을 대던 행정학의 수요가 줄어드는 상황에 적절히 대응하지 못하기 때문에 생긴다는 입장이다(전영평, 2000).

행정학의 위기를 행정(학)이 포괄하는 범위가 줄어드는 현상으로 바라보는 것은 비교적 최근의 논의다. 요즈음 나타나는 행정학의 위기는 근본적으로 민간분야의 운영 원리가 공공 영역으로 확장되면서 나타나는 행정학의 역할 축소와 공·사 구분의 희석화에서 비롯된 것이다(소영진, 2003; 6). 즉 공공 영역과 민간 영역의 구분이 불명확해지면서 행정학의 정체성이 위협을 받는 현상을 위기라고 표현했는데 이것은 다른 말로 '공공성의 위기'라고 할 수 있다. 이러한 위기는 1990년대부터 시작된 신자유주의적 정부개혁안과 신공공관리 프로그램에서 비롯되었다고 보는 것이 일반적이다. 예컨대 김정렬·한인섭(2003)은 Haque의 논의를 끌어들여와 행정학의 위기의 내용을 효율만능을 추구함으로써 공공부문의 정당성을 의심받게 하는 신뢰성의 위기, 시장주의적 가치를 도입하고 경영학적 언어와 기준들을 적용함으로써 생겨나는 규범적 위기, 그리고 이와 같은 신뢰성과 규범의 위기가 행정학계 전반에 가져오는 자신감의 위기 등 세 가지로 지적하고 있다. 결국 공공성이라는 가치를 상실하고 민간부문과 시장이 공공부문보다 우월하다는 인식이 위기를 가져왔다는 것이다.

「정부학 연구」는 2003년의 기획특집으로 신자유주의적 패러다임이 행정의 다양한 모습을 반영하기에는 너무 제한적이고 공공성을 제대로 반영하지 못한다는 논의의 장을 마련했었다. 임의영(2003)은 시장으로 대변되는 사회영역이 등장하면서 공공의 영역이 점차 쇠퇴하고 있으며, 신공공관리론은 이러한 경향을 뒷받침해주는 이론적 틀이라고 비판하였다. 즉 공과 사를 구분하는 것이 큰 의미가 없으며, 공공영역을 축소하고 시장 영역을 확대하는 논리를 합리화시키는 이론이라는 것이다. 물론 이 글에서 강조하고 싶은 내용은 이로 인해 나타나는 평등권이나 민주주의 같은 가치의 퇴보지만, 그 전제가 되는 것은 공공성의 영역이 축소되는 현상이다. 직접적으로 공공성을 언급하지는 않았지만 이영철(2003)도 신자유주의에 입각한 신공공관리론적 인간관이 수동적이고 원자화된 개인에 머무르고 있으며 참여의 욕구를 가진 집단적 시민의 관점에서 바라보지는 않는다는 우려를 하고 있다. 또한 미국과 다국적 기업의 논리를 정당화시켜 주고, 공익과 민주성·형평성 등의 가치가 중요하지 않다는 논리를 제공한다며 신공공관리를 비판하고 있다. 한마디로 경제성 및 효율성 이외의 다른 현상인 권력·지배·불평등에 대한 논의가 전무한 이론으로 전락하고 있다는 것이다(신희영, 2003).

이러한 입장은 한마디로 사회 안에서 행정이 가지고 있던 독점적 권력이 축소되면서 나타난 현상과 관련된다. 소영진(2003)은 행정학의 위기라는 것이 정부가 공익 실현의 유일한 주체가 될 수 없다는 사실에서 촉발된 것이라면 위기를 극복하기 위해서는 정부 이외의 누군가와 함께 공익을 실현해 나가야 한다고 보았다. 입법 행정 사법의 삼권을 분립하여 견제와 균형을 만들어나가는 것처럼 정부 시장 시민사회가 법과 대의제적 틀 안에서 공공성 회복을 위한 새로운 거버넌스를 구축해 나갈 필요가 있다는 점이다

셋째는 행정학의 위기가 학자들이 생각하는 것보다 그리 심각하지는 않다는 견해이다. 행정학의 위기라는 것은 행정의 대규모 변화가 있을 때마다 반드시 나타나는 태생적 속성이기 때문에 정체성 문제가 거론되더라도 그것이 반드시 행정학의 위기로 연결되는 것은 아니다(정정길, 2000). 정체성이라는 것은 고정된 것이 아니고 맥락의 변화에 의해 그 내용과 특성이 달라지는데 이것을 위기로 볼 수는 없다는 것이다. 김준한(2000)은 한걸음 더 나아가 어떻게 보면

학문의 정체성은 모든 사회과학이 안고 있는 문제로 행정학 역시 예외는 아니라고 보았다. 행정학은 그 학문의 성격상 포괄하는 사회문제의 영역이 넓기 때문에 행정학이 해결하지 못하는 문제는 많을 수밖에 없고 이것을 위기라고 볼 수는 없다는 것이다. 더 중요한 것은 상황의 변화에 적절하게 대응하려는 노력이다. 예컨대 민영화, 시장기능 등의 주제가 부각되기 때문에 행정의 기능이 축소되고 이것을 위기라고 볼 수 있는데, 사실은 행정의 기능이 조정되는 것으로 봐야 한다. 그리고 능률성이나 효과성을 높이기 위해 그동안 행정이 제시했던 각종 기법들이 적실성이 없기 때문에 위기라고 볼 수도 있지만, 이 경우에는 조건을 명확히 하여 방법을 제시하면 된다. 또한 공직에 대한 매력이 줄고 행정학과가 축소되기 때문에 행정학(특히 행정학 교육)이 위기라고 볼 수도 있는데 이것은 행정이 가지고 있던 권력이 줄어들면서 나타나는 자연스러운 현상이다. 오히려 다학문적 관점을 끌어들여 실무에 도움이 되는 교육으로 체질을 개선하면 된다. 마지막으로 학자들에게 중요한 것은 학문의 정체성이 흔들리고 유용성이 의심받기 때문에 위기라고 할 수도 있는데 이것은 어떤 학문 분야에나 존재하는 것이다. 타학문분야에서 개발된 기법들을 적극적으로 활용하여 행정 현상에 고유한 문제해결 기법들을 개발하면 이러한 위기들은 극복할 수 있는 것이다.

다소 냉소적이고 자조적인 입장이기는 하지만 행정학의 위기는 어떻게 보면 행정학자들 스스로 불러일으킨 것일 수도 있다. 사회과학 안에서 갖고 있던 열등감, 소위 정치학 경제학 경영학 등으로부터 방어적으로 독립시키려는 열등감이 위기의 근본적인 원인일 수도 있는 것이다(조성한, 2000). 행정이 갖고 있는 장점을 인정하고 그 안에서 이론적이며 경험적으로 행정 고유의 논리를 개발해 낸다면 위기는 없다는 의미다.

Ⅲ. 위기 담론의 본질: 거리두기

1. 거리두기의 내용

행정학의 위기를 말하기 위해서는 행정학이 무엇을 연구하는 학문인가라는 질문이 선행되어야 하고 이 질문으로부터 위기 현상을 얘기해야 한다. 박종민(2006)은 행정학을 규범(비판이론 포함), 경험(해석주의 포함), 실천의 세 영역으로 구분하고 규범이란 좋은 정부의 이론적 기반과 관련된 것이고, 경험이란 행정현실을 이해하는 것을 목적으로 하며, 실천이론이란 좋은 정부를 운영하기 위한 행정의 설계 및 선택을 다루는 것이라고 보고 있다. 행정학은 규범, 경험, 실천의 3가지 영역이 '좋은 정부'라는 관점에서 유기적으로 결합되어야 한다는 것이다. 정무권(2005) 역시 이와 비슷한 관점에서 행정이 정체성을 찾기 위해서는 가치, 이론, 처방의 세 요소가 상호보완적으로 작동되어야 한다고 보았다. 첫째는 민주성이나 형평성 등과 같은 공공의 본질과 가치에 대한 연구와 논쟁이 필요하다. 공공의 영역에 대한 진지한 성찰과 토론이 있어야 한다는 말이다. 둘째는 행정 현상에 대한 이론적 과학적 설명을 추구하는 강한 아카데미즘이 필요하다. 단순히 제도를 소개하고 행정을 서술하는 것이 아니라 분석적 설명이 필요한 것이다. 셋째는 학계에서의 논쟁과 문제의식을 토대로 구체적인 문제해결 방식을 제시할 수 있어야 한다. 이것은 실천의 차원이다.

이렇게 볼 때 행정학이란 그것이 담고 있는 구체적인 내용이 무엇인가라는 질문과는 상관없이 규범과 가치의 영역, 이론의 영역, 실천과 현실의 영역이 연구자를 둘러싸고 상호유기적으로 결합하는 상태가 바람직하다. 그리고 위기라는 것은 이 세 영역 간의 조화가 이루어지지 않고 서로 독립적으로 존재하는 상황, 즉 서로 거리가 존재하는 상황일 것이다. 이미 많은 학자들이 이 글과 같은 개념을 사용하지는 않았지만 이와 유사한 주장을 하고 있다. 예컨대 임의영(1994)은 왈도의 학문적 성과를 논의하는 자리에서 행정학의 정체성 위기의 원인과 극복방안을 네 가지 범주로 나누어 정리하였다. 첫째, 시대적 상황에 대해 지속적으로 관심을 갖고 자기 혁신을 해야 한다. 둘째, 분리할 수 없는 정치와 행정을 분리함으로써 참여와 도덕적 책임 등의 규범적 원리와, 민주적 절차 및 공동체의 가치 실현이라는 궁극적 목적을 상실하지 않는다. 셋째, 과학이 강조하는 가치와 사실의 분리가 현실적으로는 불가능하며, 연구 방법의 획일성은 연구주제의 다양성을 훼손하기 때문에 연구주제에 맞는 다양한 연구방법론을 개발하고 수용해야 한다. 넷째, 행정학이 궁극적으로 추구하는 것이 민주주의이기 때문에, 그것을 추구하는 방법도 민주적이어야 한다. 그런데 흥미로운 것은 왈도가 말한 네 가지 사항이 이 글에서 말하려는 거리두기와 직접적인 관련이 있다는 점이다. 첫째와 넷째는 행정이론(혹은 행정학자)과 현실 간의 거리두기, 둘째와 셋째는 행정이론(혹은 행정학자)과 그것이 추구하는 가치 간의 거리두기다.

정성호(2001) 역시 모더니티의 폐해를 설명하면서 이와 같은 거리두기를 설명하고 있다. 그는 행정학이 모더니티의 질서 속에 너무 매몰되었기 때문에 학문으로서의 적실성을 확보하지 못했다라고 하였다. 모더니티 질서는 연구주체로서의 인간은 연구 대상과 거리를 두고 있어야 한다는 '실증주의적 과학성', 합리성을 확보하기 위해 인간을 통제해야 한다는 '합리적 통제중심주의', 행정은 정치를 보좌하는 도구적 기능을 수행한다는 '효율적 기술주의', 이론과 개념은 미국 것을 사용하고 자료는 한국 것을 사용한다는 '미국에의 의존성'을 의미한다. 여기서 실증주의 과학성은 연구자와 연구 대상 간의 거리, 합리적 통제중심주의는 상관과 부하의 거리, 효율적 기술주의는 정치와 행정의 거리, 미국에의 의존성은 이론과 현실의 거리를 각각 의미한다고 볼 수 있다. 역시 첫째와 넷째는 이론과 현실 간의 거리, 둘째와 셋째는 이론과 가치 간의 거리로 분류할 수 있다.

이론과 현실 간의 거리로 인해 생기는 위기는 이미 많은 학자들이 지적한 바 있다. 김동환(2001)은 4년간의 실무 경험을 통해 행정학 이론을 거의 사용해 본 적이 없다는 사실을 환기하면서 경험적 행태주의를 극복할 수 있는 새로운 방법론으로 시스템다이나믹스가 필요하다고 보았다. 현실의 정책은 전문가에게뿐만 아니라 일반인에게도 쉽게 이해될 수 있도록 일상용어로 표현되어야 하며 간략한 문장을 통해서뿐 아니라 그림이나 보고서 심지어는 공연 같은 행위를 통해서도 표현되어야 한다고 보았다. 그는 그러한 작업을 '정책평론'이라고 하였고 직접 언급하지는 않았지만 현실에서 너무 벗어난 이론들을 다시 현실 세계로 끌어들이는 것이 중요하다고 보고 있다.

이론과 현실 간의 거리두기는 '실천'이나 '현실참여'의 관점에서 이해할 수도 있다. 강명구(2001: 108)는 "나는 한국의 행정학계가 정책현안에 대해 내는 호오의 목소리가 실천적 행동으로 연결된 사례를 기억하지 못한다. 우리 사회를 분열과 갈등으로 치닫게 한 각종 첨예한 정책현안에 대하여 권위있는 성명서 하나 발표한 기억이 없다. 적어도 실용성이라면 몰라도 실천성의 문제에 있어서 행정학 또는 행정학계의 권위는 여느 시민단체에게도 미치지 못한다." 라고 하였다. 즉, 관료들이 원하는 지식을 제공한다는 측면에서는 실용적이지만, 관료들이 제시한 정책이 잘못된 것이라고 판단할 때 그에 대한 비판을 하지 않았다는 측면에서는 실천적이지 못한 것이며, 이로 인해 행정학의 정체성이 의심받는다는 것이다.

이론(학자)과 가치 사이의 거리두기는 행정 이론이나 행정학자가 규범과 가치로부터 멀어지는 것을 의미한다. 즉, 그것이 속한 역사적·제도적 맥락에서 벗어나기 때문에 생기는 위기와 관련된다. 이러한 위기는 이미 대부분의 학자들이 지적한 것이다. 특히 공공성의 가치와 중요성을 언급한 학자들은 행정 이론이 공공의 가치를 반영하지 못하는 것 때문에 위기가 가중된다고 본다. 위기를 극복하기 위해서는 공공성을 재발견하거나(김정렬·한인섭, 2003), 평등권과 민주주의 등의 공공적 가치를 강조해야 한다(임의영, 2003)는 것은 이론과 가치 간의 거리좁히기가 필요하다는 의미다. 참여의 욕구를 가진 집단적 시민의 관점을 반영하면서 공익과 민주성 그리고 형평성 등의 가치를 강조해야 한다는 것과(이영철, 2003), 정부·시장·시민사회가 법과 대의제적 틀 안에서 공공성 회복을 위한 거버넌스를 구축해 나가야 한다는 주장(소영진, 2003)은 역시 같은 맥락에서 이론과 가치 간의 거리두기를 경계하는 입장이다.

학자들이 가치나 규범으로부터 거리를 두는 이유는 역설적이지만 그것을 이미 주어진 것으로 가정하고 행정 현상을 바라보기 때문이다. 행정학의 언어와 문법은 전문가의 눈높이로 맞춰져 있는데 이들이 주로 사용하는 방법은 타당도와 신뢰성의 토대 위에서 많은 자료를 정리하고 분석하면서 주어진 문제를 해결하는 것이다. 즉, 가치나 규범을 탈맥락적인 전제조건으로 수용하고 이론을 구축해 나간다. 그러기 때문에 규범이나 가치에 대한 토론이 행정학의 영역에서 배제되어 가는 것을 이상하게 생각하지 않는다. 담론을 형성하는 과정에서 중요한 역할을 하는 연구질문이나 근본 가정에 대해서는 무감각할 수밖에 없다(윤견수, 2001). 더구나 무엇이 문제인가라는 질문보다는 어떻게 해결할 것인가의 질문을 중요하게 다루는 실무진의 문제의식은, 과학주의에서 강조하는 문제해결 가능성과 결부되어 학문의 세계마저 오염시킨다. 예컨대 많은 학자들이 시장이나 공공성 가운데 무엇이 더 중요한 가치인가라는 질문보다는, 어떻게 하면 신공공관리 원칙을 정부의 운영 과정에 성공적으로 도입할 것인가의 질문에 더 관심을 둔다. 이러한 과정을 거쳐 가치에 대한 토론은 비효율적이고 경쟁력이 없다는 인식이 정당화된다.

2. 거리두기의 연원: 과학주의

그렇다면 이와 같은 거리두기가 왜 생겨났는가? 신희영(2003)은 다른 실재를 동일한 잣대로 평가하려는 실증주의적 인식을 지적하고 있다. 예컨대 경제성과 효율성을 강조하는 신공공관리는 원자론과 주의론을 따르고 있는데, 이는 존재론을 인식론으로 환원하는 인식론적 오류를 범하면서 정부와 시장을 같은 것으로 혼동하게 만든다는 것이다. 이 글에서도 실증주의적 인식 혹은 넓은 의미에서의 과학주의가 앞에서 설명했던 이론과 가치, 이론과 현실 간에 만들어지는 거리의 원인이라고 가정한다. 즉, 행정학의 위기를 가져오게 한 궁극적인 원인이 된다고 본다. 다만 거리두기가 과학주의에 입각하고 있다는 말을 하기 위해서는 추가적인 논의가 필요하다. 〈그림 14-1〉은 그것을 설명하기 위한 것이다.

과학주의는 연구자가 수행하는 연구 활동에 대해 두 가지 가정을 하고 있다. 첫째는 연구자의 연구 활동은 그가 처한 상황과 독립적으로 수행되어야 한다는 것이다. 즉, 연구자는 탈맥락적이어야 한다. 가설이나 이론의 객관성을 확보하기 위해서는 상황이나 맥락을 통제조건이나 제약조건으로 만들어야 한다. 통제한다는 것은 연구자와 맥락 간의 상호작용 효과를 제거한다는 것이고, 이것은 연구자가 맥락과 일정한 거리를 둔다는 뜻이다. 거리를 두는 이유는 누가 연구를 하든 동일한 연구 과정을 밟을 수 있고 같은 연구결과를 얻어내야 하기 때문이다. 거리두기를 통해 중립적인 관찰자의 입장에 선다는 것은 나의 연구과정 및 결론이 제3자의 것과 같아야 하기 위한 최소한의 조건이다.

〈그림 14-1〉 과학주의와 거리두기

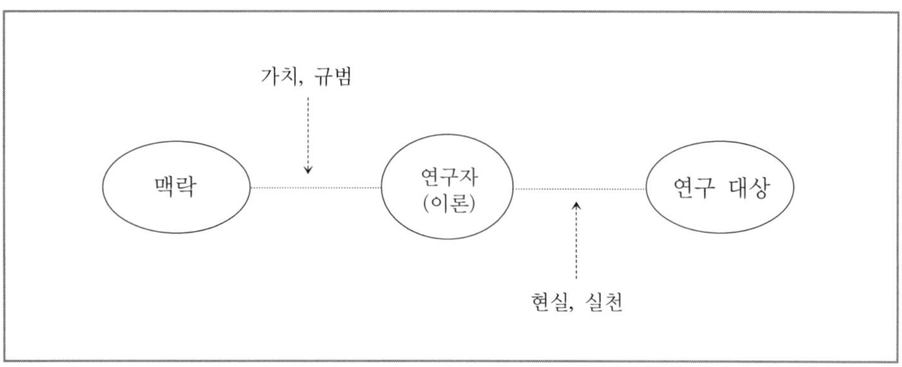

연구자를 그가 처한 맥락이나 상황으로부터 독립시키면 연구자의 연구 활동 또는 연구자가 만들어내는 이론이 연구자가 가지고 있는 가치나 규범으로부터 분리된다. 반대로 연구자가 상황이나 맥락이 주는 영향력을 받아들이게 되면 상황이나 맥락을 이해하고 해석하는 노력을 하게 되며 이 과정에서 연구자의 가치나 규범이 만들어진다. 즉 가치중립적인 이론 구성이 불가능해진다. 거리를 두지 않는다면 연구자의 편견과 선입견이 연구 대상을 바라보는 관점에 포함되어 동일한 결론이 나오지 않을 수도 있는데, 과학주의는 이것을 경계하는 것이다. 가치에 물든 토론은 형이상학적 언명이나 종교적 주장과 유사하기 때문에 과학적 가치가 없고, 좋은 이론을 만들기 위해서는 가치중립적인 관찰자의 시각을 가져야 한다.

과학주의의 두 번째 가정은 연구자와 연구 대상 간의 거리두기다. 과학주의에서 연구 대상은 대상이 갖고 있는 독특함(uniqueness)보다는 일반화를 정당화하기 위한 하나의 사례로서의 특징을 갖는다. 수많은 연구 대상 가운데 하나에 불과하기 때문에 그것이 갖고 있는 추상화된 속성이 중요한 것이다. 따라서 연구자는 자신이 처한 맥락이나 상황으로부터 스스로를 분리해 내는 것처럼, 연구 대상을 그것이 처한 상황이나 맥락으로부터 떼어내어야 한다. 연구자가 탈맥락적인 상황에 있어야 하는 것처럼 연구 대상과 직·간접적으로 관련이 있는 맥락이나 상황을 일종의 통제조건으로 간주해야 한다. 시공적 상황의 변화에 따라 연구 대상의 성격이 바뀌게 되는 것을 과학주의에서는 견딜 수 없는 것이다.

연구자와 연구 대상 간의 거리두기는 연구의 대상이 구체적인 개인이나 집단일 경우 그들과의 상호작용 효과를 제거하기 위해서 필요하다. 연구의 과정에서 연구자는 연구 대상이 되는 개인이나 집단이 자신을 특별한 존재로 여기게 해서는 안된다. 그렇게 되면 연구 대상의 성격과 특징에 의해 연구의 과정과 결과가 달라질 수 있기 때문이다. 연구자와 연구 대상 간의 상호작용 효과를 통제하는 가장 좋은 방법은 연구자가 현장과 일정한 거리를 두는 것이다. 이 과정에서 연구자는 연구대상자가 쉽게 이해하고 자주 사용하는 일상 언어를 사용하지 않고, 자기 학문이 속한 패러다임 안에서 통용되는 전문 용어와 이론들을 사용한다. 그러기 때문에 연구 대상의 속성을 추상화하게 되고 연구 활동(이론)과 실천과의 거리는 점차 멀어진다.

예를 들어 어떤 행정학자가 특정 지역의 공익시설 설치와 관련된 연구를 한다고 가정하고 두 가지의 거리두기가 어떻게 나타나는지 설명해 보자. 과학주의에서는 행정학자가 자신이 처한 상황으로부터 자유롭다는 가정을 한다. 탈맥락적인 상황에서 연구하기 때문에 연구활동이 자신의 관점과 기대로부터 분리된다. 이와 같이 연구자와 맥락 간의 거리두기를 당연하게 받아들이기 때문에 누가 공익시설에 대한 연구를 하던 연구의 과정과 그 결론을 되풀이할 수 있다. 연구자의 가치와 그의 연구활동 간에 괴리가 생겨도 과학적 연구는 탈규범적이고 가치중립적이기 때문에 항상 정당화된다. 하지만 실제의 연구 과정을 볼 때 대다수 학자들은 이미 어떤 관점을 갖고 연구를 시작한다. 예컨대 이미 공익시설 설치를 적극적으로 유치하려는 공무원의 관점을 가질 수도 있고, 그것을 반대하는 해당 지역 주민의 관점을 가질 수도 있다. 즉, 실제로는 가치나 규범의 토대 위에서 연구에 착수하는 것이다.

또한 과학주의를 신봉하는 학자는 그 지역의 공익시설 설치와 관련된 문제는 공익시설 설치와 관련된 수많은 사례 가운데 하나에 불과하기 때문에 보편적이고 추상적인 원칙을 발견하는 것이 학자의 역할이라고 생각한다. 행정학학자는 냉정한 관찰과 추론을 토대로 공익시설 설치에 대한 일반화된 이론을 만들어내면 되는 것이다. 이것은 연구자와 연구 대상 간의 거리두기다. 연구자와 연구 대상 간의 상호작용 효과를 차단해야 하기 때문에 연구자는 연구 대상에 어떤 형태로든 개입해서는 안 되며, 이러한 거리두기 때문에 이론과 현실 간의 괴리가 확대된다. 하지만 그 지역의 사례가 다른 지역과는 구별되는 독특한(unique) 것이라는 전제를 하면 연구자는 해당 지역에 뛰어 들어가 연구를 하고, 그 과정에서 공익시설 설치와 관련된 찬성이나 반대의 행동을 하거나 그런 행동을 하는 사람들과 공감대를 형성하려고 한다. 즉, 자기도 모르는 사이에 현실에 참여하고 실천을 지향한다.

Ⅳ. 거리 좁히기와 인문학적 사유

그렇다면 거리를 어떻게 좁힐 것인가?[1] 만약 이것이 위기라면 이것을 어

---

1) 거리두기를 과학주의 전통으로 보고 거리좁히기를 인문정신으로 본다는 것은 일종의 메타포다. 실제의 학문 활동에서 두 가지가 완전히 배치되는 것은 아니며 서로를 보완하는 것으로 봐야 한다. 예컨대 과학자와 인문학자 모두 왜라는 존재론적 질문과 어떻게라는 인식론적

떻게 극복할 것인가? 주류의 시각에서 위기에 대한 해법을 고민해본다는 것은 근본적인 해결책이 아니다. 2001년 「정부학 연구」에서는 '행정학 비주류와 영역 탐색'이라는 기획특집을 마련하면서, 행정학의 위기라는 것은 주류의 흐름 안에서 발생한 주류의 위기이기 때문에 비주류나 주변으로부터의 사색이 필요하다고 하였다. 위기를 극복하기 위해서는 타율적으로 만들어진 담론에 휩쓸려 가지 않고 그동안 주류였던 실증주의나 행태주의로부터 어느 정도 자유로우며 이러한 노력을 실제의 연구활동과 연결시켜야 한다. 즉, 주류 행정학(계)과 일정한 거리를 두어야 한다(윤견수 2001). 이 글에서는 그러한 노력 가운데 대표적인 것을 '인문(학)적 사유'라고 규정하고 논의를 전개하고자 한다.

1. 동서양의 인문정신: 가치와 실천

인문(학)적 사유 또는 인문정신이란 동양이나 서양 모두 '가치와 도덕의 실천을 통해 인간의 존엄성을 지키는 정신'을 일컫는다. 이승환(2007: 41-43)은 동양에서 말하는 인문정신이란 인간을 한 차원 높은 존재로 고양시키려는 노력을 말하는 것이며, 특히 유학에서는 인간다움의 특징을 '가치중립적 이성'이 아닌 '가치지향적 도덕감'에 두었다는 점에서 '지성적 인간형'보다는 '도덕적 인간형'을 더 인간다운 인간으로 선호했다고 보고 있다. 한편 서양의 인문정신 역시 동양처럼 '가치와 도덕의 실천'을 강조한다. 예컨대 강상진(2007)은 소크라테스의 지행합일을 서양 인문정신의 뿌리로 보았다. 지행합일은 자기가 무엇을 알고 있기 때문에 그것을 실천해야 한다는 일종의 도덕률이다. 소크라테스는 고전 그리스 수학의 체계에 연결된 합리성을 믿으며 또 그것을 지키려는 헌신성을 보였는데, 바로 이 두 가지 가치가 고·중세까지 이어온 서양 인문정신의 핵심이다.

인문학자들은 인문정신과 과학주의가 서로 화합하기 힘든 두 개의 패러다임이라고 보는 경향이 있다.[2] 그 이유는 근대 이후 과학주의 패러다임이 득세

질문을 강조한다. 과학자들은 인문정신에서 강조하는 가치와 실천이라는 덕목을 무시하지는 않으며, 인문학자들 역시 과학주의처럼 자신의 지나친 주관과 편견을 경계한다.

2) 본래 과학을 의미하는 'science'는 '무엇에 대한 엄밀한 학문'으로서의 의미를 갖고 있었다. 적어도 근대 이전에는 과학과 인문학 간의 구분이 크지 않았다. 둘 다 엄밀한 학문이라는 패러다임으로 용해되었기 때문이다. 하지만 근대 이후 실험과 관찰을 토대로 한 방법이 학문세계를 지배하면서 과학과 인문학과의 단절이 시작되었다. 더구나 과학적 활동과 결과물을 판

하면서 인문학 본래의 정신이 쇠퇴하는 역사적 사실들을 보아왔기 때문이다. 근대 이후에 인간이 자연을 정복하면서부터 학문이 자연에 대한 탐구에 집중하고, 분과학문들이 총체적인 관점을 상실하고 전문성과 독립성을 추구하면서부터, 상대적으로 근대학문이 과거에 비해 비인문적인 경향을 띠는 것은 사실이다(이승환, 2007). 인문학은 근대 이후부터 '인간과 삶이 던지는 기본적인 문제'에 대해 과학처럼 체계성을 제공할 수도 없었고, 종교나 예술처럼 헌신적일 수도 없었기 때문에 쇠퇴할 수밖에 없는 것이다(강상진, 2007: 63).

그러기 때문에 인문학을 논의할 때에는 과학주의와 대비하여 설명할 수밖에 없고, 동서양 모두 근대 이전의 역사에서 인문정신의 뿌리를 찾아야 한다. 그럴 경우 인문정신은 위에서 설명한 것처럼 '가치'와 '실천'이다. 인문학은 적어도 근대 이후 분과학문이 만들어지기 전까지는 윤리적이고 실천적인 학문으로 이해되어 왔었다. 그리고 인간의 삶과 연관된 학문, 다시 말해 인간의 실천과 연관된 '행위에 관한 학문'으로 구성되었다(최성환, 2007: 103-122). 그러므로 행위의 실천적 가치를 고민하고 방향을 모색하는 것은 시대와 상황을 초월한 인문학의 기본 질문이다.

근대 이후 발달하기 시작한 과학이 '왜'라는 질문보다는 '어떻게'라는 질문에 오염되기 시작하면서, 즉 도구적 유용성의 관점을 끌어들이면서 사회과학 역시 그 지식을 어떻게 이용할 것인가의 관점을 강조하는 경향이 있다. 과학적으로 얻어진 지식을 통해 사회를 어떻게 설계하고 관리할 것인가 하는 것이 주된 관심이었던 것이다. 예컨대 왜 그 현상이 나타났는가, 왜 내버려두지 않고 통제하는가, 왜 그 지식을 활용하는가 등의 질문에 대해 소홀할 수밖에 없었다. 그래서 주어진 질문과 지식체계에 대한 근본적인 비판과 수정이 힘들다. 과학주의에 물든 기존의 패러다임을 인문정신으로 보완하자는 것은 바로 이런 의도다. '왜'라는 물음, 즉 어떤 현상의 의미와 의미작용이 무엇이냐는 물음은 다름 아닌 인문학의 고유 영토였던 것이다(김성도, 203: 113).[3)]

단하는 기준이 '도구적 유용성'으로 자리매김하면서 단절이 심화되었다. 사회적으로 쓸모 있는 지식이어야 하고, 무엇을 위한 길잡이 역할을 해야 한다는 공학적 관점이 과학을 지배하면서 과학과 인문학 사이에는 메울 수 없는 틈이 생겼다.

3) 인문학자들도 인문학이 위기라고 하는데 인문정신을 받아들이는 것이 무슨 소용이 있을 것인가 하는 의문이 있을 수 있다. 2006년 9월 15일 고려대학교 문과대학 교수들은 '인문학 선언문'을 발표하면서 인문학 위기의 원인을 크게 두 가지로 지적했다(동아일보, 2006: 9/19). 첫째는 무차별적 시장논리와 효율성에 대한 맹신이 가져오는 대학의 상업화였고, 둘째는 인문학자들이 인문학의 체질개선에 적극적으로 대응하지 못했기 때문이다. 그런데 이것은 어떻

2. 인문(학)적 사유: 성찰, 집필, 소통

'어떻게'라는 질문보다는 '왜'라는 질문에 더 많은 관심을 가지면서 가치와 실천을 삶 속에서 구현하고자 하는 것을 인문정신이라고 한다면, 그 핵심은 학자들의 학문활동(혹은 그것을 통해 만들어지는 이론)과 가치 간의 거리를 좁히는 동시에 학문활동과 실천과의 거리를 좁히는 것이다. 〈그림 14-2〉는 학문 활동의 단계를 크게 자료와 정보의 수집과 정리 단계, 수집된 자료를 바탕으로 이론과 지식을 표상하는 단계, 그리고 표상된 지식을 타인과 교환하는 단계의 3단계로 나누고, 각 단계별로 과학적 사유와 인문적 사유를 비교한 것이다.

첫째, 인문적 사유는 관찰이 아닌 성찰의 세계를 강조한다. 자료의 수집 단계에서 과학적 방법이 가치중립에 토대를 둔 '관찰'을 강조한 반면, 인문적 사유는 가치의 관여를 인정하면서 자신과 대상 그리고 양자의 관계에 대한 '성

〈그림 14-2〉 인문(학)적 사유와 거리좁히기

	거리두기 (과학적 방법)		거리좁히기 (인문학적 사유)
[자료 수집]	관찰(가치중립)	←----→	성찰(가치관여)
[지식 표상]	분석(논문)	←----→	집필(저서)
[지식 교환]	설명(전문가)	←----→	소통(일반가)

게 보면 강단의 인문학과 강단의 인문학자에 해당하는 위기이지 인문학 전반의 위기라고 보기는 힘들다. 오히려 출판문화의 성장 및 매체의 발달과 더불어 강단 밖에 있는 재야 인문학자들은 훨씬 더 다양한 방식으로 자신의 연구 성과들을 발표할 수 있는 기회를 맞이하고 있다. 인문학이 위기인 이유는 인문정신 본래의 순수함을 포기하고 과학적으로 인문학을 했기 때문이다. 예컨대 최성환(2007: 103-122)은 "19세기부터 나타난 급격한 변화 과정 속에서 인문학은 자구책을 강구하였는데 그 과정에서 '규범의 제시'보다는 '사실관계의 규명'에 집중하였다 … 전통적 인문학이 규범적이고 실천적인 인간에 관한 학문이었다면 이제 인문학은 실천의 영역을 상실한 채 이론적인 작업에만 치중하는 개별과학의 체계로 나갔던 것이다 … 탐구된 사례에 대한 가치중립성이라는 요청을 수용함으로써 실천과는 무관한 이론적인 작업, 말하자면 단순히 해석학적으로 작업하는 학문으로 간주되었다"고 하였다. 오염된 인문학이 문제지 인간의 실천적인 삶과 윤리를 이해하는 길잡이로서의 인문정신은 여전히 소중한 것이다.

찰'을 강조한다. 성찰이란 연구의 대상에 자기를 앉히는 행위, 즉 자신을 관찰하는 행위이다. 관찰이 연구자와 연구 대상 간의 거리두기를 전제로 한 것과는 달리, 성찰은 연구자 본인과 연구 대상 모두를 관찰의 대상으로 간주한다. 그리고 양자 간의 관계 속에서 자신이 취해야 할 행동의 계기를 발견한다. 성찰이 반성적 사고를 전제로 하며, 단순히 인식 활동으로만 그치는 것이 아니라 실천과 밀접한 관련을 가질 수밖에 없는 이유가 여기에 있다.

과학주의에서 관찰을 강조하는 이유는 그것이 좋은 자료를 수집하는 밑거름이 되기 때문이다. 관찰을 통해 획득한 자료는 '실증적' 자료이기 때문에 가치가 있다. 하지만 인문학에서 말하는 실증은 단순히 자료를 수집하고 그것을 이론에 활용하기 위한 차원의 실증이 아니다. 자신의 행동을 이끄는 동력으로 작용하기 때문에 도움이 된다는 의미에서의 실증이다. 예컨대 연구자는 연구 대상을 이리저리 관찰하면서 자신을 되돌아보게 되고, 그러한 반성의 과정을 통해 앞으로 자기가 어떤 행동을 할지 결정하게 된다. "인문학이 궁극의 목표로 삼는 지식은 대상에 대한 지식이 아니라 행하기 위한 지식이며, 인문학 본래의 앎은 도구적 앎이 아니라 실천적 앎이기 때문이다"(김명주, 2007).

인문정신에서 강조하는 성찰 활동을 거쳐 연구자는 가치와 실천의 문제에 적극적인 관심을 기울이게 된다. 과학주의에서는 가치 개입과 실천적 참여를 이론(활동)보다 중요하게 취급하지 않았지만, 인문학에서는 반대로 가치를 관여시키고 실천을 행한다는 명분하에서 이론을 구축한다. 즉, 성찰의 개념 안에는 연구자의 연구활동 및 그가 추구하는 가치와의 거리좁히기, 연구자와 연구 대상 간의 거리좁히기가 전제되어 있다.

둘째, 인문적 사유는 분석이 아니라 집필의 세계를 강조한다. 지식의 표상단계에서 과학적 방법은 논문의 형태를 빌어 개념이나 변수들 간의 관계를 '분석'하려고 하는 반면, 인문적 사유는 구성적 관점에서 대상이 관여하고 있는 세상을 가급적이면 충실하게 '집필'하려고 한다. 사회과학이 인간을 다루는 학문인데도 불구하고 자연과학의 전통에 경도되었기 때문에 앞으로는 인문학에 토대를 둔 새로운 형태의 글쓰기가 필요하다는 주장은(윤견수, 2001) 집필의 관점을 강조한 것이다. 분석은 실재가 존재한다고 보고 연구 대상은 그 실재의 한 부분을 드러내 주는 것이라고 보는 반면, 집필은 실재가 만들어지는 것이고 연구 대상은 연구자의 창조적 활동을 통해 그 실재의 한 부분을 구성한다고 보는 입장이다(윤견수, 2008). 분석가는 실재가 있다는 전제 하에서 실재의 모습을 검증하거나 반증하거나 그 안에 숨겨진 인과구조를 밝히려고 한다. 하지만 집필가는 독특한 관점을 가지고 자신과 연구 대상과의 상호작용을 거치면서 의미의 총체성을 만들어 내려고 한다.[4] 집필가에게 중요한 것은 과거에 보지 못했던 것을 발견하는 것이 아니라 '나와 연구 대상 간에 맺어지는 새로운 세계'의 창조다.

과학주의의 전통에 선 연구자는 분석을 통해 실재의 진리에 조금 더 가까이 갈 수 있다고 보기 때문에 분량이 제한된 한 편의 글에 자신의 주장을 충분히 표현할 수 있다. 부분에 대한 지식을 모아 최종적인 진리에 갈 수 있다는 입장, 즉 자신의 연구가 진리의 근사치를 제공한다는 관점에 충실하다. 그래서 전문 용어와 이론들을 공유할 수 있는 패러다임과 그 패러다임의 입장을 대변하는 학술지가 중요하다. 연구자의 가치를 배제하고 연구 대상의 차별성을 인정하지 않은 상태에서 추상화와 일반화를 추구하기 때문에 어떠한 연구를 하든 사용하는 용어의 숫자를 제한할 수 있다. 하지만 집필을 강조하는 연구자는 연구 대상이 갖고 있는 독특한 특성을 빈틈없는 기술(thick description)의 방식을 통해 있는 그대로 보여주려고 한다.[5] 그래서 연구 대상이 변할 때마다 그 모습을 다양하게 표현하고 같은 연구 대상이라고 해도 상황이 바뀔 때마다 기술의 내용을 다르게 해야 한다. 이것은 제한된 지면의 학술논문의 형태로 자신의 주장을 표현하는 것이 쉽지 않다는 것을 의미한다. 따라서 집필가는 비록 연구 결과를 학술지에 발표하더라도 최종적인 목적을 책을 집필하는 것에 둔다. 사회연구의 이정표를 세웠던 상당히 많은 저작들이 실험이나 서베이 등과 같은 과학주의류의 논문(집)이 아니라 단행본 형태의 연구서였다는 점은 시사해주는 바가 크다. 인문학의 최종 결과물은 논문이 아니라 항상 책이었었고,

---

4) 분석과 집필은 일종의 메타포다. 두 가지는 서로 대치되는 것이 아니라 상호 보완적 활동이라고 봐야 한다. 분석이 폐쇄된 상황에서의 개별적 입장을 강조하는 것이라면 집필은 연구 대상을 둘러싼 맥락의 특성과 가변성을 수용하면서 총체적인 입장을 만들어내려고 한다. 그런데 총체성을 찾아내고 이해한다는 입장과 만들어 낸다는 입장은 차이가 있다. 앞의 경우는 대개 해석적 패러다임이라고 하는 것으로 거리두기 상황을 유지해도 가능하다. 하지만 집필이라는 메타포는 거리를 좁히는 상황을 전제로 총체성을 확인하는 작업, 즉 연구활동의 기간과는 무관하게 연구자와 연구 대상이 지속적으로 상호작용하는 상황을 강조한다.

5) 사유를 통해 상황을 이리저리 나누어보고 다시 맞춰보는 활동을 넓은 의미의 분석이라고 할 때 빈틈없는 기술 역시 분석적 활동이다. 하지만 이 글에서 말하는 분석은 과학자들의 활동과 유사한 것을 가정한 것이다. 과학자들은 현실을 분석했더라도 그것을 다시 자신이 알고 있는 전문용어로 번역하는 과정을 거친다. 그 과정에서 연구 대상을 추상화하고 일반화하는데 그럴수록 의미의 왜곡이 나타난다.

그것은 집필의 관점에서 연구를 할 때만 가능한 것이다.

셋째, 인문주의는 설명이 아니라 소통의 세계를 강조한다. 표상된 지식을 교환하는 단계에서 과학적 방법은 자기가 속한 패러다임의 전문가들이 사용하는 이론과 개념들을 활용하여 현상을 '설명'하려고 한다. 과학적 설명은 전문가들에게 익숙한 학술용어나 전문용어들을 사용하여 자신의 견해를 정당화하는 것이다. 그래서 전달과 교환의 주된 고객은 바로 같은 패러다임에 속한 전문가일 수밖에 없다. 그런데 전문가를 설득하기 위해서는 그 설명이 가장 좋은 설명이어야 한다는 전제조건이 함께 따라다닌다. 즉, 여러 개의 대안적 설명들이 서로 경합을 벌이고 있으며, 그것들을 서로 비교할 수 있고, 비교의 기준이 분명히 존재하는 상황을 전제로 한다. 그래서 여러 개의 대안적 설명들이 존재할 때 가장 좋은 하나의 설명을 채택하게 되는 것이다. 이와 같은 노력을 '정당화(justification)'라고 하며, 비교우위를 통해 대안을 제시하려는 경영공학이나 기술공학적 패러다임에 속한 학문의 토대를 형성한다.

하지만 인문적 사유는 해당 주제에 관심이 있는 사람이라면 누구나 그 주제를 함께 토론할 수 있도록 '소통'의 기회를 제공하는 것을 강조한다. 인문학의 본래 취지는 인간을 이해하는 것이기 때문에 학문활동의 핵심이 자신의 입장을 남에게 정당화하는 것에 있는 것이 아니라 교류와 소통에 있다. 자신이 속한 패러다임뿐 아니라 타학문분야와의 소통을 원하며, 학자들뿐 아니라 일반인과의 교류와 소통을 원한다. 이러한 소통의 가능성은 질적 연구의 근간을 이루기도 한다.[6] 질적 연구에서는 연구 대상인 행위자와 그 사람이 사용하는 언어와의 밀착성을 강조한다(윤견수, 2005). 연구에 사용되는 자료와 언어는 전문영역의 학자들이 사용하는 난해하고 추상화된 언어가 아니라 연구 대상이 일상적으로 직접 사용하고 느끼는 언어다. 소통을 한다는 것은 자신의 생각이나 감정을 다른 사람들과 나누어 갖는 것이며 비교를 통해 대안들 간의 우열을 따지지 않는 것이다. 누가 어떤 말을 했는가 하는 것이 중요하다. 특정인이 주

6) 그렇다고 해서 인문학에 바탕을 둔 연구와 질적 연구가 같다고 하는 것은 아니다. 둘 다 과학주의와 반대되는 지점에 있기 때문에 상당 부분 유사한 것은 사실이다. 하지만 질적 연구는 인간의 경험을 엄격한 귀납과 계량적 방법에 의해서만 파악할 수 있다는 바로 그 사실을 가장 경계한다. 가치중립적인 연구가 처음부터 불가능하다는 것은 이런 의미다. 그런데 질적 연구가 항상 실천을 강조하는 것은 아니다. 실천의 중요성을 인정하지만 인문학처럼 전제조건으로 수용하지는 않는다. 이렇게 볼 때 질적 연구는 연구자와 연구 대상 간의 거리를 좁히면서 실천을 지향하는 것보다는 연구자와 그를 둘러싼 맥락 간의 거리좁히기를 통한 규범과 가치의 수용을 더 강조한다고 봐야 한다.

장하는 대안이 다른 사람이 주장하는 대안보다 낫다고 하는 것은 그 특정인이 다른 사람보다 낫다는 주장과 같기 때문이다. 소통은 우열이 아니라 관계를 전제로 하는 개념이다.

"이해관계의 대립을 극복할 수 있는 진정한 의미의 소통이 가능하려면 삶에 대한 진지한 성찰이 있어야 하고, 이과 같은 성찰은 당장의 밥벌이와 관련이 없는 인문학적 가치를 존중하는 곳에서 이루어질 수 있다 … 인문학적 가치는 목표의 달성만을 강조하는 '도로의 논리'가 아니라 비록 속도가 늦더라도 인간적 가치를 잃지 않는 '길의 철학'이며, 이것은 인간을 사회와 동떨어진 존재로 보지 않고 사회적 관계망의 한 부분으로 보는 '관계의 철학'과 연결되어 있다"(신영복, 2006).

3. 행정학과 인문정신

행정학이 인문정신을 수용하는 이유는 과학주의가 안고 있는 단점들을 극복하기 위해서다. 그렇다면 행정학(계)에서 인문정신을 반영한다는 것이 무엇을 의미하는가? 논리적으로 지금까지의 논의를 토대로 할 때 두 가지 대답이 가능하다. 우선 가치중립적인 입장에 매달리지 말고 연구자의 가치를 적극적으로 밝히라는 것이다. 따라서 공공성이나 행정윤리 등의 규범적 논의에 더 큰 관심을 기울여야 한다. 관찰할 수 없거나 관찰 자료를 획득하기 힘들기 때문에 연구가 값어치 없다고 생각하거나 포기해서는 안된다. 둘째, 학자들이 관심을 가지고 있는 연구 영역과 세계에 적극적으로 참여해야 한다. 연구자와 연구 대상은 서로 분리할 수 있고 분리해야 하는 개체가 아니라 특정 시대 특정 공간 속에서 서로 영향을 주고받는 동반자다. 사회적 약자를 연구하는 학자가 강자의 편에 서서는 안 되며, 정부를 비판하는 학자가 권력을 쫓는 행동을 하면 안 된다.

행정학자 개인의 입장이라면 이와 같은 두 가지 요구 사항을 수용하면서 학문활동을 하는 것이 가능하다. 하지만 행정학계가 공동으로 이러한 정신을 갖고 학문활동을 해나가는 것은 쉽지 않다. 거리좁히기의 관점에서 행정학계가 공동으로 할 수 있는 것을 세 가지 지적할 수 있다. 첫째, 현재 실증주의 위주로 운영되는 학문활동의 패러다임을 다양화할 필요가 있다. 예컨대 규범이나 윤리와 관련된 주제들이 학회발표나 논문 심사 과정에서 소외되어서는 안된다.

차이가 거의 없고 천편일률적으로 운영되는 학회가 전문 영역별로 특화하는 것도 좋은 방안이다. 이렇게 되면 행정이라는 것이 왜 효율성과 경제성만 추구해서는 안 되고 공정성, 절차적 정당성, 소수자 권익 등의 가치도 중요하게 여겨야 하는지에 대해 행정학자뿐 아니라 공무원이나 일반 국민에게도 설득이 가능할 것이다.

둘째, 행정과 정책 현상에 대한 연구를 책으로 펴내는 연구 분위기를 장려해야 한다. 행정학과 정책학 영역에서 제대로 대접받는 연구업적이 대부분 책이라는 점을 감안할 때, 행정학계로서는 전문 연구서의 발간이 다른 무엇보다 시급한 과제다. 그러기 위해서는 학자의 우수성을 평가할 때 지금처럼 많은 논문을 쓰는 것에서 제대로 된 연구서를 내는 것으로 그 기준이 보완될 필요가 있다. 그리고 논문 위주의 문법과 형식에서 벗어나 다양한 형태의 글쓰기를 인정해야 하며, 또 그러한 교재를 가지고 행정학 교육을 시킬 필요가 있다. 집필의 관점을 받아들면 교과서 위주의 책들이 지금보다 훨씬 줄어들고 제대로 된 전문 연구서가 늘어날 것이다. 영화나 연극, 시와 소설, 등과 같은 텍스트들도 연구자가 스스로 선택하여 교재로 활용하는 장점도 있다.

셋째, 소통을 염두에 둔 학문활동이 이루어져야 한다. 행정학계 내에서 서로 다른 전공 영역 간의 소통은 말할 것도 없고, 행정학과 다른 학문 분야와의 소통, 그리고 행정학자와 공무원 및 일반인들과의 소통을 강종해야 한다. 그러기 위해서는 행정학자들이 강단에만 있어야 한다는 규범, 이론과 용어로 무장된 전문학술지 위주의 지적 노력만 최고라는 규범 등에서 벗어나야 한다. 소통과 교류의 장이 되는 곳은 학회와 학술지 그리고 공동연구 등이다. 따라서 행정학자만 참여하는 학회가 되지 않고 다양한 영역의 전문가들이 학회 발표나 토론에 참여할 수 있어야 한다. 그리고 지금처럼 전문용어와 이론으로 무장하고 엄격한 방법론에 토대를 두어야만 게재가 되는 학술지 운영의 한계를 극복해야 한다. 진정한 교류와 소통이 되기 위해서는 행정학자들만의 공동연구 또한 자제해야 할 것이다.

Ⅴ. 맺 음 말

방법은 어떤 현상을 설명하고 이해하기 위한 도구이며, 현상을 변화시키기 위한 수단이 되기도 한다. 인식의 유형에 따라 적절한 방법론이 결정되기도 하지만 반대로 방법론에 의지하여 특정 인식이 만들어지기도 한다. 그동안 행정학은 지나치게 '과학적 인식'과 '실증주의적 방법론'에 매달려 왔었다. 목표 상태나 문제 상황을 염두에 두고 그것을 효율적으로 달성하거나 해결하기 위한 방법들을 찾아내기 위해 집중적인 노력을 기울였다. 하지만 실증적 방법에 지나치게 집착하면 행정이 가지고 있는 본질적인 가치나 목적을 잃어버리기 쉽다. 실증적 방법은 주어진 문제가 과연 해결할 가치가 있는 문제인가, 설정된 목표가 과연 중요한 목표인가, 현재 우리가 처한 상황이 과연 위기 상황이라고 할 만큼 심각한가 등의 근본적 질문에 대해 무감각하다. 어떻게(How)라는 질문은 좋아하지만 왜(Why)라는 질문에 대해서는 관심을 기울이지 않는다. 그러기 때문에 잘못 설정된 목표 지점을 아주 효율적인 방법으로 달려가는 잘못을 저지를 수 있다. 또한 실증적 방법은 연구자를 연구 대상과 멀어지게 함으로써 그만큼 현실이나 실천의 세계로부터 벗어나게 한다.

이와 같은 문제점을 극복하기 위해서는 가치와 규범의 영역을 학문활동의 세계와 결합하고, 학문 활동을 현실 세계나 실천의 영역과 결합할 수 있는 새로운 방법론이 필요하다. 이 글에서는 이론·가치·현실 간의 거리를 좁히고 성찰과 참여를 강조하는 방법을 기존의 과학적 방법에 뿌리를 둔 거리두기와 대비하여 인문(학)적 사유라고 정의하였다. 강명구(2001)는 행정학이 정체성을 가지기 위해 첫째, 행정학이 미국중심의 종속적 학문풍토에서 벗어나 비교 역사적 시각에서 보편성과 특수성의 문제를 결합하고, 둘째, 우리가 살고 있는 현실의 문제에 대한 비판과 실천 활동에 관심을 갖고, 셋째, 학문적 다초점화와 깊이를 지향하며 진지하고 열린 자세로 거대담론에 참여해야 한다고 보았다. 인문학적 사유는 행정학의 정체성 위기를 극복할 수 있다는 이와 같은 희망의 토대가 될 것이다.

인문학적 사유가 기존의 과학주의를 완전히 대신하라는 것은 아니다. 과학과 인문학이 서로 다른 두 문화로 단절될 때 나타나는 창조력과 상상력의 결핍을 메우기 위해서라도 두 영역 간의 화합이 절실하다(Snow, 1959). 이 글은 아직 화합의 주춧돌마저 놓지 못한 열세한 인문정신의 회복을 통해 그동안 측정하고 관찰하지 못하고 따라서 통제할 수 없었기 때문에 버려두었던 소중한 영역들을 행정학에서 빨리 복원하는 것이 그나마 위기를 빨리 극복할 수 있는 방법이라는 것을 제안한 것이다. 주어진 목표를 효율적으로 달성하자는 것이

과학주의라면 그 목표를 재검토하면서 목표에 대한 합의를 만들어나가는 것은 인문정신이다. 비어있는 곳에 새로운 것들을 채워나가려고만 하는 것이 기존의 방법론이라면, 인문정신은 비어있는 것의 가치를 존중하고 그것을 그대로 내버려 두는 지혜와 관련될 것이다.

◈ 참고문헌

강명구. (2001). 한국행정학 위기론에 관한 소고. 「정부학연구」, 7(2): 81-114.

강상진. (2007). 「서양 고중세의 인문정신과 인문학. 지식의 지평 2: 인문정신과 인문학」, 61-82. 한국학술협의회(편)

권인석. (2005). 행정학 위기론을 통해 본 행정학의 전망. 「한국공공관리학보」, 19-2: 1-19.

김동환, (2001). 시스템다이나믹스와 정책평론. 「정부학연구」, 7(2): 66-90.

김명주. (2007). 인문학의 위기에 대한 인문학적 고찰: 정신성(spirituality)의 부재. 「인문학연구」, 충남대학교 인문학연구소. 7-25.

김성도. (2003). 「하이퍼미디어 시대의 인문학」. 서울: 생각의 나무.

김정렬·한인섭, (2003). 행정학 위기의 실상과 대책. 「한국행정학보」, 37(4): 19-38.

김준한. (2000). 행정학의 위기-다면적 현상. 「kapa@포럼」, 90: 10-13.

박종민. (2006). 한국행정학 50년: 행정이론을 위한 비판적 성찰. 한국행정학회 하계학술대회 발표논문.

소영진. (2003). 행정학의 위기와 공공성 문제. 「정부학 연구」, 9(1): 5-22.

신영복. (2006). 대립과 갈등의 시대 진정한 소통을 위하여. 「프레시안」, 2006-9-26.http://www.pressian.com/scripts/section/article.asp?article_num=60060925210732&s_menu=문화.

신희영. (2003). 신공공관리론에 대한 비판적 고찰: 비판적 실재론 접근. 「정부학연구」, 9(1): 81-119.

안병영. (2000). 자초한 위기: 위기의 연원은 한국행정의 역사 속에서 찾아야. 「kapa@포럼」, 92: 6-14.

유홍림 · 윤견수. (1997). 행정학의 실천적 위기와 행정학계의 대응전략. 한국행정학회동계학술대회 발표논문.

윤견수. (2001). 자연언어에 토대를 둔 조직 연구방법-스토리텔링 구조를 중심으로. 「정부학연구」, 7(2): 9-40.

______. (2001). 행정학의 비주류와의 산책. 「정부학연구」, 7(2): 5-8.

______. (2005). 한국행정학의 질적 연구방법에 대한 반성과 제안. 「한국행정학보」, 39(2): 1-22.

______. (2008). 사례연구 - 분석의 세계와 집필의 세계. 2008년 한국정책학회 춘계학술대회 발표논문.

윤성식. (2000). 행정학의 위기? 「kapa@포럼」, 92: 14-17.

이승환. (2007). 동양의 학문과 인문정신. 한국학술협의회(편), 「지식의 지평 2: 인문정신과 인문학」, 29-42.

이영철. (2003). 신공공관리론의 이론적 비판: 원자화된 개인, 강력한 시장, 축소지향형 정부. 「정부학연구」, 9(1): 51-80.

임의영. (1994). 행정학의 규범적 논의의 형성계기로서 왈도의 정체성 위기에 대한 일고찰. 「한국행정학보」, 28(1): 21-36.

임의영. (2003). 공공성의 개념, 위기, 활성화 조건. 「정부학연구」, 9(1): 23-50.

전영평. (2000). 행정학이 위기? 「kapa@포럼」, 92: 32-33.

정무권. (2005). 한국행정학의 정체성 찾기와 한국화 전략. 「kapa@포럼」, 111: 17-22.

정성호. (2001). 한국행정학의 근대성. 「정부학연구」, 7(2): 41-65.

조성한. (2001). 21세기 한국행정학의 역할과 위기극복. 「kapa@포럼」, 94: 14-16.

최성환. (2007). 서양 분과학문 속의 인문학의 전개 과정-서양 1800년대의 상황. 한국학술협의회(편), 「지식의 지평 2 — 인문정신과 인문학」, 103-122.

15장 임상과학으로서의 행정학

구 교 준

Ⅰ. 행정학의 정체성 위기

행정학은 독자적인 학문분야인가? 행정학은 과학(science)인가 기술(art)인가? 행정학의 정체성 및 과학성에 대한 이러한 질문은 어제 오늘의 이야기가 아니다. 백여 년 전 W. Wilson(1887)이 정치학으로부터 행정학의 독립을 주장한 이래로 행정학은 끊임없이 정체성과 유용성 위기를 겪어 왔다. 행정학의 정체성 논의에서 빠질 수 없는 중심 인물로는 D. Waldo를 들 수 있는데 미국에서의 정체성 논의는 주로 Waldo의 행정이론을 중심으로 이루어지고 있다. 특히 1940, 50년대 Waldo 저작들에 담겨 있는 지나친 과학주의에 대한 비판과 행정이 가지는 실천성 및 전문직업적 성격의 강조 등은 이후 행정학의 정체성에 대한 많은 논의들에 중요한 단초를 제공하였다(Waldo, 1948, 1956, 1968a). 미국에서 전개되기 시작한 이러한 행정학의 정체성 논의는 1970년대 들어 보다 많은 학자들에 의해 폭넓게 이루어졌다. V. Ostrom(1974), N. Henry(1975), R. Golembeiwski(1977) 등이 대표적인 예인데, 이들은 공통적으로 행정학의 위기가 행정학을 정의하는 연구주제와 연구방법의 불분명성, 즉 행정학 고유의 패러다임 부재에서 비롯되었다고 주장하였다.

한편 한국행정학계에서도 1970년대부터 박동서(1977), 이종범(1977), 백완기(1978) 등 대표적인 행정학자들에 의해 한국에서 행정학이 가지는 의미와 학문적 정체성에 대한 논의가 진행되었으며, 최근 들어서는 임의영(1994), 소영진

* 이 글은 2008년 한국행정학회 하계학술대회 발표 논문 "임상과학으로서의 행정학"을 수정 및 보완한 것이다.

(2003), 김정렬 · 한인섭(2003) 등이 정체성과 연관된 논의를 이어가고 있다. 특히 지난 2000년에는 한국행정학회의 kapa@포럼의 기획논단을 통해 행정학의 정체성 위기에 관한 많은 행정학자들의 릴레이 논의가 진행되었다.

미국에서의 정체성 논의와 유사하게 한국에서의 연구도 행정학의 학문적 정체성 위기의 원인을 뚜렷한 연구대상의 부재와 유용성의 약화를 통해 찾으려고 하고 있다. 예를 들어 이종범(1977)은 행정학이 학문으로서 성립하려면 ① 철학으로서의 분야, ② 과학으로서의 분야, ③ 응용과학으로서의 분야가 필요하고 이들 간의 균형적 발전을 통해 학문으로서 행정학의 위치가 확립될 수 있다고 주장하였다. 또한 백완기(1978)는 "행정학의 정체성을 지키기 위해서 소재는 공식조직에 두어야 한다. 공식조직을 연구의 센터로 삼지 않으면 사회학이나 경영학 등과 구별될 수가 없다"고 하며 공식조직을 행정학 연구의 중심에 두었다. 비슷한 맥락에서 임의영(1994)은 규범성을 그리고 소영진(2003)은 공공성을 행정학의 학문으로서의 정체성을 제고시켜 줄 중요한 개념으로 보고 있다. 또한 행정학의 정체성에 관한 kapa@포럼의 기획논단에서는 여러 학자들이 행정학의 위기가 민간경영 기법의 폭넓은 활용과 그로 인한 행정학의 수요 감소에 기인한 바 크다고 진단하고 있다. 이 글에서는 행정학을 임상과학으로 정의하는 새로운 시각에서의 고민을 통해 지난 수십 년간 진행되어 온 행정학의 위기에 대한 논의를 재평가하고 임상과학으로서 행정학의 위상 확립을 위해 어떤 접근이 필요한지 논의해 보고자 한다.

Ⅱ. 임상과학의 정의

임상과학으로서의 행정학을 논하기에 앞서 임상과학의 의미를 먼저 곱씹어 볼 필요가 있다. 임상(臨床)의 사전적 의미를 국어사전에서 찾아보면 한자어의 뜻 그대로 "환자를 진료하거나 치료하기 위하여 병상에 임함"이라고 정의되어 있다. 임상은 영어로는 'clinical'이라고 표현되며 Random House Dictionary(2006)는 이를 아래와 같이 정의하고 있다.

① concerned with or based on actual observation and treatment of disease in patients rather than experiment or theory.

② extremely objective and realistic.

임상의 사전적 정의에서도 알 수 있듯이 임상성에 대한 최초의 고민은 의학에서부터 시작되었으며 그 역사는 약 200여년에 이른다. 기록에 의해 전해지는 최초의 임상의학자 중 한 사람으로 프랑스의 피에르 루이스를 들 수 있는데, 그는 실험집단과 통제집단을 활용한 실험설계를 통하여 당시에 유행하던 의도적 출혈을 통한 폐렴의 치료(폐렴 환자에 의도적으로 상처를 내서 피를 충분히 흘리도록 하면 오염된 피가 제거되어 병이 나을 것이라고 믿어져 광범위하게 행해졌던 치료법)가 실제로는 오히려 환자의 사망률을 높인다는 것을 발견하고 출혈 없이 폐렴을 치료하여야 한다고 주장하였다(Pffeffer and Sutton, 2006).[1] 피에르 루이스는 의료행위의 의사결정에 경험적 사실을 도입하여 잘못된 치료방법을 바로잡는데 중요한 기여를 했던 것이다.

이와 같은 임상의 사전적 정의는 임상성이 가지는 두 가지 특징을 잘 보여준다. 첫째, 임상은 목적성을 가지며, 좀 더 구체적으로 그 목적은 문제의 해결, 즉 환자의 치료이다. 둘째, 임상은 문제해결이라는 목적을 실현하는데 있어 객관적이고 실증적인 사실에 바탕을 둔 접근을 한다. 관찰 가능한 경험적 사실의 중요성을 강조하는 임상의 두 번째 특징은 로크, 흄, 콩트 등이 제창한 실증주의적 전통에 가깝다고 할 수 있다. 즉 임상은 환자의 치료 과정에서 환자의 맥박, 체온, 혈압 등 각종 실증적 생체데이터를 가장 중요한 처방과 치료의 근거 자료로서 활용한다. 그러나 임상이 가지는 첫 번째 특징인 목적성은 임상성과 실증주의 간의 차이를 가져온다. 문제해결이라는 개념은 문제와 해결책 간의 인과관계를 가정하고 이를 중요하게 다루지만 실증주의적 전통에서는 인과관계는 관찰가능하지 않은 관념적인 존재이며 따라서 인과관계의 존재 자체에 대하여 비판적인 태도를 취하기 때문이다.[2]

1) 이와 같이 사실이 아닌 미신에 바탕을 둔 의료행위는 많은 사람들의 생명을 앗아갔으며, 한 예로 미국의 초대 대통령이었던 조지 워싱턴도 인후염의 치료를 위해 2.5리터에 달하는 인위적인 출혈을 한 후 사망하였다.

2) 인과관계는 독립변수가 다른 값을 가질 경우 생기는 종속변수 값의 차이라고 간단하게 정의 내릴 수 있으나, 실제로는 독립변수가 동시에 다른 두 값을 가지는 것이 현실적으로 불가능한 경우가 많이 발생한다. 예를 들어 현직의원이라는 상태가 당선 가능성에 어떤 영향을 끼치는지 인과관계를 확인하기 위해서는 현재 의원인 상태와 그렇지 않은 상태가 동시에 존재하는 것이 가능해야 하는데(현직일 때의 당선가능성과 현직이 아닐 때의 당선가능성을 비교하기 위해), 어떤 사람이 현직이면서 동시에 아닌 것은 불가능하다. 이러한 현상을 인과관계의 근원적 문제(fundamental problem of causality)라고 하며 따라서 인과관계를 직접 관찰

임상성이 극대화된 최근의 의학계 조류 중 하나는 환자의 치료라는 목적을 보다 효과적으로 달성하기 위해 문제 중심으로 진료과목을 재디자인 하는 것이다. 각 대학병원의 심혈관센터나 암센터가 그 대표적인 예라고 할 수 있다. 전통적으로 심장질환은 순환기내과와 흉부외과로 나뉘어 진료가 이루어져 왔으나 내과적 지식과 외과적 지식의 결합을 통해 보다 효과적인 심장질환의 진단과 치료가 이루어질 수 있음을 인식한 병원들이 심혈관센터를 통해 다양한 협진체제를 구축해 나가고 있다. 환자의 치료라는 목적 달성을 위해 전통적인 진료 분과의 벽이 허물어지고 있는 것이다.

그렇다면 임상과학에서의 '과학'은 어떻게 정의될 수 있을까? 과학의 정의 문제에 대한 해답은 크게 대상을 기준으로 한 접근과 방법을 기준으로 한 접근으로 구분할 수 있다. 우선 과학의 영역을 연구 대상에 따라 결정하는 대상 중심적 접근을 들 수 있는데, 물리학, 화학, 생물학 등 뚜렷한 연구대상을 가지고 있는 전통적인 자연과학 분야의 분류가 그 예이다. 자연과학뿐 아니라 정치학, 경제학, 사회학 등 전통적인 사회과학 분야들 또한 나름대로의 고유 영역을 구축하고 있다. 그러나 대상을 기반으로 한 과학의 정의는 개념적, 논리적으로 모순점을 가진다. 만약 과학이 대상으로 정의된다면 현재 과학적 연구의 대상이 아닌 분야들이 새로운 과학 분야로 발전하는 것이 논리적으로 어려워진다. 대상에 의하여 과학의 경계가 결정된다는 것은 과학의 경계 안에 속하는 대상과 그렇지 않은 대상이 이미 결정되어 있음을 의미하기 때문이다. 만약 과학의 대상이 아니었던 어떤 주제가 어느날 과학의 경계 안으로 들어오는 것이 가능하다면(이러한 사례는 과학발전사에서 흔히 볼 수 있다), 이는 연구의 대상이 더 이상 과학이냐 아니냐를 결정짓는 중요 요인이 아니라는 것을 의미한다. 대상이 아닌 다른 어떤 것이 그 주제의 성격이 바뀌는 것을(비과학에서 과학으로) 가능하게 해주었다는 해석이 가능해지기 때문이다.

현재 활발한 과학적 연구가 이루어지고 있는 분야 중에는 과거엔 관련지식의 부재로 연구가 이루어지지 않았던, 다시 말하면 과학의 대상이 아니었던 분야들이 많이 존재한다. 예를 들어 유전학 분야는 왓슨과 클릭이 DNA의 이중나선 구조를 밝혀내기 이전에는 존재하지 않았다. 또한 유전공학 분야 역시 코헨과 보이어의 DNA 결합기술이 개발되기 이전까지는 과학적 연구 분야로서

하는 것은 불가능해진다(King et al., 1994).

확립되어 있지 않았다. 만약 과학이 대상으로 정의된다면 이와 같은 새로운 과학 분야의 개척은 논리적으로 불가능한 것이 된다. 따라서 과학의 경계는 대상이 아닌 방법으로 정의되어야 한다. 여기서 방법은 연구 질문에 대한 해답을 찾아가는 체계적인 과정이라고 할 수 있다. 이러한 과정은 과학적 방법론이라고 불리는데, 특히 자연과학에 비하여 상대적으로 덜 명확한 개념과 부정확한 데이터를 다루어야 하는 사회과학에서 그 중요성이 더욱 크다. 따라서 과학을 대상이 아닌 방법으로 정의할 경우, 어떤 대상이 되었건 과학적인 방법론을 통해 연구되었다면 그 결과물은 과학적 지식으로 과학의 영역에 포함시키는 것이 옳다.

이와 같은 관점에서 본다면 임상과학은 체계적으로 확립된 연구방법론을 기반으로 축적된 과학적 지식과 실증자료를 바탕으로 문제해결이라는 목적을 달성하기 위해 이루어지는 연구활동이라고 정의할 수 있으며 그 대표적인 예는 바로 의학이다. 한편 사회과학으로서 행정학을 임상과학으로 정의할 경우 문제해결이라는 처방적 성격 때문에 필연적으로 규범성을 띠게 된다. 해결 대상이 되는 문제를 정의하고 바람직한 문제해결의 수준을 결정하는 과정에 가치와 규범이 녹아있기 때문이다. 따라서 임상과학으로 정의되는 행정학의 기본적인 성격은 실증성, 처방성, 규범성이라고 할 수 있다.

Ⅲ. 행정학의 임상성

이 글에서는 행정학을 임상과학으로 정의한다. 그렇다면 행정학의 임상성은 어디서 찾을 수 있을까? 응용학문으로서 행정학이 전통적으로 가져온 특징 중의 하나는 문제중심이라는 점이다. 특히 행정학은 공공부문 문제해결이라는 목적 아래 다양한 분야의 지식과 기법들이 폭넓게 활용되는 종합학문의 성격을 가진다. Waldo(1968b)는 일찍이 이러한 행정학의 성격을 간파하고 행정학의 발전 방향을 의학이나 공학에서 찾아야 한다고 주장하였다. 즉 의학이 질병치료라고 하는 목적을 달성하기 위하여 다양한 전문분야의 과학적 지식들을 종합적으로 활용하는 종합학문인 것처럼 행정학도 정부활동의 보다 효과적 관리를 위해서는 인접학문의 폭넓은 응용이 필요하다는 것이다. 그리고 이러한 Waldo의 주장은 학제간 연구 및 교육에 중점을 둔 오늘날 미국의 행정학 및 정책학 프로그램에 상당한 영향을 미쳤다(권선필, 1997).

행정학이 가지는 임상성은 바로 문제중심이라는 행정학의 고유한 성격으로부터 기인한다. 특히 공공의 영역에 속해 있기 때문에 그 해결을 위해서 개인들의 집합적인 행동이 요구되는 다양한 정치, 경제, 사회적 문제들이 주요한 대상이 된다. 따라서 행정학의 학문적 의의는 어떻게 하면 공공부문의 문제들을 지금까지 축적된 다양한 분야의 과학적 지식을 바탕으로 보다 효과적으로 해결할 수 있을까 하는데서 찾을 수 있다. 그리고 이러한 행정학의 성격은 행정학의 정체성을 확립하는데 중요한 출발점을 제공해 줄 수 있다. 즉, 공공의 영역에서 벌어지는 문제를 다루기 위해 정부라는 제도가 필요하고 이를 통하여 경영학과 구별되며,[3] 문제중심의 성격과 학제적 접근을 통하여 정치학과 구별될 수 있는 것이다. 혹자들은 이와 같은 접근에 대하여 행정학을 최악의 경우 잡학으로 전락시킬 위험성이 있다고 비판한다(박종민, 본서 1장). 그러나 행정학과 유사하게 문제중심의 학제적 성격을 가진 경영학을 잡학이라고 비판하는 목소리는 거의 들리지 않는다. 경영학은 연구대상인 기업의 문제해결에 나름대로 매우 효과적인 해법을 제공하여 그 유용성이 입증되어 왔기 때문이다. 이러한 경영학의 성공은 행정학의 정체성 문제가 여러 인접학문을 공공문제 해결에 적용하려는 학제적 접근에서 기인하지는 않는다는 것을 시사한다.

행정학이 직면하고 있는 문제의 근원은 오히려 미약한 임상성에서 찾을 수 있다. 많은 행정학자들이 행정학의 정체성 문제를 이야기하면서 행정학이 가지는 일관된 이론적 체계의 부재를 강조하였으나 이것이 오히려 행정학의 임상성을 약화시켜 정체성 위기를 심화시킨 면이 없지 않다. 다시 말하면 정체성에 대한 지나친 집착과 일관된 이론체계의 추구가 행정학의 문제해결 능력을 오히려 약화시키고 이로 인해 행정학의 유용성 상실과 정체성 문제 심화의 악순환으로 이어지는 결과를 초래했을 수 있다는 것이다. 행정학이 풀어야 하는 수많은 공공문제들은 한 가지 측면만을 가진 단순한 문제가 아니라 여러 가지 측면을 가진 복잡한 문제들이며, 따라서 효과적인 문제해결을 위해서는 다양한 인접학문들의 접목이 필요하다. 예를 들어 대표적인 공공문제인 환경오염문제의 해결을 위해서는 정치학, 경제학, 법학, 물리학, 화학, 생물학, 생태학 등 사회과학과 자연과학을 아우르는 다양한 분야의 지식들이 요구된다. 즉 환경오염이라고 하는 공공문제를 중심으로 다양한 지식의 재편과 화학적 융합이

---

3) 경영학도 대표적인 문제 중심의 임상학문이며 1970년대까지 행정학과 비슷한 정체성 위기를 겪었다. 그러나 경영학은 문제 중심의 고유한 성격을 부각시키며 그 위기를 극복하였다.

이루어져야 비로소 당면한 문제를 효과적으로 풀 수 있는 여건이 갖추어지는 것이다. 그러나 이러한 접근을 잡학적 접근이라고 인식하고 행정학의 통일된 이론체계만을 강조하게 되면 이론체계의 일관성은 어느 정도 확보할 수 있을지 모르나 문제해결을 목표로 하는 행정학의 임상성은 상당한 손상을 입을 수 밖에 없다.[4] 그리고 이러한 임상성과 결과적으로 문제해결능력의 약화는 필연적으로 행정학의 유용성 상실과 정체성 문제의 심화로 이어질 가능성이 크다.

행정학의 임상성에 대한 고민은 행정학의 학문적 정체성에 논란이 과연 타당한 것인가 하는 의문을 가지게 한다. 만약 행정학이 학문으로서 추구하는 목표가 공공문제의 이해와 해결이라면 행정학은 독립적인 학문분과인가라는 고민보다는 행정학이 실제로 이러한 공공문제의 이해와 해결에 얼마나 기여하고 있는가라는 질문이 행정학의 정체성과 독자학문으로서의 위상 확립에 훨씬 중요한 의미를 가질 수 있을 것이기 때문이다. 행정학의 학문으로서 위상에 의문이 제기된다면 그것은 행정학의 경계를 제대로 그리지 못해서라기보다는 행정학이 공공문제의 이해와 해결에 그다지 공헌하지 못해서일 것이다. 만약 정치학이나 경영학이 공공문제의 이해와 해결에 더 큰 도움이 된다면 행정학이 굳이 존재해야 할 이유가 없기 때문이다. 다시 말해 지금까지 우리는 행정학이 가지는 임상성을 잊고 방향이 잘못 설정된 고민을 지난 수십 년간 해온 것인지도 모른다.

Ⅳ. 행정학의 임상성 강화를 위한 접근

그렇다면 행정학의 임상성을 강화하고 나아가서 행정학의 문제해결능력을 제고하기 위해서는 어떠한 접근이 필요한가? 앞에서도 언급했듯이 행정학이 풀어야 하는 공공문제의 성격은 어느 한 분야에만 국한되지 않는 광범위한 경우가 많으며 따라서 다양한 분야의 지식을 창의적으로 조합하고 활용하는 학

---

4) 이론체계의 내적 일관성만을 지나치게 강조하여 실제 현실에 대한 설명력을 상실해 가고 있는 학문분야의 대표적인 예는 경제학이다. 경제학에서 다루는 많은 문제들을 경영학에서도 다루고 있으며 오히려 문제해결이라는 측면에서는 경영학적 접근이 나은 것으로 평가받고 있다. 다양한 인접 학문의 도움을 통해 문제를 분석하는 경영학적 접근이 이론의 내적 일관성을 위하여 수학적 모델에 절대적으로 의존하는 경제학적 접근보다 현실에서의 문제해결능력이 더 뛰어난 것은 어쩌면 당연한 결과라고 할 수 있다.

제적 접근이 요구된다. 그러나 현대 사회과학이 가지고 있는 가장 큰 문제점은 바로 다양한 얼굴을 하고 있는 공공문제의 해결을 위해 학문분과에 몰입된 평면적 접근을 하고 있다는 점이다. 종합적이면서도 창의적인 시각이 요구되는 공공문제의 해결을 위하여 경제학자는 경제학자의 시각으로, 사회학자는 사회학자의 시각으로, 심리학자는 심리학자의 시각으로만 접근하려 하기 때문에 문제해결을 위한 다양한 관련 지식의 조합과 이를 통한 창의적인 해법의 도출이 어려워지는 것이다. 그러나 공공문제의 해결을 위해 학제적이고 종합적인 접근을 하는 것이 기초사회과학의 경시를 의미하는 것은 결코 아니다. 오히려 행정학의 임상성 강화는 인문학과 사회과학을 아우르는 튼튼한 기초학문의 바탕 위에서 비로소 가능해진다. 철학, 역사학, 심리학, 정치학, 사회학, 경제학 등 인간사회가 발전시켜온 가치, 그에 바탕을 둔 개인의 심리 및 행태, 그리고 정치, 사회, 경제구조 등에 대한 기초학문의 바탕 없이는 문제해결 능력의 제고를 기대하기 어렵기 때문이다. 의학의 임상성이 극대화될 수 있었던 것은 바로 생물학, 화학, 물리학 등 기초 자연과학분야의 비약적인 발전과 이로부터 파생된 미생물학, 신경생물학, 분자생물학, 분자유전학 등의 공헌이 있었기 때문이라는 점은 행정학의 임상성 강화를 위한 논의에 많은 시사점을 준다.

행정학의 임상성에 대한 강조는 다른 어떤 학문보다도 행정학에 있어 통섭적 접근이 중요하다는 것을 의미한다. 통섭의 영어 번역인 ‘consilience’라는 단어는 19세기 자연철학자인 윌리엄 휴얼이 처음 사용하였는데 그 원래 뜻은 ‘더불어 넘다들다’라고 정의된다(Wilson, 1998). 좀 더 나아가서 통섭은 학문 간의 경계를 넘는 지식의 융합 혹은 통합이라고 설명될 수 있다. 이러한 측면에서 통섭적 접근은 학제적 접근보다 좀 더 적극적으로 서로 다른 분야의 다양한 지식을 융합하고 활용함을 의미한다.

학문분과의 영역을 넘는 통섭에 기반한 지식의 융합이 가지는 가치는 20세기 과학사를 통해서도 분명하게 드러난다. 과학의 발전과 새로운 혁신의 출현은 학문의 분과에 얽매이지 않는 지식의 소통을 통해 새로운 가치를 창출하려는 혁신가들의 끊임없는 노력을 통해 이루어져 왔다고 해도 과언이 아니다. 20세기 최고의 과학적 발견이라고 할 수 있는 레이저는 20세기 초반 통신산업의 선구자였던 벨 연구소에서 처음 우연히 발견되었다. 발견 당시만 하더라도 별다른 쓸모가 없는 기술로 평가되어 특허조차 출원되지 않았으나, 그 후 레이저 기술의 진가는 통신산업이 아닌 의학, 정밀기기 등의 분야에서 활용되면서 드러나기 시작했다. 특히 통신산업에서의 광범위한 활용은 유리회사인 코닝이 1970년 개발한 광섬유 관련 기술과 결합하면서 비로소 가능해졌고 20세기 말 광통신으로 화려하게 꽃피우게 된다. 또한 DNA 구조를 밝혀내어 생물학, 유전학, 나아가서는 의학에 새로운 지평을 열었던 왓슨과 크릭의 연구도 물리학, 화학, 생물학, 생화학, 수학 등 다양한 분야에서 이루어 낸 학문적 성과와 아이디어를 넘나드는 과정을 통해서 결실을 맺을 수 있었다. 이들과 경쟁했던 동시대의 많은 쟁쟁한 물리학자, 생물학자, 생화학자들이 DNA 구조를 밝혀내는데 실패한 이유는 개별 학문의 패러다임에 갇혀서 전체를 보는데 실패했기 때문이라는 점은 잘 알려져 있다(Ogle, 2007).

이와 같이 세상을 바꾼 혁신은 어떤 한 분야에서 제한적으로 이루어진 것이 아니고 서로 다른 인접분야의 지식을 필요에 따라 창의적으로 융합하고 활용해가는 과정을 통해 이루어졌다고 할 수 있다. 환경문제, 주택문제, 복지문제 등 우리 사회가 직면하고 있는 수많은 공공문제들의 성격은 DNA 구조 문제가 가지고 있던 성격과 마찬가지로 개별 학문 분과가 그려 놓은 경계에 딱 맞아 떨어지지 않는다. 따라서 학문분과의 경계를 허물고 지식의 화학적 융합을 추구하는 통섭적 접근은 공공부문의 문제해결을 추구하는 행정학이 인접 사회과학뿐 아니라 보다 자유로운 사고를 가능케 하여 인문학적 지식의 창의적인 활용과 혁신을 통해 문제해결능력을 획기적으로 제고할 수 있는 가능성을 열어줄 것이라고 기대할 수 있다. 또한 그러한 행정학 교육은 여러 개별 학문 분과들이 쌓아 온 아이디어 공간을 자유롭게 넘나들며 창의적인 사고를 할 수 있는 다빈치형 인간을 만들어 냄으로써 교육을 통한 존재 의의를 더욱 굳게 다질 수 있을 것이다. 다양한 아이디어 공간을 섭렵하여 폭넓은 지식기반을 갖추고 있는, 다시 말해 인문학적 상상력과 사회과학적 분석력을 가진 인재가 한 가지 분야에만 정통한 협소한 인재보다 훨씬 뛰어난 문제해결 능력을 가지고 있다는 사실은 최근 각광을 받고 있는 agent-based simulation을 통한 연역적 추론이나 많은 실증사례들에 의해 확인되고 있다(Page, 2007).

행정학의 임상성 강화를 위한 또 다른 접근은 실증주의에서 찾을 수 있다. 즉 실증자료에 바탕을 둔 공공문제의 진단과 처방이 이루어져야 한다. 임상의학이 시작되기 이전의 의학은 의학이라기보다는 주술에 가까웠다. 어떤 이유에서 병이 생기고 따라서 치료를 위해서는 어떤 처방이 내려져야 하는지의 인과관계에 대한 과학적 이해보다는 미신과 오해를 기반으로 치료가 이루어졌다.

앞에서 언급한 바 있는 200여년 전 폐렴치료를 위해 행해지던 의도적인 출혈은 미신적 치료의 좋은 예이다. 오늘날 행정학은 과연 200여년 전의 의학과 비교하여 얼마나 나은 위치에 있는지 고민해 볼 필요가 있다. 공공문제의 진단과 처방에 실증자료를 바탕으로 한 객관적 과학적 접근보다 미신적 접근을 하고 있지는 않은지, 이러한 미신적 처방으로 인하여 생긴 의도하지 않은 부작용 때문에 고통받은 사람들은 없는지 구체적인 사례와 자료를 바탕으로 돌아보아야 할 것이다. 행정학이 외면받고 정체성 위기를 겪고 있다면 그 중 상당 부분은 행정학이 공공문제 해결에 별다른 기여를 해오지 못한 유용성의 문제에서 기인하는 것이고, 이러한 행정학의 유용성 문제는 바로 실증적 과학적 진단과 처방의 결여에서 기인했을 가능성이 크다.

한편 실증주의적 접근이 행정학의 임상성 강화로 이어지기 위해서 빼놓을 수 없는 필요충분조건이 행정학의 과학성이다. 실증자료를 기반으로 한 진단과 처방을 통해 공공문제를 해결하기 위해서는 데이터를 어떻게 분류하고, 분석하고, 해석할 것인가가 중요한 문제이다. 데이터는 그 자체로 문제해결에 큰 도움을 주지 못하며, 데이터에서 의미를 발견하고 생명을 불어 넣어 주는 이론, 방법론과 결합했을 때 비로소 위력을 발휘한다. 이러한 측면에서 실증주의적 접근을 통한 임상성의 강화가 행정학의 이론성을 약화시키지 않는다고 할 수 있다. 오히려 실증자료의 분석과 해석을 가이드해 줄 수 있는 다양한 분야의 기초이론 및 방법론의 발전이 수반되어야 실증주의적 접근을 통한 행정학의 임상성 강화가 가능해진다. 특히 방법론에 있어서는 실증자료의 분석에 보편적으로 활용되는 양적 방법론뿐 아니라 사례연구, 참여관찰, 포커스그룹, 내용분석 등의 다양한 질적 방법론도 필요에 따라 상호보완적으로 사용될 수 있을 것이다. 양적 방법론이냐 질적 방법론이냐의 차이는 스타일의 차이일 뿐 둘 다 학문의 과학성 제고에 기여할 수 있을 것이기 때문이다.

V. 결　론

지금까지 임상과학이라는 시각을 통하여 어떻게 행정학을 재정의할 수 있을지에 대하여 논의하였다. 임상과학은 문제해결이라는 목적을 가지고 이를 달성하기 위하여 실증자료에 의존한다. 따라서 임상과학으로서의 행정학은 공공부문의 문제해결을 위한 학문으로 정의될 수 있고, 이러한 목적 달성을 위해 통섭적, 실증적, 과학적 접근을 필요로 한다.

행정학을 임상과학으로 정의하게 되면 지난 수십 년간 지속되어 온 행정학의 정체성 논의는 그 적절성을 상당 부분 상실한다. 임상과학으로서 행정학의 성격을 규정하는 논의의 초점은 어떻게 그 범위를 다른 학문들과 구별되게 그리느냐보다는 어떻게 문제해결을 더 잘 할 수 있느냐에 있기 때문이다. 행정학을 경제학, 사회학, 정치학과 같은 기초 사회과학과 동일한 선상에서 비교하면서 고유의 영역과 정체성을 찾는 것은 따라서 어떻게 보면 잘못된 번지수에서 집을 찾는 것과 마찬가지인지도 모른다. 응용학문으로서 행정학의 임상적 성격은 이들 기초 사회과학과는 다른 차원에서 이해되어야 하기 때문이다. 행정학은 의학의 경우와 마찬가지로 여러 분야의 기초 사회과학뿐 아니라 철학, 역사학, 논리학 등의 인문학까지 아우르고 이들의 창의적 융합을 통해 임상성을 강화하는 과정에서 비로소 제 위치를 찾을 수 있을 것이다. 임상성의 강화야말로 행정학의 유용성을 확인시켜 주고 나아가서는 정체성 문제를 해결해주는 실마리가 될 수 있을 것이기 때문이다.

한편 행정학의 임상성을 강조하는 이러한 접근이 행정학의 이론성이나 과학성을 저해하는 것은 결코 아니다. 자유로운 인문학적 사고를 기반으로 기초 사회과학 분야의 탄탄한 이론적 기반이 바탕이 되어야 이들의 창의적 융합과 효과적인 실증자료의 활용이 가능해진다. 따라서 행정학의 임상성 강화를 위해서는 오히려 행정학의 이론성과 과학성 제고가 필요조건으로 따라온다고 할 수 있다.

아직 임상성이 뚜렷하게 확립되지 않은 오늘의 행정학은 어쩌면 주술에 가까웠던 200여년 전 의학의 위치와 비슷한지 모른다. 지난 200년 동안 의학은 비약적인 발전을 해 왔으며 그 중요한 모티브는 바로 임상성을 강화하기 위한 많은 의학자들의 노력이었다. 행정학이 계속 주술과 같은 위치에 머무르다 사라져갈지 아니면 앞으로 200년 후 오늘날의 의학과 같은 위치까지 발전해 나아갈 수 있을지는 전환기에 서있는 오늘 우리 행정학자들의 노력 여하에 따라 달라질 수 있을 것이다.

◈ 참고문헌

권선필. (1997). 왈도(Dwight Waldo)의 행정이론이 갖는 한국 행정학에 대한 함의. 「한국정치학회보」, 31: 169-188.

김정렬 · 한인섭. (2003). 행정학 위기의 실상과 대책. 「한국행정학보」, 37: 19-39.

소영진. (2003). 행정학의 위기와 공공성 문제. 「정부학연구」, 9: 5-22.

박동서. (1977). 행정학 체계의 수정. 「행정논총」, 15: 54-65.

백완기. (1978). 한국행정학의 학문성 정립문제: 과학주의의 입장에서. 「한국정치학회보」, 12: 73-91.

이종범. (1977). 행정학의 토착화에 관한 논거. 「한국행정학보」, 11: 198-223.

임의영. (1994). 행정학의 규범적 논의의 형성계기로서 왈도의 정체성 위기론에 대한 일고찰. 「한국행정학보」, 28: 21-35.

Goldembliewski, R. T. (1977). *Public Administration as a Developing Discipline, Part I: Perspectives on Past and Present*. New York: Marcel Dekker.

Henry, N. (1975). Paradigms of public administration, *Public Administration Review*, 35: 378-386.

King, G., Keohane, R. O. and Verba, S. (1994). *Designing Social Inquiry: Scientific Inference in Qualitative Research*. Princeton, N.J.: Princeton University Press.

Ogle, R. (2007). *Smart World: Breakthrough Creativity and the New Science of Ideas*. MA: Harvard Business School Press.

Ostrom, V. (1974). *The Intellectual Crisis in American Public Administration*. AL: University of Alabama Press.

Page, S. (2007). *The Difference: How the Power of Diversity Creates Better Groups, Firms, Schools, and Societies*. Princeton, NJ: Princeton University Press.

Pfeffer, J. and Sutton, R. (2006). *Hard Facts Dangerous Half-Truths and Total Nonsense. Cambridge*. MA: Harvard Business School Press.

Wilson, W. (1887). The study of administration. *Political Science Quarterly*, 2: 197-222.

Wilson, E. (1998). *Consilience: The Unity of Knowledge*. Alfred A. Knopf, New York.

Waldo, D. (1948). *The Administrative State: A Study of the Political Theory of American Public Administration*. NY: Ronald Press Co.

Waldo, D. (1956). *Perspectives on Administration*. AL: University of Alabama Press.

Waldo, D. (1968a). Scope of the theory of public administration. in James, C. *Theory and Practice of Public Administration: Scope, Objectives, Methods*. PA: American

Academy of Political and Social Sciences.

Waldo, D. (1968b). Public administration. *International Encyclopedia of the Social Sciences*, Vol 13. New York: Macmillan and Free Press.

공저자약력

구교준
University of North Carolina at Chapel Hill 도시계획학 박사
고려대학교 행정학과 교수

김근세
Syracuse University, Maxwell School 행정학 박사
성균관대학교 국정관리대학원 교수

김승현
Purdue University 정치학 박사
서울산업대학교 행정학과 교수

김호정
부산대학교 대학원 행정학 박사
부산대학교 행정학과 교수

김희강
University of Chicago 정치학 박사
경희대학교 인류사회재건연구원 학술연구교수

박종민
University of California (Berkeley) 정치학 박사
고려대학교 행정학과 교수

안도경
Indiana University 정치학 박사
고려대학교 행정학과 교수

양재진
Rutgers-the State University of New Jersey 정치학 박사
연세대학교 행정학과 교수

윤견수
고려대학교 대학원 행정학 박사
국립충주대학교 행정학부 교수

이경원
University of Illinois at Chicago 정책학 박사
제주대학교 행정학과 교수

이혁주
University of Pennsylvania 도시 및 지역계획학 박사
서울산업대학교 행정학과 교수

임도빈
l'Institut d'Etudes Politiques (IEP) de Paris 사회학 박사
서울대학교 행정대학원 교수

임의영
고려대학교 대학원 행정학 박사
강원대학교 행정학과 교수

장지호
University of Missouri-Columbia 정치학 박사
한국외국어대학교 행정학과 교수

정무권
Indiana University 정치학 박사
연세대학교 행정학과 교수

한상일
University of Southern California 행정학 박사
연세대학교 행정학과 교수

한국행정연구: 도전과 과제

2009年 1月 25日 初版發行
2009年 8月 20日 重版發行

編著者 박종민 · 정무권
發行人 安 鍾 萬
發行處 (株) 博 英 社
서울 特別市 鍾路區 平洞 13-31番地
電話 (733)6771 FAX (736)4818
登錄 1959. 3. 11. 제300-1959-1호(倫)

www.pakyoungsa.co.kr e-mail: pys@pakyoungsa.co.kr

定 價 26,000원 ISBN 978-89-7189-883-3